SOLO EL PODER DETIENE AL PODER

LA TEORÍA DE LA SEPARACIÓN DE LOS PODERES Y SU APLICACIÓN EN VENEZUELA

Gustavo Tarre Briceño

Profesor de la Universidad Central de Venezuela
y de la Universidad Simón Bolívar

SOLO EL PODER
DETIENE AL PODER

LA TEORÍA DE LA SEPARACIÓN DE LOS PODERES Y SU APLICACIÓN EN VENEZUELA

Prólogo de Allan R. Brewer-Carías
Profesor emérito de la Universidad Central de Venezuela

Colección Estudios Jurídicos
N° 102

Editorial Jurídica Venezolana

Caracas, 2014

ISBN 978-980-365-256-2
Depósito Legal lf54020143201287

Editorial Jurídica Venezolana
Sabana Grande, Av. Francisco Solano, Edif. Torre Oasis, Local 4, P.B.
Apartado Postal 17.598, Caracas 1015-A, Venezuela
Teléfonos: 762.2553/762.3842 - Fax: 763.5239
E-mail fejv@cantv.net
http://www.editorialjuridicavenezolana.com.ve

Imagen de la portada
Napoleón I en sus trajes imperiales
Jacques Louis David
Óleo sobre lienzo, (1805)

Corrección
Magaly Pérez Campos

Impreso por: Lightning Source, an INGRAM Content company
para Editorial Jurídica Venezolana International Inc.
Panamá, República de Panamá.
Email: editorialjuridicainternational@gmail.com

Diagramación, composición y montaje
por: Mirna P. de Naranjo, en letra Time New Roman 11,
Interlineado 12, mancha 18 x 11,5 cm.

In memoriam Alfredo Tarre Murzi y
Gustavo Planchart Manrique

Para Iris, Mariana, Alejandro y Alfredo;
Tomás, Rebecca y Nuria; Ignacio, Anabella,
Santiago y Eva Frances

... y si el despotismo levanta la voz

AGRADECIMIENTOS

Al escribir este libro, contraje deudas con muchas personas. Algunas ni siquiera lo saben; otras me ayudaron con generosidad y afecto. Una es muy antigua y, las demás, más recientes. La primera acreencia está en cabeza de Charles Louis de Secondat, barón de Montesquieu. El señor de la Brède me ha acompañado en los últimos cuarenta y cinco años, abriendo mi mente y transmitiéndome algo de su sabiduría.

Todos los agradecimientos son caprichosos y las omisiones, injustas. No puedo dejar de mencionar a mis amigos Álvaro Benavides La Grecca y Rafael Arráiz Lucca, quienes, con paciencia heroica, revisaron el texto y lo enriquecieron con recomendaciones y consejos. A la Editorial Jurídica Venezolana y a la Fundación para la Cultura Urbana en la persona de Herman Sifontes Tovar. A mi profesor de Derecho Administrativo, Allan Brewer-Carías, quien tuvo la generosidad de escribir el prólogo; y a Magaly Pérez Campos, quien no se limitó a corregir el texto, con un profesionalismo sin tacha, sino que supo captar la esencia de mi propósito. Además, con humor e inteligencia, me ilustró sobre los cambios que viene sufriendo nuestra lengua y sobre el nuevo uso de mayúsculas y acentos.

*Pour qu' on ne puisse abuser du
pouvoir, il faut que par la disposition
des choses, le pouvoir arrête le pouvoir.*

CHARLES-LOUIS DE SECONDAT,
BARON DE LA BRÈDE ET DE MONTESQUIEU
DE L'ESPRIT DES LOIS
LIVRE XI, CHAP. VI

*(Para que no se pueda abusar del poder,
es preciso agenciar las cosas para que
el poder detenga al poder)*

*Nuestras horas son minutos cuando esperamos saber,
y siglos cuando sabemos lo que se puede aprender.*
ANTONIO MACHADO

PRÓLOGO

Allan R. Brewer-Carías
Profesor de la Universidad Central de Venezuela

Gustavo Tarre Briceño, el autor de esta obra, destacado profesor de Derecho Constitucional de la Universidad Central de Venezuela y respetado y reconocido hombre público de Venezuela, con una experiencia política excepcional, sin duda era quien estaba llamado a escribir este excelente libro sobre *La teoría de la separación de los poderes y su aplicación en Venezuela.* Tarre, en efecto, conjuga una sólida preparación académica que le ha permitido dedicar tiempo a la investigación que está a la base del mismo, con una extraordinaria vivencia personal y política sobre el funcionamiento del Estado y de sus poderes en un sistema democrático, lo que le permitió confrontar la teoría constitucional del principio con la práctica política de su efectividad. No solo fue, entre 1979 y 1999, diputado al Congreso Nacional por el Distrito Federal, en representación de uno de los grandes partidos políticos nacionales de la época democrática, como fue el Partido Social Cristiano Copei, sino que integró durante 15 años el Comité Nacional del mismo y, además, fue subdirector y director de su fracción parlamentaria. Ello, sin duda, lo colocó en una posición privilegiada que cualquier investigador sobre el funcionamiento del Estado hubiera podido haber soñado, y le ha permitido apreciar a cabalidad las vicisitudes de la aplicación del principio de la separación de poderes en nuestro país, en particular, en un régimen democrático; y más importante, el funcionamiento de los vasos comunicantes que se fueron desarrollando entre los poderes del Estado, algunas veces tenues, otras veces no tanto, pero sin que se llegara a perder el calor singular de la autonomía e independencia de los poderes. Todo ello bien distinto a lo que el país ha presenciado en los últimos tres lustros, desde que una Asamblea Constituyente decidió asaltar y apoderarse de todos los poderes del Estado y comenzar a hacer añicos el principio de su separación, como con tanta acuciosidad Tarre lo ha venido registrando y lo expone en esta obra.

Diez años antes de haber sido electo diputado por primera vez, Tarre, quien ya desde su primera juventud se había iniciado en la política, en 1969, al graduarse de abogado en la Universidad Central de Venezuela, pasó a estudiar en el *Institut International d' Administration Publique* de París, del cual egresó en 1971, en la mención Economía y Finanzas y, seguidamente, pasó a seguir cursos de postgrado en la Universidad de París II, obteniendo en 1972 el Diploma de Estudios Superiores en Derecho Público. Al regresar al país, alternó la actividad académica con la política, de manera que no solo obtuvo en 1985 el Diploma del Programa Avanzado de Gerencia del Instituto de Estudios Superiores de Administración de Caracas, sino que desarrolló una amplia actividad docente como profesor de Derecho Constitucional en la Facultad de Derecho de la Universidad Central de Venezuela y profesor de la Maestría en Ciencia Política de la Universidad Simón Bolívar, habiendo sido también profesor del Instituto de Estudios Superiores de Administración (IESA) y de la Facultad de Derecho de la Universidad Católica Andrés Bello. Su experiencia política y su formación académica lo llevaron a ser durante diez años destacado miembro de la muy importante Comisión Presidencial para la Reforma del Estado (COPRE).

Este libro, por otra parte, no es su primera obra escrita, pues además de artículos publicados en revistas especializadas en Derecho Público y Ciencias Políticas, ha publicado varios libros, como *Carta abierta a los copeyanos*, Ediciones Centauro, Caracas, 1990; *El espejo roto, 4 de febrero de 1992,* Editorial Panapo, Caracas, 1995, con segunda edición por Editorial Libros Marcados, Caracas, 2007; y la novela *Luisa y Cristóbal*, Caracas, publicada y premiada por la Fundación para la Cultura Urbana, 2005.

El profesor Tarre, quien además ha sido un apreciado y consecuente amigo a lo largo de los años, me ha pedido que escriba la presentación a su libro, honor que me hace y que he aceptado gustosamente, para lo cual, como suelo hacer en las presentaciones y prólogos que escribo, al estar consciente de que el libro habla por sí mismo, en homenaje a su autor y como contribución al tema por él desarrollado, trataré de destacar algunos aspectos del mismo.

Como bien lo apunta el profesor Tarre en su libro, el principio de la separación de poderes se adoptó formalmente en el constitucionalismo venezolano, en el texto de la Constitución Federal de los Estados de Venezuela del 21 de diciembre de 1811[1] que, como sabemos, fue la primera

---

[1]   Véase el texto en Allan R. Brewer-Carías *Las Constituciones de Venezuela,* Madrid, 1985, pp. 181 a 205. Además, en *La Constitución Federal de Venezuela de 1811 y*

Constitución republicana del mundo moderno después de la Constitución norteamericana de 1787 y de la Constitución francesa de 1791. En ella se expresó el principio, indicándose en el preámbulo o preliminar del texto, con toda precisión, que el ejercicio de la autoridad confiada a la Confederación "no podrá jamás hallarse reunido en sus diversas funciones" por lo que, en consecuencia, "El Poder Supremo debe estar dividido en Legislativo, Ejecutivo y Judicial, y confiado a distintos Cuerpos independientes entre sí y en sus respectivas facultades".

Además, en el artículo 189 de la misma Constitución se insistió en el mismo principio al expresar que:

> Los tres Departamentos esenciales del Gobierno, a saber: el Legislativo, el Ejecutivo y el Judicial, es preciso que se conserven tan separados e independientes el uno del otro cuanto lo exija la naturaleza de un gobierno libre, lo que es conveniente con la cadena de conexión que liga toda fábrica de la Constitución en un modo indisoluble de Amistad y Unión.

Sin duda, las enseñanzas del barón de Montesquieu, a las cuales Tarre dedica parte de sus reflexiones, no podían haber sido recogidas tan nítidamente, lo que incluso ya había ocurrido antes de la sanción de la Constitución, en las mismas antiguas provincias de la Capitanía General de la República de España, cuando después de la revolución del 19 de abril de 1810, y de efectuada la elección de los diputados al Congreso General de las Provincias, al instalarse el Congreso el día 5 de marzo de 1811, que debía sustituir a la Junta Suprema de Caracas que había gobernado durante un año las provincias, se adoptó formalmente el mismo principio para organizar el nuevo gobierno, cuando el Congreso acordó reservarse el Poder Legislativo; designando a tres ciudadanos para ejercer el Poder Ejecutivo Nacional, que debían turnarse en la presidencia por períodos semanales; y constituyendo, además, una Alta Corte de Justicia para el ejercicio del Poder Judicial.

Un año antes, por otra parte, el principio también se había adoptado en Cádiz, el mismo día de la instalación de las Cortes Generales en la Isla de León el 24 de septiembre de 1810, formadas por diputados integrados en un solo cuerpo, abandonándose la antigua división en estamentos.[2] En dicha sesión de instalación, se afirmó que "no conviniendo queden reunidos el Poder Legislativo, el Ejecutivo y el Judiciario", las Cortes Generales

---

documentos afines, Biblioteca de la Academia Nacional de la Historia, Caracas, 1959.

[2] Véase en Rafael M. de Labra y Martínez, *Los presidentes americanos de las Cortes de Cádiz*, Madrid, 1912 (Reedición Congreso de Diputados), p. 31.

también procedieron a reservarse el ejercicio del Poder Legislativo, y atribuyeron al Consejo de Regencia el ejercicio del Poder Ejecutivo.[3] El principio, por supuesto, también se recogió en la Constitución de Cádiz del 18 de marzo de 1812, al distribuir las potestades: la potestad de hacer las leyes a las Cortes con el rey (art. 15); la potestad de hacer ejecutar las leyes, al rey (art. 16); y la potestad de aplicar las leyes, a los tribunales (art. 17).

Con estas disposiciones, en paralelo, tanto España como Venezuela, desde el inicio, ingresaron en las corrientes del constitucionalismo moderno que derivaron de las revoluciones americana y francesa del siglo XVIII,[4] siguiendo las enseñanzas de los grandes pensadores que influyeron en las mismas que, con toda precisión, destaca el profesor Tarre, y que se reflejaron en la Declaración de los Derechos del Hombre y del Ciudadano de 1789, en cuyo artículo XVI —y siempre es bueno recordarlo— quedó asentada la máxima de que "Toda sociedad en la cual la garantía de los derechos no esté asegurada, ni la separación de poderes determinada, no tiene Constitución".

De este principio, inspirado, entre otros, en las reflexiones del barón de Montesquieu sobre la Constitución inglesa del siglo XVII,[5] en todas las Constituciones modernas derivó, no solo un principio que es esencial en la organización de los propios Estados,[6] sino fundamentalmente, con

---

[3]   Véase Eduardo Roca Roca, *América en el ordenamiento jurídico de las Cortes de Cádiz,* Granada 1986, p. 193; y J. F. Blanco y R. Azpúrua, *Documentos para la historia de la vida pública del Libertador de Colombia, Perú y Bolivia. Puestos por orden cronológico y con adiciones y notas que la ilustran,* La Opinión Nacional, vol. III, Caracas, 1877, edición facsimilar: Ediciones de la Presidencia de la República, Caracas, 1977, 1983, tomo II, pp. 657.

[4]   Véase en general Allan R. Brewer-Carías, *Reflexiones sobre la Revolución americana (1776) y la Revolución francesa (1789) y sus aportes al constitucionalismo moderno,* Caracas, 1991. Una segunda edición ampliada de este libro se publicó como *Reflexiones sobre la Revolución norteamericana (1776), la Revolución francesa (1789) y la Revolución hispanoamericana (1810-1830) y sus aportes al constitucionalismo moderno,* Serie Derecho Administrativo N.° 2, Universidad Externado de Colombia, Editorial Jurídica Venezolana, Bogotá, 2008.

[5]   *De l'Espirit des Lois* (ed. G. Tunc), París, 1949, vol. I, libro XI, cáp. IV, pp. 162-163.

[6]   Véase en general, Manuel García-Pelayo, "La división de poderes y la Constitución Venezolana de 1961", en *Libro homenaje a Rafael Caldera: Estudios sobre la Constitución,* tomo III, Facultad de Ciencias Jurídicas y Políticas, Universidad Central de Venezuela, Caracas 1979, pp. 1403 y 1420; Gustavo Tarre Briceño, "La separación de los poderes en Venezuela", en *Libro homenaje a Rafael Caldera: Estudios sobre la Constitución,* tomo III, Facultad de Ciencias Jurídicas y Políticas, Universidad Central de Venezuela, Caracas 1979, pp. 1369-1403.

posterioridad y como fue evolucionando el Estado moderno, en un principio esencial de la propia democracia y, con ella, de la libertad.[7]

Sobre el mismo es que queremos hacer algunas reflexiones adicionales a las que nos hace el profesor Tarre, motivadas por lo que nos dice en su libro, referidas en particular a la tradición jurisprudencial de la aplicación del principio, y de cómo el mismo fue demolido cuando el garante del mismo que es el supuestamente más débil de los poderes del Estado, el Poder Judicial, fue sometido por el poder político y puesto al servicio del autoritarismo.

I.   LA TRADICIÓN JURISPRUDENCIAL SOBRE EL PRINCIPIO DE LA SEPARACIÓN DE PODERES COMO TÉCNICA DE ORGANIZACIÓN DEL ESTADO Y EL TEMA DE LAS FUNCIONES DEL ESTADO

El principio de la separación de poderes, en efecto, en tiempos contemporáneos, siempre ha sido valorado por la jurisprudencia constitucional de Venezuela, y no solo como técnica de organización del Estado, a pesar de que más recientemente se lo haya querido reducir a esto último.[8] Por ejemplo, en una sentencia relativamente reciente, la N.° 1368, del 13 de agosto de 2008, la Sala Constitucional del Tribunal Supremo de Justicia, al declarar sin lugar una acción que se había intentado contra un decreto presidencial de 1984 concediendo un indulto (acto de gobierno), luego de analizar el vicio de "usurpación de funciones" que el fiscal general de la República le había imputado al mismo por considerar que el Poder Ejecutivo no había respetado "la separación de funciones" establecida en la Constitución (artículos 117, 118 y 119, Constitución de 1961; y artículos 136, 137 y 138 de la Constitución de 1999), definió lo que consideró los siguientes "tres principios básicos sobre los cuales se sustenta el ordenamiento jurídico constitucional":

a) El de competencia, que actúa como un instrumento ordenador del ejercicio del poder una vez que éste es legitimado; b) El de separación de poderes, dejando a salvo la necesaria coordinación entre los mismos, así como el ejercicio de ciertas funciones que no siéndoles esenciales les cumple

[7]   Véase Allan R. Brewer-Carías, *Los principios fundamentales del derecho público (Constitucional y Administrativo)*, Editorial Jurídica Venezolana, Caracas, 2005, pp. 67 y ss.

[8]   Véase en general Allan R. Brewer-Carías, "Sobre la mutación del principio de la separación de poderes en la jurisprudencia constitucional", en *Revista de Derecho Público*, N.° 132 (octubre- diciembre 2012), Editorial Jurídica Venezolana, Caracas, 2012, pp. 201-213.

realizar naturalmente, con base al cual funciona un mecanismo de balance en la división del poder y de mutuos controles o contrapesos entre los órganos que lo ejercen; y c) El principio de ejercicio del poder bajo la ley, elemento esencial del Estado de Derecho y del sistema democrático, conforme al cual son excluidas la autocracia y la arbitrariedad (sentencia N.° 457/2001, del 5 de abril).[9]

Sobre estos principios que la Sala calificó como "fundamentales al Estado de Derecho", y en particular sobre el segundo, la Sala constató que "exigen la distribución de funciones entre diversos órganos y la actuación de éstos con referencia a normas prefijadas, ya sea como un modo de interdicción de la arbitrariedad o como mecanismos de eficiencia en el cumplimiento de los cometidos del Estado (sentencia N.° 457/2001, del 5 de abril)"; pero considerando sin embargo, sin duda erradamente, que "*la división del poder no es un principio ideológico*, propio de la democracia liberal, sino un principio técnico del cual depende la vigencia de la seguridad jurídica como valor fundante del derecho y como proyecto de regulación de la conducta social (sentencia N.° 1309/2001, del 19 de julio)".

El principio sin duda que sí es un principio ideológico de la democracia liberal, y el hecho de ser además un principio o técnica de organización del Estado no autoriza a la Sala el tratar de "desideologizarlo" buscando poner de lado el significado del principio como un valor esencial de la democracia y la libertad. Son dos planos que son esenciales.

Bajo el ángulo de técnica de organización del Estado, en efecto, se trata de la que origina la división horizontal o separación orgánica de poderes,[10] en órganos independientes y autónomos entre sí, y que ejercen las diversas ramas del Poder Público, las cuales, conforme a la Constitución de 1999, son las ramas: Legislativa, Ejecutiva, Judicial, Ciudadana y Electoral, cada una, además, realizando sus propias funciones.

Bajo este ángulo, al adoptar esta penta separación de poderes, la Constitución vigente, como bien lo observa el profesor Tarre en su libro, abandonó la otrora clásica división del poder entre las ramas Legislativa, Ejecutiva y Judicial, la cual, por lo demás, ya se había roto en el

---

[9]   Véase en http://www.tsj.gov.ve/decisiones/scon/Agosto/1368-130808-01-2503.htm

[10] Véase en general, Manuel García-Pelayo, "La división de poderes y la Constitución Venezolana de 1961", en *Libro homenaje a Rafael Caldera: Estudios sobre la Constitución*, tomo III, Facultad de Ciencias Jurídicas y Políticas, Universidad Central de Venezuela, Caracas, 1979, pp. 1403 y 1420; Hildegard Rondón de Sansó, "La separación de los poderes en Venezuela", en *Libro homenaje a Rafael Caldera: Estudios sobre la Constitución*, tomo III, Facultad de Ciencias Jurídicas y Políticas, Universidad Central de Venezuela, Caracas, 1979, pp. 1369-1403.

constitucionalismo moderno desde el siglo XX, de manera que, en general, el Poder Público se ejercía, además de por los órganos que componían las tres clásicas ramas, por otra serie de órganos que progresivamente habían sido constitucionalizados y dotados de autonomía funcional (Contraloría General de la República, Ministerio Público, Consejo Supremo Electoral), y que en el caso de Venezuela, en 1999 se erigieron como ramas formales del Poder Público.[11] Es el caso del Poder Ciudadano, que integra los ya clásicos órganos constitucionales de control (art. 273), como la Contraloría General de la República (art. 267); el Ministerio Público (art. 284) y la Defensoría del Pueblo (art. 280); y del Poder Electoral, que ejerce el Consejo Nacional Electoral (art. 293). En la Constitución de 1999, en todo caso, se eliminó el Consejo de la Judicatura, que también era un órgano constitucional con autonomía funcional, atribuyéndose las funciones de gobierno y administración de la rama judicial al Tribunal Supremo de Justicia (art. 267).

Por otra parte, la separación orgánica de poderes, particularmente en cuanto a las relaciones entre los mismos a los efectos de la conducción política de la sociedad, dio origen y configuró el sistema presidencial de gobierno, pero con una desmedida sujeción y distorsión parlamentaria que, al menos en la Constitución de 1999, hace que si el presidente no controla políticamente la Asamblea, el sistema de gobierno es difícil que pueda funcionar.[12]

En todo caso, como también lo destaca el profesor Tarre en su obra, el principio de la separación de poderes como instrumento de organización del Estado no es de manera alguna rígido, sino que responde a cierto grado de flexibilidad, tal como lo señaló la antigua Corte Suprema de Justicia en 1953, al señalar que:

---

[11]   Conforme lo ha señalado la sentencia N.º 3098 de la Sala Constitucional (Caso: *nulidad artículos Ley Orgánica de la Justicia de Paz*) de 13 de diciembre de 2004, la "redistribución orgánica del Poder Público" que establece la Constitución obedece, según la Exposición de Motivos de la Constitución de 1999, a la necesidad de otorgar independencia y autonomía funcional a los órganos que están encargados de desarrollar determinadas competencias, especialmente las de ejecución de "*procesos electorales, así como el de la función contralora y la defensa de los derechos humanos*". Véase en *Gaceta Oficial* N.º 38.120 de 2 de febrero de 2005.

[12]   Quizás por ello en la Exposición de Motivos de la Constitución se calificó el sistema de gobierno en la Constitución, en nuestro criterio incorrectamente como un "sistema semipresidencial". Véase en Allan R. Brewer-Carías, *La Constitución de 1999. Derecho Constitucional Venezolano*, Editorial Jurídica Venezolana, Caracas, 2004, tomo I, pp. 437 y ss. y tomo II, p. 1146.

... si bien cada uno de ellos tiene definida su propia esfera de acción: el Legislativo, para dictar la ley, reformarla y revocarla; el Ejecutivo, para ejecutarla y velar por su cumplimiento; y el Judicial, para interpretarla, y darle aplicación en los conflictos surgidos, la demarcación de la línea divisoria entre ellos no es excluyente, ya que en muchos casos esos poderes ejercen funciones de naturaleza distinta de las que privativamente le están atribuidas.[13]

El principio, ciertamente, impide a unos órganos invadir las competencias propias de otro,[14] pero no les impide ejercer funciones de naturaleza similar a las de otros órganos.

La antigua Corte Suprema de Justicia, en este sentido, diez años después, en 1963, en una sentencia que menciona el profesor Tarre en su libro, inclusive fue aún más clara y terminante sobre el tema de la relación entre poderes y funciones del Estado al señalar que:

Lejos de ser absoluto el principio de la separación de los poderes, la doctrina reconoce y señala el carácter complementario de los diversos organismos a través de los cuales el Estado ejerce sus funciones; de suerte que unos y otros, según las atribuciones que respectivamente les señalan las leyes, realizan eventualmente actos de índole distinta a las que por su naturaleza les incumbe. [...] La doctrina establece que la división de poderes no coincide plenamente con la separación de funciones, pues corrientemente se asignan al Poder Legislativo potestades típicamente administrativas y aun jurisdiccionales y al Poder judicial funciones administrativas, como en el caso del nombramiento de jueces que hace este mismo tribunal y de la firma de libros de comercio o de registro civil que hacen los jueces de instancia; y a la inversa, se atribuyen al Poder Ejecutivo, funciones legislativas como la reglamentación, parcial o total de las leyes, sin alterar su espíritu, propósito o razón, que es considerada como el ejemplo más típico de la actividad legislativa del Poder Ejecutivo, por mandato del numeral 10 del artículo 190 de la Constitución Nacional; toda vez que el Reglamento es norma jurídica de carácter general dictado por la Administración Pública para su aplicación a todos los sujetos de derecho y en todos los casos que caigan dentro de sus

---

[13]   Véase la sentencia de la antigua Corte Federal de 19 de junio de 1953 en *Gaceta Forense*, N.° 1, Caracas, 1953, p. 77. En otra sentencia, al referirse a las funciones estatales, la Corte las diferenció así: "No realiza una función creadora dentro del ordenamiento jurídico, que es la función legislativa, ni conoce ni decide acerca de las pretensiones que una parte esgrime frente a la otra, que es la función judicial; sino que es sujeto de derecho, titular de intereses, agente propio de la *función administrativa*". Véase Sentencia de 18 de julio de 1963 de la antigua Corte Suprema de Justicia en Sala Político Administrativa, en *Gaceta Forense*, N.° 41, Caracas 1963, p. 116.

[14]   Véase Sentencia de la antigua Corte Federal y de Casación en Corte Plena de 26 de mayo de 1951 en *Gaceta Forense*, N.° 8, Caracas, 1952, p. 114 y Sentencia de la antigua Corte Suprema de Justicia en Corte Plena de 12 de junio de 1968 en publicación del Senado de la República, 1968, p. 201.

supuestos de hecho. En otros casos la autoridad administrativa imparte justicia, decide una controversia entre partes litigantes en forma similar a como lo hace la autoridad judicial.[15]

De acuerdo con esta doctrina, que siempre hemos compartido, entonces, la separación de poderes como principio de organización del Estado ha de entenderse en el sistema venezolano, en *primer lugar*, como una separación orgánica entre los órganos de cada rama del Poder Público; y en *segundo lugar*, como una asignación de funciones propias a cada uno de dichos órganos; pero nunca como una separación de funciones atribuidas con carácter exclusivo a los diversos órganos. Al contrario, además de sus funciones propias, los órganos del Estado realizan funciones que por su naturaleza son semejantes a las funciones asignadas a otros órganos. En otras palabras, mediante este principio se reserva a ciertos órganos el ejercer una función en una forma determinada (funciones propias), lo que no excluye la posibilidad de que otros órganos ejerzan esa función en otra forma.

Por tanto, de acuerdo con lo establecido en el artículo 136 de la Constitución, la asignación de funciones propias a los órganos que ejercen los Poderes Públicos no implica que cada uno de los órganos del Estado siempre tenga el ejercicio exclusivo de alguna función estatal específica. Tal como lo reconoció la Sala Constitucional del Tribunal Supremo de Justicia en sentencia N.º 3098 de 13 de diciembre de 2004 (Caso: *Nulidad de artículos de la Ley Orgánica de la Justicia de Paz*):

> No escapa a la Sala que, tal como argumentó en este juicio la representación de la Asamblea Nacional, el principio de separación de poderes que recoge el artículo 136 de nuestro Texto Fundamental, de idéntica manera a como lo establecía el artículo 118 de la Constitución de 1961, no implica, ni mucho menos, una división rígida de órganos y funciones, sino que, como la misma norma predica, "cada una de las ramas del Poder Público tiene sus funciones propias, pero los órganos a los que incumbe su ejercicio colaborarán entre sí en la realización de los fines del Estado".

> Principio de colaboración de los Poderes Públicos que lleva a un control mutuo entre poderes y, en definitiva, admite, hasta cierto punto, una confusión funcional entre ellos, es decir, que cada una de las ramas del Poder Público puede ejercer excepcionalmente competencias que, por su naturaleza, corresponderían, en principio, a las otras y de allí que la Administración Pública cuente con potestades normativas (v. gr. la potestad reglamentaria)

---

[15]   Esta doctrina fue establecida en Sentencia de la antigua Corte Suprema de Justicia en Sala Político Administrativa de 18 de julio de 1963 en *Gaceta Forense* N.º 41, Caracas, 1963, pp. 116 y 117, y ratificados por la misma Corte y Sala en Sentencias de 27 de mayo de 1968 en *Gaceta Forense* N.º 60, Caracas 1969, pp. 115 a 118, y de 9 de julio de 1969 en *Gaceta Forense* N.º 65, Caracas, 1969, pp. 70 a 74.

y jurisdiccionales (v. gr. resolución de conflictos entre particulares) y los órganos deliberantes y judiciales cumplan ciertas funciones típicamente administrativas (v. gr. la organización interna de sus dependencias y la potestad disciplinaria respecto de sus funcionarios, entre otras).[16]

La Sala Constitucional ha seguido considerando el principio de la separación de poderes en esta vertiente de principio de organización del Estado como uno de los principios tradicionales del derecho público venezolano[17] al afirmar, en 2009, que el constituyente de 1999:

> ... ha ensayado una distribución del Poder Público en niveles político-territoriales, así como una división en cada nivel. Esta distribución y división se cumplen mediante una asignación de tareas de diverso orden. Hay, por supuesto, potestades (legislar o resolver conflictos mediante actos con autoridad de cosa juzgada), tareas (satisfacer en lo concreto necesidades públicas), fines (denunciar la violación de derechos fundamentales), que caracterizan a dichos conjuntos de órganos. Pero ello no debe confundir al estudioso o al intérprete. En algunos casos, los efectos del acto que se emite sólo son propios de un grupo de órganos (la cosa juzgada); en otros la potestad es exclusiva (dirigir las relaciones exteriores de la República); y en no menor medida, la potestad es de uso común, aunque puede darse el caso que domine las tareas de un órgano en particular (por ejemplo, el control de la Administración Pública que comparten tanto la Asamblea Nacional como la Contraloría General de la República). Pero de lo que no caben dudas es [de] que todos los Poderes, según el caso, comparten mecanismos, instrumentos, métodos y fines. El Poder Legislativo nacional no sólo legisla, sino que también controla, con lo cual se acerca a la función contralora y a la judicial al mismo tiempo (art. 187.3); interviene en la discusión y aprobación del presupuesto, lo que ha sido catalogado como una tarea propia de la Administración (187.6), e interviene en el proceso judicial de destitución del Presidente de la República (art. 266.2). El Presidente de la República debe regular el ejercicio del derecho que se restrinja mediante decretos de estado de excepción (236.7 y 339), con lo cual ejerce una potestad normativa; concede indultos, incidiendo así directamente en la función judicial (236.19). El Poder Ciudadano puede investigar y sancionar los hechos que atenten contra la ética pública y la moral administrativa, para lo cual tendrá que valerse de técnicas que se asemejan a las que utiliza el Poder Judicial (274). El Poder Electoral dicta Reglamentos, los cuales contienen normas, es decir, es una técnica similar a la que usualmente ejerce el Poder Legislativo (293.1).

---

[16] Sentencia N.º 3098 de la Sala Constitucional (Caso: *nulidad artículos Ley Orgánica de la Justicia de Paz*) de 13 de diciembre de 2004, en *Gaceta Oficial* N.º 38.120 de 2 de febrero de 2005.

[17] Véase Allan R. Brewer-Carías, *Los principios fundamentales del derecho público (Constitucional y Administrativo)*, Editorial Jurídica Venezolana, Caracas, 2005, pp. 67 y ss.

Por último, el Poder Judicial se subroga a la Administración Pública en los casos que resuelve la Jurisdicción Contencioso-Administrativa.[18]

De lo anterior señaló la Sala, con razón, que "estos son algunos ejemplos del uso común de ciertos mecanismos por parte de algunos o de todos los Poderes Públicos", incluso sin referirse a "los medios en que los Poderes injieren en las tareas de los otros, que son abundantísimos"; considerando que "basta con los mencionados para probar que nuestro orden jurídico constitucional no se caracteriza por asignar de forma exclusiva, excluyente u homogénea los métodos, técnicas o procedimientos que en general son los usuales de ciertos poderes públicos en el cumplimiento de sus fines".[19]

Por ello concluyó la Sala que la separación de poderes:

… no supone una distribución homogénea, exclusiva o excluyente, o no en todos los casos, de tareas, potestades o técnicas entre los conglomerados de órganos del Poder Público. Por tanto, no podría juzgarse inconstitucional una norma por el sólo hecho de atribuir una potestad a un Poder que es típica de otra, sobre la base de la violación de un pretendido principio de separación de poderes. Lo que corresponde en esos casos es examinar la particular regulación impugnada a la luz de la distribución que en concreto realiza el Constituyente. De su examen contrastante con la Constitución es que podría resultar la inconstitucionalidad de la norma porque, por ejemplo, se le hubiese atribuido al Poder Ciudadano la facultad de dictar sentencias con autoridad de cosa juzgada, o al Poder Judicial la potestad de gestionar servicios públicos, o al Legislador la de dirigir procesos electorales, o cuando se ponga en riesgo la autonomía e independencia del alguno de dichos poderes. Allí en ese contexto vislumbra indudablemente el principio de colaboración de poderes.[20]

En otra parte de la sentencia, la Sala advirtió que:

… la Constitución de 1999 no refleja una estructura organizativa en la que la distribución de tareas entre los distintos Poderes corra paralela a una asignación de potestades homogéneas, exclusivas o excluyentes entre los mismos. La Constitución, sin duda, distribuye tareas, atribuye potestades, distingue entre un Poder de otro, pero no establece para todos los casos que ciertos tipos de potestades sólo pueden ser ejercidas por un Poder en

---

[18] Véase en http://www.tsj.gov.ve/decisiones/scon/Julio/1049-23709-2009-04-2233. html

[19] Véase en http://www.tsj.gov.ve/decisiones/scon/Julio/1049-23709-2009-04-2233. html

[20] Véase en http://www.tsj.gov.ve/decisiones/scon/Julio/1049-23709-2009-04-2233. html

particular. La división de Poderes en tanto supone independencia de Poderes cumple una función político-constitucional relevante, particularmente cuando de lo que se trata es de la autonomía del Poder Judicial. El Poder Judicial debe ser un árbitro independiente e imparcial. Pero ello no significa que sea el único árbitro. La Sala Constitucional tiene la potestad de interpretar la Constitución; pero ello no significa que sea su único intérprete. El Poder Legislativo tiene la potestad de dictar actos normativos con forma de Ley; pero no es el único órgano que produce actos normativos. ¿Por qué habría de ser la potestad de dirimir controversias exclusiva de un Poder en particular? Si bien han de haber ámbitos de las relaciones sociales en los cuales debe establecerse dicha exclusividad, ella no podría predicarse de todos los campos del quehacer social. Corresponderá en todo caso al Legislador determinar en cuáles circunstancias y en qué medida dicha potestad será exclusiva del Poder Judicial y en cuáles otros y en qué medida dicha potestad será ejercida por cualesquiera otro Poder Público, siempre atendiendo a las exigencias de los derechos fundamentales, particularmente de los consagrados en los artículos 26, 49 y 253 de la Constitución.[21]

Por último, a los efectos del tema de la universalidad del control jurisdiccional de la actividad del Estado, en sentencia N.° 2208 de 28 de noviembre de 2007 (Caso *Antonio José Varela y Elaine Antonieta Calatrava Armas* vs. *Proyecto de Reforma de la Constitución de la República Bolivariana de Venezuela*), la Sala Constitucional indicó que el mismo:

… responde igualmente a la visión contemporánea del principio de separación de poderes, el cual comporta la noción de control del ejercicio del Poder Público entre sus órganos, para asegurar la sujeción del obrar público a reglas y principios del derecho y, evidencia que el referido principio tiene carácter instrumental, en tanto está destinado a hacer efectiva la sujeción de los órganos del Poder Público al bloque de la constitucionalidad.

El arquetipo orgánico y funcional del Estado, según la Constitución de la República Bolivariana de Venezuela, acoge una conceptualización flexible de la división de poderes que permite que cada uno de los órganos que ejercen el Poder Público colaboren entre sí, surgiendo como consecuencia necesaria de esta característica, que la separación de funciones no coincida directamente con la división de poderes, encontrándose muchas veces en la actividad jurídica de los órganos del Estado que éstos ejerzan, además de las funciones que le son propias por orden constitucional, funciones que son características de otros Poderes.

El principio de separación de poderes se sostiene, entonces en "(…) la identificación de la pluralidad de funciones que ejerce el Estado y que aun cuando modernamente no se conciben distribuidas de forma exclusiva y

---

21   Véase en http://www.tsj.gov.ve/decisiones/scon/Julio/1049-23709-2009-04-2233.html

excluyente entre los denominados poderes públicos, sí pueden identificarse desarrolladas preponderante[mente] por un conjunto de órganos específicos, lo cual deja entrever la vigencia del principio de colaboración de poderes como un mecanismo de operacionalización del poder del Estado al servicio de la comunidad (...)" —Vid. Sentencia de esta Sala N.° 962/2006—, lo cual no sólo ha permitido, que órganos jurisdiccionales —jurisdicción contencioso administrativa— dispongan lo necesario para el restablecimiento de las situaciones jurídicas subjetivas lesionadas por la actividad administrativa, según señala el artículo 259 de la Constitución de la República Bolivariana de Venezuela, sino que mediante la jurisdicción constitucional se garantice la plena vigencia de los principios y garantías que informan la Constitución de la República Bolivariana de Venezuela.[22]

II. LOS INTENTOS DE DESIDEOLOGIZACIÓN DEL PRINCIPIO DE LA SEPARACIÓN DE PODERES

Como antes mencionamos, a pesar de que el principio de la separación de poderes surgió históricamente no solo como una técnica de organización del Estado para maximizar su funcionamiento, sino además como un principio ideológico dispuesto frente al absolutismo para asegurar el control del poder, lo que derivó luego en un principio para garantizar la libertad en la democracia liberal, este último aspecto ha venido progresivamente siendo ignorado, minimizado y, en todo caso, desmantelado por la propia Sala Constitucional del Tribunal Supremo de Justicia durante los últimos años de funcionamiento del régimen autoritario, al reducirlo a un simple principio de organización, pretendiéndole quitar su base garantista de la libertad, de los derechos fundamentales y de la democracia.[23]

Así, como antes mencionamos, ya desde 2004 la Sala Constitucional comenzó a afirmar que el principio de la separación de poderes "no es un principio ideológico, propio de la democracia liberal, sino un principio técnico del cual depende la vigencia de la seguridad jurídica como valor

---

[22]   Citada en la sentencia, en *Revista de Derecho Público*, N.° 112, Editorial Jurídica Venezolana, Caracas, 2007, pp. 601-606.

[23]   Véase en general, Allan R. Brewer-Carías, "El principio de la separación de poderes como elemento esencial de la democracia y de la libertad, y su demolición en Venezuela mediante la sujeción política del Tribunal Supremo de Justicia", en *Revista Iberoamericana de Derecho Administrativo, Homenaje a Luciano Parejo Alfonso,* año 12, N.° 12, Asociación e Instituto Iberoamericano de Derecho Administrativo Prof. Jesús González Pérez, San José, Costa Rica, 2012, pp. 31-43.

fundante del derecho",[24] con lo cual se ha pretendido ignorar el valor esencial del principio, precisamente en el marco de la ideología de la democracia liberal, que lo considera esencial para la existencia de la propia democracia y la libertad.

Lo que es cierto es que dicha afirmación de la Sala Constitucional no fue una afirmación inocente, sino que fue el comienzo de un viraje antidemocrático de la jurisprudencia constitucional que llevó a la Sala, cinco años después, a afirmar despectivamente en sentencia N.° 1049 de 23 de julio de 2009,[25] que "la llamada división, distinción o separación de poderes fue, al igual que la teoría de los derechos fundamentales de libertad, un instrumento de la doctrina liberal del Estado mínimo", concebido no como "un mero instrumento de organización de los órganos del Poder Público, sino un modo mediante el cual se pretendía asegurar que el Estado se mantuviera limitado a la protección de los intereses individualistas de la clase dirigente".

"Descubrió" así la Sala Constitucional, aun cuando distorsionándolo, el verdadero sentido que efectivamente tiene que tener el principio de la separación de poderes, no solo como mero instrumento de organización del Estado, sino como principio esencial de la democracia, la que es propia del Estado de Derecho, para garantizar los derechos y libertades fundamentales, aun cuando por supuesto no son solo los que derivan de "intereses individualistas de la clase dirigente" como con sesgo ideológico errado el Tribunal Supremo pretende confinar el principio.

A partir de este elemento "desideologizante" inserto en la jurisprudencia autoritaria de la Sala, en la cual incluso califica al principio democrático de la separación de poderes como un principio "conservador",[26] la Sala Constitucional luego comenzó a referirse al mismo como "*la llamada* división, distribución o separación de poderes", reafirmando su supuesto mero carácter instrumental en cuanto a que "no supone una distribución homogénea, exclusiva o excluyente, o no en todos los casos, de tareas, potestades o técnicas entre los conglomerados de órganos del Poder Público", en el sentido de que "la Constitución de 1999 no refleja una estructura organizativa en la que la distribución de tareas entre los distintos Poderes

---

[24] Ídem: Sentencia N.° 3098 de la Sala Constitucional (Caso: *nulidad artículos Ley Orgánica de la Justicia de Paz*) de 13 de diciembre de 2004, en *Gaceta Oficial* N.° 38.120 de 2-02-2005.

[25] Véase en http://www.tsj.gov.ve/decisiones/scon/Julio/1049-23709-2009-04-2233. html

[26] Véase sentencia de la Sala Constitucional N.° 1683 de 4 de noviembre de 2008 (Caso: *Defensoría del Pueblo*), en *Revista de Derecho Público*, N.° 116, Editorial Jurídica Venezolana, Caracas, 2008, pp. 222 y ss.

corra paralela a una asignación de potestades homogéneas, exclusivas o excluyentes entre los mismos".[27]

Lo cierto, en todo caso, es que a pesar de la instrumentalidad mencionada por la Sala Constitucional al referirse al principio de la separación de poderes, este no es solo una técnica para la organización y funcionamiento de los poderes del Estado, sino que tiene que considerarse, ante todo, como el fundamento para el control del poder, y particularmente, para el control judicial de la constitucionalidad y legalidad de los actos del Estado, a los efectos de que, como lo decía Montesquieu y nos lo recuerda el profesor Tarre Briceño, el magistrado que tiene poder no pueda abusar de él, para lo cual deben imponérsele límites, de manera que mediante la distribución del poder, "el poder limite al poder" y se evite que "se pueda abusar del poder".

Por ello es que el tema de la separación de poderes no se reduce a ser un tema de orden jurídico e instrumental para disponer la organización del Estado o para identificar los actos estatales, sino que es, además, por supuesto, un tema de orden político constitucional, considerado en el mundo contemporáneo como uno de los elementos esenciales de la democracia. Esta, en efecto, no es solo elección y contiendas electorales, sino un sistema político de interrelación y alianza global entre los gobernados que eligen y los gobernantes electos, dispuesto para garantizar, por una parte, primero, que los representantes sean elegidos por el pueblo, y que puedan gobernar representándolo; segundo, que el ciudadano, además, pueda tener efectiva participación política no limitada a la sola elección periódica; tercero, por sobre todo, un sistema donde el ser humano tiene primacía con él, su dignidad, sus derechos y sus libertades; cuarto, que el ejercicio del poder esté sometido a control efectivo, de manera que los gobernantes y gestores públicos sean controlados, rindan cuenta de su gestión y pueda hacérselos responsables; y quinto, como condición para todas esas garantías, que la organización del Estado esté realmente estructurada conforme a un sistema de separación de poderes, con la esencial garantía de su independencia y autonomía, particularmente del poder judicial.[28]

---

[27] Véase en http://www.tsj.gov.ve/decisiones/scon/Julio/1049-23709-2009-04-2233.html

[28] Véase Allan R. Brewer-Carías, "Los problemas del control del poder y el autoritarismo en Venezuela", en Peter Häberle y Diego García Belaúnde (coordinadores), *El control del poder. Homenaje a Diego Valadés*, Instituto de Investigaciones Jurídicas, Universidad Nacional Autónoma de México, tomo I, México, 2011, pp. 159-188; "Sobre los elementos de la democracia como régimen político: representación y control del poder", en *Revista Jurídica Digital IUREced*, Edición 01, Trimestre 1,

La Carta Interamericana de Derechos Humanos de 2001, que es quizás uno de los instrumentos internacionales más importantes del mundo contemporáneo —aun cuando lamentablemente en desuso— en este sentido fue absolutamente precisa al enumerar dentro de los *elementos esenciales* de la democracia: primero, el respeto a los derechos humanos y las libertades fundamentales; segundo, el acceso al poder y su ejercicio con sujeción al Estado de Derecho; tercero, la celebración de elecciones periódicas, libres, justas y basadas en el sufragio universal y secreto, como expresión de la soberanía del pueblo; cuarto, el régimen plural de partidos y organizaciones políticas; y quinto, *la separación e independencia de los poderes públicos* (art. 3).

Concebida la democracia conforme a estos elementos esenciales, la misma Carta Democrática los complementa con la exigencia de unos componentes esenciales de la misma, todos vinculados al control del poder, que son la transparencia de las actividades gubernamentales, la probidad y la responsabilidad de los gobiernos en la gestión pública; el respeto de los derechos sociales y de la libertad de expresión y de prensa; la subordinación constitucional de todas las instituciones del Estado, incluyendo el componente militar, a la autoridad civil legalmente constituida, y el respeto al Estado de Derecho por todas las entidades y sectores de la sociedad (art. 4).

Por todo ello es que el principio de la separación de poderes es tan importante para la democracia pues, en definitiva, del mismo dependen todos los demás elementos y componentes esenciales de la misma, de manera que, en definitiva, solo controlando el poder es que puede haber elecciones libres y justas, así como efectiva representatividad; solo controlando el poder es que puede haber pluralismo político; solo controlando el poder es que podría haber efectiva participación democrática en la gestión de los asuntos públicos; solo controlando el poder es que puede haber transparencia administrativa en el ejercicio del gobierno, así como rendición de cuentas por parte de los gobernantes; solo controlando el poder es que se puede asegurar un gobierno sometido a la Constitución y las leyes, es decir, un Estado de Derecho y la garantía del principio de legalidad; solo controlando

2010-2011, en http://www.megaupload.com/?d=ZN9Y2W1R; "Democracia: sus elementos y componentes esenciales y el control del poder", en *Grandes temas para un observatorio electoral ciudadano*, tomo I, *Democracia: retos y fundamentos, (compiladora Nuria González Martín)*, Instituto Electoral del Distrito Federal, México 2007, pp. 171-220; "Los problemas de la gobernabilidad democrática en Venezuela: el autoritarismo constitucional y la concentración y centralización del poder", en Diego Valadés (coord.), *Gobernabilidad y constitucionalismo en América Latina*, Universidad Nacional Autónoma de México, México, 2005, pp. 73-96.

el poder es que puede haber un efectivo acceso a la justicia de manera que esta pueda funcionar con efectiva autonomía e independencia; y en fin, solo controlando el poder es que puede haber real y efectiva garantía de respeto a los derechos humanos. De lo anterior resulta, por tanto, que solo cuando existe un sistema de control efectivo del poder es que puede haber democracia, y solo en esta es que los ciudadanos pueden encontrar asegurados sus derechos debidamente equilibrados con los Poderes Públicos.

No es difícil, por tanto, poder apreciar que haya sido precisamente por la ausencia de una efectiva separación de poderes en Venezuela, como sistema de control del poder, que la democracia haya sido tan afectada en los últimos tres lustros, período en el cual se ha producido un proceso continuo y sistemático de desmantelamiento de la misma,[29] mediante el proceso paralelo de concentración del poder, y que ha conducido, entre otro aspectos graves, al desmantelamiento de la autonomía e independencia del Poder Judicial en su conjunto,[30] y en particular, al control político por parte del Poder Ejecutivo del Tribunal Supremo y de su Sala Constitucional, los cuales han sido puestos al servicio del autoritarismo,[31] afectando su rol de garantes de la Constitución y de los derechos humanos.[32]

---

[29]   Véase Allan R. Brewer-Carías, *Dismantling Democracy. The Chávez Authoritarian Experiment*, Cambridge University Press, New York, 2010.

[30]   Véase, *en general*, Allan R. Brewer-Carías, "La progresiva y sistemática demolición de la autonomía e independencia del Poder Judicial en Venezuela (1999-2004)", en *XXX Jornadas J.M. Domínguez Escovar, Estado de Derecho, Administración de Justicia y Derechos Humanos*, Instituto de Estudios Jurídicos del Estado Lara, Barquisimeto, 2005, pp. 33-174; Allan R. Brewer-Carías, "El constitucionalismo y la emergencia en Venezuela: entre la emergencia formal y la emergencia anormal del Poder Judicial", en Allan R. Brewer-Carías, *Estudios sobre el Estado Constitucional (2005-2006)*, Editorial Jurídica Venezolana, Caracas, 2007, pp. 245-269; y Allan R. Brewer-Carías, "La justicia sometida al poder. La ausencia de independencia y autonomía de los jueces en Venezuela por la interminable emergencia del Poder Judicial (1999-2006)", en *Cuestiones Internacionales. Anuario Jurídico Villanueva 2007*, Centro Universitario Villanueva, Marcial Pons, Madrid 2007, pp. 25-57, *disponible en* www.allanbrewercarias.com, (Biblioteca Virtual, II.4. Artículos y Estudios N.º 550, 2007) pp. 1-37. Véase también Allan R. Brewer-Carías, *Historia Constitucional de Venezuela*, Editorial Alfa, tomo II, Caracas 2008, pp. 402-454.

[31]   Véase Allan R. Brewer-Carías, "El rol del Tribunal Supremo de Justicia en Venezuela, en el marco de la ausencia de separación de poderes, producto del régimen autoritario", en *Segundo Congreso Colombiano de Derecho Procesal Constitucional, Bogotá D.C., 16 de marzo de 2011*, Centro Colombiano de Derecho Procesal Constitucional, Universidad Católica de Colombia, Bogotá, 2011, pp. 85-111; "El juez constitucional al servicio del autoritarismo y la ilegítima mutación de la Constitución: el caso de la Sala Constitucional del Tribunal Supremo de Justicia de Venezuela (1999-2009)", en *Revista de Administración Pública*, N.º 180, Madrid 2009,

La propia Comisión Interamericana de Derechos Humanos ha destacado la gravedad del problema, al punto de que en su *Informe Anual de 2009*, después de analizar la situación de los derechos humanos en Venezuela y el deterioro institucional que ha sufrido el país, apuntó que todo ello "indica *la ausencia de la debida separación e independencia entre las ramas del gobierno en Venezuela*".[33]

Esa situación general es, por otra parte, la que permite entender que haya sido la propia presidenta de la Sala Constitucional del Tribunal Supremo de Venezuela, como lo destaca el profesor Tarre en su obra, quien haya afirmado a la prensa en diciembre de 2009, simplemente que "la división de poderes debilita al Estado", y que "hay que reformarla".[34]

La situación que derivaba de esta afirmación, y constatado el efectivo desmantelamiento del principio de separación de poderes que se ha producido en el país durante el régimen autoritario, incluso llevó al profesor Tarre Briceño, en su libro, a indicar y preguntarse: "'El Estado soy yo', se dice que dijo Luis XIV al Parlamento de París el 13 de abril de 1655. ¿Podría Hugo Chávez haber dicho lo mismo en el año 2012, antes de enfermar?", respondiendo que "*L´État c´est moi,* podía decir sin alejarse de la verdad, Hugo Chávez Frías".

---

pp. 383-418, y en *IUSTEL, Revista General de Derecho Administrativo*, N.º 21, junio 2009, Madrid, ISSN-1696-9650; y "Los problemas del control del poder y el autoritarismo en Venezuela", en Peter Häberle y Diego García Belaúnde (coordinadores), *El control del poder. Homenaje a Diego Valadés,* Instituto de Investigaciones Jurídicas, Universidad Nacional Autónoma de México, tomo I, México, 2011, pp. 159-188.

[32] Véase Allan R. Brewer-Carías, "El proceso constitucional de amparo en Venezuela: su universalidad y su inefectividad en el régimen autoritario", en *Horizontes Contemporáneos del Derecho Procesal Constitucional. Liber Amicorum Néstor Pedro Sagüés,* Centro de Estudios Constitucionales del Tribunal Constitucional, Lima, 2011, tomo II, pp 219-261.

[33] Véase IACHR, *2009 Annual Report*, para. 472, en http://www.cidh.oas.org/annualrep/2009eng/Chap.IV.f.eng.htm. El presidente de la Comisión, Felipe González, dijo en abril de 2010: "Venezuela es una democracia que tiene graves limitaciones, porque la democracia implica el funcionamiento del principio de separación de poderes, y un Poder Judicial libre de factores políticos". Véase en Juan Francisco Alonso, "Últimas medidas judiciales certifican informe de la CIDH", en *El Universal*, 4-4-2010. Disponible en http://universo.eluniversal.com/2010/04/04/pol_art_ultimas-medidas-jud_1815569.shtml.

[34] Véase en Juan Francisco Alonso, "La división de poderes debilita al Estado. La presidenta del TSJ [Luisa Estella Morales] afirma que la Constitución hay que reformarla", *El Universal*, Caracas 5 de diciembre de 2009, en http://www.eluniversal.-com/2009/12/05/pol_art_morales:-la-divisio_ 16831 09. shtml. Véase la exposición completa de la presidenta del Tribunal Supremo en http://www.tsj.gov.ve/-informacion/notasde prensa/notasdepren sa.asp?codigo=7342

Y efectivamente, la apreciación del profesor Tarre no está nada alejada de la realidad histórica, ya que un año antes de que la presidenta del Tribunal Supremo hiciese sus desafortunadas apreciaciones, en agosto de 2008, el entonces presidente Chávez había afirmado, al referirse a los decretos leyes que había dictado conforme a la ley habilitante de 2007, implementando en forma inconstitucional la reforma constitucional que había sido rechazada por el pueblo en referendo de diciembre de 2007, efectiva y simplemente: "Yo soy la *Ley. Yo soy el Estado*",[35] repitiendo incluso las mismas frases que él mismo ya había dicho en 2001, aun cuando con un pequeño giro —entonces dijo "*La Ley soy yo. El Estado soy yo*"[36]— al referirse también en aquella oportunidad a la sanción inconsulta de cerca de 50 decretos leyes violando la Constitución. Esas frases, como lo recuerda el profesor Tarre, se atribuyeron en 1661 a Luis XIV para calificar el gobierno absoluto de la monarquía cuando, a la muerte del cardenal Gulio Raimondo Mazarino, el rey decidió asumir él mismo el gobierno sin nombrar un sustituto como ministro de Estado. Pero la verdad histórica, como lo recuerda Tarre, lo que hace aún más grotescas las afirmaciones del presidente Chávez, es que ni siquiera Luis XIV llegó realmente a expresar esas frases que buscaban solo resumir su decisión de gobernar sin el apoyo de un primer ministro.[37] Por ello, haberlas oírlo de boca de un jefe de Estado de nuestros tiempos es suficiente para entender la trágica situación institucional de Venezuela, precisamente caracterizada por la completa ausencia de separación de poderes, de independencia y autonomía del Poder Judicial y, en consecuencia, de gobierno democrático,[38] como tan magistralmente lo deshilvana y explica el profesor Tarre Briceño, con todo su conocimiento y experiencia política, en este libro.

---

[35] Expresión del presidente Hugo Chávez Frías, el 28 de agosto de 2008. Ver en Gustavo Coronel, *Las armas del coronel*, 15 de octubre de 2008: http://lasarmasdecoronel.blogspot.com/2008/10/yo-soy-la-leyyo-soy-el-estado.html

[36] Véase en *El Universal*, Caracas 4–12–01, pp. 1,1 y 2,1. Es también lo único que puede explicar que un jefe de Estado en 2009 pueda calificar a "la democracia representativa, la división de poderes y el gobierno alternativo" como doctrinas que "envenenan la mente de las masas". Véase la reseña sobre "Hugo Chávez seeks to catch them young", *The Economist*, 22-28 de agosto 2009, p. 33.

[37] Véase Yves Guchet, *Histoire Constitutionnelle Française (1789–1958)*, Ed. Erasme, París 1990, p. 8.

[38] Véase el resumen de esta situación en Teodoro Petkoff, "Election and Political Power. Challenges for the Opposition", en *Revista. Harvard Review of Latin America*, David Rockefeller Center for Latin American Studies, Harvard University, Fall 2008, p. 12. Véase además, Allan R. Brewer-Carías, "Los problemas de la gobernabilidad democrática en Venezuela: el autoritarismo constitucional y la concentración y centralización del poder", en Diego Valadés (coord.), *Gobernabilidad y constitucionalismo en América Latina*, Universidad Nacional Autónoma de México, México, 2005, pp. 73-96.

III. EL PROGRESIVO PROCESO DE ASEGURAMIENTO DEL CONTROL POLÍTICO SOBRE EL TRIBUNAL SUPREMO DE JUSTICIA

Al contrario de lo afirmado por la presidenta del Tribunal Supremo en 2009, y desde el punto de vista democrático, lo que hay que hacer con el principio de la separación de poderes es reforzarlo, no para debilitar al Estado, sino para garantizar la propia democracia, los derechos humanos y las libertades. Sin embargo, que hubiese sido la presidenta del Tribunal Supremo quien afirmase lo contrario lo que puso en evidencia es que, ya a finales de 2009, el sometimiento de dicho Tribunal al control político por parte del Ejecutivo se había completado en Venezuela, habiendo sido convertido el Poder Judicial en el instrumento esencial para el afianzamiento del autoritarismo.

Por ello, el Estado venezolano que ha derivado del experimento autoritario de los últimos tres lustros, a pesar de todo el lenguaje florido de la Constitución, no puede calificarse como un Estado democrático y social de Derecho, denominación que se tiene que negar a cualquier Estado en el cual el Tribunal Supremo carece de autonomía e independencia y está sometido a los dictados de los otros poderes del Estado, como la Asamblea Nacional o el Poder Ejecutivo. Simplemente, no puede haber Estado de Derecho en un país en el cual el Tribunal Supremo, al estar controlado políticamente, se convierte en un instrumento más para la ejecución de la política diseñada por los otros poderes. Y lamentablemente este es el caso de Venezuela, donde el Tribunal Supremo de Justicia, en lugar de ser el garante del Estado de Derecho y de contribuir al afianzamiento de la democracia y las libertades, ha sido el instrumento más artero utilizado por quienes ejercen el poder político para afianzar el autoritarismo, desmantelar la democracia como régimen político y acabar con el propio Estado de Derecho,[39] habiéndose convertido en un brazo del gobierno para la ejecución de políticas autoritarias.

Este proceso de control político sobre el Tribunal Supremo desarrollado en la última década en Venezuela, que bien destaca el profesor Tarre Briceño en su libro, tiene su origen remoto en 1998 y 1999, cuando el presidente de la República comenzó a ejercer su indebida presión sobre la

---

[39]   Véase Allan R. Brewer-Carías, "El rol del Tribunal Supremo de Justicia en Venezuela, en el marco de la ausencia de separación de poderes, producto del régimen autoritario", en *Segundo Congreso Colombiano de Derecho Procesal Constitucional, Bogotá D.C., 16 de marzo de 2011*, Centro Colombiano de Derecho Procesal Constitucional, Universidad Católica de Colombia, Bogotá, 2011, pp. 85-111.

entonces Corte Suprema de Justicia para que decidiera permitiendo la realización de un referendo consultivo para elegir una Asamblea Constituyente que no estaba prevista en la Constitución, con lo cual, luego de unas ambiguas decisiones dictadas en enero de 1999, se abrió el camino para el proceso constituyente.[40]

La Asamblea Constituyente que resultó electa de aquel proceso, lamentablemente, fue la que inició el proceso de demolición precisamente del principio de la separación de poderes, y con ello de las instituciones judiciales y del Estado de Derecho,[41] con la intervención expresa del Poder Judicial,[42] siendo el resultado, luego de tres largos lustros, que el país se encuentra sometido a un gobierno autoritario donde, si bien ha habido elecciones, aun cuando de dudosa libertad, sin embargo, no está asegurado el respeto de los derechos humanos y de las libertades fundamentales; ni la existencia de un régimen plural de partidos y organizaciones políticas; ni la separación e independencia de los poderes públicos; ni la transparencia de las actividades gubernamentales; ni la probidad y responsabilidad en

---

[40] Véase el texto de las sentencias en Allan R. Brewer-Carías, *Poder Constituyente Originario y Asamblea Nacional Constituyente*, Editorial Jurídica Venezolana, Caracas, 1998, pp. 25 a 53; y véanse los comentarios a dichas sentencias en ese mismo libro, pp. 55 a 114 y en Allan R. Brewer-Carías, *Asamblea Constituyente y ordenamiento constitucional*, Academia de Ciencias Políticas y Sociales, Caracas, 1998, pp. 153 a 228. Igualmente en *Revista de Derecho Público*, N.º 77–80, Editorial Jurídica Venezolana, Caracas 1999, pp. 56 y ss. y 68 y ss. Véase Allan R. Brewer-Carías, "La configuración judicial del proceso constituyente o de cómo el guardián de la Constitución abrió el camino para su violación y para su propia extinción", en *Revista de Derecho Público*, N.º 77–80, Editorial Jurídica Venezolana, Caracas, 1999, pp. 453 y ss.; y *Golpe de Estado y proceso constituyente en Venezuela*, UNAM, México, 2001, pp. 60 y ss.

[41] Véase en general Allan R. Brewer-Carías, "El autoritarismo establecido en fraude a la Constitución y a la democracia y su formalización en Venezuela mediante la reforma constitucional. (De cómo en un país democrático se ha utilizado el sistema eleccionario para minar la democracia y establecer un régimen autoritario de supuesta 'dictadura de la democracia' que se pretende regularizar mediante la reforma constitucional)" en el libro *Temas constitucionales. Planteamientos ante una Reforma*, Fundación de Estudios de Derecho Administrativo, FUNEDA, Caracas, 2007, pp. 13-74; "La demolición del Estado de Derecho en Venezuela. Reforma Constitucional y fraude a la Constitución (1999-2009)", en *El cronista del Estado Social y Democrático de Derecho*, N.º 6, Editorial Iustel, Madrid, 2009, pp. 52-61.

[42] El 19 de agosto de 1999, la Asamblea Nacional Constituyente resolvió declarar "al Poder Judicial en emergencia", *Gaceta Oficial* N.º 36.772 del 25 de agosto de 1999, reimpreso en *Gaceta Oficial* N.º 36.782 del 8 de septiembre de 1999. Véase en Allan R. Brewer-Carías, *Debate Constituyente*, tomo I, ob. cit., pp. 57 a 73; y en *Gaceta Constituyente (Diario de Debates), agosto–septiembre de 1999*, Sesión del 18 de agosto de 1999, N.º 10, pp. 17 a 22. Véase el texto del decreto en *Gaceta Oficial* N.º 36.782 del 8 de septiembre de 1999.

la gestión pública; ni la libertad de expresión y de prensa; y ni siquiera la subordinación de las instituciones del Estado a la autoridad civil, pues lo que existe en definitiva es un régimen militar. Y todo ello, lamentablemente, con el consentimiento y complicidad de la antigua Corte Suprema, la cual avaló la creación por la Asamblea Constituyente de una Comisión de Emergencia Judicial que afectaba sus funciones, llegando la antigua Corte incluso a nombrar a uno de sus propios magistrados como miembro de la misma.[43] Esa comisión, aun cuando con otro nombre, continuó funcionando en violación de la Constitución hasta 2011, cuando se crearon unos supuestos tribunales disciplinarios, pero dependientes de la Asamblea Nacional.

Todos estos actos de la Asamblea Constituyente fueron sin embargo impugnados ante la mencionada y sometida antigua Corte Suprema, la cual, en otra altamente criticada decisión dictada el 14 de octubre de 1999,[44] avaló la constitucionalidad de los mismos reconociendo supuestos poderes "supraconstitucionales" de la Asamblea Constituyente. Era, sin duda, la única forma que tenía la Corte Suprema para justificar la inconstitucional intervención de los Poderes Públicos y, por tanto, el inicio de la ruptura del principio de la separación de poderes, decisión por lo cual dicha Corte habría de pagar un muy alto precio, como fue el de su propia existencia. Con esas decisiones, en realidad, la antigua Corte Suprema había firmado su propia sentencia de muerte, desapareciendo del panorama institucional dos meses después, como la primera de las víctimas del gobierno autoritario al cual había ayudado a apoderarse del poder.[45]

Luego vino el nombramiento de los magistrados del nuevo Tribunal Supremo de Justicia que efectuó la propia Asamblea Constituyente en diciembre de 1999, al dictar el mencionado régimen transitorio del Poder Público al margen de la Constitución, respecto del cual la propia Sala Constitucional nombrada en el mismo, decidiendo en causa propia, consideró que no estaba sometido ni a la nueva ni a la vieja Constitución,[46] dando

---

[43] Acuerdo de la Corte Suprema de Justicia de 23 de agosto de 1999. Véanse nuestros comentarios sobre el acuerdo en Allan R. Brewer-Carías, *Debate Constituyente*, tomo I, ob. cit., pp. 141 y ss. Véanse, además, los comentarios de Lolymar Hernández Camargo, *La teoría del Poder Constituyente*, pp. 75 y ss.

[44] Véase sentencia en el caso: *Impugnación del Decreto de Regulación de las Funciones del Poder Legislativo*, en *Revista de Derecho Público*, N.º 77–80, Editorial Jurídica Venezolana, Caracas 1999, pp. 111 y ss.

[45] Véase el "Decreto de Transición del Poder Público" en *Gaceta Oficial* N.º 36.859 de 29 de diciembre de 1999.

[46] Véase sentencia N.º 6 de fecha 27 de enero de 2000, en *Revista de Derecho Público*, N.º 81, (enero-marzo), Editorial Jurídica Venezolana, Caracas, 2000, pp. 81 y ss.

como resultado una especie de régimen "paraconstitucional" que pasó a formar parte del "bloque de la constitucionalidad", a pesar de que nunca fue aprobado por el pueblo.[47]

Luego, en 2000, la Asamblea Nacional, en lugar de legislar para regularizar el nombramiento de los magistrados que habían sido designados en diciembre de 1999 en forma "provisional", dictó una "Ley Especial" tendiente a su ratificación o designación,[48] la cual, por ser inconstitucional, por violar el derecho a la participación política de los ciudadanos, fue impugnada ante el Tribunal Supremo por la defensora del pueblo,[49] acción que nunca se decidió. La Sala Constitucional, sin embargo, por vía cautelar decidió en su propia causa, resolviendo que la Constitución no les era aplicable porque supuestamente los magistrados decisores no iban a ser "designados", sino que lo que iban era a ser "ratificados", forjándose así una grotesca burla a la Constitución.[50] En esa forma se produjo el nombramiento y ratificación de los magistrados del Tribunal Supremo de Justicia en 2000, con una integración precariamente equilibrada con marcada influencia política, que lo tornó inefectivo en el control de la constitucionalidad de los actos ejecutivos. Ello se evidenció en la abstención total del Tribunal Supremo en el ejercicio del control de constitucionalidad, por ejemplo, de los casi 50 decretos leyes dictados en noviembre de 2001 con base en una ley habilitante sancionada en 2000, excediendo los términos de la delegación legislativa y violando el derecho a la participación de los ciudadanos en el proceso de elaboración y discusión de las leyes; precisamente los que habían llevado a Chávez a afirmar que él era "la ley".[51]

---

[47]   Véase sentencia del 28 de marzo de 2000, caso: *Allan R. Brewer-Carías y otros,* en *Revista de Derecho Público*, N.º 81, (enero-marzo), Editorial Jurídica Venezolana, Caracas, 2000, p. 86.

[48]   *Gaceta Oficial* N.º 37.077 del 14 de noviembre de 2000.

[49]   Véase *El Universal,* Caracas, 14 de diciembre de 2000, pp. 1-2.

[50]   Véase Tribunal Supremo de Justicia, Sala Constitucional, Decisión del 12-12-2000 en *Revista de Derecho Público,* N.º 84, Editorial Jurídica Venezolana, Caracas, 2000, p. 109. Véanse comentarios en Allan R. Brewer-Carías, "La participación ciudadana en la designación de los titulares de los órganos no electos de los Poderes Públicos en Venezuela y sus vicisitudes políticas" en *Revista Iberoamericana de Derecho Público y Administrativo*, año 5, N.º 5-2005, San José, Costa Rica, 2005, pp. 76-95, *disponible en* www.allanbrewercarias.com (Biblioteca Virtual, II.4. Artículos y Estudios N.º 469, 2005) pp. 1-48.

[51]   Véase Allan R. Brewer-Carías, "Apreciación general sobre los vicios de inconstitucionalidad que afectan los Decretos Leyes Habilitados" en *Ley Habilitante del 13-11-2000 y sus Decretos Leyes*, Academia de Ciencias Políticas y Sociales, Serie Eventos N.º 17, Caracas, 2002, pp. 63-103.

Luego vino la sanción de la Ley Orgánica del Tribunal Supremo de Justicia de 2004,[52] la cual no solo incidió sobre la estabilidad de los magistrados, abriendo la posibilidad para su destitución por decisión de la mayoría absoluta de los diputados en lugar de la mayoría calificada exigida en la Constitución, sino también en su designación, elevándose su número de 20 a 32, distorsionándose las condiciones constitucionales para el nombramiento. Dicha ley, como lo consideró la Comisión Interamericana de Derechos Humanos en su *Informe Anual de 2004*, careció "de las salvaguardas necesarias para impedir que otras ramas del Poder Público pudieran minar la independencia del Tribunal".[53] Y ello se evidenció en el nombramiento de los magistrados en un proceso que fue completamente controlado por el presidente de la República, dado su control de la Asamblea, como lo reconoció públicamente el presidente de la Comisión Parlamentaria para la selección de los magistrados, y lo destaca acertadamente el profesor Tarre en su libro, al punto de afirmar públicamente en 2004, además, que "En el grupo de postulados no hay nadie que vaya a actuar contra nosotros".[54]

Ha sido esa configuración del Tribunal Supremo, altamente politizada y sujeta a los deseos del presidente, lo que ha permitido la completa eliminación de la autonomía del Poder Judicial, y por ende, la destrucción del principio de la separación de poderes, permitiendo al gobierno ejercer un control absoluto sobre el Tribunal y, en particular, sobre su Sala Constitucional. Ello ha llegado al punto, por ejemplo, de que en algún caso en el

---

[52]   Véase *Gaceta Oficial* N.º 37.942 del 20 de mayo de 2004. Para los comentarios sobre esta ley, véase, en general, Allan R. Brewer-Carías, *Ley Orgánica del Tribunal Supremo de Justicia. Procesos y procedimientos constitucionales y contencioso-administrativos*, Editorial Jurídica Venezolana, Caracas, 2004.

[53]   Véase IACHR, *2004 Annual Report* (Follow-Up Report on Compliance by the State of Venezuela with the Recommendations made by the IACHR in its Report on the Situation of Human Rights in Venezuela [2003]), para. 174. Available at http://www.cidh.oas.org/annualrep/2004eng/chap.5b.htm

[54]   Declaró a la prensa: "Si bien los diputados tenemos la potestad de esta escogencia, el Presidente de la República fue consultado y su opinión fue tomada muy en cuenta". Añadió: "Vamos a estar claros, nosotros no nos vamos a meter autogoles. En la lista había gente de la oposición que cumplen con todos los requisitos. La oposición hubiera podido usarlos para llegar a un acuerdo en las últimas sesiones, pero no quisieron. Así que nosotros no lo vamos a hacer por ellos. En el grupo de postulados no hay nadie que vaya a actuar contra nosotros". Véase *El Nacional*, Caracas, 13 de diciembre de 2004. La Comisión Interamericana de Derechos Humanos sugirió en su Informe a la Asamblea General de la OEA para 2004 que "estas normas de la Ley Orgánica del Tribunal Supremo de Justicia habrían facilitado que el Poder Ejecutivo manipulara el proceso de elección de magistrados llevado a cabo durante 2004". Véase Comisión Interamericana de Derechos Humanos, *Informe sobre Venezuela 2004*, párrafo 180.

cual el Tribunal dictó una absurda sentencia "reformando" la Ley de Impuesto sobre la Renta,[55] el presidente la criticó, pero no por su absurdo contenido, sino porque se hubiese dictado sin que se hubiese consultado previamente al "líder de la Revolución", advirtiendo a los tribunales que eso de decidir sin que se le consultaran los asuntos podía considerarse "traición al Pueblo" o a "la Revolución".[56]

En todo caso, ha sido mediante el control ejercido sobre el Tribunal Supremo, que en Venezuela es el órgano encargado del gobierno y administración del Poder Judicial, que el gobierno ha ejercido un control político sobre la universalidad de las instituciones judiciales, con la cooperación, hasta 2011, de la Comisión de Reorganización del Poder Judicial, legitimada por el propio Tribunal Supremo, con lo que se hicieron completamente inaplicables las magníficas previsiones constitucionales que buscaban garantizar la independencia y autonomía de los jueces.[57] El resultado ha sido

---

[55] Tribunal Supremo de Justicia, Sala Constitucional, Decisión N.° 301 del 27 de febrero de 2007 (Caso: *Adriana Vigilanza y Carlos A. Vecchio*) (Exp. N.° 01-2862) en *Gaceta Oficial* N.° 38.635 del 1 de marzo de 2007. Véanse comentarios en Allan R. Brewer-Carías, "El juez constitucional en Venezuela como legislador positivo de oficio en materia tributaria" en *Revista de Derecho Público* N.° 109, Editorial Jurídica Venezolana, Caracas, 2007, pp. 193-212, *disponible en* www.allanbrewercarias.com (Biblioteca Virtual, II.4. Artículos y Estudios N.° 508, 2007) pp. 1-36; y Allan R. Brewer-Carías, "De cómo la jurisdicción constitucional en Venezuela, no solo legisla de oficio, sino subrepticiamente modifica las reformas legales que "sanciona", a espaldas de las partes en el proceso: el caso de la aclaratoria de la sentencia de Reforma de la Ley de Impuesto sobre la Renta de 2007", en *Revista de Derecho Público* N.° 114, Editorial Jurídica Venezolana, Caracas, 2008, pp. 267-276, disponible en http://www.brewercarias.com/ Content/449725d9-f1cb-474b-8ab2-41efb-849fea8/Content/II.4.575.pdf.

[56] "Muchas veces llegan, viene el Gobierno Nacional Revolucionario y quiere tomar una decisión contra algo por ejemplo que tiene que ver o que tiene que pasar por decisiones judiciales y ellos empiezan a moverse en contrario a la sombra, y muchas veces logran neutralizar decisiones de la Revolución a través de un juez, o de un tribunal, o hasta en el mismísimo Tribunal Supremo de Justicia, a espaldas del líder de la Revolución, actuando por dentro contra la Revolución. Eso es, repito, traición al pueblo, traición a la Revolución". Discurso en el Primer Encuentro con Propulsores del Partido Socialista Unido de Venezuela desde el teatro Teresa Carreño, 24 de marzo de 2007, disponible en http://www.minci.gob.ve/alocuciones /4/13788/ primer_encuentro_con.html, p. 45.

[57] Véase, en general, Allan R. Brewer-Carías, "La progresiva y sistemática demolición de la autonomía e independencia del Poder Judicial en Venezuela (1999-2004)" en *XXX Jornadas J.M. Domínguez Escovar, Estado de Derecho, Administración de Justicia y Derechos Humanos*, Instituto de Estudios Jurídicos del Estado Lara, Barquisimeto 2005, pp. 33-174; Allan R. Brewer-Carías, "El constitucionalismo y la emergencia en Venezuela: entre la emergencia formal y la emergencia anormal del Poder Judicial" en Allan R. Brewer-Carías, *Estudios sobre el Estado constitucional (2005-*

que quince años después, el Poder Judicial en Venezuela está casi exclusivamente compuesto por jueces temporales y provisorios, sin estabilidad alguna, lo que llevó a la Comisión Interamericana de Derechos Humanos desde 2003[58] a advertir sobre esta situación irregular, de manera que todavía en su *Informe Anual de 2008* la calificaba como un "problema endémico" que expone a los jueces a su destitución discrecional, llamando la atención sobre el "permanente estado de emergencia al cual están sometidos los jueces".[59]

La "transitoria" Comisión de Reorganización del Poder Judicial que existió hasta 2011, bajo el amparo del propio Tribunal Supremo, literalmente "depuró" la judicatura de jueces que no estaban en línea con el régimen autoritario, como lo reconoció la propia Sala Constitucional,[60] removiendo discrecionalmente a jueces que dictaron decisiones que no complacían al Ejecutivo. Esto llevó de nuevo a la Comisión Interamericana

---

2006), Editorial Jurídica Venezolana, Caracas 2007, pp. 245-269; y Allan R. Brewer-Carías, "La justicia sometida al poder. La ausencia de independencia y autonomía de los jueces en Venezuela por la interminable emergencia del Poder Judicial (1999-2006)" en *Cuestiones Internacionales. Anuario Jurídico Villanueva 2007,* Centro Universitario Villanueva, Marcial Pons, Madrid 2007, pp. 25-57, disponible en www.allanbrewercarias.com (Biblioteca Virtual, II.4. Artículos y Estudios N.° 550, 2007) pp. 1-37. Véase también Allan R. Brewer-Carías, *Historia Constitucional de Venezuela*, Editorial Alfa, tomo II, Caracas, 2008, pp. 402-454.

[58] Un juez provisorio es un juez designado mediante un concurso público. Un juez temporal es un juez designado para cumplir una tarea específica o por un período específico de tiempo. En 2003, la Comisión Interamericana de Derechos Humanos indicó que había sido: "informada que sólo 250 jueces han sido designados por concurso de oposición de conformidad a la normativa constitucional. De un total de 1772 cargos de jueces en Venezuela, el Tribunal Supremo de Justicia reporta que solo 183 son titulares, 1331 son provisorios y 258 son temporales". *Reporte sobre la Situación de Derechos Humanos en Venezuela*; OAS/Ser.L/V/II.118. doc.4rev.2; 29 de diciembre de 2003, par. 174, *disponible en* http://www.cidh.oas.org/countryrep/ Venezuela2003eng/toc.htm. La Comisión también agregó que "un aspecto vinculado a la autonomía e independencia del Poder Judicial es el relativo al carácter provisorio de los jueces en el sistema judicial de Venezuela. Actualmente, la información proporcionada por las distintas fuentes indica que más del 80% de los jueces venezolanos son 'provisionales'", par. 161.

[59] Véase *Annual Report 2008* (OEA/Ser.L/V/II.134. Doc. 5 rev. 1. 25 febrero 2009), par. 39

[60] Decisión N.° 1939 de 18 de diciembre de 2008 (Caso: *Abogados Gustavo Álvarez Arias y otros*), en la cual la Sala Constitucional decidió sobre la inejecutabilidad de la sentencia de la Corte Interamericana de Derechos Humanos de 5 de agosto de 2008 (Caso: *Apitz Barbera y otros ["Corte Primera de lo Contencioso Administrativo"] vs. Venezuela [Corte IDH]*, Case: *Apitz Barbera y otros ["Corte Primera de lo Contencioso Administrativo"] vs. Venezuela*, Serie C, N.° 182.

de Derechos Humanos a decir, en el mismo *Informe Anual* de 2009, que "en Venezuela los jueces y fiscales no gozan de la garantía de permanencia en su cargo necesaria para asegurar su independencia en relación con los cambios de políticas gubernamentales".[61]

Hay muchos casos emblemáticos, todos los cuales menciona y analiza el profesor Tarre Briceño en su libro, que muestran esta lamentable tragedia institucional, como fue la de la destitución, en 2003, de los jueces de la Corte Primera de lo Contencioso Administrativo por dictar una medida cautelar suspendiendo la ejecución de un programa de contratación pública de médicos cubanos, sin licencia para ejercer la medicina en el país, para programas sociales de atención médica; medida que se dictó a solicitud del Colegio de Médicos de Caracas, que alegaba "discriminación contra los médicos venezolanos licenciados".[62] El caso fue incluso llevado ante la Corte Interamericana de Derechos Humanos, la cual dictó sentencia en 2008 condenando al Estado venezolano por la violación de las garantías judiciales de los magistrados,[63] pero la respuesta de la Sala Constitucional del Tribunal Supremo a dicha decisión, a solicitud del procurador general de la República, fue simplemente declarar que las decisiones de la Corte Interamericana de Derechos Humanos son "inejecutables" en Venezuela.[64] Tan simple como eso, mostrando la total subordinación de las instituciones judiciales respecto de las políticas, deseos y dictados del presidente de la República.

En diciembre de 2009 tuvo lugar otro asombroso caso, que fue la detención policial arbitraria de una juez penal (María Lourdes Afiuni Mora) por habérsele ocurrido ordenar, conforme a sus atribuciones y siguiendo las recomendaciones del Grupo de Trabajo de las Naciones Unidas sobre Detenciones Arbitrarias, la excarcelación de un individuo investigado por

---

[61] Véase *Informe Anual de 2009*, parágrafo 480, en http://www.cidh.oas.org/ annual-rep/2009eng/Chap.IV.f.eng.htm

[62] Véase Claudia Nikken, "El caso 'Barrio Adentro': La Corte Primera de lo Contencioso Administrativo ante la Sala Constitucional del Tribunal Supremo de Justicia o el avocamiento como medio de amparo de derechos e intereses colectivos y difusos", en *Revista de Derecho Público*, N.° 93-96, Editorial Jurídica Venezolana, Caracas, 2003, pp. 5 y ss.

[63] Véase sentencia de la Corte Interamericana de 5 de agosto de 2008, Caso: *Apitz Barbera y otros ("Corte Primera de lo Contencioso Administrativo") vs. Venezuela,* en www.corteidh.or.cr . Excepción Preliminar, Fondo, Reparaciones y Costas, Serie C N.° 182;

[64] Véase sentencia de la Sala Constitucional, sentencia N.° 1939 de 18 de diciembre de 2008 (Caso: *Abogados Gustavo Álvarez Arias y otros*), en http://www.tsj.gov.ve/-decisiones/scon/Diciembre/1939-181208-2008-08-15 72.html

delitos financieros a los efectos de que fuese enjuiciado en libertad, como lo garantiza la Constitución. El mismo día de la decisión, el presidente de la República, Hugo Chávez, el que un año antes había proclamado que él era la ley y el Estado, pidió públicamente la detención de la juez, exigiendo que se le aplicara la pena máxima de 30 años establecida en Venezuela para crímenes horrendos y graves. La juez fue efectivamente detenida por la policía, ese mismo día, y todavía permanece en detención domiciliaria, sin que se haya desarrollado juicio efectivo alguno en su contra. El mismo Grupo de Expertos de Naciones Unidas consideró estos hechos como "un golpe del Presidente Hugo Chávez contra la independencia de los jueces y abogados", solicitando la "inmediata liberación de la juez" y concluyendo que "las represalias ejercidas sobre jueces y abogados por el ejercicio de sus funciones garantizadas constitucionalmente creando un clima de temor, solo sirve para minar el Estado de derecho y obstruir la justicia".[65]

El hecho es que en Venezuela ningún juez puede adoptar una decisión que pueda afectar las políticas gubernamentales, los deseos del presidente, los intereses del Estado o la voluntad de los funcionarios públicos, por lo que, por ejemplo, la jurisdicción contencioso administrativa ha dejado de tener efectividad e importancia.[66] Por ello, la Comisión Interamericana de Derechos Humanos, después de describir con preocupación en su *Informe Anual de 2009* que, en muchos casos, "los jueces son removidos inmediatamente después de adoptar decisiones judiciales en casos con impactos políticos importantes", concluyó señalando que "la falta de independencia judicial y de autonomía en relación con el poder político es, en opinión de la Comisión, el punto más débil de la democracia venezolana",[67] pues, sin duda, evidencia la ausencia de efectividad del principio de la separación de poderes.

---

[65] Véase en http://www.unog.ch/unog/website/ news_media. nsf/% 28 http NewsBy-Year_en%29/93687E8429BD53A 1C125768E0 0529DB6 ?OpenDocument&cntxt= B35C3&cookielang=fr . En octubre 14, 2010, el mismo Grupo de Trabajo de la ONU solicitó formalmente al gobierno venezolano que la juez fuese "sometida a un juicio apegado al debido proceso y bajo el derecho de la libertad provisional". Véase en *El Universal*, 14 de octubre de 2010, en http://www.eluniversal. com/ 2010 /10/14/pol_ava_instancia-de-la-onu_14A4608051.shtml

[66] Véase Antonio Canova González, *La realidad del contencioso administrativo venezolano. (Un llamado de atención frente a las desoladoras estadísticas de la Sala Político Administrativa en 2007 y primer semestre de 2008)*, Funeda, Caracas, 2009, p. 14.

[67] Véase en ICHR, *Annual Report 2009*, par. 483, en http://www.cidh.oas. org/annual-rep/2009eng/Chap.IV.f.eng.htm

IV. EL TRIBUNAL SUPREMO DE JUSTICIA COMO INSTRUMENTO PARA EL CONTROL POLÍTICO DE OTROS PODERES DEL ESTADO

En la pequeña muestra del rol jugado por el Tribunal Supremo de Justicia en el proceso de desmantelamiento de la separación de poderes y del Estado de Derecho en Venezuela, debe mencionarse cómo la Sala Constitucional ha sido el vehículo utilizado por el gobierno para secuestrar y tomar control directo de otras ramas del Poder Público.

Así sucedió, por ejemplo, con el Poder Electoral, que en Venezuela se concibe como uno de los poderes del Estado en la pentadivisión de poderes que establece la Constitución (Poderes Ejecutivo, Legislativo, Judicial, Electoral y Ciudadano). Esto comenzó en 2002, después de la sanción de la Ley Orgánica del Poder Electoral,[68] cuando la Sala Constitucional, al declarar sin lugar un recurso de inconstitucionalidad que había ejercido el propio presidente Chávez contra una Disposición Transitoria de dicha Ley Orgánica, en un *obiter dictum* consideró que dicha ley era "inaplicable" al entonces en funciones Consejo Nacional Electoral en materia de cuórum para decidir, impidiéndosele entonces a dicho órgano poder tomar decisión alguna, al considerar que debía hacerlo con una mayoría calificada de 4/5 que no estaba prevista en la ley (la cual disponía la mayoría de 3/5). Para ello, la Sala "revivió" una previsión que estaba en el derogado Estatuto Electoral transitorio que se había dictado en 2000 solo para regir las elecciones de ese año, y que ya estaba inefectivo.[69] Con ello, por la composición de entonces del Consejo Nacional Electoral, la Sala Constitucional impidió que dicho órgano funcionara y entre otras tareas que pudiera, por ejemplo, darle curso a la iniciativa popular, que ya estaba en desarrollo, de más de tres millones de firmas de convocar un referendo consultivo sobre la revocación del mandato del presidente de la República.

En todo caso, ello significó, en la práctica, la parálisis total y absoluta del Poder Electoral, lo que se consolidó por decisión de otra Sala del Tribunal Supremo, la Sala Electoral, primero, impidiendo que uno de los miembros del Consejo pudiese votar,[70] y segundo, anulando la convocatoria

---

68   Véase en *Gaceta Oficial* N.º 37.573 de 19-11-2002.

69   Véase Sentencia N.º 2747 de 7 de noviembre de 2002 (Exp. 02-2736).

70   Véase Sentencia N.º 3 de 22 de enero de 2003 (Caso: *Darío Vivas y otros*). Véase en Allan R. Brewer-Carías, "El secuestro del Poder Electoral y de la Sala Electoral del Tribunal Supremo y la confiscación del derecho a la participación política mediante el referendo revocatorio presidencial: Venezuela: 2000-2004", en *Revista Costarricense de Derecho Constitucional,* tomo v, Instituto Costarricense de

que había hecho el Consejo para un referendo consultivo sobre la revocación del mandato del presidente.[71]

La respuesta popular a estas decisiones, sin embargo, fue una nueva iniciativa respaldada también por tres millones y medio de firmas para la convocatoria de un nuevo referendo revocatorio del mandato del presidente de la República, para cuya realización resultaba indispensable designar los nuevos miembros del Consejo Nacional Electoral. La bancada oficialista en la Asamblea Nacional no pudo hacer por sí sola dichas designaciones, pues en aquel entonces no controlaba la mayoría de los 2/3 de los diputados que se requerían para ello, por lo que ante la imposibilidad o negativa de llegar a acuerdos con la oposición, y ante la perspectiva de que no se nombraran los miembros del Consejo Nacional Electoral, la vía que se utilizó para lograrlo, bajo el total control del gobierno, fue que la Sala Constitucional lo hiciera.

Para ello, se utilizó la vía de decidir un recurso de inconstitucionalidad contra la omisión legislativa en hacer las designaciones, que se había intentado, de manera que al decidir el recurso, la Sala, en lugar de exhortar a la Asamblea Nacional para que hiciera los nombramientos como correspondía, procedió a hacerlo directamente, usurpando la función del legislador, y peor aún, sin cumplir con las condiciones constitucionales requeridas para hacer los nombramientos.[72] Con esta decisión, la Sala Constitucional le aseguró al gobierno el completo control del Consejo Nacional Electoral, secuestrando a la vez el derecho ciudadano a la participación política y permitiendo al partido de gobierno manipular los resultados electorales.

La consecuencia de todo ello ha sido que las elecciones que se han celebrado en Venezuela durante la última década han sido organizadas por una rama del Poder Público supuestamente independiente pero tácticamente

---

Derecho Constitucional, Editorial Investigaciones Jurídicas S.A., San José, 2004, pp. 167-312.

[71] Véase Sentencia N.º 32 de 19 de marzo de 2003 (Caso: *Darío Vivas y otros*). Véase Allan R. Brewer-Carías, en "El secuestro del Poder Electoral y la confiscación del derecho a la participación política mediante el referendo revocatorio presidencial: Venezuela 2000-2004" en *Revista Jurídica del Perú*, año LIV, N.º 55, Lima, marzo-abril 2004, pp. 353-396.

[72] Sentencia N.º 2073 de 4 de agosto de 2003 (Caso: *Hermann Escarrá Malavé y otros*); y sentencia N.º 2341 del 25 de agosto de 2003 (Caso: *Hemann Escarrá y otros*). Véase en Allan R. Brewer-Carías, "El secuestro del Poder Electoral y la confiscación del derecho a la participación política mediante el referendo revocatorio presidencial: Venezuela 2000-2004", en *Stvdi Vrbinati, Rivista trimestrale di Scienze Giuridiche, Politiche ed Economiche*, año LXXI − 2003/04 Nuova Serie A − N. 55,3, Università degli studi di Urbino, pp. 379-436.

controlada por el gobierno, totalmente parcializada. Esa es la única explicación que se puede dar, por ejemplo, al hecho de que aún hoy día se desconozca cuál fue el resultado oficial de la votación efectuada en el referendo aprobatorio de 2007 mediante el cual el pueblo rechazó la reforma constitucional propuesta por el presidente de la República. Ello es igualmente lo que explica que se pudiera sancionar la Ley Orgánica de los Procesos Electorales en 2008 para materialmente, en fraude a la Constitución, eliminar la representación proporcional en la elección de los diputados a la Asamblea Nacional, al punto de que en las últimas elecciones legislativas de septiembre de 2010, con una votación inferior al cincuenta por ciento de los votos, el partido oficial obtuviera casi los 2/3 de diputados a la Asamblea Nacional.

En este contexto de sujeción política, la Sala Constitucional del Tribunal Supremo, desde 2000, por otra parte, lejos de actuar como guardián de la Constitución, ha sido el instrumento más importante del gobierno autoritario para mutar ilegítimamente la Constitución,[73] imponiendo interpretaciones inconstitucionales,[74] no solo sobre sus propios poderes de control,[75] sino en materias sustantivas, sin estar sometida a control alguno.[76]

---

[73] Véase en general sobre el tema, Allan R. Brewer-Carías, "El juez constitucional al servicio del autoritarismo y la ilegítima mutación de la Constitución: el caso de la Sala Constitucional del Tribunal Supremo de Justicia de Venezuela (1999-2009)", en *Revista de Administración Pública*, N.º 180, Madrid, 2009, pp. 383-418; "La fraudulenta mutación de la Constitución en Venezuela, o de cómo el juez constitucional usurpa el poder constituyente originario", en *Anuario de Derecho Público*, Centro de Estudios de Derecho Público de la Universidad Monteávila, año 2, Caracas, 2009, pp. 23-65; "La ilegítima mutación de la Constitución por el juez constitucional y la demolición del Estado de Derecho en Venezuela", en *Revista de Derecho Político*, N.º 75-76, Homenaje a Manuel García-Pelayo, Universidad Nacional de Educación a Distancia, Madrid, 2009, pp. 289-325; "El juez constitucional al servicio del autoritarismo y la ilegítima mutación de la Constitución: el caso de la Sala Constitucional del Tribunal Supremo de Justicia de Venezuela (1999-2009)", en IUSTEL, *Revista General de Derecho Administrativo*, N.º 21, junio 2009, Madrid, ISSN-1696-9650.

[74] Véase Allan R. Brewer-Carías, *"Crónica sobre la "In" Justicia Constitucional. La Sala Constitucional y el autoritarismo en Venezuela*, Editorial Jurídica Venezolana, Caracas 2007.

[75] La Sala Constitucional ha venido asumiendo y autoatribuyéndose competencias no previstas en la Constitución, no solo en materia de interpretación constitucional al crearse el recurso autónomo de interpretación abstracta de la Constitución, sino en relación con los poderes de revisión constitucional de cualquier sentencia dictada por cualquier tribunal, incluso por las otras Salas del Tribunal Supremo de Justicia; con los amplísimos poderes de avocamiento en cualquier causa; con los supuestos poderes de actuación de oficio no autorizados en la Constitución; con los poderes de

Por último, debe destacarse que en septiembre de 2010, al tener lugar en Venezuela las mencionadas elecciones legislativas, se produjo otro hecho vergonzoso de reafirmación del control político sobre el Tribunal Supremo, cuando al perder el gobierno el control de la mayoría calificada que antes tenía de los votos de la Asamblea Nacional, necesaria para el nombramiento de los magistrados del Tribunal Supremo, en lugar de esperar que la nueva Asamblea, que debía instalarse en enero de 2011, decidiera al respecto, el gobierno anunció que a tal efecto no dialogaría con la oposición. Así, procedió en la Asamblea nacional a aprobar a la carrera en diciembre de 2010 un conjunto de leyes inconstitucionales tendientes a implementar un Estado socialista, centralizado, militarista y policial denominado "Estado Comunal" para ejercer un llamado "Poder Popular" que en 2007 había sido rechazado por el pueblo (Leyes Orgánicas del Poder Popular, de las Comunas, del Sistema Económico Comunal, de Planificación Pública y Comunal y de Contraloría Social),[77] y como no podía nombrar a los nuevos magistrados del Tribunal Supremo en virtud de las disposiciones de la Ley Orgánica del Tribunal Supremo que la misma Asamblea había sancionado en el mismo año 2010[78] —lo que correspondía a la nueva Asamblea Nacional a instalarse en enero de 2011— lo que hizo la Asamblea fue proceder a realizar una "reforma" de la Ley Orgánica del Tribunal Supremo sin "reformarla" formalmente por las vías regulares. Para ello, procedió a efectuar una "reimpresión" del texto de la ley orgánica

---

solución de conflictos entre las Salas; con los poderes de control constitucional de las omisiones del legislador; con la restricción del poder de los jueces de ejercer el control difuso de la constitucionalidad de las leyes; y con la asunción del monopolio de interpretar los casos de prevalencia en el orden interno de los tratados internacionales en materia de derechos humanos. Véase además, en *Crónica sobre la "In" Justicia Constitucional. La Sala Constitucional y el autoritarismo en Venezuela*, Colección Instituto de Derecho Público, Universidad Central de Venezuela, N.° 2, Caracas, 2007.

[76] Véase Allan R. Brewer-Carías, "*Quis Custodiet ipsos Custodes*: De la interpretación constitucional a la inconstitucionalidad de la interpretación", en *VIII Congreso Nacional de Derecho Constitucional*, Fondo Editorial y Colegio de Abogados de Arequipa, Arequipa, Perú, 2005, 463-89; y *Crónica de la "In"Justicia constitucional: La Sala Constitucional y el autoritarismo en Venezuela*, Editorial Jurídica Venezolana, Caracas, 2007, pp. 11-44, 47-79.

[77] Véase en *Gaceta Oficial* N.° 6.011 Extra de 21-12-2010. La Sala Constitucional mediante sentencia N.° 1329 de 16-12-2010 declaró la constitucionalidad del carácter orgánico de esta ley. Véase en http://www.tsj.gov.ve/ decisiones/scon/ Diciembre/%201328-161210-2010-10-1437.html

[78] Véase en *Gaceta Oficial* N.° 39.522, de 1 de octubre de 2010. Véanse los comentarios en Allan R. Brewer-Carías y Víctor Hernández Mendible, *Ley Orgánica del Tribunal Supremo de Justicia de 2010*, Editorial Jurídica Venezolana, Caracas 2010.

en la *Gaceta Oficial* por un supuesto "error material" de copia del texto legal, lo que se materializó solo cuatro días después de que se efectuara la elección de los nuevos diputados a la Asamblea, como consecuencia de lo cual la bancada oficialista carecía de la mayoría calificada para hacer los nombramientos.[79]

El artículo 70 de la Ley Orgánica del Tribunal Supremo disponía, en efecto, que el plazo para presentar las candidaturas a magistrados del Tribunal ante el Comité de Postulaciones Judiciales no debía ser "menor de treinta días continuos", lo que implicaba que la Legislatura que concluía no podía alcanzar a hacer los nombramientos; redacción que se cambió gracias a un "aviso" del secretario de la Asamblea Nacional, en el cual indicó que en lugar de la palabra "menor", la palabra supuestamente correcta de la norma era la antónima, es decir, "mayor", en el sentido de que la norma debía decir lo contrario a lo que decía, que el plazo "no será mayor de treinta días continuos".

En esta forma, con un cambio de palabras, de "menor" a "mayor", por reimpresión del texto "por error de copia", un plazo mínimo se convirtió en un plazo máximo, con la clara intención de reducir los plazos para recibir las postulaciones y proceder a la inmediata designación de los nuevos magistrados, precisamente antes de que se instalara la nueva Asamblea Nacional en enero de 2011.[80] Así se ha cambiado el texto de las leyes en Venezuela, sin reformarlas formalmente; simplemente reimprimiendo el texto en la *Gaceta Oficial*, sin que haya institución judicial alguna que controle el desaguisado.[81]

Con esa "reforma" legal, la Asamblea Nacional, integrada por diputados que ya para ese momento no representaban la voluntad mayoritaria del pueblo, procedió entonces a materializar el asalto final al Tribunal Supremo y a llenarlo de magistrados miembros del partido político oficial y que, además, para el momento de su elección, incluso eran de los

---

[79]   Véase *Gaceta Oficial* N.º 39.522, de 1 de octubre de 2010.

[80]   Véanse los comentarios de Víctor Hernández Mendible, "Sobre la nueva reimpresión por 'supuestos errores' materiales de la LOTSJ en la *Gaceta Oficial* N.º 39.522, de 1 de octubre de 2010", y Antonio Silva Aranguren, "Tras el rastro del engaño, en la web de la Asamblea Nacional", publicados en el *Addendum* al libro de Allan R. Brewer-Carías y Víctor Hernández Mendible, *Ley Orgánica del Tribunal Supremo de Justicia de 2010*, Editorial Jurídica Venezolana, Caracas, 2010.

[81]   Véase Allan R. Brewer-Carías, "Autoritarismo e inseguridad jurídica en Venezuela. O sobre la irregular forma utilizada para 'reformar' la Constitución y las leyes", en Rafael Valim, José Roberto Pimenta Oliveira y Augusto Neves Dal Pozzo (coordinadores), *Tratado sobre o princípio da segurança jurídica no Direito Administrativo*, Editora Fórum, Sao Paulo, 2013.

parlamentarios que estaban terminando su mandato por efecto de la elección parlamentaria, y que, por tanto, no cumplían con las condiciones para ser magistrados que establece la Constitución.

Como lo señaló la exmagistrada de la antigua Corte Suprema de Justicia, Hildegard Rondón de Sansó:

> El mayor de los riesgos que plantea para el Estado la desacertada actuación de la Asamblea Nacional en la reciente designación de los Magistrados del Tribunal Supremo de Justicia, no está solo en la carencia, en la mayoría de los designados de los requisitos constitucionales, sino el haber llevado a la cúspide del Poder Judicial la decisiva influencia de un sector del Poder Legislativo, ya que para diferentes Salas, fueron elegidos cinco parlamentarios. [82]

Destacó además la profesora Sansó que "todo un sector fundamental del poder del Estado, va a estar en manos de un pequeño grupo de sujetos que no son juristas, sino políticos de profesión, y a quienes corresponderá, entre otras funciones el control de los actos normativos", agregando que "Lo más grave es que los designantes, ni un solo momento se percataron de que estaban nombrando a los jueces máximos del sistema jurídico venezolano que, como tales, tenían que ser los más aptos, y de reconocido prestigio como lo exige la Constitución".

Concluyó reconociendo entre "los graves errores" que incidieron sobre la elección, el hecho de:

> … la configuración del Comité de Postulaciones Judiciales, al cual la Constitución creó como un organismo neutro, representante de los "diferentes sectores de la sociedad" (art. 271), pero la Ley Orgánica del Tribunal Supremo de Justicia, lo convirtió en forma inconstitucional, en un apéndice del Poder Legislativo. La consecuencia de este grave error era inevitable: los electores eligieron a sus propios colegas, considerando que hacerlo era lo más natural de este mundo y, ejemplo de ello fueron los bochornosos aplausos con que se festejara cada nombramiento. [83]

Como puede apreciarse de todo lo anteriormente expuesto, lamentablemente, la génesis de la Constitución de 1999 estuvo signada por el fraude constitucional cometido con la convocatoria de la Asamblea Nacional Constituyente contra el principio de la separación de poderes, a lo que siguió otro fraude cometido por la misma Asamblea al violentar el dicho principio y el orden jurídico, y dar un golpe de Estado, tanto contra la

---

[82]   En Hildegard Rondón de Sansó, *"Obiter Dicta. En torno a una elección"*, en *La Voce d'Italia*, 14-12-2010.

[83]   Ídem.

Constitución de 1961, cuya interpretación le había dado origen, como contra su producto final, que fue la Constitución de 1999 y su propio texto. [84]

La evolución posterior ha estado también signada, por una parte, por el fraude a la Constitución tanto en el desarrollo de la rechazada reforma constitucional de 2007, como de la aprobada "enmienda constitucional" de 1999, y por la otra, por el falseamiento o ilegítima mutación de la Constitución, en fraude a la voluntad popular, obra de una Sala Constitucional controlada por el Poder Ejecutivo, que ha estado al servicio del autoritarismo.

En esta forma, después de cuatro décadas de práctica democrática que tuvo Venezuela entre 1959 y 1999, período analizado con detenimiento y crítica conceptual por el profesor Tarre, durante los últimos tres lustros, a partir de 1999, en fraude continuo a la Constitución efectuado por el legislador y por el Tribunal Supremo de Justicia, guiados por el Poder Ejecutivo, a pesar de las excelentes normas constitucionales que teóricamente desarrollan el principio de la separación de poderes, se ha estructurado un Estado autoritario en contra del mismo, que ha aniquilado toda posibilidad de control del ejercicio del poder y, en definitiva, el derecho mismo de los ciudadanos a la democracia. Además, se ha venido implementando fraudulentamente una reforma constitucional que fue rechazada por el pueblo en 2007, mediante decretos leyes dictados en 2008, y además, mediante las leyes emanadas de la Asamblea Nacional en diciembre de 2010 sobre el Poder Popular y el Estado Comunal, en las cuales se ha regulado un Estado socialista, centralizado y militarista, y un sistema económico comunista por el cual nadie ha votado en el país.

En este contexto, por tanto, son evidentes las catastróficas consecuencias que para el Estado de Derecho, para el principio de la separación de poderes y para la democracia ha tenido la conducta del Tribunal Supremo de Justicia, que con su acción y omisión ha terminado siendo el artífice de la masacre institucional que Venezuela ha sufrido impunemente.

Ello se confirma, por lo demás, con lo expresado en el discurso de apertura del Año Judicial el 5 de febrero de 2011 pronunciado, como

---

[84] Véase Allan R. Brewer-Carías, *Reforma constitucional y fraude a la Constitución (1999-2009)*, Academia de Ciencias Políticas y Sociales, Caracas 2009; "Reforma Constitucional y fraude a la Constitución: el caso de Venezuela 1999-2009", en Pedro Rubén Torres Estrada y Michael Núñez Torres (coordinadores), *La reforma constitucional. Sus implicaciones jurídicas y políticas en el contexto comparado*, Cátedra Estado de Derecho, Editorial Porrúa, México 2010, pp. 421-533; "La demolición del Estado de Derecho en Venezuela. Reforma Constitucional y fraude a la Constitución (1999-2009)", en *El cronista del Estado Social y Democrático de Derecho*, N.º 6, Editorial Iustel, Madrid, 2009, pp. 52-61.

orador de orden, por el magistrado de la Sala Electoral del Tribunal Supremo Fernando Vargas, en el cual destacó que "el Poder Judicial venezolano está en el deber de dar su aporte para la eficaz ejecución, en el ámbito de su competencia, de la Política de Estado que adelanta el gobierno nacional" en el sentido de desarrollar "una acción deliberada y planificada para conducir un socialismo bolivariano y democrático", y que "la materialización del aporte que debe dar el Poder Judicial para colaborar con el desarrollo de una política socialista, conforme a la Constitución y la leyes, viene dado por la conducta profesional de jueces, secretarios, alguaciles y personal auxiliar", agregando que:

> Así como en el pasado, bajo el imperio de las constituciones liberales que rigieron el llamado estado de derecho, la Corte de Casación, la Corte Federal y de Casación o la Corte Suprema de Justicia y demás tribunales, se consagraban a la defensa de las estructuras liberal-democráticas y combatían con sus sentencias a quienes pretendían subvertir ese orden en cualquiera de las competencias ya fuese penal, laboral o civil, de la misma manera este Tribunal Supremo de Justicia y el resto de los tribunales de la República, deben aplicar severamente las leyes para sancionar conductas o reconducir causas que vayan en desmedro de la construcción del Socialismo Bolivariano y Democrático.[85]

Queda claro, por tanto, cual es la razón del rol asumido por el Tribunal Supremo en Venezuela, y que no ha sido otra, como se anunció en sentencia de 2004, que la aniquilación de la "llamada" separación de poderes como "principio ideológico de la democracia liberal", y como se anunció en la apertura del Año Judicial de 2011, que la destrucción "de las estructuras liberales-democráticas", con el objeto de la "construcción del Socialismo Bolivariano y Democrático".

El principio de la separación de poderes, como se puede apreciar a cabalidad en este libro del profesor Tarre Briceño, como principio fundamental del ordenamiento constitucional, no es ni puede ser considerado solamente como un principio técnico de organización del Estado, para solamente asegurar el adecuado ejercicio de las diversas funciones estatales por parte de los diversos órganos que ejercen el Poder Público. Al contrario, tiene que se considerado como un principio esencial de la configuración del Estado constitucional y democrático de Derecho, el cual sin duda tiene un carácter ideológico vinculado al liberalismo democrático, concebido para asegurar el sistema de control y limitación del poder que le es esencial. Su justificación precisamente es esa: asegurar la libertad y la vigencia de los derechos fundamentales mediante la limitación y control del poder.

---

[85] Véase la nota de prensa oficial difundida por el Tribunal Supremo. Véase en http://www.tsj.gov.ve/informacion/notasdeprensa/notasdeprensa.asp?codigo=8239

Por tanto, todo proceso tendiente a desvirtuarlo y reducirlo a ser un mero instrumento técnico, maleable por el poder, permitiendo su concentración en uno de los poderes del Estado no es sino el signo más característico de todos los autoritarismos, como se aprecia de lo expuesto en este libro, el cual debemos agradecerle al profesor Tarre que lo haya concluido y publicado. Era un aporte invalorable a la bibliografía jurídica venezolana que constituía una tarea de investigación que él tenía pendiente, y que todos los interesados en el tema también estábamos pendientes de poder leer.

Nueva York, abril de 2014

I

INTRODUCCIÓN

Huid del país donde un solo hombre
ejerza todos los poderes: es un país de esclavos.

SIMÓN BOLÍVAR

Aristóteles analizó la conformación del poder en varias ciudades
griegas y de ese análisis concluye en una tipología: monarquía, aristocracia
y democracia son las formas puras en las que se expresa el poder político,
presentándose infinitas mezclas entre las características de cada una de
ellas. Desde entonces, la ciencia política, al estudiar el nacimiento, la organización y el manejo del poder se ha centrado en este esquema clásico.

El estudio del poder supone el estudio de la obediencia. El orden que
emana del poder logra la obediencia de la comunidad. La experiencia,
afirma Bertrand de Jouvenel, nos enseña que la obediencia tiene límites.
Estos límites varían en el desarrollo histórico de las sociedades. Mientras
más obediencia logre, mayor será el poder.[1] E inversamente, mientras menor sea la obediencia, existirá mayor libertad. Podría uno pensar que la
libertad plena se lograría con la desaparición total del poder, pero sabemos
que se trataría de una utopía, pues el poder es una necesidad social. Pero
también es una amenaza. El derecho busca proteger al hombre en contra del
riesgo que representa un poder político que tiende a buscar una obediencia
sin límite, de un poder que abuse.

Después de un largo proceso histórico se llega a un desiderátum: el
príncipe obedece a la ley y gobierna sometido al derecho. Esta inmensa
conquista de la humanidad, esencial para preservar la libertad, está estrechamente vinculada con el principio de la separación de poderes. No basta
que el poder esté sometido a los límites que establece la ley; se requiere
además mantenerlo dentro de esos límites. El poder tiene una dinámica
propia que lo aparta de las ideas y de las reglas jurídicas y lo lleva a crecer

---

[1] *Du Pouvoir*, p. 44.

cada día más. Se trata entonces de impedir que quien detente el poder caiga en la tentación de abusar. La propuesta consiste en dividir el poder para que sea una parte del mismo la que detenga a aquella que pretende salirse de cauce. La hipótesis central de este trabajo asume que la separación de poderes es un mecanismo absolutamente válido para preservar la libertad y nos proponemos estudiarlo en su teoría, en su experiencia práctica universal y, muy en particular, en la historia y en la realidad de Venezuela.

Es, la de Venezuela, una historia constitucional accidentada, marcada por 27 cartas fundamentales[2] y más de doscientas revoluciones. Una sociedad profundamente inestable, pero en la que pueden encontrarse grandes constantes que, a veces, se solapan:

Más que en cualquier otro país, hemos presenciado un choque entre la realidad y la norma. Sabios legisladores y constituyentes han intentado domesticar una realidad rebelde que se resiste. Es el cuero seco que se pisa por un lado y se levanta por el otro del general Guzmán Blanco, tomando la vieja metáfora de Suetonio.[3] Constituciones de papel y república aéreas. "Se acata pero no se cumple" fue la respuesta temprana de nuestros pueblos a leyes que no podían o no querían aceptar.

Todos los intentos destinados a establecer un Estado de Derecho se han enfrentado al personalismo y a la fuerza mesiánica de los caudillos. El poder fáctico ha tenido más fuerza que la ley.

Desde el nacimiento de la República hemos presenciado una constante aspiración hacia la igualdad política y social. Forma parte del ser venezolano el rechazo a las distinciones nobiliarias, de castas, políticas, raciales y sociales.

Los oficiales del ejército libertador cobraron caro su aporte de sangre y sacrificio, reclamando como premio bienes y cuotas de poder. Quienes les siguieron en el oficio de las armas se han sentido, durante casi toda nuestra historia, herederos de la gloria de sus predecesores (con la diferencia de que rara vez se la ganaron) y por tanto acreedores a la misma participación en la vida política y en la fortuna. El enfrentamiento entre civilismo y militarismo no es entonces ninguna novedad para nosotros.

---

[2] El número de constituciones puede variar según los autores en función de establecer qué textos pueden llamarse constituciones.

[3] La autoría de la frase es comúnmente atribuida en Venezuela a Antonio Guzmán Blanco. La referencia al autor de *Los doce césares* proviene de un comentario del historiador Germán Carrera Damas.

Una permanente lucha entre la libertad y el despotismo, que ha dejado un saldo poco alentador. Los largos períodos de dictadura oscurecen los escasos lapsos democráticos.

Desde 1811, y sin interrupción, se han venido enfrentando el centro y la periferia, el centralismo y el federalismo. Caracas se ha impuesto a las provincias, pero estas nunca han abandonado su afán de autonomía.

No ha existido, salvo cortas excepciones, la separación de poderes, los *checks and balances* tan caros a los colonos ingleses del norte como antídotos contra la tiranía. Hemos conocido un poder mesiánico ante quien todos se doblegan.

El artículo 136 de la Constitución venezolana de 1999 dice:

El Poder Público se distribuye entre el Poder Municipal, el Poder Estadal y el Poder Nacional. El Poder Público Nacional se divide en Legislativo, Ejecutivo, Judicial, Ciudadano y Electoral.

Cada una de las ramas del Poder Público tiene sus funciones propias, pero los órganos a los que incumbe su ejercicio colaborarán entre sí en la realización de los fines del Estado.

Por primera vez en la historia constitucional de Venezuela, y posiblemente por primera vez en la historia constitucional planetaria, se abandona la muy clásica división tripartita, al establecer la existencia de cinco poderes independientes y autónomos.[4] Se trata de la innovación más vistosa, más impactante y posiblemente más inútil de la nueva Constitución.

Explica, con mucha ilusión, la Exposición de Motivos:

En lo que respecta a la distribución horizontal del Poder Público Nacional se incorporan, además de las funciones tradicionales, la innovación de los denominados Poder Electoral y Poder Ciudadano. La razón de esta novedosa inclusión se entiende en un contexto social y político en el cual se deben dar signos claros de respeto a la independencia y autonomía funcional de la que deben gozar los órganos encargados de desarrollar las funciones respectivas, para facilitar la recuperación de la legitimidad en terrenos tan delicados como el de los procesos electorales, así como de la función contralora y la defensa de los derechos humanos.

---

[4] Durante la discusión de la Constitución colombiana de 1991 se llegó a plantear el establecimiento de cinco ramas del Poder Público con la intención de reconocer y fortalecer la función de control y la función electoral. Ver Fernando Galvis Gaitán, *La Constitución explicada por los constituyentes*, citado por Román Duque Corredor en *La Constitución de 1999*, conferencia sobre el Poder Ciudadano, p. 219.

No puede dejar de anotarse, antes de proseguir, que los redactores de la Exposición de Motivos confunden "poder" y "función". Las funciones correspondientes al Poder Ciudadano y al Poder Electoral ya existían, razón por la cual no se están "incorporando". Lo novedoso es incluirlas en un nuevo poder. Situación diferente la de la Defensoría del Pueblo, que podría considerarse una nueva "función" pero no es un "nuevo" poder, ya que se subsume con el Ministerio Público y la Contraloría General en el Poder ciudadano.

¿Qué ha significado y significa la separación de los poderes en Venezuela? ¿Puede tener una vigencia efectiva en un país en el que las instituciones han estado controladas o tuteladas por las fuerzas armadas? ¿Cuáles son las influencias recibidas del exterior y especialmente de los Estados Unidos? ¿Qué vigencia mantiene hoy este principio? ¿Tienen alguna importancia los cambios introducidos por el constituyente de 1999? ¿Qué supone la separación de los poderes en el Derecho Público moderno? ¿Qué consecuencias tiene para el sistema político venezolano? ¿Qué significado adquiere la norma constitucional en el marco del llamado "Socialismo del Siglo XXI"? El tratar de dar respuestas a estas interrogantes constituye el objeto del presente estudio, pero adelantamos que la separación de poderes como antídoto contra el despotismo no ha ocupado un lugar prominente en nuestro pensamiento político, aunque ha estado incluida en todas nuestras constituciones. La meta de quienes han luchado por la libertad ha sido fundamentalmente la preservación de las libertades, la elección popular de los gobiernos y el respeto a la ley. Estos tres temas están vinculados a la existencia de poderes separados e independientes, pero la "receta" del barón de Montesquieu, que analizaremos con detenimiento, ha sido pocas veces vista o estudiada como pieza esencial para alcanzar y preservar la libertad.

Es innecesario recordar que desde hace dos siglos la teoría de la separación de poderes es objeto de atención preferente por parte de especialistas de la Ciencia Política y del Derecho Constitucional y que, desde la Revolución francesa, separación de poderes y régimen constitucional están estrechamente ligados. Muchos autores, por lo demás, fundamentan en esta teoría la clasificación de los regímenes políticos: los regímenes con separación de poderes (rígida o flexible) son las democracias liberales y los regímenes de confusión de poderes son sistemas autoritarios.[5]

---

[5] Ver, por ejemplo, Maurice Duverger, *Droit constitutionnel et institutions politiques.*

Así, de la forma como se separan los poderes (o se confunden), tendremos la forma de gobierno. También ha servido la teoría de la separación de los poderes como criterio de clasificación de las constituciones.

Como antes se dijo, en Venezuela el tema no ha tenido el mismo atractivo. En un país con tantas constituciones y en el que el cambio en la Carta Magna ha sido visto como un remedio a todos los males, no ha ocupado un lugar destacado la separación de poderes, aunque siempre ha estado presente en los textos.

Por último, las definiciones que nos ofrece la doctrina en esta materia son muchas veces discordantes. Llegan incluso ciertos autores a adoptar sucesivamente definiciones contradictorias. Ello sucede porque, para muchos, la separación de poderes es no solo un principio de interpretación de derecho positivo, sino también una teoría jurídica cuya validez es examinada tanto en lo concerniente a su conformidad con otras teorías como en lo relativo a sus efectos sobre la vida política.[6]

Hoy, después de doscientos años de vigencia y de exhaustivos estudios, cabe preguntarse si la separación de poderes, mecanismo concebido para el Estado liberal burgués de finales del siglo XVIII, mantiene su vigencia en el inicio del siglo XXI. La pregunta cobra especial interés en la Venezuela de hoy cuando, después de siglo y medio de gobiernos autocráticos, de cuarenta años de república civil y de democracia representativa, el texto constitucional de 1999 nos presenta un sistema de división de poderes, pero observamos una realidad en la que la concentración del poder es cada día más patente.

También es bueno recordar que vivimos un tiempo de cuestionamiento creciente en relación con la eficiencia del Estado y de discusión en cuanto a la adaptación del orden jurídico-institucional liberal a las realidades y exigencias de los países.

Quien tiene este texto en sus manos inicia la lectura de un estudio largo que intenta presentar un problema, responder interrogantes, motivar el pensamiento crítico de quien escribe y del lector.

---

[6] Ver Michel Troper, *La séparation des pouvoirs et l'histoire constitutionnelle française,* p. 11.

Lo que intentaremos demostrar a lo largo de este trabajo es que la separación de poderes es una condición necesaria, aunque no suficiente, para la existencia de un régimen de libertad y que su ausencia conduce a la tiranía.[7] Trataremos de fundamentar esta idea con pensamientos y con hechos que presentamos de manera organizada, tratando de anticipar las objeciones del lector. No olvidemos, sin embargo, que un ensayo, tal como lo definía el juez norteamericano Felix Frankfurter es "tentativo, reflexivo, sugestivo, contradictorio e incompleto. Refleja las perversidades y complejidades de la vida".[8]

---

[7] Ver Gerhard Casper, *An Essay in Separation of Powers: Some Early Versions and Practices*, p. 214.

[8] Citado por Philip B. Kurland en *Felix Frankfurter on the Supreme Court* (1970).

II

ANTECEDENTES

La lucha del hombre contra el poder
es la lucha de la memoria contra el olvido.

MILAN KUNDERA

II.1 GRECIA Y ROMA

La idea de ubicar en la Constitución un mecanismo para impedir que la autoridad del Estado desemboque en la arbitrariedad no es nueva en la historia del pensamiento político.

En la Grecia antigua se pensó en combinar las ventajas de los diferentes tipos de Constitución para impedir el paso de las "buenas" formas de gobierno a las formas corrompidas.[9] Platón y Aristóteles desarrollaron esta idea,[10] pero más que el control del poder trataban de lograr un equilibrio entre la virtud, la riqueza y el número.[11] Se basaban estos clásicos en la conciencia de que la población de las ciudades no era lo suficientemente homogénea, o el patriotismo lo bastante fuerte, como para impedir la formación de facciones —ricos y pobres, nobles y plebeyos— una de las cuales podría asumir el poder para oprimir a la otra. Para evitar este riesgo se planteó equilibrar el poder mediante la participación de las diversas facciones. Este equilibrio, parte democracia y parte oligarquía, fue llamado "régimen mixto".[12] ¿Cómo realizar este equilibrio? Si bien Aristóteles distinguió tres funciones de gobierno, la deliberativa, la magisterial y la judicial, la misma persona y órgano podía ejercer dos o las tres funciones. Y aun cuando las funciones tuviesen titulares distintos, la preponderancia asignada a la deliberativa impide el equilibrio eventual entre las funciones.

---

[9]   Alexandre Passerin D'Entrèves, *La notion de L'Etat*, p. 146.

[10] *Las Leyes*, libro III y *La Política*, libro IV.

[11] Alexandre Passerin D'Entrèves, ob. cit., p. 146.

[12] Thomas L. Pangle, *Montesquieu's Philosophy of Liberalism*, p. 118.

El equilibrio no estaba previsto *entre* los poderes del gobierno sino *dentro* de ellos.

El equilibrio entre las facciones se logra haciendo participar a cada una de ellas en el ejercicio de las funciones gubernamentales.[13] Como antes se dijo, la virtud va a ser más necesaria para el logro de la estabilidad política que los mecanismos institucionales, ya que solo ella constituye un freno entre las facciones llevadas a la guerra por el egoísmo y la desigualdad.[14] No debe pasarse por alto la circunstancia de que en la Grecia antigua las leyes se hacían de una vez por todas. No se concebía un sistema legislativo en permanente creación. Las leyes podían cambiarse, pero esto era la excepción: una vez que por indicación de las divinidades se establecía cuáles eran las bases de la convivencia social, se podían hacer pequeñas modificaciones para adaptarlas a nuevas realidades, pero los cambios frecuentes podían traer consigo una pérdida del respeto por la ley. La función deliberativa no se limitaba pues a la legislación; se trataba de discutir sobre los asuntos públicos, lo que tiene que ver con las leyes, pero fundamentalmente con el manejo del gobierno y con el impartir justicia. Los ciudadanos participaban directamente en todas las funciones del Estado. Decía Aristóteles que el hecho de que estas funciones —la guerra, la justicia y la deliberación— pertenezcan a grupos separados o a un solo grupo es algo que no produce diferencia alguna en esta cuestión. A menudo recaen sobre las mismas personas las tareas de servir en el ejército y labrar los campos. Esas mismas personas pueden pertenecer tanto a un consejo de deliberación como a un tribunal judicial.[15]

Recuerda Maurice Vile que la mayor contribución que los griegos hicieron en este campo no tiene que ver con la separación de los poderes, sino con la primacía del derecho sobre los gobernantes.[16] Esto tiene especial vinculación con nuestro tema, pues se trata de una manera de limitar la concentración del poder y la arbitrariedad. Como lo dijimos al iniciar esta sección, Platón ponía énfasis en la moderación que era, a su juicio, la base del Estado mixto, que trataba de armonizar los intereses opuestos de las clases sociales y que impedía "excesos impropios".[17]

Mucho interés reviste el planteamiento de Polibio, "el judicioso Polibio", como lo llamó Montesquieu, quien parte del análisis un tanto

---

[13]   Ídem, p. 119.
[14]   Aristóteles, *La Política*, XII, 95.
[15]   Ibídem, IV, 6.
[16]   *Constitucionalismo y separación de poderes*, p. 25 y ss.
[17]   *Las Leyes*, III.

idealizado de la Constitución de Roma,[18] donde el poder de los cónsules recuerda a la monarquía, el del Senado a la aristocracia y los derechos del pueblo a la democracia. Los cónsules tienen pleno poder para la dirección de la guerra, pero son nombrados por el Senado y dependen de este cuerpo para el abastecimiento de las tropas y del pueblo para la aprobación de los tratados. El Senado depende del pueblo, ante quien deben ser sometidos los grandes juicios y cuyos tribunos pueden detener las decisiones de la Asamblea.[19] *Senatus Populusque Romanus...* El equilibrio ente las facciones es entonces más estable porque se ha institucionalizado. En la Roma de Polibio, cada facción, ricos patricios y pobres plebeyos, participa en el gobierno a través de una institución que le es propicia. El Senado para los primeros, la Asamblea y los Tribunos para los segundos. Si los poderes de cada institución están bien determinados por la ley o la costumbre, se estabilizan las facciones y las fuerzas respectivas permanecen equilibradas. Los cónsules con intereses independientes transforman esta lucha doble, entre patricios y plebeyos, en una situación tripolar, lo que disminuye el riesgo del predominio de unos sobre otros.[20] No se trata solo de repartir el poder entre las clases, sino que se establece un sistema de pesos y contrapesos mediante controles institucionales.

En términos parecidos a los de Polibio, Cicerón define a la Constitución mixta como el *optimus status rei publicae.*[21]

Afirma Passerin D'Entrèves que Cicerón "parece indicar" que la Constitución mixta no debería solo consistir en la mezcla de los signos externos de ciertas formas de gobierno, sino en una atribución precisa de las funciones a las diferentes partes de la comunidad. El punto adquiere mayor significación cuando se le compara con un texto del *De Legibus* en el cual Cicerón dice que "por una buena distribución de los derechos —cuando el poder reside en el pueblo y la autoridad en el Senado— es posible mantener al Estado en la concordia y la moderación".[22]

Para concluir esta breve pincelada sobre el mundo antiguo, debemos recordar la influencia de los romanos en el pensamiento de la Ilustración y en las ideas que inspiraron la Revolución francesa, al punto que Carlos Marx llegó a hablar de una "romanidad resucitada".

---

18   *Historias*, libro VI.
19   Jean Touchard, *Histoire des idées politiques*, T.I., p. 67.
20   Thomas Pangle, ob. cit., p. 120.
21   *De Re Publica*, libros I y II.
22   *De Legibus,* III, 28, citado por Passerin D'Entrèves, ob. cit., p. 147.

II.2   DE LA EDAD MEDIA A LA REVOLUCIÓN INGLESA

El pensamiento de la Edad Media va a ignorar, en líneas generales, el problema de la división de poderes. Con razón pudo afirmar Charles Howard McIlwain que "no hay una doctrina medieval de la separación de poderes... es un invento de los doctrinarios del siglo XVIII el encontrarlas en nuestra historia anterior y ello solo fue posible porque ignoraban lo que fue verdaderamente esa historia. Estos equilibrios políticos eran desconocidos antes del siglo XVIII y solo probados en el XIX".[23]

No podía haber separación de poderes porque la existencia de un poder legislativo que "crea" la ley es ajena a un mundo en el cual la inspiración divina es un factor esencial. Las leyes son meramente aplicaciones terrenales de la ley de Dios. Se trata solo de clarificarlas y aplicarlas; por lo tanto, la función que existe es la judicial.

McIlwain sostiene entonces que no hubo separación de poderes sino limitación del poder. Sin embargo, recuerda Plucknett que, en el siglo XIV, el desarrollo del derecho empieza a ser constatado por los jueces ingleses, cuyos fallos daban lugar a normas de aplicación general. A pesar de ello, no existía una distinción entre la actividad legislativa y la actividad judicial, ni nada que pudiera parecerse a una teoría del derecho o de la legislación. Habrá que esperar el siglo XVII para que se generalice la idea de que el Parlamento inglés pudiera "crear" nuevas leyes.[24]

La aparición de la noción de soberanía como depositaria del poder condujo necesariamente a la potestad de dictar mandatos, es decir, establecer lo que estaba permitido y lo que estaba prohibido. De allí se pasa a la separación de funciones, que ya pudo observarse en la teoría del papado sobre la división del trabajo entre los oficios de la Iglesia. En cuanto al poder del rey, la distinción entre gobierno y jurisdicción también empieza a vislumbrarse: el rey gobernaba pero, aun con su poder absoluto, tenía que someterse a las leyes. Les *lois fondamentales du royaume,* en Francia. Se sentaba la base para la existencia de un poder legislativo independiente de la voluntad real.[25] Pero el intento de las cortes de justicia, llamados parlamentos, de sustraerse del poder del rey mediante el procedimiento de negar el "registro" de las leyes con las que disentían nunca logró prevalecer, pues el conflicto se resolvía, normalmente a favor del monarca, en los llamados *lits de justice.*

---

[23]   *Constitutionalism, Ancient and Modern*, pp. 142 y 143.

[24]   *Statutes and their Interpretation in the First Half of the Fourteenth Century,* pp. 22-25 y 31, citado por Vile, ob.cit., pp. 27 y 28.

[25]   Ibídem, p. 29.

En el siglo XIV debe destacarse el aporte de Marsilio de Padua, quien pone el poder legislativo en cabeza del pueblo. "La causa eficiente, primaria y adecuada de las leyes, el pueblo [...] que ordena o determina que algo se haga o deje de hacerse en lo que concierne a los actos civiles o humanos, so pena de un daño o castigo temporal".[26] Finaliza de esta manera la visión medieval sobre la naturaleza de las leyes y puede entonces establecerse la distinción entre la función legislativa y la ejecutiva. Debe anotarse que el uso que hace Marsilio del término *ejecutivo* se refiere fundamentalmente a lo que hoy llamamos la función judicial, es decir el trabajo de los tribunales, presididos por el gobernante y que pone en práctica las leyes.

Agrega Vile:

En aquella época, resultaba difícil concebir un poder ejecutivo separado de los mecanismos de administración de justicia en los tribunales, ya que a la sazón, el Estado raramente se relacionaba con los ciudadanos si no era a través de los tribunales y los funcionarios encargados de hacer cumplir la ley. De este modo, por "poder ejecutivo" se entendía, bien la función de impartir justicia de acuerdo con las leyes, bien los mecanismos por medio de los cuales se ponían en práctica las leyes.[27]

Para 1672 Pufendorf, en su tratado *De Jure Naturae et Gentium* distinguió los diversos atributos de la soberanía —*partes potentiales summi imperii*— como medios lógicos necesarios para alcanzar los fines del Estado, aun cuando recomendaba que estos poderes debían estar concentrados en las mismas manos para que el Estado pudiese ser fuerte y funcionar regularmente.[28]

El siglo XVII se ocupará más de esta concentración del poder, en aras de la unidad de la soberanía, que del reparto de funciones. Así Hobbes declara categóricamente que "sólo tres tipos de Estado son posibles", la monarquía, la aristocracia y la democracia. "No puede haber otro tipo, pues ya uno, ya varios, ya todos, deben detener integralmente el poder soberano, el cual ya lo demostré, es indivisible".[29] Bodino da un paso en adelante al distinguir entre la forma del Estado y la forma del gobierno. Aseguraba que en cada caso la forma del Estado es una, pero la forma del gobierno podría ser compleja. Se abrió así el camino, a pesar de la unidad y de la indivisibilidad de la soberanía, a la constatación de que el poder puede ser

---

[26]   *Defensor Pacis*, citado por Vile, p. 29.

[27]   Ob. cit., p. 31.

[28]   Libro VII, cap. IV, números 9-11, citado por Adhémar Esmein, *Droit constitutionnel francais et comparé,* pp. 451- 452.

[29]   *Leviathan*, citado por Passerin D'Entrèves, ob. cit., p. 149.

distribuido de diferentes formas de acuerdo con las distintas realidades y de conformidad con los fines perseguidos por el Estado. Nueve son los principales poderes de la soberanía, entre los que figuraban declarar la guerra, acuñar moneda y recaudar los impuestos.[30]

II.3 LA GUERRA CIVIL INGLESA[31] Y EL PENSAMIENTO DE LOCKE

El planteamiento más importante sobre la separación y el equilibrio de poderes, antes de hablar de Montesquieu, está contenido en el segundo *Tratado sobre el Gobierno civil* de John Locke. Su importancia es tal que para algunos autores el pensador inglés es visto como el creador de esta teoría. Locke encuentra su fuente de inspiración en la rápida sucesión de eventos ocurridos en su país en la segunda mitad del siglo XVII: el paso del absolutismo real al absolutismo parlamentario que desembocó en la dictadura de Cromwell y luego en el regreso al absolutismo real. Estos hechos marcaron las diferentes fases de la lucha entre el Parlamento y la Corona en Inglaterra. De estas tribulaciones surgió en el pensamiento político inglés la necesidad de un equilibrio armónico entre quienes hacen la ley y quienes la ejecutan.[32] La guerra civil inglesa permitió que se desarrollara uno de los elementos esenciales de la teoría de la separación de poderes, que luego será recogida por Locke. Nos referimos a la división de la actividad del Estado en dos o tres funciones y el paso fundamental: el que estas funciones debían ser encomendadas a personas distintas.

Empezando la guerra, en junio de 1642, el Parlamento le formuló a Carlos I diecinueve proposiciones en las que se planteaba una división de tareas entre el rey y las Cámaras y mecanismos de control recíproco. El rey contestó que ya el Parlamento tenía suficiente poder y que ceder a estas pretensiones significaría un rompimiento del equilibrio histórico que había existido entre el monarca, los lores y los comunes. La guerra continuó y Carlos fue decapitado.[33] Durante el conflicto no solo hablaron las armas,

---

[30]   Passerin D'Entrèves, ob. cit., p. 150.

[31]   Sucesión de conflictos que sacudieron las islas británicas, incluyendo a Inglaterra, Escocia, Gales e Irlanda. Se conoce también como la "Gran Rebelión" o la" Revolución inglesa". Los acontecimientos más importantes fueron el juicio y la ejecución del rey Carlos I, la proclamación de la república en Inglaterra, de una teocracia en Escocia y el sometimiento de Irlanda y luego una sucesión de enfrentamientos bélicos y de parlamentos que culminan con la restauración de la monarquía.

[32]   Carl J. Friedrich, *La Democratie Constitutionnelle*, p. 146.

[33]   David Plant, *The Nineteen Propositions*, British Civil Wars & Commonwealth website

sino que se formularon propuestas, entre las que se destacó el *Tratado sobre la Monarquía,* de Philip Hunton y las *Respuestas al Doctor Ferne,* de Charles Herle.[34]

El *Instrumento de Gobierno* de Cromwell (1653)[35], primera Constitución escrita de Inglaterra, representa un intento de división de poder, por lo menos en el papel. Se trataba de darle al Parlamento y a lo que luego se llamará el Poder Ejecutivo, independencia y atribuciones propias. El poder político y la función legislativa lo compartían el pueblo, representado por el Parlamento, y un "lord protector".[36] Pero el artículo XXIV estableció que "todos los proyectos de ley adoptados por el Parlamento, serán presentados al Lord Protector quien habrá de darles su consentimiento",[37] lo que sin duda significaba que la parte más sustancial de la tarea legislativa quedaba en manos del Parlamento.

Cromwell asignaba gran importancia a esta división funcional del poder, como queda evidenciado en el discurso que pronunció al disolver al Parlamento, elegido de conformidad con el Instrumento de Gobierno, y en el que reclamaba a los legisladores el no haber sancionado "las leyes buenas y saludables que el pueblo esperaba de ellos". El lord protector no consideraba que su cargo estaba por encima del Parlamento y enfatizaba la necesidad de actuar como "asociados" al servicio del pueblo (*partners*).[38] En 1657, con el *Humble Petition and Advice* (segundo y último texto constitucional escrito de Inglaterra) el Parlamento prepara la Restauración[39] y

---

[34] Ver Vile, ob. cit., pp. 43-47.

[35] *Instrument of Government,* redactado por el mayor general John Lambert en el otoño de 1653 y aprobado por el Consejo de Oficiales del Ejército en el mes de diciembre. En el texto original, se mantenía la figura del rey, pero Cromwell prefirió el título de "lord protector". http://www.constitution.org/eng/conpur097.htm

[36] Artículo I: "That the supreme legislative authority of the Commonwealth of England, Scotland, and Ireland, and the dominions thereunto belonging, shall be and reside in one person, and the people assembled in Parliament: the style of which person shall be the Lord Protector of the Commonwealth of England, Scotland, and Ireland."

[37] XXIV: That all Bills agreed unto by the Parliament, shall be presented to the Lord Protector for his consent; and in case he shall not give his consent thereto within twenty days after they shall be presented to him, or give satisfaction to the Parliament within the time limited, that then, upon declaration of the Parliament that the Lord Protector hath not consented nor given satisfaction, such Bills shall pass into and become laws, although he shall not give his consent thereunto; provided such Bills contain nothing in them contrary to the matters contained in these presents.

[38] Carl Friedrich, ob. cit., p. 147.

[39] En mayo de 1660, Carlos II hace su entrada triunfal en Londres.

retrocede hacia poderes más amplios para el protector, aunque este debía aceptar la supremacía de las leyes.[40]

Todos estos trágicos acontecimientos permitieron que la reflexión se decantara sobre la base del temor de que cualquiera de los bandos en conflicto pudiera prevalecer de manera arbitraria.

> La idea de establecer dos o tres funciones del Estado inclusivas y definidas desde un punto de vista abstracto ya era bien conocida, y había un fuerte deseo de poner límites tanto al poder real como al del Parlamento, que compartían hombres de muy diversas ideologías. Lo único que faltaba para completar la doctrina era la idea de que las agencias del Estado debían limitarse al ejercicio de las funciones que les eran propias.[41]

El poder del Parlamento quedó fortalecido por la caída de Jacobo II, destronado por un grupo de nobles protestante debido a su inclinación hacia la religión católica, y su sustitución por Guillermo y María de Orange. María era hija de Jacobo pero no podía ser reina por la ley sálica; su esposo era el *stathouder* de Holanda. Ambos eran protestantes y con su acceso al trono quedó descartado como príncipe heredero Jacobo Francisco, hijo de la última esposa del rey, la princesa católica María de Módena. Aunque estos hechos no tuvieron al Parlamento como actor principal, el poder de esta institución terminó reforzado por el *Bill of Rights* de 1688. Se establecieron límites a los poderes de la Corona y se ratificaron los derechos de los lores y los comunes. Se estableció también la libertad de discurso en el Parlamento (*freedom of speech*), la obligatoriedad de convocar a elecciones y el derecho de petición sin temor a retaliaciones.

John Locke nació en 1632 y falleció 72 años después. De familia puritana con escasos medios de fortuna, parecía destinado al clero, pero terminó estudiando Medicina en la Universidad de Oxford. Interactuó con reputados científicos de la época (como Isaac Newton); fue también diplomático, teólogo, economista, profesor de griego antiguo y de retórica. Alcanzó renombre por sus escritos, entre los que destacan la *Carta sobre la tolerancia* (1689), el *Ensayo sobre el entendimiento humano* (1690), los *Dos tratados sobre el Gobierno civil* (1690) y el *Cristianismo razonable* (1695).

No fue un político de primera línea, pero tuvo participación en el acontecer de su tiempo. Se vinculó con el conde de Shaftesbury, líder del partido *Whig,* de quien fue médico y secretario. Adversó el absolutismo

---

[40]   *British Civil Wars, Commonwealth & Protectorate*, http://www.british-civil-wars.co.uk/index.htm

[41]   Vile, ob.cit., p. 49.

monárquico en la Inglaterra de Carlos II y de Jacobo II. Ganado a la defensa del poder parlamentario, fue perseguido, expulsado de Oxford y tuvo que, temiendo por su libertad y por su vida, refugiarse en Holanda, de donde regresó después de la «Gloriosa Revolución» inglesa de 1688.

De un pensamiento rico e innovador en tantos campos, nos interesan los *Two Treatises of Government*. No se trata de una mera formulación teórica, sino de un aporte a la discusión política del momento. Aunque una parte de los ensayos fue escrita antes de la revolución de 1688, la redacción de la otra parte, así como la oportunidad de la publicación, son la expresión de un compromiso político. Así lo entiende el autor al afirmar, en el prólogo, que su deseo era "fortalecer el trono de nuestro gran libertador, nuestro rey actual Guillermo, fundamentar su título sobre el consentimiento del pueblo".

Locke asienta las bases de la democracia liberal: la sociedad política es el producto de la renuncia parcial y provisional de los hombres al estado de naturaleza que les garantizaba la libertad, la igualdad y la propiedad. Esta renuncia se produce en aras de una justicia bien organizada y de un poder eficaz. El poder estará siempre limitado por los derechos naturales y encuentra su origen en el consentimiento. El pueblo es el verdadero depositario de los derechos naturales y del interés nacional. Los gobernantes son *trustees* que no pueden abandonar su misión principal: defender los derechos naturales.[42]

Locke afirma:

Tenemos, pues, que la finalidad máxima y principal que buscan los hombres al reunirse en estados o comunidades, sometiéndose a un gobierno, es la de salvaguardar sus bienes; esa salvaguardia es muy incompleta en el estado de naturaleza. En primer lugar se necesita una ley establecida, aceptada, conocida y firme que sirva por común consenso, de normas de lo justo y de lo injusto, y de medida común para que puedan resolverse por ella todas las disputas que surjan entre los hombres. Aunque la ley natural es clara e inteligible para todas las criaturas racionales, los hombres, llevados por su propio interés, o ignorantes por falta de estudio de la misma, se sienten inclinados a no reconocerla como norma que les obliga cuando se trata de aplicarla a los casos en que está en juego su interés. En segundo lugar, hace falta en el estado de naturaleza un juez reconocido e imparcial, con autoridad para resolver todas las diferencias, de acuerdo con la ley establecida. Como en ese estado es cada hombre juez y ejecutor de la ley natural, y como todos ellos son parciales cuando se trata de sí mismos, es muy posible que la pasión y

---

[42]   Albert Brimo, *Les grands courants de la philosophie du droit et de l'État*, pp. 107-110.

el rencor los lleven demasiado lejos; que tomen con excesivo acaloramiento sus propios problemas, y que se muestren negligentes y despreocupados de los problemas de los demás. En tercer lugar, con frecuencia, en el estado de naturaleza, se hace necesario un poder suficiente que respalde y sostenga la sentencia cuando ésta es justa, y que la ejecute debidamente. Quienes se han hecho culpables de una injusticia, rara vez dejarán de mantenerla si disponen de fuerza para ello.[43]

Pero Locke supera a sus predecesores porque va más allá de la mera distribución entre las funciones del Estado y enuncia la teoría de que el ejercicio de estas funciones por la misma persona o grupos de personas pone en peligro la libertad.

El poder absoluto arbitrario o el gobernar sin leyes fijas establecidas, no pueden ser compatibles con las finalidades de la sociedad y del gobierno. Los hombres no renunciarían a la libertad del estado de naturaleza para entrar en sociedad, ni se obligarían a un gobierno, que no sea para salvaguardar sus vidas, libertades y bienes, y para asegurarse la paz y la tranquilidad mediante normas establecidas de derecho y de propiedad.

Es impensable que se propongan, aún si tuviesen poder para hacerlo, poner en manos de una persona o de varias un poder absoluto sobre sus personas y bienes, otorgar al magistrado fuerza para que ponga en ejecución sobre ellos arbitrariamente los dictados de una voluntad sin límites.[44]

La sociedad política, integrada por hombres que abandonaron el estado de naturaleza, hereda la potestad y el derecho que estos tenían de hacer todo aquello que garantizara su propia conservación y la de sus semejantes: se trata de la función legislativa. Por otra parte, en el estado de naturaleza el hombre tenía la potestad de castigar las violaciones del derecho natural. La sociedad política hereda ese derecho de asegurar el respeto de las leyes en lo interno y la paz por medio de los tratados y la guerra en defensa de la comunidad.[45]

Locke distingue así tres poderes:

El poder legislativo, que hace leyes y señala "cómo debe emplearse la fuerza de la comunidad política".[46] El poder ejecutivo, que cumple la función jurisdiccional; y el poder federativo, que se ocupa de las relaciones exteriores y de la seguridad del reino.

---

[43]   *Tratado sobre el poder civil*, números 124, 125 y 126.
[44]   *Tratado sobre el poder civil*, número 137.
[45]   Brimo, ob. cit., pp. 107-108.
[46]   *Tratado sobre el poder civil,* número 134.

Se asigna primacía al primero de los poderes citados y se indica que la legislación es obra del Parlamento, es decir, las Cámaras más el rey.

La separación de poderes preconizada por John Locke es funcional y no personal, aunque el autor apunta que "sería una tentación demasiado fuerte para la debilidad humana, que tiene tendencia a aferrarse al poder, confiar la tarea de ejecutar las leyes a las mismas personas que tienen la misión de hacerlas".[47] La tentación de abusar del poder se ve estimulada si existe confusión de poderes.

En relación con la separación funcional, es bueno recordar que el "Acto de Establecimiento" de 1701 pautó la estabilidad de los jueces superiores *during good behaviour* y solo se podía remover a estos magistrados mediante una petición efectuada por la Cámara a la Corona.[48]

Los ensayos de Locke dan a la práctica política inglesa que se iniciaba en su época y a la revolución de 1688 un carácter de verdad general y eterna. El principal mérito de Locke fue:

> … el haber transformado un accidente histórico en un acontecimiento dirigido por la razón humana y por las exigencias profundas del orden político… La revolución marcaba tanto el fin del derecho divino sobrenatural como del absolutismo real y es contra ambos que Locke enfoca sus tratados.[49]

La evolución del constitucionalismo inglés durante los años tumultuosos que hemos recordado condujo a la superación de las teorías del "estado mixto" en la que se aceptaba una limitación del poder real pero manteniendo la supremacía del monarca. Dice Vile:

> Aunque no existe una conexión lógica entre la teoría del Estado mixto y la de la separación de poderes, hay que reconocer que la primera de las dos proporcionó una serie de ideas muy sugerentes que pasaron a constituir la base de la nueva doctrina. Un punto claro de relación es que ambas teorías intentan limitar la concentración de poder instituyendo controles internos dentro de la maquinaria del Estado. La terminología de los "poderes" del Estado pasó a utilizarse tanto para referirse a los órganos representativos del Estado mixto como a las agencias dotadas de distintas funciones de la

---

[47]   Ídem, número 143.

[48]   La Cámara de los Comunes logró así que los jueces permanecieran en sus cargos *quamdiu se bene gesserint* y no *durante beneplácito regis*. Ver Gough, ob. cit., p. 111.

[49]   Boris Mirkine-Guetzevitch y Marcel Prelot, prefacio *a Essai sur le pouvoir civil de John Locke*, p. XI.

doctrina de la separación de poderes. La mezcla tripartita de monarquía, aristocracia y democracia representaba solo un caso particular de la teoría general del gobierno limitado, que abogaba por que el pueblo ejerciera controles sobre el monarca o se estableciera cualquier otra combinación de poderes que evitara el predominio de un solo individuo o grupo de personas.[50]

---

[50]   Vile, ob. cit., p. 38. El autor cita a su vez a Otto von Gierke, C.M. Walsh y L.M. Levin.

III

MONTESQUIEU

Montesquieu forma parte de ese elenco de autores que
supuestamente todos conocen pero que muy pocos han leído.

SIR COURTENAY ILBERT

En los últimos años del reinado de Luis XIV se produce un resurgimiento "liberal" en una Francia que entra en la Ilustración. Consecuencia
de múltiples acontecimientos, entre los que destacan la revocación del
Edicto de Nantes, la revolución inglesa, una sucesión de derrotas militares
y una pauperización general. El efecto lógico es el inicio de un cuestionamiento del absolutismo por parte de la nobleza, que había perdido poder y
privilegios. Se critica la arbitrariedad y el *bon plaisir* del rey, que terminaron corrompiendo todo. La condena no es al absolutismo en sí, sino a las
modalidades de su ejercicio despótico y contrario al espíritu mismo de la
monarquía francesa.

Expresiones de esta reacción son el arzobispo François de la Mothe-
Fénelon, el duque Louis de Saint Simon, el conde Henri de Boulainvilliers
y finalmente el barón Charles de Montesquieu.[51]

El 18 de enero de 1689 nace, en una próspera familia de pequeña nobleza de toga, Charles-Louis de Secondat. El joven, único varón, heredará
la baronía de la Brède, el castillo, las tierras, los viñedos y los cargos judiciales. Recibirá una sólida educación humanista y jurídica.

A los veinticinco años es recibido como consejero en el Parlamento
de Burdeos y se casa con una rica heredera, lo que le permite consolidar
su fortuna; y dos años más tarde, por la muerte de un tío, recibe las tierras y el nombre de Montesquieu, una mayor fortuna y la presidencia del

---

[51] Ver Jean-Jacques Chevallier, *Histoire de la pensée politique*, t. II, pp. 46-58 y 71.

Parlamento.[52] Ingresa a la Academia de Burdeos y empieza a desarrollar una afición literaria y científica.

El destino de quien pudo limitarse a ser un noble de provincias, un magistrado culto y un académico erudito cambia con la publicación, sin su firma, en 1721, de las *Cartas persas*. Se trata de lo que algunos llaman una "novela epistolar". A comienzos del siglo XVIII, un par de dignatarios persas hacen un largo viaje por Europa durante el cual sostienen una variada correspondencia con amigos que dejaron en su tierra y con personalidades que fueron conociendo durante el periplo. Con una aproximación aparentemente ingenua, se realiza un profundo e inmisericorde análisis de las costumbres, los usos, las condiciones de vida, la política y la religión en la sociedad francesa de la época. Los salones y los cafés, así como la ópera y el teatro, no escapan a los comentarios mordaces de los viajeros persas.

En las *Cartas* aparece subyacente una poderosa crítica a la monarquía francesa y a la relación de sometimiento y de vulnerabilidad que existe entre los súbditos y el rey. Hay una visión más risueña de las instituciones inglesas y se alaba un sistema de gobierno en el cual los hombres son conducidos atendiendo a sus inclinaciones y sin violencia.

En 1728, se iniciaron los viajes de Montesquieu, empezando por Alemania y Hungría; en Viena trató al príncipe Eugenio. Visitó luego una gran parte de Italia, Suiza, el Rin y Holanda, y en 1729 pasó a Inglaterra, donde permaneció dos años. En 1734 publica las *Consideraciones sobre las causas de la grandeza de los romanos y de su decadencia*. Según Ilbert se trata de un texto de filosofía política que trata de obtener, de la historia de un estado en particular, algunas reglas generales. Descarta Montesquieu que el mundo sea conducido por la fortuna, como lo afirmó Maquiavelo, sino por causas físicas o morales de las que dependen el auge, la estabilidad y la caída de los gobiernos.[53]

En 1748 aparece publicado en Ginebra *El espíritu de las leyes*, fruto de casi 20 años de trabajo agotador, "un niño concebido sin madre" (*prolem sine mater creatam*) en palabras del autor. Dice el prefacio:

> He comenzado varias veces y he abandonado otras tantas esta obra: mil veces he abandonado a los vientos las hojas que había escrito; perseguía mi objeto sin un plan; no conocía ni las reglas ni las excepciones; encontraba la

---

52 Recordemos que los parlamentos de la monarquía francesa son órganos de la justicia. Están integrados por consejeros y por un *président à mortier* (nombre del birrete que acompañaba la toga). Eran cargos venales y hereditarios.

53 *Romanes Lectures*, *Montesquieu*, Oxford, 1905.

verdad para perderla; pero cuando al cabo he descubierto mis principios, todo lo que yo buscaba me ha salido al encuentro, y en el curso de veinte años he visto empezar, crecer y terminar mi obra.

Los diversos temas son abordados sin un orden sistemático, lo que contribuye a que existan interpretaciones muy diversas en relación con varios planteamientos. Sin embargo, como dice Georges Vlachos:

> Seguramente quedarán, para siempre, opiniones y dudas. Nada de eso afecta, sin embargo, lo esencial de su pensamiento político y constitucional. El trabajo de reconstitución de la política de Montesquieu se hace más fácil si se sigue fielmente cómo se encamina su pensamiento hacia un objetivo constante que fue asumido desde el comienzo, a partir de tesis expuestas en las *Cartas persas* y parcialmente completadas en las *Consideraciones*: la definición del Estado y del Gobierno legítimos sigue una concepción eminentemente dialéctica de la libertad, en su doble relación en dirección a las leyes que rigen las estructuras institucionales y los modos de acción de los gobernantes, así como las formas de ser y de actuar de los gobernados mismos.[54]

Se trata de un texto ambicioso, de vital importancia para la ciencia política, no solo por la materia que nos ocupa sino también por las observaciones que contiene acerca de las formas de gobierno, la relatividad de las leyes; la influencia del medio ambiente y especialmente del clima, así como de los modos de vida sobre las relaciones políticas; sobre la legislación, sobre las costumbres, sobre las conquistas. Abarca todas las épocas y todos los lugares. Busca encontrar no el cuerpo, sino "el alma" de las leyes. Pretende demostrar que las innumerables reglas emanadas tanto de la costumbre como del legislador obedecen a determinados principios que hay que descubrir. No son fruto del capricho o de la arbitrariedad o de la fantasía: emanan de la razón y de la naturaleza de las cosas.

El profesor Harvey Mansfield, uno de los más importantes filósofos políticos norteamericanos contemporáneos, afirma que *El espíritu de las leyes* es la obra política moderna más completa, superando por su amplitud y su complejidad todos los tratados publicados con anterioridad, con la excepción de *La política* de Aristóteles.[55]

Acerca de la influencia de *El espíritu de las leyes*, Courtenay Ilbert, en su famosa *lecture* sobre Montesquieu[56], se pregunta por qué un libro

---

[54] *La politique de Montesquieu*, pp. 55 y 56.
[55] Le prince apprivoisé de l'ambivalence du pouvoir, p. 293.
[56] Ver nota número 53.

"con tan evidentes y notorios defectos" tuvo semejante impacto.[57] "Las definiciones fundamentales son flojas y vagas, el proceder es acrítico y carente de método; la mitad de los planteamientos factuales son imprecisos; la mitad de las inferencias son meras adivinanzas. Y aun así, cambió el pensamiento del mundo. ¿Cuál es la explicación de esta paradoja?". Piensa Ilbert que se trata, en primer lugar, del estilo. Es un libro que, diríamos en términos coloquiales, "engancha", lo que lo distingue de otros textos de su época en el campo del derecho o de la política, que eran sencillamente ilegibles. Pero, evidentemente, el estilo no basta. Ayudan mucho la frescura y la originalidad. Montesquieu se aparta de la manera usual de tratar los temas jurídicos y políticos, que partía de un planteamiento básico, investido de la autoridad de Aristóteles o de algún jurista romano, y deducir entonces conclusiones generales. Montesquieu, por el contrario, comienza comentando alguna institución en particular, sin detenerse en los principios generales. Luego el autor compara, infiere sobre semejanzas y diferencias, agrupa, se disgrega y vuelve al tema principal. Indica caminos, parte de los hechos para llegar a los principios. *Ondoyant et divers*, como Montaigne. Montesquieu hizo de la ciencia política una ciencia de la observación, tal como lo había hecho Bacon con las ciencias físicas. Siendo la mente humana muy conservadora, por generaciones los estudiosos trabajaron los mismos temas con los viejos hábitos. Llega entonces un hombre y abre nuevas regiones para la especulación y el descubrimiento. Esos son los hombres que cambian el mundo y Montesquieu era uno de ellos.[58]

En el prefacio, Montesquieu explica:

He examinado antes que nada los hombres; he pensado que en esta diversidad de leyes y costumbres no eran conducidos únicamente por sus fantasías.

He sentado los principios; he visto los casos particulares ajustarse a ellos, ser consecuencia de ellos las historias de todas las naciones, y cada ley particular relacionada con otra o dependiente de otra más general.

---

[57] El marqués d´Argenson, quien había leído, antes de su publicación, algunos capítulos de *El espíritu de las leyes,* "temía que el contenido de la obra fuese agradable para la lectura, con ideas ingeniosas y seductoras, pero carente de instrucciones útiles acerca de la manera de redactar las leyes y comprenderlas". Constataba que en Francia hacía falta *el espíritu de las leyes* pero "no creía que su amigo, el presidente Montesquieu, produjera el texto que pudiera servir de brújula a todos los legisladores del mundo". Reconocía, sin embargo, que esperaba del libro que estaba por publicarse "muchas ideas profundas, pensamientos nuevos, imágenes impactante, salidas geniales y un sinnúmero de hechos curiosos cuya aplicación supone mucho más gusto que estudio". *Mémoires du Marquis d'Argenson* (ed. 1825), pp. 430, 431.

[58] Courtenay Ilbert, ob. cit., *passim.*

Cuando me he referido a la antigüedad, he tratado de fijarme en el espíritu para no tomar por semejantes casos en realidad diferentes y para que no se me escaparan las diferencias de los que parecen semejantes.

No he deducido mis principios por mis prejuicios; los he sacado de la naturaleza de las cosas.

Aquí se dejarán sentir muchas verdades, cuando se haya visto la cadena que las une a otras. Cuanto más se reflexione sobre los detalles, se comprenderá mejor la certidumbre de los principios. Pero esos detalles, claro es que no los he dado todos: ¿quién podría decirlo todo sin mortal fastidio?

No se trata, entonces, de una obra escrita para desarrollar la teoría de la separación de los poderes del Estado. Es un libro en el cual esta teoría es esbozada, inmersa en muchos otros aspectos. El autor, por lo demás, pide "una gracia" y teme que no se le conceda: "la de que no se juzgue por una lectura rápida un trabajo de veinte años; la de que se apruebe o se condene el libro entero, no un pasaje cualquiera o algunas frases. Quien desee buscar el designio del autor, no lo descubrirá sino en el conjunto de la obra".

Escapa a nuestro trabajo la ambición de complacer al señor de la Brède, en la búsqueda de su "designio" y de su obra; adrede circunscribimos nuestro análisis exclusivamente a lo que concierne a la separación de poderes. De esta forma daremos satisfacción a quienes han dicho que *El espíritu de las leyes* no es un gran libro sino fragmentos de un gran libro.[59] No pretendemos ni estudiar ni asumir la defensa de la totalidad del texto. Limitaremos el análisis fundamentalmente a los libros XI y XIX y al siguiente planteamiento contenido en el libro VI y que establece, como respuesta al despotismo, el "gobierno moderado":

> Para formar un gobierno moderado hay que combinar las potencias, regularlas, atemperarlas, hacerlas actuar; soltar, por así decirlo, el lastre de una para colocarla en la posibilidad de resistir a otra; se trata de una obra maestra de legislación, rara vez producto del azar y que pocas veces se permite a la prudencia desarrollarla. El gobierno despótico, por el contrario, salta a la vista. Es uniforme por todos los costados: como solo se requieren pasiones para instaurarlo, todos pueden hacerlo.[60]

---

[59] Ver la *lecture* de Courtenay Ilbert sobre Montesquieu y sobre todo su nota sobre la opinión, ya citada, del marqués d´Argenson.

[60] De las diez páginas del capítulo 6, del libro XI, que lleva por título *De la Constitución de Inglaterra*, pudo decir el maestro francés Adhémar Esmein que "ejercieron la más profunda influencia sobre el Derecho Constitucional de Occidente", citado por Chevallier, ob. cit., p. 76.

Entremos en materia. Montesquieu afirma:

Hay también una nación en el mundo cuya Constitución tiene por objeto directo la libertad. Vamos a examinar los principios sobre los cuales se fundamenta. Si son buenos, la libertad aparecerá en ellos como en un espejo.[61]

Inglaterra es una nación en la que la república se esconde bajo la forma monárquica.[62]

¿Qué pudo ver un hombre ilustrado, enterado y curioso como Montesquieu en Inglaterra entre 1729 y 1731? Después de la revolución de 1688, la Constitución inglesa aún estaba en formación: no se sabía, a ciencia cierta, quién prevalecería: ¿el rey o el Parlamento? Montesquieu vio lo que tenía a la vista, pero también lo que quiso ver. Inglaterra fue para él lo que la Germania fue para Tácito: un país vecino en el que encontró elementos de libertad que habían desaparecido de su patria y en cuyo restablecimiento cifraba grandes esperanzas. Montesquieu "casi inventó" la teoría de la Constitución inglesa, que fue luego difundida por Blackstone y que tuvo tanta influencia en el continente americano.[63]

No se trataba solo de observar la realidad. Locke ejerció influencia en la elaboración de sus teorías, aunque afirma el gran biógrafo Robert Shackleton que la fuente inmediata de Montesquieu, más que Locke o la realidad política, fueron los artículos de prensa y discursos de lord Bolingbroke. Bolingbroke se esforzaba en minar la influencia que Walpole ejercía en el Parlamento y a estos efectos desarrollaba una activa campaña a favor de la separación de poderes. Montesquieu hizo de la propaganda de un dirigente político una teoría constitucional, lo que no borra la influencia de Locke, cuyas ideas son recogidas en los planteamientos de Bolingbroke.[64]

Ahora bien, cualesquiera que hayan sido las influencias recibidas por Montesquieu y los aportes de pensadores que lo precedieron, queda claro que el autor de *El espíritu de las leyes* popularizó estas ideas, les dio más relevancia y destacó lo más importante. Su pensamiento se vinculará invariablemente a la idea de la separación de poderes y todo estudio sobre la materia deberá referirse a sus escritos.

---

[61] *El espíritu de las leyes,* libro III.

[62] Ídem, libro V, cap. 19.

[63] Courtenay Ilbert, ob. cit.

[64] *Montesquieu, a Critical Biography* , pp. 298-301, citado por J. W.Gough, ob. cit., p. 110. En el mismo sentido se pronuncia Harvey Mansfield, ob. cit., pp. 292-293. Mansfield observa, además, que Montesquieu nunca cita ni a Locke ni a Bolingbroke (p. 315).

El objetivo perseguido es la realización en el Estado de un valor particular: la libertad, y para su preservación es que llegaremos a la separación de poderes.

Para Montesquieu hay diversas acepciones de la palabra libertad:

No hay palabra que tenga más acepciones y que de tantas maneras diferentes haya impresionado los espíritus, como la palabra *libertad*. Para unos significa la facilidad de deponer a quien ellos mismos dieron un poder tiránico; para otros, la facultad de elegir a quien han de obedecer; algunos llaman *libertad* al derecho de usar armas, que supone el de poder recurrir a la violencia; muchos entienden que es el privilegio de no ser gobernados más que por un hombre de su nación y por sus propias leyes. Existe el pueblo que tuvo por libertad el uso de luengas barbas. Hay quien une ese nombre a determinada forma de gobierno, con exclusión de las otras. Unos la cifran en el gobierno republicano, otros en la monarquía. Cada uno llama *libertad* al gobierno que se ajusta más a sus costumbres o sus inclinaciones; pero lo más frecuente es que la ubiquen los pueblos en la República y no la vean en las monarquías, porque en aquélla no tienen siempre delante de los ojos los instrumentos de sus males. En fin, como en las democracias el pueblo tiene más facilidad para hacer casi todo lo que quiere, ha puesto la libertad en los gobiernos democráticos y ha confundido el **poder del pueblo** con la **libertad del pueblo.**[65]

Luego Montesquieu da su propia definición:

La libertad es el derecho de hacer lo que las leyes permitan, no el hacer lo que cada uno quiere; y si un ciudadano pudiera hacer lo que las leyes prohíben, no tendría más libertad, porque los demás tendrían el mismo poder.[66]

Y viene a consistir en "esa tranquilidad de espíritu, que proviene de la seguridad o de la opinión que cada quien tiene de su seguridad".[67]

A esta concepción de la libertad no debe dársele una interpretación literal ni mucho menos tratar de utilizarla como un instrumento de los gobernantes para, bajo el disfraz de las leyes, oprimir a los gobernados. La formulación de Montesquieu va dirigida, antes que nada, a los propios gobernantes, que no deben confundir su propia libertad con la arbitrariedad y hacer de las leyes instrumentos de opresión.[68]

---

[65] *El espíritu de las leyes,* libro XI, cap. 2 (resaltado nuestro).

[66] Ídem, cap. 3. Se trata de una explícita referencia a *the rule of law.*

[67] Ídem, libro XII, cap. 1.

[68] Georges Vlachos, ob. cit., p. 56.

Hace falta que el gobierno sea moderado y que no abuse de su poder. Difiere Montesquieu de Hobbes y de Locke en el sentido de que no ve libertad para el hombre en el estado de naturaleza. No cree razonable el que se cultive la ilusión de que la libertad es natural.

No promete la libertad de constituir un gobierno que Locke preconizaba y que los americanos ejercerían pronto, habla del gobierno más conforme a la naturaleza humana y no del gobierno que 'sigue' a la naturaleza.[69]

La idea central del planteamiento de Montesquieu para la preservación de la libertad puede entonces resumirse de la siguiente manera:

Una experiencia eterna nos ha enseñado que todo hombre investido de autoridad abusa de ella. No hay poder que no incite al abuso, a la extralimitación. ¡Quién lo diría! Ni la virtud puede ser ilimitada.

Para que no se abuse del poder, es necesario que la naturaleza misma de las cosas le ponga límites. Una Constitución puede ser tal, que nadie sea obligado a hacer lo que la ley no manda expresamente ni a no hacer lo que expresamente no prohíbe.[70]

Se trata de una definición negativa.

Esta "disposición de cosas" consiste en dividir el poder para impedir la arbitrariedad. ¿Cómo se efectúa esa división? Examinando las funciones del Estado y constatando que ellas son tres:

Por la primera el príncipe o el magistrado hace las leyes temporales o definitivas y corrige o deroga las que ya están hechas. El poder de estatuir. Por la segunda hace la paz o la guerra, envía o recibe embajadores, mantiene la seguridad, prevé las invasiones. Por la tercera, castiga crímenes o juzga los conflictos entre los particulares.[71]

Agrega más adelante Montesquieu que las dos primeras son las realmente importantes. Dividido el poder se evitan "las tentaciones a las que se somete la naturaleza humana reuniendo en las mismas manos el poder legislativo y el poder ejecutivo".[72] En sus palabras:

Cuando en una misma persona o en un mismo cuerpo de magistrados el poder legislativo está unido al poder ejecutivo, no hay libertad, porque puede temerse que el mismo monarca o el mismo senado haga leyes tiránicas para ejecutarlas tiránicamente.

---

[69]   Mansfield, ob. cit., p. 300.

[70]   Ídem, libro XI, cap. 3.

[71]   Ibídem.

[72]   Adhémar Esmein, *Droit constitutionnel francais et comparé*, p. 246.

El autor ejemplifica al señalar que cuando los tres poderes están confundidos, nos encontramos con un gobierno despótico, como en Turquía o Venecia; cuando son dos los poderes que se confunden, y, siempre y cuando el poder judicial esté separado, tenemos un gobierno moderado, tal es el caso de las monarquías europeas; finalmente, cuando los tres poderes son independientes, tenemos un gobierno libre, como en Inglaterra.

El principio de la separación de los poderes que preconiza Montesquieu establece, por primera vez, la independencia del poder judicial y presenta los tres poderes, tales como los conocemos hoy y con los nombres que hoy usamos. A diferencia de Locke y de otros pensadores que lo precedieron, Montesquieu le retira el poder de castigar a los poderes de urgencia y de política exterior que son propios al ejecutivo.

> De esa forma, establece una separación entre el castigo y la vida política y prohíbe o limita el uso político del castigo, imaginado por Maquiavelo y extendido, de manera más legal, por Hobbes y por Locke. Montesquieu establece un ejecutivo fuerte que no necesita ser terrible y demuestra cómo un gobierno libre puede dirigir sin atemorizar a sus súbditos.

Montesquieu "no crea un ejecutivo moderado, él domestica al ejecutivo feroz que encuentra en la escena".[73]

Resaltemos un rasgo importante: el *président à mortier* del Parlamento de Burdeos, por obvias razones, se interesa en el poder judicial: no solo debe estar separado de los otros, sino que debe ejercerse preferiblemente sin jueces profesionales, por la vía de jurados temporales. Difiere del sistema inglés en el cual los jurados se pronuncian sobre los hechos mientras que los jueces se encargan de establecer la sanción prevista en las leyes o en las costumbres.[74] El cuerpo judicial no representaba ninguna clase ni profesión en particular, representaba simultáneamente a todos y a ninguno. A esto se agrega el *habeas corpus*, establecido en Inglaterra en 1679 y que prohíbe la detención ilegal de los ciudadanos por orden del ejecutivo.[75] Su condición de magistrado y de noble de toga le lleva también a recordar que en otras épocas los parlamentos limitaban el poder del rey de Francia. Al contraponer la monarquía al despotismo, Montesquieu habla de "los poderes intermedios, subordinados e independientes", que tenían una función muy esencial. Se refería a la nobleza, al clero y a los parlamentos que

---

[73]   Mansfield, ob. cit., pp. 295-296.

[74]   *L'Esprit des Lois*, libro VI, capítulo 3.

[75]   Ver Paul Vernière, *Montesquieu et l'Esprit del lois ou la raison impure*, pp. 70-71.

podían quejarse de las leyes regias y a veces se negaban a inscribir formalmente los edictos reales.[76]

Al terminar este capítulo sobre el autor de *El espíritu de las leyes*, es bueno regresar a Locke, cuya influencia fue reconocida desde el siglo XVIII y estudiada con amplitud posteriormente.[77] Recordemos que el autor inglés, al escribir los *Tratados sobre el Gobierno civil*, se ve influido por los acontecimientos de 1688 en los cuales tomó partido. Parte del estado de naturaleza y de la figura del contrato para llegar a la soberanía popular y a la preeminencia del legislativo sobre el ejecutivo. No hay tanta separación de poderes como delegación de poderes. Locke no teme a la confusión de poderes sino a la monarquía absoluta. No toca el tema del poder judicial. Si se produce una ruptura de la confianza (*breach of trust*), el pueblo puede enfrentar, aun por la vía violenta, los abusos de la Corona. Los dos puntos esenciales de la doctrina de Locke, contractualismo y soberanía popular, están totalmente ausentes en los escritos de Montesquieu. Pero sí coinciden en temas como la definición de libertad política, que consiste en vivir bajo leyes estables; asimilación de la libertad y la seguridad; equilibrio de los poderes públicos, etc. Paul Vernière establece muy acertadamente su comparación entre los dos pensadores diciendo:

> Donde Montesquieu se aleja de Locke es en su psicología política: Locke, que vivió los acontecimientos de 1688 desarrolla la doctrina de la desconfianza, Montesquieu, que escribió medio siglo más tarde, sostiene una filosofía del concierto.[78]

El pensamiento del ilustre bordelés se vinculará invariablemente a la idea de la separación de poderes y todo estudio sobre la materia deberá referirse a sus escritos. En palabras de Manuel García-Pelayo, la teoría de Montesquieu constituye:

> ... algo cualitativamente distinto de sus posibles antecedentes, es decir, no como eslabón de un proceso, sino como una formulación esencialmente nueva y de validez universal... Racionaliza perspectivas empíricas del problema, generaliza versiones circunstanciales y no tanto describe situaciones actuales o posibles cuanto que formula un modelo de organización de poderes surgido —como agudamente puso de manifiesto Cassirer— de

---

[76]   Ver Vile, ob. cit., p. 90.

[77]   Ver *Montesquieu et les sources anglaises de l'Esprit des Lois* (Joseph Dedieu) y *John Locke's Political Philosophy* (G.W.Gough) entre muchos otros.

[78]   Ob. cit., pp. 70-73.

una síntesis entre la observación empírica y los principios de la mecánica de Newton.[79]

Mirkine-Guetzévitch y Prélot concluyen en que Montesquieu y Locke comparten:

... una asociación póstuma, tanto en el anacronismo como en la actualidad [...] En la historia de las ideas se es primero precursor, luego maestro muy leído, más adelante, conocido por las citas y finalmente gloria consagrada, de la que solo sobrevive un nombre o un título. El prestigio no se ve afectado, le ocurre una metamorfosis. [...] Locke y Montesquieu se alejan —es verdad—; solo podemos recurrir a sus enseñanzas transponiéndolas (aunque a veces algunas resurgen repentinamente con singular oportunidad); pero lo que queda es que estas personalidades dominaron, por mucho tiempo, la marcha del pensamiento que condujo a nuestros días.[80]

Vamos ahora a examinar la transformación de las ideas contenidas en *El espíritu de las leyes* y en los textos que, sobre el tema, lo precedieron, en un dogma constitucional y en teoría básica del Derecho Constitucional.

---

[79] "La división de poderes y la Constitución Venezolana de 1961", en *Estudios sobre la Constitución-Libro Homenaje a Rafael Caldera*, tomo III, pp. 1404-1405.

[80] Ob. cit., pp. XV y XVI.

IV

LA TEORÍA DE LA SEPARACIÓN DE PODERES

> Así como la teología católica plantea la existencia
> de un Dios único en tres personas, los adeptos a la
> separación de poderes deben imaginar un
> Soberano único en tres poderes.
>
> LÉON DUGUIT

IV.1 LA CONCEPCIÓN CLÁSICA

La idea de la separación de poderes expresada en *El espíritu de las leyes* se transformará en una teoría jurídica que le dará la vuelta al mundo y originará interpretaciones múltiples y variadas. Por lo pronto es rápidamente vista y aceptada como la mejor garantía para preservar la libertad. Decía Madison:

> La acumulación de todos los poderes, legislativo, ejecutivo y judicial, en las mismas manos, ya sean de uno, de pocos o de muchos, ya sean hereditarios, electivos o nombrados por sí mismos, puede quedar establecida como verdadera definición de tiranía.

Y más tarde Bolívar agregó: "Huid del país donde un solo hombre ejerza todos los poderes: es un país de esclavos".[81]

La vinculación de la separación de poderes y la limitación del poder en beneficio de la libertad se ve confirmada por la ausencia de toda referencia a ella en la teoría o en la práctica del totalitarismo.

Dice Karl J. Friedrich:

> De Marx a Bentham y remontando hasta Hobbes, se encuentra la misma argumentación y el mismo desprecio por toda separación del poder, tanto entre quienes gobiernan en el marco de un régimen fundando en la

---

[81] *El Federalista* n.° 47 y discurso en el convento de Franciscanos, 2 de enero de 1814.

concentración del poder, como entre los apologistas de esta concepción en el campo teórico.[82]

¿Cómo resumimos esta concepción que llamamos clásica?

El régimen político ideal trata de resolver el conflicto entre autoridad y libertad mediante el establecimiento de un equilibrio armónico en el ejercicio de las diferentes funciones del Estado. Si el acto esencial mediante el cual se manifiesta el poder político es la ley, hay que evitar que la ley se transforme en un instrumento de opresión. Para ello se separan las etapas del proceso de ejercicio de la autoridad, atribuyendo cada una de ellas a autoridades diferentes. La elaboración de la ley, es decir la función legislativa, será encomendada a una o a varias asambleas representativas; la aplicación de la ley se atribuirá al rey y a sus ministros (o a una figura similar, como el presidente) y la resolución de los conflictos que se presenten por la aplicación de la ley será materia propia del poder judicial. Estos tres poderes deben de estar separados en su origen, en su esfera de acción y restringidos en sus relaciones recíprocas. El riesgo de despotismo se aleja por cuanto se requeriría el acuerdo de los tres poderes para oprimir al ciudadano.

La importancia de la división de poderes como salvaguarda contra la tiranía llevará a los filósofos del siglo XVIII, a los pensadores liberales españoles que inspiraron la Constitución de Cádiz y a los teóricos de la Revolución francesa a erigirla en dogma sagrado, casi en una consideración metafísica. Decía al respecto el abate Sieyès: "Vuelvo a la división de los poderes, o si queréis, de las procuraciones diversas, que es de interés popular y de la libertad pública, confiarlas a diferentes cuerpos de representantes".[83] Y Saint-Just explicaba: "Los tiranos dividen al pueblo para reinar, dividid el poder si queréis que toque el turno al reino de la libertad".[84]

La consagración del dogma se proclama en la Declaración de los Derechos del Hombre y del Ciudadano de 1789, en su artículo XVI: "Un Estado que no acoja la garantía de los derechos individuales y el principio de la separación de poderes, carece de Constitución".

El representante Lally-Tollendal explicaba en 1793 el principio de la siguiente manera:

Un poder único acabará necesariamente por devorarlo todo. Dos se combatirían hasta que uno aplaste al otro. Pero tres se mantendrían en un perfecto

---

[82] *La Démocratie Constitutionnelle,* p. 114.

[83] Discurso del 2 Thermidor del año III, citado por Esmein, ob. cit., p. 451.

[84] Discurso ante la Convención, 24 de abril de 1793.

equilibrio de manera tal que si dos luchan entre sí, el tercero, igualmente interesado en la subsistencia del uno y del otro, se suma a aquel que está siendo oprimido contra quien lo oprime, y trae la paz entre todos.[85]

La práctica revolucionaria en Francia deriva luego hacia la concentración del poder, primero en manos de la Convención, luego del *Comité de Salut Publique* y por último de Maximilien Robespierre. En ese momento chocaron las ideas de Montesquieu con las de Jean-Jacques Rousseau. Los girondinos se apegaban a Montesquieu mientras que a los jacobinos se les atribuía una influencia rousseauniana.[86] El famoso jurista y sociólogo del derecho Henry Sumner Maine sostuvo que la influencia de Montesquieu se vio "eclipsada" por la de Rousseau.[87] Albert Sorel admite esta tesis pues Montesquieu era identificado como aristócrata y anglófilo, pero también recuerda que *El espíritu de las leyes* fue una fuente inagotable de argumentos para los revolucionarios de 1789 y que su influencia fue tan grande como la de *El contrato social*. Debe recordarse que aunque Montesquieu defendía la monarquía, siempre prefirió las pequeñas repúblicas del mundo grecorromano.[88]

Cuando los constituyentes de Filadelfia culminaron la difícil tarea de compromisos y sutilezas que fue la Constitución de 1787, el mundo conoció la primera aplicación, en un texto constitucional, de la teoría clásica de la separación de poderes.[89] Claro está que no se trataba de una aplicación dogmática de la teoría de Montesquieu. Tal no era el espíritu existente en las antiguas colonias inglesas. Había una fuerte influencia de Locke, una experiencia del gobierno colonial —legislatura, gobernador y jueces— y sobre todo una fuerte dosis de pragmatismo político y de sentido del compromiso. La visión "pura" de la separación de los poderes se ve atenuada por los *checks and balances*, parte medular de la Constitución de Filadelfia.

A este respecto nos recuerda John P. Roche que contrariamente a la creencia muy difundida según la cual los forjadores de la Constitución norteamericana dividían su tiempo entre discusiones filosóficas y lecturas de los clásicos de la teoría política, la realidad era otra: las preocupaciones existentes en Filadelfia eran muy prácticas y se empleó poco tiempo en

---

[85] Sesión de la Asamblea Nacional francesa del 31 de agosto de 1789, citado por Jules Laferrière, *Manuel de Droit Constitutionnel*, p. 630, citado por Karl Lowestein, *Teoría de la Constitución*, p. 54.

[86] Ver el libro IV de *El contrato social*.

[87] *Ancient Law*, capítulo IV.

[88] Citado por Courtenay Ilbert, *Romane Lecture, Montesquieu*.

[89] La experiencia norteamericana será analizada detalladamente en el capítulo siguiente.

discutir abstracciones políticas. No hubo una acalorada defensa de la separación de poderes como teoría y el nombre de Montesquieu solo empezó a ser citado en los debates que precedieron la ratificación de la Constitución, especialmente en los papeles de *El Federalista*.[90] Es posible que las sombras de Locke y de Montesquieu pudiesen haber merodeado entre los delegados y que estos pudiesen haber sido los instrumentos inconscientes de un *thelos* trascendente. Pero el observador cuidadoso del trabajo diario de la Convención no encuentra principios maestros.

La "separación de poderes", para los *Founding Fathers* aparece como una consecuencia de la desconfianza;[91] allí encontramos más a Locke que a Montesquieu.

La teoría sobre la Constitución vino después. Se explicó que en vez de concentrar la autoridad en una institución, se decidiera dispersar la autoridad entre tres ramas independientes de gobierno, dotando a los líderes de cada una, en palabras de Madison, "de los medios constitucionales y de los motivos personales para resistir la usurpación de los otros".[92]

Es obvio que la doctrina de la separación de poderes y el equilibrio de los mismos en los Estados Unidos no fue ajena al pasado colonial, a la experiencia de la confederación y al predominio del legislativo que ella significó.

Como dogma la recoge el Libertador, Simón Bolívar, cuando enumeró las bases del gobierno republicano en el Discurso de Angostura: "La soberanía del pueblo, la división de los poderes, la libertad civil, la proscripción de la esclavitud, la abolición de la monarquía y de los privilegios".

En el mismo sentido podemos hablar de la Constitución española de Cádiz de 1812, que consagró la división de poderes, pero más que una división se trataba de una separación estricta. Los poderes apenas tenían canales de comunicación entre sí. En lo único que se advertía una tímida colaboración era en el ejercicio de la potestad legislativa entre las Cortes y el rey.[93]

---

90   "Making the Constitution" *en the Growth of American Politics,* vol. I, p. 141. Las muy escasas referencias a Montesquieu en el transcurso de los debates no tuvieron que ver con la separación de poderes. *Notes of Debates in the Federal Convention of 1787 Reported by James Madison.*

91   John P. Roche, ob. cit., vol. I, p. 152.

92   *Federalist Papers* n.° 51 y Arthur Schlesinger, *The Imperial Presidency,* p. 9.

93   Ver Jordi Solé Tura y Eliseo Aja, *Constituciones y períodos constituyentes en España (1808- 1936).*

Sobre este principio fundamental, devenido en una suerte de dogma, se constituye una teoría constitucional que puede encontrar su definición en este texto de Esmein: "Los atributos de la soberanía, considerados como verdaderamente distintos, deben ser delegados por la nación a titulares diversos e independientes los unos de los otros".[94]

Más adelante señala Georg Jellinek:

Los límites y las reglas prescritas por la ley y por la Constitución para el ejercicio de los diversos atributos de la soberanía nacional, serán fatalmente desconocidos o superados bajo el gobierno representativo, si no se les brinda como vivos guardianes y centinelas, representantes distintos de la soberanía nacional a quienes el propio interés llevará a defender sus poderes y prerrogativas respectivas.[95]

Y agrega el mismo Jellinek:

... a órganos completamente separados unos de otros en sus funciones, corresponden poderes internamente separados también, pues a pesar de todos los contactos que puedan establecerse entre los titulares de los poderes, las funciones de cada uno de estos quedan separadas entre sí.[96]

Esta interpretación, que puede llamarse clásica, implica: atribuir las tres funciones estatales a autoridades o grupos de autoridades absolutamente distintas o independientes. En otros términos, instituir tres autoridades separadas funcional, personal y materialmente.

a) Funcionalmente: cada autoridad actúa en forma independiente, especializada, de manera integral y exclusiva. Un órgano de un poder no puede ser interferido en sus funciones por un órgano de otro poder, ni pueden las funciones de un órgano ser ejercidas por otro órgano.

Afirma Michel Troper:

El principio de la especialización funcional no se vería realizado si una de las dos hipótesis siguientes llegara a realizarse: si ciertos actos jurídicos vinculados a una función dada son dictados por un órgano distinto al de esta función, o si ciertos actos jurídicos son dictados por un órgano complejo cuyos órganos parciales deberían, según la teoría, ser titulares de funciones distintas.[97]

---

[94]   Ob. cit., p. 451.

[95]   Ob. cit., pp. 456-457.

[96]   Georg Jellinek, *Teoría general del Estado,* p. 457.

[97]   Michel Troper, *La séparation des pouvoirs et l'histoire constitutionnelle francaise,* p. 19.

b) Personalmente: una misma persona no puede formar parte de órganos de diferentes poderes ni pueden revocar los titulares de unos a los titulares de otros. Este planteamiento no está explícitamente desarrollado en *El espíritu de las leyes,* donde no se establece una prohibición general, pero sí queda claro que si las agencias del Estado no debían ser controladas por la misma persona, mal podría la misma persona ejercer una multiplicidad de cargos en los distintos poderes.

c) Materialmente: toda comunicación, relación o contactos mutuos están prohibidos.[98]

En pocas palabras, separación absoluta de Parlamento, gobierno y tribunales.

Esta interpretación supone que se acepte la palabra "poderes" en la expresión "separación de poderes" en el sentido de órganos. Si se entendiese como sinónimo de función, las tres separaciones no estarían en el mismo plano: la separación personal y la separación material serían complemento de la separación funcional.[99]

Huelga decir que la aplicación estricta de esta teoría es imposible y que el tipo de gobierno antes descrito no podría funcionar. De allí la distinción entre separación "rígida" y separación "atenuada" de poderes, definiendo estos dos adjetivos el grado mayor o menor de una separación que nunca llega a ser absoluta.

La separación material, funcional y personal de máxima rigidez no existe, pero es el patrón en relación con el cual se establece la medida o el grado de separación.

Esmein, por ejemplo, reconoce la colaboración de los poderes e indica el predominio del legislativo, pero afirma que el principio de la separación de poderes subsiste:

Los poderes reconocidos distintos han de tener titulares no solo distintos, sino independientes los unos de los otros, en el sentido de que uno de los poderes no pueda a voluntad influir en el titular de otro poder. Es allí, en la

---

[98]   Ver Wade, *Constitutional Law,* p. 24; y Charles Eisenmann, "L'esprit des lois et la séparation des pouvoirs" en *Mélanges,* Carré de Malberg, p. 165.

[99]   Eisemann, ob. cit., nota 1 de la p. 166. Es necesario aclarar con Hauriou que hay dos nociones conexas que deben ser distinguidas muy cuidadosamente: 1.° Las funciones del Estado, tales como legislar, impartir justicia o aplicar la ley, y 2.° Los órganos del Estado que son la organización de personas naturales a quienes se confían, en forma total o parcial, el ejercicio de las funciones (ver *Précis de Droit Constitutionnel,* p. 347.

irrevocabilidad recíproca, donde reside el principio activo y benéfico. Solo así los diferentes poderes pueden verdaderamente, dentro de los límites de sus atribuciones, controlarse los unos a los otros, y oponerse mutuamente de ser el caso en el terreno legal, esas resistencias pacíficas que salvaguardan las libertades públicas.[100]

Adversario de esta teoría, León Duguit la define en forma muy clara:

Los órganos investidos de estas tres funciones del Estado serían tres órganos representantes de la Soberanía, titulares de la Soberanía, absolutamente independientes el uno en relación al otro y sin acción el uno sobre el otro.[101]

IV.2   LA REVISIÓN DEL CONCEPTO CLÁSICO

La interpretación que acaba de exponerse de la separación de poderes "según" Montesquieu ha sufrido gran número de críticas y ataques. Entre ellos el más fundamentado, el más coherente y, en su época, el más novedoso es, a juicio de la doctrina contemporánea, el formulado en Francia por el profesor de la Universidad de París, Charles Eisenmann, en el artículo denominado "L'esprit des lois et la séparation des pouvoirs", publicado en los *Mélanges* ofrecidos en homenaje a Raymond Carré de Malberg en 1923.[102]

Sostiene Eisenmann que la llamada interpretación clásica es errónea, pues del estudio de la obra de Montesquieu y de su Constitución ideal se desprende que ninguna de las tres autoridades recibe la totalidad de una función ni domina esa función ni está especializada únicamente en esa función.[103] ¿Cómo podría un poder detener a otro poder si ambos no ejercen conjuntamente la misma función?[104]

Este planteamiento encuentra su base en los siguientes aspectos del esbozo de Constitución, propuesto en el capítulo VI del libro XI de *El espíritu de las leyes*, que citamos a manera de ejemplo:

---

[100]   Esmein, ob. cit., pp. 464-465.

[101]   *Traité de Droit Constitutionnel*, t. II, p. 660.

[102]   En Alemania fueron también de gran importancia las críticas de Rem en *Zeitschrift fur das Privat und offentlich Recht der Gegenwart*, y de Stuck, *Monstesquieu als Politike*, en *Historische studien*.

[103]   "L'Esprit des lois et le Séparation des Pouvoirs", en *Mélanges, Carré de Malberg*, 1993, p. 171.

[104]   Jacques Robert, *Introduction à L'Esprit des Lois*.

1.-El monarca tiene un derecho de veto absoluto.

2.-El Poder Legislativo "tiene el derecho y debe tener la facultad para examinar de qué manera las leyes que hizo han sido ejecutadas" (control sobre el Ejecutivo).

3.-Tanto la acción como el conocimiento de ciertos procedimientos penales corresponden al Parlamento.

Los órganos estatales no se encuentran separados funcionalmente en el sistema de Montesquieu, ni es exacto que, en una interpretación rígida, se diga que las autoridades no pueden tener medios de actuar unas sobre otras. Por ejemplo: el gobierno convoca al Parlamento y prorroga sus sesiones. No hay tampoco separación material de todos los órganos estatales, puesto que los ministros deben rendir cuentas al Parlamento. En consecuencia, el régimen descrito por Montesquieu no es un régimen de separación de autoridades estatales.[105]

Se pregunta entonces Eisenmann, anticipándose a las dudas que puedan surgir a lector, ¿cuál sería el origen de la tesis interpretativa errónea?

No surge, en todo caso, del examen de las soluciones concretas propuestas en *El espíritu de las leyes* al problema constitucional. El factor de error proviene de que se creyó que el propio Montesquieu había establecido un principio tan categórico y tan claro que no quedaba lugar para discusión alguna: este principio era el de la separación de los órganos estatales, efectivamente formulado, pero del cual surgieron interpretaciones que lindan con el absurdo, como lo demuestra el siguiente razonamiento[106]: todos concuerdan en reconocer que una de las ideas políticas de Montesquieu era el disponer las cosas en forma tal "que el poder detenga el poder". Es decir, que todo órgano político encuentre otro órgano que pueda exitosamente oponerse a su voluntad. Es evidente, entonces, que si dos órganos pueden detenerse mutuamente quiere decir que ambos deben prestar su consentimiento, cualquiera que sea la forma de este, a una misma decisión. Es decir, que hay ejercicio conjunto de la misma función. En contrario puede decirse que si se ha confiado a dos órganos funciones políticas diferentes, vale decir, que sí pueden decidir solos en forma valedera y definitiva, ellos no podrán obstaculizarse mutuamente. Consiguientemente la idea de separación funcional es intrínsecamente contraria a la idea de control mutuo por la absoluta incompatibilidad lógica.[107]

---

[105]   Eisenmann, ob. cit., pp. 172-173.
[106]   Ídem, p. 173.
[107]   Ídem, p. 173.

Por otra parte, siguiendo el desarrollo del mismo Eisenmann cuando Montesquieu distingue los tres poderes, ello no significa que a una misma autoridad le esté vedado participar en dos funciones; o que solo debe tener atribuciones de un mismo tipo; o que no debe ser miembro de dos órganos; u órgano de dos funciones; y que en consecuencia los órganos de dos funciones o de tres no deben tener ningún elemento en común. Lo que simplemente quiere decir es que no deben dos de estas funciones concentrarse íntegramente en las mismas manos. No se plantea la especialización o separación funcional de las diferentes autoridades, sino simplemente la no identidad del órgano de las tres o de dos de las tres funciones.[108] Lo que realmente buscaba el autor de *El espíritu de las leyes* no era separar totalmente las funciones del Estado (objetivo teórico) sino moderar el ejercicio del poder (objetivo práctico).[109]

Madison lo entendió perfectamente al decir que:

… cuando la totalidad del poder de un departamento es ejercido por las mismas manos que poseen la totalidad del poder de otro departamento, los principios fundamentales de una Constitución se ven derribados.[110]

Sí hay entonces un claro vínculo entre el pensamiento de Montesquieu y la doctrina de la separación de poderes, pero esta separación se limita, para el autor de *El espíritu de las leyes,* a que las funciones estatales deben ser ejercidas por órganos distintos. Para que los poderes estén separados basta que los órganos de las diferentes funciones no sean idénticos.[111] En palabras de Montesquieu:

He aquí pues, la Constitución fundamental del Estado al que nos referimos. El cuerpo legislativo está compuesto por dos partes, cada de las cuales controla a la otra por su mutua facultad de impedir. Ambas estarán limitadas por el poder ejecutivo, que a su vez limita al legislativo.

Esto es lo que se requiere para impedir la arbitrariedad y el limitarse a ello brinda a la concepción de Montesquieu una nueva dimensión, ya que la distingue de una dogmática separación funcional que tal vez pudo adaptarse al Estado liberal burgués, pero que resulta en absoluto inadecuada para el Estado social de Derecho. El principio de la separación de poderes existe y existirá entonces en toda Constitución que no sea absolutista o autoritaria.

---

[108]   Ídem, pp. 177-178.

[109]   Olivier Duhamel e Yves Mény, *Dictionnaire constitutionnel*, p. 973.

[110]   *El Federalista.*

[111]   Eisenmann, ob. cit., p. 180.

Por lo antes dicho, puede uno percatarse de que ha sido causa de confusión el llamar al Parlamento "Poder Legislativo" y al gobierno "Poder Ejecutivo". Estas denominaciones no corresponden con exactitud a las competencias que han sido atribuidas a los órganos.

Así por ejemplo, el Parlamento no solo no tiene la exclusividad de la función legislativa, sino que además ejerce, y cada día con mayor importancia, la función de control del ejecutivo. La terminología es, por lo demás, equívoca, ya que se emplean alternativamente las mismas expresiones para designar las funciones y los órganos que las ejercen.[112]

¿Por qué se produjo esta lectura errónea o, por lo menos equívoca, del pensamiento de Montesquieu? Duhamel y Mény ofrecen una explicación: según el autor de *El espíritu de las leyes,* el origen del problema era la monarquía absoluta y arbitraria. Este tipo de monarquía se estableció contra la nobleza y con el apoyo de una naciente burguesía que veía con buenos ojos un despotismo ilustrado que apoyara el desarrollo industrial. Si leemos entonces a Montesquieu entre líneas, nos encontramos que el barón de la Brède, para lograr la "moderación", pone especial énfasis en la nobleza; de allí el papel preponderante de la Cámara Alta. Pero, ¿quiénes van a ser posteriormente los lectores de Montesquieu? Principalmente la burguesía, cuando a finales del siglo XVIII sienta el peso del absolutismo y se presente un desbalance entre el poder económico y unas instituciones en las cuales no encuentra ubicación. Surge entonces una nueva legitimidad, la del "pueblo", y un matrimonio entre Rousseau y Montesquieu para enfrentar el poder de la monarquía. Se privilegia el freno al absolutismo y se olvida a la nobleza. Se acepta que la función legislativa sea encomendada a los representantes del pueblo (siendo innecesaria la Cámara Alta), se pregona la independencia del poder judicial y triunfa la moderación para evitar el absolutismo. En esta explicación encuentran su origen la Constitución norteamericana de 1787 y las constituciones revolucionarias francesas. En los siglos XIX y XX se mantiene el dogma pero fundamentalmente porque se ha convertido en algo inseparable del régimen democrático. Aunque difícilmente los sistemas parlamentarios europeos pueden encontrar su fundamento en una lectura cerrada del *El espíritu de las leyes.*[113]

En resumen, puede decirse que el objetivo perseguido por Montesquieu es la moderación.

No es simple respeto a la legalidad, sino el equilibrio de los poderes entre las potencias y la limitación o moderación de las pretensiones de una poten-

---

[112]   Eisenmann, ob. cit., p. 172, nota n.° 1.

[113]   Ob.cit., pp.73-74.

cia por el poder de las otras. La famosa separación de poderes es solo reparto moderado del poder entre potencias determinadas: el rey, la nobleza y el pueblo.[114]

La validez de este razonamiento no puede negarse. De tanto detener al poder y de ejercer la facultad de impedir, podría llegarse al estancamiento o a la inacción. Montesquieu, que vislumbró el problema, afirma con optimismo que existe un "movimiento general de las cosas" y que ese movimiento obligará a los poderes a la concertación.

Afirma Chevallier:

Dicho de otra manera, el poder puede detener al poder, la disposición de las cosas prohibir a quien sea abusar de su poder (quedando apartada cualquier forma de despotismo), pero ello ocurrirá sin que se produzca un bloqueo de la mecánica política, sin que se vuelva imposible la concertación gubernamental o que se instale la desunión.[115]

Separación de poderes no significa parálisis; ella trae consigo la colaboración.

Vile termina su capítulo sobre Montesquieu de la siguiente manera:

… al desplazar del primer plano las cuestiones de la supremacía legislativa y la Constitución mixta, a las que tanta importancia habían dado los teóricos ingleses de las cinco décadas precedentes, Montesquieu abrió la puerta para que la doctrina de la separación de poderes resurgiera como teoría autónoma. De allí en adelante, esta teoría se desarrollaría de forma muy diferente en Gran Bretaña, Estados Unidos y Europa continental: había dejado de ser una doctrina únicamente inglesa para convertirse en una característica universal de todo Estado constitucional.[116]

---

[114]   Louis Althusser, *Montesquieu, la política y la historia.*
[115]   Ob. cit., p. 78.
[116]   Ob. cit., p. 108.

V

LA SEPARACIÓN DE PODERES EN LOS ESTADOS UNIDOS DE AMÉRICA

No hay un rey que, teniendo fuerza suficiente,
no esté siempre dispuesto a convertirse en absoluto.

THOMAS JEFFERSON

Antes de entrar en el análisis del caso venezolano, vamos, sin salirnos de los límites lógicos del presente trabajo, a presentar un breve estudio de la separación de poderes en los Estados Unidos. La razón es obvia: comentaremos el primer sistema constitucional que consagró la separación de poderes y que, además, ha perdurado desde hace más de dos siglos. Agregamos que fue la primera forma de gobierno presidencialista, que la separación de poderes es uno de los pilares fundamentales de su orden constitucional y que ha sido fuente permanente de inspiración para el constituyente venezolano, a pesar de las inmensas diferencias existentes entre el orden colonial español y las instituciones que los ingleses trasladaron a la América del Norte.

Afirma Germán Carrera Damas:

Para los súbditos americanos del imperio hispanoamericano, las ventajas ofrecidas por el modelo republicano norteamericano se correspondían, en lo fundamental, con sus propias aspiraciones, es decir, el mantenimiento de la estructura de poder interna de la sociedad; la preservación, aunque todavía por consolidar, de la unidad territorial; y la conservación de la esclavitud establecida.[117]

---

[117] *Colombia, 1821-1827: Aprender a edificar una República moderna*, p. 51. El autor explica cómo, inversamente, los acontecimientos de Haití fueron vistos como un ejemplo de lo que había que evitar, pues allí se produjo una disolución social y racial.

El régimen constitucional norteamericano encuentra su origen en las instituciones coloniales y luego es el producto milagroso, en palabras de Madison, de una serie de compromisos ente las diferentes formas de concebir el reparto del poder que se enfrentaron en la Convención Constitucional reunida en Filadelfia en 1787.

Las trece colonias inglesas en el norte del continente americano gozaban de una importante autonomía y su estructura de poder reflejaba un régimen mixto: debido a la existencia de un gobernador, representante del rey, las colonias eran monárquicas; los Consejos las vinculaban con la aristocracia; las Cámaras de Representantes las acercaban a la democracia.[118] La ruptura con Inglaterra significó la desaparición de los estratos sociales como fuentes de poder y consecuentemente la eliminación de cualquier vestigio de régimen mixto.

En el ánimo de los colonos ingleses de la América del Norte se había gestado un sentimiento contrario al Ejecutivo. Este sentimiento era producto, en primer lugar, del rechazo al gobernador colonial, cuyo poder inicialmente fue importante, ya que era el representante de la Corona y comandante de las fuerzas militares locales; dispensador de cargos y recompensas. En el siglo XVIII las legislaturas coloniales, especialmente las Cámaras Bajas, lograron mermar la fuerza del Poder Ejecutivo. Particularmente durante las guerras contra los indios y los franceses, la necesidad de dinero por parte del gobernador produjo un incremento del poder de las legislaturas a través de los mecanismos fiscales y de control.[119]

Luego, toda la crisis que condujo a la ruptura entre las trece colonias e Inglaterra es vista por los norteamericanos como responsabilidad del rey. Así lo evidencia, para dar una sola muestra, la Declaración de Independencia de 1776, al afirmar que "la historia del presente Rey de Gran Bretaña es la historia de repetidos agravios y usurpaciones, teniendo todos ellos como objetivo directo el establecimiento de una tiranía absoluta sobre estos Esta-

---

[118] William Douglas, *A Summary, Historical and Political, of the British Settlements in North America* (1775), citado por Gerhard Casper, *An essay in Separation of Powers:some Early Versions and Practices,* p. 215.

[119] Louis W. Koenig, *The Chief Executive,* p. 14. En este mismo sentido: "Los gobernadores fueron frecuentemente objeto de críticas severas en las colonias y su poder, muy importante inicialmente, no cesó de menguar. Muy pronto, en efecto, los intereses de Inglaterra y los de las colonias aparecieron enfrentados: representantes de la Corona ante las colonias y de las colonias ante la Corona, los gobernadores buscaron comprensión recíproca, pero no pudieron evitar chocar con el sentimiento popular y fueron casi siempre derrotados cuando pretendieron oponerse a medidas tomadas por la legislatura". André y Suzanne Tunc, *Le Système Constitutionnel des États-Unis d'Amérique,* pp. 41-42.

dos" y sigue una larga lista o catálogo de los "agravios y usurpaciones" de los que directamente se responsabiliza al rey, presentados al juicio de "un mundo imparcial". En cada caso se pretende demostrar que el rey actuó con mala intención, lo que prueba lo nefasto de un gobierno, más que lo negativo de actos individuales. Toda la culpa es enrostrada al rey, aun aquella que es compartida por el Parlamento británico, que solo es aludido en forma velada en la Declaración.[120]

La desconfianza hacia el Ejecutivo colonial y el recuerdo de la figura del desafortunado Jorge III, causante de la ruptura, condujeron, en las constituciones que fueron redactadas a medida en que las colonias se transformaban en estados independientes, a un traslado de poder hacia las legislaturas.

El Gobernador, el Presidente, como se le llamaba en varios estados, quedó reducido casi a cero. Su mandato duraba un año, salvo en Carolina del Sur donde era de dos y en Delaware donde era de tres. Su reelección estaba estrictamente limitada. Era designado por la Legislatura y era, en consecuencia, creación de esta. El Poder Ejecutivo se encontraba deliberadamente desunido. Al Gobernador le era impuesto un Consejo escogido por la Legislatura —salvo en Pensilvania— y muchos de los poderes del Ejecutivo estaban sometidos al control del Consejo.[121]

Asegura Casper que la mayoría de las constituciones de las colonias devenidas en estados independientes establecía una versión débil de la separación de poderes, distinguiendo entre las funciones legislativa, ejecutiva y judicial. En los debates relativos a la Constitución de Massachusetts (1778) se plantea que los tres poderes deben estar en manos diferentes e independientes los unos de los otros, balanceados y teniendo cada uno la posibilidad de vigilar al otro.[122]

Cuando las trece colonias se unen para enfrentar la guerra, los artículos de la Confederación revelan idéntico temor hacia un Ejecutivo fuerte, al establecer lo que Arthur Schlesinger llama "un gobierno parlamentario sin Primer Ministro".[123] El artículo VI atribuye al Congreso la conducción de la política exterior y el artículo XI le da el poder de hacer la paz y la guerra. La función ejecutiva se limitaba prácticamente a la conducción militar. No puede hablarse de un gobierno tripartito y por ello la ausencia de referencias a la separación de poderes nunca se vio como causa de la debilidad de

---

[120] Carl L. Becker, *The Declaration of Independence,* pp. 10-20.
[121] Louis W. Koeing, ob. cit., p. 14.
[122] Ob. cit., pp. 217-218.
[123] *The Imperial Presidency,* p. 112.

la Confederación. Aunque Hamilton criticó en 1783 la "confusión de los poderes Legislativo y Ejecutivo en un mismo cuerpo" y la carencia de una judicatura federal.[124]

El Congreso Continental, que se instaló en 1774, realizaba actividades administrativas delegándolas a comisiones integradas por sus propios miembros, lo que condujo a un gran desorden como resultado del cual se crearon, en 1781, "departamentos" encargados de esas tareas.

Al terminar la guerra subsistió la Confederación:

> Aplastada por deudas que no podía pagar, desacreditada en el exterior y virtualmente en vías de disolución. El Congreso, que solo pudo ganar la guerra gracias a Benjamín Franklin y Jorge Washington y que fue para estos un apoyo insuficiente, era manifiestamente incapaz para dirigir la Confederación en tiempos de paz. [...] La ausencia de un verdadero Poder Ejecutivo, sin consecuencias graves mientras un general en jefe dirigía la guerra, impedía la supervivencia de la Confederación después de la paz.[125]

Gracias a la tenacidad de aquellos que propiciaban "una unión más perfecta" como quedará establecido en el encabezamiento de la Constitución, se produjo la Convención de Filadelfia.

La experiencia de la Confederación y de los gobiernos estatales favorecerá el establecimiento de una autoridad ejecutiva con mayor poder. La perspectiva de que Jorge Washington sería sin duda el primer presidente ayudó a aplacar la oposición de quienes, recordando a Jorge III, mantenían reservas.

Pero advierte Schlesinger:

> Al mismo tiempo, la experiencia bajo la Corona condujo a los *Padres Fundadores* a favorecer una menor centralización de la autoridad que la que percibían en la monarquía británica. Como víctimas de lo que ellos consideraron una prerrogativa real tiránica, diseñaron una Presidencia que sería fuerte pero también limitada.[126]

---

[124] *The Papers of Alexander Hamilton*, pp. 420-421, citado por Gerhard Casper, ob. cit., p. 219.

[125] André y Suzanne Tunc, ob. cit., p. 67. No debe dejar de anotarse, sin embargo, que el general Washington se quejó frecuentemente de las trabas y demoras que el Congreso Continental significó para su comando (ver *The Writings of George Washington*, Government Printing Office, Washington D.C., 1939).

[126] Arthur M. Schlesinger, ob. cit., p. 14.

La manera de limitar el poder para impedir la tiranía —en la mejor interpretación de Montesquieu— era la separación de los poderes. "El primer principio del buen gobierno" en palabras de Jefferson.[127]

La Constitución de 1787 creó entonces tres poderes responsables ante el pueblo, *checking and balancing each other.*[128] Equilibrio de poderes que no se basó en la representación de sectores o estamentos de la sociedad, sino en un equilibrio "entre funcionarios del gobierno controlados por el pueblo" y que buscaba simultáneamente la preservación de la libertad y la eficiencia general del Estado.

Quedó así establecida una separación orgánica de los poderes, aderezada por lo que Roger G. Schwartzenberg llama "una colaboración negativa" basada en los *checks and balances* (pesos y contrapesos) que limitan las posibilidades de acción arbitraria de cada órgano, permitiendo cierta participación de los otros órganos en el ejercicio de sus funciones.[129] Es la facultad *d'empêcher* que preconizaba Montesquieu.

Los colonos americanos toman por modelo la monarquía limitada inglesa, o más bien la imagen que ellos tenían de la monarquía inglesa ya que, para 1787, Inglaterra empieza a alejarse de ese modelo para iniciar la práctica del sistema parlamentario. Recuérdese que en 1782 lord North renuncia al gobierno, amenazado por lo que luego se llamará una "moción de censura".

El régimen que se adopta es el inglés de comienzos del siglo XVIII, que funcionó durante los reinos de Guillermo y María de Orange y, después, de Ana. Gobierno fundado en la separación de poderes consagrada en la Declaración de Derechos de 1689 y en el Acta de Establecimiento de 1700. Estos documentos marcan la victoria del Parlamento. En lugar de reyes que proclamaban gobernar por la prerrogativa, se desarrolló una monarquía constitucional con el resultado de que el gobierno se ejerce por y a través del Parlamento.[130] Estos dos documentos establecen derechos del Parlamento y de los súbditos de la Corona y declaran "ilegales" poderes

---

[127] Llama, sin embargo la atención que la Constitución no menciona expresamente la separación de poderes como un principio fundamental, posiblemente por la ausencia de consenso en relación con las interpretaciones que podían surgir. Sí hubo unanimidad en torno a la idea de que la inexistencia de la separación de poderes conducía a la tiranía.

[128] Ejerciendo entre ellos pesos y contrapesos, en Gordons Wood, *The Revolutionary Struggle* in *The Growth of American Politics,* vol I, p. 107.

[129] Ver *Politique comparée,* p. 271, vol. I.

[130] E.C.S Wade y Godfrey Phillips, *Constitutional Law,* p. 9.

antes ejercidos por el rey. No hay todavía, como ya lo indicamos, responsabilidad de los ministros ante el Parlamento.[131]

La Constitución de Filadelfia va entonces a dar forma republicana a la monarquía inglesa del inicio del siglo XVIII. Un presidente, elegido por un colegio electoral y no por las legislaturas estadales como originalmente estuvo planteado, sustituye al monarca.

Como para el nuevo continente la mecánica institucional no era una mera fase de la lucha ente rey y Parlamento, el modelo pudo durar y hoy en día la separación orgánica de los poderes se mantiene, aunque la práctica es diferente y se llegó a una colaboración funcional.

Los artículos I, II y III de la Constitución fijan el marco del Gobierno Nacional de acuerdo con la doctrina de la separación de poderes del "célebre Montesquieu",[132] quien enseña que son tres las funciones de gobierno: la legislativa, la ejecutiva y la judicial; y que esas tres funciones deberán ser ejercidas por cuerpos distintos con el fin de prevenir la indebida concentración del poder. El partido antifederalista atacó vehementemente la redacción, por considerar que los poderes no estaban suficientemente separados al existir funciones judiciales y ejecutivas atribuidas al Senado.[133]

La importancia de la separación de poderes, como principio actuante de gobierno según la Constitución, se ha visto disminuida durante dos siglos, debido a los poderes presidenciales extraordinarios asumidos por el presidente en relación con el empleo de fuerzas de los Estados Unidos en el exterior, por el crecimiento del ámbito del Estado y del liderazgo del presidente en la legislación y la creciente tendencia del Congreso de delegar funciones legislativas al presidente o a otras agencias administrativas.[134]

No podemos pasar por alto que Woodrow Wilson, importantísimo estudioso de la ciencia del gobierno y que fue el vigésimo octavo presidente de los Estados Unidos, consideró obsoleta la estructura del gobierno en relación con las demandas que anunciaba el siglo XX. Consideraba que la teoría de la separación de poderes, tal como estaba concebida en la Constitución, era "antitética" en relación con la expansión del poder federal y la eficiencia requerida a la Administración, debido a los profundos cambios

---

[131]   Ibídem.

[132]   Madison en *The Federalist Papers*, n.° 47.

[133]   Ver *"The Adress and Reasons of Dissent of the Minority of the Convention of Pennsylvania to their Constituents"*, en *The Complete Anti-federalist*, Chicago, The University of Chicago Press, 1981.

[134]   Edward Corwin, *The Constitution and what it means today*, p. 2. Veremos más adelante que se trata de una opinión controvertida.

generados por la industrialización, la inmigración masiva y la urbanización.[135] Parecía lógico afirmar que una Constitución diseñada para un país despoblado y fundamentalmente agrícola no podía mantenerse vigente al transformarse en la primera potencia del mundo.

V.1 LA SEPARACIÓN ORGÁNICA[136]

Las colonias recién independizadas aspiraban a un orden en el cual la libertad, y en forma práctica *las libertades*, estuviesen garantizadas. A estos efectos fue diseñado un mecanismo institucional:

> El aparato de relojería madisoniano permitiría a las fuerzas y contrafuerzas del gobierno engranarse de la mejor manera para ejecutar los propósitos de la nación y para equilibrarse una a otra en la forma requerida para amparar al individuo y a la comunidad de la opresión y discrecionalidad gubernamental. La inquietud que inspiró el diseño del sistema era humana, el diseño mismo, mecánico. La estructura estaría al servicio de la subsistencia, en un marco ultimadamente supervisado por un poder judicial independiente.[137]

Lawrence Tribe distingue así el modelo meramente formal del agenciamiento constitucional —poderes separados y divididos— de la sustancia contenida en las libertades.[138]

Del análisis de ese modelo formal empecemos por anotar un Poder Ejecutivo independiente del Poder Legislativo.

Para los constituyentes de Filadelfia:

> ... el Presidente debía ser revestido de un poder impresionante pero sin riesgo de que el pueblo lo viera como otro Rey o como un tirano incipiente.[139] Debía tener suficiente, pero no peligrosa, independencia. Tenía, a la vez que ser dependiente del Congreso, pero no tanto como los gobernadores estadales que eran meras criaturas de las legislaturas.[140]

---

[135]   *Congressional Government: A Study in American Politics,* edición de Peter Smith, Boston, 1973. Ver los comentarios de Jessica Kon en *The Power of Separation,* pp. 3 y siguientes.

[136]   En la descripción de la separación orgánica y de la separación funcional se seguirá el esquema propuesto por Roger Gérard Schwartzenberg, ob. cit., vol II, pp. 267-286.

[137]   Lawrence H. Tribe, *American Constitucional Law*, p. 15.

[138]   Ibídem.

[139]   Una de las primeras decisiones del primer Congreso fue el rechazo a una propuesta de dar al presidente el título de *His Highness the President of the United States of America and Protector of the Rights of the Same.* Ver Casper, ob. cit., p. 225.

[140]   Louis W. Koenig, op. cit., p. 16.

La Constitución, en su artículo II, sección segunda, establece: "El Poder Ejecutivo será investido en el Presidente de los Estados Unidos de América".

Como tantas veces durante los debates de la Convención, las cuatro secciones del artículo II son producto de un compromiso entre tesis encontradas en lo referente a la forma de designación: por el pueblo o por el Congreso; a la duración del mandato y al carácter individual o colegiado de la función. El Plan de Virginia, fundamentalmente elaborado por Madison, proponía un "Ejecutivo Nacional" escogido por la "Legislatura Nacional". El Plan de Nueva Jersey proponía un Ejecutivo plural escogido por el Congreso, no susceptible de ser reelecto y sujeto a la remoción si así lo decidían los ejecutivos estadales. Alexander Hamilton, por su parte, quería una monarquía fuerte, de tipo británico, en su opinión "la mejor estructura del mundo".

Se llegó a un primer acuerdo sobre el carácter unipersonal del Ejecutivo. Luego Gouverneur Morris, de Pensilvania, logró descartar la designación del presidente por el Congreso, que "sería la obra de la intriga, la maquinación y la facción". No se llegó a la elección popular, pero la designación del jefe del Ejecutivo escapó al Congreso, salvo el caso excepcional en que ningún candidato obtenga mayoría absoluta en el Colegio Electoral Presidencial (artículo II, sección 1.ra 3) También hubo un acuerdo en cuanto al período de cuatro años, con reelección indefinida.[141] Se pensó también en dotar al presidente de un Consejo —*Privy Council*— que pudiera refrenar la tendencia monárquica y el riesgo de tiranía, pero que también hubiese podido dar lugar a unos ministros responsables ante el Congreso. La redacción final de la Constitución no solo evitó este Consejo sino que ni siquiera contempló al Gabinete, que apareció informalmente durante la Presidencia de Washington. El texto de Filadelfia se limita a mencionar que el jefe del Ejecutivo puede requerir "las opiniones de los jefes de departamento por escrito".[142] El presidente no es entonces nombrado por el Congreso, no responde ante él políticamente ni tampoco lo hacen sus secretarios. Recíprocamente el presidente no puede, como lo veremos enseguida, disolver las Cámaras ni tiene iniciativa legislativa.

El presidente, sin embargo, está sometido a una responsabilidad penal. No se le aplica el Derecho Penal ordinario, puesto que es jurídicamente

---

[141] La enmienda XXII de la Constitución prohibió la segunda reelección en 1951.

[142] En relación con la creación de la Presidencia, ver Louis W. Koenig, *The Chief Executive*, pp. 16-20; James Madison, *Notes on the Debates in the Federal Convention of 1787*.

inviolable —no puede ser arrestado, perseguido o juzgado—, pero está sometido a las reglas excepcionales de la responsabilidad penal aplicables a todos los titulares de funciones públicas federales, estadales, en el artículo II, sección 4, de la Constitución: "El Presidente, el Vicepresidente y todos los funcionarios civiles de los Estados Unidos serán destituidos de sus funciones por el procedimiento del *impeachment,* si se prueba traición, corrupción, crimen contra la cosa pública o delito grave". Este procedimiento fue aplicado al presidente Andrew Johnson en 1868, faltando en el Senado un solo voto para su destitución; fue intentada dos veces contra el presidente John Tyler en 1842 y 1843; el presidente Richard Nixon renunció en 1974 antes de ser acusado por la Cámara de Representantes; y fracasó, en fecha más reciente, contra el presidente William Clinton (1998-1999).

Recíprocamente, el Poder Legislativo es independiente del Ejecutivo.

La Convención optó por un Parlamento bicameral. Fue este el "gran compromiso" acerca de la manera en que los estados se verían representados en el Congreso. Las entidades federales tendrían igual representación en el Senado, para satisfacción de los estados pequeños, y proporcional a su población en la Cámara de Representantes en beneficio de los estados grandes.

No puede el Poder Ejecutivo ni disolver ni prorrogar el Congreso, vieja amenaza del rey de Inglaterra contra el Parlamento o de los gobernadores coloniales contra las asambleas locales. Los miembros de las dos Cámaras recibieron privilegios: inmunidad durante las sesiones o en camino hacia o desde ellas e irresponsabilidad por lo dicho en debate del Congreso.

Hubo también conflicto en Filadelfia en relación con la compatibilidad entre la función parlamentaria y otros destinos públicos, nacionales o estatales. Había el temor de presión indebida por parte del presidente sobre los miembros del Congreso por él nombrados en otros cargos; por ello se estableció la incompatibilidad del ejercicio de las dos funciones y no puede un senador o un representante ser nombrado en un cargo creado durante su mandato o cuyo salario haya sido aumentado durante el mismo lapso. Por último, la Cámara será único juez de las elecciones, resultados y calificación de sus miembros.[143]

El Poder Judicial, por su parte, ve su autonomía garantizada en la inamovilidad de los magistrados, en la estabilidad de los sueldos y en el

---

[143]   Ver artículo II de la Constitución y Alvin M. Josphy, *On the Hill, a History of American Congress,* pp. 34-36.

mecanismo de designación a nivel supremo donde intervienen tanto el Legislativo como el Ejecutivo.[144] Los jueces de la Corte Suprema son vitalicios y debe notarse que en el texto constitucional no aparece de manera explícita la potestad de controlar la constitucionalidad de las leyes.

Esta es la separación orgánica, rígida, establecida por la Constitución. El gobierno será estable, ya que una moción de censura no puede interrumpir el mandato de 4 años. La separación impide las agresiones entre los poderes, aun cuando los Fundadores veían siempre el peligro, más del lado del Congreso que del lado del presidente.

Hay, además del desequilibrio de un poder en detrimento de otro, un riesgo igualmente grave: la parálisis del Estado por la intransigencia de unos poderes Legislativo y Ejecutivo encontrados: recuérdese que con frecuencia el partido del presidente no es mayoritario en el Congreso y que, aun siéndolo, la ausencia de disciplina de los partidos lleva consigo el riesgo de un presidente entrabado por el Parlamento. Al respecto dice André Tunc:

> ... que el desacuerdo entre el Presidente y el Congreso pueda conducir a una suerte de parálisis gubernamental no es un hecho nuevo. Pues si el Presidente asume más que cualquiera —persona u órgano— la responsabilidad de la nación, también es verdad que es al sistema de "bloqueo" entre los poderes más que al equilibrio, a lo que atribuimos la debilidad relativa del Presidente.[145]

Y agrega Koenig:

> En ningún otro aspecto de la empresa presidencial puede encontrarse mayor brecha entre lo que el Jefe del Ejecutivo quiere hacer, lo que prometió al electorado en su lucha por el cargo, y lo que pueda culminar logrando que el Congreso sancione las leyes que puedan hacer realidad el programa del partido en la campaña previa. En ninguna otra nación el programa del Jefe del Gobierno es tan susceptible de desaire legislativo, de excesiva demora, de enmiendas perjudiciales o de absoluto rechazo. El Presidente corre una carrera de obstáculos en la Colina del Capitolio que otros jefes de gobierno encontrarán extraña o quizás increíble.[146]

Tenemos así un régimen que garantiza un Poder Ejecutivo estable, pero en el cual el presidente debe luchar permanentemente por su fortaleza. Tales son las ventajas y riesgos de la separación de poderes.

---

[144] Artículo III, sección 1.

[145] *Le couple président congrès dans la vie politique des États-Unis d'Amérique,* en *Mélanges offerts à Georges Burdeau, Le Pouvoir,* p. 566.

[146] Ob. cit., p. 12.

Como el "bloqueo" no puede ser el desiderátum de un sistema de gobierno, vamos a encontrar que la propia Constitución, a pesar de la rigidez en la separación de los poderes, invita a la colaboración. La separación es más entre los órganos que entre las funciones. Además, esta colaboración funcional prevista en el texto de Filadelfia se ha desarrollado notablemente en la práctica.

V.2   LA COLABORACIÓN FUNCIONAL

El profesor francés Jacques Cadart se pregunta si era viable un régimen de aislamiento de los poderes. Ante lo dudoso de la respuesta, afirma:

> Los americanos se dieron cuenta muy rápido [*sic*] que esta forma de aislamiento de los poderes no podía funcionar sin importantes complementos. Estos complementos no violaron los textos, pero redujeron a poca cosa la teoría del aislamiento de los órganos superiores del Estado, que nunca pudo ser realmente aplicada, que nunca funcionó. Felizmente, en efecto, el armazón, el esqueleto constitucional del régimen político americano, permitió una construcción que organizó sólidamente y de manera perfeccionada la colaboración de poderes. Como consecuencia, el régimen americano se transformó y rápidamente dejó de ser un sistema de aislamiento de los poderes. Dicho de otra manera, la colaboración de hecho de los poderes fue construida, empíricamente sobre la base, liviana, de la Constitución.[147]

¿Cuál es esa "base" constitucional de la colaboración de poderes? La *faculté d' empêcher* tan cara a Montesquieu. La única forma de que "el poder detenga al poder" es que de alguna forma o en algún grado compartan la misma función. Si uno de ellos llegara a tener todo el poder de decisión, ¿cómo podría otro detenerlo?

Madison llega a la misma conclusión por un razonamiento distinto:

> … pero la gran garantía contra la gradual concentración de varios poderes en el mismo departamento consiste en darles a quienes administran cada departamento los medios constitucionales y los motivos personales para resistir los de los otros. Las precauciones para la defensa deben en este, como en otros casos, ser proporcionales al peligro del ataque.[148]

Estas "precauciones" que autorizan una desviación del principio de la separación rígida tienen por fin que limitar las posibilidades de acción arbitraria de cada órgano, previendo cierta participación de los otros en el ejercicio de sus funciones. Así, ciertas decisiones del presidente deben ser

---

[147]   *Institutions politiques et droit constitutionnel,* vol. II, pp. 443-444.
[148]   *The Federalist Papers,* n.° 51.

precedidas por el consejo y consentimiento del Senado; el presidente tiene derecho a vetar las leyes y a dirigir mensajes al Congreso; el vicepresidente preside la Cámara Alta; el Congreso juzga en caso de *impeachment* y, por último, la Corte participa de la función legislativa al poder anular las leyes por inconstitucionales.[149]

V.2.1   EL CONSEJO Y CONSENTIMIENTO DEL SENADO

El numeral 2 de la sección 2.° del artículo II de la Constitución autoriza al presidente a firmar tratados internacionales "con el consejo y consentimiento del Senado" y solo puede hacerlo con el apoyo de los dos tercios de los senadores. Igual requisito, pero sin la mayoría calificada, se establece para el nombramiento de:

> … embajadores, ministros, cónsules, jueces de la Corte Suprema, y todos los demás funcionarios cuyo mecanismo de designación no esté establecido de manera diferente y cuyos empleos hayan sido creados por Ley; pero el Congreso puede, por una Ley, atribuir el nombramiento de los funcionarios que le parezca útil, sea al Presidente solo, sea a las Cortes de Justicia, sea a los Jefe de Departamento.

Según la letra de la Constitución, el presidente y el Senado actúan conjuntamente en todo el proceso del *treaty-making;* sin embargo, la práctica ha sido distinta. Con el tiempo la consulta al Senado fue desapareciendo, debido a la dificultad impuesta por el secreto que rodea las negociaciones diplomáticas y que el "consejo" establecido por la Constitución era viable con un Senado integrado por 26 miembros, circunstancia totalmente distinta debido al creciente número de senadores, en la medida en que la unión se fue ampliando. Pero, con frecuencia, el presidente consulta individualmente senadores y hasta les hace participar en las negociaciones diplomáticas. En consecuencia, en vez de existir una autoridad formada por dos órganos actuando en estrecha colaboración, se produjo la división entre dos autoridades, muchas veces rivales y antagónicas.[150]

De todas formas la colaboración es necesaria y se calcula que un 75 % de los tratados presentados al Senado han sido aprobados sin enmienda.[151]

Por último, se debe recordar que el presidente negocia "acuerdos" (*agreements)* con otros sujetos de derecho internacional, ya sea autorizado genéricamente por el Congreso o en ejercicio de sus competencias

---

[149]   Laurence Tribe, *American Constitutional Law,* p. 16.

[150]   Koenig, ob. cit., p. 211; y Corwin, ob. cit., p. 129.

[151]   Corwin, ob. cit., p. 130.

diplomáticas o militares. Con esta práctica se evita muchas veces el control parlamentario y aunque una ley de 1972 obliga al presidente a notificar estos acuerdos al Congreso, se denunció en 1975 la firma de unos 500 *Executive Agreements* sin que dicha notificación se hubiese producido.[152]

No debe, sin embargo, subestimarse la *faculté d'empêcher* del Congreso en esta materia y como prueba de su importancia bastaría recordar el rechazo del Senado al Tratado de Versalles y las dificultades para lograr el apoyo parlamentario a los tratados Torrijos-Carter sobre el canal de Panamá o al acuerdo comercial entre los Estados Unidos, México y Canadá (NAFTA).

En relación con la designación de funcionarios hay también un cambio de magnitudes. Nadie en Filadelfia llegó siquiera a sospechar la posibilidad de que existieran más de dos millones de funcionarios federales. Por ello, desde 1879 la Corte Suprema reconoció la posibilidad de nombramientos por vías diferentes a la prevista en este artículo segundo interpretando que estos funcionarios no eran *officers* sino empleados o agentes.[153]

En los cargos judiciales y en los más altos niveles del Poder Ejecutivo es donde hay mayor discusión y se recuerda que las postulaciones formuladas por el presidente son ampliamente debatidas y muchas veces rechazadas. Ese rechazo no necesariamente se produce en una votación formal. Basta que el presidente o el interesado se percaten de que habrá serias dificultades en la aprobación de la nominación, para que se produzca el retiro de la misma. Hay igualmente discusión y cabildeo para otros varios miles de cargos de menos jerarquía.[154]

V.2.2   EL VETO PRESIDENCIAL

Aunque la palabra "veto" no aparezca en el texto de la Constitución, no por ello es menos importante. Se trata de una facultad meramente negativa, inspirada en la negativa del rey de Inglaterra a dar su "real consentimiento" a las leyes aprobadas por el Parlamento. Se inscribe en aquellas que Montesquieu proponía para el Ejecutivo con la finalidad de evitar el despotismo del Legislativo. Según el artículo I, sección VII de la Constitución, parágrafos 2 y 3, cuando un proyecto de ley (*bill*) ha sido aprobado en términos idénticos por las dos Cámaras, se le remite al presidente para la firma. El jefe del Estado está en la obligación de firmar el texto, a menos que, dentro de los diez días que siguen a su presentación, lo devuelva al

---

152   Tunc, ob. cit., p. 567.
153   Corwin ob. cit., p. 140.
154   Schwartzenberg, ob. cit., vol. I, p. 272.

Congreso acompañándolo de una exposición de las razones por las cuales no quiere firmarlo. En una oportunidad, el residente F.D. Roosevelt se presentó personalmente al Congreso para explicar las razones del veto.[155] Años más tarde, el presidente Nixon expuso directamente al país, por televisión, los motivos que lo llevaron a vetar una ley financiera.[156] El veto puede ser superado por el voto de las dos terceras partes de cada Cámara. También puede el presidente oponerse e incluso impedir la entrada en vigencia de una ley cuando el término de las sesiones del Congreso hace imposible la reconsideración.

Esta modalidad, que ha recibido la apelación de "veto de bolsillo" (*pocket veto*), tiene especial importancia si se recuerda que todos los parlamentos tienen la práctica de legislar masivamente cuando se acerca el fin de las sesiones. La inacción presidencial, en este contexto, tiene el efecto de un veto absoluto.[157] La modalidad resulta sumamente cómoda y es de uso frecuente, ya que el presidente ni siquiera tiene que explicar por qué veta la ley.[158]

A diferencia de Venezuela, el veto norteamericano es indivisible. El artículo 214 de nuestra Constitución faculta al presidente para solicitar la reconsideración total o parcial de la ley. El presidente de los Estados Unidos, por el contrario, solo puede rechazar totalmente la ley cuestionada o firmarla. No tiene otra alternativa. Esta indivisibilidad del veto tiene consecuencias en cuanto a la separación de poderes, por cuanto es frecuente en las leyes financieras (*appropriation bills*) la inclusión de ciertas cláusulas que condicionan la acción de la administración.[159] Los presidentes Roosevelt y Eisenhower abogaron por el *item veto* o veto parcial que permitiría un mayor poder de negociación al Ejecutivo frente al Parlamento.[160]

---

[155]   22 de mayo de 1935.

[156]   26 de enero de 1970. Ambos casos están reseñados por André Mathiot, *La vie politique aux États-Unis,* p. 282.

[157]   Tribe, ob. cit., p. 199.

[158]   La Corte Suprema ha establecido que no basta un receso temporal del Congreso para que pueda operar el *pocket veto* (ver Wright *vs.* United States, 1938).

[159]   Por ejemplo, una adición del senador Mc Carran al Presupuesto de 1951 condicionaba toda la ley al otorgamiento de cien millones de dólares de ayuda a España, ayuda que contrariaba la política antifranquista del presidente Truman (Conec, ob. cit., 137).

[160]   Koenig, ob. cit., p. 150.

¿Qué eficiencia tiene el veto?

Hamilton, en *El Federalista*, anunciaba que esta facultad presidencial sería usada con moderación y prudencia. Se pensaba también originalmente que el veto tendría por objeto únicamente la protección de la Constitución (veto por inconstitucionalidad).

La influencia del veto es muy grande, ya que para superar la objeción presidencial se requieren dos tercios de los votos y siempre tiene el jefe del Estado el apoyo de por los menos la tercera parte de los congresistas.[161] Esto brinda al veto una influencia indirecta, ya que el temor al veto condiciona la actividad del Congreso y el presidente utiliza frecuentemente la amenaza del veto para obtener concesiones de los legisladores.

V.2.3   EL MENSAJE PRESIDENCIAL

Más allá de las "facultades de impedir", la Constitución establece que el presidente informará al Congreso sobre el estado de la Unión y recomendará las medidas que estime pertinentes.[162]

Dos aspectos deben destacarse en esta norma: por una parte, el presidente debe, de alguna manera, rendir cuenta al Congreso. Pero por otra parte, puede influir sobre el Parlamento.

Dice André Mathiot:

La evolución ha hecho aparecer la idea de un presidente responsable de la acción de los Estados Unidos y que dispone, en materia legislativa y financiera, de un verdadero derecho de iniciativa.[163]

El presidente presenta anualmente un mensaje sobre el estado de la Unión; luego se agregó otro mensaje sobre el estado del mundo. El Congreso ha establecido también la obligatoriedad de un mensaje en ocasión de la presentación del presupuesto[164] y de otro sobre el empleo.[165]

El presidente puede dirigir otros mensajes cuando lo juzgue útil. Lo hizo, en su momento, el presidente Reagan (1983) para explicar su política centroamericana. Puede suceder, práctica iniciada fundamentalmente por

---

[161] Hay excepciones; el 20-6-47, el veto de Truman a la ley Taft-Hart, acompañado de un mensaje severo contra el Congreso, fue superado por 331 contra 83 en la Cámara Baja y 68 a 25 en el Senado (Mathiot, ob. cit., p. 289. De 1789 a 1970 se contaban solo 63 votos superados de un total de 1300 (ver Schwartzenberg, ob. cit., vol. I, p. 272).

[162] Art. II, sección 3.

[163] *La vie politique aux États-Unis,* vol. II, p. 275.

[164] *Budget and Accounting Act* de 1921.

[165] *Employment Act* de 1946.

Teodoro Roosevelt, que el mensaje vaya acompañado por proyectos de ley, lo que se convierte en un sucedáneo de la iniciativa legislativa, descartada por el constituyente.

V.2.4   EL VICEPRESIDENTE PRESIDE EL SENADO

Favorece también la cooperación entre los poderes el hecho de que el vicepresidente de los Estados Unidos presida el Senado,[166] aun cuando solo vota en caso de empate. Esta presencia cobra especial importancia con el rol creciente que la segunda figura del Ejecutivo ha ido adquiriendo. La vicepresidencia ya no es "el cargo más insignificante que pudiese concebir la imaginación del hombre", como la definió, por su propia experiencia, John Adams. Los vicepresidentes Bush, Gore, Cheney y Biden demuestran todo lo contrario. Pero, además, el vicepresidente puede convertirse, como lo demostró Hubert Humphrey, en un factor de promoción de la política presidencial en el Senado.

V.2.5   EL CONTROL DE LA CONSTITUCIONALIDAD DE LAS LEYES

Como ya lo recordamos, no se trata de una competencia expresamente atribuida por la Constitución a la Corte Suprema. Fue la Corte misma, en la célebre sentencia Marbury *vs.* Madison (1803) la que estableció que la rama judicial debe controlar la constitucionalidad de las leyes. La argumentación del juez Marshall, autor de la ponencia, puede resumirse de manera muy sucinta: si no fuera posible controlar la constitucionalidad de las leyes, estas podrían violar impunemente la Constitución, que dejaría de ser *the supreme law of the land*.

¿Cómo se llega a esta sentencia? En las elecciones presidenciales de 1800, Thomas Jefferson, republicano demócrata, derrotó al presidente en ejercicio, John Adams, federalista. Antes de la toma de posesión de Jefferson, el Congreso, dominado por los federalistas, designó 42 jueces de paz para el distrito de Columbia. El Senado confirmó los nombramientos, el presidente los firmó y el secretario de Estado estaba encargado de sellar y entregar las actas de nombramiento. El acta correspondiente al juez William Marbury no fue entregada por el secretario de Estado saliente, y el entrante, James Madison, se negó a hacerlo. Marbury recurrió al Tribunal Supremo. La Corte, en ponencia del *chief justice* John Marshall, resolvió que el Tribunal Supremo no estaba facultado para dirimir el caso, ya que la sección de la ley judicial que otorgaba al Tribunal estas facultades era inconstitucional, porque ampliaba la jurisdicción original de la Corte Suprema más allá de aquella definida por la Constitución misma.

---

[166]   Constitución, art. I, sec. 3, núm. 5.

V.3 DOS SIGLOS DE PRAXIS

El presidente solo puede gobernar si el Congreso le brinda apoyo legislativo y financiero. Por ello, más allá de la separación formal, se hace necesaria una muy cercana relación entre el presidente y los congresistas. Los contactos entre la Casa Blanca y la vecina colina del Capitolio son más frecuentes de lo que los constituyentes de Filadelfia esperaban y de lo que la Constitución quiso establecer.

V.3.1 EL PAPEL DE LA CORTE SUPREMA

La *faculté d'empêcher* (facultad de impedir), cara a Montesquieu, define de manera muy explícita el rol de la Corte Suprema y del Poder Judicial. Como se sabe, se trata de un control ejercido principalmente por vía de excepción. Cualquier juez puede resolver un alegato de inconstitucionalidad en cualquier tipo de juicio. ¿Cómo lo hace? Dejando de aplicar la norma que considera inconstitucional. Esta decisión no tiene efectos *erga omnes* pero, debido al peso de los precedentes, no debería ser aplicada por otro tribunal, pudiendo llegar el caso hasta la Corte Suprema (control descentralizado). Existe además la potestad que permite a la Corte ordenar a un funcionario o a un particular una determinada acción (*injunction*).

Si vamos a las funciones que corresponden a los Poderes Públicos, constatamos que lo que acabamos de exponer no se compadece con la función jurisdiccional. No se trata de resolver conflictos entre particulares, o de particulares con la Administración en ocasión de la aplicación de la ley. Anotemos que la generalidad, y en ciertos casos la imprecisión, de determinadas normas constitucionales dejan a los jueces un ámbito de interpretación que puede considerarse importante. Todo esto ha conducido a que el texto de 1787, solo modificado de manera formal por la vía de las enmiendas, sea hoy algo muy distinto a lo que querían los Padres Fundadores. Aunque quede claro que muchos otros factores han influido en esa evolución, el poder de la Corte Suprema ha sido de capital importancia y no ha faltado quien haya denunciado el *gobierno de los jueces*.[167] Ya Thomas Jefferson había criticado a Marbury *vs*. Madison, señalando que el control de la constitucionalidad por la Corte Suprema colocó a los Estados Unidos "bajo el despotismo de una oligarquía".

---

[167] La autoría de esta expresión se atribuye al jurista francés Eduard Lambert, quien, en los inicios del siglo XX, fue un opositor frontal de cualquier forma de control de constitucionalidad de las leyes por parte del Poder Judicial. Ver *Le gouvernement des juges et la lutte contre la législation sociale aux États-Unis*. Antes que la expresión "gobierno de los jueces", se prefiere en los Estados Unidos, denunciar el *judicial activism* (activismo judicial).

La Constitución establece que sus diferentes ramas deben controlarse una a otra, pero la opinión en virtud de la cual los jueces pueden decidir cuáles leyes son conformes a la Constitución y cuáles no, hace del Poder Judicial una rama despótica.[168]

La crítica se fortaleció durante la batalla que libraron el presidente Roosevelt y la Corte en ocasión de la oposición de esta a las políticas del *New Deal* en la década de los treinta. El 5 de febrero de 1937 se introdujo en el Congreso la Ley de Reorganización Judicial, que buscaba incrementar el número de magistrados (*Associated Justices*) de la Corte Suprema, designando hasta seis nuevos jueces. El poder detuvo al poder: el Congreso, controlado por el partido del presidente, rechazó la ley.

V.3.2 LA RELACIÓN ENTRE EL PRESIDENTE Y EL CONGRESO

El presidente busca influir sobre el Congreso por todos los medios: contactos directos en la Casa Blanca; decisiones administrativas y presupuestarias en favor de determinadas circunscripciones electorales; nombramientos de funcionarios "recomendados" por los parlamentarios; ejercicio del liderazgo partidista y promesa de apoyo (político y financiero) en elecciones subsiguientes y, por último, la influencia a través de la opinión pública: el jefe del Estado se dirige al país para explicar la política que desarrolla y busca un apoyo popular que indirectamente se traduce en respaldo parlamentario.

Hay que recordar que la ausencia de disciplina partidista obliga al presidente a negociar constantemente el apoyo parlamentario tanto de su partido como del partido adverso.

Las circunstancias hacen que el resultado de las relaciones del presidente con el Congreso sean variables: obviamente el inicio del mandato es un buen momento para obtener apoyo parlamentario. Louis Koenig sostiene que el Congreso acepta con facilidad el liderazgo en dos tipos de situaciones:

> ... una es la crisis, cuando la supervivencia de la nación o su sistema social puede estar en juego. Ante la gravedad del peligro la opinión pide acción y la población se vuelve hacia el Presidente pidiéndole iniciativa y no acepta rechazos.

Las crisis de las dos guerras mundiales, la gran depresión de 1929 y los actos terroristas del 11 de septiembre de 2001 crearon una opinión popular que solo aceptaba pleno apoyo del Congreso al liderazgo presidencial.

---

[168]   Carta a Abigail Adams, 1805.

La segunda situación, vinculada a la anterior, en la que la conducción presidencial está asegurada, se encuentra en los asuntos de seguridad nacional y política exterior desde la Segunda Guerra Mundial. En este aspecto, la Presidencia ha gozado de un buen promedio de éxitos. El Plan Marshall, la Doctrina Truman, la OTAN y las guerras de Corea, Vietnam, Afganistán e Irak recibieron un fuerte apoyo inicial, aun cuando la unión nacional no se lograra por la habilidad del presidente sino por las acciones de rusos, chinos, norcoreanos, norvietnamitas o terroristas islámicos.

Las relaciones no siempre son armónicas. El Congreso ha logrado, en repetidas oportunidades, bloquear la acción del presidente. Para solo citar casos recientes: buena parte de los planes del presidente Kennedy fueron demorados y diferidos por el Congreso (asistencia médica para los ancianos, derechos civiles, estabilidad de precios, renovación urbana, pleno empleo, igualdad de derechos de la mujer etc.). Llegaron a concretarse bajo la presidencia de Lyndon Johnson, cuya experiencia, amistades e influencias en "la Colina" fueron determinantes para la sanción del programa de derechos civiles o para la nueva legislación social.

Después del escándalo de Watergate y la renuncia del presidente Nixon, el Congreso se sintió fortalecido: en 1974 suspende, contra la opinión de la Casa Blanca, la ayuda militar a Turquía; en 1975 le niega al presidente Ford cualquier crédito destinado a proseguir la guerra en Indochina, lo que precipita la caída de Saigón. El mismo año prohíbe cualquier intervención norteamericana en Angola, abriendo la puerta a la intervención militar cubana.[169]

Más recientemente, un grupo de legisladores republicanos logró en dos oportunidades una virtual parálisis de la administración del presidente Barack Obama y un inminente riesgo de que los Estados Unidos entrasen en cesación de pagos. Se trató de una fracción de la Cámara de Representantes controlada por el llamado Tea Party,[170] que logró diferir la aprobación del presupuesto y paralizar las actividades del gobierno federal como mecanismo de presión para alcanzar una postergación de la reforma del sistema de salud, propuesta por el jefe del Estado, conocida como *Obamacare*, que se aprobó en el año 2010 y cuyos componentes entrarían en vigor a finales del 2013.

---

[169]   Ver Schwartzenberg, ob. cit., pp. 269-270.

[170]   El origen del nombre se remonta al Boston Tea Party de 1773, una de las primeras revueltas contra la potencia colonial británica. Un grupo de colonos descontentos con los impuestos establecidos por la Corona asaltó un barco anclado en el puerto de Boston y tiró por la borda su cargamento de té.

Aunque el Tea Party es un grupo pequeño, compuesto por solo 49 de los 435 miembros de la Cámara de Representantes, ejerce una gran presión sobre todos los congresistas republicanos, temerosos de la influencia radical en sus propios distritos.

En cuanto al veto, desde la presidencia de Andrew Jackson se ha venido haciendo cada vez más frecuente y por razones de conveniencia o de oportunidad. En el siglo XIX, ocho presidentes nunca llegaron a vetar a una ley; Washington hizo uso de esta facultad dos veces; Monroe una. La práctica se fue luego generalizando, llegándose al caso de Cleveland, que fue apodado "el presidente veto" (684 en cuatro años).[171] De George Washington a George W. Bush, 1484 leyes han sido vetadas por el presidente, 1066 han recibido el llamado "veto de bolsillo" y 106 vetos presidenciales fueron superados por el Congreso. El actual presidente de los Estados Unidos solo ha ejercido dos veces su derecho al veto.[172]

Debe anotarse, para concluir y en favor del liderazgo presidencial, que el Congreso no está en capacidad de elaborar o de conducir una política coherente y que el país requiere una dirección. La opinión pública, en caso de conflicto, tiende a apoyar el presidente.

V.3.3 EL PREDOMINIO PRESIDENCIAL

Laurence Tribe recuerda que los fundadores de los Estados Unidos no pensaban en un presidente muy poderoso. Pero de no haber el jefe del Ejecutivo desbordado el marco estrecho de la Constitución, no hubiese sobrevivido la nación durante dos siglos de dificultades. "Somos —dice— una sociedad dirigida por tres poderes iguales pero uno de ellos es más igual que los otros. Así como la Corte Suprema y el Congreso son prominentes en la teoría constitucional, el Presidente lo es en la praxis constitucional",[173] aunque esa prominencia ha sufrido altibajos.

Una de las causas fundamentales del predominio presidencial es el crecimiento de la Administración como consecuencia del cambio de la concepción que se tiene del rol del Estado. En la idea del Estado que prevalecía en el siglo XVIII, los planes, los impulsos, las iniciativas para la buena marcha de la sociedad provenían de los particulares.[174] Al hacerse sentir la necesidad de una coordinación centralizada de los esfuerzos nacionales y la

---

[171]   Mathiot, ob. cit., t. II, pp. 288-289.

[172]   Ver *Presidential Vetoes* 1789-2013, Infoplease.com y *Presidential Veto*, Wikipedia.

[173]   *American Constitutional Law*, p. 157.

[174]   Ver Alexis de Tocqueville, *La democracia en América*.

112

presencia creciente de los Estados Unidos en el mundo, empezó a incrementarse la Administración central y, en consecuencia, los poderes, funciones y atribuciones del presidente, jefe de la misma.

La maquinaria administrativa refleja la voluntad política del presidente, a pesar de estar subordinada a la ley. Está dirigida por los secretarios y por el presidente desde la Casa Blanca asistido por la Oficina Presidencial (*Executive Office of the President*), así como la Oficina del Presupuesto (*Bureau of Budget*), el Consejo de Asesores Económicos (*Council of Economic Advisers*), el Consejo Nacional de Seguridad, (*National Security Council*). El incremento de la "burocracia presidencial" adquirió una creciente importancia durante el gobierno de Franklin Roosevelt con la aprobación de la Ley de Reorganización en 1939, que fue bautizada por algunos como *The Dictator's Bill*.

La interpretación de la Constitución igualmente ha contribuido a incrementar el poder de la federación y a reforzar al jefe del Ejecutivo.

La norma constitucional que encarga al presidente de "velar por la fiel ejecución de las leyes" permite que ante ciertas urgencias (*emergencies*) el jefe del Estado tome las medidas que se requieran. El ámbito de estos poderes es impreciso y variable y en alguna oportunidad la Corte Suprema ha tenido que intervenir para impedir una extensión excesiva de la discrecionalidad presidencial.

Cuando en 1952, en plena guerra de Corea, el presidente Truman decidió asumir el control de las plantas siderúrgicas más importantes del país, invocando la emergencia y por existir un conflicto obrero-patronal en las mismas, la Corte intervino.[175] El juez Black, autor de la ponencia en la Corte, dijo:

Se nos pide decidir si el Presidente, al ordenar al Secretario de Comercio tomar posesión y operar la mayoría de las plantas siderúrgicas del país, actuaba dentro de la competencia constitucional. Los propietarios de las plantas alegan que el presidente invadió la función legislativa, expresamente confiada por la Constitución al Congreso y no al Presidente. El Gobierno argumenta que la orden fue dada al percatarse el Presidente de que era necesaria para impedir la catástrofe nacional que resultaría inevitablemente de la interrupción de la producción de acero, y que, para enfrentar esa grave emergencia el Presidente actuaba dentro de los poderes del Jefe del Ejecutivo y Comandante en Jefe de las Fuerzas Armadas de los Estados Unidos [...] La potestad del Presidente para dictar una orden de esa naturaleza, si

---

[175]   Youngstown Sheet and Company *vs.* Sawyer (1952) en Robert F. Cushman, *Leading Constitutional Decisions,* pp. 49-63.

existe, tiene que emanar de la Constitución o de una ley del Congreso. No hay texto legal que expresamente autorice al Presidente a tomar posesión de propiedades, tal como lo hizo. Tampoco ha sido requerida nuestra atención en relación con alguna ley del Congreso que implícitamente pudiese contemplar tal poder.[176]

En opinión coincidente el juez Douglas agregó:

No queda duda alguna de que la emergencia que condujo al Presidente a requisar las plantas de acero pesaba duramente sobre el país. Pero la emergencia no crea el poder, solamente la oportunidad en que este pueda ejercerse [...] La doctrina de la separación de poderes fue adoptada por la Convención de 1787, no para promover la eficiencia sino para impedir el ejercicio arbitrario del poder.[177]

La Corte también ha intervenido para preservar el principio de la separación de poderes en beneficio del ejecutivo. Así sucedió el 24 de junio de 1983, con el llamado "veto legislativo": desde los años 30 el Congreso acostumbraba delegar en el Ejecutivo, la mayoría de las veces a solicitud de este, amplios poderes a los departamentos y agencias federales, pero condicionando esta transferencia a la potestad de las Cámaras de revisar y eventualmente "vetar" alguna de las decisiones gubernamentales. El presidente Hoover no usó este mecanismo, pero su sucesor, Franklin D. Roosevelt, lo hizo extensamente, logrando así una muy completa reestructuración de la Administración Federal. A partir de 1970, con un Congreso mayoritariamente demócrata y dispuesto a enfrentar al presidente Nixon, se empezó a usar este mecanismo como una manera de restringir el poder de la "Presidencia imperial".[178]

Tal fue el éxito de estas prácticas parlamentarias que se invirtieron los términos y empezó a hablarse de un "Congreso imperial" y de una "Presidencia encadenada" o "erosionada".[179] Proliferaron los "vetos" legislativos en cientos de casos. Las materias variaban en importancia: desde el *War Power Resolution Act,* concerniente al empleo de tropas en el exterior, hasta la regulación de la venta de artículos de segunda mano.

---

[176]   Ibídem, p. 54.

[177]   Ibídem, pp. 57-58.

[178]   Ver Jessica Korn, *The Power of Separation*, p. 5; y James Sundquist, *The Decline and Resurgence of Congress.*

[179]   Gordon S. Jones y John A. Marini (editores), *The Imperial Congress*; y Gordon Crowitz y Jeremy Rapkin, *The Fettered Presidency*, citados por Korn, ob. cit., p. 126.

En 1983, la Corte Suprema, con ponencia de su presidente, el juez Burger, anuló 196 leyes por considerarlas contrarias a la separación de poderes.[180] No dudó la Corte de la conveniencia de esta forma de control parlamentario, pero afirma el ponente Burger que, en virtud del artículo I de la Constitución, el Poder Legislativo es ejercido por las dos Cámaras del Congreso y luego el presidente firma la ley. La revisión legislativa, bajo la forma del veto de una Cámara, evade estos dos requisitos y por ende es contraria a la Constitución. El veto de las dos Cámaras cumple con el primer requisito, pero no con el segundo.[181] Esta sentencia inclinó la balanza hacia el otro lado y se desencadenaron las críticas en contra del poder ejercido por burócratas, beneficiarios de la delegación, no elegidos por el pueblo y que no rendían cuentas a nadie.[182] En opinión disidente, el juez White afirmó que carecía de sentido poner fin al veto legislativo, cuando este era, precisamente un mecanismo que equilibraba la eficacia del Ejecutivo con el control del Legislativo.

Como conclusión en relación con la prominencia del Ejecutivo, puede pensarse que si bien la famosa frase de Woodrow Wilson: *The President is at liberty, both in law and conscience, to be as big man as he can*[183] tiene algún fundamento, no es totalmente cierta. Lo mismo podría decirse de otra expresión en igual sentido de Theodore Roosevelt:

> … me he negado a considerar que aquello que es necesario para la nación solo podría llevarse a cabo por el presidente, si está expresamente autorizado para ello. Mi sentimiento fue que no solamente estaba autorizado, sino que es el deber del presidente hacer todo lo que le convenga al país y que no le esté expresamente prohibido.[184]

La realidad es más matizada: el presidente, como dice André Tunc, asume el primer lugar en el campo de las responsabilidades. Pero su poder se encuentra estrechamente subordinado a la colaboración del Congreso.[185] Georges Burdeau, por su parte, afirma:

---

[180] Inmigration and Naturalization Service (INS) *vs.* Chadha.

[181] Ver la revista *The Economist*, 2 de julio de 1983, "Congress learns how to talk without saying no", pp. 33-34.

[182] Theodore Lowe, *The End of Liberalism: Ideology, Policy and the Crisis of Public Authority*, citado por Korn, ob. cit.

[183] "El presidente es libre de ser, ante la ley y ante su conciencia, tan grande como pueda".

[184] Citado por André Tunc, *Le couple Président-Congrés dans la vie politique del États-Unis d'Amérique*, p. 563.

[185] Ibídem, p. 561.

La separación de poderes sobrevive como principio, pero en los hechos, da lugar a un sistema mucho más complejo: el presidente está estrechamente asociado a la labor legislativa, mientras que el Congreso, si bien no participa en la elaboración de los grandes proyectos políticos, conserva la posibilidad de favorecerlos o de obstruirlos.[186]

Robert Caro, el famoso biógrafo del presidente Johnson, insiste en una pérdida de majestad de prestigio de la institución presidencial, consecuencia de las gestiones del propio Johnson y de Richard Nixon.[187] Un importante tejido de credibilidad y fe existía entre el pueblo de los Estados Unidos y el presidente. Para el día en que Lyndon Johnson se juramenta, tras el asesinato de John Kennedy, ese tejido estaba intacto. Para el momento en que Johnson entrega la Presidencia, ya estaba totalmente deshilachado, destruido por años de mentiras, engaños y fracasos en torno a la guerra de Vietnam. El escándalo de Watergate llevó a su sucesor, Richard Nixon, a tener que renunciar al mandato y dio un golpe cruento a la institución presidencial.

V.4 CONCLUSIÓN

Está fuera de discusión el hecho de que la Constitución real de los Estados Unidos es hoy radicalmente distinta al texto que se aprobó a finales del siglo XVIII. Sin embargo, las precauciones que entonces se tomaron para evitar el despotismo han funcionado y siguen funcionando. El objetivo se ha alcanzado, aunque la mecánica de las instituciones inspiradas en Locke y Montesquieu haya tomado cursos imprevistos.

En todo esto juegan los hombres un papel importante. Estados Unidos ha conocido presidentes muy poderosos y presidentes muy débiles. Las circunstancias llevaron a Lincoln y a Roosevelt a una sobredimensión de la función presidencial, pero no puede escapar a nadie que las características personales de estos grandes líderes tuvieron mucho que ver. Estas características pueden ser muy disímiles: el prestigio y la modestia de Washington, la popularidad y el populismo de Jackson, la tenacidad y el coraje de Lincoln, la visión de futuro y el gusto por el poder de los dos Roosevelt, el atractivo personal y la inteligencia de Kennedy, la experiencia parlamentaria y las dobleces de Johnson, la habilidad para comunicar, la simpatía y el sentido común de Reagan, el talento de Clinton mediatizado por su vida privada y la mente privilegiada de Obama, que no ha sido suficiente para superar los obstáculos. El azar y la suerte juegan su papel. Si el general Lee hubiese ganado en Gettysburg, como estuvo a punto de ocurrir, la Unión, y

---

[186] *Traité de Science Politique*, t. IX, p. 306.

[187] *The Years of Lyndon Johnson, Means of Ascent.*

116

con ella Abraham Lincoln, hubiesen desaparecido. ¿Qué hubiese sido de Roosevelt sin el ataque a Pearl Harbour? ¿Cuántos programas hubiese podido acometer William Clinton sin la aparición de Mónica Lewinsky? ¿Cuál habría sido el destino de Georges W. Bush sin el 11 de septiembre? Lo mismo puede decirse de la Corte Suprema. Distinto hubiese sido el destino del alto tribunal sin personalidades como las de John Marshall y Joseph Story, en el nacimiento de la joven república; de Oliver Wendell Holmes durante los treinta primeros años del siglo anterior; de William Douglas, Charles Evans Hughes y Felix Frankfurter en los tiempos del New Deal o más recientemente, de Earl Warren, Abe Fortas, Warren Burger y Thurwood Marshal, para solo mencionar algunos.

El Congreso, como cuerpo colegiado, no es el mejor lugar para las individualidades resaltantes, como no sea cuando es usado como trampolín hacia la Casa Blanca. Allí el trabajo es de equipo y, si bien son muchos los nombres de senadores y representantes que han marcado la historia del Capitolio, son las comisiones, subcomisiones, las audiencias públicas y la legislación las que llevan el rumbo del Poder Legislativo. Si hubiese que citar tres nombres, escogeríamos el de Sam Rayburn quien fue miembro de la Cámara de Representantes por 49 años y *Speaker* de la misma por 17 y bajo cuya conducción el Congreso aprobó la legislación fundamental del *New Deal*; el de Daniel Webster, senador por Massachusetts por casi veinte años y el orador que, desde 1830, mejor supo defender la Unión y el de Lyndon Baines Johnson, una de las personalidades más controversiales de la historia de los Estados Unidos, *the master of the Senate,* como acertadamente lo denominara Robert Caro[188], quien transformó a la Cámara Alta en un instrumento para el progreso y la igualdad.

Las individualidades resaltan más en la Presidencia y por esta razón son tan importantes los controles y la vigilancia que se ejercen desde el Congreso y la Corte Suprema.

Si alguna conclusión se puede sacar de la historia de la separación de poderes en los Estados Unidos es que siempre "el poder ha detenido al poder". Definir y delimitar exactamente al Poder Ejecutivo y al Poder Legislativo o demostrar dónde empieza una función y dónde termina la otra no es tarea fácil.

Sin embargo, la teoría y la praxis de la separación de poderes se mantienen. Nadie duda de la diferencia entre el día y la noche o entre la juventud y la vejez, pero no sabemos cuándo una llega a término y se produce el inicio de la otra.[189]

---

[188] Ob. cit.

[189] Ver Louis Fischer, ob. cit., p. 326.

VI

LA SEPARACIÓN DE PODERES EN LA HISTORIA CONSTITUCIONAL VENEZOLANA

Feliz el pueblo cuya historia se lee con aburrimiento.

MONTESQUIEU

… estudiar un problema histórico es, casi siempre, estudiar también un problema de actualidad permanente, y en América, sobre todo, muchos de nuestros problemas morales, políticos y sociales han sido estudiados bajo la forma de problemas históricos…

AUGUSTO MIJARES

Así como la experiencia colonial en cuanto al ejercicio del poder dejó un legado importantísimo en el norte del continente, no ocurrió lo mismo con las instituciones españolas en la América meridional. El sistema imperante en virreinatos, capitanías generales e intendencias no nos brindó una práctica sólida para instaurar mecanismos de separación de poderes que ayudaran a preservar la libertad.

Sin embargo, a pesar de ser un pueblo relativamente nuevo, éramos, como lo dijo Bolívar en la Carta de Jamaica, "un pueblo en cierto modo viejo en los usos de la sociedad civil".

Pero, afirma Germán Carrera Damas, "esto no significa que heredamos de España una riquísima tradición de fueros y libertades y que la crisis de la monarquía española, enmarcada en la crisis general de esta forma de gobierno, no tuviera una marcada influencia en Hispanoamérica, donde existían sociedades monárquicas 'en condición colonial'".[190] Desde el

---

[190]   Ver Germán Carrera Damas, *Colombia, 1821-1827: Aprender a edificar una República Moderna*, p. 49. Sostiene el autor que una visión historiográfica eurocéntrica ha relegado a una condición subsidiaria la caída de la monarquía y el establecimiento

punto de vista constitucional, como de manera muy clara lo explica Carrera Damas, las nuevas repúblicas americanas diseñaron una nueva estructura de poder y la república sustituyó a la monarquía. Pero en el orden jurídico-social presenciamos una "continuidad jurídica". "Sólo los espíritus tan exaltados como carentes de sentido histórico podrían concebir el estableci-miento de la República como un corte radical y absoluto con el pasado".[191]

Preguntémonos entonces cómo se formó el pensamiento constitucio-nal de la Emancipación.

El profesor italiano Pierangelo Catalano nos recuerda una muy visi-ble presencia del pasado romano en las ideas de Simón Bolívar.[192]

Los aportes de los recién independizados Estados Unidos de América y la influencia de los pensadores ingleses y franceses, llegados a nuestras costas a bordo de los famosos "navíos de la Ilustración", introdujeron la separación de poderes en los debates, en las discusiones y en las primeras constituciones.

Recuerda Ambrosio Oropeza que la más antigua doctrina española, predicada por teólogos y canonistas, rechazó siempre el poder absoluto. Inspirados en Santo Tomás de Aquino, pensadores de los siglos XV y XVI como Francisco Vitoria, Juan de Mariana, Melchor Cano, Domingo Báñez, Domingo de Soto y Francisco Suárez escribieron sobre los límites al poder de los reyes, el derecho de rebelión, la igualdad, el autogobierno y las leyes justas. En el acta del Cabildo de Caracas del 19 de abril de 1810 se señala que "al no existir en la Península gobierno de ningún género" se recurre al derecho natural para ejercer la soberanía que ha recaído en el pueblo,

---

de la república moderna en la América hispana y en Haití. Agrega Carrera que des-pués de la independencia se optó por una visión "por completo insostenible, de pre-tender que las entidades socio-políticas reunidas en la República de Colombia se formaron y vivieron en el seno de una monarquía sin haber sido ellas mismas mo-narquías, ya fuesen colonias reales, ya fuesen provincias nominales. El simplismo fue llevado por los republicanos al extremo de cuidarse de intentar explicar lo que habían sido; o el cómo pudieron ser colonias de una monarquía sin haberlo sido también; si bien tampoco pudieron pretender que fueran algo parecido a la república que procuraban instaurar". Ibídem p. 54. Fernando VII fue rey de Venezuela, como también lo fue de Nueva Granada y de Quito, concluye. Ver también, en el mismo sentido, pp. 72 y siguientes.

[191] La cita corresponde a las páginas 125 y 126 de la obra citada, pero el planteamiento es una de las ideas centrales sostenidas por el autor.

[192] *Derecho Público Romano y Principios Constitucionales Bolivarianos.*

"conforme a los mismos principios de la sabia Constitución primitiva de la España".[193] Nos recuerda Ángel César Rivas que:

... desde el siglo XI, los monarcas de Castilla concedieron a sus súbditos privilegios extraordinarios que constituyeron los fueros de las ciudades, siendo así que bien puede mirarse ese reino como la nación de Europa que primero implantó un régimen de libertades municipales.[194]

Los fueros permitían a las ciudades organizar sus ayuntamientos, nombrar jueces civiles y criminales que amparaban a sus habitantes y no permitían la intromisión de la Justicia Real ni de la nobleza. Se reunían además las Cortes, la primera en Burgos en 1169, antecesoras de los parlamentos medievales. La mejor expresión de estas tradiciones jurídicas españolas la encontramos en Juan Germán Roscio, autor de *El triunfo de la Libertad sobre el Despotismo*, y una de las mentes más esclarecidas de todo el proceso emancipador.

Tampoco debe escatimarse la influencia de los teóricos liberales, que condujeron en España al establecimiento de una "monarquía moderada hereditaria" en la Constitución de Cádiz de 1812.[195]

Terminada la guerra, no puede hablarse de un balance de éxitos. Durante todo el siglo XIX y buena parte del XX, Venezuela vivió una polémica entre legalismo, civilismo y Estado de Derecho, por una parte, y autocracia, paternalismo y gendarme necesario, por la otra.

Esta polémica la conseguimos no solamente en Venezuela sino en toda la América Hispana. En este sentido reproducimos el análisis del profesor Cecil Jane de la Cátedra de Estudios Hispánicos de la Universidad de Oxford:

---

[193] Ambrosio Oropeza, *Caracteres originarios del Estado venezolano*, pp. 11 y siguientes.

[194] Citado por Augusto Mijares, La interpretación pesimista de la Sociología Hispanoamericana, pp. 24-25.

[195] Ver Juan Ignacio Marcuello Benedicto, *División de poderes y proceso legislativo en el sistema constitucional de 1812*, Revista de Estudios Políticos, n.º 93, 1996, pp. 219-231 y Allan R. Brewer-Carías, *La Constitución de Cádiz de 1812 y los principios del constitucionalismo moderno: su vigencia en Europa y en América*. Hablamos de la influencia de quienes inspiraron la Constitución gaditana, no del texto mismo, que se sanciona en 1812 y cuya influencia fue, en Venezuela, muy modesta. Ver Brewer, *El paralelismo entre el Constitucionalismo venezolano y el Constitucionalismo de Cádiz (o de cómo el de Cádiz no influyó en el venezolano).* Germán Carrera Damas, por el contrario ve un paralelismo entre el Poder Ejecutivo consagrado en la Constitución de Colombia de 1821 y lo establecido en relación con el rey en la Constitución de Cádiz. Ob. cit., p. 82.

La población de las Repúblicas Hispanoamericanas está permanentemente dividida en dos partidos, a cada una de los cuales impulsa su devoción por un principio. Sostiene el uno que es la libertad; el otro, que es el orden el más alto bien. Para el uno, cercenar las facultades del Poder Ejecutivo es un fin por el que se debe luchar; Para el otro, la estabilidad del Estado. No se trata de que el uno busque deliberadamente la desintegración de la sociedad o de que el otro aspire deliberadamente a la opresión del ciudadano, sino que uno prefiere la desintegración a la tiranía, y otro la tiranía a la desintegración.[196]

Esta resulta ser una visión optimista, pues supone que detrás de la ambición de los líderes militares (y de más de un civil) existen siempre "principios", pero no cabe duda de que la permanente tensión entre civilistas y personalistas dividió a nuestras repúblicas. La separación de poderes fue y es, obviamente, pilar fundamental del primer "partido".

El principio fue siempre aceptado y recogido en nuestros textos constitucionales.[197] No significa sin embargo lo antes dicho que la separación de poderes pueda ser objeto de un análisis uniforme u homogéneo en más de siglo y medio de vida independiente. Pero hay una constante que, según Domingo Irwin, se empieza a manifestar en 1812 y, en nuestra opinión, solo mengua a partir de 1958. Se trata del predominio militar. Sostiene el citado autor[198] que los mecanismos de control civil establecidos en la Constitución de 1811 apenas pudieron ejercerse unos meses y que a partir de la caída de la Primera República dejaron de operar. A partir de entonces, el imperativo era ganar la guerra y todo debía subordinarse a esa meta. Esto se produce en ambos bandos, pues no debe obviarse que caudillos militares como Monteverde y Boves desconocen también a las legítimas autoridades realistas, así como los generales Mariño, Arismendi en 1819 y más tarde Páez, en 1827, hacían lo propio del lado patriota. En la evolución histórica de Venezuela —concluye Irwin— desde las guerras de independencia hasta

---

[196]   *Libertad y despotismo en América Hispana,* citado por Carlos Sánchez Viamonte, *Bases esenciales del Constitucionalismo latinoamericano,* pp. 37-38.

[197]   Constitución de 1811: Preliminar y artículo 189; 1819: art. 2.° del título v; 1821: art. 10; 1830: arts. 7 y 8; 1857: art. 6 (se agrega el Poder Municipal como cuarto poder); 1858: art. 10; los textos de 1864, 1874, 1881, 1891 y 1893 recogen el principio, pero no hacen expresa declaración; 1901: art. 30; 1904: art. 29; 1909: art. 34; el Estatuto Constitucional Provisorio de 1914 pauta la confusión entre el Poder Ejecutivo y el Poder Legislativo y por ello no se plantea la separación de poderes; 1914: art. 33; 1922: art. 33; 1925: art. 31; 1929: art. 51; 1931: art. 51; 1936: art. 50; 1945: art. 51; 1947: art. 137; 1953: art. 59; y 1961: art. 118. Ver Ulises Picón Rivas, *Índice Constitucional de Venezuela*; y Luis Mariñas Otero, *Las Constituciones de Venezuela.*

[198]   "Una visión histórica de las relaciones civiles y militares en Venezuela" en *Venezuela: República democrática,* pp. 271 y siguientes.

los primeros sesenta años del siglo XX, las relaciones civiles y militares han sido primero militares y después civiles. El predominio político-militar se vio dominado, muy paradójicamente, por el fenómeno del caudillismo del siglo XIX y más racionalmente por el inicio del proceso democrático de los últimos 40 años del siglo pasado. En ninguno de los casos antes referidos se puede señalar la existencia de un Control Civil, así, con mayúscula, consolidado institucional y democráticamente.[199] Si los civiles no pudieron controlar más a los militares, es ocioso preguntar si funcionaba o no el principio de la separación de poderes.

VI.1 1810-1830: LA INDEPENDENCIA, LA GUERRA, SIMÓN BOLÍVAR Y LA GRAN COLOMBIA

Debe establecerse una primera distinción en el período de 1811 a 1830 que, pese a ser en parte tiempo de guerra, fue muy rico en discusión doctrinaria: en una primera fase se busca una separación de poderes como antídoto contra la tiranía, sin percatarse del desequilibrio que se produciría en beneficio del Parlamento;[200] luego se impone la tesis de una repartición del poder en la que se le asigna primacía al Ejecutivo.

VI.1.1 LA PRIMERA CONSTITUCIÓN

En el Preliminar de la Constitución Federal de 1811 queda asentado que el ejercicio de la autoridad:

… confiada a la Confederación, no podrá jamás hallarse reunido en sus diversas funciones. El Poder Supremo debe estar dividido en Legislativo, Ejecutivo y Judicial y confiado a distintos cuerpos independientes entre sí en sus respectivas facultades.

Y más adelante, en el artículo que trata de los derechos del hombre en sociedad, agrega que:

… los tres departamentos esenciales del gobierno, a saber, Legislativo, el Ejecutivo y el Judicial, es preciso que se conserven tan separados e independientes el uno del otro cuanto lo exija la naturaleza de un gobierno libre; o cuanto es conveniente con la cadena de conexión que liga toda la fábrica de la Constitución de un modo indisoluble de amistad y unión.

---

[199] Ídem, p. 291.

[200] El autor mexicano Héctor Fix Zamudio constata un desequilibrio similar en la primera Constitución de su país y lo atribuye a la influencia indirecta de Juan Jacobo Rousseau. Ver "Valor actual del principio de la División de Poderes y su consagración en las Constituciones de 1857 a 1917", en *Boletín del Instituto de Derechos Comparado de México*, números 58 y 59, 1967.

Más allá de esta declaración de principios pueden hacerse dos observaciones en relación con la Constitución de 1811.

1.- La organización de los poderes se inspira evidentemente en la Constitución norteamericana de 1787: un Poder Legislativo compuesto por dos Cámaras, la primera representando a las provincias y la segunda a la población; un Poder Ejecutivo elegido indirectamente por el pueblo y con un mandato de cuatro años. Pero frente al equilibrio de la separación de poderes presentado en el modelo norteamericano, que se instrumenta gracias al ingenioso mecanismo de los *checks and balances,* en la Venezuela del año 11 se descarta al presidente en beneficio de un Ejecutivo colegiado de tres miembros. Puede allí haber influencia de los tres cónsules de la Constitución francesa del año VIII, como lo señala Chevallier,[201] pero en todo caso la fórmula triunviral, al faltar la personalidad descollante del primer cónsul, debilita tremendamente al Ejecutivo, como en forma clara lo evidenció Simón Bolívar en el Discurso de Angostura[202] y se va a pasar casi de la dictadura de la Asamblea a la dictadura de Miranda.[203]

2.- El debilitamiento del Ejecutivo y el correspondiente fortalecimiento del Legislativo, señala Carrera Damas, "bien pueden tomarse por signos de ese odio al despotismo que de nuevo surgirá durante el debate sobre la organización del Estado en la Segunda República". Pero, agrega:

… sería un error creer que esta reivindicación de la libertad por la burguesía y los terratenientes criollos conserva en la práctica la pureza del principio

---

[201] Jean Jacques Chevallier, "L´influence des lumières et de la Révolution Française sur l´organisation des pouvoirs dans les premières constitutions de I´Amérique Latine", en *Pensamiento Constitucional de Latinoamérica* 1810-1830, vol. IV, Publicaciones de la Academia Nacional de la Historia, Caracas, 1962, p. 235.

[202] "La Constitución venezolana, sin embargo de haber tomado sus bases de la más perfecta, si se atiende a la corrección de los principios y a los efectos benéficos de su administración, difirió esencialmente de la americana en un punto cardinal y, sin duda, el más importante. El Congreso de Venezuela, como el americano, participa de algunas de las atribuciones del Poder Ejecutivo. Nosotros, además, subdividimos este poder habiéndolo sometido a un cuerpo colectivo sujeto, por consiguiente, a los inconvenientes de hacer periódica la existencia del gobierno, de suspenderla y disolverla siempre que se separan sus miembros. Nuestro triunvirato carece, por decirlo, de unidad, de continuación y de responsabilidad individual; está privado de acción momentánea, de vida continua, de uniformidad real, de responsabilidad inmediata y un gobierno que no posee cuanto constituye su moralidad, debe llamarse nulo".

[203] La rigidez en la separación de poderes en esta Constitución sufre de una importante excepción, por lo demás muy extraña, aunque pudiera también allí detectarse una influencia francesa, cual es el hecho de que las sentencias de los jueces no gozan de una autoridad completa, pues pueden ser revisadas por el Ejecutivo, quien las rechaza "en caso de injuria evidente y notoria que irrogue perjuicio irreparable".

doctrinario. Imbuidos de un ideario liberal, cuya afanosa explicación tropezaba con una realidad económico-social que la contradecía en muchos aspectos, entienden que la adaptación necesaria de este ideario preserve sus específicos intereses de clase.[204]

La situación de desequilibrio consagrada en la Constitución Federal y sus efectos nefastos fueron previstos por el general Francisco de Miranda. En efecto, el Precursor formó parte del grupo de nueve diputados que firmó la Constitución con reparos o protestas, y bajo su firma quedó expresado en el acta: "considerando que en la presente Constitución los poderes no se hallan en justo equilibrio [...] pongo estos reparos en cumplimiento de mi deber".[205] Unos días antes el futuro Generalísimo había advertido que:

> ... hasta los niños que han leído la historia saben, que mil doscientos hombres escogidos en Francia, como lo hemos sido nosotros, se arrogaron todos los poderes, se volvieron unos malvados e inundaron de luto y desolación a su patria [...] los cuerpos colegiados pueden ser tiranos cuando no hay exacta división de poderes.[206]

Por lo demás, Miranda siempre creyó que los males de la Francia revolucionaria provinieron de la violación de la doctrina de Montesquieu al confundirse los poderes en tiempo de la Convención.[207] El general criticó a la Convención el haber trasladado todo su poder al Comité de Salvación Pública, usurpando así la función ejecutiva del Consejo previsto en la Constitución de 1793. Miranda se pronunciaba, siguiendo a Montesquieu, a favor de la igualdad de los poderes y así lo hizo saber a la opinión francesa en julio de 1795 cuando publicó una "Opinion du général Miranda sur la

---

[204]   Germán Carrera Damas, "Algunos problemas relativos a la organización del Estado durante la Segunda República venezolana", pp. 368 y 369, en *El pensamiento constitucional de Latinoamérica*, 1810-1830, vol. II. Es interesante recordar que, según Louis Althusser, el autor del ideario de la separación de poderes también perseguía la salvaguardia de un interés de clase. Dice Althusser que la nobleza "se convierte —en el esquema de Monstesquieu— en una clase cuyo futuro personal, posición social, privilegios y distinciones quedan garantizados contra las empresas del rey y del pueblo. De tal suerte que los nobles estarán al abrigo del rey y del pueblo en su vida, en sus familias y en sus bienes. No se podrían asegurar mejor las condiciones de perennidad de una clase decadente a quien la historia arrancaba y disputaba ya sus viejas prerrogativas". *Montesquieu: La Política y la Historia*, p. 126

[205]   José Gil Fortoul, ob. cit., tomo I, p. 270-271.

[206]   Discurso pronunciado en el Congreso Federal en la sesión del 1.° de julio de 1811, citado por Caracciolo Parra Pérez, en *Historia de la Primera República de Venezuela*, tomo II, pp. 52 y 53.

[207]   Caracciolo Parra Pérez, op. cit., tomo II, p. 182.

situation actuelle de la France et sur les remèdes convénables à ses maux".[208]

Ha sido objeto de discusión histórica el origen de las ideas que inspiraron la Constitución de 1811. Hacemos nuestra la opinión de Pedro Grases:

> ... por los lazos culturales que existían con tanta fuerza entre Hispanoamérica y Francia durante el siglo XIX, los historiadores se inclinan a olvidar la importancia de la revolución angloamericana como inspiradora del movimiento independentista hispanoamericano. Miranda mismo había declarado que la emancipación del norte del hemisferio sería seguida inevitablemente por la del sur.
>
> No debe menospreciarse la importancia de la Revolución francesa en Hispanoamérica, pero las ideas que prevalecen en Francia habían ya inspirado a los angloamericanos y después influirían sobre los hispanohablantes de América. El ideario de Paine inflamó a los hispanoamericanos en la versión de García de Sena. Antes impulsó la Revolución francesa, dando ocasión a que el propio Paine la presenciase, y todavía antes, indujo a los angloamericanos hacia la insurrección. Pero las ideas de Paine y de Jefferson fueron en realidad aprendidas de Locke. Así que muchas teorías se deben originalmente a Francia, pero la aplicación específica y el ejemplo de la acción se debe más directamente a la revolución norteamericana que a la francesa.

Lo sucedido durante la Primera República altera la concepción inicial en la que el Poder Legislativo era, como decía Roscio, "lo más noble de la soberanía".[209]

---

[208] Citado por Caracciolo Parra Pérez, *Miranda et la Revolution Française*. Decía el general Miranda: "Cuanto más poderosa es una nación, más fuerte es el poder encargado de la ejecución de las leyes". Para un conocimiento amplio de las ideas constitucionales del Precursor, ver Pierangelo Catalano. "Derecho Público Romano y Principios Constitucionales Bolivarianos", en *Constitución y Constitucionalismo hoy*, pp. 693-697.

[209] Juan Germán Roscio, "Triunfo de la Libertad sobre el Despotismo", en *Testimonio de la Época Emancipadora*, Academia Nacional de la Historia, p. 81

VI.1.2 LA EVOLUCIÓN DEL PENSAMIENTO DE BOLÍVAR[210]

La separación de poderes es un punto central del pensamiento político de Simón Bolívar. Si leemos con detenimiento el Discurso de Angostura,[211] observamos que su parte medular sigue el itinerario ideológico de Montesquieu, agregando la idea de la igualdad que obviamente no formaba parte de las convicciones del señor de la Brède. Se trató para él de definir la libertad y luego de buscar los mecanismos de gobierno que mejor la preservan.[212]

Los nombres de Montesquieu y Rousseau son citados con harta frecuencia en el Discurso.

Bolívar analiza las constituciones, revisa "los anales de los tiempos" y "los muchos sistemas de manejar los hombres y sobre todo de oprimirlos". Después de descalificar a la monarquía española y a las leyes de Indias, se pasea por las autocracias de Persia, Tartaria y China. Sobrevuela la antigüedad para detenerse en la precariedad de Tebas, en la debilidad de Atenas y en la fortaleza de Esparta. Destaca y alaba las instituciones de la república en Roma[213] para llegar a los tiempos modernos y hablarnos de Francia, Inglaterra y los Estados Unidos. Nuestra primera Constitución, la de 1811, no es un texto de su predilección.

---

[210] Sobre el tema ver, entre muchísimos otros, *De la patria boba a la teología bolivariana* de Luis Castro Leiva; *Bolívar, el pueblo y el poder* de Diego Bautista Urbaneja; *Bolívar, como héroe trágico*, de Aníbal Romero; *Génesis y desarrollo de la ideología bolivariana* de José Rodríguez Iturbe; *El divino Bolívar* de Elías Pino Iturrieta y *El culto a Bolívar* de Germán Carrera Damas.

[211] Las citas que siguen corresponden al Discurso de Angostura.

[212] "Para formar un gobierno estable se requiere la base de un espíritu nacional, que tenga por objeto una inclinación uniforme hacia dos puntos capitales: moderar la voluntad general, y limitar la autoridad pública. Los términos que fijan teóricamente estos dos puntos son de una difícil asignación, pero se puede concebir que la regla que debe dirigirlos es la restricción, y la concentración recíproca a fin de que haya la menor frotación posible entre la voluntad y el poder legítimo. Esta ciencia se adquiere insensiblemente por la práctica y por el estudio. El progreso de las luces es el que ensancha el progreso de la práctica, y la rectitud del espíritu es la que ensancha el progreso de las luces".

[213] En relación con la influencia romana, ver Pierangelo Catalano, ob. cit. El autor explica cómo la adaptación del modelo romano se va incrementando a medida que evoluciona el pensamiento constitucional de Bolívar, encontrando su mejor expresión en la Constitución de Bolivia, pp. 699 y 700.

Saca provecho al pasado y afirma que:

... un gobierno republicano ha sido, es, y debe ser el de Venezuela; sus bases deben ser la soberanía del pueblo, la división de los poderes, la libertad civil, la proscripción de la esclavitud, la abolición de la monarquía y de los privilegios. Necesitamos de la igualdad para refundir, digámoslo así, en un todo, la especie de los hombres, las opiniones políticas y las costumbres públicas.

Luego, nos expone sus preferencias:

Roma y la Gran Bretaña son las naciones que más han sobresalido entre las antiguas y modernas; ambas nacieron para mandar y ser libres; pero ambas se constituyeron no con brillantes formas de libertad, sino con establecimientos sólidos. Así, pues, os recomiendo, representantes, el estudio de la Constitución británica, que es la que parece destinada a operar el mayor bien posible a los pueblos que la adoptan; pero por perfecta que sea, estoy muy lejos de proponeros su imitación servil. Cuando hablo del gobierno británico solo me refiero a lo que tiene de republicanismo, y a la verdad ¿puede llamarse pura monarquía un sistema en el cual se reconoce la soberanía popular, la división y el equilibrio de los poderes, la libertad civil, de conciencia, de imprenta, y cuanto es sublime en la política? ¿Puede haber más libertad en ninguna especie de república? ¿Y puede pretenderse a más en el orden social? Yo os recomiendo esta Constitución popular, la división y el equilibrio de los poderes, la libertad civil, como la más digna de servir de modelo a cuantos aspiran al goce de los derechos del hombre y a toda la felicidad política que es compatible con nuestra frágil naturaleza.

El Libertador ilustra a los legisladores de Angostura, recordándoles que:

... el equilibrio de los poderes debe atribuirse en dos modos: en las Repúblicas el ejecutivo debe ser el más fuerte, porque todo conspira contra él; en tanto que en las monarquías, el más fuerte debe ser el legislativo, porque todo conspira a favor del monarca.[214]

Apoyándose en el ejemplo inglés afirma más adelante:

Abandonemos las formas federales que no nos convienen; abandonemos el triunvirato del poder ejecutivo; y concentrándonos en un presidente, confiémosle la autoridad suficiente para que logre mantenerse luchando contra los inconvenientes anexos a nuestra reciente situación, al estado de guerra que sufrimos, y a la especie de los enemigos externos y domésticos, contra quienes tendremos largo tiempo que combatir. Que el poder legislativo se desprenda de las atribuciones que corresponden al ejecutivo; y adquiera no obstante nueva consistencia, nueva influencia en el equilibrio de las autoridades. Que los tribunales sean reforzados por la estabilidad y la independencia de los jueces, por el establecimiento de los jurados, de códigos

---

[214]   Discurso de Angostura.

civiles y criminales que no sean dictados por la antigüedad, ni por reyes conquistadores, sino por la voz de la naturaleza, por el grito de la justicia, y por el genio de la sabiduría.[215]

Este refuerzo al Poder Ejecutivo no significa que Bolívar abandone a Montesquieu, pues el Ejecutivo fuerte no significa un Ejecutivo despótico. Y al igual que el autor de *El espíritu de las leyes*, piensa que debe existir un cuerpo intermedio entre el gobierno y el pueblo, entre el Ejecutivo y la representación democrática. Ese cuerpo intermedio es en Inglaterra la Cámara de los Lores y Bolívar propone en Angostura la creación de un Senado hereditario.

La prueba más fehaciente de la creencia del Libertador en la separación de poderes la constituye la independencia con que actuó el Congreso de Angostura en relación con sus sugerencias. A pesar de que esa asamblea se instala y debe su existencia a Bolívar, y que está formada por amigos, consejeros y administradores suyos, deja a los legisladores en total libertad y, de hecho, varias de las principales innovaciones propuestas en el discurso fueron rechazadas, entre otras, la creación de un Poder Moral.[216]

A medida que, con el tiempo, el Libertador va precisando su pensamiento, va ubicando los dos riesgos que se presentan a las nuevas repúblicas; la anarquía y la tiranía. No basta entonces la separación de poderes para evitar la tiranía. Pues, tal como la afirma en su mensaje a la Convención Ocaña, comentando la Constitución de Cúcuta, el Poder Legislativo tiene sometido al Ejecutivo y "mucha más parte en la administración general que la que el interés legítimo permite". Ha sido un error poner "toda la fuerza en la voluntad y toda la flaqueza en el movimiento".[217]

El pensamiento de Bolívar en relación con la separación de poderes encuentra nueva expresión en la Constitución boliviana. En carta al general Santander escribía en septiembre de 1825: "en general la Constitución está muy bien trabada, y el discurso que daré para probar su utilidad será muy fuerte. No dudo que será mejor que el otro de Angostura, pues ya no estoy en estado de transigir con nadie"[218] y en carta al mariscal Sucre, la califica de transacción "de la democracia con la aristocracia y del imperio con la República".[219] En el texto boliviano se incrementa la tendencia de reforzar el Ejecutivo estableciendo la jefatura de Estado vitalicia, que "viene a ser

---

215   Ibídem.
216   Ambrosio Oropeza, *Evolución Constitucional de nuestra República*, p. 6.
217   1.° de mayo de 1828.
218   Citado por Manuel Fraga Iribarne, ob. cit., p. 87.
219   Ibídem.

en nuestra Constitución como el sol, que firme en su centro da vida al universo",[220] y busca el equilibrio de las fuerzas políticas, creando un cuarto poder, el poder electoral. Las atribuciones de ese poder electoral invaden el ámbito legislativo y el judicial. Según el ya citado profesor italiano Pierangelo Catalano:

> ... se trata de un nuevo poder que ha dejado sorprendidos a los juristas, aun en nuestro siglo, y de una superación de la división de poderes que se puede comprender solo teniendo en cuenta la aguda reflexión de Bolívar sobre la Constitución romana.[221]

La Constitución vitalicia duró poco en Bolivia y casi nada en Perú, y sobre ella opina el historiador peruano Víctor Andrés Belaúnde que:

> ... el sistema, demasiado complejo y lleno de errores, cometía uno básico: intentar fundar un régimen mixto sobre los extremos del cesarismo y la demagogia, sin nada en medio para conciliarlos. Por otra parte, en una República vitalicia las crisis políticas solo se resuelven por golpe de Estado, si no se llega a una dictadura permanente, con total anulación de los otros poderes.[222]

No había concertación forzosa entre los poderes ni tampoco podía el poder detener al poder.

A pesar de lo que le escribió Bolívar a Santander, el mejor discurso fue el de Angostura, que seguirá siendo siempre la joya de su pensamiento constitucional, no desmerecido ni siquiera por la transitoria dictadura de 1828.

VI.1.3   EL FRACASO INSTITUCIONAL DE COLOMBIA

Regresemos unos años: en la Constitución de 1821, también conocida como "Constitución de la Gran Colombia", promulgada en la Villa del Rosario de Cúcuta el seis de octubre y cuyo objetivo principal fue crear la República de Colombia mediante la unificación de Nueva Granada y Venezuela,[223] se establecía en el artículo primero:

---

[220]   Ibídem.

[221]   Ob. cit., p. 701.

[222]   *Bolívar y el Pensamiento Político de la Revolución Hispanoamericana*, p. 250.

[223]   El Congreso de Venezuela había aprobado el 17 de diciembre de 1819 la Ley Fundamental de la República de Colombia y el mismo Congreso de Cúcuta había sancionado el 12 de julio de 1821 la Ley Fundamental de la Unión de los Pueblos de Colombia.

130

La nación colombiana es para siempre e *irrevocablemente libre* e independiente de la monarquía española y de cualquier otra potencia o dominación extranjera; y *no es, ni será nunca patrimonio de ninguna familia ni persona.*

En el mensaje dirigido por el Congreso Constituyente a los colombianos, el mismo día de la sanción de la Constitución, y refiriéndose a ella, se dijo:

En ella encontraréis que sobre la base de unión de los pueblos que antes formaban diferentes Estados se ha levantado el edificio firme y sólido de una nación cuyo gobierno es popular representativo, y *cuyos poderes, Legislativo, Ejecutivo y Judicial, exactamente divididos,* tienen sus atribuciones marcadas y definidas, formando, sin embargo, un todo de tal suerte combinado y armonioso, que por él *resultan protegidas vuestra seguridad, libertad, propiedad e igualdad ante la ley.*

Hemos colocado en cursivas las palabras que encierran claramente la intención de los constituyentes en lo que al tema que tratamos concierne: preservar la libertad, evitar la concentración del poder en una persona y la división de los poderes.

Se estableció un Ejecutivo débil. Bastaría anotar que la Constitución le dedica, en ubicación preferente, 64 artículos a la regulación del Poder Legislativo, mientras que solo 34 se refieren al Ejecutivo.

En medio de la guerra, los constituyentes veían claramente el riesgo del despotismo y por ello establecieron como deber de la nación "proteger por leyes sabias y equitativas la libertad, la seguridad, la propiedad y la igualdad de todos los colombianos".[224] Para agregar en el artículo 10:

El pueblo no ejercerá por sí mismo otras atribuciones de la soberanía que la de las elecciones primarias, ni depositará el ejercicio de ella en unas solas manos. El Poder Supremo estará dividido para su administración en Legislativo, Ejecutivo y Judicial.

El general Santander, inspirador del texto, creía que nadie debía estar por encima de la Constitución y las leyes, en lo que muchos veían un temor a Bolívar. La historia registra una anécdota, en la que compañeros de Santander en las campañas emancipadoras entran a su despacho y le hallan en una mesa, abierta la Constitución sobre un sable desnudo. A la pregunta de qué significaba, contestó: "Significa que la espada de los libertadores tiene que estar, de ahora en adelante, sometida a las leyes de la República".

Estas discusiones encontraron otras soluciones en el duro terreno de la realidad: para evitar las fricciones y tensiones entre la autoridad civil y

---

[224] Artículo 3.

los jefes militares en campaña (que no entre el Ejecutivo y el Parlamento), aparece la figura de los llamados jefes civiles y militares. Dice Domingo Irwin: "La solución de fusionar en un militar de alta graduación las responsabilidades civiles y militares tendrá una profunda significación en la evolución política venezolana".[225] En 1821, el Congreso de Colombia nombra jefe civil y militar de Venezuela al general de división Carlos Soublette y, en 1826, el general en jefe José Antonio Páez pasa a ocupar el mismo cargo, a pesar de haber dirigido un movimiento cesionista o, tal vez, por haberlo dirigido.

Choques entre autoridades civiles y autoridades militares y entre el Poder Ejecutivo y el Poder Legislativo son, en la realidad, dos caras de la misma moneda.

Lapidario y pormenorizado, "al describir el caos que nos envuelve" fue el comentario de Simón Bolívar sobre la Constitución de 1821 en el mensaje dirigido a la Convención de Ocaña, precisamente convocada (abril de 1828) para modificar el texto constitucional en medio de la crisis política y militar que vivía Colombia:

> Nuestros diversos poderes no están distribuidos cual lo requiere la forma social y el bien de los ciudadanos. Hemos hecho del legislativo solo el *cuerpo* soberano, en lugar de que no debía ser más que un miembro de este soberano: le hemos sometido el ejecutivo, y dado mucho más parte en la administración general, que la que el interés legítimo permite.[226]

El pesimismo del Libertador no podía ser mayor. En el mismo mensaje afirma:

> Colombia, que supo darse vida, se halla exánime. Identificada antes con la causa pública, no estima ahora su deber como la única regla de salud [...] Colombia, que al frente de las huestes opresoras respiraba solo pundonor y virtud, padece como insensible el descrédito nacional.

Y agrega más adelante:

> El ejecutivo de Colombia no es el igual del legislativo; ni el jefe del judicial: viene a ser un brazo débil del poder supremo, de que no participa en la totalidad que le corresponde, porque el Congreso se ingiere en sus funciones naturales, sobre lo administrativo, judicial, eclesiástico y militar.

---

[225] Ob.cit., p. 272.

[226] *Mensaje a la Convención de Ocaña enviado desde Santa Fe de Bogotá el 28 de febrero de 1828*. Ediciones de la Presidencia de la República, junio de 2012.

"Un gobierno justo, poderoso y justo es el grito de la Patria", concluye el padre de la misma.[227]

Como sabemos, la Convención no logró su cometido, por el enfrentamiento entre bolivarianos y santanderistas, que se definían, además de por la adhesión a una jefatura, por las visiones encontradas en torno al centralismo y la federación y en relación con las formas en que se estructuraría el poder político y con las relaciones entre el Ejecutivo y el Legislativo.[228] Santander consideraba a Bolívar "el supremo perturbador de la República" y lo acusaba de hacer "del título puramente honroso de El Libertador" un medio para gozar de una autoridad superior a las leyes.[229] Bolívar por su parte afirma: "Es tanto lo que me atormenta la vil suposición de que yo tengo miras personales, que estoy resuelto, y aun desesperado por irme, para probarles lo contrario".[230] Ambos bandos presentaron proyectos de Constitución que ni siquiera fueron discutidos. No fue posible ni el acuerdo ni la conciliación. El 10 de junio los partidarios de Bolívar abandonan la Convención y esta se disuelve.

El 27 de agosto de 1828, Simón Bolívar promulgó el Decreto Orgánico, que llamó "Ley Fundamental" por medio del cual asumió la dictadura y dejó sin vigencia la Constitución de Cúcuta. El decreto va acompañado de una proclama que dice:

¡Colombianos! No os diré nada de libertad, porque si cumplo mi promesa seréis más que libres, seréis respetados. Además, bajo la dictadura, ¿quién puede hablar de libertad? ¡Compadezcámonos mutuamente del pueblo que obedece y del hombre que manda solo!.

Como bien acota Aníbal Romero:

… la centralización del mando por las necesidades de la guerra debido gradualmente en concentración del mando frente a los desafíos de la anarquía y la disolución social. Ante las amenazas que percibía después de logrados

---

227   Comenta Germán Carrera Damas, refiriéndose al *Mensaje*: "Este implacable balance no representa una valoración medianamente equitativa de la labor cumplida por los legisladores colombianos en las condiciones apuntadas. Revela, en cambio una generalizada confusión entre los requisitos del mando militar y los del gobierno civil y político". Ob. cit., p. 549. Unas líneas antes el eminente historiador recordaba que entre la instalación del Congreso de Cúcuta (1821) y la rendición de El Callao (1826), Colombia vivió en estado de guerra que se prolongó luego con el conflicto colombo-peruano.

228   Ver José Gil Fortoul, *Historia Constitucional de Venezuela*, tomo I, pp. 615 y siguientes.

229   Carta a Alejandro Vélez, citada por José Gil Fortoul, ob. cit., tomo I, p. 623-624.

230   Carta a Briceño Méndez, ídem, p. 626.

sus triunfos militares, el pensamiento político de Bolívar, que siempre estuvo apegado al centralismo y desconfió sistemáticamente de lo que llamaba "la libertad indefinida", la democracia absoluta, experimentaba una evolución todavía más "conservadora" —entendiendo acá el término en un sentido estrecho, como ejercicio cuasidiscrecional del poder—. Esa acentuación de las fórmulas semidictatoriales en tiempos de paz culmina en la propuesta de Presidencia vitalicia con derecho para escoger el sucesor, presentada por Bolívar en 1826 —y sin ironía alguna— "como la inspiración más sublime en el orden republicano".[231]

La reacción liberal europea fue muy dura. Nada menos que Benjamin Constant entró en el debate, calificando a Bolívar como l'usurpateur.[232]

Viene el atentado del 25 de septiembre de 1828 en Bogotá contra la vida del Libertador y la guerra con el Perú en la que es vencido finalmente el ejército peruano en 1829.

En noviembre de 1829, Venezuela anuncia que se separa de Colombia. Han renacido los propósitos de La Cosiata. En enero de 1830 se reúne en Bogotá el Congreso Constituyente convocado por Bolívar, quien renuncia ante él sus poderes. El 6 de mayo abre sus sesiones en Valencia el Congreso Constituyente de Venezuela. El 13, Quito se separa de Colombia. El 4 de junio es asesinado en Berruecos el mariscal Antonio José de Sucre. El 22 de septiembre el Congreso de Valencia aprueba la Constitución de la República Soberana de Venezuela.

VI.1.4   LA TENTACIÓN MONÁRQUICA

No podemos dejar de mencionar, para finalizar los comentarios sobre esta parte de nuestra historia, el problema del establecimiento en Colombia de un régimen monárquico, tema que se planteó en varios de los nuevos Estados que surgieron después de la independencia en nuestro continente y que encontró concreción en la proclamación del emperador Agustín I (el general Iturbide) en México. No nos extenderemos por cuanto nunca se planteó un esquema de monarquía absoluta, aun por quienes veían en un rey la garantía de un ejercicio efectivo de la autoridad. No se trataba entonces de poner fin a la separación de poderes sino a la forma republicana. Todos los planteamientos fueron dirigidos hacia una monarquía constitucional. Remitimos, a quienes el tema interese, al completísimo y

---

[231]   *La miseria del populismo, historia y política de Venezuela*, "Bolívar como héroe trágico", p. 439.

[232]   Artículo aparecido en el *Courier Français* el 1.º de enero de 1829.

documentado estudio de Caracciolo Parra Pérez, *La Monarquía en la Gran Colombia*[233] en cuya introducción afirma el autor:

> Se trata, en efecto, de uno de los embrollos de nuestra historia más difíciles de desovillar, y esta dificultad proviene en su mayor parte de la que hay para conocer a ciencia cierta los deseos e intenciones que se atribuyen, o pueden atribuirse al Libertador y después a varios próceres militares o civiles.[234]

VI.2   1830-1848: LA TUTELA DEL GENERAL PÁEZ[235]

Simón Rodríguez sentenció: en la América del Sur "las Repúblicas están establecidas pero no fundadas".[236] El fin del ensayo grancolombiano así lo evidenció.[237]

La experiencia de la Primera República no fue en vano y será determinante para la elaboración de la Constitución de 1830. La lección acerca del desequilibrio de los poderes fue debidamente aprendida. Ya en 1824, señalaba Francisco Javier Yánez que "aunque en el régimen representativo la soberanía reside en el Poder Legislativo, debe cuidarse que ni el Ejecutivo ni el Judicial sean ciego instrumento de aquel".[238]

La Constitución de 1830 establece la separación de poderes, pero más importante que la declaración principista es el hecho de que durante dieciséis años —entre 1830 y 1846— los poderes actuaron con relativa independencia y que el Parlamento, en cierto modo, ejercía un control sobre el Ejecutivo. ¿Se aplicaba lo que hemos llamado la "receta" de Montesquieu?, ¿el poder detenía al poder? Lo dudamos y ya explicaremos por qué.

---

[233]   Madrid, Ediciones Cultura Hispánica, 1957.

[234]   Ibídem, p. XIII.

[235]   Parra Pérez recuerda que la historia nacional de este período se ha construido en torno a Páez y que por ende resulta incompleta o inexacta en parte; de allí que su versión gire en torno al general Santiago Mariño. Ver *Mariño y las guerras civiles* (cuatro tomos). Sobre esta interesantísima etapa de nuestra vida republicana, recomendamos la lectura de Augusto Mijares, el capítulo V de *La evolución política de Venezuela,* intitulado "Venezuela y el gobierno deliberativo" (1830-1846), tomo VI de las *Obras completas.*

[236]   *Sociedades americanas en 1828, cómo serán y cómo podrán ser los siglos venideros,* citado por Germán Carrera Damas, ob. cit., p. 566.

[237]   Ver, muy precisamente detalladas, las causas de este fracaso que nos brinda Germán Carrera Damas, ob. cit., pp. 573 a 577 y, en las páginas siguientes, las visiones de "los observadores inmediatos" Simón Bolívar, Simón Rodríguez y Juan García del Río.

[238]   Citado por Ambrosio Oropeza, *Evolución constitucional de nueva República.* p. 61.

Afirma Ambrosio Oropeza que la Constitución de 1830 no es una mera construcción ideológica, sino que constituye un real y verdadero compromiso entre las fuerzas que deciden el futuro de la República "y estas fuerzas son el caudillo que enfrenta la propensión tumultuaria de los revoltosos y el patriciado civil que establece las bases de una filosofía social, los medios y los fines que permiten a toda comunidad civilizada el avance del progreso humano".[239] La Constitución como compromiso y no como imposición de un bando vencedor (en elecciones o en guerra) sobre un adversario vencido es, sin duda, una fuente de estabilidad que augura una mayor duración. La historia venezolana constituye una clara prueba de esta afirmación.

Como "oligarquía conservadora" bautizó Gil Fortoul este lapso, y justifica la escogencia de estos términos de la siguiente manera:

... porque si bien respeta habitualmente las libertades que acuerda la Constitución política, y acata el principio de separación de poderes, conserva la distinción entre hombre libres y esclavos y no transforma sino lentamente las bases del régimen social y económico que venía de la Independencia y de la Gran Colombia.[240]

Augusto Mijares parte del siguiente juicio para llegar a otra denominación:

Se abre uno de los mejores períodos de nuestra historia, y precisamente en lo referente a la reorganización política y moral de la República. Prudencia, firmeza, probidad, sagaz apreciación de imposibilidad de separarse por entonces del jefe militar. Pero el más valeroso propósito de vigilarlo y reducirlo, entusiasmo laborioso y consecuente para trabajar por una administración pública eficaz y equilibrar la libertad y el orden, tales fueron las virtudes de aquella generación, que logró convertir en un movimiento patriótico y legalista la desmembración de Colombia, iniciada bajo tan funestos auspicios.[241]

Glosa a su padre Silvia Mijares de Lauría:

Es la época de las deliberaciones públicas de cómo estructurar el país, de cómo formar sus instituciones y cómo educar a los individuos para que puedan formar una sociedad fuerte y vigorosa. Es la época en que se trata de construir la civilidad. Ello suponía poner en práctica ideas nuevas de cambio, que en uso de la libertad y la tolerancia existente, suscitaran la

---

239   "El Estado constitucional venezolano", en *Política*, n.° 34, p. 17.

240   *Historia Constitucional de Venezuela*, tomo II, pp. 7 y 8.

241   *La evolución política de Venezuela*, Academia Nacional de la Historia, Caracas, 2004, pp. 106-107.

discusión pública e invitaran a la renovación del proceso político y social que se quería instaurar para consolidar la República.[242]

Propuso Augusto Mijares para identificar esta época como la del "gobierno deliberativo", denominación más útil a efectos de nuestra visión. Los poderes dependían del hombre fuerte, pero deliberaban.

Pero ¿en qué consistió esa república deliberativa? Se le "entrega" el gobierno a Páez con la condición de que reconozca una ley suprema reguladora del interés colectivo y una limitación de su poder. El caudillo militar acepta la condición. Comenta Laureano Vallenilla Lanz, arrimando la brasa para su candela:

> Y este rudo llanero, colocado a la cabeza del movimiento separatista de Venezuela, con los escasos elementos cultos que se habían salvado de la guerra y con los muy contados que volvían de la emigración, tuvo el talento, el patriotismo y la elevación de carácter suficiente, no para "someterse a la Constitución" —como han dicho sus idólatras—, porque sus amplias facultades no emanaban de preceptos constitucionales, sino para proteger con su autoridad personal el establecimiento de un gobierno regular, que fue para aquella época el más ordenado, el más civilizador y el de mayor crédito que tuvo la América recién emancipada.[243]

Y concordaba Gil Fortoul, al señalar que Páez:

> … por instinto antes que por reflexión tendía a desempeñar el papel de ciertos reyes constitucionales prefiriendo ejercer solamente las funciones de aparato, mientras no surgía algún gran conflicto nacional, y descargando sobre sus Ministros la diaria tarea gubernativa.[244]

Expresión del compromiso que antes se indicó entre el caudillo y los civiles o, como lo afirma Ramón Escovar Salom, no como una tendencia constitucional sino como producto de la necesidad en que se encontraba la incipiente burguesía caraqueña de controlar y limitar el extraordinario poder personal de José Antonio Páez[245]. Pero lo que realmente importa es que los caudillos militares —Páez o Soublette— respetaron los límites impuestos al poder por ellos ejercido y que, más aún, restableció, el primero, el imperio de la Constitución, puesto en peligro por sucesivas insurgencias. Gil Fortoul sostiene que el fracaso de la Revolución de las Reformas y la

---

[242]   *Augusto Mijares*, p. 5.

[243]   *Cesarismo democrático*, p. 183.

[244]   Ob. cit., tomo II, p. 142.

[245]   *Evolución política de Venezuela*, p. 124. El lector interesado puede consultar a Graciela Soriano de García-Pelayo, "El general José Antonio Páez entre la Historia, la Historiografía y el mito", Revista *Politeia*, 1988.

posterior renuncia del doctor Vargas a la Presidencia no significaba el predominio del militarismo sobre el poder civil. Augusto Mijares lo refuta afirmando que efectivamente no había prevalecido:

> ... el predominio pretoriano y brutal reclamado por los Reformistas, pero sí el predominio impreciso, y por eso más temible, basado en la convicción de que únicamente al amparo del caudillo se podía gobernar a Venezuela.[246]

Lamentablemente el equilibrio de los poderes no dura más allá de 1846.

No pretendemos afirmar que el lapso que comentamos haya sido un período pacífico y de respeto a la ley. No más empezando el año 1831 se inició en el oriente del país la rebelión del general José Tadeo Monagas. El motivo indicado fue la condena a la Constitución sancionada unos meses atrás y que "atentaba contra militares y eclesiásticos", además de la denuncia de que Venezuela carecía de elementos para existir como Estado separado. No deja de ser irónico, como lo recuerda Parra Pérez, que este argumento haya sido invocado por quien fue siempre opositor al experimento grancolombiano. "No hay prócer más tornadizo que el general Monagas".[247]

Según Oropeza, el compromiso de 1830 pierde fuerza al surgir el partido liberal, circunstancia que debilita la oligarquía civilista y mengua la autoridad del general Páez, objeto de constantes ataques por parte de la nueva oposición.[248] "Oposición Gargantúa" la llamó Juan Vicente González.

En los orígenes del partido liberal, hombres como Felipe Larrazábal y Estanislao Rendón rechazaban con sinceridad la exagerada influencia de José Antonio Páez y aspiraban a una república de leyes, ajena a personalismos. Para otros, como Antonio Leocadio Guzmán, el nuevo partido era solo un medio para llegar al poder.[249] La lucha partidista adquiere características agónicas. Dice Parra Pérez:

> Dondequiera que se reunían hombres de ambos partidos, la discusión tornábase en disputa, y oíase brotar la injuria y el dicterio de labios de personajes tenidos hasta entonces por graves y mesurados.[250]

---

246   Ob. cit., tomo VI, p. 199.

247   Ob. cit., p. 12, tomo I.

248   Ob. cit., p. 21.

249   Ver Pedro Manuel Arcaya, "José Antonio Páez", en *Pensamiento político del siglo XIX, La doctrina positivista,* tomo XIII, pp. 516 y siguientes.

250   *Mariño y las guerras civiles,* tomo III, p. 12.

De mucho interés para la comprensión de la época es la visión del ya citado líder liberal Antonio Leocadio Guzmán, quien en los inicios de la vigencia de la Constitución de 1830 se mantiene fiel a su concepción bolivariana de la institución presidencial, muy a la imagen de un monarca constitucional.

Guzmán creía originalmente en un presidente irresponsable, árbitro en las luchas interpartidistas y factor de moderación. Corresponde a la oposición atacar y cuestionar a los ministros que sí responden al Parlamento. De esa época es su elogio al presidente cuando define al país como "un caos, por el medio del cual ha marchado el general Páez con la espada en una mano y la Constitución en la otra, como el modelo más acabado de firmeza que un magistrado pueda presentar".[251] Guzmán mina la fortaleza republicana al utilizar la prensa como un instrumento para enaltecer bajas pasiones de las masas, primero promoviendo sentimientos igualitarios, luego atacando las políticas del gobierno y a los ministros, para ir poco a poco minando la autoridad de Páez y de Soublette y culminar en ataques feroces a ambos mandatarios.

Así como la personalidad de José Antonio Páez fue un factor de extrema importancia para explicar los años que comentamos, también lo fue la del general Carlos Soublette (dos veces presidente, de 1837 a 1839, en sustitución del doctor José María Vargas, y de 1843 a 1847). Afirma Gil Fortoul:

> Hombre impasible, instruido y probo; creyente fervoroso en la virtud de la ley para mantener por sí sola el orden y la paz; enamorado de un ideal de República donde los ciudadanos mismos fueran los competentes defensores de sus derechos y los mejores jueces de sus deberes; convencido de que los pueblos no necesitan para su desarrollo normal la vigilancia continua y menos la tutela del gobierno [...] Soublette aspira a que funcionen sin traba alguna todos los órganos de la opinión pública, a que sea libre la prensa, libre el jurado de imprenta, independiente el Congreso, independiente el Poder Judicial. Él no interviene sino en los casos en que la Constitución le permite objetar las resoluciones del Poder Legislativo y que su conciencia le ordena [...] El tumulto popular ahoga la voz de un juez; que la voz del juez baste para apaciguar el tumulto popular. Los periódicos derraman sobre su nombre dicterios y calumnias; él no rompe el silencio de su honradez, y juzga indigno responder al insulto.[252]

---

251   Ver Gil Fortoul, ob. cit., tomo II, pp. 236-246.
252   Gil Fortoul, ídem, pp. 244-245.

El magisterio de Soublette no fue visto como tal, sino interpretado como un signo de debilidad que no solo le atrajo feroces ataques de la oposición, sino también el reproche de sus aliados políticos.

La quiebra del compromiso y del equilibrio de 1830 abre la puerta al poder personal, al poder fuera de la Constitución y pone fin a la separación de poderes. Para Escovar Salom, la causa es otra. Afirma que:

> ... el constitucionalismo de 1830 resultó la expresión de confusas ideas democráticas, de vagos principios administrativos, de informes preocupaciones políticas. Los personeros de la oligarquía, muchos de ellos de ejemplar honestidad administrativa, concebían un país ciudadano, cuyas fuentes vitales imaginaban en las urbes, sin conexión con el territorio donde masas embrutecidas desconocían lo que se discutía en los congresos y se estampaba en las constituciones.[253]

En palabras de Pedro Manuel Arcaya, se trató de "un bello simulacro de república". La realidad fue que mientras jefes militares acataban y hacían acatar la Constitución, podía hablarse de poderes separados; de allí en adelante, cuando los grupos políticos deciden enfrentarse por las armas, se produce un colapso institucional.

Cualquiera que haya sido la causa de la interrupción de la llamada "oligarquía conservadora", lo que se puede constatar es que para la elección del general José Tadeo Monagas la separación de poderes tenía relativa y aparente vigencia y que dejó de tenerla brutalmente en fecha cierta: el 24 de enero de 1848.

¿Qué ocurrió en esa fecha? En ejercicio de una atribución constitucional, el Congreso se preparaba a enjuiciar al presidente, general José Tadeo Monagas,[254] cuando fue asaltado por la turba dirigida por los partidarios del jefe del Estado. Con respecto a la responsabilidad del presidente en estos hechos del 24 de enero, dice Augusto Mijares:

> Mucho se ha discutido si aquel caudillo preparó, o solo toleró, la dispersión sangrienta de la cámara de representantes, el 24 de enero del 48, y si es suficiente disculpa para su actitud el espíritu de fracción que animaba a la mayoría de los diputados. El mismo Monagas logró anular estos intentos de exoneración, puesto que más escandaloso aún que el hecho mismo en discusión fue haber declarado día de fiesta nacional aquella fecha fatal, equiparándola a las más respetadas de la nacionalidad.[255]

---

[253] Ob. cit., pp. 61-62.

[254] Monagas llegó a la Presidencia apoyado por el paecismo, que pensaba poder manejarlo. Otro hubiese sido el destino de Venezuela si se hubiese elegido a Bartolomé Salom o a José Félix Blanco.

[255] *La interpretación pesimista de la Sociología hispanoamericana*, p. 145.

140

Los sucesos de enero del 48 marcan sin duda una etapa importante en la historia de la separación de poderes en Venezuela; por ello, veamos las opiniones de José Gil Fortoul, Francisco González Guinand, Caracciolo Parra Pérez y Ambrosio Oropeza.

Sobre este hecho dice Gil Fortoul:

... el 24 de enero se abre un paréntesis en que el Poder Legislativo pierde sus prerrogativas, porque si bien Monagas se plegó al sensato consejo del Vicepresidente Urbaneja de volver a reunir el Congreso, no hubo ya en él oposición constitucional, por el apartamiento de los representantes que la dirigían y el justificado miedo que enmudeció a los otros.[256]

Y agrega González Guinand:

El 24 de enero, visto a través de nuestra agitada democracia, es una triste efeméride que vino a postrar la República, a desnaturalizar el parlamentarismo, a aumentar en el hecho la autoridad autocrática de nuestro Poder Ejecutivo, a matar las bellas ilusiones del patriotismo, a darle mayor vigor al nocivo poder personal, a envenenar más aún las corrientes de la política, a destruir la independencia y seriedad de los partidos y a erigir la infame y monstruosa guerra civil en árbitro funestísimo de nuestras querellas y de nuestras ambiciones.[257]

Con mayor moderación pero con igual fuerza, habla Parra Pérez:

En verdad, la posición del general Monagas era dramática. Amenazado de deposición y proceso, veía además cómo el traslado eventual del Congreso fuera de la capital provocaría una guerra civil, en la cual él arriesgaba encontrarse del lado de la ilegalidad y, en consecuencia, vencido sin remedio porque sus adversarios esgrimirían el arma de la Constitución, incontrastable en aquella época todavía, sobre todo si se la apoyaba en el nombre de Páez. Sus consejeros liberales, quienes también temían perder el poder que empezaban a conquistar, no podían menos que alentarle a que se opusiese enérgicamente a las declaradas o supuestas intenciones del Congreso. En tales circunstancias planteábase una cuestión de fuerza: el populacho y los milicianos, guiados, digamos, por agitadores anónimos, la resolverán en favor de Monagas y de los liberales. Pero de todos modos, lo que no admite duda es la trascendencia que tuvo tal hecho insólito en la historia nacional y su influencia en la transformación de las costumbres políticas y sociales de nuestro país.[258]

---

[256]   *Historia Constitucional de Venezuela*, tomo II, p. 309.

[257]   *Historia Contemporánea de Venezuela*, tomo IV, p. 417.

[258]   Ob. cit., p. 60.

Por último, completa Oropeza:

No bien pretendían algunos parlamentarios ilusos oponer a los designios presidenciales la autoridad que la Constitución garantiza, cuando el golpe monaguero sirve para recordar que los Congresos en Venezuela no son esas Asambleas augustas que conmueven de entusiasmo a los panegiristas del legalismo, sino cuerpos anodinos que allí están para sancionar sin examen ni juicios incómodos, la voluntad de quien realmente gobierna.[259]

Del 24 de enero en adelante la separación de poderes será un mito: los congresistas saben el riesgo que corren si se rebelan.

La Constitución de 1830 pierde su vigencia real, antes de ser formalmente sustituida. El experimento de un gobierno moderado y de unos poderes separados, aunque sometidos a tutela, sucumbió ante el sectarismo y la intolerancia que se apoderaron de liberales y conservadores. El ánimo colectivo no estaba para el entendimiento y el diálogo sino para la imposición y la fuerza. La república conservadora duró, no por el respeto al Estado de Derecho y por la existencia de una conciencia colectiva de paz y de viabilidad de una alternativa de sucesivos gobiernos, sino por la acción militar del general Páez, quien tuvo que restablecer por la fuerza al doctor Vargas y logró mantener la constitucionalidad mientras duró su prestigio. Monagas, liberado del contrapeso parlamentario, puso fin a una separación de poderes que dependía más de la buena voluntad del jefe del Estado que del peso de las instituciones.

Dice Gil Fortoul:

El avenimiento de un presidente autoritario por instinto, más confiado en el golpe de su espada que en consejos de filosofía política, debía producir sin remedio un cambio radical en los procedimientos gubernativos. Triunfante, pues, el personalismo, al equilibrio más o menos estable que antes existiera entre los poderes Ejecutivo, Legislativo y Judicial, se sustituyó la voluntad soberana del Ejecutivo.[260]

VI.3 1846-1936: LAS CONSTITUCIONES DE PAPEL

Lo ocurrido a partir del 25 de enero de 1848 prefigurará nuestra historia constitucional por los noventa años siguientes y los tiempos que actualmente vivimos. El Congreso volvió a reunirse y, en la fecha antes indicada, Monagas le solicitó "autorización extraordinaria para conservar la paz y el orden público". Escribió entonces el general José Antonio Páez:

---

[259]   *Evolución constitucional de nuestra República*, p. 16, al comentar la doctrina positivista en relación con la división de poderes.

[260]   Ob. cit., tomo III, p. 10.

Quiérese persuadir que en realidad el Congreso está desempeñando sus augustas funciones. ¿Tiene libertad un Congreso que acaba de pasar por los horrores del día 24, que está cercado de bayonetas y amenazado, si no se reúne, con el asesinato de las familias de la capital?[261]

Entramos en un ciclo de personalismo político en el cual el poder se ejerce como expresión de la pura voluntad de dominio únicamente sujeta a su propio arbitrio, correlativo a la debilidad institucional y/o al escaso arraigo de la norma.[262]

De 1846 hasta 1936 Venezuela va a conocer 16 constituciones y un Estatuto Constitucional Provisorio, lo que no significa que la estructura y la dinámica política del país haya sufrido modificaciones sustanciales como consecuencia de los cambios en los textos constitucionales. Las constituciones transitaban un camino y la realidad, otro. Ramón Escovar Salom, utilizando la terminología y la tesis de Herman Heller, dice con acierto que habrá dos constituciones paralelas:

> … las cuales algunas veces registran oposiciones, tensiones y otras, verdadero predominio de una sobre la otra. Por un lado parte de nuestra vida política se ha sometido a la llamada Constitución jurídica o Constitución normada. Otra parcialidad de nuestra vida nacional ha discurrido bajo el imperio de la Constitución no escrita, no normada.[263]

Heller decía que el Estado puede crear normas, pero que solo serán derecho vigente en la medida en que las normas salen de su existencia de papel para confirmarse en la vida humana como poder.[264] Esta idea de Heller la anticiparon los convencionales de Valencia en 1858, cuando en la alocución que recomendaba la nueva Constitución a los venezolanos se les dijo:

> No olvidéis, sin embargo, que la Constitución es un libro, materia inerte, sin vida ni eficacia, si no la inspira el espíritu del pueblo, y que solo el sentimiento, la voluntad, la acción libre de todos los asociados en un concurso armónico de fuerzas y de esperanzas la hacen ley vital, ley de movimiento, ley de altísimos fines para un pueblo virtuoso, activo e inteligente.[265]

---

[261] Carta a José Tadeo Monagas, fechada el 31 de enero, citada por Gil Fortoul, ob. cit., tomo III, p. 11.

[262] Graciela Soriano, *El personalismo político hispanoamericano del siglo XIX*, p. 9. Usamos el término *personalismo* y no *caudillismo* en atención a los planteamientos de la autora.

[263] Ob. cit., p. 17.

[264] *Teoría del Estado*, p. 287.

[265] Francisco González Guinán, *Historia Contemporánea de Venezuela*, tomo VI, p. 310.

Pero estas intenciones deben confrontarse con una realidad que tiene mucho que ver con el control de la fuerza militar. Veamos qué dice al respecto un adversario político de quienes se reunieron en Valencia, como el propio historiador Francisco González Guinán:

> Tales sentimientos, tan bellamente expresados, eran pura fantasía, porque la mayoría de la Convención Nacional no se atuvo jamás al programa de la revolución de marzo ni procuró pasar por sobre las faltas políticas de los venezolanos, la esponja de la reconciliación. Al sancionar el nuevo Código fundamental dejaba en pie dos círculos: el de los perseguidos y el de los perseguidores. Los primeros tenían que agitarse en el antro revolucionario; los segundos se movían en el campo del error.[266]

Así vemos evidenciado el divorcio entre el derecho y el hecho. La Convención de Valencia produce una de las mejores y más sabias constituciones que ha tenido Venezuela, sin percatarse de que ya la Guerra Federal estaba por empezar. Pero las discusiones que se llevaron a cabo en Valencia tienen un valor inestimable porque allí se hizo muy claro que de nada valían las páginas de una Constitución si no había correspondencia con la realidad del país.

Advierte Gil Fortoul:

> Los tres entendimientos superiores de la Convención —Espinal, el más discreto; Gual, el más profundo; Toro, el más brillante— se mostraron escépticos en cuanto a teorías constitucionales, y comprendieron, por la circunstancia misma de ser entendimientos superiores, que la forma ideológica de la Constitución escrita ha de compararse siempre con la realidad de la constitución social, las costumbres vernáculas, con la práctica consuetudinaria. Espinal observó que se discutía más sobre palabras que sobre hechos; que en el propósito de ampliar las facultades de los gobiernos locales no había divergencia entre los Diputados; que el nombre de centralista o federalista aplicado a la Constitución, poco importaba; que el nombre definitivo se lo daría después el historiador [...] Inspirándose en una de las ideas predilectas de Bolívar que en esto previó con ojos de genio, dijo Gual: "Hace ya casi medio siglo que nos emancipamos de España, y tengo el sentimiento de decir, aunque me cause algún rubor, que no veo todavía entre nosotros al hombre nuevo" [...] Toro, más diletante, más enamorado de la frase hermosa, pero no menos previsor, habló así: "Por mi parte, no sostengo este ni otro punto: soy muy escéptico en política: creo que la estructura civil debe tener por base otra Constitución, la cual no veo todavía establecida en Venezuela. Así que yo la vea establecida cuando vea las bases constitucionales fundadas sobre estas otras:

---

[266]   Ídem, p. 311.

instrucción popular extensa, moralidad en las costumbres, amor al trabajo y hábitos de economía, yo diré entonces que Venezuela es poderosa y feliz con cualquiera Constitución...[267]

La Guerra Larga destruyó al país, asolado por ejércitos o bandas irregulares, testigo de las mayores injusticias y crueldades. Citemos un par de ejemplos: el 3 de septiembre de 1859, el general Pedro Vicente Aguado, jefe civil y militar del Departamento del Centro, dicta un decreto cuyo artículo 1.° reza: "Los oligarcas conocidos como tales no encontrarán en nosotros, desde hoy en adelante, otra cosa que el cuchillo, en justa compensación por la sangre venezolana a torrentes derramada".

Hablemos también de Martín Espinosa y confiemos en el relato de José Gil Fortoul:

> Era Espinosa un mulato, oriundo de Guanare, quien para vengarse, según decía, de haber los blancos ultrajado a su mujer, se dio a la profesión de "descogotar godos", se arrogó el grado de coronel y llegó a mandar miles de soldados. Su consejero o secretario era otro mulato llamado Tiburcio, que se pretendía adivino y acompañaba a Espinosa en sus distracciones predilectas, que eran dos: matar godos a machete y casarse a menudo, obligando a los pobres curas de aldea a bendecir solemnemente sus sucesivos matrimonios [...] Al fin, cuando Zamora se sintió fuerte, exasperado ya por los crímenes del coronel Espinosa, lo mando a fusilar en la plaza de Santa Inés.[268]

Aguados y Espinosas hubo en ambos bandos. No todos los jefes y oficiales eran como ellos. Más aún, la mayoría no lo era. En la Guerra Federal combatieron viejos próceres de la guerra de Independencia; entre los más jóvenes había oficiales egresados de la academia de Matemáticas y graduados de la universidad. Pero no pudieron o no quisieron evitar la barbarie. Zamora, recuerda Gil Fortoul:

> ... era perseverante en organizar tropas, convirtiendo bandas desordenadas en batallones homogéneos y fuertes; hábil en sus marchas y maniobras, prudente en preparar el combate, impetuoso en él, rápido y arrollador en el triunfo. Era poco lo que entendía de doctrinas constitucionales: menos aún de filosofía política.

No fue la Guerra Federal un enfrentamiento doctrinario donde abundaran los pensadores; y al terminar, lo que quedó fue un lema, vacío de contenido, y un país arrasado. ¿Para quién sería un problema, en ese entonces, la separación de poderes y el pensamiento de Montesquieu? Pero sí debe anotarse que la adopción de una Constitución federal significó alguna

---

[267] Ob. cit., tomo III, pp. 122-123.
[268] Ob. cit., tomo III, p. 163.

merma del poder del presidente de la República, al atribuirse competencias importantes a los estados, lo que no deja claro si el poder central disminuía por la fuerza de la descentralización o por la disgregación caudillista.

Explica Augusto Mijares:

> Tampoco como organización constitucional la Federación trajo progreso alguno. Cuando se practicó fue en forma anárquica para convertir cada región de la República en feudo de los caudillos triunfantes. En cuanto al poder central, se desmoralizó tanto bajo la dirección de Falcón y de Guzmán Blanco, que uno de los más constantes jefes federales, el general José Loreto Arismendi, escribía desesperado: "yo no abracé sus dogmas, no combatí por ella de oriente a occidente, en cinco años, para sustituir tiranos a tiranos, ladrones a ladrones".[269]

Mucho se ha hablado en Venezuela de las "constituciones de papel". Oropeza nos recuerda que la primera de ellas fue la de 1857 y las define como:

> ... una ley que literalmente no se diferencia de las constituciones legítimas salvo en una sólida disposición que permite la derogación o suspensión indefinida de todo un extenso articulado cuidadosamente elaborado por juristas sin creencia ni conciencia de la justicia: la que confiere al César facultades extraordinarias. Por consiguiente, un ley que nadie cumple pero que sirve muy bien para que el César diga que no es el Jefe de una tribu sino el Presidente Constitucional de una República.[270]

Habrá, a veces, aparente separación de poderes pero una sola voluntad en el mando, lo que concretará el riesgo de tiranía que se vislumbraba en *El espíritu de las leyes*. Es el gobierno del "gendarme" que, como bien señala Mijares, no recibe este nombre por la paz y el orden que la palabra puede llevar consigo, sino por lo que ella indica de autoridad discrecional, irresponsable y expedita.[271]

La separación de poderes no existe bajo el gendarme, aunque esté consagrada en la Constitución. Bastaría recordar, a manera de ejemplo, que en 1888 el Congreso quiso elegir un Consejo Federal crespista para lograr la elección de Joaquín Crespo. Guzmán Blanco, dejando a un lado la inmunidad de los parlamentarios, hizo arrestar a varios de ellos, cambiando así la correlación de fuerzas para lograr la elección de Rojas Paúl. La

---

[269] Ob. cit., tomo VI, p. 239.

[270] *Evolución constitucional de nuestra República*, p. 140.

[271] Augusto Mijares, *La interpretación pesimista de la Sociología hispanoamericana*, p. 161.

separación de poderes es algo tan inexistente en estos tiempos que Rafael F. Seijas pudo describir en 1891:

> ... tiene el Presidente tal ilimitada autoridad, que en él llegan a reunirse los poderes legislativo, ejecutivo y judicial. El primero porque él forma el Congreso con su recomendación, el segundo por la facultad que tiene de nombrar y remover a los empleados nacionales, aun a los ministros responsables; y el tercero porque nombra y quita a los jueces y autoridades judiciales que nunca resuelven negocios de importancia, sin tomar antes las órdenes del Presidente. De suerte que la libertad individual, la propiedad, el hogar, la industria, la Constitución y las leyes dependen de la voluntad del Presidente. Si quiere prender a un ciudadano se le prende; si quiere allanar una casa, se la allana; en una palabra, su capricho se sustituye a todo.[272]

El mismo autor agrega:

> Dicho se ha en otra parte cómo el Presidente, con su recomendación, hace elegir para los cargos de senador y diputado al Congreso Nacional, a sus amigos o a ciudadanos a quienes desea atraerse o ganarse de algún modo. Sucede lo mismo tratándose de las Legislaturas de los Estados que se forman con diputados designados por el jefe de la República, de acuerdo con el de la respectiva sección, o a propuesta y recomendación de éste. No obstante lo impopular de la elección, podrían los favorecidos desplegar alguna independencia en el desempeño del cargo; pero desgraciadamente no es así, porque luego que van a ocupar el puesto llevan entre manos algo que pedir al poder y con esto quedan obligados y sometidos a hacer la voluntad de otro, hasta tal punto, que se les ha quitado toda iniciativa e influencia en los actos que aprueba el Congreso, y el gobierno manda a las Cámaras los proyectos de ley listos del todo, para que se les apruebe sin discusión. Cuando estos empleados, han hecho algo *motu propio* [*sic*] ha sido para levantar alguna estatua o aprobar un decreto de honores al Presidente, o concederle algún título, esto es: proclamar a la faz del orbe su sumisión absoluta al que los nombra, les da empleos lucrativos y los complace en cuanto piden. Tal ha sido la práctica en los eternos días que vivió la dictadura de los largos años alardeando despreciar la Constitución y las leyes, juzgándose superior a todo lo existente y lo que es más peregrino, pregonándolo diariamente en discursos, artículos de periódico y tertulias.[273]

Habrá, sin embargo, momentos de extrema excepción en los cuales se vislumbra la separación de poderes que vuelve a ser, como decía Pedro Gual, "forma esencial del gobierno democrático".[274] Pero apenas se men-

---

[272]   *El Presidente*, p. 1, citado por Ernesto Wolf, *Tratado de Derecho Constitucional*, tomo I, p. 271.

[273]   "El presidente" en *Pensamiento político venezolano del siglo XIX*, tomo *Liberales y conservadores*, p. 116.

[274]   Discurso de la Convención de Valencia.

ciona durante el período que va desde 1848 hasta 1936 y no pasará de ser un punto de programa para exiliados, en forma expresa o comprendida dentro del pedimento global del regreso al gobierno civilista. Ejemplo claro del primer caso fue el libro —escrito en Nueva York en 1890 por Jesús Muñoz Tébar— titulado: *El personalismo y el legalismo*. Aunque no se menciona la división del poder, es evidente que el personalismo la descarta y el legalismo la acoge.

> Esto es evidente. Si los Congresos nacionales y las Legislaturas de los Estados hacen lo que quiere el Presidente de la República; si los tribunales no sentencian contra ese hombre necesario que los nombra y los paga; y si ese hombre puede disponer impunemente del tesoro público para ejercer directa o indirectamente el cohecho, ¿cómo se quiere, o se pretende que las instituciones sean garantías de derechos, amparo de atentados y reguladoras de deberes? [...] Sin independencia en cuerpos legislativos, la república es ridículo simulacro en escenario de la política.

Se propone el programa de un Partido Legalista y se sugiere un artículo, para ser incluido en todas las constituciones de Hispanoamérica, que dice así:

> Ninguna de las Cámaras Legislativas, ni el Congreso, ni las Legislaturas de los Estados, podrán en ningún caso, por ningún motivo, ni bajo ningún pretexto, conferir facultades extraordinaria: o dar votos de confianza a los presidentes de la República ni a ninguna persona o corporación pública del Poder Ejecutivo.[275]

Otro ejemplo interesante, por su contenido teórico novedoso, es el proyecto de organización del Poder Federal que envía desde Valencia al general Cipriano Castro el doctor Eduardo Antonio González, para que sea considerado por la Asamblea Nacional Constituyente que se reunió en 1901. En el proyecto se expone lo siguiente:

> El poder general de la Unión se dividirá en Legislativo y Administrativo. El Poder Legislativo se ejercerá por el Congreso de los Estados Unidos de Venezuela. Para formar este cuerpo, cada uno de los Estados de la Unión elegirá popularmente tres diputados principales y tres suplentes para llenar la vacante de aquellos por el orden de su elección. El Poder Administrativo se ejercerá por las Cortes Federales: Civil, Militar y de Hacienda. Cada uno de estos cuerpos se compondrá de siete miembros, elegidos por el Congreso de la Confederación.[276]

---

[275] *Pensamiento político venezolano del siglo XIX, vol. XI, Liberales y conservadores*, pp. 82-83.

[276] Archivo Histórico de Miraflores, n.° 91, año XVIII, p. 91-93.

Aseguraba el proyectista que el objetivo perseguido era el de limitar el poder administrativo de la unión e "impedir que los que ejerzan los poderes de los Estados se extralimiten de sus atribuciones". El carácter original y poco conocido de este planteamiento justifica su inclusión en este estudio, por tratarse de mecanismos novedosos de distribución y separación del poder.

Largas páginas se escribieron en contra de las autocracias, pero llama la atención el no encontrar el nombre de Montesquieu ni los checks and balances de la Constitución de Filadelfia como antídoto y defensa de lo que hoy llamamos Estado de Derecho.

Los tres gobiernos del general Guzmán Blanco y la llegada de los andinos no cambian la realidad de las cosas. Refiriéndose al "Ilustre Americano" dice Augusto Mijares:

> Todo el orden legal cedió, desde luego, frente a su voluntad despótica. Cualquiera que se le enfrentara, quedaba catalogado como "reaccionario", oligarca, godo; y el programa que había proclamado era destruir a los godos "hasta como núcleo social". En nombre de la "santa causa liberal" y de la Federación se podía hacer todo, incluso destruir todas las libertades y la propia Federación. Los Estados se modificaban en sus límites y extensión según las conveniencias del momento. Y a menudo, además de ejercer la Presidencia de la República, Guzmán Blanco era Presidente titular de varios Estados y de la Corte Federal y de Casación.[277]

No era el doctor y general Guzmán Blanco un escrupuloso seguidor de Locke y de Montesquieu...

Guzmán, en pleno conocimiento de causa, Castro y Gómez más por intuición que por estudio, prefirieron el poder personal, concentrado en unas solas manos. Hasta Gómez, continuaron las guerras civiles y los caudillos regionales. Con su largo gobierno, se consolida el Estado, se construyen carreteras, se inicia la explotación petrolera y se une al país por el cable telegráfico, el Ejército termina asumiendo el monopolio de la fuerza, pero se trataba de una feroz dictadura en la cual los poderes, independientes según las seis constituciones que los rigieron, no se atrevían a nada que no contara con la aprobación del presidente o del comandante del Ejército si Gómez le confiaba a otro la conducción del Ejecutivo, como ocurrió con las "primeras magistraturas" de los doctores Victorino Márquez Bustillos, José Gil Fortoul y Juan Bautista Pérez.[278]

---

[277] "Evolución política de Venezuela", en *Obras completas*, tomo VI, p. 249.
[278] Ver *López Contreras, de la tiranía a la libertad*, de Alfredo Tarre Murzi (Sanín).

Durante casi un siglo, Venezuela vivió bajo regímenes personalistas,[279] prácticamente sin separación de poderes. Las constituciones trataban de proteger a los pueblos en contra de los abusos de los gobiernos autoritarios, pero la fuerza, la guerra civil, la debilidad institucional hacían ilusoria esa protección. En momentos específicos, como la dictadura de Páez, la confusión de poderes fue completa en la teoría y en la práctica. En la generalidad de los casos, las cosas ocurrían sin tomar en cuenta la Constitución que, como dijo Monagas, "da para todo". Comenta Germán Carrera Damas que las formas sociopolíticas de la república moderna liberal, "al tornarse repúblicas autocráticas, han estado más cerca de la Monarquía que del régimen republicano".[280] Y concluimos con Pedro Gual que en esas épocas (como en otras más recientes también), nuestras constituciones acaban siempre "en lágrimas y duelo".

VI.4 "EL GENDARME NECESARIO"

Interrumpimos la cronología de nuestro tema a través de la historia republicana de Venezuela para detenernos en una teoría que justificó, desde un punto de vista "científico" y con aportes de pensadores de inmenso talento, las dictaduras, el autoritarismo y la ausencia total de separación de poderes en la práctica constitucional de nuestro país.[281]

La influencia del pensamiento de Auguste Comte, Charles Darwin, Herbert Spencer y tantos otros se hizo sentir en toda América Latina desde la segunda mitad del siglo XIX y en la primera parte del siglo XX. Nació así una poderosa corriente llamada "positivista" que se dedicó a investigar los hechos y las relaciones entre los hechos de manera "objetiva y científica" con un total rechazo a cualquier explicación metafísica. En Venezuela esta nueva corriente se inicia con tres grandes maestros: Adolfo Ernst, Rafael Villavicencio y Vicente Marcano y luego se extiende con los aportes, para solo mencionar algunos nombres, de José Gil Fortoul, Lisandro Alvarado, Luis Razetti, Alejandro Urbaneja, Nicomedes Zuloaga, Luis López Méndez, Mariano Arcaya, César Zumeta y Laureano Vallenilla Lanz. "Los positivistas consideraban a la sociedad como un organismo vivo, sujeto,

---

[279]   Ver nota n.º 246.

[280]   *Colombia, 1821-1827*: *Aprender a edificar una República moderna*, p. 55. El autor cita al historiador norteamericano Mark Van Akken, quien sostenía que si bien una restauración monárquica tenía pocas probabilidades de éxito en la América española, algunos líderes soñaban y actuaban como reyes.

[281]   Ver los dos tomos relativos a la "Doctrina positivista" en la colección *Pensamiento venezolano del siglo XIX.* y el capítulo XV, tomo I del *Tratado de Derecho Constitucional* de Ernesto Wolf.

como todo organismo vivo, a leyes fijas. La ciencia que permite el conocimiento de ese organismo es la sociología".[282]

Comenta Arturo Úslar Pietri:

Puede decirse que el positivismo determina una época de florecimiento de las ciencias y las letras en Venezuela. Bajo su influencia más o menos pura o directa entre 1883 y la primera guerra mundial, se rehace la historiografía nacional, se inician investigaciones etnográficas y antropológicas, comienzan los estudios sociológicos, se extiende el criollismo literario y se despierta el interés por las grandes corrientes del pensamiento universal en un grado que recuerda el de las generaciones que a fines del siglo xviii buscaron ávidamente en las fuentes europeas las ideas de Ilustración.[283]

Se presenta otra forma de ver la Historia:

... que no se deja fascinar por la tragedia de las revoluciones y discordias civiles, en las que abundan acciones heroicas, enredos intrincados y pavorosas catástrofes y ello hasta desdeñar las otras manifestaciones de la existencia nacional.[284]

Se entra en contradicción con historiadores que llegaron a decir, como Rafael María Baralt, que "los trabajos de la paz no dan materia a la historia; cesa el interés que esta inspira cuando no puede referir grandes crímenes, sangrientas batallas o calamitosos sucesos".[285]

La visión del Derecho Constitucional se pretende igualmente sociológica:

Cuando un pueblo de cierta raza, con tradiciones y costumbres propia, cuyo territorio especializan topografía y geografía determinadas, hallándose en un estado inferior de su evolución general, se apodera de repente, sin previos ensayos temporales, de las instituciones políticas de otro perteneciente a una distinta raza, situado en otra especial región del globo, y que se nutre de costumbres y tradiciones diversas, rompe, desde luego, el orden natural de las cosas, el proceso gradual de las ideas y se resiente de un desequilibrio fundamental por el choque de la brusquedad del movimiento asimilador. Nótase, entonces, una visible antinomia entre el pueblo cuya evolución no supera ni con mucho las capas o niveles medios psíquico-sociales de los países que parodia, con la existencia de una legislación que revela criterios más altos, conceptos anteriores de la vida de relaciones en las colectividades. De aquí la pugna secular entre el ideal, representado entonces por las

---

282   Arturo Sosa Abascal, prólogo a *Los pensadores positivistas y el gomecismo*, p. XVIII.

283   Citado en la presentación de *La doctrina positivista*, p. 16.

284   Gil Fortoul, prefacio del tomo I de la *Historia Constitucional de Venezuela*.

285   Citado por Gil Fortoul, ibídem.

instituciones aprehendidas, y la realidad, representada por las tendencias peculiares de la raza aprehensora, la cual termina siempre por amoldar las instituciones prestadas a su temperamento, escogiendo, por medio de una lenta selección de los principios más conformes a aquel, lo que conviene positivamente a los intereses sociales, atendidas todas las circunstancias de origen, clima, costumbres, religión, etc. Luego de copiar, el trabajo consiste en adaptar. La copia sufre a la postre modalidades del copista; pues si comenzase porque en el terreno de la práctica, los hechos manifiestan su contradicción con la teoría, termínase por imponer a ésta las modificaciones congruentes; porque las caídas y tropiezos en la vía dolorosa de las experiencias lo aconsejan.[286]

En toda la América Hispana, en lo que concierne a la teoría política, el pensamiento positivista da origen a dos escuelas: una primera conduce al liberalismo y al respeto a la ley, mientras que la segunda se esmera en justificar el caudillismo y la autocracia. Así observamos, en Venezuela, que son positivistas tanto Rómulo Gallegos como Laureano Vallenilla Lanz. A efectos de este trabajo, nos interesa el segundo grupo y la tesis del "cesarismo democrático" y del "gendarme necesario". Se debe constatar que la percepción generalizada identifica a la corriente positivista con el gomecismo.

Opina Arturo Sosa Abascal:

Esta evidencia aceptada no significa, sin embargo, que se haya establecido definitivamente el carácter de esa relación. El efectivo apoyo brindado por los más conspicuos representantes de la corriente positivista al gobierno dictatorial de Juan Vicente Gómez es fruto de una coherencia total con las premisas de su pensamiento o de una humana ambición de poder, es objeto de discusión y de radicales desacuerdos en nuestro medio intelectual y político.[287]

¿Qué sostenía Vallenilla? Por muy diversas causas que el autor analiza, los países de la América española están condenados a "una vida turbulenta". Se requiere una fuerza de conservación social y esta se encarna en el caudillo. No se trata de un jefe electo, sino de un líder que se impone. En el prólogo a la primera edición de Cesarismo democrático, nos habla el historiador colombiano Antonio Gómez Restrepo "de la precisión en el método y la elegancia literaria de la exposición" de que hizo gala un autor de "uno de los libros más comentados en toda la historia de la inteligencia

---

286 Alejandro Urbaneja, "El Derecho Constitucional venezolano", en *Pensamiento político del siglo XIX. La doctrina positivista*, tomo 14, p. 429.

287 Ob. cit., p. XIX.

venezolana" pero en relación con el cual puede decirse que "sus tesis se conocen mayormente a través de sus adversarios".[288]

Disfrutemos de la citada elegancia literaria:

> Cualquiera que con espíritu desprevenido lea la historia de Venezuela, encuentra que, aun después de asegurada la Independencia, la preservación social no podía de ninguna manera encomendarse a las leyes sino a los caudillos prestigiosos y más temibles, de modo como había sucedido en los campamentos. Nada más lógico que Páez, Bermúdez, Monagas fuesen los gendarmes capaces de contener por la fuerza de su brazo y el imperio de su autoridad personal a las montoneras semibárbaras, dispuestas a cada instante y con cualquier pretexto, a repetir las invasiones y los crímenes horrendos que destruyeron en 1814, según la elocuente frase de Bolívar, "tres siglos de cultura, de ilustración y de industria".[289]

Cita luego a José Martí, a quien califica de "hijo espiritual" de Bolívar: "Con un decreto de Hamilton no se le para la pechada al potro del llanero. Con una frase de Sieyès no se desestanca la sangre cuajada de la raza india."[290]

Vallenilla constata, como Bolívar, que nuestros pueblos son distintos, que nuestra geografía, nuestro clima y nuestra raza nos conducen a soluciones institucionales propias. No acepta que se trasplanten modelos y dogmas constitucionales. No necesariamente es el *self government* lo que más nos conviene. "Los abstractos y sacrosantos principios de la democracia republicana" son productos de las revoluciones francesa y norteamericana que se trataron de imponer en Venezuela por un prejuicio constitucionalista. Nuestra forma de ver la democracia es distinta, es igualdad, es nivelación, es "ascensión social y política sin selección y sin esfuerzo depurador". Esta democracia igualitaria y niveladora conduce necesariamente a gobiernos fuertes, capaces de imponer la disciplina y de hacer respetar una autoridad que "emana" del pueblo. Corresponde al caudillo "graduar" la libertad, mantener el orden y mitigar las ambiciones.

> El César Democrático, como lo observó en Francia un espíritu sagaz, Édouard Laboulaye, es siempre el representante y el regulador de la soberanía popular: él es la democracia personificada, la nación hecha hombre. En él se sintetizan estos conceptos al parecer antagónicos: democracia y autocracia, es decir, Cesarismo Democrático; la libertad bajo un jefe; el

---

[288] Manuel Caballero, en el prólogo a la edición del *Cesarismo democrático* de Monte Ávila.

[289] *Cesarismo democrático*, pp. 165 y 166.

[290] *Nuestra América*.

poder individual surgido del pueblo por encima de una gran igualdad colectiva.[291]

En el plano de la polémica política de la cual rara vez estuvo ausente, Vallenilla Lanz no tiene empacho en admitir que el general Gómez:

> ... nació para mandar; la ciencia de gobernar a los hombres no se aprende en los libros. La democracia está comprobando que los verdaderos hombres de Estado no surgen de la Universidades ni de las Academias, sino de las clases laboriosas. El General Gómez es, en fin, el Magistrado necesario para estas democracias, porque realiza aquel axioma político-social del Libertador: "Los Estados de América han menester de los cuidados de gobiernos paternales que curen las llagas del despotismo y de la guerra".[292]

Podríamos extendernos analizando los planteamientos de César Zumeta y sus grandes planes para el desarrollo económico y social y para hacer cumplir el lema "Orden y progreso"; de Pedro Manuel Arcaya y sus escritos en defensa de Gómez ante una posible insurrección comunista y la necesidad de la paz y el orden para asegurar el desarrollo; de José Gil Fortoul, a quien tantas veces hemos hecho referencia y que llegó a ser presidente de Venezuela por unos meses, bajo la tutela de Gómez. Y muchos otros más.[293] Sería sin duda extendernos demasiado. Lo dicho nos permite confirmar que la ausencia de un poder controlado, sometido a las leyes y a pesos y contrapesos encontró una muy bien pensada justificación teórica por parte de quienes conformaban un reconocido sector de la intelectualidad de la época. No era el despotismo —no así denominado— un estado permanente y deseable para los pueblos de la América Española, sino una etapa que era necesario transitar para evitar la anarquía y poder alcanzar un régimen de libertades, una vez asegurados el progreso y la educación. La pregunta que corresponde hacer, para poder emitir un juicio sobre estos grandes pensadores, es la siguiente: ¿fueron los largos años de la dictadura de Gómez un tiempo de progreso que justificara la represión e hiciera olvidar la corrupción? Sin negar aspectos positivos, tales como la eliminación del caudillismo regional, el desarrollo de las comunicaciones y la construcción de obras públicas, la creación del Ejército nacional, el balance es, sin

---

[291] *Cesarismo democrático*, p. 254. Laboulaye analizó el cesarismo para condenar el régimen del emperador Napoleón III. Vallenilla hace, evidentemente, una cita fuera de contexto.

[292] "Una vez por todas", artículo publicado en Caracas en mayo de 1916. *Pensamiento político venezolano del siglo XX*, tomo VI, pp. 382-383.

[293] Recomendamos, al lector interesado, *Los pensadores positivistas y el gomecismo*, Ediciones del Congreso de la República, 1983, tomo VI y muy especialmente el prólogo, de Arturo Sosa Abascal y la introducción histórica, de Luis Salamanca.

154

duda, muy pobre. Máxime si se pone bajo la lupa la situación educativa y sanitaria de Venezuela. No pasan el examen los positivistas en su esfuerzo por justificar la concentración del poder en unas solas manos para lograr el progreso.

Sentencia el historiador Augusto Mijares:

> Gendarmes necesarios, no: necesariamente gendarmes es lo que son, porque a esa función de minúscula mandonería los condenan irremediablemente la estrechez de su espíritu y la ruindad de sus ambiciones.[294]

VI.5 1936-1961: "EMPIEZA EL SIGLO XX"

VI.5.1 EL CAMINO HACIA LA INSTITUCIONALIDAD

En 1936, dice Mariano Picón Salas, empieza el siglo XX en Venezuela. Es también la muerte de Gómez el inicio del regreso a la tradición civilista en nuestro país. Ambrosio Oropeza, en 1944, juzgando los ocho años anteriores, reconoce un ejercicio efectivo de las libertades públicas y "la realidad de un orden jurídico no intervenido por la violencia y la brutalidad irrefrenada del gendarme", y anuncia la derrota de la vieja tesis pesimista que ve en la incurable propensión del pueblo venezolano a la revuelta y al desorden el socorrido argumento para la recaída en el cesarismo y la autocracia.[295] Pero no es época todavía de vigencia del principio de la separación de poderes consagrado en la Constitución de 1936. El camino hacia la democracia que transita Venezuela es producto de la autolimitación del hombre fuerte. No se niega el papel que, en ese sentido, juegan los nacientes partidos, los grupos sindicales o estudiantiles y la opinión pública; lo que se quiere evidenciar es que el presidente de la República no encuentra ni en el Parlamento ni en los tribunales la limitación de su poder. Ramón José Velásquez recuerda los planteamientos del partido Acción Democrática en relación con el régimen del general López Contreras. Se criticaba:

> … la confusión entre los poderes legislativo y ejecutivo de la nación en donde los directores de ministerios y consultores jurídicos de los despachos oficiales se transformaban durante tres meses en senadores y diputados para aprobarse sus propias cuentas.[296]

---

[294] *La interpretación pesimista de la Sociología hispanoamericana*, pp.17-18.

[295] *Evolución constitucional de nuestra República*, p. 138.

[296] *Venezuela moderna*, "Evolución política", pp. 46-47.

El mismo autor analiza los gobiernos de López y Medina y anota que la base de sustentación del gobierno no había cambiado desde Castro en 1899.

> El ejército es el brazo armado del jefe y el jefe es al mismo tiempo Presidente de la República, gran elector del Congreso Nacional, gran elector de la Corte Federal, gran elector de senadores y diputados y de Asambleas Legislativas y al mismo tiempo comandante en jefe del ejército. Estas Asambleas Legislativas nombradas mediante listas enviadas desde Miraflores, elegían a su turno los senadores y los Concejos Municipales, escogidos de la misma manera se reunían en Asamblea estadal para elegir a los diputados al Congreso y estos senadores y estos diputados elegían al Presidente de la República.[297]

Las "recomendaciones" de Caracas a los órganos deliberantes regionales son posiblemente la causa del restablecimiento del sufragio en dos grados. Este permite hacer, desde la época de Cipriano Castro, nombramientos conforme a la voluntad del presidente. Son interesantes en este sentido las cartas de agradecimiento enviadas por los diputados al general Castro,[298] situación que no solo se presentaba en Venezuela, como lo evidencia esta referencia que hace Gil Fortoul a la confesión del doctor Francisco Silvera, ministro de Gobernación de España, quien admitía: "Unos días antes de las elecciones se reúnen los Ministros, y tomando una lista de los Distritos Electorales, dispuesta por orden alfabético, distribuyen las actas entre los amigos del gobierno y las personas que por alguna razón convenga que ocupen asiento en el Parlamento".[299]

Cuando las "recomendaciones" no producían el resultado esperado, el gobierno utilizaba el Poder Judicial. Así, en 1937, se solicitó la nulidad de las elecciones de Jóvito Villalba, Juan Oropeza y Raúl Leoni como diputados y de Gonzalo Barrios como senador. El 19 de febrero, la Corte Federal dictó su fallo y anuló la elección "en una suerte de procedimiento novedoso y autoritario que se llamó justicia política no contenciosa, teniendo como argumento las acusaciones de comunistas y por ser el comunismo una doctrina prohibida por la Constitución".[300]

El tratadista Wolf coincide en estos planteamientos cuando escribía en 1945 solicitando el hacer más efectivo el principio de la separación de poderes. Recordaba que para la fecha el Congreso no emanaba directamente

---

[297] Ídem, p. 63.
[298] Ver Silvia Mijares, *El centralismo andino*, p. 19, (inédito).
[299] *Filosofía Constitucional*, p. 161.
[300] Alfredo Tarre Murzi, ob. cit., p. 229.

del pueblo; que la práctica electoral favorecía a los candidatos del gobierno, dando al Poder Ejecutivo una preponderancia extraconstitucional en la composición del Poder Legislativo. Insistía en que senadores y diputados, por sentirse nombrados por el Ejecutivo, carecían de independencia para garantizar la separación de poderes. Planteaba la necesidad de reformar la Constitución para hacer incompatibles las funciones ejecutivas y legislativas.[301]

No debe lo antes dicho conducirnos a ignorar el cambio significativo que se dio en Venezuela después de la muerte del general Gómez. Se trató, en palabras de don Tulio Chiossone, de un "decenio democrático inconcluso". En opinión del jurista tachirense, quien fuera diputado, presidente de la Cámara Baja y alto funcionario en los gobiernos de López Contreras y Medina Angarita:

> ... no obstante la tenaz imputación de quienes no aceptan la vivencia democrática en esa época, por la única razón de que no existieron procesos electorales de primer grado para la elección de los Poderes Públicos, Ejecutivo y Legislativo, no he vacilado en calificar de democrático el decenio inconcluso, porque no solo es democracia el sistema en que el pueblo va directamente a los comicios llevado por colorines no siempre exentos de concupiscencias y de ambiciones de poder, sino aquél en que el pueblo se siente garantizado en los derechos que emanan de la Constitución.[302]

El doctor Chiossone, proclama la vigencia de la separación de poderes:

> En todo el curso de la historia venezolana es difícil encontrar un Congreso más libre y de mayor trascendencia que el que actuó en el período 1937-1940. Allí cada quien defendía sus puntos de vista con entera libertad. Jamás el Presidente de la República impuso directivas a la mayoría gubernamental, mayoría en la cual había hombres quienes, aunque defensores definidos de las actuaciones del gobierno, sabían disentir con carácter los puntos de vista en que parecía errada la iniciativa del Poder Ejecutivo. Se dio el caso de que, el algunas oportunidades, muchos de los que defendíamos las tesis ejecutivistas, estuvimos del lado de los grupos de oposición.[303]

---

301   Ernesto Wolf, *Tratado de Derecho Constitucional*, tomo I, pp. 283-284.

302   *El decenio democrático inconcluso 1935-1945*, p. 8.

303   Diario *El Universal*, 26 de octubre de 1948, citado por Alfredo Tarre Murzi (Sanín), ob. cit., p. 232.

El propio general López Contreras da su versión:

Jamás hablé con los magistrados de la Corte sobre asuntos políticos, ni siquiera por teléfono. Además, en varias ocasiones no estuve de acuerdo con sus sentencias. Yo no me metía con el Poder Judicial, ni tampoco con el Congreso.[304]

Se vivió en esos años una situación que no deja de recordar lo ocurrido durante la llamada oligarquía conservadora del siglo anterior: un hombre fuerte, con apoyo militar, acepta someterse al mandato de la Constitución, respeta los derechos de los ciudadanos, escoge sus colaboradores entre los más capaces y ofrece algún respeto a la independencia de los poderes, no tanto en lo que concierne a su conformación como a su actuación. Con la bonhomía que lo caracterizó, pudo decir Isaías Medina Angarita al finalizar su gobierno:

... que por mi causa no había en Venezuela ni un exiliado, ni un preso político, ni un partido disuelto, ni un periódico clausurado, ni una madre que derramara lágrimas por la detención o el exilio de un hijo...

VI.5.2 EL TRIENIO ADECO Y LA CONSTITUCIÓN DE 1947[305]

La transformación política que se origina el 18 de octubre de 1945 es producto de circunstancias históricas conocidas, de un pensamiento ideológico que se venía fraguando desde hacía muchos años y que, partiendo de una identificación con el comunismo, evoluciona hacia ideología democrática. No es este el lugar para el estudio de ese largo camino; nos basta con decir que el sector civil que llega al poder en 1945, aliado con un grupo de jóvenes oficiales del Ejército, quiere construir un nuevo país cuyo gobierno democrático encuentre su legitimidad en el sufragio universal, logre desaparecer la herencia militar personalista y ponga fin al flagelo de la corrupción. Todo ello para culminar en lo que Germán Carrera Damas llama la fundación de la "República Liberal Democrática".[306] En palabras de Rómulo Betancourt:

La finalidad básica de nuestro movimiento es la de liquidar, de una vez por todas, los vicios de la administración, el peculado y el sistema de imposición personalista y autocrática, sin libre consulta de la voluntad popular.[307]

---

[304] Ídem, pp. 249-250.

[305] Sobre este lapso histórico véase Rafael Arráiz Lucca, El "Trienio Adeco" (1945-1948) y las conquistas de la ciudadanía.

[306] A quién interese el estudio de las ideas que condujeron al 18 de octubre de 1945 recomendamos la lectura de Rómulo histórico, del mismo Germán Carrera Damas.

[307] Alocución al país, 30 de octubre de 1945.

Como lo hemos dicho antes, la separación de poderes no es tema emblemático del pensamiento político democrático venezolano de la primera mitad del siglo XX.[308] El ideal de limitar el poder, de acabar con el autoritarismo, de condenar los abusos no se vincula a la vieja receta de Montesquieu, que sigue apareciendo en las constituciones pero que no se ve como un antídoto frente a la autocracia. Un pensador de la talla de Rómulo Betancourt enfoca el problema del poder de manera distinta. Se trata de cambiar la concepción que se tiene de él; pasar de una visión bárbara a un enfoque moderno. El poder tiene que dejar de ser botín que se comparte con amigos y compadres, a quienes se otorgan puestos y riquezas.[309] Es más importante la existencia de una recia voluntad de cambio que encontrar mecanismos institucionales que busquen frenar los abusos. Valen más el ejemplo y los precedentes, es decir, la autolimitación, que las barreras institucionales.[310]

Durante 14 meses, la Junta de Gobierno establecida el 18 de octubre gobernará sola. No habrá separación de poderes pues todos se concentran en ella, pero no era intención de quienes la integraban permanecer en el poder en forma indefinida. Por decreto, la junta prohibió a quienes la integraban postularse a la Presidencia de la República. Dijo Betancourt:

> Esta Revolución ha sido hecha para devolver al pueblo su soberanía. Falsearíamos, en consecuencia, la razón de ser histórica de este movimiento si pretendiéramos prolongar artificialmente el orden político provisional existente en el país. Y es porque nos anima tal convicción que anunciamos hoy la próxima promulgación del Decreto mediante el cual se creará la comisión encargada de redactar un Código electoral democrático, que permita la elección por sufragio directo de una Constituyente.[311]

Se trataba del rescate inmediato de la soberanía popular mediante una consulta electoral verdaderamente democrática.

A partir de 1946 funciona la Asamblea Constituyente, para cuya elección el partido Acción Democrática obtuvo el 78,43 por ciento de los

---

308   A título de curiosidad ilustrativa, el nombre de Montesquieu aparece solo dos veces en los índices onomásticos de los 16 tomos del *Pensamiento político venezolano del siglo XX* (las dos menciones, muy incidentales, en una carta escrita por José Rafael Pocaterra), Publicaciones del Congreso de la República, Caracas, 1983.

309   Ver Arturo Sosa Abascal, *Estudio introductorio* a *La segunda Independencia de Venezuela*, editado por la Fundación Rómulo Betancourt, Caracas, 1992.

310   El estudio que pudimos hacer de las publicaciones de Betancourt o sobre Betancourt no nos permitió encontrar un planteamiento doctrinario y específico sobre la separación de poderes.

311   Ibídem.

sufragios[312]. La gran novedad en esta elección fue la actuación de una autoridad electoral imparcial, integrada en todos los niveles por representantes de los partidos políticos. Esta Asamblea Constituyente, a pesar de la abrumadora mayoría oficialista, tendrá, en relación con el tema que nos ocupa, una gran importancia, pues significará el renacimiento de la vida parlamentaria en Venezuela en términos que quizás no se habían visto desde la Convención de Valencia de 1858.

Dijo Simón Alberto Consalvi:

Pocos capítulos ha registrado nuestra historia como la Asamblea Nacional Constituyente de 1947. Nunca hombres de tanto talento y de tanta pasión debatieron con mayor libertad y con mayor certidumbre. Nunca un organismo deliberante había tenido en su seno representantes de tan diversas corrientes ideológicas. Nadie fue ajeno al gran debate político, como si fuera la primera vez que el país optaba libremente por su destino.[313]

Completa Manuel Caballero:

Nunca antes en la historia de Venezuela se había logrado generar tanto entusiasmo, tanta mística, tanto deseo de participar. En síntesis, nunca antes una reforma había producido una dinamización de la vida venezolana como el otorgamiento del sufragio universal.[314]

Ante esa Asamblea, además, rinde cuenta la Junta de Gobierno y se trataba, mediante ello, según afirma Carrera Damas:

... de convertir el poder de facto revolucionario en una suerte de dictadura comisoria, legitimada *a posteriori*, ejercida por un Presidente Provisional. La Asamblea debía entrar a ejercer, de inmediato, las funciones de vigilancia y control inherentes al poder legislativo.[315]

Un rasgo escasamente democrático y absolutamente contrario al principio de la autonomía de los poderes fueron los juicios de responsabilidad civil y administrativa que se siguieron contra altos funcionarios de los regímenes anteriores en tribunales de excepción.[316]

---

312   La composición de la ANC era la siguiente: Acción Democrática: 137 diputados; Copei: 19; URD: 2; PCV: 2. Ver Armando Veloz Mancera, *Manual electoral*, p. 8.

313   "1945 y la otra mitad del siglo XX", en *Revista 111*, Publicaciones Jurídicas Venezolanas, Caracas, 28/10/1998.

314   Ibídem.

315   *Rómulo histórico*, p. 186.

316   Creados por decreto de la Junta Revolucionaria de Gobierno del 27 de noviembre de 1945.

La Constitución de Venezuela de 1947 fue aprobada el 5 de julio de 1947 por la Asamblea Constituyente. Esta Carta Magna derogó la Constitución de 1936, reformada en 1945 por el gobierno de Isaías Medina Angarita. El proyecto de Constitución que sirvió de base a las tareas de la Asamblea fue elaborado por una Comisión Preparatoria, que tuvo también a su cargo la redacción del Estatuto Electoral.[317]

Fue la primera Constitución de verdadero corte democrático, ya que en ella se establecía la elección libre, directa y universal, el voto femenino, el de los analfabetos y el de los mayores de 18 años. La Constitución consta de ocho títulos para un total de 253 artículos, además de 19 disposiciones transitorias.

Como lo hemos dicho tantas veces, la separación de poderes persigue evitar la concentración del poder, dividiéndolo para impedir el abuso. Destaquemos entonces los siguientes artículos del nuevo Texto Fundamental:

ARTÍCULO 137. El Poder Nacional se divide en Legislativo, Ejecutivo y Judicial.

Cada una de las ramas del Poder Nacional tiene sus funciones propias pero los órganos a los que incumbe su ejercicio colaborarán entre sí y con los demás Poderes Públicos en la realización de los fines del Estado.

ARTÍCULO 84. El Poder Público se ejercerá conforme a esta Constitución y a las leyes que definan las atribuciones y facultades. Todo acto que extralimite dicha definición constituye una usurpación de atribuciones.

ARTÍCULO 88. El ejercicio del Poder Público acarrea responsabilidad individual por extralimitación de las facultades que esta Constitución señala o por quebrantamiento de la ley que determina sus funciones, en los términos que ella misma establece.

Todos los funcionarios públicos quedan, además, sujetos a pena, conforme a la ley, por los delitos que cometieren.

¿Hay un cambio significativo? No en lo formal. Estas mismas disposiciones existían, palabras más palabras menos, en las constituciones anteriores, aun en aquellas que regían durante la dictadura de Juan Vicente Gómez. Lo importante en relación con el texto de 1947 es saber si se cumplieron o tuvieron el mismo destino que aquellos que lo precedieron. Los cambios sustanciales de la nueva Constitución tienen que ver con el sufragio y con los derechos de los venezolanos.

---

[317] Ver Rafael Arráiz Lucca, *El "Trienio Adeco" (1945-1948) y las conquistas de la ciudadanía*, pp. 63 y 64. Integraron la comisión Jesús Enrique Lossada, Nicomedes Zuloaga, Lorenzo Fernández, Germán Suárez Flamerich, Ambrosio Oropeza, Martín Pérez Guevara, Luis Eduardo Moncada y Luis Hernández Solís.

Donde sí se observa un cambio sustancial en la letra de la Constitución es en relación con la presencia, durante décadas, en el Poder Legislativo de altos funcionarios del Ejecutivo que se separaban temporalmente de sus cargos para hacer vida parlamentaria. La posibilidad de que funcionarios públicos pudiesen ser electos senadores o diputados fue expresamente prohibida.

Otra novedad: se elige un presidente por 5 años sin reelección inmediata; se amplían las atribuciones del Congreso, incluyendo la potestad de interpelar a los ministros y, con mayoría calificada, darles voto de censura.

Se establece que las Cámaras Legislativas podrán:

... autorizar, temporalmente, al Presidente de la República para ejercer determinadas y precisas facultades extraordinarias destinadas a proteger la vida económica y financiera de la Nación, cuando la necesidad o la conveniencia pública lo requieran.

El 6 de enero de 1948 se eligió un nuevo presidente y un nuevo Congreso. Ocurre el 15 de febrero un hecho que Rafael Arráiz Lucca resalta: un hombre (Rómulo Betancourt), que había llegado al poder por la vía de un golpe militar, lo abandona voluntariamente y lo entrega a otro (Rómulo Gallegos) que fue elegido por el pueblo.[318]

Nuevamente la mayoría alcanzada por el partido que respalda al presidente Gallegos hace que el tema de la independencia del Parlamento quede de lado.[319] Se presenta entonces, como en toda democracia moderna, un factor nuevo en la historia de la separación de poderes. Se trata de la acción de un partido que postula al presidente de la República, tiene amplia mayoría en el Poder Legislativo y pretende penetrar el Poder Judicial. Razón tenía Gramsci al definir a los partidos como "el Príncipe moderno".

El primer y único presidente que ejerció durante la vigencia de la Constitución de 1947 fue don Rómulo Gallegos. Pensador y hombre de letras, ajeno al trajín diario de la política pero no a su teoría. Ya en 1909 estaba consciente de las tentaciones en que puede caer quien detenta la Presidencia:

Nuestros gobiernos han sido esencialmente ejecutivistas. Al Poder Ejecutivo han estado siempre subordinados los otros dos, Legislativo y Judicial, debido a una inversión de los términos cuyo origen pareciera estar en la misma Constitución, aunque su verdadera *causa* esté en la propia alma

---

[318] Ob. cit., pp. 96-97.

[319] Acción Democrática: 28 senadores y 83 diputados; Copei: 4 y 16; URD: 1 y 4; PCV: 1 y 3; URF: 2 y 3.

nacional [...] De aquí la paradoja política de nuestra República; liberalismo en la ley, autocracia en su aplicación, y de que haya sido siempre cuestión de azar, obtener un gobierno capaz de orientar por rumbos de patriotismo una labor cuya iniciativa ha estado reservada a un hombre solo.[320]

Le tocó al maestro Gallegos presidir un país en el cual la Constitución pretendía eliminar la subordinación del Parlamento y de los jueces a la Presidencia y no le tocó gobernar solo, pues estaba acompañado por un partido. Sin embargo, solo gobernó nueves meses, hasta que nuevamente terminará prevaleciendo "el alma nacional".[321]

La pregunta que no puede obviarse, al concluir esta etapa de nuestra historia, tiene que ver con lo que se ha llamado "el atajo insurreccional". La interrogante la plantea acertadamente Arturo Sosa Abascal: "¿cómo interpretar este período desde la tensión ético-política que representa para un partido democrático arribar al ejercicio del gobierno por el atajo insurreccional y de la mano de los militares?".[322] Pregunta muy pertinente para quienes ven la historia de Venezuela como un camino hacia el establecimiento de una república democrática y civil, uno de cuyos fundamentos es la existencia de poderes separados e independientes. ¿Es eso compatible con la instauración de una dictadura cívico-militar republicana?[323] La respuesta del mismo Sosa deja abierto el debate:

---

[320] *Los poderes*, Editorial de La Arboleda, 28 de febrero de 1909, en *Pensamiento político del siglo XIX*, tomo XIV, pp. 542 y 543.

[321] No nos corresponde en el marco de este trabajo analizar en profundidad las causas de la caída del llamado Trienio Adeco. Solo acotamos que la discordia en el mundo civil, en un marco de libertad de expresión, y una conducción particularmente sectaria por parte del partido Acción Democrática precipitaron una crisis que se gestaba. "Mientras los partidos democráticos se transaban en grandes batallas, se forma un gran frente de poder contra Acción Democrática, al margen de URD y de Copei, aunque con la complicidad de algunos militantes de estos partidos. Las grandes reformas producen grandes enemigos. Los terratenientes desplazados de sus latifundios por el peligro de la reforma agraria; los grandes comerciantes que veían con riesgo sus negocios por el ascenso de los sindicatos; sectores eclesiásticos alarmados por el proceso de laicización educativa; las compañías petroleras afectadas por los nuevos impuestos; y gran parte del Ejército atemorizado por las continuas pequeñas purgas intestinas, así como la propaganda antimilitarista que despiertan muchos líderes adecos en el seno de las Fuerzas Armadas. Todo este inorgánico pero poderoso conjunto de fuerzas crea el clima propicio para la deposición insurreccional del Presidente Gallegos". Rodolfo José Cárdenas, *El combate político*, citado por José Rodríguez Iturbe, *Crónica de la década militar*, p. 23.

[322] "El régimen octubrista (1945-1948)", en *Venezuela: República democrática*, p. 313.

[323] Así la llama el mismo Arturo Sosa, ob. cit., p. 311.

La ética propia de un proyecto democrático exige la coherencia entre los postulados de un ejercicio democrático del poder y de las formas de llegar a él, con las acciones de las personas u organizaciones que se proponen la vía democrática de ejercer el poder político. En otras palabras, la ética democrática exige personas, organizaciones, métodos y caminos, además de un modelo político y horizonte democráticos. A la democracia solo se llega democráticamente.[324]

Germán Carrera Damas da otra respuesta que aborda un intento de justificación: admite que, en lo inmediato, el acceso al poder por la vía insurreccional "lucía como una ostensible inconsecuencia ideológica", pero:

> ... una vez ubicada en el largo período admite una lectura que podría resultar reveladora. Contrariando incluso el testimonio de su principal actor, quien, en su obra culminante caracterizó lo hecho el 18 de octubre de 1945 como un *golpe militar*, lo actuado con su participación destacada se correspondería con una caracterización menos usual, al ser *un golpe civil-militar-civil*. Es decir, una insurrección de militares, conjuntamente con grupos de civiles armados, que respondieron, todos, a una sostenida preparación ideológico-política muy bien represen-tada por la palabra de Rómulo Betancourt: "El proceso de democratización de la conciencia nacional no se ha detenido, como ante muralla china, en la puerta de los cuarteles". En los integrantes de las Fuerzas Armadas "circula ese mismo anhelo de dignificación política y de superación democrática del país presente en el pensamiento de los núcleos civiles de la población nacional".[325]

Podría entonces Betancourt salir absuelto de un juicio de intención, pero su error quedaría evidenciado el 24 de noviembre de 1948.

VI.5.3   LA DÉCADA MILITAR

La Constitución de 1947 fue derogada por acto de fuerza el 24 de noviembre de 1948. Las Fuerzas Armadas, como institución, asumen el poder.

Los militares justifican su acción alegando que "el Presidente vio sacrificada su libertad de acción por la constante intromisión de su partido, que negaba así las atribuciones que él mismo en su acción legisladora le confirió a la Constitución Nacional".[326]

La época de 1948 a 1958 marca un nuevo intermedio en el camino hacia la república civil. Con la Junta Militar de Gobierno, no hay

---

[324]   Ídem, p. 313.

[325]   *Rómulo histórico*, p. 172.

[326]   *Exposición de las Fuerzas Armadas a la Nación*, 24 de noviembre de 1948.

164

Parlamento[327] ni Poder Judicial independiente.[328] Con la entrada en vigencia de una nueva Constitución, en 1953, el Congreso pasa a depender en forma absoluta del Poder Ejecutivo y de la voluntad del dictador. Los tribunales pierden totalmente su autonomía frente al interés político que pueda tener el gobierno en los juicios.

A partir del 24 de noviembre de 1948, la total conducción del país recae sobre una Junta Militar de Gobierno, presidida por el teniente-coronel Carlos Delgado Chalbaud. El 30 de marzo de 1950, Germán Suárez Flamerich pasa a ser presidente de la Junta de Gobierno de los Estados Unidos de Venezuela, después del asesinato de Carlos Delgado.

El 30 de noviembre de 1952 la Junta de Gobierno llama a elecciones para elegir una Asamblea Nacional Constituyente que debía sancionar una nueva Constitución y dar fin al gobierno transitorio. Pero cuando los primeros resultados mostraron que el partido Unión Republicana Democrática (URD), dirigido por Jóvito Villalba, se vislumbraba como el seguro ganador de las elecciones, la Junta de Gobierno desconoció el triunfo, destituyó a la autoridad electoral y nombró a Marcos Pérez Jiménez presidente provisional de Venezuela. En estas elecciones participaron tres partidos: el oficialista Frente Electoral Independiente (FEI), Copei y URD. Y les fue prohibido a Acción Democrática y al Partido Comunista de Venezuela postular candidatos. Para ese proceso la Junta de Gobierno había promulgado un nuevo Reglamento del Consejo Supremo Electoral, en el que se establecía el voto obligatorio para los ciudadanos mayores de 21 años. El mismo día de las elecciones, el Consejo Supremo Electoral suspendió los escrutinios y el 2 de diciembre Marcos Pérez Jiménez proclamó la victoria electoral del FEI.

---

[327] El 8 de diciembre, la Junta Militar se abroga las instituciones del Poder Legislativo y nombra los vocales de la Corte Federal y de Casación. Ver Rafael Arráiz Lucca, *Las constituciones de Venezuela (1811-1999)*, p. 136.

[328] Es de importante lectura el trabajo de Rogelio Pérez Perdomo, *Medio siglo de historia judicial venezolana (1952-2005)*. En el análisis de la etapa *in comento*, se narra la existencia de "una total primacía del Ministro de Justicia, que tenía a su cargo mucho del gobierno, y en un sentido amplio, lo que hoy denominamos el sistema de justicia". Afirma el autor que el Poder Judicial era un poder marginal, relativamente cómplice del régimen y del que no podía esperarse ni el control de legalidad ni la garantía de los derechos humanos. Pero la investigación de Pérez Perdomo revela la existencia de políticas meritocráticas, de una búsqueda de la eficiencia y el logro de una mayor productividad del sistema. "Los abogados de mayor edad —concluye el autor— recuerdan el período como la edad de oro de los Tribunales venezolanos, en la cual tanto la casación como los Tribunales de Instancia resolvían los casos con prontitud y producían sentencias con alta calidad jurídica" (pp. 5-7).

Con base en los "nuevos" resultados electorales se instala, el 9 de enero de 1953, la Asamblea Constituyente con la asistencia de los diputados del FEI y una pequeña disidencia, fundamentalmente de diputados suplentes de Copei y URD, que es expulsada por las direcciones de esos partidos. El mismo día de la instalación, la Asamblea ratifica a Pérez Jiménez como presidente provisional. En un acto en el Palacio de Miraflores, el doctor Darío Parra, presidente de la comisión encargada de participar a Pérez Jiménez de su ratificación, afirma que se ha dictado un decreto-ley en virtud del cual se mantiene en vigor el ordenamiento legal que se origina el 24 de noviembre de 1948, "para corresponder al principio jurídico de la separación y división de los Poderes Públicos".[329]

El 19 de abril de 1953, ya sancionada una nueva Constitución, la Asamblea Nacional Constituyente proclama a Marcos Pérez Jiménez "Presidente Constitucional de la República de Venezuela" para el período 1953-1958.

La nueva Constitución es un regreso al texto de 1936, modificado en 1945. En cuanto al Poder Público establece:

1) El Poder Público se distribuye entre el Poder Municipal, el de los Estados y el Nacional.

2) El Poder Público se ejercerá conforme a esta Constitución y a las leyes que definan sus atribuciones y facultades. Todo acto que extralimite dicha definición constituye una usurpación de atribuciones.

3) El Poder Público Nacional se divide en Legislativo, Ejecutivo y Judicial. Cada una de las ramas del Poder Público Nacional tiene sus funciones propias; pero los órganos a los que incumbe su ejercicio colaborarán entre sí y con los demás Poderes Públicos en la realización de los fines del Estado.

Tanto el Presidente de la República como el Parlamento son de elección popular (sufragio universal, directo y secreto).

Pero vuelve a ocurrir lo que ocurrió tantas veces en nuestra historia: una cosa dice la letra y otra ocurre en la realidad. En esta oportunidad la burla de la normativa se fundamenta en las disposiciones transitorias del texto mismo.

Dice la Segunda Disposición Transitoria:

Dentro de los cinco días siguientes al de la promulgación, la Asamblea Constituyente procederá a organizar el Poder Público para el período constitucional que comienza el 19 de abril de 1953. En consecuencia, la Asamblea Constituyente elegirá por mayoría absoluta:

---

[329] Citado por José Rodríguez Iturbe, ob. cit., p. 143.

a) El Presidente de la República;

b) La Cámara de Diputados;

c) La Cámara del Senado;

d) La Corte Federal;

e) La Corte de Casación;

f) El Contralor de la Nación;

g) El Procurador de la Nación;

h) Las Asambleas Legislativas de los Estados;

i) Los Concejos Municipales;

j) El Consejo del Distrito Federal.

Y remata la Disposición Tercera:

Entretanto se completa la legislación determinada en el capítulo sobre Garantías Individuales de esta Constitución se mantienen en vigor las disposiciones correspondientes del Gobierno Provisorio y se autoriza al Presidente de la República para que tome las medidas que juzgue convenientes a la preservación en toda forma de la seguridad de la Nación, la conservación de la paz social y el mantenimiento del orden público.

Vale decir que una sola voluntad política designa a todos los poderes, en todos los niveles, y que los derechos y garantías se encuentran suspendidos. Muy lejos quedan los planteamientos de *El espíritu de las leyes*.

La visión del Estado del régimen encabezado por Marcos Pérez Jiménez no la encontramos entonces en la Constitución, que es un mero saludo a la bandera. Podemos buscarla en el Nuevo Ideal Nacional.

Después del golpe de Estado del 2 de diciembre de 1952, que desconoció los resultados de las elecciones, Laureano Vallenilla Planchart (hijo de Laureano Vallenilla Lanz) es designado por el régimen provisional de Marcos Pérez Jiménez como ministro de Relaciones Interiores. Tiene a su cargo la represión política que se desarrollaría en los años por venir y es también el ideólogo del régimen militar. Laureano Vallenilla Planchart fue elemento importante en la concepción del Nuevo Ideal Nacional. "El pueblo cambia gustoso, dijo Vallenilla, la libertad por el bienestar, especialmente cuando el nivel de cultura no es muy elevado." Y Pérez Jiménez agrega "antes que pensar en defender una democracia teórica, debemos ocuparnos en realizar una democracia actuante".[330] A diferencia de su

---

[330]   Citas tomadas de Rafael Cartay, *La filosofía del régimen perezjimenista: el Nuevo Ideal Nacional.*

padre, Vallenilla Planchart no se limita a un solo gendarme necesario, sino que confía esa misión a una institución: las Fuerzas Armadas. Pero no estaba hablando de los militares de antes, de las montoneras. Gustaba referirse a un cuerpo de oficiales altamente tecnificado, a una tecnocracia militar. Pero Vallenilla hijo, al igual que Vallenilla padre, no dejaba de lado las alabanzas hacia quien ostentaba la Presidencia. "El régimen que se establece después del 24 de noviembre es único en nuestra historia, porque por primera vez, militares profesionales asumen la conducción de los destinos del país".[331]

¿Qué pretende el Nuevo Ideal Nacional? Se trata de poner en práctica tres principios básicos: el primero es la gran prioridad: la transformación del medio físico. En segundo lugar, el mejoramiento de las condiciones morales, intelectuales y materiales de los venezolanos y, por último, el reordenamiento institucional del Estado y "el planteamiento racional" de sus acciones.[332]

Como es evidente, nos interesa el tercer punto. En su mensaje al Congreso del 25 de abril de 1954, el coronel Pérez Jiménez expone cuál debe ser la "estructura técnica de las funciones del Estado":

La "alta política", en sus directivas y orientaciones generales, corresponde a la Presidencia de la República, y a los ministros de Relaciones Interiores, Relaciones Exteriores, Defensa y Hacienda.

La producción y la transformación del medio físico, a los ministros de Fomento, Agricultura y Cría, Obras Pública y Trabajo.

Y por último, los servicios generales, a los ministros de Sanidad, Educación, Justicia y Comunicaciones.

El rol del Congreso es inexistente; no hay controles, no hay pesos ni contrapesos. Queda atrás el pasado. Se burlaba Vallenilla Planchart:

Graves doctores de leontina hablan de "reformar la Constitución" como remedio a los males causados por un siglo de guerra y de anófeles, como si el mal estuviera en un pedazo de papel impreso. Los demagogos piden democracia sin saber qué agua van a beber los ciudadanos a quienes se ofrece el voto y se niega la vivienda y el trabajo remunerado. Por ninguna parte aparece el estadista, pero abundan los políticos y se fundan partidos.

---

[331]   Ver José Rodríguez Iturbe, ob. cit., pp. 203-207.

[332]   Juan José Martín F., *Planes, planos y proyectos para Venezuela 1908-1958*, citado por Cartay, ob. cit., p. 11.

Lo que se requiere es la "revolución del concreto armado, la electricidad, el hierro y la inmigración".[333]

Según la Constitución, se debía llamar a elecciones presidenciales, parlamentarias y locales antes del 19 de abril de 1958. El gobierno veía con temor una campaña electoral en la que Marcos Pérez Jiménez tuviera que enfrentar a un líder opositor. De hecho, desde el mes de agosto de 1957, la policía política había apresado al doctor Rafael Caldera, quien aparecía como un posible candidato unitario de aquellos que se oponían al gobierno. La salida encontrada por el gobierno para salirse del brete fue extraña y sorpresiva: el 4 de noviembre de 1957, el general Pérez Jiménez habló en el Congreso. El hombre fuerte de Venezuela señaló que las elecciones traían consigo una perjudicial pugnacidad política "que distrae energías y entroniza la algarabía". En consecuencia, presenta un proyecto de ley evidentemente inconstitucional, en el cual se eliminan las elecciones y se sustituyen por un plebiscito. Dijo el presidente Pérez Jiménez:

El Proyecto contempla una fórmula de universalidad, según la cual se expresará la opinión que se tenga del actual régimen. Queremos que el mayor número de habitantes del país pueda manifestar libremente lo que piensa de su gobierno, y al efecto, se propone la realización de un plebiscito, mediante el cual se determinará si se está de acuerdo con las ejecutorias del régimen y, por consiguiente, si se considera que la persona que ha ejercido la Presidencia de la República en este período deber ser reelegida.

En la misma ocasión quedarían electos los miembros del Congreso para el siguiente período, de una lista única cerrada, presentada por el gobierno, a la consideración de los electores. No preveía la ley propuesta la hipótesis de que una mayoría de electores se pronunciara en contra.

Anunció Pérez Jiménez que el gobierno no haría publicidad y que también estaría permitida la propaganda en contra de la propuesta. La autolimitación que el dictador anunciaba no se cumplió, pero la prohibición hecha a la oposición, sí.

Ante semejante abuso, se presentaba una estupenda ocasión de que *el poder detuviera al poder*. No fue así. El Poder Legislativo, en pocos días, aprobó el proyecto presentado por el Poder Ejecutivo. No hubo manifestación alguna por parte del Poder Judicial.

El 15 de diciembre se realizó la consulta electoral, en la que pudieron votar los extranjeros con más de dos años de residencia en el país. La oposición llamó a la abstención. A las 7 de la noche del día de la elección, en el mismo momento en que el presidente del Consejo Electoral anunciaba la

---

[333]   Citado por José Rodríguez Iturbe, ob. cit., p. 208.

apertura de las urnas, el ministro Vallenilla anunciaba que el "sí", identificado con una tarjeta azul, había obtenido el 87,4 por ciento de los votos. (Recuerde el lector que en aquellos tiempos no existían las llamadas encuestas a boca de urna o *exit polls*). Cinco días más tarde, el Consejo Electoral anunció los resultados oficiales: 2 924 985 electores habían votado afirmativamente, mientras que 364 182 se pronunciaron en contra. Los votos nulos fueron 186 013. El gobierno había ganado con el 87 por ciento. ¿Cómo pudo Vallenilla anticiparlo?

La farsa plebiscitaria no le sirvió a la dictadura. El 1.º enero de 1958 fracasó una insurrección militar que intentó derrocarla, pero el 23 de enero una acción cívico-militar exitosa sacó a Pérez Jiménez del poder. Aupados por los partidos de oposición, durante todo el mes de enero los venezolanos se manifestaron continuamente en las calles y atendieron a un paro general de actividades que hizo inevitable la caída del gobierno.[334]

La Constitución de 1953, sin embargo, sobrevivió tres años más.

---

[334] Ver José Rodríguez Iturbe, ob. cit., pp. 477-478 y 497-498.

VII

LA SEPARACIÓN DE PODERES EN LA CONSTITUCIÓN DE 1961

> Para que no se pueda abusar del poder,
> es preciso que el poder detenga al poder.
>
> MONTESQUIEU

VII.1 EL GOBIERNO PROVISIONAL

El 23 de enero de 1958:

… las Fuerzas Armadas Nacionales en atención al reclamo unánime de la nación y en defensa del supremo interés de la república, que es su principal deber, han resuelto poner término a la angustiosa situación política por que atravesaba el país a fin de enrumbarlo hacia un Estado democrático de Derecho.

De esa manera se anuncia la constitución de una Junta Militar de Gobierno presidida por el contralmirante Wolfgang Larrazábal Ugueto, que a los pocos días se transforma en Junta de Gobierno con la incorporación de dos civiles.

Se anuncia también, en el Acta Constitutiva, que "la Junta asumirá todos los poderes del Estado, y por lo tanto, ejercerá el Poder Ejecutivo de la nación mientras se organizan constitucionalmente los poderes de la república". La contradicción que se observa en este artículo del acta, en la que se asumen "todos los poderes del Estado" y luego se limitan estos al Poder Ejecutivo, se resuelve en el artículo siguiente:

La Junta Militar dictará, mediante Decreto refrendado por el gabinete ejecutivo, las normas generales y particulares que aconseje el interés de la república, inclusive las referentes a la nueva organización de las ramas del Poder Público.

El 23 de enero de 1958 se da el primer paso de un proceso constituyente que culmina exactamente tres años más tarde, el 23 de enero de 1961, con la entrada en vigencia de una nueva Constitución.

Esta Carta constitucional presenta algunas características sin lugar a dudas, excepcionales:

En primer lugar, ha sido la que más ha durado en nuestra historia: treinta y ocho años. Superando en tiempo de vigencia a la de 1830, que alcanzó a llegar a 1857, pero que dejó de observarse mucho antes. En segundo lugar, durante su vigencia, y por primera vez en nuestra historia, se produjo la sustitución de un presidente electo por el pueblo por otro presidente electo por el pueblo y, más adelante, se produjo la primera victoria electoral de la oposición, que nunca antes había llegado al poder por el voto popular.[335] Por último, y a pesar de que se presentaron muchos intentos de cambiar el régimen por la vía de la fuerza, su derogación tuvo su origen en el voto popular y dentro de una interpretación de la legalidad aceptada, en mayor o menor grado, por la Corte Suprema de Justicia.

VII.2 ¿CÓMO APROBAR UNA NUEVA CONSTITUCIÓN?

¿Cómo se fraguó esta Constitución?[336]

Una característica especial de la Constitución de 1961 fue su carácter consensual. A diferencia de otros textos fundamentales, no fue el producto de la imposición de una mayoría sobre una minoría ni de unos vencedores sobre unos vencidos.

La caída de Pérez Jiménez no dejó dolientes del lado del régimen desplazado. Una inmensa conjunción de esfuerzos y voluntades por parte de fuerzas políticas poseedoras de un gran prestigio pudo asumir la representación de prácticamente la totalidad del país. El pasado se veía como

---

[335] El doctor Vargas, candidato de la oposición que derrotó al candidato del gobierno, general Carlos Soublette, en 1835, fue elegido por sufragio en segundo grado.

[336] Para una visión jurídica del proceso de gestación de la Constitución de 1961, ver entre muchos otros, *La Constitución de 1961 y la evolución constitucional de Venezuela*, Actas de la Comisión Redactora del Proyecto, Caracas, 1971; Ambrosio Oropeza, *La nueva Constitución venezolana de 1961*, Caracas, 1971; Elena Plaza y Ricardo Combellas (coordinadores), *Procesos constituyentes y reformas constitucionales en la historia de Venezuela: 1811-1999;* y especialmente Manuel Rachadell, *El proceso político en la formación y vigencia de la Constitución de 1961*, Caracas, 2005; y Allan Brewer-Carías, *Historia Constitucional de Venezuela*, Caracas, 2008.
Ver también Gustavo Tarre Briceño, *Venezuela independiente*; Félix Otamendi Osorio y Tomás Straka (coordinadores), *La Constitución de 1961.*

algo vergonzoso y sus personeros abandonaron el país o callaron. Los sectores sociales y factores de poder que sirvieron de sustento al régimen perezjimenista se diluyeron, perdieron fuerza y representatividad y poco o nada contaban para el momento de discutir la nueva Constitución.

El país que despertó en la madrugada del 23 de enero de 1958 quería dejar atrás los atavismos históricos, rechazaba la dictadura y sus atropellos y quería construir una democracia moderna. Los partidos políticos, los sindicatos, los estudiantes, los empresarios, las iglesias, la mayoría de las Fuerzas Armadas así lo entendían y bajo el manto del consenso se empezó a discutir la nueva Constitución.

El orden jurídico anterior había sido destruido por el hecho de fuerza de la insurrección civil y militar del 23 de enero. Correspondía entonces actuar al poder constituyente originario. Sin embargo, no fue así. Elegir una Asamblea Constituyente, discutir en su seno un nuevo Texto Fundamental, aprobarlo y luego elegir o designar los nuevos Poderes Públicos habría tomado mucho tiempo y una de las aspiraciones más sentidas era la de alcanzar rápidamente la estabilidad institucional. Por ello se resolvió mantener la vigencia de la Constitución de 1953 y, siguiendo las normas que ella establecía para su reforma, se discutió y sancionó la nueva Constitución.

Afirma Ambrosio Oropeza:

Vigencia puramente teórica, porque cuando se piensa que en el momento de la instalación del nuevo gobierno que sustituye a la dictadura, no existía ninguna de las instituciones y organismos previstos organizados en conformidad con aquella Constitución...[337]

No era un camino inobjetable: la Constitución de 1953, diseñada a la medida del dictador caído, fue el producto de un fraude electoral y había significado un retroceso en relación con el texto de 1947. Los derechos políticos y sociales conquistados después del derrocamiento del general Medina Angarita se vieron, en muchos casos, conculcados. Como ya lo hemos analizado en el capítulo anterior, se trató de una organización política que daba forma jurídica al despotismo bajo el disfraz de una supuesta legalidad.

No faltó quien propusiera restablecer la vigencia de la Constitución de 1947, pero ello traía el recuerdo de los enfrentamientos que hicieron naufragar el experimento democrático del trienio y se prefirió un cambio expedito dentro de un marco constitucional espurio.

---

[337] *La nueva Constitución venezolana*, 1961, p. 131.

VII.3 EL PACTO DE PUNTOFIJO

No fue posible la escogencia de un candidato presidencial de consenso para las elecciones de 1958, pero el espíritu unitario condujo a la firma de importantes acuerdos políticos. El 30 de octubre de 1958 los tres principales partidos firmaron, en la residencia del doctor Rafael Caldera —la quinta Puntofijo— el pacto que tomó ese nombre.

> Los partidos Acción Democrática, Social Cristiano Copei y Unión Republicana Democrática, previa detenida y ponderada consideración de todos los elementos que integran la realidad histórica nacional y la problemática electoral del país, y ante la responsabilidad de orientar la opinión pública para la consolidación de los principios democráticos, han llegado a un pleno acuerdo de unidad y cooperación.

¿En qué consiste el acuerdo? El objetivo fundamental fue la defensa de la constitucionalidad y el establecimiento de un régimen producto de la soberanía popular. Como garantía de estabilidad se acordó, una vez realizadas las elecciones, la integración de un Gobierno de Unidad Nacional, es decir, con la participación de todos los partidos firmantes del acuerdo (que excluyó al Partido Comunista de Venezuela) y otros elementos de la sociedad, en la formación del Gabinete ejecutivo.

Por último, se acordó la elaboración de un programa de gobierno mínimo común. Dice el acuerdo:

> Para facilitar la cooperación entre las organizaciones políticas durante el proceso electoral y su colaboración en el Gobierno Constitucional, los partidos signatarios acuerdan concurrir a dicho proceso sosteniendo un programa mínimo común, cuya ejecución sea el punto de partida de una administración nacional patriótica y del afianzamiento de la democracia como sistema. Dicho programa se redactará por separado, sobre las bases generales, ya convenidas, y se considerará un anexo del presente acuerdo. Como este programa no excluye el derecho de las organizaciones políticas a defender otros puntos no comprendidos en él, se acuerda para estos casos la norma siguiente: ningún partido unitario incluirá en su programa particular puntos contrarios a los comunes del programa mínimo y, en todo caso, la discusión pública en los puntos no comunes se mantendrá dentro de los límites de la tolerancia y del mutuo respeto a que obligan los intereses superiores de la unidad popular y de la tregua política.

Si bien en el texto del Pacto de Puntofijo, como tampoco en el Programa Mínimo, aparece referencia alguna a la división de poderes, en su sentido jurídico no es menos cierto que la conformación de un Gobierno de Unidad Nacional constituye una división del poder y un sistema de pesos y contrapesos que, veremos más adelante, funcionó.

Este pacto, objeto hoy de una implacable campaña denigratoria, fue calificado por Juan Carlos Rey como:

... uno de los más notables ejemplos que cabe encontrar en sistema político alguno, de formalización e institucionalización de unas comunes reglas de juego, al mismo tiempo que muestra la lucidez de la élite de los partidos políticos venezolanos.[338]

No se quedó atrás Luis Castro Leiva cuando afirmó:

Se nos devolvió, el 23 de enero de 1958, el sentido de nuestra vergüenza hasta entonces perdida en la indignidad de una dictadura más. Nos vino devuelta a través del poder del sufragio y de los partidos, de aquellos partidos que conscientes de su prudencia, atentos a la inteligencia de la circunstancia, forjaron el Pacto de Punto Fijo, la decisión política y moralmente más constructiva de toda nuestra historia: no un "festín de Baltazar", ni un pacto entre mafiosos. Fue la construcción racional del camino para pasar de un voluntarismo político sectario a la realidad de la división del poder político como condición necesaria, nunca suficiente, para el funcionamiento de la democracia representativa consagrada en la Constitución de 1961.[339]

VII.4 NUEVO GOBIERNO Y PODER CONSTITUYENTE DERIVADO

El 7 de diciembre de 1958, Rómulo Betancourt fue elegido presidente de la República y en el mismo acto fue elegido el Congreso Nacional, que se instaló el 19 de enero del año siguiente.[340]

Actuando como poder constituyente derivado, las dos Cámaras Legislativas designaron comisiones para la reforma constitucional y estas acordaron trabajar conjuntamente bajo la dirección de Raúl Leoni,

---

[338] "El sistema de partidos venezolano", en *Problemas socio-políticos de América Latina*, p. 315.

[339] Discurso en la sesión solemne del Congreso para conmemorar el 40 aniversario del 23 de enero de 1958.

[340] Según la vigente Constitución de 1953, los senadores se elegían por las Asambleas Legislativas de los estados y por el Concejo Municipal del Distrito Federal, pero la Ley Electoral de 1958, aprobada por decreto de la Junta de Gobierno, estableció que los integrantes de la Cámara Alta serían elegidos por el voto popular. Este decreto encontró fundamento jurídico en el artículo 3.° del Acta Constitutiva de la Junta Militar de Gobierno del 23 de enero de 1958, en el que se atribuía a esta instancia la potestad de dictar "mediante Decreto refrendado por el Gabinete Ejecutivo, las normas generales y particulares que aconseje el interés de la República, inclusive las referentes a una nueva organización de las ramas del Poder Público", (*Gaceta Oficial* n.° 45 567).

presidente del Senado, y de Rafael Caldera, presidente de la Cámara de Diputados.[341] La comisión conjunta se instaló el dos de febrero y comenzó sus trabajos acordando tomar como base de discusión el texto de la Constitución de 1947. Los parlamentarios integrantes de la comisión, que representaban las cúpulas de las organizaciones políticas existentes, más un reducido pero notable grupo de legisladores independientes, decidieron elaborar un proyecto muy acabado de Constitución, limando entre ellos las divergencias que pudiesen existir entre los partidos, con la finalidad de llegar a las sesiones plenarias con un acuerdo político previo y evitar largos debates durante las tres discusiones a las que fue sometido el proyecto.

Dejemos la palabra a los propios miembros de la Comisión Bicameral de Reforma para que nos expliquen cómo trabajaron y por qué llegaron al acuerdo final. Dice la Exposición de Motivos de la Constitución:

> Se ha trabajado en el seno de la Comisión Bicameral con un gran espíritu de cordial entendimiento. Se ha mantenido en todo instante el propósito de redactar un texto fundamental que no represente los puntos de vista parciales, sino aquellas líneas básicas de la vida política nacional en las cuales pueda haber y exista convergencia de pensamientos y opiniones de los venezolanos. Esta idea nos ha conducido a hacer de todas y cada una de las reuniones de la Comisión, una ocasión de intercambiar puntos de vista y esforzarnos para encontrar fórmulas de aceptación común. Las deliberaciones no se han mantenido en los límites formales del debate parlamentario; han tenido más bien el carácter de conversaciones sinceras e informales, tras de las cuales hemos logrado en la mayoría de los casos una decisión unánime. Ha sido el propósito de la Comisión redactar un articulado sobrio, que no obstante su definición de cortas líneas, deje cierta flexibilidad al legislador ordinario para resolver cuestiones e injertar modificaciones que correspondan a las necesidades y a la experiencia de la República, sin tener que apelar a una reforma constitucional.

No se llegó a un texto unánime, pero las reservas que algunos miembros de la comisión tuvieron no se refieren, según el propio informe de la comisión, "al conjunto fundamental del proyecto, el cual es producto del entendimiento y acuerdo constructivo de todos los miembros y de los sectores políticos que ellos representan".

---

[341] Formaron parte de la Comisión Bicameral los senadores Raúl Leoni, Luis B. Prieto Figueroa, Lorenzo Fernández, Luis Hernández Solís, Jesús Faría, Elbano Provenzali Heredia, Ambrosio Oropeza, Ramón Escovar Salom, Martín Pérez Guevara, Carlos Febres Poveda, y Arturo Uslar Pietri; y los diputados Rafael Caldera, Jóvito Villalba, Gonzalo Barrios, Gustavo Machado, Octavo Lepage, Godofredo González, Enrique Betancourt y Galíndez, Guillermo García Ponce, Germán Briceño Ferrigni, Elpidio La Riva Mata y Orlando Tovar. El profesor José Guillermo Andueza actuó como secretario.

El 20 de agosto de 1960, el presidente de la República convocó al Congreso Nacional a sesiones extraordinarias para discutir la reforma y para el 25 de noviembre los dos cuerpos legislativos la habían aprobado, en las tres discusiones de rigor. La sanción definitiva se dio el 29 de noviembre, en sesión conjunta de las Cámaras. Unión Republicana Democrática, el Partido Comunista de Venezuela y el Movimiento de Izquierda Revolucionaria, recién surgido de una escisión de Acción Democrática, dejaron constancia de un conjunto de discrepancias que no constituyeron objeción de fondo al cuerpo constitucional.

El proyecto, según la previsión constitucional, fue enviado a las Asambleas Legislativas de los estados, fue ratificado por 18 de ellas y el 23 de enero, en sesión solemne realizada en el Salón Elíptico del Capitolio Federal, el presidente del Congreso lo declaró sancionado y el presidente de la República le puso el "Ejecútese" a la nueva Constitución y a sus disposiciones transitorias. En esa oportunidad, Rafael Caldera, presidente de la Cámara de Diputados, dijo:

> Queríamos una Constitución del pueblo y para el pueblo; una Constitución de todos y para todos los venezolanos. Para ello necesitábamos animar el espíritu de unidad nacional que caracterizó el movimiento del 23 de enero. Sabíamos que pugnas inevitables irían abriendo cauces diferentes a las inquietudes y a la acción de las parcialidades, pero comprendíamos que era indispensable guardar el terreno dentro del cual se confrontaran los diferentes criterios y se sumaran las aportaciones positivas. Y ello se logró. En la Comisión y en los debates consta el elevado espíritu que pudo mantenerse, del que hay elocuente testimonio en variadas intervenciones. Se solventaron casi siempre con amplio espíritu venezolano las comprensibles discrepancias: las que subsistieron —como no podía menos de ocurrir— no alcanzan a borrar el anchuroso espacio de las convergencias.[342]

Como hecho muy lamentable debe recordarse que el mismo día de la aprobación de la Constitución, el Congreso aprobó un Decreto de Suspensión de Garantías Constitucionales, motivado por la insurrección armada que se iniciaba.

VII.5 SIGNIFICADO DE LA NUEVA CONSTITUCIÓN

¿Qué significó la Constitución de 1961? El primer gran objetivo perseguido por quienes la elaboraron fue el establecimiento de una democracia estable. En ese sentido afirma Ambrosio Oropeza:

---

[342] Discurso del presidente de la Cámara de Diputados en el acto solemne de la firma de la Constitución, el 23 de enero de 1961.

La nueva Carta nos señala una etapa, un real movimiento revolucionario, una transformación y sustancial modificación en la historia de nuestras instituciones políticas. Si se la compara con la Constitución de 1947, apenas podrían señalarse reformas de fondo o de positiva significación. Acaso la única novedad de la nueva Constitución consiste en la manera como el constituyente supo incorporar a las instituciones una preocupación que le dominó en todo momento: la de asegurarle, mediante procedimientos puramente mecánicos y legislativos, una larga duración y, en consecuencia, una definitiva consolidación del orden democrático que las anteriores Cartas habían proclamado sin haberlo conseguido.[343]

El segundo objetivo, que retoma los grandes lineamientos de la Constitución de 1947, es el establecimiento de un Estado social de Derecho. Como bien lo dice el profesor Manuel García-Pelayo:

> ... los valores básicos del democrático-liberal, eran la libertad, la propiedad individual, la igualdad, la seguridad jurídica y la participación de los ciudadanos en la formación de la voluntad estatal a través del sufragio. El Estado social democrático y libre no solo no niega estos valores sino que pretende hacerlos más efectivos, dándoles una base y un contenido material y partiendo del supuesto de que individuo y sociedad no son categorías aisladas y contradictorias, sino dos términos en implicación recíproca de tal modo que no puede realizarse el uno sin el otro.[344]

La Constitución de 1961 fue producto de un verdadero "pacto social". Y allí está la gran diferencia con el texto de 1947. Como antes se dijo, no se trató de una imposición, sino de una sucesión de los más variados compromisos que buscaban los acuerdos más amplios. Esta fue, muy seguramente, la razón fundamental de su longevidad.

VII.6 LA TEORÍA CONSTITUCIONAL

VII.6.1 LA FORMA DE GOBIERNO

Con la Constitución de 1961, se mantiene en Venezuela la forma presidencialista de gobierno. Se establecen algunas figuras de origen parlamentario, como la responsabilidad ministerial ante los cuerpos legislativos y, como corolario, el voto de censura a los ministros. Pero esta modalidad estaba sometida a requerimientos que la hacían de muy difícil aplicación y de esa manera no se afectó el carácter presidencial del régimen. Algunos autores llegaron a plantear que se introdujo un "de-

---

[343] Ob. cit., pp. 146-147.

[344] *Las transformaciones del Estado contemporáneo*, p. 26.

bilitamiento" del Poder Ejecutivo.[345] Dijo en ese sentido el doctor José Guillermo Andueza:

> Los hombres que redactaron la Constitución de 1961 no pudieron sustraerse a la influencia del fenómeno dictatorialista. Creyeron sinceramente que debilitando el Poder Ejecutivo y fortaleciendo el Congreso, se garantizaba al país contra los peligros del restablecimiento de la dictadura. Esta tendencia, que se observa en el marcado tinte parlamentario que le dieron a las instituciones políticas, es una regresión histórica.

Huelga decir que no compartimos esta opinión. La Constitución estableció un Ejecutivo cuya fortaleza dependía del apoyo parlamentario que el partido de gobierno ostentara en el Congreso, pero nunca tuvimos un ejecutivo débil.

El constituyente quiso devolver preeminencia al Parlamento al colocarlo como el primero de los Poderes Públicos, pero esto no afectó el predominio presidencial que consagró la Constitución y que no era más que el reconocimiento de una evolución histórica que no podía ignorarse pero que quedó inserto en un intento de someter el ejercicio del poder a la propia Constitución y a las leyes.

VII.6.2 LA SEPARACIÓN DE PODERES EN EL TEXTO CONSTITUCIONAL

El texto de 1961, al tener como objetivo último el establecimiento de una democracia perdurable, tenía que instituir vallas y salvaguardas para impedir la concentración del poder en unas mismas manos y establecer los mecanismos para que, en caso de abuso, *le pouvoir arrête le pouvoir*.

En ese sentido, en el artículo 118 se lee: "Cada una de las ramas del Poder Público tiene sus funciones propias; pero los órganos a los que incumbe su ejercicio colaborarán entre sí en la realización de los fines del Estado".

División de poderes es la recomendación que dio Montesquieu para evitar la tiranía y el constituyente del 61 se atuvo a ella, pero incorporando

---

[345]　José Guillermo Andueza, *Introducción a las actas de la Comisión Redactora del Proyecto*, p. XXVI; y Allan Brewer-Carías, *Las constituciones de Venezuela*, en el "Estudio preliminar", p. 131. Debe anotarse que el profesor Andueza, en su *Balance de los treinta años de vigencia de la Constitución de 1961*, atribuye los males de la República "a la concentración de poderes en la persona del Presidente". El profesor Brewer tampoco menciona este juicio en su *Historia Constitucional de Venezuela*. Ver sobre este tema: Manuel Rachadell, ob. cit., pp. 723 y 724.

"la revisión que el concepto clásico ha recibido en el Derecho moderno".[346] Esto es, establecer que el poder se encuentra dividido, atribuido a diferentes titulares, pero que existe colaboración entre ellos para el logro de los fines del Estado.

Comentando esta disposición constitucional dijo el profesor José Guillermo Andueza:

> Cuando se analizan las fórmulas políticas que los Estados han adoptado para incorporar la separación de los poderes entre los principios fundamentales de su organización constitucional, podrá observarse que no existe en ningún caso una correspondencia entre los poderes y las funciones que les son asignadas. Ni siquiera en aquellos países que se inspiran en la doctrina de separación rígida de poderes se ha establecido esa exacta correspondencia. A cada poder se le han atribuido funciones varias y hasta heterogéneas en razón de las conveniencias políticas o de las necesidades de una adecuada organización del Estado. El propósito de todo constituyente, que trate de garantizar los derechos humanos contra los atropellos o abusos hacia los que suelen deslizarse los que detentan el poder sin ninguna cortapisa, es precisamente el de crear un conjunto de relaciones interorgánicas que obliga a los diversos poderes a cooperar entre sí "en la realización de los fines del Estado", como dice el artículo 118 de la Constitución Venezolana.[347]

¿Cuáles son las funciones que deben ser desempeñadas en un Estado? Recordemos con Carré de Malberg:

1.- Dictar normas que tengan la mayor autoridad en el orden jurídico.

2.- Ejecutar estas normas.

3.- Plantear, en caso de diferendo, decisiones específicas con fuerza de cosa juzgada.[348]

Para referirse a la potestad del Estado venezolano, nuestras constituciones han hablado, sobre todo a partir de 1901, del Poder Público. Esta noción de Poder Público, como acertadamente afirma el profesor Allan Brewer-Carías, no tiene sentido orgánico.[349] El Poder Público, por tanto, como potestad estatal no existe ni ha existido en la realidad

---

[346] Exposición de Motivos de la Constitución de 1961.

[347] "Las potestades normativas del presidente de la República" en *Estudios sobre la Constitución*, p. 2026.

[348] Citado por Charles Eisenmann en el "Informe a las Jornadas de Estudio en Homenaje a Carré de Malberg", en *Anales de la Facultad de Derecho y de Ciencias Políticas y Económicas de la Universidad de Estrasburgo*, tomo XV.

[349] *Derecho Administrativo*, tomo I, p. 214.

político-administrativa venezolana como un ente funcionante, orgánicamente considerado, sino como un concepto jurídico que representa las funciones del Estado venezolano. El Poder Público viene a constituir el reconocimiento del Estado como unidad. El poder del Estado es indivisible, aun cuando pueda aceptarse el principio de la división de los poderes, porque existe un puente de unión entre los mismos que es, en un Estado democrático, el pueblo.[350] Es este el sentido del artículo 4 de la Constitución, que dice: "La soberanía reside en el pueblo, quien la ejerce, mediante el sufragio, por los órganos del Poder Público". Ahora bien, en la evolución constitucional, el Poder Público se ha distribuido en el poder federal o nacional; el poder estadal y posteriormente —1925— el poder municipal. Las diferentes constituciones han señalado que el poder federal o nacional se divide en Legislativo, Ejecutivo y Judicial.

Por estas razones, cuando la Constitución de 1961 habla de "las ramas del Poder Público", se puede prestar a confusión y a entender que tales ramas son el poder nacional, el poder estadal y el poder municipal en vez del Poder Legislativo, el Poder Ejecutivo y el Poder Judicial. En este sentido comenta el ya citado Brewer-Carías:

> Estas "ramas" del Poder Público que la Constitución presume múltiples no pueden ser otras que el Poder Nacional, el Poder Estatal y el Poder Municipal, en el sentido de distribución del Poder Público en tres niveles de entidades territoriales, por lo que no parece correcto considerar que la referencia a "ramas del Poder Público" se hace pensando únicamente en la división del poder entre Legislativo, Ejecutivo y Judicial. Y ello particularmente porque para haberse referido a la división del poder, el constituyente habría tenido que referirse a algunas de las "ramas" del Poder Público en especial, tal como lo hicieron todos los textos constitucionales de 1901 a 1953. El Poder Nacional, por ejemplo (como rama del Poder Público, se divide en Poder Legislativo Nacional, Poder Ejecutivo Nacional y Poder Judicial, pero el Poder Público como tal, nunca podría "dividirse" en Poder Legislativo, Poder Ejecutivo y Poder Judicial.[351]

Aun cuando el antes descrito razonamiento puede considerarse asistido por la lógica y conceptualmente acertado, no creemos que sea la correcta interpretación de la norma constitucional, por las siguientes razones:

---

[350] Ver Jellineck, Georg: *Teoría general del Estado*, pp. 373-376.

[351] Ídem, pp. 216-217. Brewer agrega que el máximo tribunal admitió esta interpretación en sentencia de la Sala Político-Administrativa de 19-2-37, 6-11-37, 4-3-41 y 17-4-41.

a.- La Exposición de Motivos de la Constitución, al referirse al título IV del Poder Público dice, comentando el artículo 118: "Inmediatamente se hace la definición relativa a la separación de los poderes y a la revisión que el concepto clásico de Montesquieu ha recibido en el Derecho Moderno".

b.- El artículo 217 de la Constitución, relativo al Consejo de la Judicatura, pauta que "en él deberá darse adecuada representación a las otras ramas del Poder Público". Mal puede entenderse que el constituyente quiso dar participación en el Consejo de la Judicatura a los estados y a los municipios. Cuando el Congreso desarrolló la norma Constitucional con la Ley Orgánica del Poder Judicial, dio participación al Poder Ejecutivo Nacional y al Poder Legislativo Nacional.[352]

c.- La exposición de motivos aclara que el título IV, referente al Poder Público, abarca tanto disposiciones generales como las que fijan específicamente la competencia del Poder Nacional, tal como lo indican los artículos 122, 126, 127, 128, 129, 130, 132 y 135 de la Constitución, así como todo el capítulo II del título IV.

d.- La Corte Suprema de Justicia, en sentencias del 12 de junio de 1968, del 18 de mayo de 1972 y del 29 de mayo de 1972, hace uso de los términos "rama ejecutiva" o "rama legislativa", al referirse al artículo 118 de la Constitución[353].

En conclusión, puede afirmarse que más riguroso hubiese sido el constituyente si en vez de hablar de "ramas del Poder Público" lo hubiese hecho de "ramas del Poder Nacional".[354] En segundo lugar, para proseguir el comentario acerca del artículo 118, hay que recordar que las entidades estatales actúan en virtud de los poderes jurídicos que el derecho objetivo establece. Estos poderes son una aptitud para actuar en un sentido o en otro. ¿Cuáles son estos poderes jurídicos? La potestad o función de legislación, de gobierno y administración y jurisdiccional.[355] Si la división de poderes se hubiese establecido en la forma que la doctrina clásica denomina "rígida", habría coincidencia entre cada poder y cada función. Esta identificación entre actividad del órgano y función, considerada "ingenua" por Jellinek, no existe ni ha existido, como ya lo hemos señalado, en ninguna

---

[352] Esta observación no escapó al profesor Brewer-Carías, quien califica el artículo 217 de "contradictorio y confuso". *Derecho Administrativo,* tomo I, p. 217, nota número 29.

[353] Ver Allan R. Brewer-Carías, *Jurisprudencia de la Corte Suprema 1930-74* y *Estudios de Derecho Administrativo,* tomo I, pp. 152-157.

[354] Tal como dice el artículo 137 de la Constitución de 1947.

[355] Ver Enrique Sayagués Laso, *Tratado de Derecho Administrativo*, tomo I, pp. 34-35.

Constitución.[356] Por ello, el artículo 118 del texto de 1961, si bien atribuye a cada rama del Poder Público una función propia, establece la colaboración necesaria entre los órganos que las ejercen. En palabras de Brewer-Carías:

> ... el hecho de que cada uno de esos órganos nacionales tenga funciones propias no significa que las ejerza con carácter de exclusividad, pues no solo en su ejercicio algunas veces intervienen otros órganos, sino que su ejercicio se atribuye también a otros órganos.[357]

La Corte Suprema de Justicia fue muy clara, en sentencia del 18 de julio de 1963, al afirmar:

> Lejos de ser absoluto el principio de la separación de poderes, la doctrina reconoce y señala el carácter complementario de los diversos organismos a través de los cuales el Estado ejerce sus atribuciones que respectivamente les señalan las leyes y realizan eventualmente actos de índole distinta a las que por naturaleza les incumbe. La doctrina establece que la división de poderes no coincide con la división de funciones, pues corrientemente se asignan al poder legislativo potestades típicamente administrativas y aun jurisdiccionales y al poder judicial funciones administrativas...[358]

Debe señalarse, además, que la colaboración de los poderes va más allá, puesto que un poder puede interferir o intervenir en la función de otro, lo que confirma el carácter complementario de los mismos. A manera de ejemplo podemos señalar que la Constitución atribuye al Congreso una serie de actos que son materialmente administrativos. No se trata solo de los actos administrativos relativos a la organización y funcionamiento internos de las Cámaras, sino fundamentalmente actos de control sobre la Administración Pública por la vía de las autorizaciones y por la vía de la fiscalización.[359] Esto sin olvidar dos atribuciones constitucionales de orden netamente administrativo, como son: "Autorizar a los funcionarios o empleados públicos para aceptar cargos, honores o recompensas de gobiernos extranjeros" (ordinal 3.⁰ del artículo 150) y "Acordar a los venezolanos ilustres que hayan prestado servicios eminentes a la República, los honores

---

[356] *Teoría General del Estado*, p. 461.

[357] *Derecho Administrativo*, tomo I, p. 220.

[358] Allan R. Brewer-Carías, *Jurisprudencia de la Corte Suprema 1930-74* y *Estudios de Derecho Administrativo*, tomo I, p. 151.

[359] Ver los artículos 126, 139 y 150 ordinales 2, 4, 5, 6 y 7; 153 ordinal 2; 160, 179 ordinal 7; 191, 197, 199, 231, 234 y 236 de la Constitución.

del Panteón Nacional..." (ordinal 9.^{0} del mismo artículo, que se refiere a las atribuciones del Senado).[360]

Igualmente debe mencionarse la potestad concedida al presidente en el ordinal 8.^{0} del artículo 190, de "dictar medidas extraordinarias en materia económica y financiera cuando así lo requiera el interés público y haya sido autorizado por el Congreso para ello por ley especial". Mucho se ha discutido en la doctrina si en cumplimiento de este artículo el Congreso de la República estaba "delegando" parcialmente su función, o estaba "habilitando" al presidente para dictar decretos con el rango y la fuerza de la ley formal. Desde el punto de vista de la colaboración de los poderes, se trata, en el ámbito económico exclusivamente y con carácter excepcional, de permitir esta invasión de la función legislativa por un lapso determinado y para temas expresamente delimitados por el propio Parlamento. Mecanismos como este existen en todas las constituciones democráticas y encontraron su origen en la Primera Guerra Mundial, cuando la lentitud y complejidad de los procedimientos parlamentarios se convirtieron en un obstáculo para efectuar los cambios económicos que la contienda bélica requería con la mayor celeridad.

VII.6.3 IGUALDAD ENTRE LOS PODERES Y COLABORACIÓN DE FUNCIONES

La colaboración de poderes establecida en la Constitución no implica estricta igualdad entre los poderes. En el papel, la Constitución venezolana da primacía al Poder Legislativo, lo que puede evidenciarse de los siguientes elementos:

1.- El orden del articulado coloca al Parlamento como el primero de los Poderes Públicos.

2.- El Poder Legislativo puede controlar al Ejecutivo y censurar a los ministros, pero el gobierno no puede disolver el Parlamento.

3.- El Congreso nombra a los magistrados de la Corte Suprema de Justicia.

4.- Muchas importantes atribuciones del Poder Ejecutivo, como ya se dijo, están condicionadas a la previa autorización del Congreso.

5.- El Congreso aprueba el Presupuesto.

---

[360] Sobre los actos de administración atribuidos al Poder Ejecutivo ver Jesús Rondón Nucete, *"Atribuciones constitucionales del Congreso Nacional"* en *Revista de la Facultad de Derecho*, n.° 15, diciembre de 1967, pp. 127-147, Universidad de los Andes.

Esta preeminencia fue un hecho querido por el constituyente. El doctor Rafael Caldera, copresidente de la Comisión Redactora de la Constitución, lo corrobora de la forma siguiente:

> Cuando se elaboró la Constitución vigente se hicieron algunas reformas de importancia en cuanto a la rama legislativa del Poder Público. Podría enumerar algunas: se aumentó la autoridad del Congreso en cuanto a numerosos actos de la administración, se aumentaron la atribuciones privativas de ambas cámaras, se fortaleció la inmunidad parlamentaria, se alargó el tiempo de sesiones que puede llegar prácticamente a todo el año y que antes solo ocupaba de tres a cuatro meses, se vigorizó el papel de las comisiones, que hay que vigorizarlo más, se suprimió la exigencia de las tres discusiones para cada proyecto de ley en cada Cámara, se institucionalizó la Comisión Delegada.[361]

Lo que sí puede afirmarse, además, es que el Poder Legislativo es ejercido exclusivamente por el Parlamento, con la única excepción de la posible legislación gubernativa en el ordinal 8.° del artículo 190 de la Constitución. Esto, si se entiende que el Poder Legislativo es el poder de dictar normas de rango legal (no nos referimos a la totalidad de la función normativa que abarca sin duda al poder reglamentario).

Participan del Poder Legislativo los individuos o cuerpos de quienes la Constitución exige el consentimiento para la entrada en vigor de normas legales. Solo el consentimiento constituye un elemento del acto legislativo. Cualquier otra intervención en el proceso de elaboración de la ley, ya sea desde un punto de vista jurídico o meramente material, no confiere a su autor una participación en el Poder Legislativo. Así quedan excluidos del Poder Legislativo quienes tienen la iniciativa (art. 165 de la Constitución) y quienes intervienen en los debates pero no deciden (art. 170 de la Constitución). Pero también se excluye al presidente de la República, quien solo dispone de un veto suspensivo y las normas legales pueden ser aprobadas sin su consentimiento una vez que se ha agotado su facultad de oposición al proyecto de ley.[362]

No escapa a nuestra atención que un sector de la doctrina considera que el veto suspensivo constituye una derogación a la especialización funcional, porque permite la injerencia del Ejecutivo en la función legislativa. Así dice Michel Troper:

> Ciertamente, el Cuerpo Legislativo tiene la posibilidad de dictar leyes sin el consentimiento del Rey —se refiere a la Constitución francesa de 1791—,

---

[361]   "Democracia y reforma del Estado", Entrevista de Alfredo Peña, p. 446.

[362]   Ver Carré de Malberg, *Contribution à la Théorie Générale de L'État*, tomo II.

pero solo puede hacerlo después de un cierto plazo. El acuerdo del Rey tiene por resultado el precipitar la fecha de entrada en vigencia de la Ley. Su oposición, por el contrario, retarda ese momento. Se puede entonces considerar que el monarca participa en la decisión. Pero hay más. Para ciertas leyes urgentes, la negativa del Rey puede impedir el que se dicte la Ley, si las circunstancias que la motivan duran menos que la negativa del Rey... [363]

A pesar de que estos argumentos pueden parecer atractivos, creemos que el ejercicio del derecho de veto suspensivo por parte del Poder Ejecutivo es una facultad que busca impedir la acción de la función legislativa. Es la faculté d'empêcher prevista por Montesquieu frente a la facultad de estatuir que tiene el Parlamento. El veto suspensivo expresa un poder de resistencia temporal, que evidencia *per se* la ausencia de participación en el ejercicio de la función.

VII.6.4   LOS TRATADOS INTERNACIONALES

También es un aspecto de especial interés desde el punto de vista doctrinario la participación en la conducción de las relaciones exteriores, en lo concerniente a la aprobación, mediante ley especial, de los tratados o convenios internacionales que celebre el Ejecutivo Nacional.[364] En virtud del ordinal 5.° del artículo 190 de la Constitución, corresponde al presidente de la República la dirección de las Relaciones Exteriores de la República, lo que conduce a que sea esta rama del Poder Público la encargada de negociar y firmar los tratados. Ahora bien, la firma del tratado precisa el contenido de la voluntad de los Estados pero no hace obligatorio el cumplimiento de las formas jurídicas contenidas en el acuerdo.[365] Para ello se requiere la ratificación, es decir, la aprobación dada al tratado por los órganos internos competentes para comprometer internacionalmente al Estado.[366] El reparto de competencias entre el Ejecutivo y el Legislativo en esta materia es el derecho común de la mayoría de los Estados.[367]

---

[363]   *La Séparation des Pouvoirs et l'Histoire Constitutionnelle Française.* p. 34. Ver en el mismo sentido Léon Duguit, *La Séparation des Pouvoirs et la Constitution Française de 1791;* y Maurice Hauriou, *Précis de Droit Constitutionnel*, p. 208. El presidente Luis Herrera Campíns parece participar de este criterio, pues al solicitar, el 30 de diciembre de 1980, la reconsideración por parte del Congreso de la Ley de Procedimientos Administrativos, declaró que fundamentaba esta solicitud en el artículo 118 de la Constitución (separación de poderes).

[364]   Artículo 128 de la Constitución.

[365]   Charles Rousseau, *Droit International Public,* t. I, p. 88.

[366]   Ibídem.

[367]   Ídem, p. 95.

En los Estados Unidos, como lo vimos en capítulo anterior, la intervención del Senado es más que una aprobación. El *treaty-making-power* está repartido entre la Cámara Alta y el presidente. Este puede ratificar los tratados con la previa opinión y el consentimiento del Senado (*with the advice and consent of the Senate*).

Venezuela ha seguido más bien la fórmula en la Constitución belga de 1831. Dice Andrés Aguilar (comentando la normativa contenida en la Constitución del 61):

> Son muy amplias las facultades que tiene el Presidente de la República en materia de tratados. Bajo su dirección se desarrolla el proceso de negociación de estos instrumentos, con su aprobación se firman y se cumplen las formalidades necesarias para su perfeccionamiento, y si bien, como regla general, se requiere la aprobación del Congreso para su ratificación (art. 128), la oportunidad en que deba ser promulgada la ley aprobatoria de un tratado (art. 176) y por ende la ratificación misma, corresponde al Primer Magistrado de la Nación.

Dice Carré de Malberg que:

> … el tratado autorizado por las Cámaras permanece como obra exclusiva del Presidente. Sin duda, es a través de una ley que las Cámaras acordaron al Presidente la autorización de ratificar. Pero esta Ley no tiene por objeto ratificar por sí misma el tratado, ella se limita a habilitar al Presidente para el acto de ratificación y a hacerlo solo. Resulta entonces que este acto no es un acto legislativo y que el tratado no es una Ley. Como no es ley el decreto dictado por el Presidente en ejecución de una Ley, es decir mediando habilitación legislativa. Pero la ratificación del tratado y el tratado mismo permanecen, tanto el uno como el otro son un acto administrativo; el acto es administrativo porque tiene por autor verdadero una autoridad administrativa y porque se realiza en ejecución de una Ley.[368]

Frente a este argumento cabe, en primer lugar, preguntarse si las competencias del Congreso en esta materia pertenecen a la función legislativa desde un punto de vista material; y aun desde el ángulo meramente formal, es pertinente plantear el carácter anómalo de una ley para la cual el Poder Ejecutivo tiene el monopolio de la iniciativa. Puede concluirse que, en lo concerniente a la ley que autoriza la ratificación de un tratado, el jefe del Estado es coautor del texto legal, puesto que no hay ley de autorización

---

[368] Raymond Carré de Malberg, *Contribution á la Théorie Générale de l' Etat*, tomo I, p. 540, nota n.° 10.

si el Ejecutivo no toma la iniciativa. Se trata entonces de un caso evidente de colaboración de poderes.[369]

VII.6.5 VOTO DE CENSURA Y RESPONSABILIDAD POLÍTICA

No debe dejar de mencionarse, al hablar de la separación de poderes en la Constitución de 1961, el voto de censura a los ministros. Interesa este punto por cuanto es característica esencial de la teoría que comentamos la "irrevocabilidad recíproca" como garantía de la independencia. Sin embargo, reza el artículo 153 de la Constitución:

> Son atribuciones de la Cámara de Diputados: Ordinal 2.°: Dar voto de censura a los Ministros. La moción de censura solo podrá ser discutida dos días después de presentada a la Cámara, la cual podrá decidir, por las dos terceras partes de los Diputados presentes, que el voto de censura acarrea la remoción del Ministro. Podrá, además, ordenar su enjuiciamiento.

La moción de censura, cuyo desarrollo práctico analizaremos más adelante, encuadra dentro del control que el Parlamento ejerce sobre la marcha de la Administración y sobre el Poder Ejecutivo en general. Este control es parte integrante del juego de "pesos y contrapesos", *checks and balances,* que existe entre los poderes para impedir la arbitrariedad. Afirma por otra parte Michel Troper que las constituciones que se fundamentan en la separación de poderes excluyen la responsabilidad política, admitiendo solo la responsabilidad penal, que no afecta la independencia de los ministros. La responsabilidad política existiría solamente en los regímenes parlamentarios o de Asamblea.[370]

El sistema de colaboración de poderes previsto en el artículo 118 conduce a otra situación.

El artículo 139 de la Constitución establece:

> "El Congreso ejerce también el control de la Administración Pública Nacional en los términos establecidos por esta Constitución" y los artículos 160 y 161 del mismo Texto Fundamental asignan al Parlamento amplias competencias investigativas, indicando que estas facultades de investigación no afectan las atribuciones del Poder Judicial. Ahora bien, si la Constitución atribuye al Congreso la facultad de controlar la Administración y a estos efectos dota al Parlamento de amplias facultades investigativas, este control debe producir un resultado. El resultado está expresamente previsto

---

[369] Michel Troper, *La Séparation de Pouvoirs et l'Histoire Constitutionnelle Française,* p. 38.

[370] *La Séparation des Pouvoirs et l'Histoire Constitutionnelle Française, p. 82.*

en el texto constitucional en lo referente al establecimiento de responsabilidad política y penal de los ministros en el artículo 153 antes citado. Igualmente queda claro el concepto de responsabilidad penal del presidente de la República, cuando la Constitución, en el artículo 150, ordinal 8.°, faculta al Senado para autorizar su enjuiciamiento.

Maurice Duverger define la responsabilidad penal como "la posibilidad que tienen las Cámaras de acusar a los Ministros ante un Tribunal por falta cometida en el ejercicio de sus funciones".[371] ¿Puede el Congreso establecer otras responsabilidades distintas a las expresamente previstas en la Constitución? La respuesta no puede ser sino afirmativa, ya que las facultades de investigación se refieren a toda la Administración Pública e incluso a particulares y el poder de control se ejerce sobre la Administración Pública Nacional. Se puede, por lo demás, agregar que el establecimiento de responsabilidades es inherente al constitucionalismo democrático y que es una consecuencia de este tipo de organización política. El poder de un órgano en un Estado de Derecho implica necesariamente la responsabilidad de ese órgano. Así lo establece la Constitución de 1961 y, de no ser así, nos hubiésemos encontrado en presencia de un régimen arbitrario. Por lo tanto, se puede invocar el principio de la responsabilidad, aun cuando los textos no agencien su aplicación de una manera clara o satisfactoria. Dice al respecto el tratadista venezolano Allan Randolph Brewer-Carías:

> Tal como se ha señalado anteriormente, las modalidades de control sobre la Administración Pública son muy variadas, como consecuencia de la consagración del Estado de Derecho y de la responsabilidad, tanto de la Administración como de los funcionarios públicos. Todos los órganos estatales a los cuales se atribuyen potestades control, necesariamente, tienen que apreciar y declarar la responsabilidad de los funcionarios públicos, aun cuando tal declaratoria tenga variados y diferentes efectos. Insistimos, no tendría sentido controlar sin poder apreciar la responsabilidad. Así como la consagración de un Estado responsable, de una Administración responsable y de unos funcionarios responsables, como garantía del Estado de Derecho, da origen a las potestades de control. Así mismo, no tendría sentido el que ciertos órganos estatales puedan controlar a la Administración sin poder apreciar y declarar la responsabilidad en la cual el Estado o los funcionarios hubieran incurrido.[372]

[371] *Institutions Politiques et Droit Constitutionnel*, p. 167.

[372] Allan R. Brewer-Carías, "Aspectos del control político sobre Administración Pública" en *Revista de Control Fiscal*, pp. 125-126, número T01, abril-mavo-junio 1981.

Dice el profesor francés Pierre Avril que esa responsabilidad significa que:

> ... toda persona investida de un mandato electivo que le confiere la condición de órgano del Poder Público, está en la obligación, primero de rendir cuenta de sus actos y segundo de asumir las consecuencias. Se trata de una exigencia de la democracia representativa. Puesto que el poder se ejerce en nombre del pueblo, el pueblo debe estar en condición de controlar su ejercicio con el fin de que la renovación ulterior del poder pueda efectuarse en forma válida. Es entonces responsable políticamente quien ejerce funciones de dirección política.[373]

Así queda establecido en el Derecho Constitucional británico en una convención constitucional, cuya formulación se remonta a 1873. En esa fecha, el *Chancellor of the Exchequer* (ministro de Finanzas) trató de evadir su responsabilidad en relación con una irregularidad administrativa que investigaba la Cámara de los Comunes, descargándose de ella sobre uno de sus subalternos, de apellido Scudamore. Un diputado, Bernal Osborne, pidió la palabra y declaró: "La Cámara no tiene nada que ver con el señor Scudamore. Él no responde ante nosotros. Solo debemos mirar a los jefes de los Departamentos".[374] El subalterno no responde tampoco cuando él no ha decidido. Nos acercamos así a la noción de responsabilidad civil: no responde, es decir, la falta no puede ser imputada sino a aquel que disponga de una voluntad razonable y libre.

La declaratoria de responsabilidad política es la constatación de una disconformidad entre el órgano político-parlamentario y el órgano político-electo del Poder Ejecutivo, es decir, el presidente de la República, así como los órganos directos del presidente de la República: los ministros.[375] Solo puede establecerse la responsabilidad política del presidente de la República y de los ministros. Caso distinto es el de la responsabilidad administrativa. Dice al respecto Brewer-Carías:

> Si algún aspecto es claro respecto del ámbito de las potestades parlamentarias de control sobre la Administración Pública es este de la apreciación y declaración de la responsabilidad administrativa. El control investigativo en efecto no tendría sentido, si no existiese la posibilidad de apreciar y declarar la responsabilidad administrativa de los funcionarios por las irregularidades o violaciones legales o reglamentarias que hubiesen cometido en el ejercicio de sus funciones. También en este caso, la declaratoria de responsabilidad administrativa tiene efectos políticos y carece de otros efectos legales específicos. En el ordenamiento jurídico venezolano, por ejemplo, solo el auto de responsabilidad administrativa dictado por la Contraloría General de la

---

[373] "Pouvoir et Responsabilité", en *Mélanges offerts à Georges Burdeau*, pp. 11.

[374] Citado por S.E. Finer, "The Moving Target", *New Society*, julio de 1975.

[375] Ver Brewer-Carías, ob. cit., p. 128.

República (artículo 82 de su ley orgánica) produce la inmediata destitución del funcionario. Por ello, la declaratoria de responsabilidad administrativa que pronuncien los órganos legislativos respecto de los funcionarios públicos se hace sin perjuicio de las facultades de la Contraloría General de la República como órgano que goza de autonomía funcional.[376]

Es obvio que el control del Congreso se ejerce en relación con el respeto de la ley por parte de la Administración y que si el Parlamento puede investigar las irregularidades administrativas, tiene el poder de apreciar y declarar la responsabilidad de quienes hayan incurrido en ellas. No tendría sentido, de no ser así, el poder de control y de investigación del Congreso.[377]

En relación con el control político y específicamente con la moción de censura, que plantea un caso interesante de revocación de órganos de un poder por decisión de un órgano de otro poder, dice el profesor José Guillermo Andueza:

El control político supone un juicio técnico y un juicio político. Las Cámaras, antes de proceder a emitir su juicio político, tienen que recabar toda la información necesaria que fundamente la decisión contralora. Para ello se valen de las preguntas, de las interpelaciones, de las mociones y de las encuestas y de las comisiones permanentes y de investigación. El resultado de la investigación puede llevar a la Cámara de Diputados a votar una moción de censura contra el Ministro. Si esta moción es aprobada por las dos terceras partes de los Diputados presentes se produce la remoción del Ministro. El arma del voto de censura para el control de la administración supone un uso moderado y ponderado. El uso abusivo de este recurso provoca inestabilidad política, tan necesitada en estos países en vía de desarrollo, además de que desprestigia el arma más importante del control político. Sin embargo, la necesidad de obtener un voto calificado de las dos terceras partes de los Diputados presentes para que la censura acarree la remoción del Ministro hace bastante ineficaz, en la práctica, esta arma de control. Resulta sumamente difícil reunir los votos necesarios para obtener la remoción. En la historia política de Venezuela no se conoce el caso de un Ministro que haya sido censurado por las dos terceras partes de los Diputados presentes.[378]

La práctica y la realidad política durante el segundo mandato del doctor Rafael Caldera reveló otras visiones: en los períodos presidenciales

---

[376] Ob. cit., p. 128.

[377] Ver en este sentido el debate parlamentario en torno al caso Sierra Nevada, *Gaceta del Congreso*, tomo X, marzo-diciembre 1980, pp. 58 a 382. El Congreso de la República declaró la responsabilidad política del expresidente Carlos Andrés Pérez y la responsabilidad administrativa y política de otros funcionarios.

[378] *El Congreso*, p. 67. Debe recordarse que este texto fue escrito en 1974.

anteriores, la Cámara de Diputados censuró a varios ministros, pero nunca se alcanzó la mayoría calificada exigida para imponer la remoción del funcionario censurado. Esto ocurrió por primera vez en la vigencia de la Constitución, en el año 1995, durante el segundo gobierno del presidente Rafael Caldera. En ocasión de una crisis sanitaria grave ocurrida en el estado Zulia, la Cámara de Diputados, por primera vez en 1995, le impuso el voto de censura y removió por la mayoría calificada exigida, al ministro de Sanidad, doctor Carlos Walter. Después de ello varios ministros, ante la inminencia de votos de censura, renunciaron antes de que el Parlamento acordara su remoción.

El autor venezolano Ambrosio Oropeza no coincide con lo antes expuesto. Afirma que no hay realmente control político sobre la manera de desempeñar la función, sino solamente la normal responsabilidad penal, reanudando una antigua tradición de las constituciones federalistas del siglo pasado. Para Oropeza, miembro de la comisión redactora del proyecto de Constitución, la norma contenida en el artículo 153 es "parecida" a la disposición de la Constitución de 1936 en virtud de la cual el voto de censura contra los ministros no surtía efecto alguno mientras la Corte Federal y de Casación no hubiese declarado que había motivo legal para someterlos a juicio. "El voto de censura sancionaba solamente los actos delictuosos de los Ministros y de ninguna manera la responsabilidad política de los regímenes parlamentarios".[379]

Hauriou, por su parte, comentando las instituciones de la Tercera República francesa, sostenía que la responsabilidad por falta política podía presentarse bajo dos aspectos:

1.°) bajo forma criminal, cuando se solicita la intervención de la jurisdicción penal y que una pena puede ser aplicada como solución; 2.°) bajo forma parlamentaria, cuando la única sanción es la pérdida del poder.[380] Nuestra Constitución establecía directa o indirectamente la existencia de responsabilidades políticas, penales, administrativas y disciplinarias[381] en las que intervienen las tres ramas del Poder Público. Para determinar la naturaleza de la responsabilidad hay que analizar la naturaleza del acto que la acarrea, quedando los procedimientos y la naturaleza de la sanción como consecuencia de dicha determinación.

---

[379] *La nueva Constitución venezolana, 1961*, p. 434.
[380] *Précis de Droit Constitutionnel*, p. 414.
[381] Artículos 3, 46, 121, 153 y 220.

VII.6.6 INDEPENDENCIA Y AUTONOMÍA DEL PODER JUDICIAL

En lo concerniente al tercer poder, el Judicial, la Constitución de 1961 pretende asegurar su independencia.

El Poder Judicial, dice la Constitución, se ejerce por la Corte Suprema de Justicia y por los demás tribunales que determine la ley orgánica y, a continuación, se agrega que en el ejercicio de sus funciones los jueces son autónomos e independientes de los órganos del Poder Público. (Incidentalmente anotamos que aquí debería decir "independientes de los otros órganos del Poder Público").

Pauta la Constitución que para asegurar la idoneidad, estabilidad e independencia de los jueces, deberá crearse la carrera judicial. También como garantía de la independencia, los jueces no podrán ser removidos ni suspendidos en el ejercicio de sus funciones, sino en los casos y mediante el procedimiento que determine la ley.

A la cabeza del Poder Judicial se encuentra la Corte Suprema de Justicia, que es el más alto tribunal de la República. Las modalidades de designación y la estabilidad en el cargo se establecen como mecanismos para garantizar la independencia. En efecto, el período de los magistrados, que son designados por el Congreso, es de nueve años, es decir, cuatro más que los titulares de otros poderes, y su renovación se efectúa por terceras partes, cada tres años. De esta manera se evita que una mayoría circunstancial en el Parlamento pueda trastocar la integración del tribunal.

De las atribuciones de la Corte Suprema de Justicia, nos interesan especialmente las siguientes:

1. Declarar si hay o no mérito para el enjuiciamiento del presidente de la República o quien haga sus veces, de los miembros del Congreso o de la propia Corte, de los ministros, el fiscal general, el procurador general o el contralor general de la República, los gobernadores y los jefes de misiones diplomáticas. Se trata de una contravención al principio clásico en virtud del cual los poderes no pueden revocarse entre ellos, pero en la práctica es una garantía en contra del abuso de poder.

2. Declarar la nulidad total o parcial por inconstitucionalidad de las leyes nacionales y demás actos de los cuerpos legislativos.

3. Declarar la nulidad de los reglamentos y demás actos del Ejecutivo Nacional cuando sean violatorios de esta Constitución.

4. Declarar la nulidad de los actos administrativos del Ejecutivo Nacional, cuando sea procedente.

Por último, la jurisdicción contencioso-administrativa corresponde a la Corte Suprema de Justicia y a los demás tribunales que determine la ley y será competente para anular los actos administrativos generales o individuales contrarios a derecho, incluso por desviación de poder; condenar al pago de sumas de dinero y a la reparación de daños y perjuicios originados en responsabilidad de la administración y disponer lo necesario para el restablecimiento de las situaciones jurídicas subjetivas lesionadas por la actividad administrativa.

La Ley Orgánica de la Corte Suprema de Justicia de 1976 trajo cambios importantes en el funcionamiento de la justicia constitucional: en primer lugar, la Sala Plena, integrada por todos los magistrados de la Corte, asumió las atribuciones de control concentrado de constitucionalidad de las leyes u otros actos de igual rango, que hasta entonces compartía con la Sala Político-Administrativa del mismo tribunal. En segundo lugar, se confirmó la acción popular en su sentido más amplio y se estableció la ausencia de lapsos de caducidad para los recursos de inconstitucionalidad. El principio de pesos y contrapesos recibió de esta manera un mayor impulso.

Con el objeto de asegurar la independencia, eficacia, disciplina y decoro de los tribunales y de garantizar a los jueces los beneficios de la carrera judicial, se crea un Consejo de la Judicatura, en cuya integración "deberá darse adecuada representación a las otras ramas del Poder Público". Este organismo solo pudo constituirse en 1969, en la oportunidad en que fue aprobada la Ley Orgánica del Poder Judicial. Durante los ocho años anteriores sus funciones fueron ejercidas, con base en las disposiciones transitorias de la Constitución, por el Poder Ejecutivo, lo que, sin duda, constituía una indebida injerencia de un poder en el funcionamiento de otro.

El Ministerio Público está incluido en el título correspondiente al Poder Judicial y velará por la exacta observancia de la Constitución y de las leyes. Estará a cargo y bajo la dirección y responsabilidad del fiscal general de la República, que será elegido por las Cámaras reunidas en sesión conjunta dentro de los treinta días de cada período constitucional.

Entre las atribuciones del Ministerio Público destacamos:

1. Velar por el respeto de los derechos y garantías constitucionales.

2. Velar por la celeridad y buena marcha de la administración de justicia y por que en los tribunales de la República se apliquen rectamente las leyes en los procesos penales y en los que estén interesados el orden público y las buenas costumbres.

3. Ejercer la acción penal en los casos en que para intentarla o proseguirla no fuere necesario instancia de parte, sin perjuicio de que el tribunal proceda de oficio cuando determine la ley.

4. Velar por el correcto cumplimiento de las leyes y la garantía de los derechos humanos en las cárceles y demás establecimientos de reclusión.

5. Intentar las acciones a que hubiere lugar para hacer efectiva la responsabilidad civil, penal, administrativa o disciplinaria en que hubieren incurrido los funcionarios públicos con motivo del ejercicio de sus funciones.

Como se deduce de esta lectura, el constituyente de 1961 puso un especial empeño en establecer la autonomía del Poder Judicial, garantizado su independencia y dotándolo de atribuciones muy completas para lograr el cumplimiento de la Constitución y evitar los abusos en los que pudieran incurrir los demás Poderes Públicos.

El punto clave, para que la autonomía no se quedara en la mera letra, está en la designación de los magistrados de la Corte Suprema, del Consejo de la Judicatura y del fiscal general. Veremos más adelante qué ocurrió entre 1961 y 1999.

VII.6.7 ÓRGANOS CON AUTONOMÍA FUNCIONAL

Para terminar con el análisis jurídico hay que agregar que existían, en el ordenamiento venezolano, órganos que no encajan dentro de los poderes Legislativo, Ejecutivo y Judicial. Tal sería el caso del Consejo Supremo Electoral, de la Fiscalía General de la República, de la Contraloría General de la República, del Consejo de la Judicatura.

Dice Brewer-Carías:

Estos órganos tienen autonomía funcional, en el sentido de que no tienen dependencia jerárquica con ninguno de los tres órganos clásicos del Estado. Su configuración viene a romper, desde el punto de vista administrativo, la trilogía de separación orgánica de poderes que recoge la Constitución, pues muy difícilmente pueden ubicarse dentro de los tres poderes clásicos.[382]

Tal fue la situación de la teoría de la división de poderes en la Constitución de 1961 desde un punto de vista jurídico. Corresponde ahora analizar los efectos que las normas produjeron en la práctica.

---

[382] *Introducción al Estudio de la Organización Administrativa Venezolana*, pp 10-14.

VII.7 LA PRAXIS (1961-1999)[383]

Hemos examinado, siguiendo la distinción de Hermann Heller, la Constitución contenida en la norma; veamos ahora la Constitución real.[384] Entramos en lo que Jellinek llamaba "el valor normativo de lo fáctico".

VII.7.1 LAS VARIANTES INTRODUCIDAS POR LA CORRE-LACIÓN DE FUERZAS EN EL CONGRESO

Parece posible visualizar en Venezuela, durante la vigencia de la Constitución de 1961, dos sistemas políticos diferentes, productos de un mismo ordenamiento jurídico-constitucional. Esta situación no es inusual en el estudio de la historia constitucional y del derecho constitucional comparado.

En efecto, observamos que el principio de la separación y colaboración entre las distintas ramas del Poder Público que hemos venido comentando produjo, en la Venezuela de los cuarenta años de la República civil, "sistemas de gobierno" diferentes según fuera la correlación de fuerzas existente en el Congreso.

Si el partido o coalición de partidos que sustentaba el Ejecutivo poseía mayoría parlamentaria, nos encontrábamos en presencia de gobiernos fuertes, poderosos, aptos para decidir y, en consecuencia, para enfrentar los problemas del país, pero, a su vez, proclives al abuso originado por una acción no susceptible de ser controlada: *Le pouvoir n'arrêtait pas le pouvoir.*

La existencia de partidos disciplinados llevaba a que una sola voluntad, la del presidente de la República, líder del partido de gobierno, tendiera a controlar tanto el Poder Legislativo como el Poder Ejecutivo, e incluso el Poder Judicial. Se trataba, sobre todo en el caso de gobierno de un partido mayoritario, de lo que Maurice Duverger ha denominado "la monarquía repúblicana" y Arthur M. Schlesinger, "la Presidencia imperial". Estos autores no limitan esta nueva concentración del poder a un apoyo mayoritario en el Parlamento. Recuerdan que en la psicología popular, en buena parte gracias a los medios de comunicación, la gente suelen encarnar la autoridad en quien ocupa la máxima jerarquía del Estado. El presidente responde por todo y de él se espera todo. A ello se agrega, como lo constató Montesquieu, la tendencia natural del ser humano a abusar del poder que

---

[383]   Sobre este período, ver *La democracia traicionada. Grandeza y miseria del Pacto de Punto Fijo*, de Carlos Raúl Hernández y Luis Emilio Rondón.

[384]   Ver *Teoría general del Estado.*

recibe, a que se manifiesten instintos de dominación. Quienes aspiran a estas altas funciones, por su propia psicología, gustan dominar e imponer. Desarrollan una propensión mesiánica. Puede uno imaginar, nos recuerda Duverger, que un santo que llegue al poder lo usaría para alcanzar un mundo más justo, más igualitario y más humano. Pero ocurre que los santos no buscan el poder, ni están dispuestos a usar los medios que se requieren para alcanzarlo. Schlesinger, por su parte, destaca el carácter plebiscitario de la Presidencia imperial, que ya no responde al Congreso, sino al pueblo en el momento de las elecciones. No escapó Venezuela, durante la vigencia de la Constitución de 1961, a esta tendencia mundial, aunque no sobra recordar que las características personales de cada uno de los sucesivos presidentes también tuvieron una incidencia importante. No eran iguales Rómulo Betancourt y Raúl Leoni; ni Rafael Caldera y Luis Herrera Campíns. Tampoco eran exactamente similares el Carlos Andrés Pérez de 1974 y el de 1989.

En esta hipótesis de un presidente con mayoría parlamentaria, hay que distinguir los gobiernos de coalición de los gobiernos unipartidistas. En los primeros encontramos un Ejecutivo fuerte, pero el poder del presidente se ve limitado por la necesaria consulta a los partidos que integran la coalición. Una vez tomada la decisión, la unión de partidos, mayoritaria en el Congreso, impone su punto de vista en claro desequilibrio de poderes, pero con un no desestimable freno a la tentación de abusar.

Tal fue el gobierno del presidente Rómulo Betancourt, de marzo de 1959 a febrero de 1962. La llamada coalición de "Puntofijo" estuvo formada por los partidos Acción Democrática, Copei y Unión Republicana Democrática. A fines de 1960, esta última organización se retira de la alianza gubernamental. Es de hacer notar que el partido Acción Democrática era mayoritario en el Congreso y que numéricamente no requería apoyo.[385] Sin embargo, con carácter previo a las elecciones se había firmado el Pacto de Puntofijo, destinado a preservar el sistema democrático y en virtud del cual todos los partidos políticos se comprometieron, cualquiera que fuere el ganador, a participar en el gobierno sin que ninguno de ellos prevaleciera en el Consejo de Ministros "cuando menos por tanto tiempo como perduren los factores que amenazan el ensayo republicano iniciado el 23 de enero". El pacto incluía la siguiente cláusula:

---

[385]   AD contaba con 32 senadores y 73 diputados; URD, 11 y 34; Copei, 6 y 19; y el PCV, 2 y 7.

Todas las organizaciones políticas están obligadas a actuar en defensa de las autoridades constitucionales en caso de intentarse o producirse un golpe de Estado, aun cuando durante el transcurso de los cinco años las circunstancias de la autonomía que se reservan dichas organizaciones hayan podido colocar a cualquiera de ellas en la oposición legal y democrática al gobierno.

La mayoría de la coalición gubernamental se fue desintegrando por la salida de URD del gobierno y por las sucesivas divisiones de Acción Democrática. Hasta que en febrero de 1962 se separó de ese partido el llamado grupo "ARS" y la coalición de gobierno pierde la mayoría en la Cámara de Diputados (55 votos frente a 78 de la oposición). Pero el hecho que nos interesa es que desde el inicio del gobierno hasta la pérdida de la mayoría parlamentaria, las decisiones tomadas por el Ejecutivo con acuerdo de los partidos coaligados son luego respaldadas por el Poder Legislativo.

Para el período constitucional siguiente se repite una coalición gubernamental, con un presidente de Acción Democrática. Copei no participa en el gobierno y es reemplazado por Unión Republicana Democrática y el Frente Nacional Democrático.[386] En marzo de 1966 el FND se retira del gobierno pero le sigue brindando su apoyo parlamentario. Iniciándose el año de 1968 vuelve a dividirse Acción Democrática, perdiendo así la coalición la mayoría parlamentaria. Hasta esa fecha el gobierno mantiene apoyo del Congreso a las decisiones tomadas con el acuerdo de los partidos coaligados. Hay mayor equilibrio de poderes a pesar de ello, por cuanto Copei no ha pasado a la oposición sino que se ha ubicado en una línea de "autonomía de acción", definida por el doctor Rafael Caldera de la siguiente manera:

> No vamos a pasar a la oposición y mucho menos a una oposición irrazonada o estridente. Estamos dispuestos a conversar sobre un entendimiento parlamentario. Estamos dispuestos a ofrecerle al Presidente desinteresadamente nuestro apoyo, nuestro respaldo, nuestra colaboración en los asuntos que sean de gran importancia para el país. Estamos dispuestos a mantener nuestra plena autonomía y nuestra plena responsabilidad para aprobar lo que convenga al país, para oponernos a lo que creemos contrario...[387]

---

[386] La correlación de fuerzas de las Cámaras, una de las más atomizadas que recuerde la moderna democracia venezolana, era la siguiente: AD: 22 senadores y 66 diputados; Copei: 8 y 39; URD: 7 y 29; IPFN: 5 y 22; FDP: 4 y 16; AD-op.: 1 y 5; PCV: 0 y 1; MENI: 0 y 1.

[387] *Documentos*, número 16, 1964, p. 457, citado por Juan Carlos Rey, ob. cit., p. 220.

De 1969 a 1974 nos encontramos con un gobierno minoritario que comentaremos más adelante. En las elecciones del 9 de diciembre de 1973 resulta electo Carlos Andrés Pérez presidente de la República y su partido Acción Democrática obtiene mayoría absoluta en ambas Cámaras[388] iniciándose así una época de bipartidismo "casi perfecto".

El gobierno de Carlos Andrés Pérez dispondrá, no solamente de mayoría parlamentaria, sino que además contará con cuantiosos recursos fiscales, producto del aumento de los precios de los hidrocarburos; ausencia de oposición armada y apoyo total de las principales centrales obrera y campesina, así como de numerosos gremios; su partido es mayoritario en 19 de las 20 Asambleas Legislativas y en gran parte de los Concejos Municipales. En iguales condiciones gobernó el doctor Jaime Lusinchi, entre 1984 y 1989. La separación de poderes se vio menguada durante estas presidencias y las propensiones al abuso no dejaron de manifestarse.

Frente a estos gobiernos con plena posibilidad de decisión, esta corta evolución democrática evidenció períodos signados por la debilidad de un Poder Ejecutivo respaldado por una minoría parlamentaria. En esa situación se encontraron los presidentes Rómulo Betancourt, de 1962 hasta comienzos de 1964; Raúl Leoni a comienzos y a final de su mandato; Rafael Caldera durante sus dos gestiones;[389] Luis Herrera Campíns de 1979 a 1984; y Carlos Andrés Pérez durante toda su segunda presidencia, así como Ramón José Velásquez en su corto interinato.[390]

La comparación se hace mucho más evidente entre los primeros gobiernos de los presidentes Caldera y Pérez, que corresponden a una época en la cual ya el sistema político se encontraba de cierta forma consolidado, no era objeto de tentativas insurreccionales y el libre juego democrático era aceptado por la inmensa mayoría de los venezolanos.

---

[388] Acción Democrática obtuvo 28 senadores y 102 diputados; Copei, 13 senadores y 63 diputados; MAS, 2 senadores y 9 diputados; MEP, 2 senadores y 8 diputados; CCN, 1 senador y 7 diputados; URD, 1 senador y 5 diputados; PCV, 2 diputados; MIR, 1 diputado; Opina, 1 diputado; PNI, un diputado.

[389] Las elecciones de 1968 dan por resultado la siguiente composición de las Cámaras: Acción Democrática, 19 senadores y 65 diputados; Copei, 16 y 59; MEP, 5 y 24; CCN, 4 y 21; URD, 3 y 18; EDP, 2 y 10; PCV, 1 y 5; FND, 1 y 4; PRN, 1 y 3; varios 0 y 4. En los comicios de 1993, los partidos de gobierno obtienen 19 senadores y 50 diputados (Convergencia 6 y 26 y MAS 5 y 24); Acción Democrática, 16 senadores, 1 vitalicio y 55 diputados; Copei, 15 —incluyendo 1 senador vitalicio— y 53 diputados; Causa R, 9 y 40) y otros partidos, 5 diputados.

[390] Acción Democrática, 22 senadores (1 vitalicio) y 97 diputados; Copei, 20 senadores (más dos vitalicios) y 67 diputados; MAS, 3 y 18; y Nueva Generación Democrática, 1 y 6.

El de Caldera, como muchas veces lo señaló el propio expresidente, fue el gobierno más controlado de nuestra historia. Muchas veces, sobre todo en los primeros dos años, la mayoría opositora se ejercitó, más que en función de control, como instrumento para bloquear iniciativas gubernamentales. Por el contrario, la primera administración del presidente Pérez, a pesar de no contar con los votos de la mayoría absoluta de los venezolanos,[391] no solamente obtuvo apoyo incondicional para todos sus proyectos legislativos y presupuestarios, sino que fue habilitado por el Parlamento para legislar por decreto. Durante ese quinquenio, el gobierno estuvo sometido a un muy limitado control parlamentario, lo que no significó ausencia de control, pues la minoría en el Parlamento tenía la posibilidad de promover debates, interpelar ministros y altos funcionarios, denunciar ante la opinión pública lo que considerara errores o ilegalidades del gobierno. Lo mismo puede decirse, y con idénticas causas, de la administración del presidente Jaime Lusinchi, con la diferencia de que el jefe del Estado, en este caso, fue electo por el 56 % de los votos.

Parece difícil asegurar que alguna de estas situaciones —poder fuerte o poder débil— pueda ser conveniente para el país, aunque cada una de ellas lleve consigo irrebatibles ventajas. Se ha sostenido que la función de gobernar, es decir, fijar las metas de la nación y escoger los caminos para alcanzarlas, requiere concentración del poder. Sobre todo en un país de fuerte tradición presidencialista como el nuestro, donde el ciudadano ve en el jefe del Estado el factor decisivo en la toma de decisiones.

El Ejecutivo, por lo demás, y este no es un fenómeno venezolano, tiende, aun siendo minoría en el Parlamento y con más intensidad cuando es mayoría, a ir creando situaciones de hecho que van disminuyendo el poder del Congreso. El crecimiento de la Administración, por otra parte, hace cada vez más difícil el control parlamentario. Centenares de institutos autónomos, de empresas del Estado o con participación estatal y de fundaciones, por su número y complejidad, escapaban cada día más del control de un Congreso desprovisto de los mecanismos técnicos para ejercer su función y carente de recursos para transformarse. Este fenómeno, como antes se dijo, no es exclusivamente venezolano. En los Estados Unidos, a pesar de existir el Parlamento mejor dotado de recursos del mundo, demasiados organismos del Estado escapan al control real de los representantes del pueblo.

---

[391]   Carlos Andrés Pérez obtuvo el 48,6 % de los votos y su partido, Acción Democrática, el 44,5 % para los cuerpos deliberantes.

En la realidad venezolana en el tiempo de vigencia de la Constitución de 1961, cuando un partido unido ganaba las elecciones y obtenía una mayoría en los cuerpos deliberantes, ocurría lo que Montesquieu temía: el abuso y la corrupción por la excesiva concentración del poder sin que se ejerza sobre él suficiente control. La disciplina rígida que existía en los partidos venezolanos de la época conducía a esta situación. Pero no olvidemos tampoco, y así lo recuerda el profesor español Francisco Rubio Llorente, que para el Derecho Constitucional:

> … la contemplación de la regla de la mayoría desde la perspectiva de la legitimidad, es decir, como principio y no simplemente como regla procedimental, es por lo general pertinente. Por lo general, no siempre. En muchos casos y quizá en todos cuando se opera dentro del campo del Derecho parlamentario, sin trascenderlo, la regla de la mayoría ha de ser considerada simplemente como tal, para determinar la validez de la decisión adoptada. Es evidente, sin embargo, que el constitucionalista no puede limitarse a analizar el respeto de las reglas de procedimiento por parte de los órganos del poder constituido, sin cuestionarse también el modo de composición de éstos y su conexión con el conjunto entero de los sometidos al que se van a imputar las decisiones que el órgano adopta: vinculantes para todos los integrantes del grupo, no solo para los miembros del órgano. Para esto, cuando decimos que un sistema político responde al principio de la mayoría, no nos referimos ya solo al hecho de que los órganos colegiados adopten por mayoría las decisiones de su competencia, sino sobre todo al hecho de que esa voluntad mayoritaria expresa también la voluntad de la mayoría de los miembros del grupo dotados de derechos políticos, porque el órgano en cuestión los representa.[392]

Ello equivale a decir que la concentración del poder originada en el control del Congreso, que hemos descrito en esta sección, puede ser que permita el abuso, pero no por ello es ilegítima. Estaríamos aceptando que cuando el cuerpo electoral dota al presidente de la República de una mayoría parlamentaria, el poder ya no está obligado a detener al poder. Cuestión compleja esta que, de asumirse, permitiría a una mayoría de ciudadanos poner fin a los efectos de la separación de los poderes. No creemos que la cuestión sea tan sencilla[393] y puede encontrar solución en el establecimiento

---

[392]   *La forma del poder*, pp. 101 y 102.

[393]   Este tema ha sido tratado en el ámbito del subcontinente por autores como Juan Linz y Arturo Valenzuela, quienes llegan a la conclusión de que el presidencialismo debería descartarse en beneficio de un sistema parlamentario. Ver *The Perils of Presidentialism* (1990) y *The Failure of Presidential Democracy, the Case of Latin America* (1994). En sentido contrario, ver Gabriel Negretto, *Political Parties and Institutional Design. Explaining Constitutional Choices in Latin America* (2009).

de reglas muy claras que regulen el trato a la minoría y establezcan los derechos de la oposición.[394]

VII.7.2 LA AUTONOMÍA DEL PODER JUDICIAL[395]

Durante la vigencia de la Constitución de 1961, el Poder Judicial también se encontraba mediatizado y disminuido en su autonomía: recuérdese que la Corte Suprema de Justicia era designada, de conformidad con la Constitución, por el Congreso y por mayoría simple. Aunque la renovación de los magistrados se hacía por tercios, para impedir que una mayoría transitoria pudiera asumir el control del supremo tribunal, los gobiernos con mayoría parlamentaria tendían a designar magistrados inclinados hacia el partido oficial, aunque debe decirse que rara vez se trató de monopolizar estos nombramientos. Cuando no había mayoría de un solo partido, las designaciones eran más equilibradas, pero se incurrió, muchas veces, en el desacierto de "repartir" los cargos en la Corte Suprema en función de la fuerza política de cada partido que aportaba sus votos para la elección correspondiente. Debe observarse que, durante la última década de vigencia de la Constitución de 1961 (segundas presidencias de Carlos Andrés Pérez y Rafael Caldera e interinato de Ramón José Velásquez), se produjo un sustancial cambio en esa materia (así como en la designación del fiscal general y del contralor general), procurándose una escogencia de jueces supremos, fiscales generales y contralores basada en los méritos y condiciones académicas y profesionales. Estos cambios condujeron a que se fuera logrando un creciente equilibrio de los Poderes Públicos y un efectivo mecanismo de pesos y contrapesos. Por un lapso relativamente corto, *le pouvoir arrêtait le pouvoir*. Se llegó al extremo de que, en marzo de 1993, el fiscal general de la República, Ramón Escovar Salom, introdujo una

---

[394] Ver, en ese sentido, la vigente Constitución colombiana, cuyo artículo 112 establece: "Los partidos y movimientos políticos con personería jurídica que se declaren en oposición al gobierno, podrán ejercer libremente la función crítica frente a este, y plantear y desarrollar alternativas políticas. Para estos efectos, se les garantizarán los siguientes derechos: el acceso a la información y a la documentación oficial, con las restricciones constitucionales y legales; el uso de los medios de comunicación social del Estado o en aquellos que hagan uso del espectro electromagnético de acuerdo con la representación obtenida en las elecciones para Congreso inmediatamente anteriores; la réplica en los mismos medios de comunicación.

Los partidos y movimientos minoritarios con personería jurídica tendrán derecho a participar en las mesas directivas de los cuerpos colegiados, según su representación en ellos.

Una ley estatutaria reglamentará íntegramente la materia".

[395] Ver el trabajo ya citado de Rogelio Pérez Perdomo, *Medio siglo de historia judicial en Venezuela (1952-2005).*

solicitud de antejuicio de mérito en contra del presidente Carlos Andrés Pérez por los delitos de "peculado doloso" y "malversación" de 250 millones de bolívares (17 millones de dólares en esa época) de la partida secreta, por cuyo manejo era responsable. La Corte Suprema autorizó el enjuiciamiento del presidente, lo que condujo a su separación del cargo.

En cuanto a los niveles inferiores del Poder Judicial, ocurrió una situación similar. En efecto, los jueces eran nombrados primero por el Poder Ejecutivo, en virtud de una disposición transitoria de la Constitución y, a partir de 1974, cuando fue sancionada la Ley Orgánica del Poder Judicial por el Consejo de la Judicatura, integrado por cinco representantes de la Corte Suprema de Justicia, dos del Congreso y dos del presidente de la República, reflejándose en esas designaciones las hegemonías políticas del momento.[396]

En la segunda mitad de la década de los ochenta se plantea la necesidad de una reforma del Poder Judicial. La Comisión Presidencial para la Reforma del Estado (COPRE) advertía que los postulados de la Constitución de 1961 no habían sido satisfechos, a pesar de disponer de las previsiones normativas tendentes a afirmar la autonomía e independencia del Poder Judicial. En este sentido, se indicaba que: aún no se había creado plenamente la jurisdicción contencioso-administrativa (siendo regulada por las disposiciones transitorias de la Ley Orgánica de la Corte Suprema de Justicia); la Ley de Carrera Judicial era ineficaz en cuanto al mecanismo establecido para la selección de los jueces; los jueces no contaban con la cooperación de las entidades administrativas en lo que atañe a la ejecución de las sentencias y que en muchos casos éstas eran desacatadas, siendo necesario el restablecimiento de la autoridad y majestad del juez; también había que hacer modificaciones a la organización del Máximo Tribunal, pues estaba sobrecargado de trabajo y sin recursos de apoyo a sus importantes funciones. Algunas de las propuestas fueron plasmadas en leyes, como ocurrió con la Ley Orgánica del Consejo de la Judicatura de 1988, que tuvo entre sus objetivos el asignarle las atribuciones que debían corresponderle de acuerdo con su naturaleza de ente administrativo dedicado al gobierno judicial.

Sin embargo, lejos de producirse los cambios esperados, se mantuvieron agravadas las prácticas del pasado, en particular la designación de los jueces como parte de la política clientelar de los partidos. Si bien la integración del Consejo de la Judicatura (inicialmente, nueve miembros: cinco principales por la Corte Suprema, dos por el Congreso y dos por el Ejecutivo Nacional; y luego, a partir de 1988, cinco magistrados, tres designados por la Corte Suprema de Justicia, uno por el Congreso y otro por el ejecutivo) pretendía

---

[396] Ley Orgánica del Poder Judicial, artículo 121, *Gaceta Oficial* n.º 1692 del 4 de octubre de 1974.

establecer un punto de equilibrio entre los diversos poderes, degeneró en una representación de los principales partidos políticos: "en la práctica se sabe que son los partidos políticos quienes escogen a los magistrados y que éstos, de una manera más o menos intensa, se sienten que representan los intereses de su partido". Esto explica que el régimen de concursos de oposición para el ingreso de los jueces, previsto en la Ley de Carrera Judicial, tuviera muy poca eficacia, al presentar riesgos para el control partidista.[397] Se abrieron algunos concursos para la provisión de cargos judiciales, con muy buenos resultados, pero en una cantidad manifiestamente insuficiente.

La reforma del Poder Judicial fue uno de los temas que atrajeron más atención de la Comisión Bicameral para la Revisión de la Constitución, designada en 1991. Ya examinaremos más adelante sus análisis y propuestas.

VII.7.3 LEYES HABILITANTES Y SUSPENSIÓN DE GARANTÍAS CONSTITUCIONALES

El uso de estas potestades constitucionales, que puede impropiamente traer a la memoria "los plenos poderes" que conoció la República en varias ocasiones en el siglo XIX, se prestó a interpretaciones extensivas que, sin duda, vulneraron la integridad de la separación de los poderes. Ocurrió que habilitaciones concedidas al jefe del Poder Ejecutivo fueron excesivamente amplias y por una duración extremadamente larga.

Durante la vigencia de la Carta Magna de 1961, y en virtud del ordinal 8 de su artículo 190, fueron sancionadas siete leyes que autorizaban al presidente a dictar "medidas extraordinarias" y que fueron denominadas "leyes habilitantes".

El 29 de enero de 1961, el Congreso Nacional habilitó al presidente de la República, Rómulo Betancourt, para dictar medidas económicas y financieras, es decir, para legislar. El ámbito de la habilitación, el límite

---

[397] José María Casal y Carlos Ayala, *La evolución político-institucional de Venezuela 1975-2000*, p. 15. Los mismos autores recuerdan que en los años 90 continuaron los intentos de transformación de la justicia. Con el Banco Mundial se celebró un proyecto de infraestructura de apoyo al Poder Judicial, en 1995; el objeto del convenio era la modernización del Consejo de la Judicatura, la construcción de sedes para los tribunales y la modernización de los tribunales de dos ciudades del país, que fueron Barcelona y Barquisimeto. Este convenio se ejecutó sin problemas hasta 1999, fecha en la que se paralizó por los acontecimientos políticos de dicho año. El otro convenio con el Banco Mundial fue firmado en 1997, y estuvo dirigido al proceso de modernización de la entonces Corte Suprema de Justicia, cuyos resultados han sido calificados como exitosos. Ya en el 2001, se firmó un convenio con el Banco Interamericano de Desarrollo para la modernización y fortalecimiento del Ministerio Público y el Ministerio de Relaciones Interiores y Justicia.

temporal y el ejercicio de la misma fueron conformes al espíritu y a la letra del texto constitucional. No puede decirse lo mismo en relación con las autorizaciones concedidas en 1974 al presidente Pérez y, en 1984, al presidente Lusinchi. La duración de la habilitación fue demasiado larga y su ámbito, impreciso y susceptible de interpretaciones extensivas.

La ley habilitante de 1993 fue una condición planteada por el presidente Ramón J. Velásquez, previa a su aceptación para ejercer temporalmente la primera magistratura. Se trataba de varias leyes fiscales (entre las cuales destacaba el establecimiento del impuesto al valor agregado) que durante más de tres años fueron discutidas en el Parlamento, sin que se lograra el consenso necesario para su aprobación en las Cámaras. Tanto en esta ley habilitante, como en las aprobadas en 1994 y 1998 (segunda presidencia de Rafael Caldera), se apegaron a las limitaciones constitucionales en cuanto a duración y ámbito. No ocurrió así con la última (1999), aprobada al iniciarse el mandato de Hugo Chávez Frías, en la que nuevamente se incurrió en el exceso de conceder una habilitación vaga e imprecisa.

También debe señalarse que durante los gobiernos de los presidentes Betancourt y Leoni y en el segundo mandato de Carlos Andrés Pérez, en varias oportunidades fueron suspendidas la garantías de los derechos políticos. A ello se agrega que, desde 1961 hasta 1991, estuvieron permanentemente suspendidas las garantías económicas, lo que permitió a los sucesivos gobiernos dictar normas con fuerza de ley que afectaban la totalidad del ámbito económico y financiero.

La legislación producto de las leyes habilitantes y de las suspensiones de garantías afectó no solo los derechos de los venezolanos, sino también las facultades del Congreso y la separación de poderes.

VII.7.4   LA PARTIDOCRACIA

Una de las críticas que con más frecuencia se formulan en contra de los llamados "40 años" tiene que ver con la excesiva presencia de los partidos políticos en todos los escenarios de la vida económica y social y con el carácter poco democrático de sus estructuras.

Hay que recordar que la realidad partidista venezolana es históricamente más reciente que la de otros países. El largo gobierno de Juan Vicente Gómez pone fin al esquema partidario del siglo XIX y los viejos líderes, tanto liberales como conservadores, mueren en las cárceles o en el exilio. Los escasos supervivientes están totalmente desactualizados, cansados y gastados. Ya nada pueden ofrecer a los venezolanos. Por otra parte, la incipiente sociedad civil de finales del siglo XIX había sido destruida por la dictadura. Muerto Gómez, aparecen los partidos modernos, con una nueva dirigencia y nuevos planteamientos ideológicos, y paulatinamente empiezan a ocupar todos los espacios, no solo en el mundo de la política, sino también en todas las esferas de la vida social. El resultado de ese proceso es la partidización de los gremios, los sindicatos, las ligas campesinas, las agrupaciones estudiantiles, los colegios profesionales y hasta las asociaciones de vecinos. Este fenómeno, en sus orígenes inevitable, crece y permanece, sin tomar en cuenta que la sociedad civil se fue desarrollando y fortaleciendo y espera otros procedimientos y otros liderazgos. De esa manera los partidos monopolizan sectores enteros de la actividad social, privando a la democracia venezolana de un componente esencial que Tocqueville visualizó claramente en su viaje por Norteamérica: las múltiples asociaciones de ciudadanos, independientes y autónomas, que asumen la representación de todo tipo de intereses y se transforman en canales de participación distintas a los partidos con el subsiguiente enriquecimiento del tejido social.[398]

En Venezuela, ese universo se vio cada vez más limitado o mediatizado por los partidos políticos. Inicialmente podríamos decir que los partidos fueron el sustento, no solo del sistema democrático, sino de casi todo el tejido social. Ese rol formador, pedagógico y cívico se fue desnaturalizando en sociedades cada vez más exigentes y complejas, como la venezolana de los años 80, al tiempo que los partidos, unos más otros menos, se enquistaban en los más diversos sectores de la sociedad civil, sin permitir que la natural dinámica social se desarrollara de acuerdo con los intereses genuinos de cada colectividad.

Se puede decir que en las últimas décadas del siglo XX, los partidos desdibujaron el proyecto político y social global, relegando el diálogo cívico y la comunicación entre gobernantes y gobernados, agotando sus mensajes y muchas veces desvirtuando su propia razón de ser, ya golpeada por el clientelismo.

Paralelamente, en el seno de los partidos se fue haciendo cada vez mayor el reclamo por más democracia. La sociedad empezó a rechazar la escogencia de candidatos y dirigentes en elecciones en muchos grados y que se prestaban a manipulaciones; una concepción excesivamente rígida de la disciplina; la concentración del poder en la cúspide, en los llamados "cogollos", versión criolla de la famosa Ley de Hierro de las Oligarquías Partidistas formulada unos años antes por Robert Michels.[399]

---

[398] Ver *La democracia en América*.

[399] *Los partidos políticos. Un estudio sociológico de las tendencias oligárquicas de la democracia moderna*: "La organización es lo que da origen a la dominación de los elegidos sobre los electores, de los mandatarios sobre los mandantes, de los delegados sobre los delegadores. Quien dice organización dice oligarquía".

Todo esto, al margen de la vigencia formal de la Constitución, fue generando una creciente desconfianza hacia los dirigentes políticos, que perdieron el reconocimiento de sus conciudadanos, lo que se tradujo finalmente en un componente importante de la creciente abstención electoral.

Se pregunta Marco Tulio Bruni Celli:

> ¿Acaso la dirigencia política de los partidos no se dio cuenta de que sus organizaciones políticas habían entrado en un proceso de descomposición y debilitamiento? Pienso que los dirigentes de los principales partidos y los dirigentes de otras instituciones en el país sí se habían dado cuenta desde hacía ya más de una década y tuvieron una clara conciencia de la existencia de graves desviaciones y vicios que afectaban el desempeño de la administración democrática. Esto estaba afectando al funcionamiento, credibilidad y prestigio de los partidos. Recordemos que esos problemas fueron investigados, analizados y discutidos en distintos foros y congresos. Se publicaron libros y ensayos. Llegamos a tener un buen diagnóstico de lo que estaba ocurriendo. La falla estuvo en que no se aplicaron los correctivos necesarios. Los partidos siguieron debilitándose y aislándose de la sociedad víctimas, no solo del desgaste acumulado durante el largo tiempo en el desempeño del poder, sino también por la dura campaña de desprestigio de que fueron víctimas. Pero especialmente los partidos se debilitaron debido a sus propias desviaciones: el caudillismo y la conformación de "cogollos", la centralización en las decisiones y el establecimiento de maquinarias y aparatos que los aislaban de la sociedad e impedían la incorporación a la política de personas idóneas y capaces, y por supuesto, también de los enfrentamientos y de divisiones internas.[400]

Como consecuencia de este proceso de desprestigio, en ocasiones los gobiernos se volvieron dependientes de los centros exteriores de toma de decisiones, así como de los intereses de los grupos oligárquicos nacionales. Estos grupos, además, se comportaban cínicamente, pues criticaban a los gobiernos, a los partidos y al sistema, al tiempo que se beneficiaban en todos los órdenes, cualquiera que fuera el partido que estuviera mandando.

Paralelamente con el desprestigio de los partidos y bajo el manto de la libertad de expresión, el poder se desplazó también hacia los medios de comunicación, muchas veces en manos de los mismos grupos económicos. *The Barons Media take over* afirma Moisés Naím,[401] destacando cómo el proceso de reformas en la economía privó al Estado de instrumentos de presión, expresos o implícitos, sobre los medios, que quedaron en total libertad para atacar sin límite al gobierno y a los partidos. De esta manera,

---

[400] *Los partidos políticos y la democracia en Venezuela*, p. 8.

[401] *Paper Tigers and Minotaurs*, pp. 133-135.

los errores y carencias de las agrupaciones políticas se vieron magnificados y resaltados, nunca sus aciertos, y se multiplicó el rechazo, a veces merecido, que suscitaban.

La concentración del poder político social en estructuras partidistas tuvo, sin lugar a dudas, un efecto dañino sobre la división del poder, la barrera contra los abusos y la preservación de las libertades. Así lo afirma Ricardo Combellas:

> Las carencias de representatividad del sistema no están en la Constitución sino en los actores políticos, los partidos, a los que se les cuestiona precisamente el abuso de la función de representación, su mediatización en función de los intereses partidocráticos, cuyas notas más destacadas son la perversión del principio de independencia de las ramas del Poder Público, su configuración centralista y disciplinada en torno a una oligarquía dirigente y el control hegemónico de la sociedad civil y sus expresiones asociativas.[402]

Y acota Allan Brewer-Carías:

> ... al final del último período constitucional de la década de los ochenta, la crisis del sistema estalló cuando el centro del poder político definitivamente se ubicó fuera del gobierno y del aparato del Estado, en la cúpula del partido Acción Democrática, que en ese momento dominaba el Ejecutivo Nacional, el Congreso y todos los cuerpos deliberantes representativos; que había nombrado como gobernadores de estado incluso a sus secretarios generales regionales y que designaba hasta a los presidentes de cada uno de los concejos municipales del país. El gobierno de Acción Democrática hizo todo lo contrario de lo que reclamaban las casi tres décadas de democracia, que era la apertura frente a la autocracia partidista que se había desarrollado y la previsión de nuevos canales de participación y representatividad. Ese fue el gobierno donde más se habló de reforma del Estado y durante el mismo se nombra la Comisión Presidencial para la Reforma del Estado,[403] para precisamente no ejecutar nada en ese campo, sino todo lo contrario, pues en ese período de gobierno fue que apareció la partidocracia con toda su figura autocrática.[404]

Para concluir y enfatizando la índole específica de este trabajo, la partidocracia venezolana confirmó la imagen ideada por Antonio Gramsci

---

[402]   *Una Constitución para el futuro. El debate constitucional en Venezuela*, p. 23.

[403]   La COPRE fue creada por Decreto n.º 404 de 17-12-84, *Gaceta Oficial* n.º 33127. El conjunto de estudios y libros publicados por la COPRE y las propuestas de reforma que formuló durante su existencia de tres lustros, constituyen un aporte muy significativo a la bibliografía jurídico-política venezolana. Ver en particular el Proyecto de Reforma Integral del Estado en COPRE, *La reforma del Estado*, vol. I, Caracas, 1998.

[404]   *Historia Constitucional de Venezuela*, tomo II, pp. 143-144.

en el sentido de que el partido político es el "Príncipe moderno" y de que todo intento para adaptar el pensamiento de Montesquieu a esta nueva realidad debe conducir a evitar semejante concentración del poder.

VII.7.5 LA COMISIÓN BICAMERAL PARA LA REVISIÓN DE LA CONSTITUCIÓN

El 6 de junio de 1989, el Congreso aprobó la creación de una Comisión Bicameral Especial de Revisión de la Constitución. La comisión decidió recomendar al Congreso la realización de una reforma general, con base en el artículo 246 de la Constitución. Este mecanismo tenía varias ventajas. En primer lugar, se efectuaría una amplia reforma, que podría llegar hasta la estructura fundamental del Estado; en segundo lugar, al no requerir la aprobación por parte de las asambleas legislativas estadales, permitía una mayor celeridad; y por último, permitía la participación popular por la vía de un referéndum aprobatorio.

Los trabajos de esta comisión, presidida por el senador vitalicio Rafael Caldera y de la que formó parte el autor de este texto, no generaron, en sus primeros tiempos, mayores expectativas en la opinión pública, pero luego recibieron una creciente atención, hasta naufragar en medio de la crisis política de los años 92 y 93. El texto de las modificaciones propuestas cayó en un aparente olvido, pero muchas de ellas fueron posteriormente incluidas en la Constitución de 1999. La propuesta contenía modificaciones a la Carta Magna de 1961 en los siguientes aspectos:

- La participación popular por la vía de referendos.

- La administración de justicia.

- El funcionamiento del Poder Legislativo.

- La creación de las figuras del primer ministro y del defensor de los Derechos Humanos.

- La reforma del régimen territorial.

- La reforma del capítulo de los derechos fundamentales.

- La reforma de los mecanismos de revisión constitucional, incluyendo la posibilidad de una Asamblea Constituyente.

- El régimen de las disposiciones transitorias.[405]

---

[405] Ver Congreso de la República, *Proyecto de Reforma General de la Constitución de 1961*, Caracas, marzo de 1992.

Nos ocuparemos fundamentalmente de los temas vinculados con el presente trabajo, sin que ello signifique desmerecer los otros.

La desconfianza existente en el país en relación con la forma de impartir justicia tenía mucho que ver con los mecanismos de designación de los jueces y con la sospecha de que los magistrados estaban sometidos a intereses políticos, económicos o de otra índole. La comisión propuso mayores requisitos para el desempeño de la judicatura y nuevos mecanismos de nominación. La principal novedad en la materia judicial fue la propuesta de creación del Consejo de la Magistratura (CdlM), que tendría a su cargo la elaboración de la lista de candidatos para la elección de los magistrados de la Corte Suprema, del fiscal general y del defensor de los Derechos Humanos. Estos listados tendrían el triple o el quíntuple de los funcionarios a elegir y la selección final quedaría a cargo del Congreso, previo período de audiencias públicas y por mayoría calificada. El CdlM podría además promover, ante el Consejo de la Judicatura, la reorganización de cualquier circunscripción judicial e indicar las medidas correctivas que considerase pertinentes. Por último, el CdlM tendría la potestad de revisar las actuaciones de los jurados de los concursos de oposición para la provisión y ascenso de los jueces y, de ser el caso, ordenar su repetición.

Los puntos clave para que esta propuesta lograse el efecto deseado eran la integración y los mecanismos de designación del CdlM. De no resolverse efectivamente este punto, lo que se estaría logrando hubiese sido el traslado de los vicios de una instancia a otra. La comisión propuso que el CdlM estuviese integrado por el presidente de la Corte Suprema de Justicia, quien lo presidiría, y por veinticuatro miembros "de intachable conducta y de reconocida honorabilidad", escogidos con participación de las instituciones jurídicas, docentes, profesionales y académicas, y de otros sectores de la sociedad civil, en la forma en que determinara la ley orgánica. Como puede verse, la comisión dio un primer paso y dejó al Congreso la consagración definitiva del mecanismo. La Constitución de 1999 siguió este mismo camino, pero sus contenidos han sido sistemáticamente burlados.

La segunda propuesta para sanear el Poder Judicial tuvo que ver con el Consejo de la Judicatura (CdlJ) que, según el texto constitucional, tenía a su cargo el gobierno del Poder Judicial. Se propuso incrementar a once el número de sus miembros y una forma de designación e integración en la que participarían las tres cabezas de los Poderes Públicos, los jueces superiores y de primera instancia, los abogados en ejercicio, los consejeros electos de las facultades de Derecho y los restantes por el cuerpo conformado según la enumeración anterior. Los postulados por el presidente, el Congreso y la Corte Suprema lo serían de una lista elaborada por el CdlM.

La comisión propuso además la creación de una Sala Constitucional en la Corte Suprema, la prohibición de toda actividad política y gremial a los jueces, el ingreso por concurso a la carrera judicial y la inamovilidad, tribunales disciplinarios para los jueces a cargo de una jurisdicción especial y nuevas y más estrictas condiciones de elegibilidad para magistrados de la Corte Suprema y el fiscal general.

Se trató del intento más serio que se ha hecho en Venezuela para lograr un Poder Judicial verdaderamente autónomo y susceptible de actuar como contrapeso ante cualquier intento de abuso por parte de los otros poderes. Lamentablemente, estas propuestas quedaron engavetadas, aunque muchas de ellas, como ya dijimos, fueron retomadas por la Asamblea Constituyente de 1998.

La segunda propuesta en el campo de nuestro estudio que formuló la Comisión Bicameral fue la creación de la figura del primer ministro. No fue demasiado feliz la fórmula sugerida. La comisión no quiso proponer la adopción de un sistema parlamentario, pero se propuso atenuar la fuerza de la Presidencia de la República.

"El Presidente de la República designará un Primer Ministro de su libre elección y remoción quien colaborará con él en la orientación de la política del Gobierno y en la coordinación de Administración Pública Nacional". Así se propuso y quedó en evidencia que el primer ministro no era más que eso: un colaborador del presidente, no un mandatario que compartiera el poder encontrando su legitimidad en algún apoyo parlamentario. Todas sus funciones eran delegaciones del presidente, requerían la ratificación de las decisiones tomadas o eran meras "propuestas" al jefe del Estado.

Sí se estableció una responsabilidad ante el Congreso, pero al exigirse una mayoría calificada de las 3/5 partes del Congreso para que una moción de censura tuviera como consecuencia la separación del cargo, esta disposición solo tendría algún efecto en la hipótesis de un gobierno extremadamente minoritario en el Parlamento, circunstancia no imposible, como se demostró durante la segunda presidencia de Rafael Caldera, pero muy poco probable. El vicepresidente ejecutivo de la Constitución de 1999 se asemeja mucho a este fallido primer ministro.

Una propuesta relativa al poder presidencial sí revistió importancia. Nos referimos a una regulación introducida a la potestad presidencial de legislar, previa autorización de las Cámaras por la vía de una ley. Señalaba el proyecto de modificación constitucional que la autorización parlamentaria debía otorgarse en forma expresa, para objetivos concretos y durante un plazo limitado. "No podrá entenderse concedida de modo implícito o por tiempo indeterminado".

En materia de la regulación de los partidos políticos, trató la Comisión Bicameral de atenuar su disciplina interna que, como hemos visto, afecta singularmente el control que pueda ejercerse sobre un presidente, líder de un partido mayoritario en el Congreso. Se propuso que los senadores y diputados, en los votos que emitan en las Cámaras, estarán sujetos únicamente a su conciencia y que, cuando así lo solicite un tercio de los congresistas, el voto sería secreto. La propuesta igualmente pretendió incidir en el carácter democrático de los partidos, sobre su financiamiento, sobre la pulcritud en el manejo de sus finanzas, lo que buscaba atenuar el desprestigio que afectaba a estas organizaciones, pero que también disminuía la influencia excesiva de los liderazgos.

Por último, no podemos obviar que la propuesta de introducción de mecanismos de democracia directa en la Constitución, por la vía de referendos y el incremento del ingreso de los estados, también hubiese significado una disminución del poder presidencial.

VII.7.6   UN BALANCE GLOBAL POSITIVO[406]

Debe aclararse que a pesar de estas quejas y críticas, Venezuela gozó, de 1961 a 1999, de un régimen de libertades y de paz, imperfecto, pero no meramente formal:derecho a la vida, debido proceso, libertad personal, inviolabilidad del hogar, libertad sindical, derecho de huelga, libertad de prensa y de información, libertad de asociación y de manifestación, libertad de tránsito, libertad de conciencia y de cultos, etc. Estas libertades fueron, dentro de su fragilidad e independientemente de eventuales y localizadas violaciones, conquistas del pueblo venezolano que había que conservar y reforzar y que evidencian el éxito de los planteamientos del barón de Montesquieu: la aplicación de la separación de poderes, aun con las imperfecciones antes reseñadas, ayudó a alcanzar el objetivo de preservar la libertad.

Durante la vigencia de la Constitución de 1961, en tiempos en los cuales casi toda la América Latina vivió duros momentos de autoritarismo y represión, Venezuela conoció un período de paz como nunca antes.

En Chile, Argentina, Uruguay, Paraguay, Brasil, Bolivia, Ecuador y Perú gobernaban dictadores y cruentas guerras civiles se desarrollaron en Colombia y en muchos países de América Central.

---

[406]   No corresponde a la índole de este trabajo una valoración del régimen democrático 1958-1998, en los ámbitos socioeconómicos. Nos limitamos a un juicio sobre las instituciones.

Una vez derrotada la insurrección armada de los años sesenta y superados los intentos de regreso del militarismo por la vía golpista, nuestro país fue una isla de democracia y de libertad en el continente.

No puede omitirse una mención a la división vertical del poder, que representa también una forma de limitación: la división del poder entre los niveles nacional, estadal y municipal es también un mecanismo de pesos y contrapesos que adquirieron una mayor relevancia una vez que fue establecida la elección popular y de gobernadores y alcaldes y les fueron transferidos a estos competencias y recursos.[407] Allí se produjo un cambio muy sustancial que Rafael Arráiz Lucca llega incluso a considerar como "una nueva Constitución".[408] Por primera vez, desde la proclamación de la Federación en 1864, el poder empieza a regresar a las regiones y a los municipios.

Debe también constatarse que ni la concentración de poder que se produce cuando el partido de gobierno tiene mayoría en el Parlamento ni el mayor equilibrio que trajo consigo la situación inversa se tradujeron en el logro de un Estado eficaz. Aunque parezca paradójico, el poder casi sin límites que supuso la primera hipótesis permitió el desarrollo de un Estado cada vez más hipertrofiado e ineficiente. Los pesos y contrapesos tampoco permitieron una situación distinta. No es entonces la existencia de poderes separados e independientes que se controlan mutuamente la causa de la ineficiencia (o, por lo menos, no la única).

Ahora bien, parte de estos inconvenientes de la separación de poderes están vinculados a la crisis del Estado moderno y del principio de la separación de poderes en forma general.

Dice Burdeau:

La concentración del poder de decisión en ciertos órganos del Estado es un hecho que hoy no se discute en su realidad. Solo se lamenta ese hecho. Si es el Ejecutivo quien se beneficia de la concentración, se le condena en nombre de la ética democrática; si ella beneficia al Parlamento, es reprobada invocando la ineficacia gubernamental que lleva consigo. Estas actitudes explican que, en general, la centralización del ejercicio del poder no se fundamenta en las instituciones, las cuales permanecen calcadas en el modelo que prevalecía en la época liberal, es decir, cuando la separación de poderes

---

[407]   Ley sobre Elección y Remoción de los Gobernadores de Estado (1989), Ley Orgánica de Descentralización, Delimitación y Transferencia de Competencias del Poder Público (1989), Reforma de la Ley Orgánica del Sufragio (1988) y Ley de Asignaciones Económicas Especiales Derivadas de Minas e Hidrocarburos (1996).

[408]   *Las constituciones de Venezuela (1811-1999).*

fundamentaba el agenciamiento de las estructuras constitucionales. Es en este marco no alterado donde la práctica ha introducido una forma de ejercicio del poder que tiende a privilegiar un órgano en detrimento del otro. Es obvio que esta contradicción dificulta la utilización de los mecanismos gubernamentales. Cuando un aparato ha sido concebido para funcionar con un acelerador y con un freno es peligroso confiar solo en el acelerador y torpe solo usar el freno.[409]

VII.7.7 ¿FRACASÓ LA CONSTITUCIÓN DE 1961?

La experiencia democrática iniciada el 23 de enero de 1958 termina, cuarenta años más tarde, en un naufragio. Muchas fueron las causas que condujeron a ese final infausto que arrastró consigo el mejor texto constitucional que nunca tuvo Venezuela. No es este el lugar para un profundo análisis de ese devenir histórico. Nos limitamos a constatar que se produjo una crisis de régimen. Los principales actores políticos, es decir los partidos y sus líderes, fueron perdiendo paulatinamente su legitimidad. En parte importante por no haber sabido enfrentar las realidades ni adaptarse a los nuevos tiempos. Y en parte importante también por haber sido sometidos a una campaña implacable de descrédito. Fue el triunfo de la antipolítica, entendida como "el desinterés por la política, un cierto *tedium politicae*, un hastío de todo lo que tiene que ver con la política y con los políticos".[410] La antipolítica se manifestó en la década de los 90 como una animadversión que comprendía desde el desprecio hasta el odio hacia los políticos profesionales y los partidos políticos y que, en el fondo, muchas veces lo que hacía era ocultar un rechazo a la democracia. Pero también formó parte de la antipolítica la renuncia a la libertad y responsabilidad personal, que nos correspondían como ciudadanos libres y responsables y que nos obligaban a tener que decidir mediante el uso de la deliberación y argumentación racional para, en su lugar, optar por preferir la aclamación ciega de personajes carismáticos en los que se confía y se deposita toda esperanza de salvación.[411]

Afirmamos que no fue la Constitución la que fracasó. Todo lo contrario. Como bien lo apunta Jesús María Casal:

... si el régimen —no necesariamente el sistema político— entra en una fase crítica de decadencia, caracterizada por el descrédito de las instituciones

---

[409]   Georges Burdeau, *Recherche sur l' Efficacité du Pouvoir,* p. 74; y *Traité de Science Politique,* tomo IV, p. 39.

[410]   Juan Carlos Rey, "Elogio y apología de la política" (Palabras pronunciadas el 7 de mayo de 2009, en el Paraninfo de la Universidad Central de Venezuela, al recibir el doctorado *honoris causa* que le fue conferido por esa casa de estudios).

[411]   Ibídem.

214

democráticas, comenzando por los partidos políticos y llegando hasta los tribunales, y por la percepción de una corrupción e impunidad generalizadas, como sucedió en nuestro país, la Carta Fundamental, por más elogios que merezca en cuanto concierne a sus principios, sistemática y formulación, termina por sumergirse en el lodazal de la deslegitimación.[412]

Constatamos en primer lugar que durante un lapso muy largo nadie atribuía al Texto Fundamental culpa algunas de los problemas que vivía el país. Antes por el contrario, se decía que nuestros males tenían mucho que ver con el incumplimiento de la Constitución del 61 y con su falta de desarrollo. Venezuela tenía muchos problemas, pero la Constitución no era uno de ellos. La excesiva partidización de todos los órdenes de la vida social, la corrupción, el burocratismo, el centralismo y por sobre todo el deterioro de la economía, sí. Entre 1950 y 1979, el nuestro es uno de los países de mayor tasa de crecimiento del mundo, sin inflación, con pocos problemas fiscales y sin grandes desequilibrios. Desde el comienzo de la década de los 70 el modelo económico empieza a presentar síntomas de agotamiento, pero el incremento de los precios petroleros llena de dólares las arcas del Estado, lo que llevó a la Administración del momento a ignorar las reformas y los cambios que eran indispensables. Esta situación se mantuvo hasta el llamado Viernes Negro y, para 1989, como lo pusieron en evidencia los estallidos de violencia de febrero de ese año, los cambios se hacían indispensables. El segundo gobierno de Carlos Andrés Pérez intentó realizar "el gran viraje" que se requería. Pero no lo instrumentó bien, no supo venderlo políticamente y no logró el apoyo y la comprensión popular que se requería. El Caracazo, con su saldo de destrucción y de muerte, fue la mejor prueba de ello. Todo esto para decir que mientras la economía funcionaba bien, los cambios institucionales parecían innecesarios. Cuando la crisis económica trajo consigo el deterioro creciente y prácticamente ininterrumpido de la calidad de vida de los venezolanos, no había sistema político que pudiera resistirse al descontento.

El proceso de descentralización que antes reseñamos y que se hizo dentro del marco constitucional, constituyó sin duda un alivio para el sistema democrático venezolano al dar a las regiones una participación importante en el manejo de la cosa pública, pero resultó insuficiente.

La corrupción y el partidismo podían perfectamente ser combatidos dentro del marco constitucional, pero lamentablemente pocos de los muchos esfuerzos que se hicieron en ese sentido consiguieron el apoyo requerido y, por lo tanto, no dieron resultados. Como ya lo recordamos, desde

---

[412] "La apertura de la Constitución al proceso político y sus implicaciones", en *Constitución y Constitucionalismo hoy*, p. 146.

1984, la Comisión Presidencial para la Reforma del Estado (COPRE) fue el escenario de múltiples propuestas, algunas de las cuales fueron aceptadas, otras no. Se hicieron modificaciones al sistema electoral para hacerlo más nominal y disminuir la influencia de los partidos, pero no se avanzó mucho en la materia de la democratización de las organizaciones políticas y de su financiamiento. Las encuestas evidenciaban un incremento del descontento popular, que se concretaba en una cada vez mayor abstención electoral o en el surgimiento de opciones alternativas, como la Causa Radical. La urgencia del cambio se hacía cada vez mayor.

El 10 de agosto de 1990 un grupo de importantes personalidades, conocido como "Los Notables", encabezado por el doctor Arturo Úslar Pietri, dirigió una alerta al país denunciando "una difícil y peligrosa situación política, económica y social" y proponiendo cambios importantes, algunos de los cuales implicaban una modificación constitucional.

A mediados de 1990 otras personalidades, agrupadas en el denominado "Frente Patriótico", hicieron un llamado a la convocatoria de una Asamblea Constituyente como remedio a los males que atravesaba el país. Allí se denunciaba un agotamiento del modelo instaurado en 1961 con críticas que se dirigían a la corrupción, a las privatizaciones y a la situación general de crisis moral, política, social y económica. Es de hacer notar que esta propuesta se salía del orden constitucional al proponer un mecanismo de reforma de la Constitución no previsto en el orden jurídico vigente. Nótese, sin embargo, que ni los Notables ni el Frente Patriótico llegaron a proponer un nuevo diseño constitucional ni a demostrar que el origen de los problemas se encontrara en el texto de la Constitución.

Los oficiales alzados el 4 de febrero, según el Comunicado del Movimiento Bolivariano Revolucionario 200, no insurgieron en contra de la Constitución de 1961 sino en su defensa:[413]

> Como soldados de la Patria obedecimos la orden imperativa contenida en el artículo 132 de la Constitución Nacional que nos manda "... asegurar la defensa nacional, la estabilidad de las instituciones democráticas y el respeto a la Constitución y a las Leyes, cuyo acatamiento estará siempre por encima de cualquier otra obligación".

Y más adelante agregan:

> En Venezuela no existe separación alguna entre las ramas del Poder Público, pues los Partidos Políticos, violando deliberadamente su función de intermediarios entre la sociedad y el Estado, conspiraron entre sí para usurpar

---

[413]   Ver Gustavo Tarre Briceño, *El espejo roto, 4F 1992*, pp. 193-195.

la soberanía popular y lograr que el Ejecutivo se arrogase la totalidad de los Poderes del Estado. Con lo que el Ejecutivo devino en tiranía y el ejercicio de la soberanía popular, a través del voto, quedó reducido a una farsa grotesca, deliberadamente vaciada de todo contenido y propósito. A ese fin, y con anticipación a las elecciones, el candidato presidencial y la cúpula partidista se reúnen en cenáculo con el propósito deliberado de reducir el acto electoral a una farsa procesal mediante el fraude a la ley. Este delito se consuma cuando el candidato y la directiva del partido escogen, a conveniencia, a aquellos miembros de su partido o simpatizantes que van a integrar el Congreso, pues la selección se hace en base a la docilidad y obediencia del futuro legislador a la voluntad del eventual Presidente. Con ello se estructura un Poder Legislativo cautivo del Poder Ejecutivo, al que corresponderá, a su vez, nombrar a los integrantes del Poder Judicial, lo que hará sobre las mismas bases que determinaron su propia elección, es decir, se asegura la escogencia de jueces útiles e idóneos para cumplir con su cometido al servicio del Poder Ejecutivo. Con esto, el candidato a la Presidencia de Venezuela garantiza, de antemano, su control absoluto, real y efectivo de todos los Poderes del Estado y con ello la falta absoluta de representatividad del Congreso y la parcialidad de la Judicatura.[414]

Ante semejante diagnóstico es pertinente preguntar si la situación de la Venezuela del año 2014 no se encuentra retratada en el texto que se acaba de transcribir.

VII.7.8   EL GOLPE DE ESTADO DE 1992 Y LA CRISIS CONSTITUCIONAL

El golpe de Estado del 4 de febrero de 1992 cambió, como tantas veces se ha dicho, la historia de Venezuela. El gobierno de Carlos Andrés Pérez quedó herido de muerte; su programa económico, que empezaba a dar resultados a nivel macroeconómico, perdió fuerza y fue cada vez más rechazado por la población.

A pesar del fracaso de los golpes militares, el importante apoyo popular que recibieron los golpistas y la ausencia de respuestas adecuadas por parte del *establishment* político condujeron a que el tema de la Asamblea Constituyente tomara una renovada vigencia. El propio presidente Carlos Andrés Pérez llegó a hablar de esa posibilidad y el secretario general del principal partido de oposición, Eduardo Fernández, le acompañó en ese planteamiento, aun cuando luego abandonaron ese camino. La Constituyente pasó a ser tema de debate y la propuesta fue asumida por importantes sectores de la colectividad que iban desde los militares golpistas presos hasta Oswaldo Álvarez Paz, gobernador del estado Zulia, pasando por el

---

[414]   Ver texto completo en el blog soberania.org/Articulos/articulo_6599.htm

Consejo Consultivo de la Presidencia de la República, designado a raíz del fallido golpe militar. Se propuso limitar la reforma constitucional a un solo artículo para permitir esta convocatoria dentro del orden jurídico.

A su vez, los trabajos de la Comisión Bicameral adquirieron mayor notoriedad e importancia política y se resolvió cambiar la naturaleza de su enfoque y proponer al Congreso el inicio del procedimiento de reforma general. La magnitud de los cambios propuestos y la celeridad requerida así lo justificaban. Pero los debates en las Cámaras legislativas sobre la reforma constitucional no fueron el cauce que el país requería. Muchos rechazaban la legitimidad de los actores políticos que actuaban en el Congreso, por una parte; por la otra, no había un claro consenso en relación con la propuesta. Los medios de comunicación hicieron una feroz campaña contra lo que llamaron "la reforma mordaza", fundamentada en las tímidas regulaciones que se proponían a la libertad de prensa. La reforma languideció y fracasó. El presidente de la comisión, Rafael Caldera, dijo que la reforma "corrió con mala suerte, porque la rutina parlamentaria se apoderó del proyecto, le quitó su impulso inicial y mutiló las disposiciones más urgentes, necesaria y atractivas".[415] Sin desmerecer estos planteamientos del expresidente, no debe olvidarse que el país no le prestaba una excesiva atención a la comisión y a sus propuestas.

Es importante anotar que no se generó un debate detallado sobre lo que sería una nueva Constitución y sus instituciones. La Asamblea Constituyente parecía poco un mecanismo de elaboración de una Carta Fundamental y más el escenario de una refundación del país, de una renovación del pacto social. Cada quien tenía su propia idea de lo que significaba la Constituyente. Su convocatoria se transformó en lo que don Manuel García-Pelayo definía como un mito, en el cual la palabra deformó al objeto, pero se tiene a lo deformado por verdad.

> Es decir, como la expresión de una conciencia objetivamente falsa, aunque no subjetiva y conscientemente falsificadora (salvo para quien fabrique conscientemente los mitos como un instrumento de manipulación de masas), puesto que como acabamos de decir, se tiene al mitologema por verdadero.[416]

Como acertadamente lo señalara la profesora Miriam Kornblith:

> ... se pueden diferenciar dos tipos de objetivos en un proceso de cambio constitucional: los de carácter institucional específico y aquellos relacionados con el ordenamiento sociopolítico general. Los primeros se refieren a la

---

[415]   *El Nacional*, 16/12/1992.

[416]   "Mito y actitud mítica en el campo político", en *Obras completas*, p. 2736.

modificación, inclusión o supresión de artículos que definen reglas o instituciones para el funcionamiento normal de las interacciones sociopolíticas reguladas por la Constitución. El segundo grupo de objetivo corresponde a la función sociopolítica de la Constitución y del proceso constituyente y su impacto sobre la estabilización y legitimación de un ordenamiento sociopolítico. Ambas instancias se encuentran relacionadas aun cuando son analíticamente diferenciables.[417]

La crisis política que vivía Venezuela en 1993 no tenía salida.[418] El tiempo que mediaba antes de la realización de elecciones presidenciales parecía demasiado largo. La Constitución no contemplaba válvula de escape alguna frente a la presión que se vivía. No fue posible convocar un referéndum (aunque la Cámara del Senado le propuso al presidente Pérez una consulta popular sobre el recorte de su mandato el 4 de noviembre de 1992); no se podía disolver el Parlamento; no había juicio político contra el presidente. Ante esa situación, y ante la visión miope de cambiar de gobierno a cualquier costo, se recurrió a la figura del enjuiciamiento criminal del presidente de la República. La acusación, por delitos de corrupción administrativa, provino del fiscal general de la República y dio lugar a que la Corte Suprema de Justicia, con fundamentos jurídicos muy dudosos, declarara con lugar el antejuicio de mérito el día 20 de mayo de 1993. La Cámara Alta autorizó el enjuiciamiento y por tanto suspendió al presidente Pérez de su cargo el 21 de mayo. En agosto de ese mismo año fue suspendido del cargo por decisión del Congreso. Se encargó de inmediato de la jefatura del Estado el presidente del Senado, Octavio Lepage, y luego, para cubrir primero la falta temporal y luego la falta absoluta del presidente Pérez, el Congreso, por votación secreta celebrada el día 4 de junio de 1993, eligió como presidente temporal y luego como nuevo presidente de la República por el resto del período constitucional, al senador Ramón J. Velásquez.

La democracia venezolana experimentó un proceso cada día más acentuado de debilitamiento, y a perder apoyos y afectos, hasta que, después de los intentos de golpes de Estado de comienzos de 1990, con la destitución de Carlos Andrés Pérez, los partidos comenzaron una grave crisis que se concretó inmediatamente en hechos significativos: (a) en las elecciones

---

417   Ponencia intitulada "Reflexiones críticas sobre los intentos de reforma constitucional en Venezuela (1989-1992)", p. 316, en *El Derecho Constitucional en el umbral del siglo XXI*, Congreso Venezolano de Derecho Constitucional, Valencia, noviembre de 1993.

418   Sobre estos tiempos que vivió Venezuela, se recomienda el muy interesante libro de la periodista Mirtha Rivero, *La rebelión de los náufragos*. Editorial Alfa, Caracas, 2011.

presidenciales de 1993, por primera vez desde 1958 fueron derrotados electoralmente y reemplazados en el poder los dos grandes partidos nacionales, cuando apenas cinco años antes juntos habían obtenido cerca del 80% de los sufragios; (b) el triunfador en las elecciones de 1993, Rafael Caldera, había sido hasta poco antes el máximo líder de Copei, pero esta vez fue apoyado por una coalición de pequeñas organizaciones, lo que ponía en evidencia el deterioro de los grandes partidos y la atomización electoral de la población; (c) la falta de apoyo formal e institucional de los principales partidos en el Parlamento y en la calle explica en buena parte la debilidad e ineficacia del gobierno del presidente Caldera, de cuyo éxito o fracaso dependería la recuperación o la proyección de la buena o mala imagen de la democracia, ya para entonces duramente golpeada por la crisis de los partidos; (d) las graves fallas de la administración Caldera, su debilidad parlamentaria, sin apoyo formal de ninguno de los grandes partidos y las contradicciones en sus programas y políticas, desembocó en la situación de incertidumbre, inseguridad y descalabro institucional que se inició en 1999 y que ha venido agravándose desde entonces.[419]

La elección de Rafael Caldera como presidente de la República en 1993 significó la salida del poder del bipartidismo, pero el nuevo gobierno no tuvo ni la capacidad ni la imaginación que se requería para dar un vuelco a la situación de deterioro general que se vivía. La caída de los precios del petróleo hizo más aguda la crisis.

Dentro de ese marco situacional, la antipolítica cobró fuerza preponderante: las candidaturas presidenciales de Irene Sáez y Hugo Chávez Frías así lo evidenciaron. La actitud suicida de los dos grandes partidos del sistema, Acción Democrática y Copei, al escoger candidatos presidenciales manifiestamente incompetentes, así como una feroz campaña de los medios de comunicación en contra del *status*, fueron de gran ayuda para que Chávez resultara ganador en las elecciones de 1998. Recuérdese que los dos grandes partidos, a escasos días de los comicios, abandonaron a sus abanderados, Luis Alfaro Ucero e Irene Sáez, para respaldar la candidatura independiente de Enrique Salas Römer, lo que no pudo impedir y posiblemente ayudó a la victoria de Hugo Chávez Frías.

Esta elección significaba la muerte de la Constitución de 1961, lo que el nuevo presidente puso en evidencia en su toma de posesión. No juró hacer cumplir la Constitución sino que expresó, ante una Constitución "moribunda", su voluntad de crear un orden jurídico distinto.

---

[419]   Marco Tulio Bruni Celli, ob. cit., pp. 7-8.

VIII

LA CONSTITUCIÓN DE 1999

> Cuidado con el hombre que habla de poner
> las cosas en orden. Poner las cosas en orden
> siempre significa poner las cosas bajo su control.
>
> DIDEROT

VIII.1 ¿CÓMO SE LLEGÓ A LA NUEVA CONSTITUCIÓN?

Durante toda la campaña electoral que lo llevó a la Presidencia de la República, el teniente-coronel Hugo Chávez anunció que convocaría una Asamblea Constituyente. Triunfó en las elecciones y fue proclamado por el Consejo Supremo Electoral en acatamiento a las normas constitucionales y legales. El orden jurídico no fue destruido para poder alcanzar el poder y por lo tanto difícilmente podía pensarse en un poder constituyente originario. No hubo golpe de Estado, ni revolución, ni guerra.

VIII.1.1 ¿ASAMBLEA CONSTITUYENTE O REFORMA CONSTITUCIONAL?

La Constitución de 1961 establecía normas muy claras para su modificación y contemplaba dos modalidades: la enmienda y la reforma general (artículos 245 a 249). Se podía llegar a una nueva Constitución por la vía de la reforma general, cuyo texto debía ser aprobado por el pueblo a través de una consulta referendaria.

Mucho se discutió y debatió en relación con una modificación puntual de la Constitución que abriera las puertas a una Asamblea Constituyente y preservar de esa manera el orden constitucional.

Hugo Chávez sostuvo, como candidato presidencial, como presidente electo y como presidente en ejercicio, que —si la soberanía reside en el pueblo— una consulta al mismo era suficiente para convocar una Asamblea

Constituyente, que esta se eligiera y procediera a discutir una nueva Constitución sin que fuera necesario modificar formalmente el orden jurídico contenido en el texto de 1961.

La Corte Suprema de Justicia se pronunció sobre la materia, pues había dado curso a dos recursos de interpretación en los que se planteaban dos preguntas que buscaban resolver el dilema planteado:

1) Si se podía convocar un referéndum consultivo sobre la convocatoria de una Asamblea Nacional Constituyente en aplicación del artículo 181 de la Ley Orgánica del Sufragio y Participación Política;[420] y

2. Si se podía convocar dicha Asamblea para dictar una nueva Constitución, sin que se reformase previamente la Constitución de 1961, que no contemplaba ese mecanismo para su propia modificación.

¿Qué debía prevalecer: la voluntad del soberano o el texto constitucional?

La Corte empezó por establecer que utilizaría "una interpretación constitucional —que no interpretación de la Constitución— en virtud de la cual se determina el alcance de la norma jurídica a partir de los principios y valores constitucionales, incluso más allá del texto positivo de ésta";[421] para luego señalar que, con base en la figura del referéndum establecida en la Ley Orgánica del Sufragio y Participación Política vigente:

… puede ser consultado el parecer del cuerpo electoral sobre cualquier decisión de especial trascendencia nacional distinto a los expresamente excluidos por la propia Ley en su artículo 185, incluyendo la relativa a la convocatoria de una Asamblea Constituyente.[422]

---

[420] ARTÍCULO 181: El Presidente de la República, en Consejo de Ministros, el Congreso de la República por acuerdo adoptado en sesión conjunta de las Cámaras, convocada con cuarenta y ocho (48) horas de anticipación a la fecha de su realización, por el voto favorable de las dos terceras (2/3) partes de los miembros presentes; o un número no menor del diez por ciento (10%) de aquellos electores inscritos en el Registro Electoral, tendrán la iniciativa para convocar la celebración de un referendo, con el objeto de consultar a los electores sobre decisiones de especial trascendencia nacional.

La celebración de los referendos en materias de interés propio de los Estados y Municipios, se regirá por lo establecido en las normas que los rigen, respectivamente.

[421] Sentencia del 19 de enero de 1999 en Sala Político-Administrativa.

[422] Ibídem.

Pero luego la Corte Suprema agregó:

Aun cuando el resultado de la decisión popular adquiera vigencia inmediata, su eficacia solo procedería cuando, mediante los mecanismos legales pertinentes se dé cumplimiento a la modificación jurídica aprobada. Todo ello siguiendo procedimientos ordinarios previstos en el orden jurídico vigente, a través de los órganos del Poder Público competentes en cada caso. Dichos órganos estarán en la obligación de proceder en ese sentido.[423]

Como bien lo señala Brewer-Carías, la Corte Suprema no resolvió el dilema constitucional planeado y que ella misma había identificado, pero abrió el camino para la celebración del referéndum.[424] Del texto quedaba claro que los "órganos del Poder Público competentes" que quedaban obligados a modificar la Constitución, en caso de respuesta afirmativa del pueblo, eran el Congreso Nacional y las Asambleas Legislativas, actuando como poder constituyente estatuido y luego con la aprobación popular por vía referendaria. Sin embargo, la sentencia, larga, engorrosa y confusa, fue interpretada por los medios de comunicación, por juristas y por muchos actores políticos como una autorización para convocar la Asamblea Constituyente sin la modificación previa de la Constitución vigente. La doctora Hildegard Rondón de Sansó, por ejemplo, afirmó que:

… la Sala Político-Administrativa dilucidó la cuestión planteada de si era necesario o no un procedimiento previo de reforma constitucional, para la convocatoria de una Asamblea Nacional Constituyente, escogiendo la respuesta negativa.[425]

Así lo entendió también Hugo Chávez en su discurso de toma de posesión ante el Congreso Nacional el 2 de febrero de 1999:

La decisión de la Corte Suprema de Justicia es para la Historia, ciudadana presidenta. Sin duda que es para la Historia, sentando cátedra de lo que es el Poder Constituyente originario, de lo que es la soberanía, como lo decía Rousseau y como también Bolívar en ese pensamiento que ya cité al comienzo: "Convoquemos la soberanía popular para que ejerza su voluntad absoluta". Pero ¿acaso le podemos tener miedo a la soberanía popular? ¿No hablamos de democracia, pues? La soberanía no es nuestra, el Presidente de la República no es soberano, el Congreso de la República aunque lo llamen soberano no es soberano, la Corte Suprema y los tribunales no son soberanos, el único soberano aquí en la Tierra, en el pueblo, en la tierra venezolana es ese pueblo, no hay otro. Ese es un principio universal y elemental. Después de la decisión histórica de la Corte Suprema de Justicia, se

---

[423]   Ibídem.

[424]   Ver *La Constitución de 1999*, tomo I, primera parte, capítulo III: "La posibilidad de la vía democrática para el cambio político y la configuración judicial del proceso constituyente".

[425]   *Análisis de la Constitución venezolana de 1999*, pp. 3-6.

apagaron las voces de los que clamaban todos los días que había que reformar la Constitución y ahora ha cambiado también la dinámica. La decisión de la Corte Suprema de Justicia ha acelerado el proceso y eso habrá que reconocerlo para la Historia, porque todo esto que está ocurriendo en Venezuela, hora tras hora, compatriotas, día tras día, está quedando grabado para las páginas de la Historia.

Este planteamiento se fundamentaba en una parte de la sentencia en la que se dice:

Un sistema participativo, por el contrario, consideraría que el pueblo retiene siempre la soberanía que, si bien puede ejercer a través de sus representantes, también puede por sí mismo hacer valer su voluntad frente al Estado. Indudablemente que quien posee un poder y puede ejercerlo delegándolo, con ello no agota su potestad, sobre todo cuando la misma es originaria, al punto que la propia Constitución lo reconoce. De allí que el titular del poder (soberanía) tiene implícitamente la facultad de hacerla valer sobre aspectos para los cuales no haya efectuado su delegación. La Constitución ha previsto a través del sufragio la designación popular de los órganos de representación: pero no ha enumerado los casos en los cuales puede directamente manifestarse.

En estas circunstancias, el nuevo presidente de la República, el mismo día de su toma de posesión (2 de febrero de 1999), dictó un decreto mediante el cual convocó a un referendo "consultivo" para preguntarle al cuerpo electoral si aprobaba la convocatoria a una Asamblea Nacional Constituyente. A los electores se les preguntaría además si aceptaban delegar en el presidente el establecimiento de las "bases del proceso comicial en el cual se elegirían los integrantes de la Asamblea Nacional Constituyente", lo que implicaba dejar en manos del presidente la definición de la composición, el régimen, la duración y la misión de la Asamblea. La pregunta que se le haría al cuerpo electoral sería: "¿Convoca usted una Asamblea Nacional Constituyente...?". De esta manera era el pueblo quien convocaba y se descartaba la aplicación de las normas sobre modificación constitucional previstas en la Constitución. Comenta Brewer-Carías que "se pretendía pedir al pueblo que convocara una institución que no existía, pues no había sido creada [...] Se desfiguraba así la noción de referendo consultivo".[426]

El Consejo Supremo Electoral convocó para el día 25 de abril de ese año un referéndum para que el pueblo se pronunciara sobre la convocatoria a una Asamblea Constituyente y sobre las bases comiciales.

---

[426]   Ob. cit., p. 64.

Tanto el decreto presidencial como la convocatoria del CSE fueron impugnados por inconstitucionales e ilegales, mediante diversas acciones populares ante la Corte Suprema de Justicia. El Supremo Tribunal resolvió, en sentencia de su Sala Político-Administrativa de fecha 18 de marzo de 1999, anular la segunda pregunta de la convocatoria al referéndum y ordenar al CSE que también se sometiera a consulta popular el propio "Estatuto" de la Asamblea Constituyente para que el pueblo se pronunciar sobre ello. En esa misma sentencia, la Corte Suprema recordó que no se estaba en presencia de un referendo decisorio sino consultivo; que la Asamblea Constituyente era el resultado de la interpretación de la Constitución de 1961; que durante el funcionamiento y la celebración de la ANC seguía en vigor la Constitución de 1961 y que no podían alterarse los principios fundamentales del Estado democrático y la separación de poderes.[427]

Se trataba de establecer si la Asamblea Constituyente podía contradecir la Constitución de 1961 y por tanto podía establecer un "gobierno constituyente" sin respetar la Constitución, capaz de derogarla parcial o totalmente aun antes de aprobarse la nueva Constitución; o si por el contrario, la Constituyente tenía por objeto solamente elaborar una nueva Constitución y mientras tanto seguía en plena vigencia la Constitución de 1961.

La Sala Político-Administrativa de la Corte Suprema sentenció el 23 de marzo de 1999 para aclarar su fallo anterior, mediante el cual, en relación con la primera pregunta del referéndum, determinó como interpretación vinculante que en todo caso la ANC, por estar "vinculada al espíritu de la Constitución vigente, está limitada por los principios fundamentales del Estado Democrático de Derecho".

En la base octava de las nuevas "Bases Comiciales para el Referéndum Consultivo sobre la Convocatoria de la Asamblea Nacional Constituyente a celebrarse el 25 de abril de 1999", que fueron propuestas por el presidente y aceptadas por la autoridad electoral, se hacía mención a que la Asamblea Nacional Constituyente se instalaría "como poder originario" que recoge la soberanía popular. La Corte Suprema de Justicia, en ejecución de la sentencia de 18-3-99 y su aclaratoria de 23-3-99, dictó un nuevo fallo en el cual estableció que dicha calificación de la futura Asamblea como "poder originario" estaba "en franca contradicción con los principios y criterios" de estas sentencias, y que inducía "a error al electorado y a los propios integrantes de la Asamblea Nacional Constituyente, si el Soberano se manifestase afirmativamente acerca de su celebración, en lo atinente a su alcance y límites".

---

[427] Ver Brewer, ob.cit., pp. 72-73.

El 25 de abril de 1999 se efectuó el referéndum y resultó aprobada la convocatoria a la Asamblea Nacional Constituyente conforme a las bases comiciales reformuladas.

VIII.1.2 LA ASAMBLEA CONSTITUYENTE

La Asamblea Constituyente fue elegida el 25 de julio e instalada el 8 de agosto de 1999 y, al margen de las decisiones de la Corte Suprema de Justicia y de las disquisiciones de los juristas, comenzó a actuar como un poder constituyente originario, no atado para nada por la Constitución de 1961. *Supra leges* y *legibus solutus.*

La Asamblea fue electa de acuerdo con un sistema electoral que produjo el siguiente resultado: de los 131 integrantes de la Asamblea, 125 fueron propuestos y respaldados por el presidente Chávez y 6 expresaban voces disidentes.

A este respecto, hay dos datos que suelen pasarse por alto:

En primer lugar, la abstención fue de un 53,7%, lo que equivale a decir que la mayoría de los venezolanos no sufragó para elegir sus representantes en la Asamblea.

En segundo lugar, los partidos oficialistas (Movimiento V República, Movimiento al Socialismo, Patria para Todos y Partido Comunista de Venezuela) recibieron el 65% de los votos, pero ganaron el 95,4% de las curules. Pocas veces se había visto en Venezuela semejante manipulación de la voluntad popular a través de un sistema electoral diseñado para la hegemonía oficialista.

Coexistía la Asamblea Nacional Constituyente, encargada de elaborar una nueva Constitución, con los Poderes Públicos establecidos en la Constitución vigente. Pero la Asamblea comenzó a actuar como un poder originario sin límites, por encima de la Constitución de 1961, llevando a cabo actos de gobierno contrarios a la Constitución y que incluso la fueron derogando parcial y progresivamente, aun antes de aprobarse el nuevo texto constitucional.

De esta manera la ANC, además de su actividad propiamente constituyente, fue aprobando una serie de decretos, entre los cuales destacan:

1. El Decreto de Reorganización de los órganos del Poder Público.

2. El Decreto de Reorganización del Poder Judicial.

3. El Decreto sobre la Regulación de las Funciones del Poder Legislativo.

El Decreto de Reforma Parcial del Decreto sobre la Regulación de las Funciones del Poder Legislativo.

4. El Decreto sobre el Régimen de Transición del Poder Público.

De esta forma la Asamblea Nacional Constituyente, junto con el presidente, logró la paulatina desaparición del Congreso Nacional y asumió el control del Poder Judicial. Se dictaron decretos de emergencia judicial que permitieron acordar la inmediata suspensión de muchos jueces. Con carácter provisional, se creó una Comisión de Emergencia Judicial que fue sustituida por la Comisión de Funcionamiento y Reestructuración del Sistema Judicial. Durante largos meses se produjo la desaparición de la división de poderes. Todo se concentró en manos del presidente de la República, quien ejercía una dominación casi total sobre la Asamblea Constituyente.

El 17 de diciembre de 1999 la Asamblea Nacional Constituyente sancionó el texto de la nueva Constitución, luego de ser sometido a referendo popular y aprobado el 15 de diciembre de ese mismo año.[428]

VIII.1.3 LA GESTACIÓN DE LA CONSTITUCIÓN

Si comparamos el nacimiento de la Constitución de 1999 con el proceso que dio lugar a la Constitución de 1961, hallamos un retroceso. En la Constituyente de 1999 no hubo búsqueda de consensos y acuerdos. La referencia constante fue a la consulta de "un pueblo" abstracto o que se manifestaba en concentraciones públicas con aplausos y gritos, no con discusión. El debate democrático fue sustituido por la aclamación, lo que no es nada nuevo en la historia de Venezuela, pero que significó un regreso a procedimientos que se creían superados.

La Constitución aprobada por estas vías, afortunadamente, es un texto democrático, que en materia de los derechos de los venezolanos constituyó un avance y actualización notable. La democracia participativa y protagónica que consagra, de cumplirse con su articulado, hubiese constituido un incremento importante del rol que toca a los venezolanos cumplir en la conducción del país. La eliminación del carácter "representativo" del gobierno de la República[429] es más un saludo a la bandera de la participación y del protagonismo popular que una eliminación de la representación, como se constata en el resto del articulado.

---

[428]   El texto de la nueva Constitución fue publicado en la *Gaceta Oficial* el 30 de diciembre de 1999 y vuelto a publicar el 24 de marzo del año 2000 para corregir "errores de gramática, sintaxis y estilo". En esta nueva publicación apareció la Exposición de Motivos de la Constitución.

[429]   Artículo 6.

Tiene la nueva Carta Magna fallas, muchas de las cuales analizaremos en las líneas que siguen, pero en su conjunto, de respetarse su espíritu y contenido y pasando por alto, si es que se puede, la manera como fue preparada, discutida y sancionada, nos encontramos con una norma suprema que consagra un Estado de Derecho y de Justicia, unos poderes separados, unos derechos y garantías consagrados, que nos permiten definirla como un texto positivo.

No entra en el ámbito del presente estudio el análisis en profundidad del proceso de gestación de la Constitución que acabamos someramente de describir, pero sería irresponsable dejar de señalar que todo este atropello a la Constitución, al orden democrático, a las sentencias de la Corte Suprema de Justicia, se fue desarrollando con la aceptación entusiasta de la mayoría del país y de los medios de comunicación. Los partidos políticos contrarios al régimen que se instauraba hablaron poco y con timidez. Solo algunas voces se elevaron con claridad.[430]

VIII.2 ¿CÓMO QUEDA LA DIVISIÓN DE PODERES?

Tal como lo hemos venido diciendo en los capítulos anteriores, el objetivo perseguido por la división del poder es la realización de un Estado en el cual se preserve la libertad.

¿Cuál era la idea central de Montesquieu? Recordemos:

Todo hombre que tiene poder, tiende a abusar. Solo se detendrá cuando encuentre límites. Para que no se pueda abusar del poder se requiere que, por las disposición de las cosas, el poder detenga al poder (*que le pouvoir arrête le pouvoir*).[431]

---

[430] Nos permitimos citar a Allan Brewer-Carías, miembro de la Asamblea Constituyente —entre los juristas que trataron el tema— recomendando al lector interesado las secciones 8, 9 y 10 del capítulo III del primer tomo de su libro *La Constitución de 1999*. Llevan por título:

8. De cómo la Asamblea Nacional Constituyente asumió el control total del poder, haciendo caso omiso a las doctrinas de la Corte Suprema que habían fundamentado su propia creación.

9. La Asamblea Nacional Constituyente como instrumento político para el asalto al poder.

10. La sumisión de la Corte Suprema de Justicia al Poder Constituyente de la Asamblea y su extinción final a manos de la Asamblea que había creado.

[431] *El espíritu de las leyes*, libro XL.

VIII.2.1 ¿QUÉ NOS DICE EL NUEVO TEXTO CONSTITUCIONAL DE 1999?

Volvemos a transcribir el artículo 136:

El Poder Público se distribuye entre el Poder Municipal, el Poder Estadal y el Poder Nacional. El Poder Público Nacional se divide en Legislativo, Ejecutivo, Judicial, Ciudadano y Electoral. Cada una de las ramas del Poder Público tiene sus funciones propias, pero los órganos a los que incumbe su ejercicio colaborarán entre sí en la realización de los fines del Estado.

Y, al explicar las razones de la inclusión de nuevos poderes, la Exposición de Motivos afirma que estas (las nuevas ramas del Poder Público) se entienden:

... en un contexto social y político en el cual se deben dar signos claros de respeto a la independencia y autonomía funcional de la que deben gozar los órganos encargados de desarrollar las funciones respectivas, para facilitar la recuperación de la legitimidad en terrenos tan delicados como el de los procesos electorales, así como de la función contralora y la defensa de los derechos humanos.

Los poderes creados por la Constitución, al igual que en el texto de 1961, colaboran entre sí en la realización de los fines del Estado. A estos efectos bueno es recordar que las entidades estatales actúan en virtud de los poderes jurídicos que el derecho objetivo establece. Estos poderes son una aptitud para actuar en un sentido o en otro. ¿Cuáles son estos poderes jurídicos? Fundamentalmente, la potestades o función de legislación, de gobierno y administración, control y jurisdiccional.[432] Si la división de poderes se ha establecido en la forma que la doctrina clásica denomina rígida, habría coincidencia entre cada poder y cada función. Esta identificación entre actividad del órgano y función, considerada "ingenua" por Jellineck, no existe ni ha existido en ninguna Constitución.[433] Por ello, el artículo 136 de la Constitución, si bien atribuye a cada rama del Poder Público una función propia, establece la colaboración necesaria ente los órganos que las ejercen. En palabras de Brewer-Carías:

... el hecho de que cada uno de esos órganos nacionales tenga funciones propias, no significa que las ejerza con carácter de exclusividad, pues no solo en su ejercicio algunas veces intervienen otros órganos, sino que su ejercicio se atribuye también a otros órganos.[434]

---

[432] Ver Enrique Sayagués Laso, *Tratado de Derecho Administrativo*, tomo I, pp. 34-35.

[433] *Teoría general del Estado*, p. 461.

[434] *Derecho Administrativo*, tomo I, p. 220. El texto se refiere al artículo 118 de la Constitución de 1961 pero es perfectamente válido para la nueva Carta Magna.

La extinta Corte Suprema de Justicia fue muy clara en sentencia del 18 de julio de 1963, al afirmar:

> Lejos de ser absoluto, el principio de la separación de poderes, la doctrina reconoce y señala el carácter complementario de los diversos organismos a través de los cuales el Estado ejerce sus atribuciones que respectivamente les señalan las leyes y realizan eventualmente actos de índole distinta a las que por naturaleza les incumbe.

La doctrina establece que la división de poderes no coincide con la división de funciones, pues corrientemente se asignan al Poder Legislativo potestades típicamente administrativas, y aun jurisdiccionales, y al Poder Judicial, funciones administrativas...[435]

Debe señalarse, además, que la colaboración de los poderes va más allá, puesto que un poder puede interferir o intervenir en la función de otro, lo que confirma el carácter complementario de los mismos.[436]

A manera de ejemplo, podemos señalar que la Constitución atribuye a la Asamblea una serie de actos que son materialmente administrativos. No se trata solo de los actos administrativos relativos a la organización y funcionamiento internos de la Cámara, sino fundamentalmente de actos de control sobre la Administración Pública por la vía de las autorizaciones y por la vía de la fiscalización.[437] Sin olvidar dos atribuciones constitucionales de orden netamente administrativo, como son: "Autorizar a los funcionarios públicos o funcionarias públicas para aceptar cargos, honores o recompensas de gobiernos extranjeros" (ordinal 13 del artículo 187) y "Acordar los honores del Panteón Nacional a venezolanos y venezolanas ilustres que hayan prestado servicios eminentes a la República, después de transcurridos veinticinco años de su fallecimiento" (ordinal 15 del mismo artículo).

VIII.2.2 EL EQUILIBRIO ENTRE LOS CINCO PODERES

Por lo pronto, examinemos la gran innovación de la Constitución de 1999 y empecemos por preguntarnos: ¿la existencia universal de tres poderes tiene alguna connotación especial? ¿Cuatro o cinco poderes son mejor garantía de independencia mutua? ¿Son mejores los cinco poderes para lograr que "el poder detenga al poder"?

---

[435] Allan R. Brewer-Carías, *Jurisprudencia de la Corte Suprema 1930-74* y *Estudios de Derecho Administrativo,* tomo I, p. 151.

[436] Allan R. Brewer-Carías, *Derecho Administrativo*, tomo I, pp. 228-231.

[437] Ver los artículos 126, 139 y 150 ordinales 2, 4, 5, 6 y 7; 153 ordinal 2; 160, 179 ordinal 7; 191, 197, 199, 231, 234 y 236 de la Constitución.

No pareciera que el problema fuera el número, aunque se ha dicho que la reducción a dos poderes traería consigo una posible situación de enfrentamiento insoluble, mientras que con tres se produciría un pitagórico equilibrio.[438] Posiblemente la razón por la cual las constituciones del mundo mantienen la clásica división tripartita tiene que ver con el respeto a la tradición y posiblemente con una preferencia por la simplicidad. Las funciones que deben cumplir en Venezuela los dos nuevos poderes, el Electoral y el Ciudadano, son ejercidas en la mayoría de los países por los poderes originales o corresponden a órganos autónomos plenamente confiables. Si la creación de nuevos poderes significa que el árbitro electoral será más imparcial, que los controles sobre los demás poderes serán más efectivos y que los derechos del ciudadano serán mejor objeto de mayor defensa, tanto mejor. Lo importante es analizar si estos objetivos pueden cumplirse a la luz de las atribuciones que han sido conferidas a los diferentes Poderes Públicos, tanto tradicionales como nuevos; cómo fueron estos designados y cuál ha sido su desempeño real.

En otro orden de ideas, no debemos dejar de señalar que el equilibrio de los poderes, desde una visión eminentemente normativa, se ve amenazado en la nueva Constitución por varios factores que afectan el funcionamiento de los pesos y contrapesos:

a) La Asamblea Nacional puede remover a los integrantes del Tribunal Supremo, del Poder Ciudadano y del Poder Electoral. Aquí se evidencia un gravísimo desequilibrio entre los poderes. La Asamblea no solo tiene una participación primordial en el nombramiento de los poderes no electos (Ciudadano, Judicial y Electoral) sino que, además, puede remover por mayoría calificada de los diputados a los magistrados del Tribunal Supremo de Justicia, al contralor general, al fiscal general, al defensor del pueblo y a los rectores del Poder Electoral.[439]

b) Nos encontramos con un incremento del presidencialismo en virtud de la extensión del mandato del jefe del Estado a seis años y originalmente a la posibilidad de una reelección. Con la enmienda 1 de la Constitución se establece la reelección indefinida, lo que trae consigo la práctica abolición de la alternabilidad republicana y un peso exagerado del Poder Ejecutivo. Eso peso se incrementa con nuevas facultades presidenciales, tales como la creación o eliminación de ministerios y establecimiento de sus competencias; la posibilidad de habilitación legislativa en cualquier

---

[438] *Vid. supra.*

[439] En la sección VIII.7 de este mismo capítulo ("Las desviaciones autoritarias") volveremos sobre este tema.

ámbito y no solo para la materia económica y financiera, como la pautaba la Constitución de 1991 y la eliminación de la aprobación de los ascensos de oficiales de alto rango por parte del Parlamento.

La posibilidad de la revocatoria del presidente de la República por vía de referendo es, por otra parte, un contrapeso que no debe desestimarse.

c) Llama la atención la potestad otorgada al Tribunal Supremo de Justicia de destituir al presidente de la República sin que se establezcan cuáles son las causales que permitan que ello ocurra (artículo 233).

En relación con lo que recién comentamos en el literal "a", dice Allan Brewer-Carías:

> Así, la separación de poderes y la autonomía e independencia que supues-tamente existe en la flamante pentadivisión del poder es un engaño, al in-corporarse, por primera vez en el constitucionalismo venezolano, la suje-ción en última instancia de todos los Poderes Públicos no electos a la Asamblea Nacional, lo que puede conducir a una concentración del poder en el órgano político como lo ha demostrado la práctica de la transición constitucional. La Constitución, por tanto, es engañosa al proclamar una se-paración de poderes, cuando establece el germen de su indebida concentra-ción política.[440]

Cuando en el siguiente capítulo analicemos cómo fueron designados los titulares de los Poderes Públicos, nos daremos cuenta de que los temo-res que se desprenden de la lectura de las normas constitucionales se queda-ron cortos una vez que tocó aplicarlas.

VIII.2.3 AUTONOMÍA E INDEPENDENCIA DE LOS PODERES

A 14 años de la entrada en vigencia de la nueva Constitución, tene-mos, para usar la expresión de la Exposición de Motivos, un nuevo "con-texto social y político" y podemos preguntarnos si se están dando "signos claros de respeto" a la autonomía e independencia de los poderes. ¿Logra la nueva Constitución el objetivo establecido por Montesquieu cuando formu-la la tesis de la separación de los poderes como medio para evitar los abu-sos y el autoritarismo?

Esta pregunta se formula en momentos en los que el debate político venezolano se encuentra plagado de denuncias en relación con la presencia de tendencias claramente autocráticas y dictatoriales, de concentración del poder en las manos del jefe del Estado y en la pérdida de valores de-mocráticos. Ante esa realidad, cabe entonces estudiar el articulado de la

---

[440] *Historia constitucional de Venezuela*, tomo II, p. 186.

Constitución respecto a la separación de los poderes, cómo fueron estos designados y cuál ha sido su desempeño. En resumen, ¿es la separación de poderes hoy en Venezuela una garantía para la preservación de la libertad?

Entraremos en esa materia en el capítulo siguiente.

Examinemos ahora cada uno de los Poderes Públicos, veamos cuál es la relación que existe entre ellos, cómo colaboran en alcanzar "los fines del Estado" y tratemos de establecer si existen pesos y contrapesos que permitan preservar la libertad.

VIII.3 EL PODER LEGISLATIVO

La primera novedad en lo concerniente al Poder Legislativo es un cambio de nombre. Desaparece el "Congreso Nacional" y es sustituido por la "Asamblea Nacional". ¿Tiene este cambio alguna relevancia en la materia que nos ocupa? Todo parece conducir a una respuesta negativa. Por más que se busque una connotación ideológica que lo vincule con regímenes revolucionarios que llamaron o llaman "Asamblea" al órgano legislativo, no se encuentra, ni en las discusiones ni en el debate público, alguna indicación que así lo interprete. Se trata más bien de un mero cambio de nombre para resaltar la transformación institucional y la ruptura con el pasado que se pregonaba en la Asamblea Nacional Constituyente.[441]

Los artículos relativos a la Asamblea Nacional se ubican antes de aquellos que regulan a los otros poderes. Se mantiene así una precedencia simbólica, a favor del Poder Legislativo, establecida en nuestros textos constitucionales y cuyo significado es muy relativo si analizamos lo que ha sido nuestra vida parlamentaria.

---

[441] En el acto de instalación de la Asamblea Constituyente, el 5 de agosto de 1999, Hugo Chávez comentó: "Un Poder Legislativo con figuras nuevas, con una Asamblea Nacional. Propongo, incluso, que cambiemos el nombre y no solo por cambiar el nombre, no, es un concepto filosófico, en vez de Congreso Nacional, eso hasta pareciera una pava, una pava republicana (tú que sabes de pava, Edmundo Chirinos, estudias mucho las pavas y las no pavas, entiéndanme, esas pavas republicanas). Vamos a cambiar el nombre, propongo Asamblea Nacional, que de verdad sea una Asamblea, que la Asamblea no desaparezca, que la Asamblea Constituyente pase a ser una Asamblea constituida para darle continuidad a las ideas y a la creación hermosa de la Asamblea Nacional Constituyente".

VIII.3.1 EL PARLAMENTO UNICAMERAL Y SU COMPOSICIÓN

La innovación más importante que se introduce es el establecimiento, por vez primera en Venezuela, de un sistema unicameral[442]. No es este el lugar para denunciar la contradicción que significa una Cámara única en un Estado Federal, ni la incidencia que la unicameralidad pueda tener en un deterioro de la calidad de las leyes. En lo que nos incumbe podría hablarse de un debilitamiento del Poder Legislativo por la supresión de la Cámara federal, circunstancia esta que no es absolutamente evidente.

Los miembros de la Asamblea Nacional son electos por el pueblo; en consecuencia, no puede ser más prístino su origen. Hay, sin embargo, formas de interferir la independencia de los representantes populares. Una de ellas es el mecanismo de postulación para los cargos. Cuando quien postula es el partido, es indudable que se crea una relación de dependencia entre postulante y postulado, que no necesariamente es negativa, como lo evidencian la mayoría de las democracias modernas. Sin embargo, el constituyente venezolano quiso tomar una precaución al establecer como obligación para las asociaciones con fines políticos que "los candidatos o candidatas a cargos de elección popular serán seleccionados o seleccionadas en elecciones internas con la participación de sus integrantes"[443] y luego establece el voto de conciencia.[444]

Los miembros de la Asamblea Nacional duraban originalmente cinco años en sus funciones y solo podían ser reelegidos dos veces de manera consecutiva.[445] Recoge así el texto de 1999 una tendencia reciente en algunas visiones constitucionales, más bien conservadoras, en virtud de la cual la presencia prolongada en el tiempo de los mismos legisladores en el Parlamento los desvincula de la realidad social al hacerlos "políticos profesionales" y hace difíciles los cambios, ya que, salvo muy mal desempeño, el titular de un cargo electivo tiene sólidas ventajas al competir por su reelección. Este debate se ha planteado en los Estados Unidos, pero quienes sostienen la *term limitation* no han tenido éxito. La discusión hoy es ociosa pues, como ya se dijo, la imposibilidad de reelección indefinida fue eliminada, antes de que la prohibición de la tercera elección pudiera aplicarse a nadie.

---

[442] Ver "El sistema parlamentario bicameral y la eliminación del Senado en Venezuela", de Francisco Alfonzo Carvallo.

[443] Artículo 67.

[444] Artículo 201.

[445] Artículo 192. Esta limitación desaparece en el 2009 con la Enmienda Primera de la Constitución.

No responderán los diputados por sus votos y opiniones emitidos en ejercicio de sus funciones y gozarán de inmunidad.[446] Estas protecciones, de observarse, son propias de cualquier Parlamento democrático y constituyen una clara defensa de la autonomía e independencia del órgano legislativo.

Con la finalidad de garantizar la independencia de sus miembros, se establecen, con mucho detalle, normas sobre inelegibilidad de funcionarios públicos,[447] así como incompatibilidades en relación con el ejercicio de otros cargos públicos, so pena de perder la investidura. Se recordará que durante buena parte de nuestra historia, los parlamentarios, durante los largos recesos parlamentarios, se desempeñaban como funcionarios públicos, lo que evidentemente afectaba la independencia del órgano legislativo. El nuevo texto elimina la excepción que contenía la Constitución anterior en relación con los ministros, embajadores y presidentes de institutos autónomos, que no perdían la investidura parlamentaria cuando, siendo diputados o senadores, aceptaban dichos cargos, pudiendo volver al Congreso una vez finalizada la pasantía por el Ejecutivo.

El artículo 201 busca enfatizar la independencia de los legisladores al establecer: "Los diputados o diputadas son representantes del pueblo y de los Estados en su conjunto, no sujetos o sujetas a mandatos ni instrucciones, sino solo a su conciencia. Su voto en la Asamblea es personal".[448] Si a ello agregamos que el artículo 67 de la Carta Fundamental establece que los candidatos a cargos de elección popular que sean presentados por las organizaciones políticas deben ser seleccionados "en elecciones internas con la participación de sus integrantes", tenemos una garantía mayor de independencia de los parlamentarios y un intento de romper con una de las barreras que ha encontrado el cumplimiento de los objetivos que persigue de una verdadera separación de los poderes. Ya hemos comentado en capítulos anteriores cómo la disciplina rígida de partidos mayoritarios en las Cámaras legislativas los hace presa fácil del líder que, desde el Palacio de Miraflores, es amo y señor de la organización política que lo llevó al poder. La independencia de los legisladores se incrementa de manera evidente si no dependen "del dedo" del presidente de la República para conservar, en cada elección, la condición de representante del pueblo.

---

[446]   Artículos 199 y 200.

[447]   Artículo 189.

[448]   Aunque no sea la materia que nos ocupa, no podemos omitir mencionar la contradicción que contiene la Constitución al prohibir el mandato imperativo, como lo acabamos de ver, y obligar a los diputados a presentar cuentas a sus electores y a oír sus opiniones.

VIII.3.2 LAS ATRIBUCIONES DE LA ASAMBLEA NACIONAL

La regulación de los procedimientos legislativos es muy similar a la contenida en el texto de 1961 en cuanto a iniciativa, discusión, aprobación y veto de las leyes. En materia de iniciativa popular, se agrega que la discusión de los proyectos de ley presentados por los electores se iniciará en el período de sesiones ordinarias siguiente al que se haya presentado. Si el debate no se inicia dentro de dicho lapso, el proyecto se someterá a referéndum aprobatorio (artículo 201). De manera positiva, hay que destacar las normas relativas a la participación, por la vía de consultas, de los estados (artículo 206), otros órganos del Estado (colaboración de poderes), de los ciudadanos, de la sociedad organizada (artículos 206 y 211).

Además de las atribuciones legislativas, normas muy claras establecen las potestades de control que el Parlamento ejerce sobre el Poder Ejecutivo, mediante interpelaciones, investigaciones, preguntas, autorizaciones y aprobaciones.

La Asamblea puede declarar la responsabilidad política del vicepresidente ejecutivo y de los ministros, censura esta que, de aprobarse por una mayoría de las tres quintas parte del cuerpo, trae consigo la remoción del funcionario. Puede igualmente solicitarse al Poder Ciudadano el inicio de las acciones a que haya lugar para hacer efectiva tal responsabilidad.[449] Al igual que en el texto de 1961, se autoriza a la Asamblea y a sus comisiones para realizar las investigaciones que juzguen convenientes y, además:

> … todos los funcionarios públicos o funcionarias públicas están obligados u obligadas, bajo las sanciones que establezcan las leyes, a comparecer ante dichas Comisiones y a suministrarles las informaciones y documentos que requieran para el cumplimiento de sus funciones.[450]

En lo referido a la responsabilidad política, vale repetir la cita que hicimos, relativa a la materia en la Constitución de 1961 (VII.6.5). Dice el profesor francés Pierre Avril que ella significa que:

> … toda persona investida de un mandato electivo que le confiere la condición de órgano del Poder Público está en la obligación, primero, de rendir cuenta de sus actos y, segundo, de asumir las consecuencias. Se trata de una exigencia de la democracia representativa. Puesto que el poder se ejerce en nombre del pueblo, el pueblo debe estar en condición de controlar su ejercicio al día con el fin de que la renovación ulterior del poder pueda efectuarse

---

[449]   Artículo 222.
[450]   Artículo 223.

en forma válida. **Es entonces responsable políticamente quien ejerce funciones de dirección política.**[451]

La responsabilidad política es la constatación de una disconformidad entre el órgano político-parlamentario y el órgano político del Poder Ejecutivo, es decir, el presidente de la República, así como con los órganos directos del jefe del Estado: los ministros.[452] Solo puede la Asamblea establecer la responsabilidad política del vicepresidente ejecutivo de la República y de los ministros. En este aspecto incurre nuestra Constitución en una contradicción lógica al establecer que la Asamblea, en ejercicio del control parlamentario, puede "declarar la responsabilidad de los funcionarios públicos o funcionarias públicas...". Esta atribución no debería referirse a la responsabilidad política, que solo corresponde a quienes tengan cargos de efectiva dirección. La práctica nos enseña que la Asamblea, que ha declarado la responsabilidad política de funcionarios de cualquier nivel e incluso de particulares, no coincide con nuestra interpretación.

Caso distinto es el de la responsabilidad administrativa. Dice al respecto Brewer-Carías (comentando la Constitución de 1961):

Si algún aspecto es claro respecto del ámbito de las potestades parlamentarias del control sobre la Administración Pública, es este de la apreciación y declaración de la responsabilidad administrativa. El control investigativo, en efecto no tendría sentido, si no existiese la posibilidad de apreciar y declarar la responsabilidad administrativa de los funcionarios por las irregularidades o violaciones legales o reglamentarias que hubiesen cometido en el ejercicio de sus funciones. También en este caso, la declaratoria de responsabilidad administrativa, tiene efectos políticos y carece de otros efectos legales específicos. En el ordenamiento jurídico venezolano, por ejemplo, solo el auto de responsabilidad administrativa dictado por la Contraloría General de la República produce la inmediata destitución del funcionario. Por ello, la declaratoria de responsabilidad administrativa que pronuncien los órganos legislativos respecto de los funcionarios públicos, se hace, sin perjuicio de las facultades de la Contraloría General de la República.[453]

Es obvio que el control de la Asamblea se ejerce en relación con el respeto de la ley por parte de la Administración y que, si el Parlamento puede investigar las irregularidades administrativas, tiene el poder de apreciar y declarar la responsabilidad de quienes hayan incurrido en ellas.

---

[451] «Pouvoir et responsabilité», in *Mélanges offerts à Georges Burdeau*, pp. 11. El resaltado es nuestro.

[452] Ver Brewer-Carías, en *Revista de Control Fiscal. Aspectos del Control Político sobre Administración Pública*, pp. 125-126, número 51, abril-mayo-junio 1981.

[453] Ob. cit., p. 128.

No tendría sentido, de no ser así, el poder de control y de investigación de la Asamblea.

Una muy novedosa institución, contenida en el numeral 7 del artículo 336 de la Constitución, abre puertas a una intromisión, que puede ser abusiva, del Tribunal Supremo de Justicia en el desempeño del Poder Legislativo y afectar su independencia. Dice la norma citada:

> Son atribuciones de la Sala Constitucional del Tribunal Supremo de Justicia:
>
> 7.- Declarar la inconstitucionalidad de las omisiones del Poder legislativo municipal, estadal o nacional cuando haya dejado de dictar las normas o medidas indispensables para garantizar el cumplimiento de esta Constitución, o las haya dictado en forma incompleta; y establecer el plazo y, de ser necesario, los lineamientos de su corrección.

Podría empezar por preguntarse que si el Tribunal Supremo puede anular, en su condición de guardián de la Constitución, las leyes sancionadas por la Asamblea y promulgadas por el presidente de la República, ¿por qué no podría haber una intervención judicial en contra de omisiones del Poder Legislativo que constituyan una violación de la Carta Magna? Anota al respecto Jesús María Casal:

> Así, el estudio de las soluciones judiciales idóneas para remediar tales omisiones replantea la problemática sobre las posibles distinciones entre normas constitucionales, en lo que a su operatividad respecta, además de colocar en un primer plano las tensiones entre la jurisdicción constitucional y el legislador —en este caso silente— así como la labor de interpretación y aplicación propia de todos los jueces, que en ocasiones los lleva a colmar lagunas derivadas de los silencios del legislador, la función de libre configuración normativa del Parlamento. Los principios medulares del Estado democrático de Derecho entran en juego, por tanto, en el tratamiento del tema escogido, obligando a compatibilizar la exigencia de vigencia plena de la Constitución con el necesario respeto del reparto constitucional de las funciones públicas que este tipo de Estado presupone.[454]

El muy completo estudio del profesor Casal concluye señalando que la articulación de un sistema eficiente de protección de la Constitución frente a las omisiones del legislador debe de ser respetuosa del reparto constitucional de las funciones públicas. Esto exige jueces firmes en defensa de la Constitución, pero conscientes de los límites de sus poderes y de una aplicación prudente de los mismos. El Tribunal Supremo, ante la omisión legislativa, debe fundamentalmente intimar a legislar y evitar que la

---

[454] *La protección de la Constitución frente a las omisiones legislativas*, p.143.

pasividad legislativa conduzca a un deslizamiento de la instancia judicial hacia esferas que le son naturalmente extrañas. El legislador, por su parte, debe acatar la intimación proveniente del Poder Judicial dentro de los plazos que este señale. La Sala Constitucional puede establecer, con prudencia, lineamientos para que se cumpla la Constitución, pero no puede formular recomendaciones sobre el contenido de leyes futuras con base en criterios de oportunidad o conveniencia. Las recomendaciones solo pueden basarse en la Constitución.[455]

VIII.4 EL PODER EJECUTIVO

Señala Gerardo Fernández que la Constitución de 1999 instaura un Ejecutivo "colegiado y complejo", pues es ejercido por el presidente de la República, el vicepresidente ejecutivo, los ministros que, reunidos con los dos anteriores, conforman el Consejo de Ministros, el procurador general de la República, el Consejo de Estado y el Consejo Federal de Gobierno.[456] A los efectos de los alcances de esta investigación, adelantamos que en la integración del Consejo de Estado, que es un órgano de consulta y asesoría, hay una representación del Poder Legislativo y del Poder Judicial.

VIII.4.1 EL PRESIDENCIALISMO EXACERBADO

Es el nuestro un país históricamente presidencialista, no solamente como contraposición con los sistemas parlamentarios, sino en cuanto a la concentración de poder que siempre se ha producido a favor del jefe del Estado. La nueva Constitución, en lo que Brewer-Carías llama "el presidencialismo exacerbado",[457] se inscribe dentro de la tendencia de reforzar el poder presidencial, si se toma como referencia la Carta Magna anterior.

El presidente de la República es el jefe del Estado y del Ejecutivo Nacional, en cuya condición dirige la acción del gobierno.[458] Debe anotarse que, a pesar de ser jefe de gobierno, el presidente no responde ante el Parlamento; solo responde ante el pueblo. Quienes asumen esta responsabilidad son el vicepresidente ejecutivo y los ministros, pero dada la circunstancia de que son nombrados y removidos libremente por el presidente, la fortaleza de este es evidente. No se trata, sin embargo, de una novedad en el Derecho Constitucional venezolano, pero se esperaba que el

455   Ídem, pp. 185-186.
456   *El Poder Ejecutivo en la Constitución de 1999*, p. 252.
457   "Reflexiones críticas sobre la Constitución de Venezuela de 1999" en *La Constitución de 1999*, p. 74.
458   Artículo 226.

nuevo texto, con la creación de la figura del vicepresidente, o de un primer ministro, atenuara el poder presidencial, y no fue así.

El presidente de la República en el texto aprobado en 1999 dura seis años en el ejercicio de sus funciones, puede ser reelegido por seis años más[459] y puede ser revocado por un referéndum.[460] La enmienda constitucional del año 2009 permite la reelección indefinida, lo que sin duda incrementa su peso y autoridad.

Explica Juan Carlos Rey:

> Ante la tendencia que se observa en varios países de Latinoamérica de liberalizar las normas sobre reelección presidencial argumentando que la situación ha cambiado, no solo porque nuestra cultura política ha mejorado, sino porque se han desarrollado mecanismos de control internacional que no permiten la coacción o el fraude, debemos decir que esto es solamente una parte del problema. Ciertamente que en la mayoría de los casos ya no se dan, en nuestros países, actos de fuerza abiertos y descarados, irrumpiendo violentamente en los locales en que se vota para obligar a la gente a hacerlo por determinados candidatos o para arrebatar las urnas y alterar su contenido. Pero las modalidades de corrupción y fraude son más sofisticadas, y las formas de coacción e intimidación de la población adquieren formas más sutiles y aparentemente no violentas, especialmente en un país como Venezuela en el que —como hemos visto— el Presidente dispone de tantos poderes, sin limitaciones o controles efectivos para su uso. En todo caso, para que pudiera autorizarse una reelegibilidad presidencial ilimitada, sin los peligros que ahora existen en Venezuela, deberían producirse antes cambios políticos e institucionales sustanciales que garanticen que el poder del Presidente no pueda ser utilizado sin controles para perpetuarse en el gobierno y para destruir a las organizaciones de oposición.[461]

---

[459] Artículo 230 y Enmienda Primera de la Constitución.

[460] ARTÍCULO 72: "Transcurrida la mitad del período para el cual fue elegido el funcionario o funcionaria, un número no menor del veinte por ciento de los electores o electoras inscritos en la correspondiente circunscripción podrá solicitar la convocatoria de un referendo para revocar su mandato.

Cuando igual o mayor número de electores y electoras que eligieron al funcionario o funcionaria hubieren votado a favor de la revocatoria, siempre que haya concurrido al referendo un número de electores y electoras igual o superior al veinticinco por ciento de los electores y electoras inscritos, se considerará revocado su mandato y se procederá de inmediato a cubrir la falta absoluta conforme a lo dispuesto en esta Constitución y la ley".

[461] *Ante el peligro para la libertad y la democracia que implicaría la reelegibilidad ilimitada del Presidente de la República.*

El hecho de que se haya descartado la elección por mayoría absoluta y la propuesta de la doble vuelta[462] tiene por consecuencia que el presidente, dotado de tan amplios poderes, puede ser la expresión de la decisión de una minoría de venezolanos.

No consideramos que la potestad presidencial de disolver la Asamblea, de producirse tres votos de censura contra el vicepresidente durante un mismo período constitucional y por mayoría calificada, constituya un incremento del poder presidencial ni una vulneración real del principio de la separación de los poderes. La Asamblea que proceda a aprobar esta censura por vez tercera lo haría porque evidentemente quiere ser disuelta y por lo tanto no es un poder exacerbado del presidente. Las dificultades prácticas que suponen tanto la censura al vicepresidente como a los ministros y la disolución de la Asamblea equilibran estas dos potestades y si bien no se cumple con el principio de la irrevocabilidad recíproca, no se vulnera la realidad de los poderes separados.

La Constitución de 1999 nos trae otra novedosa ampliación de las atribuciones presidenciales, ya que otorga al jefe del Estado la facultad de fijar el número, organización y competencia de los ministerios y de los otros organismos de la Administración Pública, dejando para el ámbito de la ley orgánica solamente el señalamiento de los "principios y lineamientos" para tal actividad (art. 236, numeral 20). Con ello, el presidente dispone de poderes para organizar la Administración centralizada y descentralizada (excluyendo los institutos autónomos que deben crearse mediante una ley), infinitamente mayores que los de cualquiera de sus predecesores democráticos. Además se establece la posibilidad de que la ley nacional autorice al Ejecutivo para crear entidades funcionalmente descentralizadas o actividades sociales y empresariales (art. 300). Aunque se trata de una materia cuyas modalidades deben ser desarrolladas por la ley, hay que adelantar que la Constitución de 1999 otorga al Ejecutivo facultades importantes en materia de planificación y coordinación de políticas y acciones relacionadas con los estados y municipios, al establecer el Consejo Federal de Gobierno (presidido por el vicepresidente ejecutivo y en el que participan un número indeterminado de ministros) y el control de la Secretaría del mismo y, eventualmente, del Fondo de Compensación Interterritorial (art. 185).

---

[462]   Este sistema no fue aceptado a pesar de que había sido aprobado en primera discusión por la Asamblea Constituyente y había sido propuesto por el presidente Hugo Chávez en comunicación dirigida a esta (*Nueva Constitución Bolivariana, de la V República*, 5 y 23 de agosto de 1999).

VIII.4.2 EL VICEPRESIDENTE EJECUTIVO

No nos extenderemos sobre las atribuciones normales del Poder Ejecutivo dentro de la esfera de sus competencias. Nos interesa fundamentalmente lo que atañe a la separación de poderes. Sí mencionamos la creación de la figura del vicepresidente ejecutivo, pero solo para insistir en el hecho de que no se trata de un primer ministro que comparte funciones con el jefe de gobierno, sino de un funcionario de libre nombramiento y remoción del presidente de la República, que le presta colaboración y actúa por delegación o previa autorización. La Comisión del Poder Ejecutivo de la Asamblea Nacional Constituyente consideró que con la creación de esta nueva función:

> ... se atenuaban los efectos del presidencialismo, desconcentrando y estableciendo autocontroles (*sic*) a la figura presidencial y, al mismo tiempo, tal funcionario tendría el carácter de un catalizador de las fricciones entre el Presidente y el Parlamento.[463]

Examinando las funciones del vicepresidente ejecutivo no se observa ninguna "atenuación" del presidencialismo y la palabra "autocontroles" habla por sí sola. Igualmente, consideran los proyectistas que el vicepresidente ejecutivo actuaría como un "fusible" en los conflictos entre el Ejecutivo y el Legislativo, situación que puede descartarse de la mera lectura del texto constitucional, tal como la realidad lo ha demostrado ampliamente. No significa lo antes dicho que restemos toda importancia a la Vicepresidencia Ejecutiva; solo señalamos que no incide de manera importante en el tema de la separación de poderes. Gerardo Fernández admite que el vicepresidente ejecutivo no tiene poderes propios reales y efectivos, pero que si el presidente lo quiere, y el vicepresidente tiene las características personales necesarias, podría convertirse en un verdadero conductor de la política y de la acción gubernamental. En esa circunstancia y en caso de crisis, podría servir como válvula de escape para resolverla.[464]

VIII.4.3 EL PRESIDENTE DE LA REPÚBLICA Y LA POTESTAD LEGISLATIVA

Al igual que en la Constitución anterior, el nuevo ordenamiento asigna al Poder Ejecutivo una participación en el proceso de formación de la ley. Primero por la vía de la iniciativa legislativa,[465] que se concede de manera ilimitada al presidente de la República en Consejo de Ministros y

---

[463] Hildegard Rondón de Sansó, ob. cit., p. 212.

[464] Ob. cit., p. 256.

[465] Ordinales 1.°, 4.°, 5.° y 6.° del artículo 204.

de manera restringida al Tribunal Supremo de Justicia, al Poder Ciudadano y al Poder Electoral en las materias que les son propias. Los ministros y representantes de los otros poderes tienen también derecho de palabra en la discusión de las leyes[466] y puede, por último, el jefe del Estado solicitar a la Asamblea la reconsideración de una ley sancionada, ya sea por razones de inconveniencia, oportunidad o inconstitucionalidad. Las dos primeras hipótesis son atendidas por la propia Asamblea que puede, por mayoría absoluta, aceptar o rechazar las sugerencias presidenciales; y la última, por el Tribunal Supremo de Justicia.[467]

Como ya se dijo en relación con la Constitución de 1961,* no falta quien piense que el veto suspensivo constituye una derogación a la especialización funcional, porque permite la injerencia del Ejecutivo en la función legislativa. A pesar de que este argumento pueda parecer atractivo, creemos que el ejercicio del derecho de veto suspensivo por parte del Poder Ejecutivo es una facultad que busca impedir la acción de la función legislativa. Es la *faculté d' empêcher* vista por Montesquieu frente a la facultad de estatuir que tiene el Parlamento. El veto suspensivo es un poder de resistencia, circunstancia que evidencia *per se* la ausencia de participación en el ejercicio de la función.

Una de las ampliaciones de poder más significativas que la nueva Constitución contempla a favor del jefe del Estado es la (mal) llamada delegación legislativa. La tendencia en el Derecho Público moderno es, sin duda, la búsqueda de mecanismos más expeditos de legislación, uno de los cuales es la posibilidad que suele darse al órgano legislativo de delegar su función esencial al Poder Ejecutivo o autorizar, parcial y temporalmente, su ejercicio. Para preservar el orden democrático y el propio principio de la separación de los poderes, esta transferencia suele ser por tiempo limitado, para ciertas materias y con carácter excepcional. Así lo establecía el ordinal 8.° del artículo 190 de la Constitución de 1961, al limitarla a la materia económica y financiera y dar carácter "extraordinario" a esta potestad presidencial. El artículo 208, ordinal 8.° de la nueva Constitución establece que el presidente de la República puede "dictar decretos con fuerza de Ley" previa autorización por la vía de una ley habilitante aprobada por las 3/5 partes de la Asamblea.[468] Dice la misma disposición constitucional que la

---

[466]   Artículo 211.

[467]   Artículo 214.

*   Frente a normas de contenido idéntico o muy similar entre la Constitución vigente y la de 1961, no repetimos las consideraciones doctrinarias ya expuestas en el capítulo anterior.

[468]   Artículo 203.

habilitación debe indicar "las directrices, propósitos y marco de las materias que se delegan"[469] y establecer el plazo del ejercicio. De esta lectura se establece que no son posibles delegaciones genéricas, globales o ilimitadas, pero a nadie escapa que el requisito constitucional puede ser aparentemente satisfecho por la Asamblea de manera muy amplia y si agregamos que no se establece ninguna limitación al ámbito de la delegación, tenemos abierta una posibilidad muy extensa de entregar la función legislativa al presidente. Según el profesor José Guillermo Andueza, no puede delegarse la facultad de legislar en las materias que se reservan a la ley orgánica, dado el procedimiento especial que, en la materia, se establece.[470] Veremos que la práctica ha sido distinta.

VIII.4.4 LA POLÍTICA EXTERIOR

También es un aspecto de especial interés desde el punto de vista doctrinario la participación del Parlamento en la conducción de las relaciones exteriores que corresponde al presidente de la República, en lo concerniente a la aprobación, mediante ley especial, de los tratados o convenios internacionales que celebre el Ejecutivo Nacional.[471] En virtud del ordinal 4.° del artículo 236 de la Constitución, corresponde al presidente de la República la dirección de las Relaciones Exteriores, lo que conduce a que sea esta rama del Poder Público la encargada de negociar y firmar los tratados. Ahora bien, la firma del tratado precisa el contenido de la voluntad de los Estados, pero no hace obligatorio el cumplimiento de las normas jurídicas contenidas en el acuerdo.[472] Para ello se requiere la ratificación, es decir la aprobación dada al tratado por los órganos internos competentes para comprometer internacionalmente al Estado.[473]

El reparto de competencias entre el Ejecutivo y el Legislativo en esta materia es el derecho común de la mayoría de los Estados.[474] La participación del Parlamento es variable.

---

[469] Nótese que el constituyente emplea como sinónimos los términos "delegar" y "habilitar". Sobre la diferencia ver José Guillermo Andueza, "El Poder Legislativo: la Asamblea Nacional" en *La Constitución de 1999*, pp. 29 y 30.

[470] Ibídem.

[471] Artículo 154 de la Constitución.

[472] Charles Rousseau, *Droit International Public,* tomo I, p. 88.

[473] Ibídem.

[474] Ídem, p. 95.

La potestad presidencial en lo que atañe a la política exterior se ve sometida igualmente al control de la Asamblea en las siguientes materias que requieren autorización parlamentaria:

a) Designación de los jefes de misiones diplomáticas permanentes.

b) Empleo de misiones militares venezolanas en el exterior o extranjeras en el país.

c) Viajes del presidente de la República fuera del país cuando estos tengan una duración de más de cinco días.[475]

VIII.4.5 LA MILITARIZACIÓN

A nuestro juicio, lo más peligroso del desequilibrio de poderes entre el Ejecutivo y las otras ramas del Poder Público no está solo en las atribuciones presidenciales, sino en la combinación de estas con la militarización de nuestro sistema constitucional.

El esquema militarista se traduce en la inclusión de nuevas normas y en la eliminación de disposiciones contenidas en las constituciones anteriores, una de las cuales se remonta a 1811. En primer lugar, se suprime la obligación de la Fuerza Armada de respetar la Constitución y las leyes. Esta omisión, podría legítimamente argumentarse, se debe a que todos estamos sometidos a la Constitución y a las leyes. Pero no es impertinente preguntar por qué no se volvió a consagrar, sobre todo si se toma en cuenta que la obligación que tenían las Fuerzas Armadas de velar por la estabilidad de la institucionalidad democrática[476] también desaparece. A esto agregamos la supresión del carácter apolítico y no deliberante que el texto de 1961 atribuía a las Fuerzas Armadas,[477] presentándose así el riesgo de que los militares pasen a ser ahora actores deliberantes de los procesos políticos. Este riesgo se incrementa por el hecho de que la Constitución otorga a la Fuerza Armada un rol importante en el desarrollo nacional[478] y que el

---

[475]   Numerales 11, 14 y 17 del artículo 187.

[476]   Artículo 132 de la Constitución de 1961.

[477]   Artículo 32.

[478]   Artículo 328. Dice Ramón Escovar Salom que este artículo "es un retroceso histórico tanto en el sentido de la organización militar como en el orden civil. La obediencia y la jerarquía, la subordinación y la disciplina son las herramientas morales con las cuales se estructura una organización que tiene por encima fines institucionales básicos como la defensa de la soberanía y la integridad del territorio y el espacio geográfico y también la pertenencia a un orden civil y a un Estado. No es posible concebir una fuerza militar independiente y autónoma colocada privilegiadamente fuera de los controles del sistema político". "La Constitución y el Poder Militar", p. 237, en *La Constitución de 1999*.

concepto de "seguridad de la Nación"[479] se ve descrito de manera tal que recuerda las tesis puestas en boga, años atrás, por las dictaduras del sur de nuestro continente y que permiten una participación militar en los procesos políticos, económicos, sociales y culturales. Como si todo esto fuera poco, se suprime la autorización parlamentaria para los ascensos de los oficiales de alta graduación; se somete al control de la Fuerza Armada todo lo relativo al uso de armas, no solo de guerra;[480] se otorgan a los militares funciones de policía administrativa y de investigación penal[481] y se garantizan privilegios procesales a los oficiales generales y almirantes.[482] El voto para los militares,[483] completamente normal en muchas democracias, toma, dentro de este contexto, otra dimensión. Para terminar de acentuar el carácter militar del régimen, el presidente de la República no solo es el comandante en jefe de la Fuerza Armada, como corresponde a nuestra tradición constitucional, sino que ejerce "el mando supremo" y aunque parezca repetitivo y redundante, le corresponde ser "la suprema autoridad jerárquica". Estos cambios, muy vinculados con las características personales de quien ocupaba la Presidencia de la República y que ejerció una influencia determinante en la redacción del texto constitucional, tenían por objeto dar al jefe del Estado una participación muy acentuada en el manejo de la institución militar. Las diversas reformas que se han hecho a la Ley Orgánica de la Fuerza Armada han confirmado, con creces, esta afirmación. El artículo 40 de la ley vigente dice:

> El Presidente de la República Bolivariana de Venezuela tiene el grado militar de Comandante en Jefe, y es la máxima autoridad jerárquica de la Fuerza Armada Nacional. Ejerce el mando supremo de ésta, de acuerdo con lo previsto en la Constitución de la República Bolivariana de Venezuela y demás leyes de la República, mediante decretos, resoluciones, reglamentos, directivas, órdenes e instrucciones. Dirige el desarrollo general de las operaciones, define y activa el área de conflicto, los teatros de operaciones y zonas integrales de defensa, así como los espacios para maniobras y demostraciones, designando sus respectivos comandantes y fijándoles la jurisdicción territorial correspondiente, según la naturaleza del caso. Tiene bajo su mando y dirección la comandancia en jefe, integrada por un estado mayor y las unidades que designe. Las insignias de grado y el estandarte del Comandante en Jefe serán establecidos en el reglamento respectivo.

---

[479]   Artículo 326.

[480]   Artículo 324.

[481]   Artículo 329.

[482]   Ordinal 3.° del artículo 266.

[483]   Artículo 330.

VIII.4.6 EL CONSEJO DE ESTADO[484]

En el capítulo III del título V de la Constitución, que se refiere precisamente al Ejecutivo Nacional, aparece una novedosa figura: el Consejo de Estado, que, según el artículo 251, "es el órgano superior de consulta del Gobierno y de la Administración Pública". Su función es recomendar políticas de interés nacional en aquellos asuntos en los que el presidente de la República le requiera su opinión. La integración de este nuevo órgano reviste interés para nosotros, pues en él participan, además del vicepresidente ejecutivo que lo preside, cinco personas designadas por el presidente y una representación (unipersonal) de la Asamblea Nacional, del Tribunal Supremo y de los gobernadores de estado.

En la Asamblea Constituyente se discutió mucho en relación con la creación del Consejo de Estado. Esas discusiones demuestran que los constituyentes no parecían tener muy claro de qué se trataba Para empezar, el representante Elio Gómez Grillo se opuso a la creación de un organismo que consideró "fútil e innecesario". En el debate que siguió hubo diversas opiniones. Alberto Franceschi sostuvo que en el Consejo de Estado podían amortiguarse los choques de poderes y que podía constituirse en un espacio de diálogo. Aristóbulo Istúriz planteó que en un régimen presidencialista como el que se estaba estableciendo, hacía falta un sitio donde pudieran ventilarse, conjuntamente con el presidente, los problemas del país. El constituyente Isaías Rodríguez hizo una relación de los Consejos de Estado que existen en el mundo, resaltando las figuras existentes en Colombia y en Francia.[485]

El texto aprobado resultó muy claro. El rol del Consejo de Estado es exclusivamente asesor. Opina solo cuando el jefe del Estado se lo pide y esa opinión no es vinculante. En consecuencia, la participación de otros Poderes Públicos aparece como el cumplimiento del mandato constitucional que estos tienen de colaborar con los fines del Estado.

Dicho esto, parece insólito leer, en la Exposición de Motivos de la Constitución, lo siguiente:

> ... finaliza el Capítulo del Poder Ejecutivo, creando la institución del Consejo de Estado que, en derecho comparado, como nos lo muestran las experiencias francesa y colombiana, ha marcado, con estructura y funciones análogas, pauta en la profesionalización del ejercicio del Poder Público.

---

[484] Ver, sobre el tema, el artículo de José Vicente Haro, "Aproximación a la noción del Consejo Federal de Gobierno previsto en la Constitución de 1999".

[485] *Diarios de Debates de la Asamblea Constituyente*, citado por Hildegard Rondón de Sansó, ob. cit., pp. 218-222.

Sin querer incurrir en falta de respeto alguna, los redactores de la Exposición de Motivos no leyeron con detenimiento los dos artículos constitucionales relativos al Consejo de Estado, o no conocen lo que instituciones que llevan el mismo nombre, pero con funciones muy diferentes, significan en el derecho francés y en el derecho colombiano.

La realidad terminó dando la razón al constituyente Gómez Grillo: el Consejo de Estado se constituyó mediante la aprobación de la correspondiente ley orgánica, trece años después de la entrada en vigencia de la Constitución,[486] y solo ha recibido una consulta.

VIII.4.7 EL PRESIDENTE Y LA MAYORÍA PARLAMENTARIA

Una de las partes más importantes de un diseño constitucional es tener en cuenta la forma en que se ejerce el control entre los distintos poderes. Desde este punto de vista, hay que resaltar que en la Constitución de 1961, el control del Legislativo sobre el presidente estaba a cargo de un Congreso bicameral. Pero con una Constitución como la de 1999, en la que este consta de una sola Cámara, las posibilidades de que el partido del presidente obtenga la mayoría absoluta de los votos del Poder Legislativo aumentan sensiblemente y especialmente si, además de esto, en vez de utilizarse un sistema estricto de representación proporcional, se usa uno en el que el 60 % de los puestos de cada circunscripción son elegidos de manera nominal y el restante 40 % por listas mediante la representación proporcional. En tales condiciones, un partido que solo tenga una mayoría relativa de votos de los ciudadanos puede fácilmente llegar a obtener —siempre que dicha mayoría se mantenga en forma homogénea en los distintos estados— las tres quintas partes de los puestos de la Asamblea Nacional, que es la mayoría calificada que exige la Constitución de 1999 para que esa Asamblea le delegue sus funciones legislativas. Si además se permite, como ocurrió en algunas elecciones, que se use el artilugio electoral conocido como "las morochas", que luego fue legalizado, la representación proporcional consagrada en la Constitución resulta burlada. Puede darse el caso, como efectivamente ha ocurrido, de que un sector político, relativamente mayoritario, e incluso hasta minoritario, tenga una desproporcionada representación parlamentaria que le permita tomar las decisiones para las que se exige una mayoría calificada y sin posibilidad de que la oposición pueda ejercer ningún control.

---

[486]   Decreto Ley del Presidente de la República del 15 de febrero de 2012, con base en la Habilitación Legislativa concedida por la Asamblea Nacional en el año 2010 para atender calamidades climáticas.

Pero debemos agregar que el problema no es solo determinar, mediante el mecanismo de las elecciones, quién tiene la mayoría. Un presidente, en nuestro orden constitucional, puede ganar con una mayoría relativa y con un voto de ventaja sobre su rival más cercano. Esa "victoria" no le debería permitir gobernar sin limitaciones. Como bien lo señala José Ignacio Hernández,[487] la democracia no es asunto de mayorías. Nos recuerda que:

> Alexis de Tocqueville, en su fantástico libro *De la Democracia en América*, observó los riesgos de una democracia absoluta en la cual la decisión de la mayoría siempre fuese, por ello, legítima, válida y vinculante. Tal visión degeneraría en la tiranía de la mayoría. Es decir, el sistema en el cual, quien asume la representación de la "mayoría" impone su voluntad, sin considerar la posición de los demás y, generalmente, sin siquiera reparar en los límites legalmente definidos.

Luego cita a Francisco Javier Yanes, en el *Manual político del venezolano*: "La democracia sin freno" es contraria a la libertad civil, pues "en cualquier forma de gobierno en que se conceda un poder ilimitado, o excesivo, bien sea al monarca, bien a la aristocracia, o bien a la multitud, la libertad civil será necesariamente imperfecta". Y concluye diciendo:

> La Constitución, en su artículo 2, asume este planteamiento, al aludir al pluralismo político como un valor superior del ordenamiento jurídico. Pluralismo implica respetar las distintas posiciones políticas, en especial las de las minorías, en el marco de la tolerancia. Un sistema en el cual la mayoría, por considerarse tal, impone todas las decisiones, no puede ser considerado democrático.

En el caso del Poder Ejecutivo, en la Constitución venezolana de 1999 las posibilidades de una sobrerrepresentación en la Asamblea de un partido totalmente sometido al jefe del Estado hacen posible que su decisión sea determinante cuando se trata de designar a los otros poderes nacionales, destruyendo así la separación de los poderes.

VIII.5   EL PODER JUDICIAL[488]

En relación con el tema que nos ocupa, nos interesa la relación del Poder Judicial con los demás poderes y muy especialmente su independencia y autonomía. Es pertinente estudiar la designación por la Asamblea

---

[487]   *El 8D y el concepto de democracia.*

[488]   Una vez más recordamos que por la naturaleza de esta investigación, nuestro análisis del Poder Judicial se limita a aquellos aspectos que tienen que ver con la separación e independencia de los poderes.

Nacional de los magistrados del Tribunal Supremo, el control de constitucionalidad ejercido por este en relación con los actos de los otros poderes, así como el rol del Parlamento en la remoción de los titulares de los poderes no electivos.

VIII.5.1 INDEPENDENCIA Y AUTONOMÍA DEL PODER JUDICIAL

Al introducir el tema del Poder Judicial, dice la Exposición de Motivos que:

> ... el Estado democrático y social de Derecho y de Justicia consagrado por la Constitución, al implicar fundamentalmente, división de los poderes del Estado, imperio de la Constitución y las leyes como expresión de la soberanía popular, sujeción de todos los Poderes Públicos a la Constitución y al resto del ordenamiento jurídico, y garantía procesal efectiva de los derechos humanos y de las libertades públicas, requiere la existencia de unos órganos que, institucionalmente caracterizados por su independencia...

En capítulos anteriores expusimos el daño que el sometimiento de los jueces a la voluntad del Poder Ejecutivo o de los partidos políticos le ha hecho históricamente al correcto funcionamiento del Poder Judicial. El texto de la Exposición de Motivos busca encontrar concreción en las normas constitucionales relativas a la independencia y autonomía funcional, financiera y administrativa del Tribunal Supremo y del Poder Judicial,[489] las cuales se garantizan mediante los mecanismos que se establecen para la designación de los jueces, para su profesionalización y sobre la obligatoria imparcialidad que deben demostrar en materia política.

Ese objetivo se persigue de manera fundamental con los mecanismos de designación de los magistrados del Tribunal Supremo de Justicia, que son elegidos por un período de doce años y con la participación de la comunidad, del Poder Ciudadano y de la Asamblea Nacional.[490] El artículo 264 de la Constitución remite a la ley el establecimiento de los mecanismos de elección de los magistrados del Tribunal Supremo de Justicia, pero señala que los aspirantes a estos cargos se presentarán ante un Comité de Postulaciones Judiciales, y que este, oída la opinión de la comunidad, efectuará una preselección para luego someterlos a la consideración del Poder Ciudadano, el cual realizará una segunda preselección que será presentada a la Asamblea Nacional, que efectuará una tercera preselección para la decisión definitiva. La figura del Comité de Postulaciones está regulada igualmente por la Constitución de la siguiente manera:

---

489   Artículo 254.
490   Artículo 264.

El Comité de Postulaciones Judiciales es un órgano asesor del Poder Ciudadano para la selección de los candidatos o candidatas a magistrados o magistradas del Tribunal Supremo de Justicia. Igualmente, asesorará a los colegios electorales judiciales para la elección de los jueces o juezas de la jurisdicción disciplinaria. El Comité de Postulaciones Judiciales estará integrado por representantes de los diferentes sectores de la sociedad, de conformidad con lo que establezca la ley.[491]

Como se puede ver, la Constitución establece un conjunto de modalidades y filtros que tienen por objeto lograr la elección, no solo de los mejores magistrados, sino de los más imparciales e independientes. Nótese que el Comité de Postulaciones, que la Constitución califica como un "órgano asesor" del Poder Judicial, es algo más que asesor, pues al "preseleccionar" a los candidatos a los cargos, tiene injerencia directa en el proceso de designación.[492]

Se estipula, además, que "el ingreso a la carrera judicial y el ascenso de los jueces o juezas se hará por concursos de oposición públicos que aseguren la idoneidad y excelencia de los o las participantes"; se introduce la participación de los ciudadanos en este proceso y se garantiza la estabilidad regulando los mecanismos de remoción, que solo podrán ser establecidos por la ley.[493]

La dirección, gobierno y administración del Poder Judicial se encomienda, a diferencia de la Constitución de 1961, al Tribunal Supremo de Justicia, que ejercerá estas atribuciones a través de la Dirección Ejecutiva de la Magistratura. El régimen disciplinario de los magistrados será establecido por un Código de Ética del Juez Venezolano o Jueza Venezolana, que deberá ser aprobado por la Asamblea Nacional.[494] Se pregunta la profesora María Amparo Grau si esta nueva modalidad no afectaría la autonomía de los jueces, "al ser el superior —cuyos criterios no han de obligar— en muchos casos el mismo quien ostenta la potestad disciplinaria y de designación".[495]

---

[491] Artículo 270.

[492] Veremos más adelante cómo estas buenas intenciones se quedaron en el papel con la sanción, en el año 2000, de la Ley Especial para la Ratificación o Designación de los Funcionarios y Funcionarias del Poder Ciudadano y Magistrados y Magistradas del Tribunal Supremo de Justicia.

[493] Artículo 255.

[494] Artículo 267.

[495] *La organización de los Poderes Públicos en la Constitución de 1999*, p. 329.

Para garantizar la imparcialidad de los jueces y su independencia, se les prohíbe cualquier activismo partidista, gremial o sindical, conservando los magistrados solo el derecho al sufragio.[496]

VIII.5.2 EL CONTROL DE LA CONSTITUCIONALIDAD Y LAS JURISDICCIONES CONTENCIOSO-ADMINISTRATIVA Y ELECTORAL

Recordemos nuevamente que la Exposición de Motivos de la Constitución nos dice que el Estado democrático y social de Derecho y de Justicia:

> ... requiere la existencia de unos órganos que, institucionalmente caracterizados por su independencia, tengan la potestad constitucional que les permita ejecutar y aplicar imparcialmente las normas que expresan la voluntad popular, someter a todos los Poderes Públicos al cumplimiento de la Constitución y las leyes, controlar la legalidad de la actuación administrativa y ofrecer a todas las personas tutela efectiva en el ejercicio de sus intereses legítimos.

"La Constitución es la norma suprema y el fundamento del ordenamiento jurídico. Todas las personas y los órganos que ejercen el Poder Público están sujetos a esta Constitución". Así lo consagra el artículo 7 del texto de 1999.

Establecida la supremacía constitucional, queda por resolver algo que ha acaparado la atención de la doctrina constitucional: ¿quién se encarga de garantizar esta supremacía? Como fácilmente lo entenderá el lector, la respuesta a esta pregunta tiene una relación fundamental con el tema de la separación de los poderes.

Ya en el capítulo relativo a la separación de poderes en los Estados Unidos vimos la solución que se dio a partir de 1803 con la sentencia Marbury *vs.* Madison. Allí se estableció lo que llama la doctrina un control descentralizado, por oposición al control centralizado en el que un solo órgano —Corte o Tribunal Constitucional— concentra el poder de decidir acerca de la constitucionalidad de los actos de los Poderes Públicos.[497] En principio, estos tribunales constitucionales están colocados fuera del armazón ordinario del Poder Judicial y son absolutamente independientes de esa estructura.

---

[496]   Artículo 256.

[497]   Este tipo de institución tiene su origen en la Constitución austríaca de 1920 y en el pensamiento de Hans Kelsen.

Josefina Calcaño de Temeltas ha estudiado cuál ha sido la respuesta venezolana a esta cuestión y nos remitimos a ella para el análisis pormenorizado a lo largo de toda nuestra historia constitucional.[498]

En la Constitución de 1999, la regulación del control de la constitucionalidad no se ubica en el capítulo relativo al Poder Judicial, sino en el título denominado De la Protección de la Constitución. Dice el artículo 334:

> Todos los jueces o juezas de la República, en el ámbito de sus competencias y conforme a lo previsto en esta Constitución y en la ley, están en la obligación de asegurar la integridad de esta Constitución.

> En caso de incompatibilidad entre esta Constitución y una ley u otra norma jurídica, se aplicarán las disposiciones constitucionales, correspondiendo a los tribunales en cualquier causa, aun de oficio, decidir lo conducente.

> Corresponde exclusivamente a la Sala Constitucional del Tribunal Supremo de Justicia, como jurisdicción constitucional, declarar la nulidad de las leyes y demás actos de los órganos que ejercen el Poder Público dictados en ejecución directa e inmediata de la Constitución o que tengan rango de ley, cuando colidan con aquella.

"Se ratifica así —opina Calcaño de Temeltas— el control mixto de la constitucionalidad existente en nuestro ordenamiento desde hace más de un siglo: el control concentrado y difuso".[499] Pero la misma autora afirma, y esto es importante en cuanto a la separación de poderes, que la jurisdicción constitucional establecida en la Carta Magna de 1999 es una jurisdicción imperfecta:

> … porque el órgano de control constitucional no es un órgano autónomo e independiente, sino que forma parte del aparato judicial ordinario, por lo cual no responde a la tendencia casi universal de ubicación del tribunal constitucional separado de los poderes tradicionales del Estado, incluido el judicial pues "el órgano encargado de hacer respetar la Constitución no puede asimilarse a uno de los poderes que controla" (Hans Kelsen).

Difiere la doctora Rondón de Sansó*, quien considera que:

> … la Sala Constitucional está fuera del ámbito del Poder Judicial, por encima del mismo y más allá del Tribunal Supremo de Justicia, respecto al cual solo tiene una adherencia digamos física, para colocarse como el supremo

---

498   *El control de la constitucionalidad*, pp. 120 a 124.

499   Ob. cit., p.125.

*   Tanto la doctora Rondón como la doctora Calcaño fueron magistradas de la extinta Corte Suprema de Justicia.

intérprete de la norma constitucional, capaz de anular las decisiones que la contradigan y capaz de imponer a las restantes Salas sus propias interpretaciones. Ha creado así el constituyente, bajo la apariencia de una nueva Sala, una Corte Constitucional por encima del Tribunal Supremo de Justicia.[500]

No compartimos esta línea argumental. El capítulo III del título V de la Constitución regula el Poder Judicial y las normas que rigen el Tribunal Supremo de Justicia forman parte de la sección segunda de ese mismo capítulo. Allí se establece cuáles son las Salas del TSJ, cuáles son las condiciones para ser magistrado, cómo se designan y cómo pueden ser removidos. El artículo 266 señala las atribuciones del Supremo y el hecho de que la regulación de la jurisdicción de este se encuentre contemplada en el título VIII no separa a la Sala Constitucional del resto del Tribunal Supremo. El derecho no conoce de "adhesiones físicas" ni de "apariencias".

Dicho esto, desde el punto de vista de la separación de los poderes, la Constitución que comentamos atribuye entonces al Poder Judicial un papel preponderante y superior en relación con las otras ramas del Poder Público, siempre y cuando el Tribunal Supremo de Justicia logre escapar a la influencia o control que pueda intentar el Poder Ejecutivo.

VIII.5.3 EL ENJUICIAMIENTO Y LA REMOCIÓN DE LOS TITULARES Y ALTOS FUNCIONARIOS DE LOS DEMÁS PODERES PÚBLICOS

El artículo 233 de la Constitución incluye, dentro de las faltas absolutas del presidente de la República, "la destitución decretada por sentencia del Tribunal Supremo de Justicia". Pero debemos también recordar el artículo 279, en su última parte, que dice: "Los y las integrantes del Poder Ciudadano serán removidos por la Asamblea Nacional, previo pronunciamiento del Tribunal Supremo de Justicia, de acuerdo con lo establecido en la ley". A ello agregamos que los ordinales 2.° y 3.° del artículo 266, al definir las competencias del TSJ indican:

> 2. Declarar si hay o no mérito para el enjuiciamiento del Presidente o Presidenta de la República o quien haga sus veces, y en caso afirmativo, continuar conociendo de la causa previa autorización de la Asamblea Nacional, hasta sentencia definitiva.

> 3. Declarar si hay o no mérito para el enjuiciamiento del Vicepresidente o Vicepresidenta de la República, de los o las integrantes de la Asamblea Nacional o del propio Tribunal Supremo de Justicia, de los Ministros o Ministras, del Procurador o Procuradora General, del Fiscal o Fiscala General, del Contralor o Contralora General de la República, del Defensor o Defensora

---

[500] Ob.cit., p. 233.

del Pueblo, los Gobernadores o Gobernadoras, oficiales u oficialas generales y almirantes de la Fuerza Armada Nacional y de los jefes o jefas de misiones diplomáticas de la República y, en caso afirmativo, remitir los autos al Fiscal o Fiscala General de la República o a quien haga sus veces, si fuere el caso; y si el delito fuere común, continuará conociendo de la causa hasta la sentencia definitiva.[501]

Y, para terminar, la norma contenida en el artículo 282 establece que corresponde a la Sala Plena del Tribunal Supremo de Justicia conocer del enjuiciamiento del defensor del pueblo.

Como puede verse, ya no se trata solo de la facultad de impedir. El Poder Judicial tiene potestad para enjuiciar (previa declaratoria de que hay mérito para ello) a los representantes del más alto nivel de todos los Poderes Públicos. Este es el equivalente al *impeachment* del derecho anglosajón y no se trata de un control sobre los contenidos de las decisiones tomadas por los diferentes poderes, sino del castigo por la comisión de un delito.

VIII.5.4 EL SISTEMA DE JUSTICIA

Para concluir, hay que hacer referencia al "sistema de justicia". El capítulo III del título V de la Constitución se intitula "Del Poder Judicial y del Sistema de Justicia" y el capítulo IV regula al nuevo Poder Ciudadano. Lo contradictorio es que ese nuevo poder autónomo forma parte de lo que el texto denomina "sistema de justicia". Dice el artículo 253:

> El sistema de justicia está constituido por el Tribunal Supremo de Justicia, los demás tribunales que determine la Ley, el Ministerio Público, la Defensoría Pública, los órganos de investigación penal, los o las auxiliares y funcionarios o funcionarias de justicia, el sistema penitenciario, los medios alternativos de justicia, los ciudadanos o ciudadanas que participan en la administración de justicia conforme a la ley y los abogados y abogadas autorizados para el ejercicio.

La doctora Rondón de Sansó constata que no existe una definición constitucional del "sistema judicial". Ella, sin embargo, intenta hacerlo de la siguiente manera:

> El sistema de justicia está constituido por el conjunto de organismos y por las actividades y funciones que los mismos realizan, destinado al ejercicio del Derecho, esto es, a la labor de mantenimiento de la legitimidad de las actuaciones de los Poderes Públicos y de los particulares y a la resolución de las controversias hasta su etapa definitiva, que es la ejecución de las

---

[501] Por alguna causa no explicada o por olvido, los rectores del Poder Electoral no fueron incluidos en este numeral y, en consecuencia, no se benefician de la protección del antejuicio de mérito.

decisiones que para tal efecto se dicten. El sistema de justicia se presenta así como la unión de todos los organismos y la suma de todas las funciones y actividades que están destinadas a la tutela del ordenamiento jurídico, bien con respecto a los organismos públicos, bien con respecto a las actuaciones de particulares.[502]

No aclara mucho esta definición de un sistema que incluye a un Poder Público dentro de una extraña mezcla de funciones y órganos que corresponden al Poder Judicial, al Poder Ciudadano, al Poder Ejecutivo, confundidas con actividades privadas de particulares y que escapan a toda clasificación jurídica. Es muy posible que semejante engendro encuentre su origen en la aplicación de alguna teoría sociológica, pero desde el punto de vista de la teoría constitucional es, por decir lo menos, una incongruencia.

VIII.6 LOS NUEVOS PODERES[503]

Como antes se señalara, la Constitución de 1999 adiciona dos nuevos poderes a la tradicional división tripartita: el Poder Ciudadano y el Poder Electoral. Como bien lo destaca Duque Corredor:

> … esta posición, aparte de la consecuencia con el pensamiento bolivariano, en un sentido responde a las críticas hechas a la fórmula clásica de la separación de los poderes, que no permite tener en cuenta la importancia de otros órganos, cuyas actividades deben ser reforzadas, pues, precisamente, su finalidad es vigilar el ejercicio del Poder Público y defender a los ciudadanos para evitar la concentración del poder y los excesos.[504]

VIII.6.1 EL PODER CIUDADANO

Originalmente denominado "Poder Moral", fue definido de la siguiente forma por su proponente, Hugo Chávez Frías, en las *Ideas presentadas por el Presidente de la República para la Constitución Bolivariana:*[505]

> El Poder Moral de la República tiene por objeto la prevención y sanción de aquellos hechos considerados como atentatorios contra la ética pública y la moral administrativa […] La actuación del Poder Moral de la República tendrá también como finalidad, la formación de los ciudadanos en el ejercicio de las virtudes cívicas, el fomento de la educación ciudadana, el desarrollo de la solidaridad y el ejercicio de la libertad y la democracia.

---

[502] Ob.cit., p. 401.

[503] Sobre los nuevos poderes, ver el artículo de María A. Correa de Baumeister, en "El poder ciudadano y el poder electoral en la constitución de 1999".

[504] *El Poder Ciudadano*, p. 218.

[505] Comunicación dirigida a la Asamblea Nacional Constituyente (1999).

256

Como ya se dijo, se trató de retomar la idea presentada por Simón Bolívar en el Proyecto de Constitución de Angostura (1819).[506]

En la propuesta de Angostura,[507] el Libertador proponía la creación del "Areópago", una Asamblea integrada por cuarenta miembros, de sólida y reconocida reputación de moralidad y civismo, escogidos por el Congreso. Esta Asamblea se dividía en dos secciones. A la primera correspondía velar por la moralidad de los ciudadanos, de la Administración Pública, de la prensa. La segunda tenía a su cargo la educación.

Según lo establecido en su artículo 273, "el Poder Ciudadano se ejerce por el Consejo Moral Republicano integrado por el Defensor o Defensora del Pueblo, el Ministerio Público, la Contraloría General de la República...". Como se trata de una rama del Poder Público, el artículo 273 afirma

---

[506] También pueden citarse como antecedentes igualmente bolivarianos, la Cámara de Censores en el Proyecto de Constitución de Bolivia y la creación de una Junta de Calificación en el Perú, concebida para ser el "Árbitro Supremo de la moralidad administrativa".

[507] Ver a este respecto el "Discurso de Angostura", el "Proyecto de Constitución de Angostura", "Los Proyectos Constitucionales de El Libertador" de Pedro Grases y Tomás Polanco Alcántara en *Constitucionalismo Latinoamericano; y* "El Poder Moral: el modelo clásico de Bolívar", de Ana María Battista en *Constitucionalismo Latino y Liberalismo.* Al proponer la creación del Poder Moral, dijo Bolívar: "Tomemos de Atenas su Areópago, y los guardianes de las costumbres y de las Leyes; tomemos de Roma sus censores y sus tribunales domésticos; y haciendo una Santa alianza de estas instituciones morales, renovemos en el mundo la idea de un Pueblo que no se contenta con ser libre y fuerte, sino que quiere ser virtuoso. Tomemos de Esparta sus austeros establecimientos, y formando de estos tres manantiales una fuente de virtud, demos a nuestra República una cuarta potestad cuyo dominio sea la infancia y el corazón de los hombres, el espíritu público, las buenas costumbres y la moral Republicana. Constituyamos este Areópago para que vele sobre la educación de los niños, sobre la instrucción nacional; para que purifique lo que se haya corrompido en la República; que acuse la ingratitud, el egoísmo, la frialdad del amor a la Patria, el ocio, la negligencia de los ciudadanos; que juzgue de los principios de corrupción, de los ejemplos perniciosos; debiendo corregir las costumbres con penas morales, como las leyes castigan los delitos con penas aflictivas, y no solamente lo que choca contra ellas, sino lo que las burla; no solamente lo que las ataca, sino lo que las debilita; no solamente lo que viola la Constitución, sino lo que viola el respeto público. La jurisdicción de este Tribunal verdaderamente Santo, deberá ser efectiva con respecto a la ecuación y a la instrucción, y de opinión solamente, en las penas y castigos. Pero sus anales, o registros donde se consignen sus actas y deliberaciones; los principios morales y las acciones de los Ciudadanos, serán los libros de la virtud y del vicio. Libros que consultará el pueblo para sus elecciones, los Magistrados para sus resoluciones, y los jueces para sus juicios. Una institución semejante por más que parezca quimérica, es infinitamente más realizable que otras que algunos Legisladores antiguos y modernos han establecido con menos utilidad del género humano".

que el Poder Ciudadano es independiente y que sus órganos gozan de autonomía funcional, financiera y administrativa. Pero esta independencia y esta autonomía se ven seriamente afectadas por el hecho de que los integrantes del Poder Ciudadano pueden ser removidos por la Asamblea Nacional, previo pronunciamiento del Tribunal Supremo de Justicia. No se establecen causales de remoción, lo que deja abierta la posibilidad de que esta ocurra por una desavenencia política. Y algo mucho más grave: el titular de un órgano del Poder Ciudadano electo por el pueblo (mecanismo de designación subsidiario en caso de omisión de la Asamblea Nacional que veremos de seguidas) puede ser destituido, no por referéndum revocatorio, como se establece para todo funcionario de elección popular, sino por una decisión de la Asamblea tomada por mayoría simple.

Estos órganos se encargan de:

... prevenir, investigar y sancionar los hechos que atenten contra la ética pública y la moral administrativa; velar por la buena gestión y la legalidad en el uso del patrimonio público, el cumplimiento y la aplicación del principio de la legalidad en toda la actividad administrativa del Estado; e, igualmente, promover la educación como proceso creador de la ciudadanía, así como la solidaridad, la libertad, la democracia, la responsabilidad social y el trabajo.[508]

Pero el Consejo Moral Republicano tiene también atribuciones que ejerce directamente (a través de sus "representantes") y no a través de los órganos del Poder Ciudadano. Le corresponde:

... formular a las autoridades, funcionarios o funcionarias de la Administración Pública, las advertencias sobre las faltas en el cumplimiento de sus obligaciones legales. De no acatarse estas advertencias, el Consejo Moral Republicano, podrá imponer las sanciones establecidas en la ley. En caso de contumacia, el presidente o presidenta del Consejo Moral Republicano presentará un informe al órgano o dependencia al cual esté adscrito el funcionario o funcionaria públicos, para que esa instancia tome los correctivos de acuerdo con el caso sin perjuicio de las sanciones a que hubiere lugar en conformidad con la ley.[509]

Luego, la Constitución encarga al Consejo Moral Republicano de actividades pedagógicas "dirigidas al conocimiento y estudio de esta Constitución, al amor a la patria, a las virtudes cívicas y democráticas, a los valores trascendentales de la República y a la observancia y respeto de

---

[508]   Artículo 274.

[509]   Artículo 275. El artículo 277 le agrega más adelante amplias potestades investigativas.

los derechos humanos". Y por último, pero no por ello menos importante, el texto de 1999 crea la figura del Comité de Postulaciones del Poder Ciudadano, el cual:

> ... estará integrado por representantes de diversos sectores de la sociedad; adelantará un proceso público de cuyo resultado se obtendrá una terna que será sometida a la consideración de la Asamblea Nacional que, mediante el voto favorable de las dos terceras partes de sus integrantes, escogerá en un lapso no mayor de treinta días continuos al o a la titular del órgano del Poder Ciudadano que esté en consideración. Si concluido este lapso no hay acuerdo en la Asamblea Nacional, el Poder Electoral someterá la terna a consulta popular.[510]

Estos mecanismos se establecen con la finalidad de preservar y garantizar la independencia de este nuevo poder mediante la participación de la sociedad civil. Si mecanismos como los que comentamos no funcionan, o se ven de alguna manera pervertidos, poco quedará de la necesaria autonomía que la Constitución ordena para el Poder Ciudadano y que es la razón fundamental, como lo dice la Exposición de Motivos, para pasar de la división tripartita a la existencia de cinco poderes.

Recordemos, además, que el Poder Ciudadano participa, a través del Consejo Moral Republicano, en el proceso de selección de los magistrados del Tribunal Supremo de Justicia, así como en la calificación de las faltas graves en las que estos incurran.

Como puede verse, esta enumeración de funciones se presta a muchas confusiones, pues al lado del control, propio de la naturaleza del nuevo poder, se establecen mandatos vinculados a la ética, se invaden funciones sancionatorias, propias del Poder Judicial, y educativas, propias del Poder Ejecutivo. Si a ello agregamos las funciones específicas de los órganos del Poder Ciudadano que examinaremos a continuación, la confusión se acentúa.

La lectura de la Constitución nos enseña, como acabamos de recordarlo, que el defensor del pueblo, el fiscal general de la República y el contralor general de la República conforman el Consejo Moral Republicano, con las atribuciones y funciones antes expuestas. Pero ocurre que estos tres funcionarios son las cabezas de tres órganos del Poder Ciudadano que tienen funciones que coadyuvan al cumplimiento de las principales tareas encomendadas al Consejo Moral Republicano, pero que al mismo tiempo tienen funciones que les son propias y no participan, por separado, en ciertas tareas que corresponden al Consejo Moral Republicano.

---

[510]   Artículo 279.

Examinemos el texto constitucional, sin olvidar que la materia que nos atañe es la separación de poderes y recordando que dos de los tres órganos que integran el nuevo poder preexistían a la Constitución de 1999 (la Contraloría General y el Ministerio Público).

La institución de la Defensoría del Pueblo encuentra su origen en el *ombudsman* escandinavo, ampliamente acogida en el constitucionalismo latinoamericano,[511] y tiene la función de defender los derechos humanos. Su creación obedece a la necesidad de incorporar a nivel estatal un mecanismo para la protección, promoción y educación de los derechos humanos que coadyuve en la democratización de la región. Así lo establece el ordinal 1.° del artículo 281 de la Constitución al definir las atribuciones del defensor del pueblo:

> Velar por el efectivo respeto y garantía de los derechos humanos consagrados en esta Constitución y en los tratados, convenios y acuerdos internacionales sobre derechos humanos ratificados por la República, investigando de oficio o a instancia de parte las denuncias que lleguen a su conocimiento.

Pero nuestro *ombudsman* va más allá, como se desprende del ordinal 2.° del mismo artículo 281:

> Velar por el correcto funcionamiento de los servicios públicos, amparar y proteger los derechos e intereses legítimos, colectivos y difusos de las personas, contra las arbitrariedades, desviaciones de poder y errores cometidos en la prestación de los mismos, interponiendo cuando fuere procedente las acciones necesarias para exigir al Estado el resarcimiento a los administrados de los daños y perjuicios que les sean ocasionados con motivo del funcionamiento de los servicios públicos.

En esa doble función, la Defensoría "vela", es decir vigila a los demás Poderes Públicos y especialmente al Ejecutivo y al Judicial.[512] Las palabras que se utilizan a lo largo de los diferentes ordinales de la norma constitucional que comentamos son: "solicitar", "presentar iniciativas", "formular recomendaciones", "promover", "interponer" y "visitar". No tiene el defensor del pueblo atribuciones para actuar, enmendar, corregir o castigar. Por ello, no puede hablarse de interferencia alguna con el ejercicio

---

[511] La institución del *ombudsman* en América Latina ha tomado diversas denominaciones, tales como defensor del pueblo en Ecuador, Bolivia, Perú, Colombia y Venezuela; procurador de derechos humanos en Nicaragua, Guatemala y El Salvador; defensor de los habitantes en Costa Rica; comisionado nacional de derechos humanos en Honduras y México. En muchos países el *ombudsman* actúa como un delegado del Parlamento.

[512] Según el *Diccionario jurídico* de Cabanellas, velar es observar, cuidar, vigilar con atención.

independiente de los demás poderes, sino simplemente de una colaboración o de exhortos y solicitudes nunca vinculantes.

No debe dejar de destacarse que, tal como ocurre con el Poder Judicial y en virtud del ordinal 1.º del artículo 273 de la Constitución, "el Poder Ciudadano es independiente y sus órganos gozan de autonomía funcional, financiera y administrativa...".

De manera muy clara, el artículo 279 establece el mecanismo de designación de los titulares del Poder Ciudadano, concediendo amplia participación a "representantes de diversos sectores de la sociedad" quienes, a través de un proceso público, presentarán una terna por cada órgano a la consideración de la Asamblea Nacional. Si el Poder Legislativo no logra acordarse para efectuar el nombramiento por una mayoría calificada, la terna será sometida "a consulta popular".

Hay que acotar, para concluir, lo impropio del nombre escogido para este poder. La condición "ciudadana" no puede ser atribuida a un órgano del Estado. Los ciudadanos somos todos y, como tales, participamos en la conformación de todos los poderes y nos vemos representados en cada uno de ellos. Sin duda se quiso eliminar la expresión "poder moral" por las connotaciones implícitas en esas palabras, pero no fue acertada la escogencia de la nomenclatura sustitutiva.[513]

El Ministerio Público y la Contraloría General de la República existían con anterioridad a la Constitución de 1999, como órganos constitucionales dotados de autonomía funcional, no estando sometidos a la autoridad de ninguno de los tres poderes del Estado.

El artículo 285 de la Constitución nos indica cuáles son las atribuciones específicas[514] del Ministerio Público, que actúa bajo "la dirección y responsabilidad del Fiscal General":

1. Garantizar en los procesos judiciales el respeto de los derechos y garantías constitucionales, así como de los tratados, convenios y acuerdos internacionales suscritos por la República.

---

[513] Allan Brewer-Carías observó, en su condición de miembro de la Asamblea Constituyente, que al cambiar el nombre del Poder Moral y sustituirlo por el Poder Ciudadano, ha debido también cambiarse la denominación del Consejo Moral Republicano y adaptarlo a la nueva terminología. Para evitar incongruencia, debería hablarse de Consejo Republicano del Poder Ciudadano. *Gaceta Constituyente* n.º 38, sesión de 6/11/99, citado por S. R. Fernández Cabrera, ob. cit., p. 10.

[514] Además de aquellas que le corresponden por ser órgano del Poder Ciudadano.

2. Garantizar la celeridad y buena marcha de la administración de justicia, el juicio previo y el debido proceso.

3. Ordenar y dirigir la investigación penal de la perpetración de los hechos punibles para hacer constar su comisión con todas las circunstancias que puedan influir en la calificación y responsabilidad de los autores y demás participantes, así como el aseguramiento de los objetos activos y pasivos relacionados con la perpetración.

4. Ejercer en nombre del Estado la acción penal en los casos en que para intentarla o proseguirla no fuere necesario instancia de parte, salvo las excepciones establecidas en la ley.

5. Intentar las acciones a que hubiere lugar para hacer efectiva la responsabilidad civil, laboral, militar, penal, administrativa o disciplinaria en que hubieren incurrido los funcionarios o funcionarias del sector público, con motivo del ejercicio de sus funciones.

6. Las demás que le atribuyan esta Constitución y la ley.

La Ley Orgánica del Ministerio Público regula con detalle sus atribuciones específicas y hace apenas una mención a la condición de órgano del Poder Ciudadano que esta institución ejerce.[515]

Una diferencia con el Ministerio Público preexistente (además de formar parte de una nueva rama del Poder Público) es la desaparición, como misión esencial, de la función de "velar por la exacta observancia de la Constitución y de las leyes", como lo establecía el artículo 218 de la Constitución de 1961. Además, con la promulgación del Código Orgánico Procesal Penal, el Ministerio Público asume la función de acusador público.[516]

Desde el punto de vista de la separación de los poderes, las funciones del Ministerio Público tienen un peso determinante en la administración de la justicia penal y en la investigación de hechos criminales, así como en la marcha de la función pública desde el punto de vista de las responsabilidades de los agentes del Estado. A diferencia de la Defensoría del Pueblo, el Ministerio Público tiene capacidad de incidir de manera compulsiva en la marcha del Estado, como se evidencia en el texto que acabamos de transcribir, en el cual se habla de "garantizar", "ordenar y dirigir", "ejercer la

---

[515] ARTÍCULO 2: "El Ministerio Público es un órgano del Poder Ciudadano que tiene por objetivo actuar en representación del interés general y es responsable del respeto a los derechos y garantías constitucionales a fin de preservar el Estado, democrático y social de Derecho y de Justicia". La LOMP fue sancionada el 19/3/07.

[516] ARTÍCULO 11: "Titularidad de la acción penal. La acción penal corresponde al Estado a través del Ministerio Público, quien está obligado a ejercerla, salvo las excepciones legales".

acción penal", "intentar las acciones", verbos que implican verdadero poder. Pero todo ello encaja perfectamente en la colaboración de los poderes en la realización de los fines del Estado.

Por último, corresponde tocar el tema de la Contraloría General de la República, tercero de los órganos del Poder Ciudadano.

La Contraloría General de la Nación fue creada por la Ley Orgánica de Hacienda Nacional el 15 de julio de 1938, bajo la conducción del doctor Gumersindo Torres Millet, primer contralor general de la Nación. La institución adquirió rango constitucional con la Constitución de 1947 y lo mantuvo en la Constitución 1961, en la que se le dio la denominación de Contraloría General de la República, que se mantiene en la Constitución de la República Bolivariana de Venezuela aprobada en 1999.

Según el artículo 287 de la Constitución:

… la Contraloría General de la República es el órgano de control, vigilancia y fiscalización de los ingresos, gastos, bienes públicos y bienes nacionales, así como de las operaciones relativas a los mismos. Goza de autonomía funcional, administrativa y organizativa, y orienta su actuación a las funciones de inspección de los organismos y entidades sujetas a su control.

El artículo 289 desarrolla las atribuciones del órgano contralor:

1. Ejercer el control, la vigilancia y fiscalización de los ingresos, gastos y bienes públicos, así como las operaciones relativas a los mismos, sin perjuicio de las facultades que se atribuyan a otros órganos en el caso de los estados y municipios, de conformidad con la ley.

2. Controlar la deuda pública, sin perjuicio de las facultades que se atribuyan a otros órganos en el caso de los estados y municipios, de conformidad con la ley.

3. Inspeccionar y fiscalizar los órganos, entidades y personas jurídicas del sector público sometidos a su control; practicar fiscalizaciones, disponer el inicio de investigaciones sobre irregularidades contra el patrimonio público, así como dictar las medidas, imponer los reparos y aplicar las sanciones administrativas a que haya lugar de conformidad con la ley.

4. Instar al fiscal o fiscala y al procurador o procuradora general de la República a que ejerzan las acciones judiciales a que hubiere lugar con motivo de las infracciones y delitos cometidos contra el patrimonio público y de los cuales tenga conocimiento en el ejercicio de sus atribuciones.

5. Ejercer el control de gestión y evaluar el cumplimiento y resultado de las decisiones y políticas públicas de los órganos, entidades y

personas jurídicas del sector público sujetos a su control, relacionadas con sus ingresos, gastos y bienes.

6. Las demás que le atribuyan esta Constitución y la ley.[517]

Al igual que con los otros órganos del Poder Ciudadano, no se observa en los textos transcritos nada que pueda afectar el principio de la separación de poderes, ya que los controles, la vigilancia y la fiscalización encuadran perfectamente en la noción de colaboración definida por la Constitución.

A manera de conclusión de este somero análisis del Poder Ciudadano, observamos que el fortalecimiento de la autonomía y de la independencia de los órganos que lo integran, fundamentalmente en lo que concierne a los mecanismos de designación, contribuyen a que "el poder detenga al poder". Siempre y cuando se cumplan...

VIII.6.2 EL PODER ELECTORAL

Las mismas razones que justifican la creación del Poder Ciudadano, según la Exposición de Motivos, se aplican por igual a la elevación de la autoridad electoral, entes de rango legal, aunque sus principios de funcionamiento estaban previstos en la Constitución,[518] al ser uno de los nuevos Poderes Públicos.

El Poder Electoral "se ejerce por el Consejo Nacional Electoral como ente rector" y por organismos subordinados a él.[519] Se establece de manera terminante que:

... los órganos del Poder Electoral garantizarán la igualdad, confiabilidad, imparcialidad, transparencia y eficiencia de los procesos electorales, así como la aplicación de la personalización del Sufragio y la representación proporcional.[520]

El texto constitucional luego afirma que:

... los órganos del Poder Electoral se rigen por los principios de independencia orgánica, autonomía funcional y presupuestaria, despartidización de

---

[517]   Ley Orgánica de la Contraloría General de la República y del Sistema Nacional de Control Fiscal, publicada en la *Gaceta Oficial* n.º 37347 del 17 de diciembre de 2001.

[518]   Artículo 113 de la Constitución de 1961. La autoridad electoral (Consejo Supremo Electoral) había sido establecida en las sucesivas versiones de leyes orgánicas del sufragio.

[519]   Artículo 293.

[520]   Ibídem.

los organismos electorales, imparcialidad y participación ciudadana, descentralización de la administración electoral, transparencia y celeridad del acto de votación y escrutinios.[521]

Por último, se exigen condiciones de elegibilidad muy rigurosas en cuanto a la independencia de sus integrantes y una amplia participación ciudadana en la designación de los mismos.[522]

Nuevamente, si las disposiciones constitucionales llegaran a cumplirse, el Poder Electoral sería una barrera importante para impedir el abuso y para que quien detente el poder no pueda perpetuarse, porque otro poder tiene la posibilidad de detenerlo.

La profesora María Amparo Grau, en su ya citado trabajo sobre la organización de los Poderes Públicos en la Constitución de 1999 expresa una opinión que compartimos:

… en el marco de la idea de pesos y contrapesos sobre la que se erige el sistema de separación de los poderes, no encuentra explicación la existencia de un Poder Electoral, puesto que no existe otro órgano al que éste deba sopesar. En efecto consideramos que si la finalidad era dotar de mayor importancia a los procesos electorales, bastaba con consagrar de forma expresa al órgano electoral a nivel constitucional, lo cual no hacía la Constitución del 61, ya que si la única actividad es organizar elecciones, y precisar, en

---

521 Artículo 294.

522 ARTÍCULO 295: El Comité de Postulaciones Electorales de candidatos o candidatas a integrantes del Consejo Nacional Electoral, estará integrado por representantes de los diferentes sectores de la sociedad, de conformidad con lo que establezca la ley.

ARTÍCULO 296: El Consejo Nacional Electoral estará integrado por cinco personas no vinculadas a organizaciones con fines políticos; tres de ellos o ellas serán postulados por la sociedad civil, uno o una por las facultades de ciencias jurídicas y políticas de las universidades nacionales, y uno o una por el Poder Ciudadano.

Los o las tres integrantes postulados por la sociedad civil tendrán seis suplentes en secuencia ordinal, y cada designado o designada por las universidades y el Poder Ciudadano tendrá dos suplentes, respectivamente. La Junta Nacional Electoral, la Comisión de Registro Civil y Electoral y la Comisión de Participación Política y Financiamiento, serán presididas cada una por un o una integrante postulado o postulada por la sociedad civil. Los o las integrantes del Consejo Nacional Electoral durarán siete años en sus funciones y serán elegidos o elegidas por separado: los tres postulados o postuladas por la sociedad civil al inicio de cada período de la Asamblea Nacional, y los otros dos a la mitad del mismo.

Los o las integrantes del Consejo Nacional Electoral serán designados o designadas por la Asamblea Nacional con el voto de las dos terceras partes de sus integrantes.

ocasiones, la posibles controversias que pudieran plantearse en el marco de un proceso eleccionario, no era necesaria su configuración como Poder.[523]

VIII.6.3 ¿Y EL BANCO CENTRAL DE VENEZUELA?[524]

Ni la nueva Constitución de Venezuela ni ninguna Constitución del mundo considera al Banco Central como una de las ramas del Poder Público. ¿Por qué entonces incluimos el estudio del Instituto Emisor en este capítulo? Por una razón muy sencilla: si la separación de poderes existe para establecer un sistema de pesos y contrapesos que impiden la concentración del poder y el abuso, toda institución que tiene por objeto frenar y limitar el ejercicio del poder tiene un puesto en este análisis. Máxime si la nueva Constitución implica un cambio significativo en esta materia. Lo mismo veremos en relación con los medios de comunicación.

Obviando incursionar en la historia del Banco Central de Venezuela, nos limitamos a recordar que esta institución nunca había tenido en nuestro país rango constitucional. La Exposición de Motivos explica el objetivo que se persigue:

> Se le da rango constitucional a la autonomía del Banco Central de Venezuela en el ejercicio de sus funciones para alcanzar un objetivo único y exclusivo. Este se precisa como el de estabilizar el nivel de precios para preservar el valor de la moneda. La autonomía del Banco Central implica que la autoridad monetaria debe ser independiente del gobierno y se prohíbe constitucionalmente toda práctica que obligue al Banco Central a financiar o convalidar políticas fiscales deficitarias. En el ejercicio de sus funciones el Banco Central de Venezuela no podrá emitir dinero sin respaldo.

En la regulación del sistema económico se incluye una sección que lleva por título Del Sistema Monetario Nacional:

> ARTÍCULO 318: Las competencias monetarias del Poder Nacional serán ejercidas de manera exclusiva y obligatoria por el Banco Central de Venezuela. El objeto fundamental del Banco Central de Venezuela es lograr la estabilidad de precios y preservar el valor interno y externo de la unidad monetaria...

> El Banco Central de Venezuela es persona jurídica de derecho público con autonomía para la formulación y el ejercicio de las políticas de su competencia. El Banco Central de Venezuela ejercerá sus funciones en

---

[523]   Ob. cit., pp. 330-331..

[524]   Ver, en *Consideraciones sobre política, economía y constitucionalismo*, de Nelson Chitty La Roche, el capítulo relativo al Banco Central de Venezuela, pp. 224 y siguientes.

coordinación con la política económica general, para alcanzar los objetivos superiores del Estado y la Nación.

Para el adecuado cumplimiento de su objetivo, el Banco Central de Venezuela tendrá entre sus funciones las de formular y ejecutar la política monetaria, participar en el diseño y ejecutar la política cambiaria, regular la moneda, el crédito y las tasas de interés, administrar las reservas internacionales, y todas aquellas que establezca la ley.

ARTÍCULO 319: El Banco Central de Venezuela se regirá por el principio de responsabilidad pública, a cuyo efecto rendirá cuenta de las actuaciones, metas y resultados de sus políticas ante la Asamblea Nacional, de acuerdo con la ley. También rendirá informes periódicos sobre el comportamiento de las variables macroeconómicas del país y sobre los demás asuntos que se le soliciten, e incluirá los análisis que permitan su evaluación. El incumplimiento sin causa justificada del objetivo y de las metas, dará lugar a la remoción del directorio y a sanciones administrativas, de acuerdo con la ley.

El Banco Central de Venezuela estará sujeto al control posterior de la Contraloría General de la República y a la inspección y vigilancia del organismo público de supervisión bancaria, el cual remitirá informes de las inspecciones que realice a la Asamblea Nacional. El presupuesto de gastos de funcionamiento e inversiones del Banco Central de Venezuela requerirá la discusión y aprobación de la Asamblea Nacional, y sus cuentas y balances serán objeto de auditorías externas en los términos que fije la ley.

En la sección siguiente (De la Coordinación Macroeconómica) podemos leer:

ARTÍCULO 320. El Estado debe promover y defender la estabilidad económica, evitar la vulnerabilidad de la economía y velar por la estabilidad monetaria y de precios, para asegurar el bienestar social.

El ministerio responsable de las finanzas y el Banco Central de Venezuela contribuirán a la armonización de la política fiscal con la política monetaria, facilitando el logro de los objetivos macroeconómicos. **En el ejercicio de sus funciones el Banco Central de Venezuela no estará subordinado a directivas del Poder Ejecutivo y no podrá convalidar o financiar políticas fiscales deficitarias.**

La actuación coordinada del Poder Ejecutivo y del Banco Central de Venezuela se dará mediante un acuerdo anual de políticas, en el cual se establecerán los objetivos finales de crecimiento y sus repercusiones sociales, balance externo e inflación, concernientes a las políticas fiscal, cambiaria y monetaria, así como los niveles de las variables intermedias e instrumentales requeridos para alcanzar dichos objetivos finales. Dicho acuerdo será firmado por el Presidente o Presidenta del Banco Central de Venezuela y el o la titular del ministerio responsable de las finanzas, y se divulgará en el momento de la aprobación del presupuesto por la Asamblea Nacional. Es responsabilidad de los o las firmantes del acuerdo que las acciones de política sean consistentes con sus objetivos. En dicho acuerdo se especificarán los resultados esperados, las políticas y las acciones dirigidas a lograrlos. La ley establecerá las características del acuerdo anual de política económica y los mecanismos de rendición de cuentas.[525]

VIII.7 LAS DESVIACIONES AUTORITARIAS EN EL TEXTO CONSTITUCIONAL

Al analizar la separación de los poderes, es imprescindible destacar que la Constitución de 1999 contempla figuras que constituyen un grave debilitamiento para la independencia y autonomía de los Poderes Públicos, como lo hemos señalado al estudiar cada uno de ellos: nos referimos, entre otros y en primer lugar, a la militarización del Estado, que ya tratamos y sobre la cual volveremos a hablar; pero también a la posibilidad que tiene la Asamblea de destituir, previa opinión del Tribunal Supremo de Justicia, a los integrantes del Poder Ciudadano y del Poder Electoral.[526] Esta espada de Damocles pende igualmente sobre los magistrados del Tribunal Supremo, a través de una mayoría calificada y previa calificación de "faltas graves" por parte del Poder Ciudadano.[527] Se establece en consecuencia un sometimiento de los poderes Judicial, Electoral y Ciudadano a la Asamblea Nacional. El Parlamento no se limita a designarlos (según la normativa, con poca discrecionalidad y previa participación de la sociedad civil), sino que puede removerlos si cuenta con anuencia de uno de los otros poderes, según el caso. Si llegare a existir una mayoría parlamentaria controlada o sometida al Poder Ejecutivo, quedaría en cabeza del presidente de la República el control real sobre todos los poderes. Debe agregarse que la salvaguarda de una mayoría calificada para la remoción de los magistrados del Tribunal Supremo fue dejada de lado en la reforma del Reglamento Interior y de Debates de la Asamblea Nacional que se produjo el 19 de diciembre del 2002. El artículo 121 del nuevo reglamento estableció que:

> ... las decisiones revocatorias de un acto de la Asamblea Nacional, en todo o en parte, requerirán del voto de por lo menos tres quintas partes de los presentes. Sin embargo, en los casos en que por error o por carencia de alguna formalidad no esencial se hubiese tomado una decisión por la

---

[525] En la parte final de la transcripción del artículo 320 hemos resaltado una parte del texto con la finalidad de llamar la atención del lector y prevenirlo para lo que comentaremos al analizar la realidad constitucional.

[526] Artículos 279 y 296.

[527] Artículo 265.

Asamblea Nacional, ésta, una vez constatado el error o carencia, podrá declarar la nulidad de la decisión con el voto de la mayoría de los presentes.[528]

Lo insólito es que esta nueva disposición reglamentaria fue impugnada por ser evidentemente contraria a la Constitución y el Tribunal Supremo de Justicia sentenció que:

> ... al ser propósito de esta posibilidad de revocación, más que el cambio de una decisión del Órgano Legislativo Nacional, la corrección de una omisión o error involuntario, se comprende que el mecanismo para lograrlo a través del voto favorable del Pleno de la Asamblea, sea el más directo que permita la Norma Constitucional, a fin de evitar retrasos en su eficiente funcionamiento.

Causa estupor el que los magistrados hayan avalado una violación evidente de la Constitución que ponía de lado una salvaguarda de su propia autonomía e independencia.[529]

Luego tenemos el ordinal 7.º del artículo 336, que establece entre las atribuciones de la Sala Constitucional del Tribunal Supremo de Justicia:

> ... declarar la inconstitucionalidad de las omisiones del Poder Legislativo, municipal, estadal o nacional cuando haya dejado de dictar las normas o medidas indispensables para garantizar el cumplimiento de esta Constitución, o las haya dictado en forma incompleta; y establecer el plazo y de ser necesario, los lineamientos de su corrección.

Los términos amplios e imprecisos en que está redactada esta disposición permiten a la Sala Constitucional invadir el ámbito de otros poderes causando un muy peligroso desequilibrio.

Tampoco contribuyen a una sana división de poderes la extensión del período presidencial a seis años con reelección indefinida[530] y el incremento de las potestades normativas del presidente de la República, establecidas en el ordinal 8.º del artículo 236.

---

[528] El vigente Reglamento Interior y de Debates de la Asamblea (diciembre 2010) repite la misma violación de la Constitución con una pequeña modificación que hace más fácil aún la destitución de los magistrados y de otros funcionarios de los Poderes Públicos: ARTÍCULO 90: "Las decisiones revocatorias de un acto de la Asamblea Nacional, en todo o en parte, requerirán del voto de la mayoría absoluta de los presentes. Igualmente, en los casos en que por error o por carencia de alguna formalidad no esencial se hubiese tomado una decisión por la Asamblea Nacional, esta, una vez constatado el error o carencia, podrá declarar la nulidad de la decisión con el voto de la mayoría de los presentes".

[529] Sentencia n.º 03-0048 del 20 de agosto de 2004.

[530] Artículo 230.

Concluimos la enumeración con un artículo de la Constitución que no se cita con mucha frecuencia. Nos referimos al artículo 70, en el que se enumeran los mecanismos de participación y protagonismo del pueblo y se incluyen entre ellos a "las asambleas de ciudadanos y ciudadanas, cuyas decisiones serán de carácter vinculante". Preguntamos: ¿quiénes quedan vinculados por esas decisiones?, ¿cómo se regulan esas asambleas?, ¿sobre qué materias pueden decidir? La ausencia de respuestas a estas preguntas encierra el peligro de una toma de decisión, aparentemente participativa, en la que una reunión más o menos importante de personas recibe la potestad legal de resolver materias que corresponden a otros poderes, especialmente a nivel municipal.

Pero, como bien lo recordó José Román Duque Corredor en mayo del año 2000, la Constitución:

> ... es el modo que nos hemos dado todos los venezolanos para ordenar nuestra vida social, y especialmente las relaciones entre gobernantes y gobernados, para controlar el ejercicio del poder por sus titulares ocasionales, no hay otra Constitución que la Constitución democrática. Todo lo demás, utilizando una frase de Jellinek, "es un simple despotismo de apariencia constitucional" [...] la forma de gobernar, en síntesis, puede convertir una Constitución, por más apoyo popular que hubiera tenido su aprobación, y no obstante la autonomía e independencia de sus instituciones de control, en un simple panfleto, o en pura fraseología política.[531]

---

[531] *El Poder Ciudadano*, p. 230.

IX

UN NUEVO SISTEMA POLÍTICO[532]

> Un soldado feliz no adquiere ningún derecho
> para mandar a su patria. No es el árbitro de las leyes
> ni del gobierno, es el defensor de su libertad.
>
> SIMÓN BOLÍVAR

Hemos dicho ya innumerables veces que la separación de poderes tiene por finalidad fundamental el preservar la libertad. La Constitución venezolana de 1999 encuadra perfectamente con ese objetivo y con los medios para alcanzarlo. Diseña una estructura política de un Estado "de Derecho y de Justicia" y establece cinco Poderes Públicos, independientes y separados, con una división de trabajo entre varios órganos que colaboran en el logro de los fines de la sociedad organizada. Nuestra Carta Magna, como lo afirma de manera pertinente Cecilia Sosa:

> ... se opone al régimen de confusión de poderes que conduce a la negación del Estado de Derecho y que se traduce particularmente en el rechazo de reconocer el derecho de la oposición o de las minorías, la ausencia real de independencia del poder jurisdiccional y el predominio absoluto del interés del Estado sobre derechos fundamentales de los individuos.[533]

Eso se desprende de la lectura de la Constitución y es el desarrollo del Estado social de Derecho y de Justicia que ella consagra.

---

[532] Sobre este tema ver *La gran farsa. Balance de Gobierno de Hugo Chávez Frías 1998-2012*. El compilador de esta obra colectiva, Alberto Quiroz Corrardi, dice en la Presentación: "El hilo conductor que le da coherencia a los diferentes capítulos es la noción de farsa, presente en las ofertas, las definiciones y hasta la ideología, que no lo es, utilizada por Chávez para crear un país artificial de proyectos inconclusos. Una imaginería que actúa como el opio de los pueblos, que pretende hacer ver lo que no existe, disfrutar lo que no se tiene y soñar con lo que no vendrá."

[533] *La organización política del Estado venezolano: el Poder Público Nacional*, p. 71.

Pero, ¿qué nos dice Allan Brewer-Carías?:

El Estado de Derecho en Venezuela, desde que se sancionó la Constitución de 1999, ha venido siendo objeto de un despiadado proceso de demolición continua, que comenzó, precisamente, con la convocatoria de la Asamblea Nacional Constituyente en 1999, que le dio origen. Y con la demolición del Estado de Derecho, durante la última década se ha producido la destrucción de la democracia como régimen político.[534]

Todo parece indicar que Hugo Chávez Frías, cabeza del proyecto político bolivariano, e inspirador de la Constitución de 1999, tiene una visión que no necesariamente coincide ni con el espíritu ni con la letra del texto constitucional que él mismo impulsó. Recordemos su discurso en el acto de instalación de la Asamblea Nacional Constituyente el 5 de agosto de 1999:

Quiero detenerme sí y no puedo dejar de hacerlo en algunas consideraciones en cuanto al Estado y a los poderes del Estado. Siempre pensando en que esos poderes deben ser instrumento para el bien común, por eso se recoge aquí la idea de que el Estado venezolano en vez de ser llamado —y perdónenme, juristas, los abogados y los estudiosos de las leyes que aquí hay en buena cantidad— más que un Estado de Derecho, requerimos, en mi criterio, un Estado de Justicia, porque la justicia va mucho más allá del derecho, porque el derecho es un tránsito hacia la justicia.

Pueden hacerse dos comentarios. En primer lugar, algo que parece muy inofensivo:

Los Poderes Públicos deben ser instrumentos para el bien común. Bien. La pregunta es: ¿quién determina si los citados poderes cumplen con ser los instrumentos del bien común? El Estado de Derecho establece los mecanismos que permiten responder esta interrogante. Pero —y este es el segundo comentario— si el Estado de Derecho es sustituido por un "Estado de Justicia" y la justicia prevalece sobre la norma jurídica, caemos en una subjetividad que permite todo tipo de interpretaciones.

---

[534] Véase en general Allan R. Brewer-Carías, "El autoritarismo establecido en fraude a la Constitución y a la democracia y su formalización en Venezuela mediante la reforma constitucional. (De cómo en un país democrático se ha utilizado el sistema eleccionario para minar la democracia y establecer un régimen autoritario", en el libro *Temas constitucionales. Planteamientos ante una Reforma,* Fundación de Estudios de Derecho Administrativo, FUNEDA, Caracas 2007, pp. 13-74; "La demolición del Estado de Derecho en Venezuela. Reforma constitucional y fraude a la Constitución (1999-2009), en *El cronista del Estado social y democrático de Derecho,* n.° 6, Editorial Iustel, Madrid, 2009, pp. 52-61.

El nuevo sistema político, que no encuentra su fundamento en la Constitución, sino en la idea que Hugo Chávez tuvo del Estado, reserva al primer mandatario una posición más que privilegiada. No es el jefe de uno de los poderes que interactúa con otros poderes autónomos. Como jefe del Estado, es el jefe de todos los poderes que están sometidos a la voluntad presidencial. Es el presidente quien determina si "los poderes cumplen con ser los instrumentos del bien común", quien busca los caminos para llegar a la justicia que no tienen que transitar necesariamente por las vías del derecho positivo. Estamos en presencia de lo que Manuel García-Pelayo llama un Estado social autoritario en el que:

> ... la participación en los bienes económicos y culturales no va acompañada de la participación en la formación de la voluntad política del Estado, ni en la intervención de los afectados en el proceso de distribución o asignación de bienes y servicios, sino que las decisiones de uno y otro tipo se condensan sin ulterior apelación y control en unos grupos de personas designadas por una autoridad superior y/o por unos mecanismos de cooptación, de modo que el ciudadano no posee otro papel que el de recipendiario, pero no el de participante en las decisiones.[535]

IX.1 EL CONSTITUCIONALISMO POPULAR

La situación que vive Venezuela no es única. Desde la última década del siglo pasado los politólogos han empezado a hablar de una nueva categoría en el estudio de los sistemas políticos.[536] Algunos la llaman "democracia delegativa", otros hablan de "neoautoritarismo" o de "regímenes híbridos".[537] No se trata de las viejas dictaduras o de los regímenes meramente autoritarios, pero tampoco se trata de democracias liberales.

---

[535] *El Estado social y sus implicaciones*, p. 30.

[536] El estudio se origina con los regímenes de Alberto Fujimori en Perú y Carlos Menem en Argentina y con el desarrollo político de la Europa Oriental y de las antiguas repúblicas soviéticas una vez separadas de Rusia después de la caída del socialismo.

[537] Ver, entre muchos otros, Guillermo O′Donell, *Illusions about Consolidation* y *Contrapuntos. Ensayos escogidos sobre autoritarismo y democratización*; Ángel Álvarez, *La democracia delegativa y muerte de la Constitución*; Javier Corrales y Michael Penfold, *Dragon in the Tropics*; Blanco (Carlos), *Venezuela: del Bipartidismo al Neoautoritarismo*, Larry Diamond, "Elections without Democracy: Thinking about Hybrid Regimes", *Journal of Democracy*, vol. 13 n.° 2, page(s) 21-35, Stanford University, 2002; Andrea Cassani, "Hybrid what? Partial consensus and persistent divergences in the analysis of hybrid regimes". *International Political Science Review*, 3 de septiembre, 2013; Steven Levitsky y Lucan A. Way, *Competitive Authoritarianism: Hybrid Regimes After the Cold War*, Cambridge University Press, 2010; William J. Dobson, *The Dictator′s Learning Curve*, Nueva York, Doubleday, 2012.

La democracia, como lo hemos dicho tantas veces, no se agota en la celebración de elecciones periódicas que, dicho sea de paso, deben ser libres, justas y basadas en el sufragio universal, directo y secreto, como expresión de la soberanía del pueblo; sino que, conforme a la Carta Democrática Interamericana de 2001, se exige en paralelo el respeto a los derechos humanos y las libertades fundamentales; el acceso al poder y su ejercicio con sujeción al Estado de Derecho; el régimen plural de partidos y organizaciones políticas; la necesaria existencia de un régimen de "separación e independencia de los Poderes Públicos" (artículo 3); la transparencia de las actividades gubernamentales, la responsabilidad de los gobiernos en la gestión pública; el respeto por los derechos sociales y la libertad de expresión y de prensa; la subordinación constitucional de todas las instituciones del Estado a la autoridad civil legalmente constituida, y el respeto al Estado de Derecho de todas las entidades y sectores de la sociedad (artículo 4). La democracia, por tanto, es mucho más que las solas elecciones y votaciones: estas últimas, en Venezuela, las hemos tenido *ad nauseam*, pero no para consagrar o reformar la democracia, sino para destruirla y demoler el Estado de Derecho.[538]

Según el recientemente fallecido autor argentino Guillermo O´Donnell, los 4 rasgos definitorios de la "democracia delegativa" son:[539]

1)   El predominio del principio democrático del apoyo mayoritario del pueblo sobre el principio liberal de limitación jurídica del poder gubernamental.

2)   El personalismo presidencial que encarna a la nación, define y defiende sus intereses.

3)   La base política del jefe del Estado es un movimiento emotivo que supera al faccionalismo partidista.

4)   El presidente solo es responsable ante el pueblo.

Y luego afirma:

Los líderes delegativos suelen surgir de una profunda crisis, pero no toda crisis produce democracias delegativas; para ello también hace falta líderes portadores de esa concepción y sectores de opinión pública que la compartan. La esencia de esa concepción es que quienes son elegidos creen tener el derecho —y la obligación— de decidir como mejor les parezca qué es bueno para el país, sujetos solo al juicio de los votantes en las siguientes elecciones. Creen que éstos les delegan plenamente esa autoridad durante ese

---

[538]   Ver anexo 3.

[539]   Ob. cit., pp. 750-757 y diario *La Nación*, artículo publicado el 29 de mayo de 2009.

lapso. Dado esto, todo tipo de control institucional es considerado una injustificada traba; por eso los líderes delegativos intentan subordinar, suprimir o cooptar esas instituciones.

Un régimen híbrido es definido por el *Economist Inteligence Unit* de la siguiente manera:

> ... las elecciones tienen irregularidades sustanciales que usualmente las alejan de ser libres y justas. La presión del gobierno sobre los partidos de oposición y los candidatos puede ser común. Fragilidades severas son más prevalecientes que en democracias débiles en cuanto a cultura política, funcionamiento del gobierno y participación política. La corrupción tiende a estar generalizada y el imperio de la ley es débil. La sociedad civil es frágil. Típicamente hay asedio y presión sobre los periodistas y el poder judicial no es independiente.[540]

Por su parte, Corrales y Penfold definen los regímenes híbridos como aquellos en los cuales los mecanismos de acceso al poder son una combinación de prácticas democráticas y prácticas autoritarias. Existe libertad y la oposición puede participar en procesos electorales, pero los sistemas de pesos y contrapesos han dejado de funcionar. Las características más resaltantes de los regímenes híbridos serían:

- El diálogo y la negociación entre gobierno y oposición son muy poco frecuentes.

- Las más altas posiciones del Estado se ven copadas por personalidades muy leales al gobierno.

- La ley se invoca para castigar a los opositores y pocas veces para sancionar a los gobernantes.

- El titular del poder cambia o interpreta a su manera la Constitución.

- El equilibrio electoral no existe y los partidarios del gobierno gozan de ventajas que son sistemáticamente negadas a la oposición.

Los mencionados autores indican que el régimen chavista tiene algunas características que lo diferencian de otros sistemas híbridos, especialmente en Latinoamérica: un sesgo claramente militarista, fuertemente estatista en lo económico y una posición militante en contra de los Estados Unidos.

---

[540] *Informe bienal sobre la Democracia en el mundo*, 2010. Noruega, según ese informe, es el país más democrático del mundo, seguida de Islandia, Dinamarca, Suecia y Nueva Zelanda. EE UU está en el puesto 17, España en el 18 y Reino Unido en el 19. Todas son democracias plenas. El lugar más autoritario del mundo es Corea del Norte. Venezuela ocupa la posición 96, sobre 165 países estudiados. En el continente americano, solo Haití y Cuba son menos democráticos que Venezuela.

En estos regímenes neoautoritarios la represión deja de ser masiva para tornarse selectiva. Ya no se trata de encarcelar a todo el que disienta, de cerrar medios de comunicación, de asesinar o desaparecer a cientos o a miles de personas. La modalidad nueva consiste en reprimir con todo el rigor posible a una persona o a un pequeño sector, con la finalidad de atemorizar a la generalidad, logrando así la inhibición, el abandono de sus propios derechos, la autocensura y la emigración.

La organización de derechos humanos Human Rights Watch identificó en su último informe a Venezuela como el ejemplo latinoamericano de una tendencia global en la que los gobiernos adoptan formalidades democráticas pero sin respetar su esencia. Se incluye a Venezuela, junto con Egipto, Rusia y Turquía, en una lista de países que han incurrido en lo que denominan "mayoritarismo abusivo".[541]

¿Cómo queda en nuestro régimen híbrido la separación de poderes?

Repetimos, si nos atenemos a la letra y el espíritu de la Constitución, la llamada "revolución bolivariana" se adhiere y respeta el principio, que como vimos en su oportunidad, fue considerado esencial por el Libertador. Pero si observamos los hechos, nos encontramos con una realidad muy diferente.

Empecemos con una opinión del diputado Fernando Soto Rojas, quien para el momento de la entrevista que reproducimos era el presidente de la Asamblea Nacional:

> Los Poderes Públicos son un solo poder. La división de los poderes es falsa. Las decisiones fundamentales no las toma ninguna Corte ni ningún Parlamento, sino los monopolios y los presidentes de la República. El mundo que se estableció después de la Segunda Guerra Mundial y todo el Derecho, no sirve. ¿Esa es la situación en Venezuela? -Aquí trabajamos para un solo Estado y un solo poder, con la autonomía necesaria, claro.[542]

¿A qué conclusión podemos llegar cuando oímos a la para entonces presidenta del Tribunal Supremo de Justicia y de la Sala Constitucional, doctora Luisa Estella Morales, exponer lo siguiente?

> No podemos seguir pensando en una división de poderes porque eso es un principio que debilita al Estado... el principio de colaboración entre poderes es muy sano y permite que el Estado, que es uno, y que el poder, que es

---

[541] *Informe anual*, enero 2014.
[542] Diario *El Nacional*, 9 de marzo de 2011.

276

uno, dividido en competencias, puedan coordinar, de alguna manera, o sea, una cosa es la separación de los poderes, otra es la división.[543]

Sin reparar en la poca claridad conceptual del planteamiento, recordemos que quien así habla no es un dirigente político en una asamblea partidista, ni un politólogo en un aula universitaria, ni un analista político en un artículo de opinión. No. Estamos oyendo a la presidenta del Tribunal Supremo de Justicia declarar "que no podemos seguir pensando" en la división del poder, que es una de las piezas ojivales del pensamiento constitucional democrático y que está consagrada en el artículo 136 de la Constitución de 1999.

Podríamos pensar que la magistrada cometió un error, que incurrió en un desliz, que fue imprudente. Pero dos meses más tarde, en una sentencia de la Sala Constitucional del Tribunal Supremo de Justicia, que tiene a su cargo garantizar "la supremacía y efectividad de las normas y principios constitucionales"[544] leemos lo que sigue:

> La llamada división, distinción o separación de poderes fue, al igual que la teoría de los derechos fundamentales de libertad, un instrumento de la doctrina liberal del Estado mínimo. [...] Basta ahora con recalcar que, para dicha doctrina, el referido principio no es un mero instrumento de organización de los órganos del Poder Público, sino un modo mediante el cual se pretendía asegurar que el Estado se mantuviera limitado a la protección de los intereses individualistas de la clase dirigente.[545]

El presidente Hugo Chávez no fue muy proclive a referirse a nuestro tema; sin embargo, en una oportunidad dijo:

> Es una gran verdad innegable la que anda por las calles y en la voz de nuestros compatriotas: ¡Aquí ahora sí hay gobierno! Pero ello no basta si queremos tener República: el tiempo es propicio para que todos los poderes, liberados del lastre de su división —como consecuencia de una nefasta herencia que debemos superar más temprano que tarde— trabajen coordinadamente como lo exige *el constitucionalismo popular** que toma forma en Venezuela y en Nuestra América. Debe llegar el día en que la voz del pueblo pueda decir con plena certeza: ¡Ahora sí tenemos Estado![546]

---

543 Diario *El Universal*, 12 de mayo de 2009, http://www.eluniversal.com/2009/12/05/pol_art_morales:-la-divisio_1683109.shtml.

544 Artículo 335 de la Constitución.

545 Sentencia n.º 1049 del 23 de julio de 2009 de la Sala Constitucional del TSJ.

* Las cursivas son nuestras.

546 *Las líneas de Chávez. Del Mercosur al ALBA*, 13-12-2009.

Equivale esto a decir que la ausencia de Estado se debe, posiblemente entre otras causas, a la separación de poderes...[547]

La posición del TSJ y los comentarios de Hugo Chávez lamentablemente suscitaron pocas reacciones en el mundo político y jurídico. Nos limitamos a recordar las sabias palabras del exconstituyente Hermann Escarrá Malavé:

> Si llegaran a eliminar la separación de poderes, Venezuela caería en una dictadura o en un tutelaje militar igual que un sistema monocrático imperial que deviene de las constituciones napoleónicas, típicas de algunas naciones de Oriente Próximo y del cuerno de África. Chávez avanza hacia la concentración absoluta de todos los poderes. Todos sabemos que en Venezuela no se cumple la Constitución, que el gobierno la viola constantemente desde hace 10 años. Pero ahora quiere cambiar el texto para legalizar la situación y no quedar como el eterno violador.[548]

Cualquier jurista extranjero quedaría estupefacto ante este debate, pero los abogados, profesores de derecho y juristas venezolanos, lamentablemente, nos hemos ido acostumbrando a planteamientos que provienen de quienes tienen a su cargo el preservar la Constitución. Y nos venimos repitiendo la vieja pregunta romana: *Quis custodiet ipsos custodes?* ¿Quién vigilará a los propios vigilantes?[549]

IX.2 ENTRE LA REALIDAD Y EL PEQUEÑO LIBRO AZUL

El estudio de los casi catorce años de vigencia de la Constitución de 1999 nos enseña un contraste que no es novedoso en nuestra historia, pero que ha adquirido nuevas proporciones. Estamos en presencia de un régimen que practica fervoroso culto al pequeño librito azul, que sale a relucir, con razón o sin ella; que proclama las bondades de una Carta que definió como la mejor del mundo y que habría de durar mil años. Sin embargo, se mantiene, como en el pasado, un estado de tensión entre la norma y la realidad, pero ahora las violaciones, tanto a la letra como al espíritu de la Constitución, no se esconden y hasta se proclaman. Se pretende establecer un matrimonio indisoluble entre el Texto Fundamental y la "Revolución", de tal manera que la interpretación constitucional siempre se llevará a cabo de acuerdo con los intereses políticos del llamado "proceso". Se presenta una

---

[547]   Sobre la realidad de la separación de poderes en la Venezuela de Chávez, recomendamos la lectura del anexo 1 de este trabajo.

[548]   Diario *ABC*, Madrid, 21-12-2009.

[549]   La frase se atribuye al poeta romano Juvenal, en las *Sátiras*, aunque en los diálogos socráticos ya se formulaba una pregunta semejante.

situación paradójica: mientras más frecuentes son las violaciones de la Constitución, más se proclaman sus virtudes y se plantea que el texto de la misma es el programa de la Revolución. Esto pudiera ser cierto en cuanto a algunos pocos aspectos de la Carta del 99, pero indudablemente no es así en lo relativo a la concentración del poder, la participación ciudadana, las libertades, el apoliticismo de la Fuerza Armada, el modelo económico o la función pública.

Veremos en el desarrollo de este estudio muchos ejemplos de lo que estamos afirmando, pero podemos subsumir el argumento en las siguientes citas del entonces magistrado del Tribunal Supremo José M. Delgado Ocando y del diputado Pedro Carreño. Dice el primero:

> Es enaltecedor y estimulante para mí, que he revisado durante mi larga carrera académica tesis que ponen en duda el rol del derecho en la elaboración de proyectos políticos progresistas, ver que, en este proceso, el derecho no sólo no ha sido un obstáculo al cambio social, sino que, por el contrario ha resultado un instrumento al servicio de la juridización (*sic*), sin solución de continuidad, del cambio mismo.[550]

El derecho deja de ser un mecanismo para la búsqueda de la justicia, el resguardo del orden y el castigo a los infractores y se limita a ser el instrumento que "juridifica" determinadas decisiones o conveniencias políticas. Delgado Ocando expone la versión más sofisticada y elaborada de este sometimiento del derecho a los dictámenes del presidente y del partido que lo sustenta. Una argumentación un tanto más pobre la tenemos en las palabras del diputado, presidente del Comité de Postulaciones, Pedro Carreño, quien justificó la designación de 17 magistrados principales y 32 suplentes, todos alineados con la corriente gubernamental, con la siguiente perla: "No nos vamos a meter un autogol",[551] queriendo decir, si es que hace falta mayor explicación, que incluir algún magistrado que no fuera incondicionalmente partidario del régimen era el equivalente a anotar un tanto en su propia arquería.

El informe de Human Rights Watch, *Concentración y abuso de poder en la Venezuela de Chávez,* de 133 páginas, documenta cómo la acumulación de poder en el Ejecutivo, y el deterioro de las garantías de derechos humanos, le han permitido al gobierno venezolano intimidar, censurar e iniciar acciones penales contra críticos de su gestión y contra aquellos que

---

[550] Discurso de Orden en la Apertura de Actividades Judiciales, 11 de enero de 2001.
[551] Diario *El Nacional*, 13 de diciembre de 2004.

considera opositores en una variedad de casos vinculados con el Poder Judicial, los medios de comunicación y la sociedad civil.[552]

Como tantas veces en nuestra historia, se presenta un divorcio casi total entre el texto y el espíritu de la Constitución y la realidad. Retomando la distinción de Hermann Heller, entre lo "normal" y lo "normado".

IX.3 LA REFORMA CONSTITUCIONAL DEL 2007 Y LA ENMIENDA DEL 2009[553]

IX.3.1 LA REFORMA PROPUESTA Y RECHAZADA[554]

El presidente de la República, Hugo Chávez Frías, introdujo, en fecha 15 de agosto de 2007, un proyecto de reforma constitucional, de conformidad con los artículos 342 y subsiguientes de la Constitución.

La Constitución de 1999, como ya lo hemos recordado, para su principal promotor, el mismo presidente Chávez, había sido, desde su aprobación, "la mejor Constitución del mundo" destinada a durar mil años. Llama la atención que los propios autores de un texto que aún no había sido desarrollado ni se habían cumplido sus contenidos más esenciales propusiera su radical modificación.[555]

---

[552] *Concentración y abuso de poder en la Venezuela de Chávez*, 17 de julio de 2012. La misma organización ratificó estas opiniones en el informe correspondiente a enero de 2014,

[553] Sobre las modificaciones de la Constitución ver Claudia Nikken, "Breves consideraciones sobre el ejercicio del poder de revisión en Venezuela (a partir de la vigente Constitución)", *Revista de Derecho Público*, enero-marzo 2007.

[554] No entra en el ámbito de un trabajo de esta índole el análisis pormenorizado de la reforma constitucional. El lector encontrará un análisis muy completo de la reforma constitucional en *Temas Constitucionales. Planteamientos ante una Reforma*, obra colectiva editada por la Fundación Estudios de Derecho Administrativo (FUNEDA), Caracas, 2007; *La Reforma Constitucional de 2007* de Allan R. Brewer-Carías, Editorial Jurídica Venezolana, Caracas, 2007; y, con un contenido más político, en *Planteamientos al país sobre la propuesta de modificación constitucional del presidente de la República*, elaborado por la Comisión Técnica sobre Modificación Constitucional de Sectores Democráticos, integrada por catorce profesores de Derecho Público (incluyendo al autor de estas líneas) y coordinada por Gerardo Fernández, agosto 2007, Venezuelareal.zoomblog.com/archivo/2007/05/14/la-Propuesta-De-Modificacion-Constituc.html

[555] La intención de modificar la Constitución había sido anunciada por el presidente Chávez en ocasión de la toma de posesión correspondiente a su segundo mandato, en enero del año 2007 a efectos de lo cual designó, el 17 de enero de 2007, un Consejo Presidencial para la Reforma de la Constitución, presidido por la presidenta de la Asamblea Nacional e integrado por casi todos los titulares de los Poderes

En efecto, la iniciativa presidencial perseguía una modificación radical del texto constitucional por la vía de la reforma, a pesar de que los cambios propuestos significaban una transformación sustancial del ordenamiento jurídico constitucional y de las estructuras y principios fundamentales del Estado. Ello solo es jurídicamente posible a través del mecanismo de la Asamblea Nacional Constituyente. Los principios y la estructura fundamental del Estado contenidos en la Constitución no se encuentran únicamente en su título I, sino a todo lo largo de su texto. Por lo tanto, no era sostenible el argumento oficial de que si no se modificaban los artículos del 1 al 9, no se alteraba lo esencial de la Constitución. El Tribunal Supremo de Justicia, en sentencia del dos de noviembre del 2007,[556] avaló el mecanismo utilizado por el presidente y la Asamblea Nacional al declarar "improponible" un recurso de amparo introducido contra el presidente y la Asamblea en relación con este punto.[557] En la sentencia el TSJ declara que la reforma:

> … carece de la entidad suficiente para ser impugnada, hasta tanto se verifiquen los efectos definitivos del procedimiento previo a la consulta popular a celebrarse el venidero 2 de diciembre de 2007, una vez aprobadas o no las normas constitucionales propuestas, en caso de subsistir el interés jurídico de cualquier ciudadano en su impugnación podrían ser objeto de un eventual control por parte de esta Sala.

Finalmente, es importante resaltar, nos recuerdan Carlos Ayala y Jesús María Casal, que la naturaleza jurídica del "referendo constitucional" requerido para la aprobación final de la reforma no era la del ejercicio del poder constituyente por parte del pueblo. Se trataba de una reforma que había sido propuesta por el poder constituido (presidente de la República) y que había sido sancionada también por el poder constituido (Asamblea Nacional). Por lo cual, en estos casos, el referendo constitucional "es, ante todo, una institución de control y garantía", ya que "lo que se pretende es evitar que el poder de revisión, que es un poder constituido y limitado, asuma las funciones y competencias que solo pertenecen al poder constituyente".

Públicos. Esa comisión trabajó, según lo especificado en su decreto de creación, "de conformidad con los lineamientos del Jefe de Estado en estricta confidencialidad", lo que nos brinda una idea de la independencia de los poderes.

[556] Sentencia 2042.

[557] El TSJ argumentó que el accionante no había indicado "en qué forma su situación jurídica personal se veía afectada por las actuaciones denunciadas, ya que solo se limitó a señalar la presunta inconstitucionalidad del aludido proceso de reforma". Es especialmente importante el voto salvado del magistrado Pedro Rondón Haaz.

La reforma, según el procedimiento constitucional, se tramita y aprueba por ante la Asamblea Nacional en tres discusiones. El proyecto debe ser aprobado por las dos terceras partes de los miembros de dicha Asamblea, luego debe ser sometido a referendo, para que el pueblo, titular del poder constituyente, ratifique o rechace los cambios.

El referendo se pronunciará en conjunto sobre la Reforma, pero podrá votarse separadamente hasta una tercera parte de ella, si así lo aprobara un número no menor de una tercera parte de la Asamblea Nacional o si en la iniciativa de reforma así lo hubiere solicitado el Presidente o Presidenta de la República o un número no menor del cinco por ciento de los electores inscritos y electoras inscritas en el Registro Civil y Electoral.[558]

Los aspectos más importantes de una reforma que tenía por objeto la instauración de un Estado socialista fueron:

a)   En el ámbito político: el tema esencial fue, como se esperaba, la permanencia en el poder del propio presidente. Se encontró una fórmula para evitar hablar de reelección indefinida: el período presidencial duraría siete años y podría haber una sola reelección. Esto limitaría a 14 años el ejercicio de la presidencia por una misma persona, pero es de presumir que el jefe del Estado se proponía empezar la cuenta en el 2008, con una nueva elección y permanecer hasta el 2022. La permanencia por catorce años del presidente de la República, adicionados a los siete durante los cuales ya había ejercido el cargo, atentaba contra el principio de la alternabilidad republicana, aspecto esencial de la tradición constitucional venezolana y de la propia Constitución vigente. Recordemos que en su artículo 6 se establece expresamente que:

… el gobierno de la República Bolivariana de Venezuela y de las entidades políticas que la componen es y será siempre democrático, participativo, electivo, descentralizado, alternativo, responsable, pluralista y de mandatos revocables.

Argumentó el presidente Chávez que, con su propuesta, la alternabilidad quedaba en manos de los electores, a quienes correspondería ratificar o no al presidente en ejercicio. Esto es olvidar que el poder otorga ventajas que facilitan la permanencia de quien lo detenta. Desde el poder se controlan recursos e instituciones y se utiliza todo tipo de ventajismo electoral. Se abren igualmente caminos para debilitar e incluso perseguir a los adversarios. Es evidente que una presidencia prácticamente ilimitada en el tiempo fortalece en exceso el poder presidencial, en detrimento de los restantes poderes y, por tanto, afecta la separación de los poderes.

---

[558]   Artículo 344 de la Constitución.

b)   En el ámbito de la forma del Estado, la reforma proponía una "Nueva Geometría del Poder": la redacción de la propuesta fue extremadamente confusa. Se usaron conceptos imprecisos, equívocos, difusos y a veces contradictorios. Las "células geo-humanas", el "núcleo espacial básico e indivisible del Estado Socialista", las "formas de agregación humana político-territorial" no pasaban de ser formulaciones seudocientíficas de contenido dudoso y que reflejaban un manejo caricatural de la técnica legislativa. Se establecía que el soberano no se expresa a través del sufragio sino a través de "grupos organizados", lo que hubiese significado una negación de la democracia. Se proponía que el presidente podría, previa aprobación de la Asamblea, crear provincias y ciudades federales, así como distritos funcionales que agruparían a varios municipios. Las autoridades de estas nuevas entidades serían designadas por el Poder Nacional. Se volvía al Distrito Federal, sin explicitar el contenido real de esa medida pero que afectará, muy posiblemente, la autonomía de los municipios capitalinos y cuyo mandatario será nombrado por el presidente. Las nuevas entidades propuestas: Provincias Federales, Territorios Federales, Municipios Federales, Ciudades Federales, y Distritos Funcionales (así como cualquier otra entidad que estableciera la ley) serán creadas por el Gobierno Central, y sus autoridades designadas de la misma manera. Ni los habitantes de las regiones y localidades afectadas, ni los consejos legislativos estadales, ni los concejos municipales, tendrían participación alguna en estos procesos.

Las Comunas y los Consejos Comunales, en los términos concebidos por la propuesta, se constituían en un medio para debilitar el poder local en beneficio del poder central, ya que serían organizados, registrados, financiados y supervisados desde el poder central, con lo cual no tendrán autonomía alguna. La reforma no pretendía engañar a nadie: la creación de las Comunas se constituía en "el núcleo territorial básico e indivisible del Estado Socialista venezolano".[559] Bajo la consigna de que el poder se le otorgaba directamente al pueblo, lo que se pretendía era centralizar la toma de decisiones desde el poder central.

A pesar de mantener el federalismo descentralizado como un principio fundamental (artículo 4 de la Constitución), Venezuela hubiese dejado de ser un Estado federal para convertirse en un Estado unitario fuertemente centralizado. Esa centralización del poder en el nivel nacional no se reparte entre sus diferentes ramas y, en consecuencia, se eliminan pesos y contrapesos que a nivel regional igualmente ayudan a preservar la libertad.

c)   En el ámbito social: con la finalidad de incrementar el empleo en un 25 % y permitir la formación personal de los trabajadores, se proponía limitar la jornada laboral a 6 horas diarias y 36 semanales. Se creaba, además el Fondo de Estabilidad Social para la seguridad social de los trabajadores independientes. Por último, y esto también con los ojos puestos en el referendo ratificatorio, se daba rango constitucional a las misiones.

---

[559]   Artículo 16 del Proyecto.

d)   En el ámbito económico: se trataba de crear "las mejores condiciones para la construcción colectiva y cooperativa de una economía socialista",[560] atribuyendo al Estado la función de promover:

… el desarrollo de un Modelo Económico Productivo, intermedio, diversificado e independiente, fundado en los valores humanísticos de la cooperación y la preponderancia de los intereses comunes sobre los individuales, que garantice la satisfacción de las necesidades sociales y materiales del pueblo, la mayor suma de estabilidad política y social y la mayor suma de felicidad posible.

A estos efectos se proponía la atribución al Poder Público Nacional, la competencia para la gestión de los ramos de la economía nacional, así como su eventual transferencia a sectores de economía de propiedad social, colectiva o mixta.

Se establecían varios tipos de propiedad: la pública, la social, la colectiva, la mixta y, por último, la privada. No quedaban claramente definidos cada uno de estos conceptos. La ley nacional regulará lo relativo a la creación de "empresas socialistas" y en términos peligrosamente vagos se reservaba al Estado, no solo los hidrocarburos, sino "los bienes de interés público" y las actividades "de carácter estratégico". Tal como ya se había hecho por vía legislativa, se eliminaba la autonomía del Banco Central.

Un Estado que asume un control casi total de la economía, concentra un poder descomunal y quien tiene a su cargo la dirección de la Hacienda Pública es quien maneja ese poder. De esa manera se afectan los frenos que deben tener los poderes.

e)   En el ámbito militar: importantes cambios de nombre que iban mucho más allá de simples nomenclaturas: la Reserva se convertía en Milicias Populares Bolivarianas, nuevo componente de la Fuerza Armada, que pasaría a ser "Bolivariana" y se definía "popular, patriótica y antiimperialista". La Guardia Nacional, en una primera redacción perdía sus funciones no militares y pasaba a denominarse Guardia Territorial. Esta propuesta fue retirada.

f)   En el ámbito de los derechos y garantías, la reforma pretendía modificar el régimen de los estados de excepción, ampliando sus supuestos, ámbito, duración y mecanismos de control; la posibilidad de suspender las garantías constitucionales y no solo de restringirlas. Quien decreta el estado de excepción y de alguna manera lo administra es el presidente de la República. Su poder con los cambios propuestos se hubiese visto, en la circunstancia que se comenta, sensiblemente incrementado.

La reforma fue aprobada, el 2 de noviembre de 2007, por la Asamblea "a paso de vencedores", con las tres discusiones efectuadas en algo

---

[560]   Artículo 112 del Proyecto.

más de un mes y la designación de una "Comisión Mixta" que se encargó de un proceso de consulta que fue despachado de manera unilateral y expedita. La Asamblea Nacional decidió agregar, a la propuesta presidencial, 24 artículos más, junto con once disposiciones transitorias. Esos artículos nuevos no fueron objeto de las tres (3) discusiones que exige el artículo 343 de la Constitución. Originalmente se aprobó que la votación se produciría en respuesta a una sola pregunta. En una sesión extraordinaria de la Asamblea Nacional realizada el 3 de noviembre, y por propuesta del presidente de la República, se resolvió presentar al país dos preguntas, relativas a dos bloques de propuestas: aquellas presentadas por el presidente de la República y aquellas introducidas por la propia Asamblea Nacional.

El referendo se efectuó el 2 de diciembre de 2007. La mayoría de los venezolanos decidió rechazar los cambios solicitados a la Constitución en los dos bloques presentados.[561]

IX.3.2   LA REFORMA IMPLEMENTADA

Como ya se dijo, el pueblo venezolano rechazó la propuesta de reforma constitucional presentada por el presidente Hugo Chávez. El mandato de los electores en contra de los cambios sometidos a consulta fue rechazado por el jefe del Estado y por destacadas figuras del Parlamento. Desde el mismísimo discurso de "aceptación" del resultado electoral, Chávez anunció que no retiraba "ni una coma" de su proyecto, posición que explicitó en los días sucesivos. En igual sentido se pronunciaron importantes figuras del oficialismo.

¿Podía la Asamblea, por la vía de la legislación ordinaria, o el presidente, con base en la ley habilitante, implementar los cambios rechazados por el pueblo? Desde el punto de vista de la filosofía constitucional, la respuesta es evidentemente negativa. Desde el punto de vista del derecho positivo también, pues es evidente que no puede una norma de rango legal contravenir el contenido del texto constitucional. Por lo demás, si el oficialismo propuso cambiar la Constitución para hacer los cambios que fueron rechazados, ello significa que no podían hacerse sin dicho cambio en el texto fundamental. Así se hizo en relación con la reelección presidencial, que, con todos los vicios que veremos más adelante, se basó en una enmienda de la Constitución.

---

[561]   El resultado fue el siguiente: Bloque A, 50,65 % a favor del NO y 49,34 % a favor del SÍ; Bloque B, 51,01 % a favor del SÍ y 48,99 % a favor del NO. El resultado fue informado por el Consejo Nacional Electoral con el 94 % de las actas escrutadas y nunca se dio el resultado definitivo.

Sin embargo, no ha sido así en las demás materias: olvidando el principio de la supremacía constitucional, los principales lineamientos de la reforma rechazada han sido incorporados al ordenamiento jurídico venezolano por el camino de leyes aprobadas por la Asamblea Nacional, de decretos leyes dictados por el presidente de la República en virtud de amplias habilitaciones legislativas, por "interpretaciones" que de la Constitución ha formulado el Tribunal Supremo de Justicia o, simplemente, por vías de hecho.

El rechazo a la reforma mantuvo la vigencia de un Estado federal descentralizado con un modelo de economía mixta con amplia participación de la empresa privada, con libre competencia, todo ello dentro de los límites que la propia Constitución impone en beneficio de la justicia social y la solidaridad.[562] Este modelo pretende sustituirse mediante la implantación del llamado Estado comunal, cuyos contenidos, evidentemente contrarios a la Constitución, analizaremos en el capítulo XI. Igualmente serán objeto de nuestro análisis los cambios en materia militar, rechazados por los venezolanos e incorporados al orden jurídico por vía legislativa.

IX.3.3   LA ENMIENDA APROBADA[563]

Enseguida después del referendo del año 2007, diferentes voceros del Partido Socialista Unido de Venezuela expresaron que la propuesta en relación con la reelección indefinida del presidente de la República podía ser presentada nuevamente, solo que la iniciativa no podía partir del presidente, pero sí del Parlamento o de los ciudadanos.

El propio presidente Chávez propuso consultar al pueblo venezolano en torno a la pregunta: "¿Está Usted de acuerdo con realizar una enmienda a la Constitución de la República Bolivariana de Venezuela que permita la reelección indefinida?".

Recordemos qué establece el artículo 345 de la Constitución:

Se declarará aprobada la reforma constitucional si el número de votos afirmativos es superior al número de votos negativos. La iniciativa de reforma constitucional que no sea aprobada, no podrá presentarse de nuevo en un mismo período constitucional a la Asamblea Nacional.

El texto no distingue quién propuso. Ordena no repetir la misma propuesta y debe entenderse esta no en sentido estrictamente literal, sino en

---

562   Ver artículo 299 de la Constitución.

563   Ver el artículo de José Vicente Haro, "Sobre los límites materiales de la enmienda y la reforma constitucional".

sentido general. Lo que permite afirmar que la reforma no podía volver a presentarse aun si es objeto de cambios cosméticos, ni cambiando al proponente.

Después de las elecciones regionales de noviembre de 2008, el presidente Chávez propuso un referéndum con el objetivo de levantar el límite al número de reelecciones presidenciales, lo que equivale a decir que no solo el presidente, sino todos los funcionarios electivos en los diferentes niveles del Poder Público podrían ser reelegidos un número ilimitado de veces.

La Constitución regula el mecanismo de la enmienda de la siguiente forma:

ARTÍCULO 340: La enmienda tiene por objeto la adición o modificación de uno o varios artículos de la Constitución, sin alterar su estructura fundamental.

ARTÍCULO 341: Las enmiendas a la Constitución se tramitarán en la forma siguiente:

1. La iniciativa podrá partir del quince por ciento de los ciudadanos y ciudadanas inscritas en el Registro Civil y Electoral; o de un treinta por ciento de los integrantes de la Asamblea Nacional o del Presidente o Presidenta de la República en Consejo de Ministros.

2. Cuando la iniciativa parta de la Asamblea Nacional, la enmienda requerirá la aprobación de ésta por la mayoría de sus integrantes y, se discutirá según el procedimiento establecido en esta Constitución para la formación de leyes.

3. El Poder Electoral someterá a referendo las enmiendas a los treinta días siguientes a su recepción formal.

La propuesta de enmienda fue aprobada en dos discusiones por la Asamblea Nacional en diciembre de 2008 y el 15 de febrero se hizo la consulta al cuerpo electoral con la siguiente pregunta:

¿Aprueba usted la enmienda de los artículos 160, 162, 174, 192 y 230 de la Constitución de la República, tramitada por la Asamblea Nacional, que amplía los derechos políticos del pueblo con el fin de permitir que cualquier ciudadano o ciudadana, en ejercicio de un cargo de elección popular, pueda ser sujeto de postulación como candidato o candidata para el mismo cargo por el tiempo establecido constitucionalmente dependiendo su posible elección exclusivamente del voto popular?

La voluntad popular se expresó y la Enmienda Primera resultó aprobada.[564]

No repetiremos aquí los argumentos ya esgrimidos sobre la reelección indefinida en ocasión de la reforma constitucional. Nos limitamos a agregar que mientras más largo sea el período presidencial, menor es el control que ejerce el pueblo sobre el presidente de la República.

La tendencia del Derecho Público moderno va en ese sentido. Solo dos países de América Latina (Venezuela y México) tienen períodos de seis años y ninguno permite la reelección indefinida.

Nuevamente la Sala Constitucional del Tribunal Supremo de Justicia avaló la violación de la Constitución al permitir el uso del mecanismo de la enmienda para abrogar un principio fundamental del Estado, como es la alternabilidad y la repetición de una modificación constitucional que ya había sido rechazada.[565]

IX.4 LA VISIÓN DEL ESTADO DE HUGO CHÁVEZ FRÍAS Y DEL CHAVISMO. LAS PULSIONES ONTOCÓSMICAS

Tratar de despejar en una sección de este capítulo cuál fue la visión del Estado de Hugo Chávez es una tarea poco menos que imposible. No fue Chávez un pensador sistemático ni un estudioso ordenado de los procesos históricos y sociales. Sus conocimientos de filosofía política eran extremadamente desordenados, cambiantes o acomodaticios. Sus escritos fueron muy pocos; sus discursos, infinitos. Escapa totalmente a la ambición de un estudio como el que hemos emprendido el tratar de presentar un esquema certero del pensamiento de Hugo Chávez en relación con el Estado. Trataremos de delinear algunas ideas clave; de resolver algunas contradicciones y de armar unos trazos generales, no de una visión teórica sino de unos lineamientos que se entresacan de 14 años de gestión pública, aderezada de discursos, reformas legales, marchas y contramarchas, chistes y canciones. No es tarea fácil cuando se trata de un hombre que, como alguna vez dijo el historiador mexicano Enrique Krauze, en larguísimos discursos nos acostumbró a un "lirismo digresivo" y a "una invariable manía autorreferencial".

Krauze, en su ensayo *El poder y el delirio*, intenta desenmarañar el itinerario intelectual de Hugo Chávez, empezando desde sus lecturas de

---

[564] El 54,86% de los venezolanos se pronunció por el SÍ y el 45,13% lo hizo por el NO.
[565] Sentencia n.º 53 de 3 de febrero de 2009.

Gueorgui Plejánov y culminando en Norberto Ceresole.[566] Observa en el líder venezolano "ecos evidentes" de Mussolini y de Perón que le permiten formular una "suerte de personalismo autoritario, posmoderno y mediático" con claras influencias que se remontan a un caudillismo atávico y decimonónico.[567]

Quizás quienes presentan la visión más acertada sobre este tema son Alberto Barrera y Cristina Marcano, paradójicamente a través de una sucesión de preguntas que no se refieren solo a nuestro tema, pero que nos ayudan:

> ¿Quién es en definitiva Hugo Chávez? ¿Por dónde va la historia de aquel niño criado por su abuela en una casa de palma con suelo de tierra? ¿Es un verdadero revolucionario o un neopopulista pragmático? ¿Hasta dónde llega su sensibilidad social y hasta dónde alcanza su propia vanidad? ¿Es un demócrata que intenta construir un país sin exclusiones o un caudillo autoritario que ha secuestrado el Estado y las instituciones? ¿Acaso puede ser esas dos cosas al mismo tiempo? ¿Quién es este hombre que agita un crucifijo mientras cita al Che Guevara y a Mao Tse Tung? ¿Cuál es él, realmente? ¿Cuál de tantos? ¿Cuál de todos los Chávez que existen es el más auténtico? No es fácil saberlo. Lo que sí parece evidente es que hay algo común a todos. Un deseo. Un ansia que lo mueve, que no lo deja dormir. Es una obsesión que, como toda obsesión, se delata sola. No se puede esconder. Sea el Chávez que sea, obsesivamente, siempre está deseando al poder. Más poder.[568]

Reveladora cita para quienes nos ocupamos de la separación de poderes.[569]

---

[566] Pp. 179 a 212.

[567] *El poder y el delirio.*

[568] *Chávez sin uniforme*, pp. 388-389.

[569] Para el lector interesado en una visión global sobre Hugo Chávez Frías, recomendamos además: Alberto Arvelo Ramos, *El dilema del Chavismo: una incógnita en el poder, Caracas, Centauro, 1998;* Agustín Blanco Muñoz, *Habla el Comandante, Caracas,* Fundación Pío Tamayo, 1999; Carlos Blanco, *Revolución y desilusión: la Venezuela de Hugo Chávez Los Libros de la Catarata, Caracas, 2002;* Alberto Garrido, *La historia secreta de la Revolución Bolivariana, Mérida, Editorial Venezolana, 2000;* Teodoro Petkoff, *La Venezuela de Chávez: una segunda opinión,* Caracas, Grijalbo, 2000; Roger Santodomingo, *La conspiración del 98: un pacto secreto para llevar a Hugo Chávez al poder,* Caracas, Alfadil, 1999; Leonardo Vivas, Chávez: la última revolución del siglo, Caracas, Planeta, 1999; Juan Carlos Zapata, *Plomo más plomo es guerra: proceso a Chávez,* Caracas, Alfadil, 2000; Bart Jones, *¡Hugo!,* Londres, Vintage Books, 2009; Ángela Zago, *La rebelión de los ángeles,* Caracas, Fuentes Editores, 1992; Rory Carroll, *Comandante Hugo Chávez's Venezuela,* Penguin Press, 2013.

Chávez fue el hombre de la improvisación. No solo en su accionar sino también en sus discursos. Cuando tomó la pluma, la reflexión se hizo más confusa y farragosa.

En una carta dirigida a la Corte Suprema de Justica el 14 de abril 1999, es decir antes de que se instalara la Constituyente, expresó su:

… intención de transformar el Estado y crear el ordenamiento jurídico que requiere la democracia directa y que los valores que ésta insufle deben ser respetados; valoración que informa las pulsiones óntico-cósmica, cosmovital y racional-social inherentes al jusnaturalismo y su progresividad. Los Estados son especie de superorganismos dinámicos que abarcan conflictos, cambios, evoluciones, revoluciones, ataques y defensas: involucran dinámica de espacios terrestres y fuerzas políticas que luchan en ellos para sobrevivir. Si no observamos arte y ciencia en la conducción y actuación política del organismo estatal corremos el riesgo de propiciar su debilitamiento, fraccionamiento y consecuencial disolución, que equivale a su muerte.

Inmerso en un peligroso escenario de Causas Generales que dominan el planeta (Montesquieu, Darwin), debo confirmar ante la Honorabilísima Corte Suprema de Justicia el Principio de la exclusividad presidencial en la conducción del Estado.

No nos atrevemos a comentar los primeros párrafos, pero el último es revelador: la conducción del Estado corresponde exclusivamente al presidente, y este solo responde ante el pueblo.

Chávez quiso un Estado concentrado, unificado y centralizado y que pudiese operar sin trabas. En un comienzo no había referencia alguna al Estado socialista, pero sí un rechazo a lo que él estigmatizaba como "neoliberalismo".

Afirmó hace casi 14 años:

La nación votó por la estructura de poderes que pudiere resolver eficazmente sus problemas y en ese campo psicofísico nació la idea de la Asamblea Nacional Constituyente originaria que permitiera refundar la República y restituir el Estado de Derecho constitucional y democrático.

Y agregaba:

Nos alejamos de los neoliberales que pretenden minimizar el Estado y he allí otro concepto fundamental de la ideología bolivariana en contra del dogma neoliberal: queremos y necesitamos un Estado suficientemente fuerte, suficientemente capaz, suficientemente moral, suficientemente virtuoso para impulsar la república, para impulsar al pueblo y para impulsar a la nación, asegurando la igualdad, la justicia y el desarrollo del pueblo. Ese

Estado bolivariano se recoge aquí en estas ideas fundamentales para lo que pudiera ser la Constitución Bolivariana de la V República.[570]

El punto de partida del fallecido presidente para la formulación de una visión del Estado lo encontramos en la llamada raíz robinsoniana.[571] Se trata de la propuesta de Simón Rodríguez de crear instituciones adecuadas a la realidad latinoamericana, en lugar de copiar estructuras europeas y norteamericanas y que se concreta en la famosa sentencia "o inventamos o erramos". Decía el maestro del Libertador: "No se alegue la sabiduría de la Europa, porque arrollando el brillante velo que la cubre aparecerá el horroroso cuadro de miseria y de sus vicios, resultando en un fondo de ignorancia". Y se pregunta: "¿Dónde iremos a buscar modelos? La América española es original, originales han de ser sus instituciones, su gobierno".[572] Como es sabido, la idea de la separación de poderes viene de Europa y de los Estados Unidos. ¿Implica la raíz robinsoniana el descartarla? El más destacado discípulo de Simón Rodríguez dijo en el Discurso de Angostura:

> Para sacar de este caos a nuestra naciente República, todas nuestras facultades morales no serán bastantes, si no fundimos la masa del pueblo en un todo; la composición del gobierno en un todo; la legislación en un todo, y el espíritu nacional en un todo. Unidad, unidad, unidad, debe ser nuestra divisa. La sangre de nuestros ciudadanos es diferente, mezclémosla para unirla; nuestra Constitución ha dividido los poderes, enlacémoslos para unirlos; nuestras leyes son funestas reliquias de todos los despotismos antiguos y modernos, que este edificio monstruoso se derribe, caiga y apartando hasta sus ruinas, elevemos un templo a la justicia; y bajo los auspicios de su santa inspiración dictemos un Código de leyes venezolanas.

Este fragmento del discurso de Bolívar en Angostura abre las puertas de nuevas formulaciones en cuanto a la estructura del Estado, pero no olvidemos que el mismo Libertador fue quien dijo: "Huid del país donde un solo hombre ejerza todos los poderes: es un país de esclavos" y que la separación de poderes es parte esencial de sus diferentes modelos de Constitución.

En pocas palabras, lo esencial de la visión del Estado de Hugo Chávez Frías diríamos que implica que en el ejercicio del poder debe predominar la interpretación que el jefe del Estado hace de lo que el pueblo

---

[570]   Discurso en la instalación de la ANC 5 de agosto de 1999.

[571]   En los primeros documentos del llamado Movimiento Revolucionario Bolivariano 200, se habla de "un árbol de tres raíces": la raíz bolivariana, la raíz robinsoniana y la raíz zamorana.

[572]   Ver Pedro Pablo Rivero González, *Ideario de Simón Rodríguez en* Luces y virtudes sociales *(1840)*.

quiere, por encima de cualquier norma jurídica, tesis perfectamente encuadrada dentro del concepto de "democracia delegativa" propuesto por O´Donnell y que antes comentamos.

A continuación, pasaremos revista a algunas influencias recibidas por Hugo Chávez y a ciertos rasgos del chavismo que definen una visión del Estado. Puede parecerle al lector que nos alejamos de la separación de poderes, pero los textos que siguen ayudan, lo creemos, a comprender al hombre que instauró y dio forma al nuevo sistema político que comentamos. Máxime si constatamos que, con excepción de Simón Bolívar, ninguno de los mentores de Chávez creyó nunca en la separación de poderes y todos los rasgos definitorios conducen a incrementar el poder y no a detenerlo.

IX.4.1   INFLUENCIAS

IX.4.1.1 SIMÓN BOLÍVAR[573]

El Movimiento Bolivariano Revolucionario 200 nace, de allí el número que completa su nombre, con la celebración del bicentenario del nacimiento del Libertador Simón Bolívar. Sus tres fundadores egresaron en 1975 como integrantes de la Segunda Promoción Simón Bolívar. El movimiento que nace en la Academia Militar en 1983 no es el grupo subversivo en el que se convertirá más adelante, sino más bien una sociedad de estudios del pensamiento bolivariano y de la historia venezolana. Poco a poco evoluciona hacia la búsqueda de comprender la realidad social, económica y jurídica del país para tratar de formular un proyecto que diera respuesta a la crisis que se vivía.

Según el comandante Hugo Chávez:

… varios años antes de la caída del muro de Berlín y la desmembración del imperio soviético, ya era evidente una gran confusión en el terreno de las ideologías a nivel mundial. Algunos autores clásicos definen la ideología con el símil de una brújula, que orienta el movimiento de un cuerpo social a través del intrincado mapa de la política. Pudiera decirse que en los últimos años todas las brújulas perdieron la razón y enviaron a las sociedades por derroteros inimaginables, contradictorios y terriblemente confusos… Y fue entonces emergiendo en el horizonte político mundial el fenómeno renaciente del Nacionalismo.[574]

---

[573]   Sobre la utilización de Simón Bolívar en la política venezolana, ver Aníbal Romero, en *La miseria del populismo,* el capítulo "Militares, políticos y el uso de Bolívar como salvador providencial", pp. 255-265.

[574]   En Ángela Zago, *La rebelión de los ángeles*, p. 37.

Chávez y el grupo de oficiales que le acompañan buscan raíces venezolanas para este nacionalismo y las encuentran en el pensamiento de Simón Bolívar y en la búsqueda de respuestas e instituciones adecuadas a nuestra realidad en lugar de buscarlas en otros países.[575] Una cita del Libertador les parece dar la clave:

> Nuestras leyes son funestas reliquias de todos los despotismos antiguos y modernos, que este edificio monstruoso se derribe, caiga y apartando hasta sus ruinas, elevemos un templo a la justicia, y bajo los auspicios de su santa inspiración, dictemos un Código de leyes venezolanas.

Del Discurso de Angostura a la Constitución de Bolivia, el pensamiento de Bolívar fue evolucionando, sobre todo en el ámbito de las respuestas institucionales que él suponía adecuadas a nuestras realidades. Queda por preguntarse si estos planteamientos bolivarianos mantienen vigencia transcurridos casi dos siglos y si aún sirven para acabar con "las reliquias de todos los despotismos".

No es la primera vez en la historia de Venezuela que un sector político pretende apropiarse del "bolivarianismo". Ya lo habían hecho los generales Antonio Guzmán Blanco y Eleazar López Contreras y, en menor medida, Gómez y Pérez Jiménez.

Según el profesor Aníbal Romero, el bolivarianismo "radicalizado, distorsionado y manipulativo" cumple, para Chávez y los militares golpistas de 1992, tres funciones:

a) Una función legitimizadora de la ambición política autoritaria. Con ello pretenden recubrirse de una virtud incuestionable que permite justificar cualquier acción que, supuestamente, estaría guiada por los más altos ideales de nuestro Libertador.

b) Una función escapista: el nombre ilustre de Bolívar sirve en muchas oportunidades para frenar la autocrítica y para atribuirnos presuntas virtudes y logros que en realidad no poseemos.

c) Una función mesiánica, que consiste en la conexión entre la figura histórica suprema y la acción concreta y actual dirigida a conquistar, de modo providencialista, el ideal previsto por Bolívar. El bolivarianismo mesiánico constituye una distorsión perniciosa de la legítima admiración hacia Bolívar.[576]

---

[575] Es evidente la influencia de Simón Rodríguez en este planteamiento. Al pensamiento del maestro de Bolívar se agregan las ideas del general Ezequiel Zamora para completar "las tres raíces" que alimentan el árbol del pensamiento chavista primigenio.

[576] *La miseria del populismo*, p. 261; y "Bolivarianismo, mesianismo y Fuerzas Armadas", *El Diario de Caracas*, 8 de diciembre de 1992.

La revolución chavista es bolivariana y el nombre del Libertador sirve para justificar cualquier acción, para avalar cualquier conducta, para hacer aceptable cualquier propuesta.

Se trata para los militares, como dice el analista argentino Marcos Anguinis, de buscar:

> ... refugio en ciertas verdades sacralizadas: las epopeyas del pasado, la memoria de los héroes, la salvaguarda de las instituciones, como si el esfuerzo que los padres prodigaron en el difícil nacimiento nacional, alcanzara para siempre y hoy sus herederos estuviesen eximidos de aportar lo suyo. Otro refugio es convencerse de que los laureles también son ganados por los herederos en la actualidad. El solo hecho de pertenecer a la institución, ya es meritorio de por sí.[577]

No se puede pensar que Bolívar formuló una propuesta económica que pudiera ponerse en práctica en nuestro siglo. Lo mismo podemos decir del ámbito de la educación, de la cultura, del deporte o de la ecología. Decir que Bolívar, fallecido en 1830, era socialista es un desatino tan grande como decir que Cristo también lo era. Como bien lo demuestra Germán Carrera Damas, la propuesta política de Bolívar fue fundamentalmente conservadora. Se trataba de:

> ... ejercer sobre el pueblo una especie de tutela. Tutela en el sentido propio, para educarlo, para llevarlo a un estado en el cual ya fuese posible para ese pueblo ejercer sus derechos, en el sentido de practicar la democracia y disfrutar de la libertad.[578]

El propio Libertador sabía lo que ocurriría con sus ideas y con sus pensamientos: "Con mi nombre se quiere hacer en Colombia el bien y el mal, y muchos lo invocan como el texto de sus disparates".[579]

IX.4.1.2 JACINTO PÉREZ ARCAY

El nombre tal vez no sea conocido por muchos lectores. Hablamos del general Pérez Arcay, maestro de Hugo Chávez, a quien transmitió una concepción de la historia y una interpretación de ella.

Sobre él dijo Hugo Chávez:

> Mi general Pérez Arcay nos conoció el alma a la muchachada militar de los 70. En una carta de Pérez Arcay, como una espada, nos dice: "Alguien tenía

---

[577]   *Carta esperanzada a un general,* p. 168.

[578]   *Validación del pasado,* p. 184.

[579]   Ver sobre este tema, el trabajo de Alexis Ortiz, "El texto de sus disparates. Falso retrato de Simón Bolívar", de cuyo título tomamos la cita.

que hacerlo, les tocó a ustedes, muchachos, estoy con ustedes". A Yare fue una vez a vernos en prisión. No lo dejaron entrar y se quedó parado de plantón. Le dijo a un oficial: "Capitán, soy el general Pérez Arcay, como no me dejan entrar, vine a pagar plantón frente a mi comandante Chávez, que está allá adentro". Aquel general se paró dignamente debajo del sol durante tres o casi cuatro horas, pagando un plantón ahí, llevando sol frente a Yare, como espiando cosas. Es uno de nuestros grandes maestros: Jacinto Pérez Arcay... Desde sus tiempos de teniente coronel –éramos nosotros imberbes cadetes– nos hablaba en el Patio de Armas: "Muchachos, Bolívar; muchachos, Sucre; muchachos, Miranda; muchachos, Zamora; ahí está la raíz de ustedes, muchachos militares del siglo XXI.[580]

Pérez Arcay es el mentor de Hugo Chávez; es quien lo forma desde un punto de vista histórico. Pero, en la óptica de la formación de un oficial, la historia, más que una ciencia que ayude a la comprensión de los fenómenos sociales, es concebida como una forma de exaltación de determinados valores, tales como el espíritu de sacrificio, la abnegación, la entereza de carácter, el coraje. El libro de cabecera de los cadetes es la *Venezuela heroica* de Eduardo Blanco.

Ejemplo de esta concepción es la siguiente cita del entonces teniente coronel Pérez Arcay:

¡Qué infinitamente grande es la historia de Venezuela, que detrás de las brumas de un pasado inmarcesible trae hasta nosotros las portentosas imágenes de mil signos distintos! ¡Cuántos símbolos turgentes de gloria se esconden en sus páginas! ¡Cuántos prohombres caminaron al martirologio y al holocausto para darnos vida! ¡Cuánta tierra regada de sangre! Los prohombres de esta tierra tan cargada de historia gravitaron en torno a un faro de luz que les iluminaba los senderos de un destino superior y les daba esperanzas y aliento metafísico. Ellos, sublimados en dioses, volaban, prendados de un ideal, por encima de un escenario, sangre y lodo, estaban poseídos de un espíritu rutilante, buscando la perpetuidad idealizada en una simbología.[581]

Una forma de ver la historia, carente de rigor científico y que simplifica al extremo la vida de las sociedades, busca la formación de un joven oficial lleno de mística, cargado de patriotismo, dispuesto al sacrificio. La historia deja de ser una enseñanza para convertirse en un medio, en un instrumento. De esto no se olvidará el subteniente Hugo Chávez y

[580] Hugo Rafael Chávez Frías, *Cuentos del arañero*, compilación de cuentos y anécdotas reunidos por Orlando Oramas León y Jorge Legañoa Alonso y tomadas de 300 programas *Aló, Presidente*. http://www.cuentosdelaranero.org.ve/cuentos/

[581] *El fuego sagrado*, p. 44.

el presidente Chávez mantuvo permanente contacto con Pérez Arcay, a quien reincorporó al servicio activo y ascendió al rango de mayor general.

IX.4.1.3 NORBERTO CERESOLE

En lo que atañe a la visión del Estado, el pensador argentino Norberto Ceresole desempeñó un papel más fundamental en el itinerario ideológico de Hugo Chávez que las lecturas de Bolívar, Gramsci, Negri o Castro. Esta influencia se mantuvo a pesar del rompimiento personal que se produjo entre el asesor y el asesorado.

Tratemos de condensar: la orden que emite el pueblo de Venezuela el 6 de diciembre de 1998 fue clara y terminante. Transformar a un antiguo líder militar en un caudillo nacional. Una persona física, y no una idea abstracta o un "partido" genérico, fue "delegada" —por ese pueblo— para ejercer un poder. La orden popular que definió ese poder físico y personal incluía la necesidad de transformar integralmente el país y reubicar a Venezuela, de una manera distinta, en el sistema internacional.

> Todos estos elementos ["Orden" o "mandato popular"; líder militar devenido en caudillo o jefe nacional; ausencia de instituciones civiles intermedias eficaces; presencia de un grupo importante de "apóstoles" (núcleo del futuro partido "cívico-militar") que intermedian con generosidad y grandeza entre el caudillo y la masa; ausencia de ideologizaciones parasitarias preexistentes, etc.] conforman un modelo de cambio —en verdad, un modelo revolucionario— absolutamente inédito, aunque con claras tradiciones históricas, hasta el momento subestimadas y denigradas por el pensamiento sociológico anglo-norteamericano.
>
> • Se diferencia del "modelo democrático" (tanto liberal como neoliberal) porque dentro de la orden popular (mandato) está implícita —con claridad meridiana— la idea de que el poder debe permanecer concentrado, unificado y centralizado (el pueblo elige a una persona —que es automáticamente proyectada al plano de la metapolítica— y no a una "idea" o "institución"). No es un modelo "antidemocrático", sino "posdemocrático".
>
> • Se diferencia de todas las formas de "socialismo real" conocidas durante el siglo XX, porque ni la "ideología" ni el "partido" juegan roles dogmáticos, ni siquiera significativos. En todos los casos conocidos los partidos comunistas llegan al poder por guerra civil interior, guerra internacional o invasión militar.
>
> • Se diferencia de los caudillismos tradicionales o "conservadores", porque el mandato u orden popular que transforma a un líder militar en un dirigente nacional con proyecciones internacionales fue expresado no sólo democráticamente, sino, además, con un sentido determinado:

conservación de la cultura (independencia nacional), pero transformación de la estructura (social, económica y moral).

- Es distinto de los nacionalismos europeos de la primera posguerra, por algunos de los elementos ya señalados que lo diferencian del "socialismo real": ni "partido" ni "ideología" cumplen funciones motoras dentro del modelo, aunque aquellos partidos nacionalistas hayan llegado al poder por decisiones originalmente democráticas (voto popular).[582]

IX.4.1.4 FIDEL CASTRO

La influencia de Fidel Castro sobre el pensamiento y la acción de Hugo Chávez es definitoria. El líder venezolano veía al dictador cubano como un modelo, un maestro y un padre. La admiración no tenía límite: "La sabiduría le ha crecido como la barba blanca. Yo estuve oyéndolo más de seis horas, casi sin interrumpirlo, una pregunta, un comentario. Un sabio".[583]

Los consejos de Fidel Castro eran, sin duda, algo interesados. La Revolución cubana estaba quebrada y el dinero venezolano permitió y permite su sobrevivencia. Pero en esos consejos, mezcla de astucia con lisonja, de vieja sabiduría con manipulación, Chávez oía lo que quería que le dijeran: Castro le hablaba de su porvenir como líder de la Revolución Latinoamericana y mundial, como su heredero; le prevenía en contra de sus enemigos, externos e internos, le indicaba cómo resolver los problemas de Venezuela, exaltaba la necesidad de su permanencia en el poder. Todo ello en interminables y frecuentes conversaciones, que tenían sus pautas, sus códigos, sus caminos propios.

Dijo Chávez:

Pero hay un serie de consideraciones que él expone (Fidel) y yo he terminado compartiéndolas, que a mí me obligan a estar aquí yo no sé por cuánto tiempo más. Lo sabrá Dios y lo dirá el pueblo, ¿verdad? Fidel, que ve al enemigo batallando sin descanso, las siete bases militares, el ataque de los paramilitares, los temas que nos afectan, la inseguridad, estos temas eléctricos, el tema del agua, etcétera. Entonces, él dice: "Chávez, la guerra tuya es muy distinta a la mía. Aquí mis enemigos más acérrimos se fueron, están en Miami. Allá tú los tienes en tus narices. Tu Miami está allá, Chávez".

"Hace rato —me dice— que yo puse distancia con el enemigo, tengo una distancia. Tú no, tú lo tienes ahí al lado, convives". "Durmiendo con el

---

[582]   *Caudillo, Ejército, Pueblo. El modelo venezolano o la posdemocracia*, Analítica.com, Sección Biblioteca http://www.analitica.com/bitblioteca /hchavez/ default.asp

[583]   *Cuentos del arañero.*

enemigo", dice una película por ahí, ¿verdad? "Está ahí, entonces es una guerra muy distinta". Me dice: "Yo no sé cómo hubiera hecho si me hubiera tocado la tuya. Aquí hicimos la nuestra, pero la tuya es más difícil por esa razón".[584]

Afirma Moisés Naím:

Chávez tenía muchas razones para arrojarse a los brazos de Fidel Castro. Fidel se convirtió en su asesor personal, mentor político y guía geoestratégico. Castro alimentó además la convicción de Chávez de que sus muchos enemigos —sobre todo Estados Unidos y las élites locales— querían liquidarlo, y que no podía esperar de sus fuerzas de seguridad la protección que necesitaba. En cambio, los cubanos sí eran confiables. Cuba también proporcionó toda una engrasada red de activistas, ONG y propagandistas que apoyaron la revolución bolivariana en el extranjero. Chávez también se quejaba públicamente de la ineptitud de sus altos funcionarios. En esto, también Cuba le ayudó, dotándolo de funcionarios con experiencia en el manejo de un Estado cada vez más centralizado.[585]

Pero Castro fue, por sobre todo, un modelo a seguir: la manera lenta, pero segura, con la que pudo alcanzar el poder absoluto y permanecer en él más de medio siglo, la facilidad con la que cambiaba la historia y modificaba sus propias posiciones, el manejo perfecto del culto a la personalidad, todo ello fueron lecciones que Hugo Chávez aprendió de quien varias veces llamó "su padre".[586]

Si alguien duda de la influencia de Castro sobre Chávez, que lea el texto siguiente de Ramón Guillermo Aveledo:

Carisma lo llaman algunos, Fidel Castro ha sido una figura atractiva dentro y fuera de su país. Un tirano fotogénico al gusto de los *snobs* del mundo entero. Un ogro filantrópico, si tomamos un préstamo del repertorio de Paz, para buena parte de sus compatriotas, entre quienes no faltan quienes todavía lo exculpan de lo malo, "Si supiera Fidel", y le asignan no el papel del jefe que ha mandado a hacer las cosas o del gerente que se ocupa de que se hagan e indica cómo hacerlas, sino el de una especie de contralor supremo de la calidad revolucionaria, el que dice qué se debería hacer, aunque no se haga, qué no debería hacer, aunque sea lo que de verdad ocurra, y cómo es que habría que hacer las cosas revolucionariamente, aunque casi invariablemente sucedan de otra manera. O tal vez precisamente por eso.[587]

---

[584]   Ibídem.

[585]   "¿Cómo Cuba conquistó a Venezuela?", Diario *El País*, 19 de Abril de 2014.

[586]   Para un excelente resumen de la personalidad de Fidel Castro, ver Ramón Guillermo Aveledo, *El dictador*.

[587]   Ídem, p. 183.

IX.4.2 RASGOS DEFINITORIOS

Así como no fue fácil seleccionar las personas que se acaban de mencionar, no menos difícil fue la selección de algunos rasgos definitorios de un pensamiento tan complejo y tan confuso como el que informa la visión que Hugo Chávez Frías tuvo del Estado.

IX.4.2.1 EL MILITARISMO[588]

Desde el inicio de su primer gobierno, Chávez transformó a la Fuerza Armada en un ejecutor importante de las políticas económicas y sociales, alegando que la magnitud de la crisis exigía el que se aprovechara ese recurso humano y técnico. El Plan Bolívar 2000, que incorporó a la Fuerza Armada en vastos programas sociales, fue el primer exponente de esa nueva función de los diversos componentes armados. Con las reformas de la Ley Orgánica de la Fuerza Armada se asignaron a los militares misiones diferentes, entre las que destaca, como desarrollo de la norma constitucional: "Actuar como sujeto en apoyo de instituciones gubernamentales a nivel nacional, regional o local, para la ejecución de tareas vinculadas al desarrollo económico y social de la población".[589]

Posterior y progresivamente se fue presentando la incorporación de oficiales en cargos de la Administración Pública.[590] En los últimos 15 años cerca de 1 600 militares de distintos rangos, entre activos y retirados, han desempeñado y ejercen cargos en la Administración Pública, 1 246 fueron designados por Chávez y 368 por Maduro.[591]

Esta presencia de oficiales de la Fuerza Armada en la Administración Pública representó un cambio radical de valores: significó para los funcionarios civiles la introducción de la obediencia y la subordinación propia del mundo militar y el desplazamiento del mérito profesional. Se conciben las tareas de gobierno en términos nuevos: hay enemigos que deben ser destruidos; el diálogo y el consenso se ven descartados.

Se militariza el lenguaje: en la administración y en la política nos encontramos ahora con "misiones", "unidades de batalla", "estados mayores", "patrullas". Ministros y dirigentes civiles ponen "rodilla en tierra" y avanzan "a paso de vencedores".

---

[588] Ver el interesante estudio de Vladimir Petit, *Chávez y la perversión del Ejército.*

[589] Numeral 6 del artículo 3 de la LOFA del 9 de marzo de 2011.

[590] Para un análisis muy completo de este tema, ver Harold Trinkunas, *The Crisis in Venezuelan Civil-Military Relations: From Punto Fijo to the Fifth Republic.*

[591] Investigación de Eduardo Guzmán Pérez, reseñada por el diario *El Nacional*, Militarización, Sofía Nederr, 26 de diciembre 2013.

El militarismo trae consigo una manera distinta de concebir el gobierno y la administración. El superior manda y el subalterno obedece sin discusión. No existe la negociación.

Los militares son producto de una peculiar modalidad de enseñanza que busca formar una mentalidad militar, inculcar una noción de honor militar; generar una autoimagen militar. Hacer de la disciplina militar un acto reflejo. Supone también la creencia en una superioridad de lo militar sobre lo civil.

Afirma Guillermo Yépez Boscán:

> Considerándose, por deformación profesional, *el símbolo y la encarnación* de la patria, el militar acaba estimando que cuanto le perjudica o afecta a él personalmente, afecta o perjudica a la patria. Cuando detenta el poder, tiende a aplicar a la vida los mismos procedimientos que aplica en el cuartel: a castigar cuando se le desobedece o se discuten sus órdenes. No comprende que si en el cuartel puede ser útil lo de primero obedecer y después opinar, en la vida civil lo útil es exactamente lo contrario: primero opinar y luego obedecer... y obedecer no a una orden, mucho menos a un hombre caudillo y déspota, sino a una ley.[592]

El militarismo que caracteriza el nuevo régimen político venezolano es novedoso en los regímenes híbridos, como lo recordaron Corrales y Penfold. Es, en la mayoría de los casos, ajeno a la izquierda latinoamericana.[593] Pero sin duda alguna refuerza al líder, si este procede de la milicia. Para ello se requiere una total politización del elemento armado, que tiene que dejar de ser un cuerpo profesional, sometido estrictamente al poder civil y totalmente identificado con los objetivos del régimen. De allí el intento de reforma de la Constitución en lo relativo a la Fuerza Armada en el año 2007 y los cambios que se efectuaron en ese mismo sentido después de derrotada la reforma.

Algo sembró Ceresole:

> Hubo decisión democrática (6 de diciembre de 1998) porque antes hubo una militarización de la política (27 de febrero de 1989 y su contraparte inexorable, el 4 de febrero de 1992). Esas tres fechas están íntima e indisolublemente unidas. El anterior golpismo —la necesaria militarización de la

---

[592]   *Pretorianismo, intolerancia y barbarie*, pp. 20-21.

[593]   El coronel Jacobo Arbenz en Guatemala y el general Juan Francisco Velasco Alvarado en Perú son las excepciones más notorias. En las Fuerzas Armadas venezolanas se desarrolló una pequeña corriente de izquierda que tuvo su más notoria expresión en los alzamientos de Puerto Cabello y Carúpano, durante el gobierno de Rómulo Betancourt.

política— fue la condición *sine qua non* de la existencia de un Modelo Venezolano posdemocrático. De allí que no deba sorprender a nadie la aparición —en el futuro inmediato— de un "partido" cívico-militar, como conductor secundario —detrás del caudillo nacional— del proceso revolucionario venezolano.

Pero el aporte de Chávez es mucho más importante.

La autora chilena Marta Harnecker, declarada partidaria de Hugo Chávez, consciente de la contradicción que plantea el militarismo en una revolución que se proclama de izquierda, escribió:

> Hay quienes rechazan el proceso revolucionario bolivariano por tener a un líder militar y por el destacado papel de los militares en muchas instituciones del Estado y planes del gobierno y esto ocurre porque suelen entender que los militares forman parte del cuerpo represivo del Estado burgués, que están permeados por la ideología burguesa, que no tienen salvación. ¿No será esta una visión muy mecanicista? ¿No habrá que evitar generalizaciones y tratar, por el contrario, de analizar a cada ejército en la situación concreta en la que está inserto? ¿Qué hace a estos militares diferentes? ¿Por qué la gran mayoría de ellos apoya un proceso de transformaciones profundas en su país orientado a resolver los problemas de los más desposeídos? Espero que este libro contribuya a comprender mejor a los militares venezolanos. Ellos junto a su pueblo y muchas veces impulsados por este mismo pueblo, han sabido estar a la altura de los enormes desafíos que el proceso bolivariano revolucionario debe enfrentar.[594]

La permanente intención de colocar a la Fuerza Armada en posición privilegiada dentro de la Administración ha conducido a la formación de una gran variedad de instituciones en las cuales los oficiales tienen voz preponderante: Regiones Militares de Defensa Integral (REDI) y Zonas de Defensa Integral (ZODI), bajo la dirección del Comandante Estratégico Operacional de la Fuerza Armada, en las que los alcaldes y gobernadores se encuentran colocados de lado o sometidos a las órdenes de una estructura militar que maneja ingentes recursos; "estados mayores" que se designan para atender crisis y resolver problemas; comisiones "cívico-militares" que se crean para atender áreas importantes de gobierno.

Nos recuerda Harold Trinkunas que la condición militar del presidente Chávez y la natural ascendencia que ejercía en ese medio le permitían actuar con relativo éxito, pero la presencia de oficiales de la Fuerza Armada en misiones tradicionalmente encomendadas a civiles es un indicador de una orientación autoritaria y una exposición del componente armado a la corrupción. Esa presencia de la Fuerza Armada en funciones propias de la

---

[594] *Venezuela, militares junto al pueblo*, p. 7.

administración civil, a lo que se agrega un número importante de militares que, al pasar a retiro, son postulados a cargos electivos, conduce a una creciente politización del cuerpo de oficiales.

Al desaparecer el presidente, los sucesores que sean elegidos, si no son militares, se encontrarán con la dificultad de manejar un mundo militar muy complejo.[595]

Con el ascenso al poder de Nicolás Maduro, vivimos en un régimen militarista sin un presidente militar y, como consecuencia de la ausencia de liderazgo militar, se ha incrementado la presencia de oficiales en cargos de alta y media dirección, lo que ha conducido a una alerta de Rocío San Miguel, experta en asuntos castrenses y directora de la ONG Control Ciudadano para la Seguridad, Defensa y FAN[596]:

> La Fuerza Armada Nacional Bolivariana está siendo convertida en un brazo político. Estamos transitando hacia un modelo cubano de la FANB, en el que cuadros político-militares dirijan el país. Eso es lo grave, que sean los militares los que tengan la dirección política de Venezuela.

> La especialista explicó que en los 8 meses que lleva su gobierno, el presidente Nicolás Maduro ha acelerado el proceso que en 14 años de mandato no concretó Hugo Chávez, de instaurar una estructura política armada en el gobierno.

> A manera de conclusión, recordemos la existencia, no consagrada en ningún texto legal, del Comando Político-Militar de la Revolución, que esporádicamente se reúne y que está conformado por el presidente de la República, varios ministros, la cúpula del partido de gobierno y el Alto Mando militar.

IX.4.2.2 LA INTOLERANCIA

Afirma Guillermo Yépez Boscán:

> La cadena de males que la desviación pretoriana y militarista engendra, enquistándose en el gobierno de una sociedad a fin de soportar la perversión de la autocracia, nos conduce, inexorablemente, a la aniquilación de una virtud que sirvió siempre como cinturón protector y mecanismo de defensa ante el fanatismo y el absolutismo políticos: nos referimos a la tolerancia.[597]

Un elemento esencial de la democracia es que la oposición de hoy puede ser el gobierno de mañana. Esto es consecuencia de la alternabilidad republicana y del pluralismo, ambos conceptos incluidos como principios

---

[595] Harold Trinkunas, ob. cit.

[596] *El Nacional*, 30 de diciembre de 2013.

[597] Ob. cit., p. 81.

fundamentales de la Constitución de 1999. En una democracia deben ser aceptadas diversas visiones y enfoques de interpretación de la realidad nacional y, en consecuencia, diferentes propuestas para la solución de los problemas. El único marco obligatorio es el que ofrece la propia Carta Magna. En consecuencia, son contrarios a la Constitución y contrarias a la esencia del régimen democrático el dividir el país entre buenos y malos venezolanos, entre patriotas y *vendepatrias*, entre nacionalistas y lacayos del imperio. Son contrarias a la Constitución y a la esencia del régimen democrático la descalificación permanente del adversario y la negación sistemática de la posibilidad de cambio de gobierno y del diálogo con el adversario. Volvemos a Yépez Boscán:

> La intolerancia comienza con la estigmatización del otro, la difamación, la marginación, la privación de derechos y la discriminación en su condición de ciudadano, y culmina con el ataque físico, la agresión, el asesinato y el exterminio.[598]

Cuando el lenguaje insultante y descalificador proviene del jefe del Estado, la gravedad de la violación del más elemental principio democrático se intensifica. Este ha sido el caso en Venezuela en los 14 años de vigencia de la Constitución, tanto en tiempos de Chávez como en tiempos de Maduro. Como apenas una pequeña muestra que confirma lo que estamos diciendo, nos referiremos tan solo a cuatro casos de entre cientos que tienen que ver con el tema que nos ocupa:

a) El 14 de agosto de 2002, la Sala Plena del TSJ sentenció que la actuación de los militares involucrados en los hechos del 11 de abril del 2002 no era delito. En criterio del Máximo Tribunal, se había producido un "vacío de poder".

"Pusieron la plasta y se fueron de vacaciones... No nos vamos a quedar con esa", dijo el presidente Chávez en un acto político. Agregó que la sentencia era "grosera, un atropello" y una "monstruosidad que ha manchado al poder judicial venezolano ante el mundo". También agredió a los magistrados que sentenciaron: "Esos once magistrados no tienen moral para tomar ningún otro tipo de decisión, son unos inmorales y deberían publicar un libro con sus rostros para que el pueblo los conozca. Pusieron la plasta".

b) El domingo 2 de diciembre de 2007, como recién lo recordamos, el 50,7 % del pueblo venezolano rechazó la propuesta de reforma constitucional presentada por Hugo Chávez. El presidente de Venezuela, Hugo Chávez, la calificó como una "victoria de mierda". Esta grosera expresión de intolerancia se produjo en presencia del Alto Mando militar en una alocución que buscaba desmentir distintas informaciones

---

[598] Ídem, p. 88.

periodísticas y de la oposición, según las cuales Chávez habría sido presionado por la Fuerza Armada para aceptar su derrota. Chávez anunció una nueva ofensiva constitucional antes del fin de su mandato en 2013, con el fin de aprobar su proyecto socialista: "Nosotros vamos de nuevo a la ofensiva. Yo lo vuelvo a repetir. Lanzamos la primera ofensiva para la gran reforma constitucional, pero no crean que se acabó. Prepárense, porque vendrá una segunda ofensiva rumbo a la reforma constitucional".

c) Por último, veamos en qué términos se refería el presidente Chávez a Henrique Capriles Radonski, su principal contrincante en la elección presidencial de octubre del 2012: "Tienes rabo de cochino, orejas de cochino, roncas como un cochino, eres cochino majunche, eres un cochino, no te disfraces [...] Usted irá a gobernar el territorio de Tarzán y la mona Chita, porque aquí no".[599]

d) El último ejemplo, para evidenciar la continuidad en la intolerancia, Nicolás Maduro, refiriéndose al líder de Voluntad Popular, Leopoldo López, lo calificó de "bobalicón, trono e imbécil" y expresó: "Nosotros venimos de la calle. ¿Va a venir un burguesito, un bobalicón burgués, a decir 'calle'? Realmente suena estúpido uno de estos burguesitos diciendo 'calle'. ¿Qué vas a saber de calle tú, si te la pasas en Miami en una discoteca? Imbécil, el trono este".[600]

Es poco probable que Hugo Chávez haya estudiado con detenimiento a Carl Schmitt, pero sin duda lo conoció o intuyó al identificar siempre a sus adversarios como enemigos y al poder como un ente indivisible y total. El pensador alemán descartó la noción liberal de adversario en la política y de competidor en la economía. Hay amigos y enemigos; y al enemigo hay que destruirlo.[601]

---

[599] En la lectura de este libro el lector se ha encontrado y se encontrará con muchos otros rasgos de intolerancia. Bastaría recordar el caso de la juez María Lourdes Afiuni. Para análisis detallados del fenómeno, lamentablemente no actualizados, ver *La discriminación política en Venezuela (2003-2007). Estudio de casos*, investigación realizada por la asociación civil Control Ciudadano para la Seguridad, la Defensa y la Fuerza Armada, el Centro de Estudios de Derechos Humanos de la Universidad Central de Venezuela y la asociación Ciudadanía Activa, bajo la dirección de Rocío San Miguel, http://www.controlciudadano.org/publicaciones/informe-/pdf/Paginas%2012-15%20Resumen%20Ejecutivo.pdf y Ana Julia Jatar, *El apartheid del siglo XXI*, Súmate, Caracas, 2006.

[600] 8 de febrero de 2014, acto de entrega de 600 viviendas en el municipio Urdaneta del estado Miranda, diario *El Universal*.

[601] *El concepto de lo político*.

Concluimos con Yépez Boscán:

La intolerancia política establece que "el otro" o mejor, el adversario debe ser anulado porque amenaza el futuro y hace peligrar la realización y la identidad del grupo de pertenencia. El mecanismo es doble: *Primero se construye la idea de que la propia identidad coincida con la totalidad del ser. Después se identifican los enemigos de esta identidad como los enemigos de la totalidad. Por lo tanto, los propios enemigos se convierten, inevitablemente, en los enemigos del mundo.*[602] Este ha sido el proceso mental seguido por los diferentes actores de la intolerancia política en épocas recientes. En general, quien ejerce la intolerancia política plantea que posee la verdad, considera que quienes piensan o se comportan de manera distinta están equivocados y, por lo tanto, merecen ser eliminados, ya que son enemigos y traidores del *statu quo* y del orden imperante.[603]

IX.4.2.3 EL MESIANISMO Y EL CULTO A LA PERSONALIDAD

Afirma el teólogo italiano Mario Cimosa:

Hoy, normalmente, la palabra mesianismo no indica solamente la esperanza de una salvación realizada por un mesías futuro en el ámbito de la religión judeocristiana, sino que comprende todos aquellos movimientos políticos y religiosos que tienden a renovar la sociedad y a dar una respuesta a todos los problemas de incertidumbre y de angustia que la oprimen. Es un principio de esperanza para todos los hombres. El mesianismo se presenta como modelo universal de organización socio-religiosa.[604]

No corresponde a este trabajo adentrarse en la dimensión teológica del mesianismo pero sí en la antropológica, entendida como el deseo de todo ser humano, especialmente en tiempos de crisis y de desengaño, de vivir en un mundo mejor, en el que triunfe la armonía del universo, en el que abunden la paz y la prosperidad.

En el tantas veces citado discurso ante la Asamblea Nacional Constituyente del 5 de agosto del 1999, decía Hugo Chávez:

Porque lo que está ocurriendo en Venezuela hoy, no es un hombre providencial que ha llegado; no, no hay hombres providenciales. El único hombre providencial: Jesús, el de Nazareth. No hay individualidades todopoderosas que puedan torcer el rumbo de la historia: absolutamente falso este concepto. No hay caudillos beneméritos y plenipotenciarios que puedan señalar y conducir y hacer el camino de los pueblos, mentira.

---

[602] Ferdinando Adornato, *Oltre la Sinistra*, Milano, 1991.

[603] Ob. cit., pp. 96-97.

[604] *Nuovo Dizionario di Teologia Biblica*, Milán, 1988. El *Diccionario de la Real Academia* define al mesianismo de la siguiente manera: "Confianza inmotivada o desmedida en un agente bienhechor que se espera".

La realidad de catorce años de gobierno de Hugo Chávez desmiente el contenido de la frase citada. Chávez se consideró siempre, a pesar de reiteradas negativas, un hombre providencial.

Su carisma[605], su facilidad para comunicar, su manejo inescrupuloso de la mentira y de la verdad, el inmenso poder acumulado le permitieron convertirse en un Mesías. "Chávez es el pueblo" fue el eslogan de su última campaña presidencial.

La imagen mesiánica se fue labrando durante casi tres lustros mediante un culto sistemático y persistente a la personalidad del jefe del Estado.

La expresión "culto a la personalidad" le sirvió a Nikita Kruschev para estigmatizar el régimen estalinista en su famoso discurso al vigésimo Pleno del Partido Comunista de la Unión Soviética en 1956. Denunciaba una elevación y admiración en dimensiones religiosas a la figura de Joseph Stalin. El término fue luego definido en el Diccionario soviético de Filosofía[606] de la siguiente manera:

> Ciega inclinación ante la autoridad de algún personaje, ponderación excesiva de sus méritos reales, conversión del nombre de una personalidad histórica en un fetiche. La base teórica del culto a la personalidad radica en la concepción idealista de la historia, según la cual el curso de esta última no es determinado por la acción de las masas del pueblo, sino por los deseos y la voluntad de los grandes hombres.

Venezuela vive, desde 1999, en una situación de culto a la personalidad de Hugo Chávez.[607]

En cualquier régimen presidencialista, el jefe del Estado se constituye en un principal centro de atención para los medios de comunicación. En Venezuela, la posibilidad que tiene el presidente de "encadenar" la radio y la televisión y el abuso insólito que se ha hecho de esta prerrogativa por parte de Hugo Chávez y Nicolás Maduro han exacerbado al extremo esta

---

[605] Decía Max Weber que el carisma es la cualidad de una personalidad por cuya virtud se la considera en posesión de fuerzas sobrenaturales o sobrehumanas, o por lo menos específicamente extracotidianas y no asequibles a cualquier otro, o como enviados del dios o como ejemplar y, en consecuencia, como jefe, caudillo, guía o líder: *Economía y sociedad*.

[606] Ediciones Pueblos Unidos, Montevideo, 1965.

[607] El análisis que sigue se inspira en el artículo del profesor Trino Márquez, *Presidencialismo, autoritarismo y culto de la personalidad*. http://www.sicht.ucv.-ve:8080/bvirtual/doc/analisis%20de%20coyuntura/contenido/volumenes/2004/2/03-Marquez.pdf

presencia del presidente en los medios de comunicación. Los actos que se transmiten en cadena pocas veces tienen que ver con el interés nacional, cuyo beneficio es la razón de ser de la norma que los permite. Son, en la mayoría de los casos, eventos partidarios, conmemoraciones de fechas baladíes, o que solo afectan a los partidarios del gobierno, o meras actividades de rutina del jefe de Estado, que se convierten en ocasión para discursos de propaganda, autoalabanza, ataques a la disidencia y, en época electoral, oportunidades para marcados ventajismos. Las cadenas se convierten en la versión tecnológica de la Circular Perpetua que, según Augusto Roa Bastos, escribía el dictador paraguayo José Gaspar Rodríguez de Francia.

A las cadenas se agrega el uso sesgado de los medios públicos y de los espacios obligatoriamente cedidos al gobierno por los medios privados. Todo ello para exaltar la figura presidencial y elogiar su gestión sin la menor objetividad. Las calles están llenas de afiches, murales, vallas gigantes y pancartas con la figura del presidente. Los altos funcionarios se refieren al presidente fallecido como el Comandante Eterno o el Gigante.[608]

Afirma el profesor Antonio Pasquali:

> Algunos hábitos masoquistas han calado hondo, como la resignación a que Chávez, el capataz mediático, nos gobierne por telenovela y nos adoctrine en cadena; más de 2.000 abusos de posición dominante en 12 años, con violación de emisora ajena, privación de libertades individuales y creación de estado de peligro por dejar al país entero desconectado del flujo normal de informaciones hasta por 8 horas. ¿Qué sucedería, Dios no quiera, si una de sus alocuciones impidiese informar tempestivamente a la población de algún desastre natural o humano en curso?[609]

Sobre la situación al inicio del año 2014 comenta la escritora Gisela Kosak:[610]

> El balance de las políticas educativas, comunicacionales y culturales de la revolución chavista en el pasado año 2013 puede resumirse en una frase: se profundizó en la construcción de una religión de Estado. Las manifestaciones de este culto, cuya figura central es el difunto comandante Chávez, son variadas pero constituyen un conjunto de representaciones (desde fotos hasta manuales educativos, pasando por el discurso oficial público) que indican una voluntad expresa de producir un cambio, "hombres y mujeres nuevos".

---

[608] Ver María Eugenia Morales, *The People Show. La historia televisada de un presidente*; y Elizabeth Safar, "Aló, Presidente y las cadenas de radio y televisión. Espejo de la pasión autoritaria del presidente Chávez" en *Saldo en rojo. Comunicaciones y cultura en la era bolivariana*, UCAB, Fundación Adenauer, Caracas, 2013.

[609] "Nos acostumbramos al horror", 8 de febrero de 2011, Analítica.com

[610] "Religión como identidad patria", *El Nacional,* 18 de enero de 2014.

Los ojos que nos miran en nuestro paso por las calles sugieren una voluntad superior que vigila (opositores) o protege (oficialismo); la abundante propaganda oficial impresa y audiovisual con el rojo en llamativo protagonismo no permite olvidar por un instante que estamos en revolución. No hay duda de que el Estado se ha fundido con el gobierno, y de que, además, no hay límites entre él y la sociedad. Así mismo, la constante mención al legado del dios (Chávez, el Cristo de la revolución) justifica toda propuesta y ejecutoria: Chávez ha creado todo, desde el Sistema Nacional de Culturas Populares hasta los libros de texto para la educación básica. La presencia de su imagen en la vida cotidiana doméstica naturaliza la política como culto religioso, con lo cual la política deja de ser tal.

IX.4.2.4 LA HEGEMONÍA COMUNICACIONAL

En las democracias modernas, en las que se practica la separación de poderes, ha surgido un "cuarto poder". Además de los poderes Ejecutivo, Legislativo y Judicial establecidos en las Constituciones y que tienen por misión, según la teoría que nos ocupa, impedir el abuso y actuar como pesos y contrapesos, ha aparecido un poder fáctico que cumple idéntico objetivo: los medios de comunicación. Una prensa libre (a la cual se agregaron los medios radioeléctricos y más recientemente las redes sociales) se ha convertido en un medio imprescindible en la lucha para que "el poder detenga al poder". El "cuarto poder" no se estudia, como tal, en los manuales de Derecho Constitucional, pero todos ellos, al examinar las libertades públicas, constatan el rol esencial que la libertad de opinar y de divulgar las opiniones desempeña en una democracia.

En Venezuela tendríamos que hablar de un "sexto poder" y ocurre que el intento de frenarlo, controlarlo y someterlo ha devenido otro rasgo definitorio del nuevo régimen político que se inició en Venezuela en 1999.[611] A ver:

---

[611] La bibliografía sobre este tema en Venezuela es inagotable. Como una primera forma de aproximación a la materia, recomendamos los informes anuales (2002-2012) de la ONG Espacio Público, *Situación del derecho a la libertad de expresión e información*, Carlos Correa, coordinador; Marcelino Bisbal, editor, *Hegemonía y control comunicacional*, UCAB, Caracas, 2009; Marcelino Bisbal, editor, Elías Pino Iturrieta, Cristina Marcano, Boris Muñoz, Alfredo Meza, Marcelino Bisbal, Raisa Uribarrí, William Peña, Agrivalca Canelón, Mariaengracia Chirinos, Luisa Torrealba, Andrés Cañizález, Sebastián de la Nuez, María Eugenia Morales, Elizabeth Safar, Alonso Moleiro, Carlos Delgado Flores, Manuel Silva Ferrer, Gisela Kozak Rovero, Rafael Osío Cabrices, Antonio Pasquali y Rafael Quiñones, *Saldo en rojo. Comunicaciones y cultura en la era bolivariana*, UCAB, Fundación Adenauer, Caracas, 2013.

Desde sus inicios, el gobierno de Hugo Chávez asignó un rol primordial a los medios de comunicación. Se trataba, por una parte, de enfrentar a los medios en manos privadas y, por la otra, de la creación de una plataforma comunicacional en manos del Estado, lo que se llamó el Sistema Nacional de Medios Públicos, y el estímulo al surgimiento de los llamados medios comunitarios, financiados y controlados por el oficialismo. El objetivo perseguido fue difundir el proyecto ideológico y político que se pensaba instaurar. El término "hegemonía comunicacional" fue utilizado con total desfachatez, originalmente por el propio gobierno, lo que implicaba supremacía, control, dominio casi completo sobre los medios de comunicación social, de modo que se conformara una red única en manos del Estado. Afirma el profesor Marcelino Bisbal:

> El chavista es el primer gobierno del país que comprende la importancia capital de las comunicaciones para modelar sociedades, y es una lástima que haya aplicado esa comprensión a la causa equivocada.[612]

Todavía no se ha llegado a la hegemonía total y la existencia (cada vez más exigua) de medios no sometidos al Estado se presenta como evidencia de la existencia de libertad de expresión, pero el objetivo ni siguiera se esconde. El exministro de Información Andrés Izarra reconoció la intención aunque tratando de edulcorarla:

> Para el nuevo panorama estratégico que se plantea, la lucha que cae en el campo ideológico tiene que ver con una batalla de ideas por el corazón y la mente de la gente. Hay que elaborar un nuevo plan, y el que nosotros proponemos es que sea hacia la hegemonía comunicacional e informativa del Estado. Construir hegemonía en el sentido gramsciano. La sociedad capitalista es hegemónica en estos países. Nosotros tenemos que hacer que el pensamiento y los preceptos socialistas de lo colectivo, lo solidario, lo social predominen como valores sobre los del capitalismo. Y hegemonía en el sentido gramsciano es eso, que un grupo cultural convenza a otro grupo de sus valores, principios e ideas. Nosotros hacemos una propuesta de que sean una serie de medidas en varios ámbitos para construir la hegemonía comunicacional e informativa que permita la batalla ideológica y cultural para impulsar el socialismo. Por eso para nosotros es tan importante la incorporación del Ministerio de la Cultura a Telesur nacional.[613]

A lo que responde Marcelino Bisbal:

> Aquí el término hegemonía hace referencia en su sentido de supremacía de una comunidad política sobre otras y nada tiene que ver con la concepción gramsciana de la expresión. Aunque el Gobierno nos llegó a decir repetidas

---

[612]   Entrevista diario *El Universal*, 1.º de diciembre de 2013.

[613]   Diario *El Nacional*, 8 de enero de 2007, entrevista de la periodista Laura Weffer.

veces que su idea fue tomada del teórico marxista italiano, nada más alejado de la realidad. Para Gramsci, el término hegemonía tiene el sentido-orientación del predominio de lo moral, lo ético, lo ideológico y lo cultural en detrimento de la razón político instrumental.[614]

La hegemonía se está construyendo por diferentes caminos que pasan por el cierre puro y simple de estaciones de radio y televisión (siendo el caso más emblemático el de Radio Caracas Televisión en el año 2007); la aprobación de leyes restrictivas a la libertad de expresión (por ejemplo la Ley de Responsabilidad Social de Radio y Televisión); la imposición de todo tipo de restricciones y sanciones a los medios independientes; las agresiones físicas a comunicadores sociales que se mantienen impunes a pesar de mandatos de la Corte Interamericana de Derechos Humanos; el manejo totalmente sesgado de la publicidad oficial y de las divisas para la importación de papel; la adquisición por parte de empresarios vinculados al gobierno de medios de comunicación "incómodos" y, por último, el medio más sofisticado: la autocensura. Ante el temor por lo que ha ocurrido, muchos medios y comunicadores prefieren el silencio y asumen una posición "neutral" que se traduce en no expresar opinión alguna en las materias que puedan indisponer al gobierno.

Agreguemos que el líder de la oposición, Henrique Capriles Radonski, ante la imposibilidad de acceso a los medios tradicionales, se vio en la necesidad de lanzar un nuevo medio virtual (Capriles.tv) cuya producción revela la precariedad de su presupuesto. Mientras el gobierno y el partido que lo sustenta cuentan con innumerables canales de televisión nacionales e internacionales, medios impresos, radios comunitarias, oficinas y agentes de propaganda, sitios web, etcétera, los medios independientes que tradicionalmente proveían una perspectiva alternativa a la línea oficial están ahora en manos de personeros del chavismo. Es decir, salvo algunas excepciones a nivel regional, los medios de importancia en Venezuela han sido sometidos. Aun cuando las voces disidentes aún presentes en dichos medios no han sido del todo apagadas, en los medios creados por el chavismo no existe la pluralidad, no existe la crítica, no existe el cuestionamiento, no existe el derecho a réplica. Se abandonó toda pretensión de objetividad y se presenta una irrealidad tal que ni siquiera sus propios partidarios se sienten proclives a leerlos o sintonizarlos.

En su informe para el año 2013, la organización no gubernamental Reporteros sin Fronteras colocó a Venezuela en el puesto 117 (de 179 países estudiados) en lo concerniente a la libertad de expresión. Para elaborar el listado se tomó en cuenta: el pluralismo y la independencia en los medios

---

[614] Ibídem.

de comunicación; la autocensura y el ambiente laboral de los periodistas; el marco legislativo y la transparencia de las instituciones relacionadas con la información y la infraestructura para la producción de noticias.[615]

Lo antes dicho quedó evidenciado en ocasión de las protestas estudiantiles iniciadas en febrero de 2014. La casi totalidad de las plantas de televisión y de radio ignoraron los hechos o presentaron una visión sesgada de los mismos. El Directorio de Responsabilidad Social en Radio y Televisión, a través de su presidente, William Castillo, director general de Conatel, había emitido la siguiente declaración:

> El Directorio observa con preocupación que **la cobertura mediática que están recibiendo los lamentables hechos de violencia** generados en algunos lugares específicos del país, por parte de ciertos prestadores de servicios privados, nacionales y regionales, tanto en radio, televisión y medios electrónicos, pudiese ser considerada **violatoria a lo dispuesto en el art. 27 de la Ley** de Responsabilidad Social en radio, televisión y medios electrónicos que claramente prohíbe la difusión de contenidos que hagan apología del odio y la violencia, los llamados al desconocimiento de las autoridades y a alterar la paz pública.

La información accesible a los venezolanos provenía de un canal colombiano de televisión por cable (NTN24) que fue sacado del aire por una orden del gobierno que fue calificada por el presidente Nicolás Maduro como "una decisión de Estado".[616] Dos días más tarde, la red social Twitter confirmó "que las imágenes que publican sus usuarios de Venezuela están siendo 'bloqueadas', en medio de unas jornadas de protesta en distintas ciudades el país."[617] En un comunicado del Foro por la Vida leemos lo siguiente:

> Espacio Público documentó desde el día 12 de febrero hasta el 12 de marzo de 2014, 87 casos que suman 162 violaciones a la libertad de expresión, las cuales incluyen 35 denuncias de intimidación, 30 agresiones y 27 amenazas. En estos casos hay 127 personas afectadas que incluyen infociudadanos, locutores, periodistas, reporteros gráficos y fotógrafos que fueron víctimas de violaciones a la libertad de expresión en ejercicio de su labor. Las denuncias procesadas suman 22 detenciones, 30 agresiones, 18 robos o hurtos, un herido de bala y una persona fallecida.[618]

---

[615] http://en.rsf.org/press-freedom-index-2013,1054.html

[616] Cadena nacional de radio y televisión, 13 de febrero de 2014,

[617] BBC Mundo, 15 de febrero de 2024. A pesar de la confirmación del hecho por parte de centenares de miles de usuarios, la misma fuente informó que la Compañía Anónima Teléfonos de Venezuela negaba categóricamente el hecho.

[618] 12 de marzo de 2014.

X

LA "CONSTITUCIÓN REAL" Y LA DESIGNACIÓN DE LOS PODERES PÚBLICOS

> No hay peor tiranía que la que se ejerce
> a la sombra de las leyes.
>
> MONTESQUIEU

¿Qué ha pasado? ¿Cómo fue posible que con un texto constitucional que establece una gran variedad de contrapesos, que proclama y trata de preservar la autonomía de los poderes, hayamos llegado a una de las concentraciones de poder más completas que conozca la historia y que todo ello ocurra pregonando un respeto reverencial, casi religioso, por la Constitución? La forma como se fueron eligiendo o designando los titulares de los diferentes Poderes Públicos fue un inicio de respuesta a esas preguntas.

Es evidente que quien designa al titular de un órgano puede revocarlo y tiene sobre él una capacidad de presión que puede afectar y afecta su autonomía. Durante la vigencia de la Constitución de 1961 se criticó fuertemente la influencia de los partidos políticos en las designaciones de los cargos fundamentales del Estado y la distorsión que la disciplina de estos traía consigo en la actuación de los Poderes Públicos. A partir de los años 90, y atendiendo un justificado reclamo de la sociedad civil, el Congreso Nacional empezó a establecer mecanismos de consulta y requisitos más exigentes en lo concerniente a la designación del contralor general, del fiscal general, de los magistrados de la Corte Suprema de Justicia, del Consejo de la Judicatura y de los miembros del Consejo Supremo Electoral. Estos cambios no fueron considerados suficientes y, por ello, la Asamblea Nacional Constituyente, atendiendo, además, a la filosofía participativa del nuevo texto, introdujo, tal como lo señalamos anteriormente, mecanismos de selección muy rigurosos e incrementó el alcance de las condiciones de elegibilidad. En líneas generales puede decirse que el constituyente estableció que el nombramiento de los magistrados del Tribunal Supremo de

Justicia y de los funcionarios del Poder Ciudadano se efectuaría en dos etapas: la primera, esencialmente participativa, correspondería a la sociedad civil, mediante la formación de comités de postulaciones (Comité de Postulaciones Judiciales y Comité de Evaluación de Postulaciones del Poder Ciudadano[619]) y la segunda correspondería a la Asamblea Nacional, encargada de la designación definitiva.[620] Expresamente dice la Constitución que debe darse en la Asamblea una mayoría de las dos terceras partes para la elección del Poder Ciudadano y no califica a esa mayoría en el caso del Tribunal Supremo, aunque no puede descartarse que se requiera, por decisión legislativa, igualmente mayoría calificada. La Asamblea hizo otra interpretación al establecer que las Comisiones de Evaluación de Postulaciones estarían integradas por 15 diputados elegidos por mayoría absoluta y seis representantes "de los diversos sectores de la sociedad".[621] Esta interpretación es claramente contraria al espíritu de la Constitución y podría también decirse que a su letra. La Asamblea Nacional es por naturaleza un órgano representativo y resulta que la nueva república es fundamentalmente participativa. Pasamos de una democracia "representativa" a una democracia "participativa y protagónica", lo que queda evidenciado en el artículo 6 de la Carta del 99 que dice:

> El Gobierno de la República Bolivariana de Venezuela, de las entidades políticas que la componen es y será siempre democrático, participativo, electivo, descentralizado, alternativo, responsable, pluralista y de mandatos revocables.

Si comparamos con definiciones similares en constituciones anteriores, nos encontramos con la expresa eliminación del carácter "representativo" que antes se asignaba al gobierno de la República.

Al comentar estas limitaciones a la participación en las designaciones, Raúl Cubas, de la organización Provea, dice que ellas:

---

[619]   Artículos 264 y 279 de la Constitución.

[620]   El artículo 264 ordena también la participación del Poder Ciudadano en la preselección de los magistrados del Tribunal Supremo.

[621]   Ley Especial para la Ratificación o Designación de los Funcionarios y Funcionarias del Poder Ciudadano y Magistrados y Magistrados del Tribunal Supremo de Justicia para su Primer Período Constitucional, 14 de noviembre de 2000, *G.O.* 37077. La Ley Orgánica del Poder Ciudadano, del 26 de octubre de 2001, sí da cumplimiento al texto constitucional, al integrar el Comité de Evaluación de Postulaciones con 25 ciudadanos "representantes de diversos sectores de la sociedad" y no con parlamentarios. Lamentablemente, esa misma ley establece en su artículo 23 que si el Consejo Moral Republicano no convoca a este comité, la Asamblea procederá a efectuar la elección en un tiempo no mayor de 30 días.

... no son de orden constitucional, sino que están vinculadas a la pervivencia de prácticas políticas que se corresponden con el paradigma político que creíamos derrumbado: la democracia representativa sigue viva y paradójicamente reivindicada por los llamados sectores del cambio.[622]

Y más adelante expresaba su preocupación por las decisiones del Tribunal Supremo que excluyen de la definición de "sociedad civil" a aquellas organizaciones no gubernamentales que reciban o hayan recibido financiamiento internacional (sentencias de 30 de junio y del 23 de agosto de 2000).[623] No son ajenas estas limitaciones al tema de la separación de poderes, por cuanto la participación de la sociedad establecida en la Constitución conducía a limitar la injerencia de un poder en la designación de otro, haciendo mayor la independencia del mismo, poniendo de lado a los partidos de estos mecanismos de designación y prohibiendo la militancia política de los designados.

Veamos cuál ha sido la aplicación de la nueva normativa específicamente en cada poder.

X.1. EL PODER EJECUTIVO

X.1.1. POR ELECCIÓN POPULAR

El presidente de la República es electo por el voto universal, directo y secreto de los venezolanos. Nada nuevo dice la Constitución de 1999 al respecto. Se puede lamentar que la idea original de Hugo Chávez de establecer una segunda vuelta en la elección del presidente no hubiese prosperado. De haber sido acogida, se habría dado un paso importante al establecer el requerimiento de un apoyo mayoritario para el jefe del Estado. Pero la elección por mayoría simple no afecta en demasía la separación de los poderes. Sí la afecta, como ya lo hemos visto y como lo veremos de nuevo, la reelección indefinida.

Desde la entrada en vigencia de la Constitución, se han celebrado en Venezuela cuatro elecciones presidenciales (2001, 2006, 2012 y 2013).

La primera elección de Hugo Chávez se produjo en 1998. Según lo previsto en la Constitución de 1961, para el período presidencial 1999/2004. Al elegirse la Asamblea Nacional Constituyente, Chávez Frías puso su cargo a la orden, pero fue ratificado en el mismo. En diciembre de

---

[622]   "El Comité de Evaluación de Postulaciones del Poder Ciudadano", en el foro: Oportunidades y Limitaciones para la Participación Ciudadana en la Constitución de 1999.

[623]   Ibídem.

1999 se aprobó la nueva Constitución y se convocaron unos comicios generales para todos los cargos de elección popular. Chávez fue nuevamente candidato, sin que se tomara ninguna previsión para algo que se presentaba por primera vez en la historia de Venezuela: elecciones universales, directas y secretas del presidente de la República con la figura de un presidente-candidato. Esta segunda elección no fue considerada reelección a efectos de la limitación contenida, para entonces, en el artículo 230 de la Constitución, que solo permitía una reelección. Estas dos situaciones se prestan a discusión, pero no constituyen una flagrante violación del Estado de Derecho. Sí lo fue la manera como el Tribunal Supremo resolvió una incongruencia constitucional sobrevenida:

El artículo 231 de la Constitución fija, para la toma de posesión del nuevo presidente, "el 10 de enero del primer año de su período constitucional". No tomó en cuenta el constituyente que las elecciones presidenciales no se producen necesariamente en diciembre, puesto que el mandato puede terminar, por ejemplo, por falta absoluta, en cualquier fecha, y la elección debe producirse 30 días después. El asunto fue resuelto, como consecuencia de un recurso de interpretación, por la Sala Constitucional del Tribunal Supremo de Justicia, en sentencia de fecha 5 de abril de 2001. La Sala consideró que la duración exacta del mandato "no parece afectar ni la intervención ciudadana, ni la intensidad del control popular, ni las posibilidades de su alternabilidad" y que, en consecuencia el período presidencial del presidente Chávez Frías concluiría el 10 de enero del año 2007.

La duración del mandato del presidente Chávez, en vez de los seis años previstos en el texto constitucional, se extendió a seis años, cuatro meses y 22 días.

En diciembre de 2006, hubo nuevamente elecciones presidenciales para el período 2007-2012 y resultó reelecto el presidente-candidato Hugo Chávez Frías. Seis años más tarde, el 16 de octubre de 2012, ocurrió otra elección y volvió a ser reelecto el mismo presidente-candidato quien, unos meses más tarde, cuando aún no había tomado posesión, falleció.

La falta absoluta del presidente-electo condujo a una nueva elección que tuvo lugar el 14 de abril de 2013, y fue proclamado por el Consejo Nacional Electoral Nicolás Maduro Moros.

Si nos tocara investigar si esas sucesivas elecciones se desarrollaron de conformidad con las normas constitucionales y legales, ¿qué podríamos decir?

En primer lugar, ¿cumplían los candidatos proclamados ganadores con las condiciones de elegibilidad establecidas en la Constitución? La respuesta es afirmativa en casi todos los requisitos. Veamos: tanto Chávez Frías como Maduro demostraron tener más de 30 años de edad, de estado seglar y no haber sido condenados nunca mediante sentencia definitivamente firme. La nacionalidad del primero nunca fue objeto de duda. No puede decirse lo mismo en el caso de Nicolás Maduro: no existe prueba de que no sea venezolano o de que goce de doble nacionalidad. Pero tampoco existe, hasta el momento de publicar estas líneas, la prueba afirmativa.

El artículo 229 plantea otra causal de inelegibilidad: "No podrá ser elegido Presidente o Presidenta de la República quien esté en ejercicio del cargo de Vicepresidente Ejecutivo o Vicepresidenta Ejecutiva…". Esta disposición no afecta para nada a Hugo Chávez, pero sí, como lo comentaremos más adelante, a Nicolás Maduro.

¿Cómo se desarrollaron las campañas electorales que condujeron a cada una de las elecciones citadas? Ordena la Constitución a los órganos del Poder Electoral garantizar "la igualdad, confiabilidad, imparcialidad, transparencia y eficiencia de los procesos electorales".[624] Adelantamos que el mandato constitucional no fue cumplido por el Consejo Nacional Electoral, y lo demostraremos cuando en el capítulo siguiente estudiemos el desempeño de ese organismo.

Por último, el artículo 228 de la Constitución reza: "Se proclamará electo o electa al candidato o candidata que hubiere obtenido la mayoría de votos válidos". Aunque en más de una elección se produjeron quejas y reclamos, la diferencia de votos entre Hugo Chávez y Francisco Arias Cárdenas (2000), Manuel Rosales (2006) y Henrique Capriles Radonski (2012) fue considerable y los candidatos perdedores no objetaron el resultado numérico.[625] No ocurrió así el 14 de abril de 2013. La diferencia anunciada por el Consejo Nacional Electoral al proclamar a Nicolás Maduro fue de 223 599 votos y el candidato Henrique Capriles Radonski exigió una auditoría y un reconteo de los votos. Aunque inicialmente el candidato Maduro accedió a esta solicitud, la modalidad de la auditoría anunciada por el Poder Electoral no fue aceptada por Capriles, quien optó por impugnar la elección.

El día 2 de mayo, los representantes legales de Henrique Capriles Radonski introdujeron un recurso contencioso electoral ante la Sala Electoral del Tribunal Supremo de Justicia, en contra de la elección presidencial del 14 de abril de 2013. No se impugnó un acto específico de ese proceso

---

[624] Parágrafo último del artículo 293.

[625] La ventaja en las elecciones de 2000 fue de 22,24 %; en 2006, 25,94 %; y en 2012, 10,76 % (página web del CNE).

317

electoral, ni tampoco las actas electorales. Se impugnó toda la elección, desde la convocatoria del 9 de marzo de 2013 hasta la proclamación del 15 de abril del mismo año.

La demanda encuentra su fundamento en el numeral 2 del artículo 215 de la Ley Orgánica de Procesos Electorales. Según esa norma, será nula la elección "cuando hubiere mediado fraude, cohecho, soborno o violencia, en la formación del Registro Electoral, en las votaciones o en los escrutinios y dichos vicios afecten el resultado de la elección de que se trate".

La ley establece que una elección puede ser anulada cuando se presenten violaciones legales denominadas como "fraude, cohecho, soborno o violencia". No tienen que presentarse simultáneamente todas y cada una de esas condiciones. Basta con que la elección haya sido resultado de abusos que incidieran en la libertad de decisión del elector y que se produjeran durante el proceso electoral.

Cuando una elección se lleva a cabo en condiciones abusivas, que privan al elector de la libertad de decidir, entonces la elección será consecuencia de actos de "fraude, cohecho, soborno o violencia". Tanto el elector que votó como el que dejó de hacerlo actuaron como consecuencia de abusos que afectaron su libre voluntad. Ese es el fundamento de la impugnación presentada.[626] Igualmente, un grupo importante de ciudadanos, actores y organizaciones políticas presentaron otras solicitudes de impugnación.

Se acudió a la Sala Electoral del Tribunal Supremo de Justicia precisamente para:

… conocer los recursos que se ejerzan contra actos, actuaciones y omisiones relacionados con la Constitución, denominación, funcionamiento y cancelación de las organizaciones políticas con la designación de miembros de organismos electorales, con el Registro Electoral Permanente, con la postulación y elección de candidatos a la Presidencia de la República y a la Asamblea Nacional.[627]

Sin embargo, la Sala Electoral no pudo dictar sentencia sobre este recurso, pues la Sala Constitucional se avocó para, semanas más tarde, declarar inadmisibles la totalidad de los recursos presentados, sin entrar a conocer el fondo de los mismos, sin promover las pruebas solicitadas ni oír los alegatos.

---

[626] José Ignacio Hernández, "Sobre la impugnación de la elección presidencial", blog Prodavinci, 2 de mayo 2013.

[627] Artículo 27 de la Ley Orgánica del Tribunal Supremo de Justicia.

X.1.2   POR FALTA ABSOLUTA DEL PRESIDENTE EN EJERCICIO

Otra forma de acceso a la Presidencia se presenta cuando se produce la falta absoluta del presidente de la República.[628] La Constitución distingue dos situaciones:

> Si la falta absoluta del Presidente o Presidenta de la República se produce durante los primeros cuatro años del período constitucional, se procederá a una nueva elección universal, directa y secreta dentro de los treinta días consecutivos siguientes. Mientras se elige y toma posesión el nuevo Presidente o la nueva Presidenta, se encargará de la Presidencia de la República el Vicepresidente Ejecutivo o la Vicepresidenta Ejecutiva.

> Cuando se produzca la falta absoluta del Presidente electo o Presidenta electa antes de tomar posesión, se procederá a una nueva elección universal, directa y secreta dentro de los treinta días consecutivos siguientes. Mientras se elige y toma posesión el nuevo Presidente o la nueva Presidenta, se encargará de la Presidencia de la República el Presidente o Presidenta de la Asamblea Nacional.

El presidente Chávez fallece el 5 de marzo de 2013. Había sido reelecto el 16 de octubre del año anterior y le correspondía tomar posesión el día diez de enero del primer año de su período constitucional, mediante juramento ante la Asamblea Nacional. Si por cualquier motivo sobrevenido no pudiese hacerlo, lo haría ante el Tribunal Supremo de Justicia.[629] Ese mismo 10 de enero de 2013, transcurridos seis años, terminaba el período para el cual fue electo Hugo Chávez Frías el 3 de diciembre de 2006.

Los hechos fueron los siguientes: el presidente en ejercicio, y simultáneamente presidente electo de Venezuela, se encontraba gravemente enfermo en La Habana. Había serias dudas en relación con su asistencia a la toma de posesión el 10 de enero. Durante la ausencia del presidente Chávez no se aplicó la disposición constitucional antes citada en virtud de la cual, ante una falta temporal del jefe del Estado, asumiría las funciones el vicepresidente ejecutivo. Chávez se limitó a delegar algunas de sus funciones pero continuó, hasta su muerte, "ejerciendo" la Presidencia de la República. Brewer-Carías argumentó reiteradas veces que la falta temporal del presidente no necesitaba ser declarada y que el vicepresidente Maduro estaba encargado de la Primera Magistratura.[630]

---

[628]   Ver artículo 233 de la Constitución.

[629]   Artículo 231.

[630]   Ver *Crónicas constitucionales*.

El 9 de enero de 2013, la Sala Constitucional del Tribunal Supremo de Justicia sentenció que la juramentación del presidente reelecto, Hugo Chávez Frías, podía ser efectuada en una oportunidad posterior al 10 de enero de 2013 ante el máximo juzgado, de no poder realizarse ese día ante la Asamblea Nacional. Veamos la argumentación del TSJ:

(i) Hasta la presente fecha, el Presidente Hugo Rafael Chávez Frías se ha ausentado del territorio nacional, por razones de salud, durante lapsos superiores a "cinco días consecutivos", con la autorización de la Asamblea Nacional, de conformidad con lo previsto en el artículo 235 de la Constitución.

(ii) No debe considerarse que la ausencia del territorio de la República configure automáticamente una falta temporal.

(iii) A diferencia de lo que disponían los artículos 186 y 187 de la Constitución de 1961, que ordenaban que en caso de existir un desfase entre el inicio del período constitucional y la toma de posesión, el Presidente saliente debía entregar el mandato al Presidente del Congreso y procederse 'como si se tratara de una falta absoluta'; la Carta de 1999 eliminó expresamente tal previsión, lo cual impide que el término del mandato pueda ser considerado una falta absoluta.

(iv) A pesar de que el 10 de enero próximo se inicia un nuevo período constitucional, no es necesaria una nueva toma de posesión en relación al Presidente Hugo Rafael Chávez Frías, en su condición de Presidente reelecto, en virtud de no existir interrupción en el ejercicio del cargo.

(v) La juramentación del Presidente reelecto puede ser efectuada en una oportunidad posterior al 10 de enero de 2013 ante el Tribunal Supremo de Justicia, de no poder realizarse dicho día ante la Asamblea Nacional, de conformidad con lo previsto en el artículo 231 de la Carta Magna.

(vi) En atención al principio de continuidad de los Poderes Públicos y al de preservación de la voluntad popular, no es admisible que ante la existencia de un desfase cronológico entre el inicio del período constitucional y la juramentación de un Presidente reelecto, se considere (sin que el Texto Fundamental así lo paute) que el gobierno queda *ipso facto* inexistente. En consecuencia, el Poder Ejecutivo (constituido por el Presidente, el Vicepresidente, los Ministros y demás órganos y funcionarios de la Administración) seguirá ejerciendo cabalmente sus funciones con fundamento en el principio de la continuidad administrativa.

La mera lectura de esta línea argumental evidencia una debilidad inocultable:

a) Si se señala que no se produjo "automáticamente" una falta absoluta, cabe deducirse que de no haber "falta" hay "presencia" y que el presidente, que había solicitado permiso para someterse a tratamiento médico, seguía ejerciendo la plenitud de sus funciones, lo que evidentemente no se correspondía con la verdad.

b) El hecho de que la nueva Constitución haya eliminado la mención que hacía el texto de 1961 al desfase entre el inicio del período constitucional y la toma de posesión no "impide" que el término del mandato pueda ser considerado como falta absoluta. La interpretación constitucional no puede conducir al absurdo.

c) Igualmente absurdo es el planeamiento de que, de no haber toma de posesión el 10 de enero, continúa en el cargo el presidente saliente, en atención al principio de continuidad de los Poderes Públicos y al de preservación de la voluntad popular. Comenta al respecto el profesor José Ignacio Hernández:

> El mandato presidencial es temporal. La Presidencia es permanente. No puede confundirse una figura con otra para tratar de argumentar que el mandato es también continuo: la Presidencia como institución es permanente, mientras que el Presidente siempre es temporal, es decir, es un Presidente de turno, que tarde o temprano pasará. Esto quiere decir que si el 10 de enero de 2013 el Presidente electo no se juramenta, alguien debe asumir temporalmente la Presidencia, pues esa institución es permanente. El único funcionario que podría asumir ese cargo sin violar la Constitución es el Presidente de la Asamblea Nacional. Con ello, se respetan los tres principios ya mencionados. La voluntad popular se preserva, pues el Presidente electo no pierde esa condición. El carácter temporal del mandato presidencial se preserva, pues el 10 de enero tomará posesión un nuevo Presidente. Finalmente, la continuidad de la Presidencia (que no del mandato presidencial) se preserva, pues ciertamente el 10 de enero habrá un nuevo Presidente, si bien temporal.[631]

Posteriormente, el ocho de marzo de 2013, después del anuncio de la muerte del presidente Chávez, se produce una nueva sentencia de la Sala Constitucional del Tribunal Supremo de Justicia interpretando el contenido y alcance del artículo 233 de la Constitución.

El Tribunal Supremo de Justicia ratificó que el vicepresidente Nicolás Maduro, tras el fallecimiento del presidente Hugo Chávez, puede jurar como presidente encargado y ser candidato a la Presidencia de la República en las elecciones que se llevarán a cabo dentro de los 30 días siguientes a la falta absoluta del jefe del Ejecutivo.

La sentencia señala que:

> … el Vicepresidente Ejecutivo (Nicolás Maduro) deviene Presidente Encargado y cesa en el ejercicio de su cargo anterior. En su condición de Presidente Encargado, ejerce todas las atribuciones constitucionales y legales como Jefe del Estado.

---

[631]   "¿Y qué va a pasar el 10 de enero?" en Prodavinci, 8 de diciembre de 2012.

Agrega que:

... el órgano electoral competente [...] puede admitir la postulación del Presidente Encargado para participar en el proceso para elegir al Presidente de la República [...]. Durante el proceso electoral para la elección del Presidente de la República, el Presidente Encargado no está obligado a separarse del cargo.

Nuevamente nos encontramos ante un *argumentum ad absurdum*:

El mandato del presidente Chávez culminó el 10 de enero. El Tribunal Supremo argumenta que se inicia un nuevo período presidencial. Si se inicia un nuevo mandato, no hay vicepresidente, pues quien ejerce el cargo en el período anterior cesa automáticamente en sus funciones.

Examinemos nuevamente la contundente explicación del profesor José Ignacio Hernández:

En el caso que nos ocupa, si el 10 de enero de 2013, cuando se inicia un nuevo período presidencial, el Presidente electo no se juramenta para ejercer sus funciones, no puede encargarse el Vicepresidente Ejecutivo del período anterior, porque su nombramiento ha caducado. En efecto, si bien el principio general es el de que los funcionarios públicos se mantienen en el ejercicio de sus cargos mientras no hayan sido sustituidos conforme al Derecho, en el caso que examinamos el Presidente de la República del período 2007-2013 no puede decidir sobre el funcionario que deba sustituirlo temporalmente en el período siguiente, porque sus poderes jurídicos han cesado con respecto al período que terminó y no ha renovado sus facultades constitucionales porque no ha asumido el cargo para el cual fue reelecto.[632]

Para la Misión de Acompañamiento del Instituto Internacional de Estudios Europeos a las elecciones del 14/03, la decisión del Tribunal Supremo de Justicia constituye "un vicio de nulidad que afecta todo el proceso electoral". Y agrega el mismo informe: "La interpretación hecha estando frente a unas normas tan claras resulta forzada e incluso sospechosa de una conducta prevaricadora".[633]

Comenta al respecto el profesor Brewer-Carías:

El 10 de enero, como se ha dicho, termina un período constitucional y comienza otro, y no podrían las autoridades ejecutivas en ejercicio en el período anterior, asumir el gobierno del período subsiguiente, simplemente

---

[632] Ibídem, Prodavinci, 8 de diciembre de 2012.

[633] https://www.google.co.ve/search?q=Instituto+de+Altos+Estudios+Europeos+observacion+de+las+elecciones+venezuela&ie=utf-8&oe=utf-8&rls=org.mozilla:es-ES:official&client=firefox-a&gws_rd=cr&ei=stECU7PfCofNkQep0oHgCw

porque es un nuevo período. Y poco importa que en este caso se trate de una misma persona que sea el Presidente titular del período constitucional anterior (2007-2013) y el Presidente electo para el período siguiente (2013-2019), quien para asumir el cargo en este siguiente período debe juramentarse ante la Asamblea.[634]

No es aventurado señalar que las dos sentencias del Tribunal Supremo que se comentan son una prueba más de la total sumisión del máximo tribunal a los designios del Poder Ejecutivo y la negación más absoluta al principio de la separación y autonomía de los poderes. No se conoce qué razones políticas privaron para excluir la eventualidad de una presidencia provisional del diputado Cabello, pero sí es evidente la ventaja que significó para Nicolás Maduro ser presidente en ejercicio y candidato presidencial simultáneamente. Todo ello en violación del precepto contenido en el artículo 229 de la Constitución, que prohíbe al vicepresidente ser candidato presidencial.

X.2   EL PODER LEGISLATIVO

Los miembros de la Asamblea Nacional son electos por el pueblo, en consecuencia, su origen no podría ser más prístino.

Hay, sin embargo, formas de interferir en la independencia de los representantes populares. Una de ellas es el mecanismo de postulación para los cargos. Cuando quien postula es el partido, es indudable que se crea una relación de dependencia entre postulante y postulado que no necesariamente es negativa, como lo evidencian la mayoría de las democracias modernas. Sin embargo, el constituyente venezolano quiso tomar una precaución al establecer como obligación, para las asociaciones con fines políticos, que "los candidatos o candidatas a cargos de elección popular serán seleccionados o seleccionadas en elecciones internas con la participación de sus integrantes".[635] Esta norma fue puesta de lado en las diferentes elecciones parlamentarias (2000, 2005, 2010). Con muy contadas excepciones (realización de elecciones primarias para la escogencia de los diputados), la norma se ha venido incumpliendo. Para las elecciones del año 2005, el presidente de la República (Hugo Chávez) adelantó lo siguiente: "No me calo ni un traidor ni un debilucho más en la Asamblea Nacional". Aunque expresó su confianza en que la mayoría de los diputados que entonces pertenecían al llamado Bloque del Cambio merecían repetir, también señaló que no permitirá que los candidatos para las elecciones de diciembre fueran

---

[634]   *Crónica constitucional.*

[635]   Artículo 67.

escogidos por una cúpula, reconociendo de manera clara el rol decisivo que tiene el jefe del Estado en la escogencia de los candidatos.[636]

Recordemos nuevamente lo que afirmaron en 1992 los oficiales participantes en el golpe de Estado del 4 de febrero:

... el candidato y la directiva del partido escogen, a conveniencia, a aquellos miembros de su partido o simpatizantes que van a integrar el Congreso, pues la selección se hace en base a la docilidad y obediencia del futuro legislador a la voluntad del eventual Presidente. Con ello se estructura un Poder Legislativo cautivo del Poder Ejecutivo, al que corresponderá, a su vez, nombrar a los integrantes del Poder Judicial, lo que hará sobre las mismas bases que determinaron su propia elección, es decir, se asegura la escogencia de jueces útiles e idóneos para cumplir con su cometido al servicio del Poder Ejecutivo. Con esto, el candidato a la Presidencia de Venezuela garantiza, de antemano, su control absoluto, real y efectivo de todos los Poderes del Estado y con ello la falta absoluta de representatividad del Congreso y la parcialidad de la Judicatura. La consecuencia político-legal de esta perversión deliberada y criminal de la Democracia es que se priva al pueblo de la soberanía política y se reduce la función del sufragio a la seudolegalización del fraude perpetrado por los partidos políticos y sus candidatos presidenciales. Pues al depender la selección real del futuro legislador del señalamiento benevolente del candidato presidencial, éste deviene en único y verdadero elector, a quien los integrantes del Poder Legislativo deben su mandato, y el papel del votante se circunscribe a la escogencia de quien, como Presidente de la República y jefe del gobierno, será simultáneamente dueño y señor del Poder Legislativo y, a través de éste, del Poder Judicial; es decir se le permite escoger entre candidatos rivales que se disputan el derecho a ejercer la tiranía por cinco años.[637]

Otro requisito para garantizar la legitimidad del proceso de selección de los miembros del Poder Legislativo es un sistema electoral y unas condiciones de desarrollo la campaña, acto de votación y escrutinio, que garanticen el respeto a la voluntad del elector. Sin pretender hacer de este estudio un tratado de derecho o de sociología electoral, haremos algunas observaciones que creemos pertinentes al hablar de las formas de designación de los Poderes Públicos.

En las elecciones parlamentarias del año 2005 se produjo un retiro de las fuerzas opositoras. La oposición alegó que no estaba garantizado el secreto del voto por la existencia de máquinas captahuella y por su desconfianza en la directiva del Consejo Nacional Electoral. El CNE cedió en

---

[636]   Programa *Aló, Presidente*, 15 de mayo de 2005, diario *El Nacional* del 16 de mayo (Laura Weffer).

[637]   Comunicado del MBR-200 del 24 de junio de 1992.

cuanto a la primera causa, pero la oposición sostuvo su decisión. Solo los partidos afines al gobierno mantuvieron sus postulaciones. Esta situación se reflejó en la participación electoral: la abstención llegó al 74,74 % de los electores con derecho a sufragar. Si a ello agregamos que hubo un 5,72 % de votos nulos, constatamos que los 167 diputados electos en esos comicios, todos oficialistas, lo fueron por el 19,54 % de los electores. La legitimidad de un Parlamento se ve altamente afectada cuando el porcentaje del país que respalda a sus miembros es tan evidentemente bajo.[638]

En un país en el que la Constitución prescribe, al regular los derechos políticos, la representación proporcional,[639] es bueno verificar qué ocurre en la realidad, aclarando previamente que no existe la representación proporcional absoluta, y que los sistemas electorales solo pueden tratar de aproximarse a ella. Cuando imperan estos sistemas, los Parlamentos deberían ser, en palabras del maestro Maurice Duverger, "el espejo de la opinión pública". La personalización del sufragio, igualmente consagrado en la Carta Magna[640] nos aleja también de una rigurosa proporcionalidad.

En las elecciones del año 2000, las primeras elecciones parlamentarias bajo la vigencia de la Constitución de 1999, el partido de gobierno obtuvo el 44 % de los votos y conquistó el 55 % de los escaños; en las elecciones de 2005, no participó la oposición; en los comicios del 2010, el Partido Socialista Unido obtiene el 48,13 % de los votos y conquista el 59,39 % de los escaños (98), mientras que la oposición, con el 50,36 % de los votos solo alcanza 67 diputaciones. La Constitución, al establecer en el artículo 186 que cada estado elige, como mínimo, tres diputados, conduce a una sobrerrepresentación de las entidades federales menos pobladas, lo que en la actual política venezolana favorece al oficialismo. A ello se agregan las triquiñuelas en las que incurre el Consejo Nacional Electoral a la hora de diseñar los circuitos para la elección personalizada, lo que se conoce en el ámbito de la ciencia política como *gerrymandering*.[641] Este término se

---

[638] El uso del mecanismo de la captahuella para la identificación del elector genera desconfianza y la creencia, por parte de muchos ciudadanos, de que su voto no es secreto. Si ello es verdad o no, habrá que verlo, pero la mera percepción de preocupación en esta materia por parte de los votantes ya afecta la pureza del sufragio. Nótese que en los procesos electorales sucesivos se utilizaron estas máquinas con la misma reacción de desconfianza por parte de un sector importante del cuerpo electoral.

[639] Artículo 63.

[640] Ibídem.

[641] El término proviene del apellido del gobernador del estado de Massachusetts (Estados Unidos), Elbridge Gerry. En 1812, Gerry decidió unificar los distritos

refiere a la manipulación de las circunscripciones electorales, uniéndolas o dividiéndolas, con la finalidad de producir un efecto determinado sobre los resultados electorales. Se usa para mejorar o empeorar los resultados de un determinado partido político o grupo étnico, lingüístico, religioso o de clase.

Por último, la igualdad de condiciones en la campaña electoral es un factor determinante para calificar la transparencia de una elección: todos deben tener las mismas oportunidades. Ya volveremos sobre este tema cuando analicemos el desempeño del Poder Electoral, pero podemos aproximarnos a la materia leyendo el informe que presentó en abril de 2006 la Misión de Observación Electoral de la Organización de Estados Americanos (OEA) para las elecciones parlamentarias venezolanas del año 2005.[642]

> Durante la campaña electoral, se observó una sustancial diferencia entre los recursos para publicidad y propaganda de los partidos del oficialismo, por un lado, y los disponibles por parte de los partidos políticos de oposición, por otro. A pesar de que el CNE advirtió públicamente contra la propaganda y actividad proselitista de funcionarios públicos, la Misión observó la participación proselitista de funcionarios de alto nivel, tanto nacionales como estatales y municipales. También se evidenció el uso de recursos del Estado para actividades proselitistas.

No podemos obviar el señalamiento de que la potestad legislativa, en la mal llamada Quinta República, tuvo un comienzo absolutamente espurio: dos días antes de la publicación de la nueva Constitución aprobada por la ANC, esta dictó un nuevo decreto mediante el cual, como se dijo, aun antes de entrar en vigencia la Constitución, reorganizó autoridades de los Poderes Públicos y nombró nuevas autoridades, sin seguir las formalidades exigidas por la nueva Carta Magna. Ello se llevó a cabo a través del Decreto sobre el Régimen de Transición del Poder Público.

---

electorales en los que los partidos de oposición eran más fuertes en uno solo, para que estos obtuviesen menos escaños en la legislatura.

Los periodistas que observaban el nuevo mapa electoral se percataron de que el distrito así creado tenía la forma de una salamandra (en inglés: *salamander*), a la que pusieron por nombre *Gerry-mander*. En 2006 la Corte Suprema ordenó al gobierno de Texas redibujar el Distrito Congresional número 23, al haber apreciado que se buscaba diluir la fuerza del voto de origen latino en dicha circunscripción. Ver *Redrawing the lines-almost 200 years of gerrymandering.* CNN Politics, 11/2/09.

[642]   El hecho de que la oposición se haya retirado de ese proceso electoral en nada afecta la pertinencia de estas observaciones, ya que el citado retiro se produjo apenas 6 días antes de las votaciones.

En relación con el Poder Legislativo Nacional, el decreto declaró "la disolución del Congreso de la República y, en consecuencia, la cesación en sus funciones de los senadores y diputados electos que lo integraban".

De una manera insólita, la ANC materializó un órgano sustituto de Poder Legislativo Nacional sin elección alguna, al disponer que "hasta tanto se elijan y tomen posesión los diputados integrantes de la Asamblea Nacional prevista en la nueva Constitución", aquel sería ejercido por una "Comisión Legislativa Nacional", que estaría integrada por veinte (20) ciudadanos, diez (10) constituyentes que se "mutaron" en legisladores ordinarios y lo que fue peor, diez (10) ciudadanos de la calle que fueron insólitamente investidos por la ANC como legisladores.

A esta institución antidemocrática se la llamó popularmente el "Congresillo" y ejerció funciones desde (la cesación de la ANC) el 1.º de febrero del año 2000 hasta el mes de septiembre de ese mismo año, cuando se instaló la nueva Asamblea Nacional electa. El Congresillo ejerció la función legislativa, llegando incluso a crear delitos mediante la reforma del Código Penal y en otras leyes como la Ley Sobre el Hurto y Robo de Vehículos Automotores; modificó el Código Orgánico Procesal Penal; creó impuestos y dictó otras "leyes", como la Ley Orgánica de Telecomunicaciones. Se trató de una abierta violación al principio democrático de la representación popular por elección del pueblo y de la prohibición de legislar sin ser electo.

Concluimos señalando que la identificación política entre el Ejecutivo y el Legislativo no es extraña en la democracia moderna; es incluso una parte esencial del sistema de gobierno parlamentario. Lo que puede no ser bueno es una identificación excesiva, obsecuente e incondicional, que puede encontrar su origen en la forma de escogencia de los candidatos, utilizada como un mecanismo de premio y castigo; y que en la conformación de las mayorías tenga un peso sobredimensionado el sistema electoral y la desigualdad de condiciones en las campañas electorales.

El problema se presenta con mucha mayor gravedad en lo que concierne al Poder Judicial y al Poder Ciudadano.

X.3 LA PARTICIPACIÓN DE LA SOCIEDAD CIVIL EN LA DESIGNACIÓN DE LOS PODERES NO ELECTIVOS

La Asamblea Nacional puede designar a los magistrados del Tribunal Supremo de Justicia por mayoría simple y puede removerlos por mayoría calificada de las dos terceras partes de sus miembros y previa calificación por el Poder Ciudadano;[643] puede nombrar, por mayoría de las dos terceras partes, a los titulares del Poder Ciudadano quienes, de no haber acuerdo en la Asamblea, serán elegidos por el pueblo, y puede destituirlos, previo pronunciamiento del TSJ, por mayoría simple[644] y los rectores del Poder Electoral también son designados por la Asamblea por mayoría de las dos terceras partes y pueden ser revocados por ella, por mayoría simple, revocatoria igualmente antecedida por un pronunciamiento del Tribunal Supremo.[645]

A más de constatar una absurda desviación del principio del paralelismo de las formas (la misma mayoría que se requiere para la designación debe exigirse para la remoción), lo que notamos es una concentración de poder, en grado mayor peligrosa, en la Asamblea Nacional. ¿Cómo puede ser independiente un Poder Público que es designado y puede ser removido por otro? ¿Qué grado de independencia tiene? ¿Cómo pueden ejercerse las funciones de control?

Estas interrogantes permiten al profesor Allan Brewer-Carías afirmar que la autonomía y la independencia de las ramas del Poder Público no están aseguradas y que se produce una concentración de poderes en la Asamblea Nacional y, a través de ella, en el Poder Ejecutivo.[646] Coincidimos con esta apreciación y no dudamos en afirmar que la posibilidad de que una mayoría simple del Parlamento pueda descabezar a los poderes Judicial, Ciudadano y Electoral fue una de las decisiones más infelices de la Asamblea Nacional Constituyente. Desgraciadamente lo que ocurrió a partir del año 2000 nos da contundentemente la razón.

Sin embargo, no debe dejar de reconocerse, y así lo admite Brewer, que la Constitución Nacional estableció mecanismos que, por la vía de la participación de la sociedad civil, podrían haber mitigado, sustancialmente, esa concentración de poder en manos de los diputados. Se procuraba evitar que los nombramientos de los titulares de estos poderes fuesen producto de mayorías débiles y circunstanciales en la Asamblea Nacional, que podían secuestrar su independencia. A estos efectos, los períodos de estos altos funcionarios no coinciden con los de la Asamblea ni en duración ni en fecha de elección. Los magistrados del TSJ duran 12 años en sus funciones;[647] el defensor del pueblo, el fiscal general y el contralor general son

---

643   Artículos 264 y 265 de la Constitución.
644   Artículo 279.
645   Artículo 296.
646   *Separation of Powers and Authoritarian Government in Venezuela,* p. 6.
647   Artículo 264 de la Constitución.

designados por un período de siete años[648] y los mandatos de los rectores del Poder Electoral tienen la misma duración.[649]

Pero la salvaguarda que pudo ser más efectiva tiene que ver con la existencia de mecanismos de preselección de candidatos en los cuales participan, en el caso del TSJ, otros poderes y siempre la sociedad civil, a través de comités de postulaciones.[650] Este procedimiento garantiza, según la Exposición de Motivos de la Constitución, "una elección pública, objetiva y transparente". La Asamblea Nacional no tiene entonces libertad para escoger a quien le plazca, sino que deberá hacerlo entre los postulados por estos novedosos mecanismos.

No ocurrió así.

Dos días antes de la publicación de la Constitución de 1999 en la *Gaceta Oficial*, 28 de diciembre de 1999, la Asamblea Nacional Constituyente dictó el Decreto sobre el Régimen de Transición del Poder Público, mediante el cual nombró las autoridades de los poderes Judicial, Electoral y Ciudadano sin cumplir con las formalidades requeridas por la Constitución que ella misma terminaba de aprobar, recayendo esos nombramientos sobre personas que no necesariamente cumplían con los requisitos exigidos para el desempeño de los cargos en referencia. Los nombramientos recayeron, casi todos, en personalidades vinculadas con el chavismo, pero no debe dejar de mencionarse que algunas de ellas pretendieron actuar con independencia.

Más adelante, y ya instalada la nueva Asamblea Nacional, el mecanismo de los comités de postulaciones fue absolutamente pervertido por la decisión tomada por la Asamblea Nacional, en abierta y flagrante violación de la Constitución, de integrar los respectivos comités por una mayoría de sus propios miembros. Es decir que la representación de la "sociedad civil" es asumida mayoritariamente por diputados, dejando a quienes deberían hablar en nombre de las comunidades en franca minoría. Esa minoría tampoco ha sido una representación de la sociedad civil, sino ha sido escogida de manera parcializada y sectaria por la misma Asamblea.[651]

---

[648] Artículos 280, 284 y 288.

[649] Artículo 296.

[650] Artículos 264, 279 y 295.

[651] Ver Brewer, ob. cit., pp. 11 y 12. Ver también el artículo de Astrid Hernández-Zambrano, " El poder judicial y la constitución de 1999 con especial referencia a su régimen transitorio".

X.3.1 EL PODER JUDICIAL[652]

Como ya se dijo, el 28 de diciembre de 1999, la Asamblea Nacional Constituyente designó las autoridades del Poder Judicial, sin cumplir con las formalidades y requisitos establecidos por la Constitución.

Dos días antes de la publicación de la nueva Constitución aprobada por la ANC, esta dictó un nuevo decreto mediante el cual, como se dijo, aun antes de entrar en vigencia la Constitución, reorganizó las autoridades de los Poderes Públicos y nombró nuevas autoridades, sin seguir las formalidades exigidas por la nueva Carta Magna. Ello se llevó a cabo a través del Decreto sobre el Régimen de Transición del Poder Público.

Para la entrada en vigencia de la Constitución, la Asamblea Constituyente designó un Tribunal Supremo de Justicia "provisional". En el mes de noviembre del año 2000, la Asamblea Nacional aprobó una ley especial que permitió nombrar al Tribunal Supremo "definitivo", obviando los mecanismos de participación y los requisitos que deben reunir los magistrados. La defensora del pueblo solicitó un amparo y el Tribunal Supremo decidió que no procedía el cumplimento de la Constitución, porque se trataba de ratificar a magistrados que habían sido ya designados de manera provisional. No deja de haber cierta ironía en el hecho de que los magistrados que decidieron en relación con este amparo eran precisamente los que iban a ser nuevamente designados. Pero quien no fue nuevamente ratificada en su cargo fue la defensora del pueblo, la doctora Dilia Parra Guillén, especialista en Derecho Laboral y activista de los derechos humanos, quien pagó de esa forma el haber ejercido su función con autonomía.

La integración inicial del Tribunal Supremo, en la forma viciada que se ha señalado, configuraba una clara mayoría oficialista. Cuando quien fuera presidente de la Asamblea Constituyente y del Congresillo, Luis Miquilena, rompe con Hugo Chávez, esa mayoría se resquebraja, ya que varios magistrados se identificaban con el disidente. Pero con la entrada en vigencia de la Ley Orgánica del Tribunal Supremo de Justicia, se incrementó el número de magistrados y la Asamblea Nacional procedió a designarlos.[653] En ninguna de estas designaciones se dio cumplimiento al espíritu y al texto del artículo 264. No puede decirse que el Comité de Postulaciones Judiciales haya respondido a la intención del constituyente ni que se "haya oído la opinión de la comunidad". Tampoco cumplió con las muy rigurosas condiciones que, para ser magistrado, establece el artículo 263 de la Carta Magna.

---

[652]   Ver nota 476.

[653]   Más adelante comentaremos ampliamente esta nueva Ley.

Se han dado casos por lo menos inusuales, como elegir magistrados a un presidente del Consejo Nacional Electoral cuya parcialidad en el ejercicio de esa función fue innumerables veces denunciada, o a diputados y dirigentes políticos de alto relieve en las filas del oficialismo. Como bien lo dijo el diputado Carreño: no hubo "autogol". Omar Mora Díaz, presidente del Tribunal Supremo, no tuvo inconveniente en definirse como "revolucionario de por vida" y "de izquierda hasta la muerte".[654]

En cuanto a la remoción de los magistrados del Tribunal Supremo, ya se dijo que la Constitución establece esa posibilidad por parte de la Asamblea Nacional, por una mayoría calificada. Pero en junio del año 2004, el magistrado Franklin Arrieche, primer vicepresidente del Tribunal Supremo y presidente de la Sala de Casación Civil, fue removido de su cargo por haber presentado "credenciales falsas" en el momento de su designación. Esta remoción se produjo por mayoría simple y tuvo su origen en la ponencia presentada por el magistrado suspendido en relación con los oficiales superiores acusados de haber participado en un golpe de Estado el 11 de abril del 2002.

Otra forma de cambiar la correlación de fuerzas en el TSJ fue la decisión tomada por el Consejo Moral Republicano, de sancionar por haber incurrido en "falta grave" a los magistrados Alberto Martini Urdaneta y Rafael Hernández, al sentenciar en contra de una decisión del Consejo Nacional Electoral relativa a la recolección de firmas para el referéndum revocatorio del año 2004. Ambos magistrados fueron jubilados y sustituidos por sus suplentes, simpatizantes del oficialismo.[655]

Desde el punto de vista administrativo, debe saludarse que bajo la vigencia de la Constitución de 1999 se ha producido un incremento sustancial de la asignación presupuestaria para el Poder Judicial, de los sueldos de los magistrados, así como el sustancial aumento del número de jueces.

Pero afirma Rogelio Pérez Perdomo que:

> [si bien] el Poder Judicial venezolano ha alcanzado una considerable independencia organizacional y financiera, es dudoso que esto tenga una real significación para la independencia judicial entendida como la posibilidad de cada juez de decidir sin estar sometido a presiones políticas y económicas.[656]

---

[654]   Diario *El Universal*, 5 de febrero de 2005.

[655]   Diario *El Universal*, 7 de julio de 2004.

[656]   "Reforma Judicial, Estado de Derecho y Revolución en Venezuela", en *En busca de una justicia distinta. Experiencias de reforma en América Latina*, p. 367.

Desde el 18 de agosto de 1999, mediante decreto de la Asamblea Constituyente, se declaró al Poder Judicial "en emergencia" y se creó la Comisión de Emergencia Judicial. Esta comisión suspendió y sometió a proceso a 340 jueces, es decir, a la tercera parte del total existente. En esas circunstancias, muchos jueces no afectados por la medida renunciaron o solicitaron su jubilación. Entre los jueces sancionados no faltaban los corruptos e incapaces, pero el proceso, como tal, produjo la salida de un grupo importante de jueces honestos, experimentados y capaces. Entre destituciones, renuncias y jubilaciones, se produjo una renovación casi total del cuerpo de jueces. Inicialmente, los reemplazos se hicieron de conformidad con la Constitución. Se dictó un Reglamento de Concursos y 270 jueces fueron designados por ese mecanismo. Del régimen anterior quedaban 71 titulares y fueron designados 1 228 jueces provisorios. Comparando con la situación anterior a la "emergencia": antes había un 40 % de jueces por concurso y, como consecuencia de ella, la cifra bajó a un 19 %. Desde entonces, no ha habido más concursos verdaderos.[657] No debe dejar de mencionarse que quien encabezó la reestructuración judicial, el doctor René Molina, se vio forzado a renunciar y sometido a viles ataques personales por parte de importantes voceros gubernamentales.

Ocurre entonces que como la mayoría de los jueces es designada "a dedo" y puede ser removida sin proceso alguno, la independencia de esos magistrados es prácticamente nula, pues su permanencia en el cargo y su eventual ascenso dependen de su "comportamiento". A ello agregamos que con excesiva frecuencia los jueces que toman decisiones contrarias al gobierno son destituidos, mientras que los más obsecuentes se benefician de ascensos. Hablaremos más adelante del caso de la juez María Lourdes Afiuni.

X.3.2 EL PODER CIUDADANO

Como lo pauta la Constitución, el Poder Ciudadano es ejercido por el Consejo Moral Republicano, integrado por el defensor del pueblo, el fiscal general de la República y el contralor general de la República Bolivariana de Venezuela. Los mecanismos de designación están previstos en el artículo 279 del Texto Fundamental y fueron ampliamente comentados en el capítulo IX (IX.2).

En el año 2000 ocurrió con el Poder Ciudadano lo mismo que aconteció con el Poder Judicial. El procedimiento seguido para la designación de los titulares de los órganos del Poder Ciudadano, previsto por la Constitución, fue puesto de lado, invocando "la transición", a pesar de que la

---

[657]   Ídem, pp. 368-369.

Asamblea Nacional ya estaba en funcionamiento y bien pudo haber sancionado las normas legales necesarias para la estricta aplicación de los preceptos constitucionales. En lugar de hacerlo, la Asamblea sancionó una ley especial que se apartaba de los mecanismos constitucionales, alegando la ausencia de la legislación sobre el Poder Ciudadano que ella misma estaba en la obligación de sancionar. Este camino, más propio de una obra de Ionesco que de un Estado democrático, permitió una designación parcializada y sectaria de los órganos del Poder Ciudadano, omitiendo la participación ciudadana en la designación por la vía de los comités de postulaciones. Estos comités fueron integrados mayoritariamente por parlamentarios, lo que hizo letra muerta de la limitación de la discrecionalidad parlamentaria en las designaciones.[658]

Rafael Pérez Perdomo fue electo fiscal general de la República para el período 1999-2004. Renunció en diciembre de 1999 al ser designado magistrado del Tribunal Supremo de Justicia. Fue reemplazado por el doctor Javier Elechiguerra, quien acusó ante el Tribunal Supremo de Justicia a Luis Miquilena, para entonces presidente de la Comisión Legislativa, en relación con varios hechos de corrupción.

Elechiguerra solicitó a los magistrados iniciar una investigación penal contra el legislador por los presuntos delitos de tráfico de influencias, sobregiro presupuestario y suministro de datos falsos en su declaración jurada de bienes.

Entre los casos presentados por el fiscal está el contrato que otorgó el Consejo Nacional Electoral a la empresa Micabú, que era propiedad de Luis Miquilena, para la impresión de un millón de copias de la nueva Constitución el año anterior.

Como consecuencia de esta denuncia, Elechiguerra no continuó en la Fiscalía General y el 9 de enero de 2001 fue sustituido por Isaías Rodríguez.

Tanto Pérez Perdomo como Elechiguerra eran simpatizantes del presidente de la República, pero sus nombramientos no fueron objeto de mayor polémica porque no se trataba de dirigentes políticos y eran, para el momento de ser designados, juristas muy destacados.

No puede decirse lo mismo de Rodríguez, quien a finales de la década de los noventa se une a la campaña del entonces candidato a la Presidencia Hugo Chávez, siendo electo senador en 1998 y constituyente en 1999,

---

[658]   Ver Allan R. Brewer-Carías, *Separation of Powers and Authoritarian Government in Venezuela*, pp. 10-13.

llegando a ocupar la vicepresidencia de ese cuerpo. El 29 de enero fue designado vicepresidente ejecutivo de la República, cargo al que renunció para ser nombrado fiscal general por la Asamblea Nacional. Con esa designación, para la que no fue oída la opinión de "los diversos sectores de la sociedad, por la vía de un Comité de Postulaciones independiente", se violó el mandato constitucional contenido en el artículo 279. También es razonable plantear que al designar a un activista político para este cargo se deja de lado la independencia que el constituyente deseaba en el ejercicio de tan importante función.

Las designaciones de los diversos titulares de la Defensoría del Pueblo y de la Contraloría General de la República se han realizado en idéntica violación del artículo 279 de la Constitución, que precisamente fue establecido para garantizar la independencia y autonomía de estos altos funcionarios.

X.3.3 EL PODER ELECTORAL

Para la designación de los titulares del Poder Electoral se integró, de conformidad con la ley ya comentada, un Comité de Postulaciones de dudosa constitucionalidad,[659] pues estaba integrado por 11 parlamentarios designados por la Asamblea y 10 representantes de "los otros sectores de la sociedad".[660] Ambas designaciones se efectuaron por la mayoría legal de dos tercios. El comité recibió 408 postulaciones, cumplió el proceso de consultas a través de las llamadas mesas de diálogo y, oídas las objeciones de la colectividad, procedió a entregar una lista de 86 postulados a la Asamblea Nacional. Le correspondería al órgano legislativo la designación definitiva del Consejo Nacional Electoral por mayoría calificada de las dos terceras partes. Durante largas semanas gobierno y oposición negociaron para llegar a una fórmula de entendimiento que pudiera alcanzar la mayoría requerida, dentro del lapso establecido por la Ley Orgánica del Poder Electoral, sin lograr un acuerdo completo. Las fuerzas políticas lograron acordarse para la designación de cuatro rectores, dos propuestos por el oficialismo y dos por la oposición, pero fue imposible lograr un consenso en cuanto al quinto rector. Ante esta situación, la Sala Constitucional del Tribunal Supremo de Justicia, en Sentencia 2073 del 4 de agosto 2004, decidió declarar, en aplicación del ordinal 7 del artículo 336 de la Constitución, con lugar un recurso de inconstitucionalidad por omisión contra la Asamblea Nacional. La Sala otorgó un plazo de 10 días a la

---

[659]   *Vid. supra.*
[660]   Artículo 19 de la Ley Orgánica del Poder Electoral del 19 de noviembre del 2002.

Asamblea para que designara a los rectores principales y suplentes, de entre los postulados por el Comité de Postulaciones.

Agrega la sentencia:

> Si fenecido el plazo acordado la Asamblea Nacional o el órgano de que se trate, no cumple, la Sala puede delinear diversos correctivos a la situación, como lo sería el nombramiento provisorio de los integrantes del Consejo Nacional Electoral...

El 25 de agosto la Sala Constitucional, "ante el vacío institucional producto de la omisión del nombramiento de los rectores electorales" efectuó la designación, tomando en cuenta muchos de los nombres presentados por el Comité de Postulaciones. La designación recayó sobre dos rectores con simpatías gubernamentales, dos inclinados hacia la oposición y un quinto supuestamente imparcial. Se trataba del señor Francisco Carrasquero, quien en su desempeño inclinó la balanza, siempre, hacia el bloque oficialista. La Sala designa además un Consejo de Participación Política y procede a designar al presidente y al vicepresidente del CNE, al secretario, al consultor jurídico y a los titulares de la Junta Electoral Nacional, de la Comisión de Registro Civil y Electoral y de la Comisión de Participación Política y Financiamiento.[661]

No faltó quien dudara de la facultad constitucional del Tribunal Supremo para efectuar esta designación que corresponde al Parlamento. La propia Junta Directiva de la Asamblea Nacional, el mismo 5 de agosto, cuando se declaró la omisión antes de hacer los nombramientos, publicó un comunicado en el que cuestionó la decisión de la máxima autoridad judicial.

> [La] legitimidad democrática del poder electoral, legitimidad indirecta, tiene como origen la legitimidad política directa representada en la Asamblea Nacional. Resultaría una desfiguración jurídica y política inaceptable para esta Junta Directiva, que en nombre de supuestos correctivos a vacíos constitucionales, se deteriore la consistencia e integridad normativa del principio de legalidad del Estado Social y Democrático de Derecho y de Justicia.[662]

---

[661]   Sentencia 2341 del 15 de agosto de 2004.

[662]   Comunicado de la Junta Directiva de la Asamblea Nacional sobre la omisión legislativa. A la opinión pública nacional e internacional, 5 de agosto del año 2003.

Continúa el comunicado:

Las competencias constitucionales no pueden ser invadidas, derogadas o usurpadas sin gravísimas consecuencias para la arquitectura constitucional y política de la República.[663]

Esta reacción indignada de la directiva de la Asamblea, integrada exclusivamente por diputados oficialistas, en defensa de la autonomía e independencia del Poder Legislativo, cayó rápidamente en el olvido y, tomada la decisión por el Tribunal Supremo, no se cumplió el anuncio de convocar un pleno de la Asamblea para eventualmente declarar "si ha habido o no una intromisión del Poder Judicial en las atribuciones exclusivas del Poder Legislativo Nacional".[664]

Al margen de esta discusión, es aún más inaceptable para la autonomía de uno de los cinco poderes del Estado que el Tribunal Supremo no se haya limitado a nombrar a los rectores, "subsanando" la omisión, sino que haya designado la directiva, el secretario, el consultor jurídico y los encargados de los órganos subordinados.

Dado el carácter "provisorio" de estas designaciones, la Asamblea Nacional ha debido retomar la iniciativa para el nombramiento definitivo del Consejo Nacional Electoral. No fue así. En varias oportunidades la oposición ha solicitado debatir la materia, pero este planteamiento no ha sido aceptado por la mayoría. Así las cosas y ante las faltas absolutas de dos rectores principales, la Sala Constitucional del TSJ procedió a nombrar "provisionalmente" a dos nuevos rectores, a reemplazar a dos suplentes y a designar nuevos presidente y vicepresidente, así como a los encargados de los organismos subalternos.[665] Frente a esta nueva designación cabe resaltar: a) que el Tribunal Supremo no emplazó a la Asamblea —como lo había hecho el 5 de agosto del 2003— para que procediera a nombrar a los rectores; b) que la falta absoluta de dos rectores debió ser llenada por los suplentes; c) que se nombraron nuevos suplentes sin que se hubiese producido falta de los existentes; d) que se omitió la participación de la sociedad civil en el proceso de designación; y e) que el Tribunal Supremo olvidó totalmente el equilibrio político que debe existir en el árbitro comicial y que es condición indispensable para alcanzar la confiabilidad y la imparcialidad que la Constitución ordena.[666] De esta manera se afectó gravemente la independencia y autonomía tanto de la Asamblea Nacional como del Poder

---

[663]   Ibídem.

[664]   Punto 9 del citado comunicado.

[665]   Decisión del 20 de enero de 2005.

[666]   Artículo 293.

336

Electoral, sometidos a una total dependencia del Poder Judicial y, además, se violentó el principio de separación de los Poderes Públicos.

En el lapso comprendido entre el año 2005 y el año 2010, la Asamblea, controlada totalmente por representantes del gobierno, nombró a los rectores cuyos períodos vencían, y a partir del año 2012, al no disponer el oficialismo de la mayoría calificada requerida, sencillamente no se sustituyó a los rectores que habían llegado al final de su mandato.

Nuevamente recordemos que el artículo 296 de la Constitución establece que:

> … el Consejo Nacional Electoral estará integrado por cinco personas no vinculadas a organizaciones con fines políticos; tres de ellos o ellas serán postulados por la sociedad civil, uno o una por las facultades de ciencias jurídicas y políticas de las universidades nacionales, y uno o una por el Poder Ciudadano.

El mandato constitucional que ordena nombrar a personas que no tengan vinculaciones partidistas ha sido sistemáticamente violado. Jorge Rodríguez, por ejemplo, fue rector y presidente del Consejo Nacional Electoral. Si consultamos la página web del Partido Socialista Unido de Venezuela, podemos leer que se le define como "un político de larga y destacada trayectoria", que se desempeñó como vicepresidente de la República Bolivariana de Venezuela.

> El 3 de enero de 2008 tiene la responsabilidad de asumir el rol máximo en la conformación del nuevo partido de la revolución: el Partido Socialista Unido de Venezuela, que será el instrumento organizativo de las fuerzas de izquierda del movimiento popular. El Presidente Chávez, le encarga además la instalación del Congreso Fundacional y la Coordinación de Estrategias para futuros eventos electorales.

> Su combate incansable por el socialismo y su indiscutible arraigo en las bases populares hacen que el 23 de noviembre 2008 sea electo por voto popular como Alcalde de Caracas. Es designado por el Presidente Hugo Chávez, Jefe de Campaña del Comando Carabobo rumbo a la victoria del 7 de Octubre de 2012.

Podrá el lector pensar que Jorge Rodríguez, cuando dirigía el CNE, era políticamente independiente y garantizaba "la igualdad, confiabilidad, imparcialidad y transparencia" del órgano electoral y que su militancia política se materializó solo después de que dejó de ser árbitro de los procesos electorales en Venezuela. Queda esto a juicio de cada quien…

Dos de las actuales rectoras, Socorro Hernández y Tania D´Amelio, renunciaron al Partido Socialista Unido de Venezuela el día antes de ser postuladas, para dar cumplimiento a los mandatos de independencia y despartidización exigidos por la Constitución...

A más de catorce años de la entrada en vigencia de la Constitución, no se han cumplido las normas que ella establece para garantizar la confiabilidad e imparcialidad del Poder Electoral.

XI

LA CONSTITUCIÓN REAL Y EL DESEMPEÑO DE LOS PODERES Y LAS RELACIONES ENTRE ELLOS

Un Estado puede cambiar de dos maneras:
sea porque la Constitución se corrige, sea porque se corrompe.

MONTESQUIEU

Los mecanismos utilizados para la designación de los titulares de los Poderes Públicos prefiguraron lo que sería el desempeño de los mismos. La evidencia nos indica que difícilmente puede hablarse en Venezuela de separación o de equilibrio de poderes. Existe una marcada preponderancia del Poder Ejecutivo, concentrada en la figura del jefe del Estado. El lenguaje del presidente Chávez, asumido por Nicolás Maduro, reflejaba claramente esta situación: "yo he ordenado", "he resuelto", "he decidido", muchas veces, en ámbitos y materias que son competencia de otros poderes o que requieren autorización de esos poderes. Son frecuentes las indicaciones al Poder Judicial con relación a cómo debe sentenciar. La disciplina impuesta al grupo parlamentario oficialista es férrea y tanto el Poder Ciudadano como el Poder Electoral están pendientes de los mandatos presidenciales. Los poderes se encuentran todos sometidos a una sola voluntad política. No juega el mecanismo de pesos y contrapesos; todos los poderes coinciden y nunca el poder detiene al poder. La defensora del pueblo llegó a establecer una doctrina que solamente sería válida si los poderes fuesen independientes: "Es imposible que con la presencia de todos los Poderes Públicos se cometa una ilegalidad".[667]

---

[667] Diario *El Universal*, 21 de marzo de 2014, refiriéndose al atropello de que fueron víctimas los alcaldes del municipio San Diego del estado Carabobo y San Cristóbal del estado Táchira, destituidos y encarcelados por la Sala Constitucional del Tribunal Supremo de Justicia.

XI.1 L´ÉTAT C´EST MOI

Hace más de 4 000 años un predecesor de quien estas líneas escribe dijo lo siguiente acerca de un faraón poco recordado de la Cuarta Dinastía, hijo del Rey-Sol Re y descendiente del Dios Falcón Horus: "Lo que él quiere, se hace; todo lo que sale de su boca se ejecuta en el instante". ¿Podríamos decir lo mismo de Hugo Chávez al final de su gestión? Veamos.

Hugo Chávez formuló una pregunta el 5 de agosto de 1999, en su discurso en el acto de instalación de la Asamblea Constituyente, que de inmediato contestó:

> ¿Cómo conformar un nuevo Poder Ejecutivo? La figura presidencial, acompañada de un Vicepresidente, un Poder Ejecutivo con una nueva estructura, para atenuar la concentración de poderes que hoy recaen sobre el Presidente de la República. Un Presidente acompañado con un Vicepresidente y un Consejo de Estado.

El objeto de este comentario persigue precisamente establecer si "la concentración del poder" se ha "atenuado". Nuestra respuesta, como lo veremos de seguidas, dista mucho de ser afirmativa y la iniciamos con otra pregunta.

"El Estado soy yo", se dice que dijo Luis XIV al Parlamento de París el 13 de abril de 1655. ¿Podría Hugo Chávez haber dicho lo mismo en el año 2012, antes de enfermar?

Dijimos en el capítulo VIII que el articulado de la Constitución nos ponía en presencia de un presidencialismo exacerbado. Después de casi quince años de vigencia del texto de 1999 pensamos que la realidad dejó muy corta nuestra afirmación.

Si nos atenemos a la letra y al espíritu de la Constitución de la República Bolivariana de Venezuela, la separación de poderes, al establecer un conjunto de pesos y contrapesos, limita el poder presidencial y cumple con la idea de Montesquieu de impedir el abuso. Pero, ¿a qué conclusión podemos llegar cuando oímos a la entonces presidenta del Tribunal Supremo de Justicia y de la Sala Constitucional, doctora Luisa Estella Morales, afirmar que "no podemos seguir pensando en una división de poderes porque eso es un principio que debilita al Estado".

Interesante la reflexión del jurista mexicano Pedro Salazar Ugarte, en ocasión de una visita a Caracas en el año 2010:

> De la constitución, Chávez tiene una idea meramente política: lo que importa no es su contenido, ni los límites institucionales que pudiera contener,

sino el proceso que llevó a ella. Por eso, con tintes rousseaunianos, advierte que no pueden ponerse límites al poder transformador del pueblo. "¿Qué constitución es inamovible?", pregunta. "¿Qué constitución no debe adaptarse al ritmo de los tiempos?", remata. Y como el tema de la reelección está implícito en el circunloquio justificativo, continúa: "en España se puede reelegir el presidente todo lo que quiera; ¡ah!, pero aquí no, ¡los indios no podemos hacerlo!". De ahí desarrolla una veta más de su discurso: "¡el constitucionalismo [del siglo XXI] nació en Caracas!". Para él, de hecho, el tiempo que vivimos es maravilloso: "una ideología que se apodera de las masas y que se convierte, de nuevo, en ideología". y "su dialéctica" son invocados para celebrar la fiesta.[668]

Para el momento de su muerte, Hugo Chávez Frías no era solamente el presidente de la República. Una holgada y totalmente sumisa mayoría parlamentaria le obedecía sin chistar[669] y no tenía inconveniente en delegar buena parte de su función legislativa; la totalidad de los magistrados del Tribunal Supremo actuaban sin independencia alguna y atendían cualquier solicitud del palacio presidencial. Los titulares de la Fiscalía General, de la Contraloría General y de la Defensoría del Pueblo hacían frecuentes profesiones de fe revolucionaria y en la última década nunca tomaron alguna decisión contraria a los intereses del gobierno; cuatro de los cinco rectores del Consejo Nacional Electoral seguían ciegamente sus instrucciones; el Banco Central de Venezuela perdió cualquier apariencia de la autonomía que le otorga la Constitución y actúa totalmente sometido a los designios del gobierno y, por último, la Fuerza Armada hacía gala de un completo sometimiento a su comandante en jefe. *L'État c'est moi,* podía decir, sin alejarse de la verdad, Hugo Chávez Frías. Con el acceso al poder de Nicolás Maduro, las cosas han cambiado. No es el nuevo presidente un líder incuestionado del llamado proceso revolucionario. Tiene que supeditarse a la opinión de otros actores, negociar con ellos. Pero no se trata del cumplimiento de la separación de poderes establecida en la Constitución, sino del reparto del mando entre una multiplicidad de caudillos fácticos en un marco en el que la tendencia al abuso se mantiene idéntica.

En la Venezuela de hoy, buena parte de las acciones emprendidas por el gobierno central se han traducido en cambios superficiales y en ausencia de medidas sustantivas: reorganización del Gabinete Ejecutivo con la creación de los Órganos Superiores de Gestión (vivienda, economía, etc.), creación de las Regiones Para Defensa Integral (REDI) y creación del

---

[668]   "Los tres poderes soy yo".

[669]   No se conoce un solo caso en el que la fracción parlamentaria del MVR y luego la del PSUV haya votado o tomado una iniciativa, en alguna ocasión, de manera distinta a las pautas del Poder Ejecutivo.

Viceministerio para la Suprema Felicidad Social. Además, Maduro complementó la ampliación hecha por Chávez al Ministerio del Despacho para incluir "Seguimiento de la Gestión" con la creación de la Misión "Eficiencia o Nada" y la designación de su hijo como líder de las inspecciones de acciones del gobierno central, reforzando el seguimiento de los resultados de gestión, más que de la calidad de la gestión en sí.

Hemos comparado el poder de Chávez con el que ejercía un faraón y con el que se atribuía Luis XIV. No deberíamos irnos tan lejos en el tiempo. Chávez encuadra muy genuinamente en la tradición caudillista y autoritaria venezolana. Veamos qué escribía Rafael S. Seijas en 1891:

> ... tiene el Presidente tal ilimitada autoridad, que en él llegan a reunirse los poderes legislativo, ejecutivo y judicial. El primero, porque él forma el Congreso con su recomendación, el segundo por la facultad que tiene de nombrar y remover a los empleados nacionales, aun a los ministros responsables; el tercero, porque nombra y quita los jueces y autoridades judiciales que nunca resuelven negocios de importancia, sin tomar antes las órdenes del Presidente. De suerte que la libertad individual, la propiedad, el hogar, la industria, la Constitución y las leyes dependen de la voluntad del Presidente. Si quiere prender a un ciudadano, se le prende; si quiere allanar una casa, se la allana; en una palabra, su capricho se sustituye a todo.[670]

¿Tiene relación esta cita con la realidad que vivimos?

XI.2 "CASA DE SEGUNDONES"

Rómulo Gallegos, en la novela *Reinaldo Solar*, se refiere a la universidad del momento como "casa de segundones" y le enrostra: "tú también tienes la culpa". Tomamos la referencia y la acusación del maestro para referirnos a la Asamblea Nacional en los últimos quince años, coincidiendo con la opinión del profesor Juan Miguel Matheus, quien afirma:

> Basta contrastar el estado actual de la Asamblea Nacional con los más elementales rudimentos que enseña el Derecho Constitucional sobre la organización y funcionamiento de los Parlamentos para constatar que nuestro órgano legislativo nacional no cumple ninguna de las funciones esenciales que debe cumplir, sino que es —hay que decirlo— una maquinaria de dominación política, un artefacto del régimen bolivariano para sustraer libertades, violar derechos, amasar poderes y simular formas democráticas.[671]

---

[670] *El Presidente*, p. 1, citado por Ernesto Wolf, *Tratado de Derecho Constitucional*, t. I, p. 271.

[671] *La Asamblea Nacional: cuatro perfiles para su reconstrucción constitucional*, pp. 36-37.

En la primera legislatura, la pugnacidad del debate político nacional tuvo en la Asamblea uno de sus escenarios predilectos. Fueron frecuentes las invectivas, los insultos y hasta la violencia física. Uno de los presidentes de la Asamblea Nacional, el diputado Nicolás Maduro, ordenó a la Guardia Nacional que custodia el Palacio Legislativo detener al diputado Nicolás Sosa, quien criticaba la forma como dirigía la sesión. El diputado en cuestión criticaba que la reforma de la Ley Orgánica del Banco Central de Venezuela fuese aprobada sin debate.[672] Se aprobaron leyes aberrantes desde el punto de vista de la técnica legislativa, como la Ley Orgánica del Tribunal Supremo de Justicia, que condensa la totalidad del texto en unos pocos artículos para limitar el número de derechos de palabra de los diputados opositores. En relación con este texto, comenta la doctora Hildegard Rondón de Sansó, no precisamente una enemiga del proceso bolivariano:

> La Ley no tiene títulos indicativos de las materias reguladas; los artículos son sumamente largos porque significan la acumulación de cuatro o cinco de los existentes en la anterior, incluso de secciones enteras; pero sobre todo, lo más grave, es que *la ley no tiene espíritu...* el único interés, que no fin jurídico, pareciera haber sido el aumentar el número de Magistrados de las Salas.[673]

El análisis de la segunda legislatura es mucho más sencillo. En diciembre del año 2005, ante lo que consideraba un proceso electoral irregular y fraudulento, la oposición decidió no participar en las elecciones legislativas y la Asamblea quedó integrada exclusivamente por diputados oficialistas.[674] Los debates se siguieron dando, aunque menores en número, duración e intensidad, pero en general el desacuerdo, la discusión, la contraposición de puntos de vista desaparecieron, hasta que un reducido grupo de legisladores oficialistas rompió con el gobierno y se formó un pequeño bloque de oposición.

La tercera legislatura se constituye en un caso aparte. Los partidos no identificados con el gobierno ganaron la votación popular pero los mecanismos electorales que ya hemos analizado dieron al oficialismo una holgada mayoría. Como lo veremos en este mismo capítulo, los diputados de la Asamblea Nacional saliente modificaron en forma sustancial el Reglamento Interior y de Debates, afectando de manera abusiva el mecanismo de discusión y aprobación de las leyes y limitando al extremo los derechos de la minoría de participar activamente en la función legislativa y de control.

---

[672] Diario *El Nacional*, 24/6/05.

[673] *Competencias de la Sala Constitucional en la Ley Orgánica del Tribunal Supremo de Justicia*, p. 989.

[674] *Vid. supra.*

Prácticamente se redujo al mínimo, para no decir que desaparecieron, el debate y la discusión. La intemperancia en la conducción de los debates se incrementó con la presidencia del diputado Diosdado Cabello y se produjo una muy violenta agresión física contra tres diputados opositores por parte de diputados oficialistas. A pesar de que la circunstancia fue grabada, no se abrió ninguna investigación ni fueron sancionados de manera alguna los diputados agresores.

La Asamblea Nacional no ha cumplido para nada con su función de contrapeso al Poder Ejecutivo, no solo porque el partido de gobierno ha dispuesto siempre de mayoría absoluta en su composición, sino porque la acción de la minoría ha sido anulada, tanto por el Reglamento Interior y de Debates como por el abuso y el sesgo en el uso de sus atribuciones por parte de la directiva de la misma. En los Parlamentos democráticos, la actuación de la oposición, tanto en las funciones de legislación como en las de control, constituye un freno contra los abusos por parte del Poder Ejecutivo. Las denuncias, las investigaciones, así no concluyan en condenas o sanciones, la publicidad en torno a la información que debe estar a disposición de los parlamentarios exponen a los gobiernos al severo escrutinio de los electores. La Asamblea venezolana es una caja de resonancia de la voluntad gubernamental y al mismo tiempo un ente opaco que le niega al país la posibilidad de enterarse de los puntos de vista controvertidos que existen sobre cada materia. Las limitaciones y el sesgo en el número de sesiones (solo una por semana), en el tiempo y duración de las intervenciones de los diputados, así como la falta de acceso a los medios de comunicación de la Asamblea, hacen que la actividad opositora quede reducida al mínimo. Hasta el acceso del público a las tribunas del hemiciclo está controlado por la mayoría oficialista, teniendo esto por consecuencia aplausos solo a sus diputados y abucheos a quienes se atrevan a expresar opiniones diferentes. En contra de las previsiones reglamentarias, todas las presidencias y vicepresidencias de las comisiones permanentes y especiales recaen sobre diputados de la mayoría, así como los cargos que integran la directiva del cuerpo. Se llegó al extremo, en noviembre de 2013, de que el presidente de la Asamblea decidió no dar la palabra a los diputados que no iniciaran su discurso reconociendo el resultado electoral que proclamó a Nicolás Maduro como presidente de la República.

XI.2.1 LA LEGISLACIÓN Y EL CONTROL

Las dos funciones esenciales de los Parlamentos modernos son la legislación y el control de la Administración Pública. Así lo establece la Constitución de 1999.

En materia legislativa es normal que el gobierno, si dispone de mayoría, controle esta función. En las democracias modernas, un número significativo de los proyectos suele provenir del Ejecutivo y son normalmente aprobados. Pero el debate parlamentario en torno a las disposiciones legales es esencial: la minoría tiene derecho a ser oída, a que sus planteamientos sean debatidos, aunque sean finalmente rechazados. La mayoría decide, pero sus decisiones pueden verse enriquecidas por los aportes de la minoría.

En la vigencia de la Constitución de 1999 no ha sido así.

La modificación del Reglamento Interior y de Debates, que veremos más adelante, tiene por efecto evadir el debate legislativo. Además se observa un incumplimiento reiterado de las normas constitucionales que regulan la formación de las leyes. Ninguna de las siguientes disposiciones constitucionales ha sido aplicada:

a) ARTÍCULO 205. La discusión de los proyectos de ley presentados por los ciudadanos (recolección de firmas), se iniciará a más tardar en el período de sesiones ordinarias siguiente al que se haya presentado. Si el debate no se inicia dentro de dicho lapso, el proyecto se someterá a referendo aprobatorio de conformidad con la ley.

b) ARTÍCULO 206. Los Estados serán consultados por la Asamblea Nacional, a través del Consejo Legislativo, cuando se legisle en materias relativas a los mismos.

Tampoco se han instrumentado los mecanismos de consulta y participación de la sociedad civil en el proceso legislativo. El llamado "parlamentarismo de calle" y luego "pueblo legislador" no es más que apariencias de consulta organizadas, promovidas y monopolizadas por el oficialismo. La sociedad civil organizada nunca es consultada.

Nunca se ha discutido, ni mucho menos aprobado, alguna ley propuesta por la oposición.

Según el artículo 214, el presidente de la República está obligado a promulgar la ley dentro de los diez días siguientes a aquel en que la haya recibido. Dentro de ese lapso podrá, con acuerdo del Consejo de Ministros, solicitar a la Asamblea Nacional, mediante exposición razonada, que modifique alguna de las disposiciones de la ley o levante la sanción a toda la ley o parte de ella. Agrega el artículo 216 que cuando el presidente de la República no promulgare la ley en los términos señalados, el presidente y los dos vicepresidentes de la Asamblea Nacional procederán a su promulgación. La práctica es que el presidente promulga las leyes cuando le parece conveniente, sin que se haya dado el primer caso, ante una omisión presidencial, de una publicación realizada por la directiva de la Asamblea. En el año 2013, más de la mitad de las leyes aprobadas por la Asamblea Nacional no habían entrado en vigencia para finales de marzo del 2014. Fueron sancionadas veinte leyes y solo nueve fueron promulgadas dentro de los lapsos constitucionales.

El control de la Administración se ejerció muy poco y mal entre los años 2001 y 2006. En la legislatura siguiente desapareció y con la elección del año 2010, con la nueva presencia de diputados opositores, nunca se ha aprobado la interpelación de un ministro o la apertura de una investigación por propuesta de la oposición. La mayoría tiene perfecto derecho a decidir sobre el resultado de las interpelaciones e investigaciones que se efectúen; lo que no constituye una buena práctica parlamentaria es negarlas cuando son propuestas por la oposición. La obligatoria comparecencia de los funcionarios públicos ante la Asamblea o ante sus comisiones no se cumple; primero porque no se les convoca, y cuando de manera excepcional ello ocurre, sencillamente no asisten, a veces sin siquiera excusarse.

Otros mecanismos de control, como las preguntas formuladas por los parlamentarios, por escrito o vía oral, a los ministros, previstas en la Constitución y desarrolladas por el reglamento, son letra muerta.

Para completar, la Asamblea ha delegado, como lo veremos de seguidas, la función legislativa en el presidente de la República para legislar por decreto. Se ha llegado al extremo de que los diputados de la legislatura 2006-2011 delegaron un poder que no tenían, pues su función legislativa cesaba al instalarse la nueva Asamblea el cinco de enero del año 2011. Sin embargo, el presidente Chávez legisló por decreto hasta junio del año 2012.

XI.2.2 EL CONTROL DEL GASTO

Uno de los mecanismos parlamentarios más eficientes para controlar al Poder Ejecutivo es la autorización del gasto. En este sentido la Constitución es muy clara: "No se hará ningún tipo de gasto que no haya sido previsto en la Ley de Presupuesto".[675] Solo podrán decretarse créditos adicionales si el Tesoro cuenta con los recursos y la Asamblea Nacional lo autoriza.[676] La práctica, en los últimos catorce años ha sido la siguiente: no solamente la Asamblea ha aprobado la totalidad de los créditos adicionales solicitados por el gobierno, lo que podría ser considerado inconveniente, mas no ilegal, sino que se han venido ejecutando programas a través de partidas paralelas que se financian con ingresos petroleros

---

[675] Artículo 314.

[676] Ibídem.

y que se canalizan a través de Petróleos de Venezuela (Fondo Especial de Desarrollo), del Banco de Desarrollo Económico y Social de Venezuela, y de otros fondos ajenos a cualquier control. PDVSA también tiene a su cargo, sin control alguno, ni siquiera de su propia directiva, el financiamiento de la misiones y de otros programas gubernamentales.[677] Estos recursos no pasan por el presupuesto ni son autorizados por la Asamblea, lo que constituye abierta violación de la Constitución. Esta práctica no se produce de manera subrepticia. El presidente Hugo Chávez justificó, ratificó y explicó con frecuencia esta manera de actuar y ningún organismo público la investiga o sanciona. La discusión presupuestaria ha sido inexistente. La estimación del ingreso se realiza de manera caprichosa, especialmente en lo relativo al ingreso petrolero. El precio del barril de petróleo se subestima sustancialmente, de manera tal que buena parte del ingreso por este rubro se presenta como "extraordinario", lo que conduce a que no se tome en cuenta para el cálculo del situado que corresponde a alcaldías y gobernaciones.

El experto en finanzas públicas Miguel Octavio, el diputado Carlos Ramos y el analista Francisco Toro[678] obtuvieron información de la oficina del ministro de Planificación Jorge Giordani que constituyen los únicos datos que se conocen sobre los gastos efectuados por Fonden. Estos documentos contienen una lista de proyectos financiados por Fonden sin transparencia o rendición de cuentas. El monto de lo gastado hasta ahora asciende a la inmensa suma de 70 000 millones de dólares.

De la diferencia entre los totales de los proyectos listados y el desembolso total que declara Fonden, se evidencia un faltante de 29 000 millones de dólares.

Los proyectos, enumerados, uno por uno, lucen altamente sospechosos de sobrecostos y carecen por completo de la necesaria información que permita saber si los dineros han sido eficientemente utilizados.[679]

XI.2.3 EL REGLAMENTO INTERIOR Y DE DEBATES

En la primera legislatura, el Reglamento Interior y de Debates de la Asamblea Nacional fue modificado siete veces con la finalidad de limitar la intervención y el rol de la oposición.

---

[677] Ver la información del periodista Andrés Rojas, *El Universal*, 5 de diciembre de 2004.

[678] Ver el blog *Caracas Chronicles*.

[679] Ver Gustavo Coronel, "Fonden y Giordani: inmenso atraco de $ 70.000 millones", en *Las armas del coronel*, *http://lasarmasdecoronel.blogspot.com/2011/08/fonden-y-giordani-un-atraco-de-70000.html*

Con la elección de septiembre del año 2010, que llevó a la Asamblea a un número significativo de diputados opositores, se produjo un hecho extremadamente grave que justifica plenamente el subtítulo que hemos dado a esta sección: antes de que tomaran posesión los nuevos legisladores, los diputados salientes, la mayoría de los cuales no habían sido reelectos, modificaron el Reglamento Interior y de Debates de la Asamblea, con la justificación de dar cabida al concepto del "Pueblo Legislador", planteado por el oficialismo durante la campaña electoral legislativa del mismo año. No se entiende por qué el incremento de la participación del pueblo en la actividad legislativa se pretendió hacerlo afectando las funciones constitucionales del Parlamento. Dice al respecto el profesor Jesús María Casal:

> La adopción de la reforma reglamentaria por la Asamblea Nacional saliente, con la finalidad ya conocida, es también un fraude a la voluntad del electorado expresada en esos comicios y a la representación democrática, lo cual confirma la vulneración del principio democrático. La oposición prácticamente no estaba presente en la Asamblea Nacional que aprobó la reforma parlamentaria, lo cual hace más evidente la violación constitucional, pues una mayoría hegemónica del partido oficial impulsó una reforma para limitar las posibilidades de actuación de unos diputados ausentes pero ya elegidos, cuya voz y voto no tuvo relevancia alguna para la consideración de la normativa interna y de debates que iba a regir su acción.[680]

Como era de esperarse, en marzo de 2011, fue introducido un recurso de nulidad de la reforma reglamentaria por ante el Tribunal Supremo de Justicia.[681] Los actores señalaban que la nueva normativa atenta contra los principios de democracia, Estado de Derecho, participación política, progresividad y pluralismo político consagrados en los artículos 2, 6, 19 y 62 de la Carta Magna.

El recurso fundamenta las violaciones de la Constitución en cuatro aspectos principales:

1. Se reducen y dificultan las posibilidades de intervención de los diputados en los debates por la vía de disminuciones extremas en la duración de los derechos de palabra y en la eliminación, de hecho, del derecho a la información sobre orden del día, programación del trabajo

---

[680] Jesús María Casal, epílogo del libro *La Asamblea Nacional: cuatro perfiles* de Juan Manuel Matheus, p. 139. El mismo epílogo trata con gran pertinencia la totalidad del tema que nos ocupa (pp. 131-140).

[681] El recurso fue introducido por los diputados Juan Carlos Caldera, Alfonso Marquina, Eduardo Gómez Sigala, María Corina Machado, Miguel Pizarro y Edgar Zambrano, asistido por los abogados Ramón Guillermo Aveledo, Jesús María Casal y Manuel Rojas Pérez.

y contenido de las materias a discutir. A ello se agrega una drástica disminución del número de las sesiones de trabajo, tanto de las plenarias como de las comisiones.

2. Las potestades del control parlamentario sobre la marcha del gobierno se ven afectadas por la eliminación de los debates previos al voto de las autorizaciones solicitadas por el Ejecutivo Nacional por mandato constitucional. Los parlamentarios votan a favor o en contra, pero no pueden ni oír las razones del gobierno ni expresar las propias.

3. Se amplían de manera excesiva y antidemocrática las potestades de la Presidencia de la Asamblea, en detrimento de la plenaria de la misma (coordinación del trabajo parlamentario, manejo del lugar, fecha, duración y prórroga de las sesiones; posibilidad de destitución de las directivas de las comisiones y elaboración del orden del día y de las agendas de trabajo).

4. Eliminación de las garantías de funcionamiento regular y continuo de la Asamblea y de sus comisiones. Posiblemente la Asamblea Nacional venezolana sea el único Parlamento del mundo que sesiona una sola vez a la semana y en la fecha que decide su presidente y de la que se enteran los diputados con solo 24 horas de anticipación.

El recurso de inconstitucionalidad, transcurridos más de tres años después de su presentación, no ha sido tramitado por el Tribunal Supremo de Justicia, a pesar de que se habían solicitado medidas cautelares y de más de veinte diligencias que los actores han presentado en la correspondiente secretaría. El magistrado ponente se ha negado a recibirlos.

La Asamblea Nacional venezolana no favorece el debate entre sus miembros. Lo evita. Dice el profesor Matheus:

> Únicamente a través del debate libre y racional se puede descubrir la voluntad de una asamblea legislativa... De allí que el debate parlamentario tenga que ser regulado de tal manera que cada miembro *speaks his mind openly and fearlessly*, debiéndose procurar para ello la menor fricción posible entre grupos o facciones.[682]

Con la regulación existente y con el ánimo que inspira a quienes dirigen la Asamblea Nacional, no puede esta operar con arreglo al principio de la separación de poderes y el Poder Legislativo no detiene al Poder Ejecutivo.

---

[682] *Principios para el buen gobierno de la Asamblea Nacional*, pp. 67-68.

XI.2.4 LAS LEYES HABILITANTES

En el capítulo VII estudiamos las habilitaciones legislativas bajo la vigencia de la Constitución de 1961 y criticamos que algunas de esas autorizaciones fueron dadas en términos imprecisos y por tiempos demasiado largos. En el capítulo VIII tratamos el tema de esta figura en la nueva Constitución de 1999.

Recordemos que en el artículo 208, ordinal 8.° de la nueva Constitución se establece que el presidente de la República puede "dictar decretos con fuerza de Ley", previa autorización por la vía de una ley habilitante aprobada por las 3/5 partes de la Asamblea.[683] Dice la misma disposición constitucional que la habilitación debe indicar "las directrices, propósitos y marco de las materias que se delegan"[684] y establecer el plazo del ejercicio. Pareciera que no son posibles delegaciones genéricas, globales o ilimitadas.

¿Qué ha ocurrido? La situación difícilmente pueda ser peor. De los 15 años de existencia de la Asamblea Nacional, casi cinco han transcurrido con poderes cedidos al presidente de la República de manera extremadamente amplia y difusa. Las cuatro habilitaciones concedidas al presidente Hugo Chávez y lo que va de aquella concedida a Nicolás Maduro permiten afirmar lo siguiente:

a) La enumeración de las potestades legislativas delegadas es excesivamente amplia e imprecisa. No se establecieron, como lo pide la Constitución, "las directrices, propósitos y el marco de las materias" que se delegaron.

b) Esta imprecisión trae consigo, en una Asamblea mayoritariamente o exclusivamente integrada por partidarios del gobierno que no se han caracterizado por una gran independencia de criterio, una parálisis de la actividad legislativa en sede parlamentaria.

c) La ausencia de discusión pública y de consultas, propias del proceso de formación de las leyes, afecta la transparencia del proceso de decisión. Los textos hasta ahora aprobados por la vía de decretos-leyes presentan fallas numerosas que podrían haberse evitado de haberse efectuado una consulta amplia, como está obligada la Asamblea.

---

[683] Artículo 203.

[684] Nótese que el constituyente emplea como sinónimos los términos "delegar" y "habilitar". Sobre la diferencia ver José Guillermo Andueza, "El Poder Legislativo: La Asamblea Nacional" en *La Constitución de 1999*, pp. 29 y 30.

d) Las leyes habilitantes solo podrían ser justificadas ante razones excepcionales cuya urgencia imposibilitaría dictar las leyes de acuerdo con los procedimientos ordinarios de la Asamblea Nacional.

e) Las leyes habilitantes atentan gravemente contra la separación de poderes al delegar abusivamente al gobierno para ejercer, sin limitaciones, la función legislativa por lapsos excesivamente largos.

La primera ley habilitante, por un lapso de seis meses, otorgada a Chávez fue en 1999, iniciando su primer período presidencial y aún vigente la Constitución de 1961. En esa oportunidad el presidente dictó 63 decretos-leyes.

Posteriormente, en el año 2000, el Parlamento otorgó nuevamente un poder habilitante por un lapso de 12 meses al presidente. Esta licencia desencadenó una serie de protestas en su contra, que terminaron en la crisis del 11 de abril de 2002. En ese período promulgó 49 leyes.

La tercera ley habilitante fue otorgada por el Parlamento entre 2007 y 2008. Con ella se aprobó un total de 66 textos legales.

La habilitación aprobada al Ejecutivo Nacional permitía al presidente legislar sobre:

- La transformación de las instituciones del Estado
- La participación popular
- La función pública
- El ámbito económico y social
- Las finanzas públicas y privadas, los seguros y los impuestos
- La seguridad ciudadana y la seguridad jurídica
- La ciencia y la tecnología
- El sistema nacional de salud
- La seguridad y defensa nacional
- La infraestructura, transporte, vivienda y servicios
- Las telecomunicaciones y la tecnología de la información
- El sistema penitenciario
- La regionalización
- La ordenación del territorio
- La seguridad alimentaria
- El sector energético

Se estableció un plazo de 18 meses para usar la habilitación y ningún tipo de control por parte de la Asamblea sobre el ejercicio delegado al presidente de la República.

La penúltima habilitante fue la aprobada el 17 de diciembre de 2010, solicitada por Chávez para solventar el problema de las lluvias, que en ese momento habían dejado a miles de familias damnificadas. El plazo para su ejercicio fue de 18 meses. Con base en ella se aprobaron 46 decretos leyes.

Los ámbitos que abarcaba esa cuarta habilitante eran: atención sistematizada a las emergencias por las lluvias y otras catástrofes ambientales; infraestructura, transporte y servicios públicos; vivienda y hábitat; ordenación territorial, desarrollo integral y uso de la tierra urbana y rural; ámbito financiero y tributario; seguridad ciudadana y jurídica; seguridad y defensa integral de la nación; cooperación internacional; y sistema socioeconómico.

No obstante, el ya fallecido presidente promulgó decretos-leyes de otra naturaleza; el más polémico fue la reforma a la Ley Orgánica del Trabajo, aprobado poco antes de vencerse la habilitante.

La crítica a esta reforma se sustentó en que era inconstitucional, ya que el presidente no estaba facultado para aprobar una Ley Orgánica, tomando en cuenta el artículo 203 de la Constitución:

> Todo proyecto de ley orgánica, salvo aquel que esta Constitución califique como tal, será previamente admitido por la Asamblea Nacional, por el voto de las dos terceras partes de los o las integrantes presentes antes de iniciarse la discusión del respectivo proyecto de ley. Esta votación calificada se aplicará también para la modificación de las leyes orgánicas.

El 17 de junio de 2012, cuando venció la cuarta habilitación legislativa concedida por la Asamblea Nacional al jefe del Estado, el vicepresidente Elías Jaua precisó que desde 1999 el Ejecutivo Nacional había dictado 219 decretos-leyes.

En noviembre del año siguiente, la Asamblea Nacional habilitó nuevamente al presidente de la República para legislar por decreto.

Esta habilitación legislativa, que entró en vigencia el 19 de noviembre de 2013, tuvo una característica muy especial: el gobierno no disponía de las 3/5 partes de los votos que se requerían para su aprobación. Pues bien, la mayoría simple de la Asamblea Nacional desincorporó a la diputada María Mercedes Aranguren, luego de que el Tribunal Supremo autorizara su enjuiciamiento, para lograr la incorporación de su suplente, Carlos Flores, y obtener la mayoría necesaria.

La ley fue aprobada mediando cinco días entre la primera y la segunda discusión, sin que se efectuaran las consultas previstas en los artículos 210 y 211 de la Constitución.

La habilitación legislativa fue dictada con la finalidad de conferir al presidente poderes especiales para combatir la corrupción y enfrentar "la guerra económica". Sin embargo, los términos de la ley son vagos e imprecisos.[685] Por ejemplo, el numeral 1 de su artículo 1, en el literal a), alude a las:

> ... normas e instrumentos destinados a fortalecer los valores esenciales del ejercicio de la función pública, tales como la solidaridad, honestidad, responsabilidad, vocación de trabajo, amor al prójimo, voluntad de superación, lucha por la emancipación y el proceso de liberación nacional [...].

Otras normas de la ley habilitante se limitan a delegar en el presidente el desarrollo completo de normas constitucionales que han sido incorporadas textualmente al cuerpo de la ley.

XI.2.5 LA INMUNIDAD PARLAMENTARIA

Tanto la inmunidad como la no responsabilidad de los parlamentarios se establecieron históricamente para preservar la independencia de los cuerpos legislativos y, en consecuencia, se trata de un aspecto básico del principio de separación de los poderes. Los parlamentarios gozan de inmunidad para legislar y controlar libremente al Poder Ejecutivo. Nuestra Constitución dice:

> ARTÍCULO 199. Los diputados o diputadas a la Asamblea Nacional no son responsables por votos y opiniones emitidos en el ejercicio de sus funciones. Sólo responderán ante los electores o electoras y el cuerpo legislativo de acuerdo con la Constitución y los Reglamentos.

> ARTÍCULO 200. Los diputados o diputadas a la Asamblea Nacional gozarán de inmunidad en el ejercicio de sus funciones desde su proclamación hasta la conclusión de su mandato o la renuncia del mismo. De los presuntos delitos que cometan los y las integrantes de la Asamblea Nacional conocerá en forma privativa el Tribunal Supremo de Justicia, única autoridad que podrá ordenar, previa autorización de la Asamblea Nacional, su detención y continuar su enjuiciamiento. En caso de delito flagrante cometido por un parlamentario o parlamentaria, la autoridad competente lo o la pondrá bajo custodia en su residencia y comunicará inmediatamente el hecho al Tribunal Supremo de Justicia.

---

[685] Sin mencionar el hecho de que no se trata de materias cuya urgente atención justifica acudir al mecanismo excepcional de la ley habilitante.

Los funcionarios públicos o funcionarias públicas que violen la inmunidad de los y las integrantes de la Asamblea Nacional, incurrirán en responsabilidad penal y serán castigados o castigadas de conformidad con la ley.

En la vigencia de la Constitución, se han presentado tres casos de allanamiento de inmunidad parlamentaria.

a)   El 27 de marzo de 2010, la plenaria de la Asamblea Nacional acordó allanar la inmunidad parlamentaria del diputado por el estado Barinas Wilmer Azuaje. Azuaje había sido detenido el 25 de enero luego de un altercado en la sede del Cuerpo de Investigaciones Científicas, Penales y Criminalísticas en Barinas en el que, supuestamente, habría agredido físicamente a una funcionaria pública. Wilmer Flores Trosel, director del CICPC, aseguró que Azuaje "ofendió con grosería e improperios a la funcionaria" y la habría agredido físicamente. En horas de la tarde, Azuaje fue denunciado ante la Fiscalía General de la República por presuntamente agredir a la funcionaria policial en referencia.

Esta versión fue negada por el acusado quien, además, denunció que el juicio en su contra era "una jugarreta" del gobierno.[686] La Contraloría General de la República lo inhabilitó por 12 meses para ejercer cargos públicos. El abogado y diputado Carlos Escarrá, en la Asamblea Nacional, explicó que en el caso de Azuaje no procedía el antejuicio de mérito, prerrogativa reservada a los altos cargos públicos, porque fue detenido en flagrancia. "Nuestro rol como AN es ver si autorizamos al TSJ para que remita las actuaciones a la Fiscalía y al tribunal especial con el fin de que continúe el juicio", dijo.[687] Azuaje fue condenado a 12 meses de prisión. Poco después, el Tribunal 4to de Violencia contra la Mujer le dictó libertad condicional bajo régimen de presentación cada 20 días. Actualmente se desempeña como diputado del Consejo Legislativo de Barinas. Desde el año 2008 el diputado Azuaje, postulado a la Asamblea por el PSUV, se había separado de esa organización y había denunciado a la familia del presidente Hugo Chávez por hechos de corrupción en la Gobernación del estado Barinas.

b)   El 30 de julio de 2013 fue allanada la inmunidad parlamentaria del diputado opositor por el estado Aragua Richard Mardo. Mardo había sido denunciado en plenaria de la Asamblea Nacional por su presidente, el diputado Diosdado Cabello, por la supuesta comisión de los delitos de legitimación de capitales y de evasión fiscal. Mardo alegó que el denunciante había presentado cheques y facturas falsas y que la Administración Tributaria nunca había investigado los delitos denunciados. La decisión, que trajo consigo la separación del cargo de diputado, fue tomada por mayoría simple de los miembros presentes de la Asamblea, a pesar de lo dispuesto en el numeral 20 del artículo 187 de la Constitución que dice: "La separación

---

[686]   Ver *El Universal*, 25 de enero de 2010.

[687]   Ibídem.

temporal de un diputado o diputada sólo podrá acordarse por el voto de las dos terceras partes de los diputados presentes". La interpretación hecha por la mayoría parlamentaria se basa en que las dos terceras partes solo son necesarias para una separación temporal, y no para el allanamiento. Diosdado Cabello, presidente de la Asamblea Nacional, recordó que el artículo 89 del Reglamento Interior y de Debates del Parlamento establece que cuando no se especifica la cantidad de votos, ni en el propio reglamento o la Constitución, las decisiones de la AN se toman por mayoría simple.

c)   El juicio contra el diputado allanado no ha continuado. De resultar inocente, Richard Mardo debería volver a ejercer sus funciones como diputado a la Asamblea Nacional. A principios del año 2013, Richard Mardo había denunciado que el presidente de la Asamblea Nacional, Diosdado Cabello, y el diputado William Ojeda le habían ofrecido "saltar la talanquera" a cambio de congelar las "ollas" que estaban montando en su contra. "No me presté y no vendí mi conciencia", aseguró el diputado en ese momento, advirtiendo, además, que de cumplirse las amenazas, su inmunidad parlamentaria sería allanada, como efectivamente ocurrió.

d)   La Asamblea Nacional aprobó el día 12 de noviembre de 2012 levantar la inmunidad parlamentaria a la diputada opositora María Mercedes Aranguren. Recordemos que la protección que tienen los diputados con la inmunidad tiene por objeto impedir que su desempeño pueda verse afectado por manipulaciones judiciales con contenido político. La bancada oficialista aprobó el retiro de la inmunidad a Aranguren en medio del rechazo de la bancada opositora, que condenó la acción por considerar que formaba parte de una maniobra política. El Reglamento Interior y de Debates de la Asamblea establece, como procedimiento previo al allanamiento, la designación de una comisión que investigue los hechos y ante la cual pueda el parlamentario incriminado defenderse. Se establece que este paso puede omitirse "en caso de urgencia". Previamente, la Sala Plena del Tribunal Supremo declaró que había méritos para enjuiciar a la diputada Aranguren, desestimando una solicitud de diferimiento formulada por varios diputados opositores. Estos plantearon que, como demostración de que no había trasfondo político en todo este proceso, el Tribunal Supremo difiriera cualquier decisión para después de la discusión y votación de la ley habilitante. Máxime si se toma en cuenta que la investigación sobre los presuntos delitos cometidos por la diputada se inició hace cinco años. También es bueno recordar que después de la presunta comisión de los delitos que se le imputan, la señora Aranguren fue postulada, en el año 2010, como diputada del PSUV. Aranguren formó parte de un movimiento interno que en 2012 rompió con los dirigentes del oficialista Partido Socialista Unido de Venezuela.

XI.2.6 EL CASO DE MARÍA CORINA MACHADO[688]

El día 24 de marzo de 2014, el presidente de la Asamblea Nacional, diputado Diosdado Cabello, acompañado por la directiva del cuerpo, anunció en rueda de prensa que "según sus actuaciones y acciones" la diputada María Corina Machado "dejó de ser diputada", "luego de haber aceptado un cargo público de la República de Panamá en la OEA", con la intención de realizar una intervención ante el Consejo Permanente de esa organización.

Cabello leyó el reporte de Panamá ante la OEA acreditando a Machado como "representante alterna" de ese país para que pudiera presentarse la reunión.

La directiva de la Asamblea fundamentó la destitución de la diputada Machado en los artículos 149 y 192 de la Constitución de Venezuela.

El artículo 149 dice: "Los funcionarios públicos y funcionarias públicas no podrán aceptar cargos, honores o recompensas de gobiernos extranjeros sin la autorización de la Asamblea Nacional".

Y el 192 agrega: "Los diputados o diputadas a la Asamblea Nacional no podrán aceptar o ejercer cargos públicos sin perder su investidura, salvo en actividades docentes, académicas, accidentales o asistenciales, siempre que no supongan dedicación exclusiva".

Al respecto debe recordarse:

1) La condición de diputado se pierde, de acuerdo con la Constitución venezolana:

   a) Por cumplimiento del mandato, que tiene una duración de cinco años (artículo 192).

   b) Por revocatoria del mandato, vía referendo (artículo 72).

   c) Por condena penal que conlleve la pérdida de la condición de elector debido a inhabilitación política.

   d) Por la aceptación de un cargo público que traiga consigo la pérdida de la investidura (más adelante aclararemos este punto).

A estos tres casos debe agregarse la renuncia o el fallecimiento del parlamentario.

---

688   Ver "El juez constitucional *vs.* el principio democrático. De cómo la Sala Constitucional del Tribunal Supremo, de oficio, sin juicio ni proceso alguno, decidió en forma inconstitucional revocarle el mandato popular a María Corina Machado, diputada a la Asamblea Nacional, 3 de abril 2014". http://www.allanbrewercarias.com/ 1.2 Documentos.

2) En ninguna disposición de la Constitución ni del Reglamento Interior y de Debates de la Asamblea Nacional se da competencia al presidente o a la directiva para separar de su cargo a un diputado.

3) El ordinal 20 del artículo 187 de la Constitución establece que es de la competencia de la Asamblea Nacional "calificar a sus integrantes y conocer de su renuncia. La separación temporal de un diputado o diputada sólo podrá acordarse por el voto de las dos terceras partes de los diputados y las diputadas presentes". Como se desprende de la lectura de esta disposición, la plenaria de la Asamblea Nacional puede separar **temporalmente** a un diputado de su cargo, pero solo de manera temporal y por mayoría calificada. La interpretación más lógica de esta norma conduce a pensar que se trata de una separación como sanción.

4) El artículo 149 de la Constitución invocado por la directiva de la Asamblea ("Los funcionarios públicos y funcionarias públicas no podrán aceptar cargos, honores o recompensas de gobiernos extranjeros sin la autorización de la Asamblea Nacional") se encuentra ubicado en el título IV de la Constitución (Del Poder Público), capítulo I, (De las Disposiciones Fundamentales), sección tercera (De la Función Pública). Todos los artículos contenidos en esa sección, del 144 al 149, se refieren a la Administración Pública, es decir, a funcionarios del Poder Ejecutivo, estableciendo normas de ingreso por concurso, carrera administrativa, prohibición de actividad política, remuneración, jubilación, etc. Ninguna de esas normas está dirigida a los parlamentarios. La referencia del artículo 146 a los cargos de la Administración Pública "de elección popular" concierne, obviamente, al presidente de la República, a los gobernadores y a los alcaldes. En el supuesto negado de que la diputada Machado hubiese "aceptado" un cargo, la norma del artículo 149 no le sería aplicable y en el supuesto negado de que lo fuera, el infringir el mandato contenido en el artículo 149 no acarrea pérdida de la condición parlamentaria.

5) En cuanto al artículo 191 ("Los diputados o diputadas a la Asamblea Nacional no podrán aceptar o ejercer cargos públicos sin perder su investidura, salvo en actividades docentes, académicas, accidentales o asistenciales, siempre que no supongan dedicación exclusiva") es necesario precisar lo siguiente: es práctica de la Organización de Estados Americanos que los países miembros cedan su silla a personalidades ajenas a la organización para que expresen algún punto de vista, para lo cual esas personas se acreditan como miembro de la delegación respectiva. En consecuencia, el que un país miembro de la OEA acredite a un parlamentario opositor de otra nación no lo convierte en representante o funcionario de ese país. Cuando la crisis del año 2009 en Honduras, la delegación venezolana acreditó a la canciller del presidente depuesto, Manuel Zelaya, para que hablara en la OEA. Esa acreditación no transformó a la ministra hondureña en funcionaria venezolana. En el presen-

te caso, la diputada Machado estuvo unas horas en la OEA, no recibió ninguna remuneración ni adquirió la condición de miembro del cuerpo diplomático de Panamá. Pero concluimos señalando que con cualquier interpretación que se quiera dar a esta situación, se trataría evidentemente de un cargo accidental, expresamente exceptuado por el citado artículo 191. A estos efectos, no sobra recurrir al *DRAE*. Allí encontramos, en la palabra "accidental" y con la aclaratoria "dicho de un cargo", lo siguiente: "Que se desempeña con carácter provisional...".[689]

6) Debe igualmente recordarse que la disposición contenida en el artículo 191, que apareció por primera vez en la Constitución de 1947, lo que busca evitar es la vieja práctica de los gobiernos autoritarios venezolanos y que consistía en tener Congresos que sesionaban durante breves lapsos y que estaban integrados mayoritariamente por funcionarios del Poder Ejecutivo.

Es evidente que la directiva de la Asamblea actuó en contra de la Constitución y del orden jurídico venezolano y que, por lo tanto, corresponde aplicar los artículos 137, 138 y 139 del Texto Fundamental que dicen:

ARTÍCULO 137. La Constitución y la ley definen las atribuciones de los órganos que ejercen el Poder Público, a las cuales deben sujetarse las actividades que realicen.

ARTÍCULO 138. Toda autoridad usurpada es ineficaz y sus actos son nulos.

ARTÍCULO 139. El ejercicio del Poder Público acarrea responsabilidad individual por abuso o desviación de poder o por violación de esta Constitución o de la ley.

Vemos aquí un extraño caso en el que un Parlamento atenta en contra de sus propias prerrogativas, se disminuye y se somete a la voluntad del Poder Ejecutivo, pues no debe dejar de señalarse que, dos días antes, el

---

[689] En este mismo sentido se pronunció el secretario general de la Organización de Estados Americanos, José Miguel Insulza, quien aclaró que la diputada María Corina Machado intervino ante el Consejo Permanente de dicha Organización en calidad de parlamentaria venezolana y que solo a tal fin la República de Panamá solicitó su acreditación en calidad de representante alterna. Asimismo, el secretario general de la OEA ratificó que es una práctica usual de esta institución aceptar y permitir "la participación y uso de la palabra en sesiones de los órganos políticos de la OEA de representantes que no necesariamente tenían la nacionalidad del Estado miembro al que representaban", tal y como ocurrió en 2009, cuando la excanciller hondureña, Patricia Rodas, se dirigió al Consejo Permanente como representante de Venezuela. Diario *El Universal*, 28 de marzo de 2013.

presidente Nicolás Maduro se refirió a María Corina Machado como la "exdiputada".[690]

El 26 de marzo se introdujo una demanda de protección de intereses colectivos contra el presidente de la Asamblea Nacional, Diputado Diosdado Cabello, por la supuesta vía de hecho contra la ciudadana María Corina Machado. Esta demanda fue declarada inadmisible el 31 de marzo, pero "debido a la trascendencia del tema, la Sala Constitucional del Tribunal Supremo decidió interpretar la Constitución en relación al punto planteado".[691]

La Sala, para decidir, toma en cuenta el artículo 191 de la Constitución, ya transcrito, y observa que la prohibición contenida en el artículo señalado "responde a la necesidad de que exista una ética parlamentaria o legislativa, y está plenamente concatenada con otras disposiciones constitucionales tendientes a preservar la ética como valor superior de la actuación de los órganos del Estado, y principios como la honestidad, eficiencia, transparencia y responsabilidad, entre otros, en el ejercicio de la función pública". La Sala no demuestra que la actuación de la diputada Machado afecte el ejercicio de la función parlamentaria; lo da como un hecho al afirmar que "va en desmedro de la función legislativa", pero seguidamente al plantear el problema ético, se sale de ámbito jurídico y entra en una valoración subjetiva difícilmente justificable. Para la Sala, la diputada Machado incumplió con "el deber que como todo venezolano y venezolana tiene de honrar y defender a la patria, sus símbolos, valores culturales, resguardar y proteger la soberanía, la nacionalidad, la integridad territorial, la autodeterminación y los intereses de la nación (artículo 130 constitucional)". Al esgrimir semejantes argumentos, la Sala Constitucional confunde a la Patria con el gobierno de turno y las políticas que este lleva a cabo con la soberanía, la nacional y los intereses de la nación.

---

[690] Diario *El Universal*, 22 de marzo de 2014.

[691] "La peculiaridad de la sentencia —afirma la profesora María Amparo Grau— consiste en que la demanda propuesta fue declarada inadmisible, pero a pesar de ello, a renglón seguido pasó a pronunciarse sobre el fondo del asunto, teniendo en cuenta incluso los alegatos de los demandantes expuestos en el escrito inadmitido. Una regla básica del derecho procesal es que al producirse la inadmisibilidad de la acción propuesta termina la labor del juez y éste no puede realizar ningún otro pronunciamiento. Inadmisible, no admite peros. Inadmisible en el derecho procesal significa que no hay proceso porque no hay acción. 3 de abril de 2014. https://mail.google.com/mail/u/0/#inbox/1452c8ea0eb4c720

En conclusión, afirma la profesora María Amparo Grau:

... la sentencia es jurídicamente cuestionable porque: 1) Una demanda inadmisible impide al Juez hacer pronunciamiento adicional alguno, desde que en ese caso éste no tiene jurisdicción; 2) La interpretación constitucional no puede hacerse sin proceso, requiere de una acción admitida, 3) La interpretación constitucional de una norma en un proceso en el que la Sala no juzga los hechos (ej. Recurso de interpretación) debe tener carácter general; 4) La sentencia se pronunció sobre los alegatos de los demandantes y en su texto admite la legitimidad de las vías de hecho del Presidente de la Asamblea; y 5) Con este proceder la Sala sentenció el fondo sin cumplir proceso alguno.[692]

Con esta decisión, el Tribunal Supremo de Justicia actúa como instrumento de persecución a la disidencia y se aleja de la imparcialidad e independencia que la Constitución exige.[693]

XI.2.7 "EL PLAN DE LA PATRIA"

La Asamblea Nacional aprobó el Plan de la Patria presentado como programa de gobierno por Hugo Chávez (*Propuesta del candidato de la patria comandante Hugo Chávez para la gestión bolivariana socialista 2013-2019*), retomado por el presidente Nicolás Maduro como "el Plan para el desarrollo económico y social de la nación entre los años 2013 y 2019". Tanto el presidente de la Asamblea como el presidente de la República han asegurado que este plan es "Ley de la República".[694]

La Constitución establece, en el ordinal 1 del artículo 187, que corresponde a la Asamblea Nacional "legislar en las materias de la competencia nacional y sobre el funcionamiento de las distintas ramas del poder nacional". Más adelante el ordinal 8.° le asigna la competencia de "aprobar las líneas generales del plan de desarrollo económico y social de la Nación, que serán presentadas por el Ejecutivo Nacional en el transcurso del tercer trimestre del primer año de cada período constitucional". En ninguna parte dice la Constitución que el plan, al ser aprobado, se convierte "en Ley de la República".

Recordemos que, según la Carta Magna, la ley es el acto aprobado por la Asamblea Nacional actuando como cuerpo legislador. No hay que ser abogado para saber que una ley es una norma jurídica, es decir, un precepto en que se manda, se permite o se prohíbe algo y que su incumplimiento trae aparejada una sanción. También sabe cualquier lego que la ley está sometida a la Constitución y que allí se establecen los pasos para sancionar la ley.

---

[692]   Texto citado en la nota anterior.

[693]   El tema será desarrollado en el punto XI.3.3.

[694]   Diario *El Nacional*, 3 de diciembre de 2013.

El sector oficial pretendió que el plan, en todos sus aspectos, es vinculante para todos los niveles y ramas del Poder Público, lo que significaría el sometimiento de todos ellos a la voluntad del Ejecutivo refrendada por la Asamblea. Esta pretensión, de concretarse, sería el producto de una concentración de poder desmedida y traería consigo el sometimiento de todos los Poderes Públicos, en todos los niveles, a un acto que no tiene, desde el punto de vista de la Constitución, mayor fuerza vinculante.

XI.2.8 ¿CÓMO DEBERÍA SER UNA ASAMBLEA NACIONAL DEMOCRÁTICA?

Para que un Parlamento pueda ser realmente un elemento esencial para alcanzar los fines de la separación de poderes, debe cumplirse con un mínimo de condiciones.

En su trabajo *Principios para el buen gobierno de la Asamblea Nacional*, el profesor Juan Miguel Matheus recuerda las ideas de los grandes pensadores liberales (Jeremy Bentham, Edmund Burke, Benjamin Constant, François Guizot, Emmanuel Sieyès) sobre el Parlamento ideal. Inspirados en esas reflexiones y separándonos de una visión meramente liberal del Estado, podemos entresacar algunas observaciones.

A los Parlamentos se les llama *cuerpos deliberantes* y, como tales, tienen que deliberar. Quiere esto decir que son lugares para la discusión abierta y libre. Templos para la tolerancia. Las sesiones, tanto en plenaria como en las comisiones y subcomisiones, tienen que ser un escenario para el intercambio de ideas dentro de un orden preestablecido, con base en las previsiones constitucionales y reglamentarias. Lo que se persigue es que la discusión fluya con la mayor amplitud y bajo la dirección de una directiva que, integrada normalmente por militantes de partido, no debe actuar con sesgo político. No puede haber un tiempo excesivo en el uso de la palabra, pero tampoco puede esta exigencia constituirse en un límite a la libre discusión; deben garantizarse pautas mínimas de convivencia civilizada, tanto en el lenguaje como en el orden, en un ambiente por su naturaleza no exento de pasiones; las deliberaciones entre los representantes del pueblo deben de ser públicas (con la excepción muy ocasional de aquellas en que se traten temas de interés nacional cuya divulgación pueda ser contraria al mismo). Esa publicidad significa que el acceso de los ciudadanos a los salones de sesión no puede reservarse a una sola parcialidad política y, ya que está limitado por razones físicas, debe complementarse con la presencia absolutamente libre de todos los medios de comunicación. La relación democrática entre elector y elegido solo puede existir si el primero tiene acceso a lo que en su nombre hace y dice el otro. Reza el artículo 210 de la Constitución de la República Bolivariana de Venezuela:

Los diputados o diputadas son representantes del pueblo y de los Estados en su conjunto, no sujetos o sujetas a mandatos ni instrucciones, sino sólo a su conciencia. Su voto en la Asamblea Nacional es personal.

La existencia de la disciplina partidista, tan común en las democracias modernas, se constituye, sin lugar a dudas, en una limitante a este precepto. Es bien conocida aquella frase que Bertrand de Jouvenel atribuye a un veterano parlamentario inglés: "He oído en la Cámara muchos discursos que me han hecho cambiar de opinión, pero ninguno me ha hecho cambiar mi voto". El parlamentario de hoy no goza de la libertad que Bentham o Guizot consideraban indispensable, pero no puede significar una obediencia obcecada, definida por Juan Germán Roscio como "el resultado de una consciencia ciega que, sin discernir entre lo bueno y lo malo, ciegamente abraza cuanto se le propone".[695] En las democracias modernas, cuando la disciplina partidista es aceptada, se le ponen dos límites: primero, el diputado debe tener la posibilidad de participar en la formación de la voluntad de su partido y, en segundo lugar, se debe dar cabida a la objeción de conciencia, que permite al parlamentario no participar en una votación en la que el mandato partidista afecta sus convicciones y principios. Huelga decir que cuando esta situación se presenta con demasiada frecuencia, dicho representante debería abandonar su tolda política.

Concluimos con unas pertinentes observaciones de Julio Borges, un parlamentario veterano de esta llamada Quinta República:

> Durante estos años hemos vivido, una y otra vez, la aprobación de reglamentos diseñados solo para reducir el espacio democrático y las interpretaciones legales y constitucionales contrarias a la razón, a la costumbre y a los principios de libertad. También la aprobación de leyes totalmente contrarias a la Constitución y de acuerdos, contratos y créditos adicionales sin soporte y sin información, así como la anulación de los derechos y la voz de los parlamentarios. Igualmente hemos visto la aprobación de leyes que castigan el voto de conciencia del parlamentario y la supresión del control sobre el poder. Asimismo, habilitantes que se suceden y renuevan como cheque en blanco al hombre fuerte y, además de esta demolición institucional, hemos vivido la cultura de la mentira sistemática, de la división nacional, la siembra del odio, el hostigamiento y la violencia física.

---

[695] *El triunfo de la libertad sobre el despotismo*, citado por Matheus, ob. cit., p. 42.

Ninguna de estas calamidades se relaciona con problemas de redacción constitucional, diseño institucional o gobernanza; por el contrario, nacen de conductas y decisiones de personas de carne y hueso que con total premeditación se han propuesto desmantelar los valores que pueden nutrir una sociedad democrática y justa.[696]

XI.3 CONSTANS ET PERPETUA VOLUNTAS[697]

A diferencia de los demás poderes, que se limitan a definir funciones, el Judicial se orienta hacia una virtud cardinal: la justicia.

El Poder Judicial existe para impartir justicia. Decía Kant que si la justicia llegara a desaparecer, perdería todo valor la existencia del hombre en la faz de la tierra.[698]

Definía Ulpiano la justicia como la voluntad constante y perpetua de dar a cada quien lo suyo (*ius suum cuique tribuendi*). Y Platón completaba diciendo que la justicia es lo que le guarda a cada quien su parte, su puesto y su función, preservando la armonía jerarquizada del conjunto.[699] ¿Manifiesta el Poder Judicial venezolano una visión similar?

En el ya varias veces citado discurso en el acto de instalación de la Asamblea Nacional Constituyente (5 de agosto de 1999), Hugo Chávez expuso su visión de lo que debía ser el Poder Judicial:

> Una nueva concepción del Poder Judicial. Un tribunal supremo de justicia y la figura de la elección de los jueces en las parroquias y en los municipios para llenar de democracia al Poder Judicial, para quitárselos a las tribus que se adueñaron y que se lo expropiaron al pueblo. (Aplausos). Y el Poder Judicial, si estamos hablando de un estado de justicia, el Poder Judicial sería la columna vertebral de los poderes del Estado para que sea un estado de justicia. Establecer con rango constitucional la carrera judicial y un mecanismo mucho más amplio, cristalino, para la elección de miembros de la Corte Suprema de Justicia o de ese Tribunal Supremo de Justicia donde estamos proponiendo la creación de una Sala Constitucional para que se encargue de los asuntos constitucionales, un nuevo concepto mucho más moderno, dinámico, mucho más del siglo XXI que está amaneciendo.

---

[696] Epílogo al ya citado libro *Principios para el buen gobierno de la Asamblea Nacional*, de Juan Miguel Matheus, p. 126.

[697] Ver nota 476.

[698] *Doctrina del Derecho*, II, 1.

[699] *La República*, IV.

Casi quince años después es prudente preguntar si el Poder Judicial que conocemos es hoy por hoy una "columna vertebral de los poderes del Estado".

Para contestar esta pregunta, la situación vivida por la jueza María Lourdes Afiuni nos ayuda a dar una respuesta negativa.

El 9 de diciembre del año 2009, la juez del Tribunal 31 Penal en funciones de control dictó una medida de libertad bajo régimen de presentación con prohibición de salida del país a un banquero, Eligio Cedeño.[700] Para decidir, la magistrada tomó en cuenta una recomendación del Grupo de Trabajo de Detenciones Arbitrarias de las Naciones Unidas en la que se constataba que Cedeño había pasado un largo tiempo detenido en violación a la garantía del debido proceso y al derecho a la defensa. En pocas horas, la jueza fue detenida en su propio despacho, así como todo el personal que laboraba en el tribunal. El día once de diciembre, en cadena de radio y televisión, el presidente Chávez dijo:

> Ustedes vieron a una jueza. ¡Bandida... una bandida! [...] Yo exijo dureza contra esa jueza [...] ¿Está o no está bien presa esa jueza? Está bien presa. Está bien presa, comadre, y yo pido que se le aplique todo el peso de la Ley [...] Pido la pena máxima.

Allí empezó el calvario de María Lourdes Afiuni, que tuvo amplia resonancia nacional e internacional. Hasta Noam Chomsky intercedió por ella ante Chávez, pero sin éxito alguno. Después de terribles vejaciones y sufrimientos, le fue dada casa por cárcel. Todo ello con una circunstancia muy especial: el Ministerio Público estableció que la jueza nunca recibió dinero por dictar la medida cautelar; en la Dirección Ejecutiva de la Magistratura no reposa expediente disciplinario alguno en su contra.[701] Pero resulta, como bien lo resalta Francisco Olivares, que María Lourdes Afiuni era "una presa del comandante". Fuera del horrible aspecto inhumano que subyace en todo lo narrado, hay un efecto sobre el Poder Judicial que no puede dejarse de señalar: ¿Qué juez, después de lo ocurrido a la doctora Afiuni, se atreverá a dictar una sentencia que pueda contrariar la voluntad del gobierno?

Ese caso puede verse como emblemático para entender la realidad del Poder Judicial venezolano. Así lo piensa Blanca Rosa Mármol, exmagistrada del Tribunal Supremo de Justicia:

---

[700] El libro de Francisco Olivares *La presa del comandante* contiene una detallada narración de este caso.

[701] Ibídem, p. 121.

Son tiempos oscuros para la administración de justicia en Venezuela. El caso de la jueza Afiuni clama ante todos esta verdad. Ella está presa por haber tomado una decisión, la esencia de su función. En lugar de la revisión por el juez superior se produjo la revisión del Ejecutivo y otra juez obedeció y se atrevió a detenerla, condición en la cual continúa hasta el momento de escribir estas líneas. Más de dos años han pasado desde que decidió otorgar una libertad que correspondía conforme a la Ley y por ello paga cárcel.[702]

XI.3.1 LA INDEPENDENCIA DE LOS JUECES Y FISCALES[703]

La independencia y la imparcialidad son los pilares fundamentales de un sistema judicial. La decisión del juez, libre de toda presión o prejuicio, solo puede basarse en la discusión sobre el examen objetivo de los hechos y la argumentación jurídica. Para saber si un juez es verdaderamente independiente es necesario prestar atención a los mecanismos que sirvieron para designarlo y luego estudiar su imparcialidad.

XI.3.1.1 EL INGRESO Y EL RÉGIMEN DISCIPLINARIO

La independencia de los jueces se garantiza mediante mecanismos objetivos de selección, para lo que la Constitución y las leyes prescriben los mecanismos de designación de los integrantes del Tribunal Supremo y del fiscal general y los concursos de oposición públicos; ascensos por méritos y estabilidad en los cargos para el resto de los jueces y fiscales. "Los jueces o juezas sólo podrán ser removidos o removidas o suspendidos o suspendidas de sus cargos mediante los procedimientos expresamente previstos en la ley".[704]

Ya analizamos en el capítulo X la designación de los magistrados del TSJ y del fiscal general. ¿Qué pasa con los demás jueces y fiscales?

En el capítulo VIII vimos cómo se gestó la vigente Constitución y cómo la Asamblea Nacional Constituyente, en contra de lo sentenciado por la Corte Suprema de Justicia, había asumido poderes originarios. Con base en ellos, dictó el Decreto de Reorganización del Poder Judicial y se creó una Comisión de Emergencia Judicial que luego se transformó en Comisión de Funcionamiento y Reestructuración del Sistema Judicial, ambas con carácter provisional. El numeral 5.º de la Disposición Transitoria Cuarta de la Constitución ordenaba a la Asamblea Nacional aprobar

---

[702]   Prólogo al libro *Afiuni, la presa del comandante*, de Francisco Olivares, p. 15.

[703]   A pesar de tratarse de dos poderes distintos, es metodológicamente más correcto y prácticamente más útil analizar la actuación del Poder Judicial y del Ministerio Público de manera conjunta.

[704]   Artículo 255 de la Constitución.

"la legislación referida al Sistema Judicial". Ello debió ocurrir "dentro de los primeros seis meses siguientes a su instalación."

Fue tal el retardo del Poder Legislativo que el Tribunal Supremo de Justicia, el 18 de mayo del año 2006[705], declaró la inconstitucionalidad por omisión, en relación con el Código de Ética del Juez Venezolano y Jueza Venezolana, y procedió a reestructurar la Comisión de Funcionamiento y Reestructuración del Sistema Judicial, revocando a los miembros de la misma, designados por la Asamblea Constituyente y designando sus sustitutos. ¿Con base en qué atribución? Sencillamente, sin ninguna base jurídica, pues las disposiciones transitorias del texto constitucional solo mencionan a la citada comisión en relación con la Defensa Pública.

Durante los primeros años de vigencia de la Constitución, los jueces fueron designados "a dedo" por la comisión. En el año 2005, el Tribunal Supremo abrió el mecanismo de los concursos. Lamentablemente estos concursos no han cumplido con el mandato contenido en el artículo 255 de la Constitución en cuanto a la transparencia y a la participación ciudadana. Dicen Carlos Ayala y Jesús María Casal:

> Es discutible, igualmente, que los nuevos procedimientos de ingreso, tal como han sido regulados y aplicados, representen verdaderos concursos de oposición públicos, de acuerdo con lo requerido constitucionalmente, ya que la posibilidad de concurrir estuvo circunscrita, en relación con un elevado número de tribunales, a los actuales jueces, generalmente provisorios —cuya forma de ingreso ya destacamos—, asemejándose los llamados concursos a un procedimiento de evaluación y confirmación del juez en su cargo. En todo caso, esta vía de ingreso ha sido implementada con cierta celeridad, lo cual se ha traducido en una significativa reducción del número de jueces provisorios, sin que ello signifique, por las razones señaladas, que los problemas relativos a la reducida independencia del Poder Judicial y a la limitada autonomía del juez hayan sido atendidos adecuadamente.

Este mecanismo, aun viciado, desapareció, y desde hace varios años todos los nombramientos de jueces ha sido con carácter provisorio.

La Constitución ordena que "los jueces o juezas sólo podrán ser removidos o suspendidos de sus cargos mediante los procedimientos expresamente previstos en la ley".[706] Otra es la situación de los jueces

---

[705]   Sentencia número 1048.

[706]   Artículo 255. Recuerda Rogelio Pérez Perdomo, en su ya citado estudio *Medio siglo de historia judicial en Venezuela (1952-2005),* "una fórmula verbal" que permite eludir el mandato constitucional: los jueces sancionados no son "destituidos" sino que se les "revoca su designación", p. 18.

provisorios, que se ven separados de sus cargos mediante decisiones no motivadas de la Comisión Judicial del Tribunal Supremo de Justicia.

La existencia de un número elevado de jueces provisorios es una clara violación de la autonomía e independencia judicial. No escapó esta anomalía al entonces presidente del Tribunal Supremo, magistrado Omar Mora, quien anunció que para finales de junio del año 2005 todos los jueces superiores serían titulares y que para diciembre ocurriría igual con los jueces de instancia[707]. Lamentablemente, siguió imperando la inestabilidad y larga es la lista de jueces removidos a raíz de decisiones contrarias a los intereses políticos del gobierno.

Como muestra, un botón: el juez superior noveno de lo Contencioso Tributario fue notificado de su remoción a través de un mensaje grabado en su teléfono celular por la presidenta de la Sala Político-Administrativa del TSJ. El citado juez había decidido declarar con lugar el recurso de nulidad que interpuso la empresa Globovisión contra una resolución de Conatel que le ordenaba pagar una determinada suma por impuestos supuestamente no cancelados.[708] Han sido removidos de sus cargos los jueces que pusieron en libertad a Carlos Melo y al general Carlos Alfonso Martínez; los magistrados de la Sala 10 de la Corte de Apelaciones que revocaron la prohibición de salida del país a quienes supuestamente firmaron el llamado Decreto Carmona; los que sentenciaron a favor de los directivos de Súmate. La juez que emitió la orden de allanamiento contra el exministro Rodríguez Chacín, en abril de 2002, renunció después de ser imputada. Según el Foro Penal Venezolano, "un número importante de jueces ha sido destituido por ir contra el gobierno".[709] Se incluye en esta situación a los magistrados de la Corte Primera de lo Contencioso Administrativo, cuyo tribunal fue allanado cuando le tocaba decidir sobre la devolución de equipos incautados a Globovisión por Conatel. La Corte permaneció cerrada por más de un año.

Igualmente se denuncia la destitución "arbitraria" de más de 200 fiscales del Ministerio Público.

Estas decisiones, de claro contenido político, forman parte de un proceso de "depuración permanente" que ya ha afectado a un gran número de jueces y fiscales.

---

[707]   Diario *El Universal*, 13 de mayo de 2005.

[708]   Diario *El Nacional*, 7 y 9 de junio de 2005.

[709]   Ibídem.

La remoción inmotivada de jueces, cualquiera que sea la razón que la produzca, es una vulneración grave de la separación de poderes y del texto constitucional. Los jueces tienen que ser removidos de acuerdo con un procedimiento que les garantice el derecho al debido proceso. No tiene el Tribunal Supremo ninguna facultad disciplinaria que le permita esta "depuración" del Poder Judicial. Así lo dijeron los decanos de ocho facultades de Derecho de las principales universidades venezolanas:

> El poder disciplinario sobre los jueces corresponde a la jurisdicción disciplinaria judicial. Mientras no se proceda a crear esta jurisdicción, el régimen disciplinario de los jueces compete a la Inspectoría General de Tribunales y a la Comisión de Funcionamiento y Reestructuración del Sistema Judicial. Al respecto nos inquieta que la Comisión Judicial del Tribunal Supremo de Justicia haya asumido competencias disciplinarias que no le son propias.[710]

Afirma Rogelio Pérez Perdomo:

> La falta de independencia del sistema de justicia puede verse aún más claramente en sus omisiones. Hay varias denuncias graves por malversación de fondos que involucrarían al Presidente y a ministros (caso del FIEM), de manejo de la deuda pública y del llamado Plan Bolívar 2000, que han sido grandes escándalos en los medios de comunicación. Sin embargo, el Fiscal General y el Contralor General no han tomado ninguna acción y no es previsible que la tomen, dada su vinculación con el Gobierno.[711]

Con injustificada tardanza, el 30 de junio de 2009 fue aprobado el Código de Ética del Juez Venezolano y Jueza Venezolana, que fue luego modificado por la Asamblea Nacional en agosto de 2010[712]. Quedó establecida, por lo menos en el papel, la jurisdicción disciplinaria prevista en la Constitución con la creación del Tribunal Disciplinario Judicial y de la Corte Disciplinaria Judicial. Lamentablemente, por los acontecimientos que vamos a reseñar, el Poder Judicial venezolano permanece sin la jurisdicción disciplinaria que la Constitución ordena. A ver:

La Sala Constitucional del Tribunal Supremo de Justicia (sentencia n.º 516, de fecha 07/05/2013), conociendo de la demanda de nulidad por inconstitucionalidad, conjuntamente con solicitud de medida cautelar innominada interpuesta contra el Código de Ética del Juez Venezolano y la Jueza Venezolana, luego de admitida la demanda, procedió a establecer como medidas cautelares innominadas y hasta tanto se dicte sentencia

---

[710]   Comunicado presentado el 9 de junio de 2005. Ver diario *El Nacional* de esa misma fecha.

[711]   Rogelio Pérez Perdomo, op. cit., p. 367.

[712]   *Gaceta Oficial* número 39493, agosto de 2010.

definitiva de la causa, la suspensión de varios artículos del código. La sentencia se dicta el 7 de mayo, el último día de la doctora Luisa Estella Morales en la Presidencia de la Sala Constitucional. En el fallo se suspende la aplicación del código a los jueces y juezas temporales, ocasionales, accidentales o provisorios y permite la extensión a esta categoría de jueces y juezas del procedimiento disciplinario contemplado en los artículos 51 y siguientes del mencionado código, por no tratarse de jueces o juezas que hayan ingresado a la carrera judicial, correspondiéndole a la Comisión Judicial la competencia para sancionarlos y excluirlos de la función jurisdiccional. La decisión afecta de manera importante el ejercicio de la jurisdicción disciplinaria (investigación, enjuiciamiento y sanción de las irregularidades cometidas por los jueces en el ejercicio de sus cargos). Se decidió también que el Código de Ética no es aplicable a los magistrados del TSJ, al considerar que su nombramiento y remoción corresponden a un procedimiento especial establecido en la Constitución.

El fallo, indicaron fuentes del máximo tribunal, no fue suscrito por la nueva presidente del Tribunal Supremo de Justicia y de la Sala. Según las mismas fuentes, no será la Comisión Judicial, presidida por Gladys Gutiérrez, la que ejerza el poder de designar jueces sin concurso de oposición y removerlos sin procedimiento judicial. "Todo el poder disciplinario se transfiere a la Inspectoría General de Tribunales, que está controlada por Juan José Mendoza, que es uno de los aliados de Luisa Estella Morales".

El 17 de octubre de 2013 produjo la Sala Constitucional una Aclaratoria de Sentencia sobre el Código de Ética, dejando sin efecto algunos de los contenidos de la sentencia "aclarada". No ha habido pronunciamiento sobre el fondo de la demanda y sigue sin aplicarse el régimen disciplinario que, para los jueces, establece la Constitución.

XI.3.1.2 LA IMPARCIALIDAD

"Ganarle un juicio a la Administración Pública en Venezuela es casi imposible" afirma el profesor Antonio Canova González, en su libro *La realidad del Contencioso Administrativo venezolano*. Tras revisar las 2 296 sentencias que emitió la Sala Político-Administrativa del Tribunal Supremo de Justicia en 2007 y las 831 que dictó durante el primer semestre de 2008, el catedrático se topó con que menos de 10 % de las acciones intentadas por los particulares contra organismos públicos prosperó.

De esas 2 296 sentencias de 2007, uno se encuentra con que 64 % no son sentencias, sino autos (admisiones, solicitudes de información, recusaciones e inhibiciones), es decir, en realidad se dictaron 325 sentencias de fondo y de ellas 222 se refieren a actos de anulación de actos administrativos.

De esas 222 sentencias, 182 fueron declaradas sin lugar, es decir, fueron desechadas; 22 fueron declaradas con lugar y 18 parcialmente con lugar.[713]

En el mismo sentido se había pronunciado el entonces diputado Gerardo Blyde: la Sala Político-Administrativa del TSJ "sólo decide el 1 % de los casos en contra del gobierno y el resto no los decide o los declara sin lugar[714].

El doctor Alejandro Cáribas, quien fuera superintendente de Bancos, acusó al fiscal general de la República de intimidar a los jueces en el caso de los créditos indexados. Dijo: "La Fiscalía no está actuando de manera imparcial, pone en duda el Estado de Derecho y afecta la posibilidad de que un juez actúe con autonomía; con el riesgo de que pueda haber inhibiciones por este caso".[715]

El penalista Alberto Arteaga ejemplifica un planteamiento en relación con la falta de autonomía del Poder Judicial con dos ejemplos: el primero fue la decisión de la presidenta del Tribunal Supremo de Justicia (TSJ), magistrada Luisa Estella Morales, de anular la orden de procesar al gobernador de Miranda, Henrique Capriles Radonski, y que ella misma había dictado luego de que el Partido Socialista Unido de Venezuela (PSUV) anunciara que no respaldaba ese solicitud. "La condición de víctima —apunta el exdecano de la Facultad de Derecho de la UCV— nada tiene que ver con la autorización o no de un partido político, salvo que el agraviado sea el partido". La presidenta del TSJ afirmó que "la tiene sin cuidado" que digan que "responde a las instrucciones del PSUV". Arteaga también cuestionó que tanto el TSJ como la Fiscalía comenzaran a otorgar medidas humanitarias a los presos que se encontraban enfermos luego de que el presidente Hugo Chávez los llamara a adoptar tales medidas. "Es sumamente grave que los órganos de justicia solo se movilicen por el exhorto del Presidente".[716]

---

713 Canova también revisó los fallos que dictó la Sala Político-Administrativa en 1989, por ser este el último año en el que se publicó la *Gaceta Forense* donde se recababan todos los dictámenes del máximo juzgado, con el propósito de comparar cifras y observó que "los números son totalmente contrarios. En ese año 50% de las acciones de nulidad fueron declaradas con lugar, mientras que 43% fueron rechazadas y 7% fueron declaradas parcialmente con lugar".

714 Discurso en la Asamblea Nacional, 19 de mayo de 2005, diario *El Nacional*, 20 de mayo de 2005.

715 Diario *El Nacional,* 15 de mayo de 2005.

716 *El Universal* viernes 22 de julio de 2011. El 16 de julio de 2011, reseña el diario *El Carabobeño* que el presidente Hugo Chávez, ya él mismo gravemente enfermo, encargó al vicepresidente Elías Jaua tramitar ante el Poder Judicial el beneficio de casa

Como corresponde, el Tribunal Supremo de Justicia rechaza cualquier acusación de parcialidad. Veamos una nota de prensa del Tribunal Supremo de Justicia que lleva por título: "El Poder Judicial venezolano no está parcializado"[717] y que dice así:

> El magistrado Eladio Ramón Aponte Aponte, titular de la Sala Penal, le salió al paso a las declaraciones de algunos sectores del país que vienen denunciando en los medios de comunicación la presunta parcialidad del Poder Judicial venezolano, agregando que ellos obedecen únicamente a lo establecido en la Constitución de la República Bolivariana de Venezuela.

> El Poder Judicial venezolano no está parcializado, nosotros nos debemos al mandato constitucional y a lo que establecen las leyes. Los jueces debemos ser imparciales, sólo tenemos como norma que nos obliga y que queremos garantizar, la Constitución de la República Bolivariana de Venezuela, por encima de ese mandato constitucional no existe otro Poder.

La refutación de esta declaración la dejamos al mismo magistrado Aponte Aponte, huido del país unos años más tarde, en una declaración reproducida en el anexo 1.

El 25 de enero de 2014 se dio inicio al Año Judicial con la ceremonia de estilo correspondiente.[718] La presidenta del Supremo Tribunal, doctora Gladys Gutiérrez, dijo:

> Hoy podemos afirmar como un hecho significativo que la estructura administrativa del TSJ se ha ajustado para el cumplimiento del Proyecto Nacional Simón Bolívar 2007-2013 y en el mismo sentido se dieron los primeros pasos para la adaptación de esta institución en la medida de su misión y visión concordadas con los postulados constitucionales al Plan de la Patria.

Recordemos que el segundo objetivo del mencionado plan es "Continuar construyendo el socialismo bolivariano del siglo XXI... como alternativa al sistema destructivo y salvaje del capitalismo" y que para lograrlo el Estado perseguirá "una nueva hegemonía ética, moral y espiritual", propulsará "la transformación del sistema económico... en un nuevo metabolismo para la transición al socialismo".

---

por cárcel para los presos políticos que presenten algún tipo de enfermedad. Chávez aseguró que en el país no existen presos políticos sino "políticos presos" y desmintió que su gobierno no respete los derechos humanos de los detenidos. "Se lo prometí a Monseñor Moronta, pero le dije que yo no soy el dictador que va a dar órdenes a los demás poderes, por eso exhorto desde mi corazón al Poder Judicial para que se les dé algún recurso o beneficio cautelar". El "exhorto" fue, felizmente, muy eficaz.

[717] Jueves, 02 de febrero de 2006, páginas web del TSJ.

[718] Ver *El Universal*, 25 de enero de 2014, reseña del periodista Juan Francisco Alonso.

La magistrada culminó su discurso haciendo:

> ... un reconocimiento especial al presidente Hugo Chávez como máximo responsable de haber materializado este proyecto [en referencia a la Constitución], pues sin su impulso y visión revolucionaria no habríamos podido andar este camino.

El Discurso de Orden correspondió a la magistrada Deyanira Nieves, quien no se limitó a alabar al fallecido jefe del Estado, sino que también defendió el derecho que ella y sus colegas tienen para expresar de viva voz sus ideas políticas, sin que eso ponga en duda la independencia y autonomía del TSJ.

> Los señalamientos de los detractores de la política, como objeto del bien común, es [sic] equivocada y yerra [cuando afirman] que la majestuosidad del Poder Judicial entra en actividades de índole proselitista, propagandística o activismo político-partidista cuando algunos de mis compañeros magistrados aplauden el sentimiento socialista, porque según aquellos la política anula nuestras mentes —afirmó, al tiempo que aseveró—: Sé diferenciar entre mis pensamientos socialistas y políticos como el activismo político, gremial, sindical o de índole semejante.

Los magistrados y jueces presentes corearon la consigna: "¡Chávez vive, la lucha sigue!".

Tenemos entonces derecho a preguntarnos cómo queda el pluralismo consagrado en el artículo segundo de la Constitución y la imparcialidad que debería definir las actuaciones del Tribunal Supremo, así como expresar el deseo de que el TSJ "se ajuste" a la Constitución.

XI.3.2 EL CONTROL DE LA CONSTITUCIONALIDAD

Uno de los controles más importantes que garantizan el equilibrio de los poderes en un Estado de Derecho es el de la constitucionalidad, que, en Venezuela, se asigna al Tribunal Supremo de Justicia. Dice la Constitución que:

> ... corresponde exclusivamente a la Sala Constitucional del Tribunal Supremo de Justicia, como jurisdicción constitucional, declarar la nulidad de las leyes y demás actos de los órganos que ejercen el Poder Público dictados en ejecución directa e inmediata de la Constitución o que tengan rango de ley, cuando colidan con aquella.[719]

---

[719]   Artículo 334.

XI.3.2.1 EL CONTROL DEL GOBIERNO SOBRE EL TSJ Y EL CONTROL DEL TSJ POR LA SALA CONSTITUCIONAL

Ya examinamos, el capítulo X, cómo fueron seleccionados los magistrados del TSJ y cómo, a través de ese mecanismo, el gobierno puso bajo su control, desde la época del Congresillo, no solo a la Sala Constitucional sino también a las demás Salas del TSJ. Inicialmente, el Tribunal Supremo, a pesar del carácter espurio de su designación, se apegaba a la letra y al espíritu de la Constitución.[720] Así la Sala Constitucional, explicando a qué se debe la supremacía constitucional, sentenció el 25 de enero de 2001:

> La Constitución es suprema, entre otras cosas, porque "instrumenta los mecanismos democráticos y pluralistas de legitimación del Poder, tales como los relativos a la designación de las autoridades y a los mandatos respecto al cómo y al para qué se ejerce autoridad".

Poco a poco, la situación cambió y sistemáticamente los fallos del Tribunal Supremo se fueron produciendo de acuerdo con la voluntad política del régimen. Esta situación está vinculada con una ruptura que se produjo entre diversos sectores del oficialismo, que trajo consigo una modificación de la correlación de fuerzas en el seno del Tribunal. El gobierno conservó el control de la Sala Constitucional, pero ya no con los cinco magistrados sino con tres, y perdió la mayoría en la Sala Plena. La nueva perspectiva se puso en evidencia cuando, en agosto del año 2002, el Tribunal declaró que no había mérito para enjuiciar a cuatro oficiales generales por los sucesos del 11 de abril de ese mismo año. El presidente de la República había claramente declarado cómo quería que el Tribunal sentenciara y no ocultó su disgusto ante esta decisión, en palabras poco cónsonas con su alta investidura. El Tribunal Supremo venía sesionando rodeado por una violenta multitud de partidarios del gobierno.

Como consecuencia de esta sentencia, que evidenció —sin entrar al fondo de la misma— un cierto grado de independencia del Tribunal Supremo, se anunció la preparación de un proyecto de ley que aumentaría sustancialmente el número de magistrados. Esta idea cobró mayor fuerza cuando también se puso en evidencia que el gobierno había perdido el control de la Sala Electoral.

Obviamente nunca se dijo que la intención de la reforma tuviese un clarísimo contenido político. Se alegó que el número existente de

---

[720]   Ver Luis Guillermo Govea y María Bernardoni de Govea, *Las respuestas del Supremo sobre la Constitución venezolana de 1999*. Allí aparecen reseñadas las sentencias del TSJ hasta comienzos del año 2002.

magistrados resultaba insuficiente para el trabajo que se esperaba de ellos. No pensaba así unos meses antes el doctor Iván Rincón Urdaneta, para entonces presidente del TSJ quien, en la sesión solemne de apertura del Año Judicial 2001, había presentado un balance totalmente satisfactorio de las actividades del Tribunal, había anunciado la superación de todas las metas propuestas y expresado con orgullo que todas las Salas estaban "al día" en los casos sobre los cuales tenían que decidir.[721] El proceso de discusión de la nueva Ley Orgánica del Tribunal Supremo de Justicia fue largo y, mientras ello ocurría, la Sala Electoral produjo una importantísima decisión, contraria a los intereses del gobierno, en el caso de la validez de las firmas recogidas para el referendo revocatorio. El día 15 de marzo de 2004 la Sala Electoral ordenó al Consejo Nacional Electoral la inclusión de 876 017 firmas llamadas "de caligrafía similar" al total de firmas válidas que ya habían sido aceptadas. Esta decisión aseguraba la inmediata convocatoria del referendo.[722] Recordemos que la competencia de la Sala Electoral está clara e inequívocamente establecida en el artículo 297: "la jurisdicción contencioso-electoral será ejercida por la Sala Electoral del Tribunal Supremo de Justicia y los demás tribunales que determine la Ley". Así había venido ocurriendo y así lo había asegurado el presidente del CNE, Francisco Carrasquero, quien invitó a quienes estuviesen en desacuerdo con las decisiones tomadas en relación con la validez de las firmas a recurrir ante dicha Sala. La Sala Constitucional, sin embargo, en sentencia 442 del 23 de marzo de 2004, decidió avocarse al conocimiento del caso, anuló la sentencia antes citada de la Sala Electoral y le ordenó "paralizar todos los procesos referidos a acciones de nulidad o amparo o cualquier otro recurso incoado contra los actos del Poder Electoral, relativos a los procesos de referendos revocatorios...". Razonó la Sala Constitucional de la siguiente manera:

> ... no se ha dictado una ley para regular ninguna de las modalidades referendarias, de tal manera que la normativa elaborada a tales efectos por el Consejo Nacional Electoral son actos en ejecución directa e inmediata de la Constitución [...] motivo por el cual es esta Sala la competente para conocer su nulidad fundada en violaciones constitucionales.

También se alegó que, habiendo sido designado el CNE por la Sala Constitucional, corresponde a esta "supervisar el cumplimiento de la Constitución". Ante amenazas de enjuiciamiento, los magistrados Alberto Martini Urdaneta y Rafael Hernández, de la Sala Electoral, solicitaron jubilación.

---

[721] 11 de enero de 2001.

[722] Sentencia N.° 24.

Sancionada la nueva Ley Orgánica del Tribunal Supremo de Justicia y designados los nuevos magistrados, sin el "autogol" que temía el diputado Pedro Carreño, el TSJ regresó a una total alineación con la voluntad política del Poder Ejecutivo y, para evidenciar el cambio, el 12 de mayo de 2005 anuló la sentencia que absolvió a los militares acusados de haber participado en un golpe de Estado el 11 de abril de 2002 y ordenó la reapertura del juicio.

La primacía de la Sala Constitucional en relación con las demás Salas ha sido objeto de discusión. Dicen Carlos Ayala y Jesús María Casal:

Desde un primer momento se planteó, sin embargo, el interrogante de si la Sala Constitucional podía anular o revisar sentencias emanadas de otras Salas del Tribunal Supremo de Justicia con base en el numeral 10 del artículo 336 de la Constitución. Algunos estimamos que la respuesta debía ser negativa, pues la mencionada primacía interpretativa de la Sala Constitucional no la convierte en órgano de revisión de las sentencias proferidas por las Salas hermanas del Máximo Tribunal, del cual forma parte. El artículo 335 de la Constitución, frecuentemente invocado para justificar tal potestad revisora, ciertamente prevé, dentro de determinados límites, el especial efecto vinculante de la jurisprudencia de la Sala Constitucional, pero ello no autoriza a esta Sala a imponer su criterio constitucional en cualquier caso y por cualquier vía. Al contrario, sus interpretaciones vinculantes deben sentarse en uso de las atribuciones procesales efectivamente otorgadas por la Constitución, o por la ley conforme a la Constitución, la cual no la erige en órgano de revisión general de los pronunciamientos de las demás en materia constitucional. El artículo 335 podía, a lo sumo, conferir fundamento a un mecanismo procesal, que debía ser configurado por la ley, por el cual la Sala Constitucional revisara sentencias de las otras Salas contrarias a la doctrina vinculante previamente sentada por dicha Sala.

Sin embargo, la Sala Constitucional, con apoyo en una Exposición de Motivos de la Constitución, de validez más que dudosa y en el afán de extender su ámbito de competencias, asumió desde el principio de su jurisprudencia una facultad para revisar, de oficio o a instancia de parte, cualquier decisión de las otras Salas que ella estimase gravemente lesiva de la Constitución o contraria a las interpretaciones que ella misma hubiera establecido. Ello abrió la brecha de la tendencia a la autoatribución de competencias por parte de la Sala Constitucional, que simultáneamente se estaba produciendo en la materia del amparo constitucional, pues la Sala mencionada se reservó todas las competencias que tenía el máximo tribunal para conocer de acciones de amparo autónomas tanto en única instancia como en vía de apelación o consulta.

La tendencia señalada se ha trasladado a varios ámbitos: la obligación de los jueces de remitir a dicha Sala, para su revisión, toda sentencia en la que ejerzan el control difuso de la constitucionalidad; la reducción de la facultad de los jueces de desaplicar leyes incompatibles con la Constitución a los casos de contradicción literal; el reconocimiento de una facultad de la Sala Constitucional de avocarse al conocimiento de causas pendientes de tramitación o decisión ante cualquier otro tribunal, en materia constitucional; el monopolio de esa Sala para resolver acciones interpuestas en defensa de intereses difusos o colectivos; la creación de un recurso directo de interpretación de la Constitución; el sobredimensionamiento del efecto vinculante de la jurisprudencia constitucional, y los poderes de dicha Sala para colmar omisiones inconstitucionales de todos los Poderes Públicos. Esta orientación ha sido en buena medida confirmada por la Ley Orgánica del Tribunal Supremo de Justicia, promulgada en el 2004.

Todo lo anterior ha conducido a un desmesurado incremento de las atribuciones de la Sala Constitucional, lo cual ha ido en detrimento de las facultades de los jueces ordinarios para la interpretación y defensa de la Constitución y ha mitigado el carácter mixto o integral de nuestro sistema de justicia constitucional.[723]

XI.3.2.2   LA CONSTITUCIÓN MODIFICADA POR EL TSJ

De más está recordar la importancia de la autoridad, cualquiera que ella sea, que tiene a su cargo velar por la supremacía constitucional. Podemos decir que no hay separación de poderes si no hay un ente estatal que garantice el cumplimiento del Texto Fundamental. La Constitución se transforma en letra muerta si puede ser violada impunemente por alguno de los Poderes Públicos o ser interpretada de manera acomodaticia.

La sumisión del Tribunal Supremo venezolano a los designios del Poder Ejecutivo ha traído consigo un cambio sustancial, no solo del espíritu sino de la letra de la Constitución. La propia Sala Constitucional había definido esta situación al declarar que cuando se otorga "a las normas constitucionales una interpretación y un sentido distinto del que realmente tienen, se trata en realidad de una modificación no formal de la Constitución misma".[724] Lamentablemente es precisamente la Sala Constitucional, por

---

[723]   Ob. cit., p. 66. Ver también Jesús María Casal, *La facultad de revisión de sentencias después de la Ley Orgánica del Tribunal Supremo de Justicia;* e Hildegard Rondón de Sansó, *Competencias de la Sala Constitucional en la Ley Orgánica del Tribunal Supremo de Justicia.* Ver también www.allanbrewercarias.com, *Sobre el avocamiento de procesos judiciales por parte de la Sala Constitucional. Una excepcional institución procesal concebida para la protección del "orden público constitucional" convertida en un instrumento político violatorio de los derechos al juez natural, a la doble instancia y al orden procesal.*

[724]   Citado por Allan R. Brewer-Carías, *La demolición del Estado de Derecho en Venezuela,* el cual remite a la *Revista de Derecho Público,* Editorial Jurídica Venezolana, N.º 105, Caracas, 2006, pp. 76 y ss.

acción u omisión, la institución estatal que ha permitido una burla sistemática de la norma suprema, que ha devenido en un cambio de la misma. Esta mutación ilegítima de la Constitución, nos recuerda Brewer, ha ocurrido "en muchos casos incluso sin que las normas interpretadas hayan sido ambiguas, imprecisas, mal redactadas y con errores de lenguaje, legitimando y soportando la estructuración progresiva de un Estado autoritario".[725]

A lo largo de todo el estudio que hemos hecho de la aplicación de la Constitución, en lo referente a la separación de poderes, durante sus primeros catorce años de vigencia, hemos visto cómo todas las violaciones abiertas o encubiertas de la Constitución, que han sido graves y frecuentes, han sido avaladas por el Tribunal Supremo. Ya sea por la vía de declarar sin lugar los recursos de nulidad que se han introducido o de responder de manera acomodaticia a los recursos de interpretación o simplemente de ignorar las acciones de inconstitucionalidad que se presenten.

De tal manera que la Constitución sancionada por el pueblo en 1999 es sensiblemente distinta a la que hoy se aplica, no por la vía de reformas o enmiendas, sino por la acción del Tribunal Supremo de Justicia. Vale decir que la Constitución ha sido modificada por el Tribunal Supremo. No se trata de una acción subrepticia sino de una potestad de "órgano paraconstituyente" e "intérpete cuasiauténtico" que el máximo tribunal se ha atribuido con ocasión de la interpretación constitucional y que le permite producir normas generales capaces de modificar, ampliar o corregir el texto fundamental.[726]

Veamos la muestra más cercana en el tiempo de esta modalidad de usurpación del poder constituyente: El 24 de abril de 2014 Sala Constitucional del Tribunal Supremo de Justicia produjo la sentencia 276, que es la más reciente evidencia de cómo se modifica el texto constitucional por la vía judicial. En un sistema que se dice democrático, participativo y protagónico, se limita el derecho de reunión en lugares públicos o de manifestación, consagrado en el artículo 68 de la Constitución y en los instrumentos internacionales de derechos humanos.

Dice el artículo 68 de la Carta Magna: "Los ciudadanos y ciudadanas tienen derecho a manifestar, pacíficamente y sin armas, sin otros requisitos que los que establezca la ley". Estos requisitos fueron establecidos en los artículos 41, 43, 44, 46 y 50 de la Ley de Partidos Políticos, Reuniones Públicas y Manifestaciones, publicada en la *Gaceta Oficial* N.° 6.013

---

[725] Ídem, p. 22.

[726] Ver *El control de la constitucionalidad en Venezuela, la interpretación y las lagunas jurídicas* de Máximo Febres Siso.

Extraordinario del 23 de diciembre de 2010. La ley establece una regulación en la cual los organizadores de una manifestación deben cumplir únicamente con el deber de **participar** previamente su realización a la primera autoridad civil de la jurisdicción, con indicación de las circunstancias de tiempo y lugar. Recibida la participación, dice el artículo 44 de la ley:

> Cuando hubieren razones fundadas para temer que la celebración simultánea de reuniones públicas o manifestaciones en la misma localidad pueda provocar trastornos del orden público, la autoridad ante quien deba hacerse la participación que establece el artículo anterior podrá disponer, de acuerdo con los organizadores, que aquellos actos se celebren en sitios suficientemente distantes o en horas distantes. En este caso tendrán preferencia para la elección del sitio y la hora quienes hayan hecho la participación con anterioridad.

La sentencia modifica inconstitucionalmente el régimen legal del derecho de manifestación, al subordinar su ejercicio a la previa autorización de la autoridad administrativa, tal como ocurre en los regímenes autoritarios y dictatoriales. Veamos lo que dijo la Sala Constitucional:

> La **autorización** emanada de la primera autoridad civil de la jurisdicción de acuerdo a los términos de la Ley de Partidos Políticos, Reuniones Públicas y Manifestaciones, constituye un requisito de carácter legal, cuyo incumplimiento limita de forma absoluta el derecho a la manifestación pacífica, impidiendo así la realización de cualquier tipo de reunión o manifestación. Por lo tanto, cualquier concentración, manifestación o reunión pública que no cuente con el aval previo de la autorización por parte de la respectiva autoridad competente para ello, podrá dar lugar a que los cuerpos policiales y de seguridad en el control del orden público a los fines de asegurar el derecho al libre tránsito y otros derechos constitucionales (como por ejemplo, el derecho al acceso a un instituto de salud, derecho a la vida e integridad física), actúen dispersando dichas concentraciones con el uso de los mecanismos más adecuados para ello, en el marco de los dispuesto en la Constitución y el orden jurídico.

El 29 de abril, un grupo de diputados opositores introdujo ante la Sala Constitucional del TSJ un recurso de Controversia Constitucional. En él reclaman a esta Sala el haber invadido las funciones legislativas al establecer en una interpretación del derecho constitucional a la manifestación requisitos adicionales a los establecidos por ley para su ejercicio.

El alcalde Gerardo Blyde explica:

> Participar significa que se da aviso a la autoridad de lo que se desea realizar pero no se espera por su aprobación o negación. Indica libertad en el ejercicio del derecho, no sujeto a condicionantes que dependan de la discrecionalidad del funcionario. Autorizar por el contrario requiere de una solicitud de

permiso para que la autoridad produzca un acto mediante el cual permita o no la actuación determinada. No indica el libre ejercicio del acto, lo limita a la voluntad que debe manifestar la administración. El cambio de esa palabra cambia todo el sentido de cómo puede o no ejercerse el derecho a la manifestación pacífica.

La Constitución además señala que en materia de derechos fundamentales la legislación que los regule debe ser progresiva, lo que significa que jamás, una vez regulados, pueden con posterioridad establecerse condiciones más gravosas para el ejercicio de ese tipo de derechos. Por ello no solo el TSJ no podía variar la participación por una autorización como lo hizo, sino que tampoco lo puede hacer la AN si decidiera a futuro reformar la ley.[727]

Un derecho esencial para la vida democrática, establecido de manera clara e inequívoca por la Constitución y cuyos requisitos de ejercicio fueron desarrollados por el legislador, queda prácticamente eliminado por una decisión del Tribunal Supremo de Justicia. Comenta el abogado Juan Rafalli: "La Sala Constitucional sigue abusando de sus facultades interpretativas de la Constitución para avalar posiciones complacientes a favor del Poder Ejecutivo, lo que denota una clara ausencia de autonomía funcional de los poderes públicos".[728]

Concluye el profesor Gustavo Linares Benzo:

Todo tribunal supremo tiene la tentación de convertirse en legislador. Pero en Venezuela, desde las famosas sentencias de la Sala Constitucional de Iván Rincón, Delgado Ocando y Cabrera (prohibido olvidar) esa tentación se convirtió en principio. Se empezó a hablar de "jurisprudencia normativa" (*sic*), cosa que no produjo crisis constitucionales porque siempre, qué casualidad, decía exactamente lo que quería oír el Gigante Eterno, hoy lo que desea Maduro (¿o Diosdado?). Así que más allá de la necesidad de un tribunal supremo independiente, necesidad evidente, hay que desarmar a la Sala Constitucional de sus capacidades de sustituir al proceso político y regresarla a su papel de protección de la separación de poderes y de los derechos constitucionales, en una palabra, de protectora de las minorías (las mayorías las protege la Asamblea Nacional, no necesitan más paladines).[729]

Pasando a otro aspecto, se ha visto, por parte del Tribunal Supremo, una modalidad de sentencia que no deja de causar extrañeza: el control de constitucionalidad conduce a la nulidad de normas contrarias a la Constitución o a su desaplicación. Cuando actúa un tribunal constitucional y anula una disposición legislativa, se habla de "legislación negativa". La Sala

---

[727]   Diario *El Universal*, "Derecho a manifestar es libertad", 2 de mayo de 2014.

[728]   Artículo en el diario *El Universal*, "El uso de la fuerza", 2 de mayo de 2014.

[729]   "Casimir y corbatas", diario *El Universal*, 3 de mayo de 2014.

Constitucional del Tribunal Supremo de Justicia ha ido más allá. Basada en la facultad de establecer interpretaciones sobre el contenido y alcance de las normas y principios constitucionales, la Sala ha modificado, por ejemplo, la Ley Orgánica de Amparo sobre Derechos y Garantías Constitucionales, estableciendo nuevos procedimientos para adaptar esta institución a la normativa contenida en la nueva Constitución.[730] Hay allí una clara invasión en el ámbito de competencia de la Asamblea Nacional.[731]

XI.3.3 EL PODER JUDICIAL COMO INSTRUMENTO DE PERSECUCIÓN POLÍTICA

Otra cara de la dependencia del Poder Judicial en relación con la voluntad política del Poder Ejecutivo es el uso de los tribunales para la persecución en contra de la disidencia. Según el gobierno y la Defensoría del Pueblo, no hay en Venezuela "presos políticos" sino "políticos presos". Para el año 2005, una investigación realizada por el Foro Penal Venezolano reveló que los 400 casos en los que consideran que la imputación se produces por razones políticas han sido asignados a 10 fiscales y 9 jueces. Si se toma en cuenta que existían 1 200 fiscales y unos 1 500 jueces en todo el país, esa concentración en tan pocas manos es, por lo menos, sospechosa. La investigación revela también "la cada vez más recurrente distribución nocturna de los expedientes" prescindiendo del sistema computarizado aleatorio que solo funciona durante el día.[732] En ocasión de la crisis política de febrero de 2014, mediante la Resolución N.° 2014-0001, dictada el 13 de ese mes, el Tribunal Supremo de Justicia designará los jueces penales para los casos que considere complejos en 18 de los 23 estados del país. Según el TSJ:

> … en la actualidad se están presentando en diversos espacios fronterizos de la República acciones criminales de especial repercusión nacional en lo económico y social en general, inclusive por parte de grupos de delincuencia organizada nacional y transnacional, que amerita la acción permanente, innovadora y eficaz del Poder Judicial, así como la actuación conjunta e integral de todo el Poder Público y del Poder Popular.

El artículo 3 de la resolución dice:

> La Comisión Judicial del Tribunal Supremo de Justicia designará Jueces Penales Itinerantes en los Circuitos Judiciales Penales Fronterizos, cuando así lo estimare necesario, en virtud de la cantidad y complejidad de las causas que tengan asignadas.

---

[730]   Sentencia del 1 de febrero de 2000.

[731]   Para una información completa sobre el tema, ver Allan R. Brewer-Carías, *Constitutional Courts as Positive Legislators. A Comparative Law Study.*

[732]   Diario *El Nacional*, 7 de junio de 2005.

En virtud de esta decisión, el TSJ asume la potestad de establecer tribunales de excepción, contraviniendo la clarísima disposición contenida en el ordinal 3 del artículo 49 de la Carta Magna, que dice:

> Toda persona tiene derecho a ser juzgada por sus jueces naturales en las jurisdicciones ordinarias o especiales, con las garantías establecidas en esta Constitución y en la ley. Ninguna persona podrá ser sometida a juicio sin conocer la identidad de quien la juzga, ni podrá ser procesada por tribunales de excepción o por comisiones creadas para tal efecto. [...].

El profesor Allan Brewer-Carías, al estudiar el uso del Poder Judicial para la represión política y para la criminalización de la disidencia, distingue cuatro categorías[733]:

a) Persecución contra los propios jueces. Ya hemos reseñado el caso de la jueza María Lourdes Afiuni, el caso más emblemático. Agreguemos, a título de ejemplo, en el año 2003, la destitución y cierre por más de un año de la Corte Primera de lo Contencioso Administrativo por haber sentenciado en contra del gobierno en un caso relativo a los médicos cubanos. Esta materia la volveremos a tratar más adelante, pero se trata de una política sistemática que consiste en sancionar al juez imparcial y amedrentar a la judicatura para que la disidencia nunca se exprese.

b) Persecución contra empresas, siendo los casos más resaltantes Radio Caracas Televisión y Globovisión, que culminaron con el cierre o control gubernamental, previa confiscación de bienes y acusación de directivos por la supuesta comisión de delitos comunes. Se pueden agregar los casos del grupo de empresas pertenecientes a Nelson Mezerhane y a constructores privados con vínculos, supuestos o reales, con la oposición. El 24 de mayo de 2010, se realizó un allanamiento a la empresa Econoinvest. Sin orden de arresto y de manera arbitraria fueron detenidos 4 de sus directores ejecutivos. El día 25, la Comisión Nacional de Valores instruyó la intervención temporal de Econoinvest sin razón justificada ni sustentación. A pesar de la solvencia de la empresa, la CNV decretó, sin base legal alguna, la liquidación de la empresa. Igual ocurrió con decenas de casas de bolsa que venían operando legalmente. Sus directivos fueron encarcelados y la mayoría de ellos permaneció más de dos años en prisión, sometidos a juicios en los cuales se violaban todos sus derechos y que culminaron con el sobreseimiento de todos los acusados. Los hechos imputados no eran delito para el momento en que ocurrieron; fueron reconocidos como tales posteriormente con la aprobación de la Ley de Ilícitos cambiarios, que terminó siendo derogada por Decreto Ley Presidencial, en marzo de 2014 lo que trajo consigo el inmediato sobreseimiento solicitado por el Ministerio

---

[733] *On the Situation of the Judiciary in Venezuela as an Instrument for Political Persecution*, 2013.

Público. Más recientemente, el 24 de enero de 2014, el Sr. Diosdado Cabello introdujo una demanda penal por difamación agravada contra Carlos Genatios, colaborador en la sección de opinión en el diario *TalCual*, por un artículo publicado en el citado diario. En escrito adicional, demanda a los miembros de la junta directiva de La Mosca Analfabeta C.A., Teodoro Petkoff (editor presidente), Francisco Layrisse, Juan Antonio Golia y Manuel Puyana, por considerar que los mismos avalaron ese artículo. El demandante solicita medidas cautelares contra Carlos Genatios y los miembros de la directiva de La Mosca Analfabeta C.A. El 04/02/14 el tribunal 29 en lo penal admite la demanda y acuerda las medidas cautelares solicitadas: 1) presentación de los demandados cada ocho días por ante el tribunal; 2) prohibición de ausentarse del país sin autorización del tribunal. De resultar condenadas las personas antes mencionadas, la ley contempla cárcel por un período máximo de cuatro años.[734]

La pregunta es: ¿son responsables los directivos de la empresa que edita un diario por cada artículo de opinión que se publica?

a)   Acusaciones en contra de personas cuya inocencia debe presumirse y que han sido acusadas y a veces condenadas por crímenes que nunca se comprobó que cometieran. Si los juicios llegaren a terminar, normalmente con incontables retardos procesales, se les sentencia a penas absolutamente desproporcionadas y se les niegan o retardan beneficios procesales. El caso emblemático en esta categoría es el de los comisarios Iván Simonovis, Henry Vivas y Lázaro Forero y de varios agentes de la Policía Metropolitana. No menos importante es el caso del asesinato del fiscal Danilo Anderson el 18 de noviembre del 2004, que aún no se ha aclarado y cuya investigación condujo a acusaciones en contra de varias figuras opositoras. El fiscal general de entonces, Isaías Rodríguez, tuvo una turbia injerencia y quedó en evidencia un claro intento de manipulación de la justicia.[735]

b)   La criminalización de la disidencia y de la protesta. Merece especial mención el caso de los directivos de la Asociación Civil Súmate, Alejandro Plaz y María Corina Machado, quienes fueron acusados de "Traición a la Patria" y "Conspiración en contra de la Forma Republicana de Gobierno" por haber promovido y participado en la recolección de firmas para la

---

[734]   Mensaje del doctor Francisco Layrisse, difundido por internet el 1° de marzo de 2014.

[735]   Ver Alfredo Meza, *Así mataron a Danilo Anderson*, Caracas, 2011. A pesar de que la investigación nunca concluyó en nada y de que el testimonio clave en el asunto haya quedado absolutamente invalidado por el propio fiscal general, quien admitió haber sido engañado, los hermanos Otoniel, Rolando y Juan Bautista Guevara fueron condenados a severas penas de prisión. Durante la investigación fue vilmente asesinado el joven abogado Antonio López Castillo sin que nunca se investigara el hecho ni se comprobara vinculación alguna de Castillo con el caso Anderson.

realización del referendo revocatorio del año 2004. En julio de 2010, un tribunal penal de Caracas declaró a Oswaldo Álvarez Paz, líder opositor y exgobernador del estado Zulia, culpable de difundir "información falsa" por criticar al gobierno en unas declaraciones emitidas por Globovisión en marzo de 2010. Álvarez Paz fue condenado a dos años de prisión, aunque posteriormente el juez le permitió cumplir la pena en libertad condicional.

En el mes de febrero de 2014, la jueza 16 de Control de Caracas aceptó la petición que le hiciera el Ministerio Público para detener al exalcalde de Chacao y dirigente del partido Voluntad Popular Leopoldo López y ordenó al Servicio Bolivariano de Inteligencia aprehenderlo y allanarle su residencia. Se ordenó capturar a López para ser procesado por los delitos de asociación para delinquir, instigación a delinquir, intimidación pública, incendio a edificio público, daños a la propiedad pública, lesiones graves, homicidio y terrorismo. Posteriormente, Leopoldo López se presentó ante la Justicia, fue sometido a custodia militar, encerrado en una institución militar y, en la audiencia de presentación, se le acusó de instigación pública, daños a la propiedad, determinador en el delito de incendio intencional (autor intelectual) y asociación para delinquir, este último tipificado con penas que van de 6 a 10 años de prisión. Anotamos el hecho de que se ordenó una orden de captura por una serie de delitos y, apenas unas horas más tarde, la acusación se ve reducida de manera sustancial.[736]

El 27 de marzo, la Corte de Apelaciones del Circuito Judicial Penal de Caracas negó una petición de excarcelación, presentada por la defensa de Leopoldo López, para ser juzgado sin estar privado de su libertad.[737]

Ocurre con relativa frecuencia que las decisiones de los tribunales de justicia y del Ministerio Público, sobre temas similares, varían en función de la persona o parcialidad política cuestionada. A manera de ejemplo tenemos la muy bien formulada denuncia del abogado Herman Escarrá Malavé en contra del presidente Hugo Chávez "por instigación a delinquir, apología del delito e incitación al odio" que fue desechada por el Tribunal Supremo de Justicia el 11 de noviembre de 2009.

Dijo Escarrá en su denuncia del año 2007:

El día domingo 4 de noviembre del año en curso durante el discurso que ofreciera el Presidente de la República ciudadano Tte. Coronel. HUGO CHÁVEZ FRÍAS, mediante lo que constituyó un hecho público, notorio y comunicacional, pudimos observar cómo de manera clara expresa y directa se hacía especial instigación a los seguidores del oficialismo para que en custodia de los ideales contenidos en la Reforma Constitucional propuesta y

---

[736] Ver http://www.ultimasnoticias.com.ve/noticias/actualidad/politica/cuatro-delitos-se-le-imputaran-a-leopoldo-lopez.aspx#ixzz2v6RgSt00

[737] *El Universal*, 28 de marzo de 2014.

en protección de la implementación del Socialismo del siglo XXI, salieran a la calle en su defensa, incitando a la violencia y como consecuencia específica a la comisión de diversos hechos tipificados como punibles por nuestra ley penal sustantiva.

Luego cita las palabras del presidente Chávez:

> Imagínense un millón de personas marchando por el Este quemando chaguaramos y palmeras. Ese millón seríamos nosotros, no serían ustedes, porque no llegan a un millón. No quedaría piedra sobre piedra de esta apátrida oligarquía.

La respuesta de la Sala Plena del Tribunal Supremo de Justicia no pudo ser más clara:

> Las expresiones, críticas, observaciones y señalamientos efectuados por el Máximo Representante del Ejecutivo Nacional a través de los medios de comunicación social –públicos y privados– no pueden considerarse *per se* constitutivos de delito; pues, dichas menciones se entienden –en principio– conformes con *el derecho a la libertad de expresión*, derecho fundamental este que ostenta el Presidente de la República al igual que todos los ciudadanos y ciudadanas, de conformidad con lo dispuesto por el artículo 57 de la Constitución de la República Bolivariana de Venezuela.

Los abogados de Leopolo López solicitan que el mismo razonamiento jurídico sea aplicado en el caso del líder opositor, señalado como "autor intelectual" e "instigador", de los delitos cometidos en ocasión de los disturbios que se produjeron el 12 de febrero de 2014 en Caracas, por convocar una manifestación contra el Gobierno.

La Fiscalía ha considerado que el llamamiento que hizo López a buscar "una salida" al Ejecutivo de Nicolás Maduro es un llamamiento tácito a un golpe de Estado. "La incitación de un líder político a luchar en las calles para salir de un Gobierno puede generar actos violentos", afirma el Ministerio Público.[738].

En fecha reciente y en ocasión de los disturbios ocurridos en Venezuela durante los meses de febrero y marzo de 2014, la Sala Constitucional del Tribunal Supremo de Justicia, en sentencias del 17 y del 24 de marzo de 2014, usurpó la competencia de la jurisdicción penal y se arrogó la potestad sancionatoria penal en materia de desacato a un mandamiento de amparo. La Sala Constitucional, violando las garantías del debido proceso (derecho a la defensa, presunción de inocencia, derecho al juez natural, derecho a la doble instancia y la independencia e imparcialidad del juez[739]), condenó a

---

[738]   Diario *El Universal*, 2 de mayo de 2014.

[739]   Ver artículo 49 de la Constitución.

penas de prisión a los alcaldes Enzo Scarano, del municipio San Diego del estado Carabobo, y Miguel Ceballos, del municipio San Cristóbal del estado Táchira, por desacato a un mandamiento de amparo, dictado por la misma Sala, apenas unos días antes. De esta forma, el Tribunal Supremo contravino su propia jurisprudencia y puso en evidencia su total ausencia de imparcialidad.[740] El alcalde Ceballos, al comparecer ante la Sala Constitucional, dijo las siguientes palabras:

> Agradezco a Dios por permitirme pronunciar estas palabras, frente a una corte que no está compuesta por magistrados que deben atender a la justicia, sino que está conformada por verdugos que cumplen instrucciones de una dictadura.

> Vengo a este corte como lo que soy: un civil secuestrado en una prisión militar que comparte celdas con Enzo Scarano, un alcalde legítimo y depuesto y Leopoldo López, el hombre que con dignidad y valentía despertó al pueblo. Soy perfectamente consciente de por qué estoy aquí. Tengo muy claro [*sic*] las razones que me traen a este patíbulo.

> Estoy aquí porque el 8 de diciembre, los dignos ciudadanos de San Cristóbal me dieron el honor y el privilegio de gobernar a la capital del Táchira, otorgándome un mandato incuestionable: me eligieron con el 70 % de los votos.

> Estoy aquí, porque durante 77 días he trabajado sin descanso durante día y noche, para ser digno de ese mandato que el pueblo me confirió: el de acatar las leyes y llevar a mi ciudad hacia un camino de prosperidad. Han sido los mejores 77 días de mi vida: gobernar a un pueblo valiente y libre que se resiste ante todas las dificultades.

> Estoy aquí porque he manifestado públicamente mi rechazo frente a un régimen que ha empobrecido a mi patria, que ha desfalcado sus arcas, que ha encarcelado a inocentes, que ha torturado a estudiantes, que ha asesinado a mis compatriotas. Es un régimen que no merece estar un minuto más en el Poder y contra el que siempre me opondré.

---

[740] Sobre esta materia ver diario *El Universal*, "Con caso Scarano TSJ echó a la basura 12 años de jurisprudencia. http://www.eluniversal.com/nacional-y-politica/140321/con-caso-scarano-tsj-echo-a-la-basura-12-anos-de-jurisprudencia y Allan Brewer-Carías, *La condena y el encarcelamiento de alcaldes por la Sala Constitucional del Tribunal Supremo, usurpando competencias de la jurisdicción penal, mediante un procedimiento "sumario" contrario a la Constitución, y despojándolos de su investidura electiva*, 21 de marzo de 2014, página web Allan Brewer-Carías. En la misma página web puede leerse otro estudio del mismo autor: "El fallido intento de la sala constitucional de justificar lo injustificable: la violación masiva de todos los principios del debido proceso en el caso de las sentencias n.os 245 y 263 de 9 y 11 de abril de 2014, de revocación del mandato popular de alcaldes", 11 de abril 2014.

Estoy aquí porque he defendido la Constitución que ha sido violentada en sus principios por una tiranía que ha burlado el sagrado principio de la separación de poderes.

Estoy aquí porque no existe Estado de Derecho y Justicia.

Yo no espero Justicia.

Estoy preparado para la cárcel. Estoy preparado para recibir una sentencia de unos verdugos que están a punto de consumar un Golpe de Estado contra el Pueblo de San Cristóbal.

Estoy preparado para ser juzgado por los tachirenses y los venezolanos, porque estoy del lado correcto de la historia.

Estoy preparado para recibir el juicio de Dios, lo que sí no estoy seguro es que mi Patria esté preparada para más asesinatos, injusticia, hambre y represión.

La Sala volvió a sentenciar el 9 de abril. Aclaró, en relación con los alcaldes encarcelados:

1. No toda sanción privativa de libertad debe ser consecuencia de un proceso penal ni es necesaria una investigación del Ministerio Público.

2. El desacato de un mandamiento de amparo no es un delito sino una "infracción judicial".

3. El criterio que se había sostenido durante más de doce años sobre esta materia por la propia Sala es "anacrónico e ineficaz".

4. El derecho a la doble instancia se pierde cuando quien condena es la propia instancia suprema pues, "al igual que la gran mayoría de los axiomas jurídicos", no se trata de un principio absoluto, y caben excepciones.

Si a algún lector le quedaba alguna duda... [741]

El día 31 de marzo de 2014, la Sala Constitucional del Tribunal Supremo de Justicia, haciendo gala nuevamente de una inusual celeridad, convalidó la decisión del presidente de la Asamblea de despojar a María Corina Machado de su investidura parlamentaria, sin oírla y sin observar ninguna de las previsiones relativas al debido proceso. [742]

---

[741] Ver diario *El Universal* del 10 de abril de 2014.

[742] Ver XI.2.6

Sobre estos casos se pronunció la Academia de Ciencias Jurídicas y Políticas de la siguiente manera:

> En la realización del designio político al cual sirve la Sala Constitucional no importa la violación del debido proceso, no importa no dar ocasión imparcial a los argumentos de la parte enjuiciada, no importa convertirse en juez y parte y en instancia única de decisión, no importa criminalizar la disidencia, no importa anular la voluntad popular o impedir la presentación en instancias internacionales de visiones divergentes. Por el contrario, todo está permitido si asegura los propósitos y la continuación indefinida e ilimitada en el poder del grupo gobernante.

La persecución no se limita a la disidencia política; abarca también a la dirigencia sindical "incómoda". Tal es el caso del secretario general de Sintraferrominera, Rubén González, a quien se le sigue un juicio por participar en una huelga de trabajadores en 2009. También lo sufrió en su momento Emilio Campos, secretario general del Sintracarbonorca. Un tribunal laboral le prohibió realizar asambleas, exhibir pancartas y burlar los perímetros de seguridad, tras una actividad que lideró en defensa del salario. Y más recientemente, el secretario general de la Federación Unitaria de Trabajadores Petroleros, José Bodas, y otros nueve compañeros, no solo recibieron agresiones, sino también permanecieron detenidos por más de 24 horas y se les prohibió realizar actividades en la empresa, pese a que ello constituye una violación a la libertad sindical consagrada en la Constitución, la Ley del Trabajo y en convenios internacionales suscritos por Venezuela.

La utilización del Poder Judicial como instrumento de persecución ha asumido recientemente una nueva modalidad: la justicia sirve para garantizar la cohesión del oficialismo.

En relación con las elecciones municipales del 8 de diciembre de 2013, cuatro exalcaldes socialistas han sido detenidos, en varios casos, por la Dirección de Contrainteligencia Militar (?) y enfrentan cargos de corrupción. Ocurre que estos alcaldes no fueron postulados a la reelección en las listas del PSUV, decidieron postularse por otras organizaciones políticas y obtuvieron un número de votos que permitió la victoria de la oposición.[743] La supuesta actividad delictiva que permite enjuiciarlos no necesariamente es reciente. En algunos casos es anterior al desempeño de funciones edilicias.

Escapa a la materia de la presente investigación un análisis detallado de las circunstancias que venimos reseñando. Nos interesa destacar que la

---

[743] Se trata de los alcaldes salientes de los municipios Maturín del estado Monagas, Alberto Adriani del estado Mérida, Morán del estado Lara y Zamora del estado Miranda. Antes de las elecciones, el alcalde saliente de Valencia entró en conflicto con la dirección del PSUV y fue igualmente detenido.

utilización del Poder Judicial para persecuciones políticas es una evidencia de la ausencia de independencia de los jueces venezolanos y del sometimiento de esta rama del Poder Público al Ejecutivo Nacional, violentando la esencia de la separación de poderes.[744]

XI.3.4 LAS DENUNCIAS INTERNACIONALES Y EL SOMETIMIENTO A LOS TRATADOS

No se incluyen tampoco en el ámbito de nuestro trabajo las denuncias efectuadas por organizaciones internacionales que defienden el respeto a los derechos humanos. Tomamos apenas algún ejemplo solo con el ánimo de señalar que estas organizaciones, por su prestigio y reconocimiento en el mundo, se han constituido en frenos ante el ejercicio abusivo del poder. Lo mismo ocurre con los tratados internacionales en materia de derechos humanos que también son, o deberían ser, una barrera en contra del abuso, sobre todo en casos como el venezolano, en los cuales han recibido rango constitucional.

Son muchas las instituciones internacionales que han denunciado la situación del Poder Judicial en Venezuela. Una de ellas es Human Rights Watch, prestigiosa organización independiente dedicada a la investigación, defensa y promoción de los derechos humanos y que en su momento condenó los acontecimientos del 11 de abril y demandó el reestablecimiento del presidente Chávez en su cargo. Al presentar el *Informe sobre Venezuela* (2004), dijo su director, José Miguel Vivanco, que vivíamos una crisis constitucional que podría afectar la ya frágil democracia venezolana. Señaló que el Poder Ejecutivo trata de copar y purgar el Poder Judicial, manipulándolo en función de sus propios intereses. Aseguró que cuando plantearon estos temores al fiscal general y al presidente del Tribunal Supremo de Justicia, les habrían dicho que quienes ejercen la autoridad demostrarían moderación y respeto al Estado de Derecho. Garantías que consideró irrelevantes, pues un Estado de Derecho que depende de la buena voluntad y el autocontrol de quien ostenta el poder no es un Estado de Derecho.[745] En respuesta a este informe dijo el entonces vicepresidente, José Vicente Rangel: "Vivanco es un mercenario al servicio de los poderes imperiales. Nosotros lo que estamos haciendo es fortalecer al Poder Judicial, sacándolo del pozo séptico donde se encontraba".[746]

---

744 Para una visión completa, ver los informes anuales de Provea (Programa Venezolano de Educación-Acción en Derechos Humanos), Informes anuales desde el año 1989, Derechos Civiles y Políticos. http://www.derechos.org.ve

745 Informe sobre Venezuela, 17 de junio de 2004. *El Nacional*, 30-12-2013.

746 BBC Mundo, 17 de junio de 2004.

Human Rights Watch fue acusada en 2008 por parte del gobierno de Venezuela a través de sus ministros de Relaciones Interiores y Exteriores, Tareck El Aissami y Nicolás Maduro respectivamente, de estar "inmiscuyéndose ilegalmente en los asuntos internos" del país, por lo que sus representantes fueron expulsados. Por su parte, el entonces ministro de Comunicación e Información y presidente de TeleSUR, Andrés Izarra, calificó a Human Rights Watch como "una fachada de la injerencia estadounidense en Venezuela" y les acusó de estar al servicio de "los intereses más bastardos de la oligarquía venezolana, al servicio de los intereses imperiales".[747]

El informe de Human Rights Watch intitulado *Venezuela: el legado autoritario de Chávez* (2013) contiene una larga enumeración de violaciones a los derechos políticos y civiles. El reporte indica que la presidencia de Hugo Chávez (1999-2013) "se caracterizó por una drástica concentración de poder y una abierta indiferencia por las garantías de los derechos humanos básicos".

En el informe correspondiente al año 2013, la organización denunció la continua intimidación y sanción de los críticos con el gobierno del presidente Nicolás Maduro. En el informe, también recoge cómo tras ser declarado ganador en unas controvertidas elecciones presidenciales de abril, las fuerzas de seguridad del Estado golpearon y detuvieron arbitrariamente a los simpatizantes de Henrique Capriles.

"A algunos de estos arrestados les preguntaban: '¿Quién es tu presidente?' y eran golpeados si no respondían 'Nicolás Maduro'".

La organización de derechos humanos dijo estar preocupada por la concentración de poderes del presidente Nicolás Maduro en Venezuela.

"La acumulación de poder en el Ejecutivo y la erosión de las garantías de derechos humanos permitieron al gobierno intimidar, censurar y procesar a sus críticos".

En lo que concierne a los tratados internacionales, empecemos por recordar que la Constitución de 1999 establece en su artículo 23:

Los tratados, pactos y convenciones relativos a derechos humanos, suscritos y ratificados por Venezuela, tienen jerarquía constitucional y prevalecen en el orden interno, en la medida en que contengan normas sobre su goce y ejercicio más favorables a las establecidas por esta Constitución y

---

[747] http://www.telesurtv.net/noticias/secciones/nota/32998-NN/ministro-izarra-hrw-es-una-fachada-de-la-injerencia-estadounidense/

en las leyes de la República, y son de aplicación inmediata y directa por los tribunales y demás órganos del Poder Público.[748]

Más adelante, al regular los estados de excepción, la Carta Magna señala, en su artículo 339: "El Decreto cumplirá con las exigencias, principios y garantías establecidos en el Pacto Internacional de Derechos Civiles y Políticos y en la Convención Americana sobre Derechos Humanos". Al nombrar ambos tratados, el constituyente le dio a cada texto específico rango constitucional y, en consecuencia, Venezuela no puede denunciarlos sin una previa modificación de la Constitución.

Sin embargo, el 30 de abril de 2012, en cadena nacional de Radio y Televisión, el presidente de la República, Hugo Chávez Frías, solicitó al recién instalado Consejo de Estado formular las recomendaciones pertinentes para retirar a Venezuela de la "tristemente célebre" Corte Interamericana de Derechos Humanos (CIDH).

El retiro de Venezuela se formalizó el 10 de septiembre de 2012 y se concretó un año más tarde.

El tema no era nuevo en el ámbito político y judicial venezolano y el propio Tribunal Supremo de Justicia, guardián de la constitucionalidad, había "recomendado" la denuncia del tratado. Todo ello como consecuencia de sucesivos veredictos de la cidh que fueron desacatados por Venezuela.

En el año 2008, el Tribunal Supremo declaró inejecutable la sentencia internacional en el caso de los magistrados de la Corte Primera de lo Contencioso Administrativo, Juan Carlos Apitz Barbera, Perkins Rocha Contreras y Ana María Ruggeri Cova, quienes fueron destituidos por haber incurrido en un "error judicial inexcusable", según el mismo Tribunal Supremo (2003). La CIDH "condenó al Estado venezolano por la violación de los derechos a garantías y protección judicial de los ex jueces" y ordenó su reincorporación inmediata, si ellos así lo deseaban. El TSJ declaró "inejecutable" la sentencia.

Según la Convención Americana sobre Derechos Humanos, esta sentencia, como todas las sentencias de la Corte Interamericana, es "definitiva

---

[748] Ver Carlos Ayala Corao, *La jerarquía constitucional de los tratados relativos a derechos humanos y sus consecuencias.*

e inapelable"[749] y el Estado venezolano tenía la obligación de "cumplir la decisión de la Corte en todo caso en que se(a) parte".[750]

El fondo de la sentencia de la Corte Interamericana persigue impedir la violación causada al derecho a la independencia de los jueces y a no ser removidos o destituidos arbitrariamente. Si un juez es destituido arbitrariamente por las sentencias que dicta, no tiene independencia para decidir.

Sobre el retiro de la CIDH, Amnistía Internacional produjo la siguiente declaración:

Desafiando su propia Constitución de 1999, renegando de los compromisos asumidos con la ratificación universal de la Convención Americana sobre Derechos Humanos, e ignorando los llamamientos de numerosas organizaciones nacionales e internacionales de derechos humanos, incluyendo el de la Alta Comisionada de Naciones Unidas para los Derechos Humanos, Venezuela se desligó de la Convención Americana y abandonó la jurisdicción de la Corte Interamericana de Derechos Humanos, marcando un triste y decepcionante día para la justicia, los derechos humanos y el estado de derecho en este país.[751]

Concluimos este aparte relativo al Poder Judicial con la siguiente cita del presidente de la Academia de Ciencias Política, doctor Alfredo Morles:

En un régimen totalitario, de signo comunista o de signo fascista, el derecho cumple una simple función secundaria e instrumental. Por ello los jueces tienen que compartir la ideología dominante y estar dispuestos a sentenciar, no conforme a los principios jurídicos, sino conforme a la conveniencia del régimen, convertida en un valor superior. Cuando un magistrado se declara revolucionario, es decir, partidario de la ideología dominante, ya se sabe en qué dirección irán sus sentencias.[752]

XI.4 MORAL Y LUCES

Simón Bolívar propuso al Congreso de Angostura el establecimiento de un Poder Moral. Su propuesta fue desechada. En su discurso en la Instalación de la Asamblea Constituyente, Hugo Chávez se refirió a esa circunstancia y delineó su visión del nuevo poder cuya creación planteaba:

---

[749]   Artículo 67.

[750]   Artículo 68.1.

[751]   http://www.codigovenezuela.com/2013/09/noticias/pais/amnistia-internacional-retiro-de-venezuela-de-la-cidh-es-un-grave-retroceso

[752]   12 de marzo de 2005, discurso de toma de posesión de la Presidencia de la Academia.

Ese poder moral lo considero fundamental para la República bolivariana. Pensemos y no nos dejemos llevar por aquel viento que se llevó la idea de Angostura, porque Bolívar, sabio como era, incluso, igual en el proyecto de Constitución de Bolivia, él intuía que no iba a ser incorporado ese cuarto poder a la Constitución ni a la de Angostura. Los constituyentes de Angostura no incorporaron el concepto del poder moral, le tuvieron miedo. Alguien me decía hace pocos meses acá: ¿Es que se le tiene miedo a la palabra moral porque todos tenemos algo de inmoral? Y yo dije: es cierto, pero no se trata de la moral personal, no se trata de la moral puritana, se trata de la moral republicana que es la resultante de los valores y las virtudes de un pueblo. ¡Cómo no va a ser importante hablar de moral hoy cuando la corrupción ha azotado y ha roto todos los recortes y resortes de la era y de la vida republicana! ¡Claro que es pertinente el poder moral! Clamo a ustedes que no echen esa propuesta al mismo pipote de la basura de Angostura.

Quince años más tarde, poco puede decirse en cuanto a la actuación del Consejo Moral Republicano (CMR), institución prácticamente inexistente y cuyas atribuciones expusimos en el capítulo VIII.[753] No se ha ejercido nunca la función de formular advertencias a las autoridades o funcionarios en relación con el incumplimiento de sus obligaciones legales.[754] Bien sea porque los miembros de este Consejo creen que nunca se ha producido incumplimiento o porque han incurrido en una clara dejación de sus obligaciones.

Debe recordarse que según el texto constitucional "todos los funcionarios o funcionarias de la Administración Pública están obligados o [sic] obligadas, bajo las sanciones que establezca la ley, a colaborar con carácter preferente y urgente con los o las representantes del Consejo Moral Republicano en sus investigaciones".[755] No se ha conocido de ninguna sanción impuesta por el CMR a algún funcionario por negarse a colaborar ni tampoco del resultado de ninguna investigación. Tampoco se ha ejercido la función de promover actividades pedagógicas dirigidas al estudio de la Constitución, "al amor a la patria, a las virtudes cívicas y democráticas, a los valores trascendentales de la República y a la observancia y respeto de los derechos humanos".[756]

La situación del Ministerio Público (MP) ya ha sido analizada desde el punto de vista de su independencia; a ello debe agregarse un problema de ineficiencia, inoperancia, negligencia e ineptitud. Estas carencias fueron

---

[753] VIII.6.1
[754] Artículo 275 de la Constitución.
[755] Artículo 277.
[756] Artículo 278.

constatadas por el propio fiscal general, Julián Isaías Rodríguez, en un documento dirigido el 8 de junio de 2005 a los funcionarios del MP.[757] Reconoce el entonces fiscal general la existencia de "roscas que frenan, retardan, demoran, obstaculizan, detienen, paralizan, bloquean y hacen lentas las labores y funciones de la institución".[758] Consideraba la cabeza del MP que los funcionarios no tienen interés para rendir el servicio público para el cual les paga el Estado; que carecen totalmente de sentido común de organización y que hay una falta de preparación y carencia de conocimientos técnicos suficientes para tomar las decisiones en el tiempo exacto y con la prudencia y justicia necesarias.[759] Esta comunicación la dirige el fiscal general después de algo más de cuatro años a la cabeza del MP, lo que lleva al decano de la Facultad de Derecho de la Universidad Metropolitana, Rogelio Pérez Perdomo, a comentarla de la siguiente manera:

> Da la impresión de que se está quejando de todo, inclusive de sí mismo, pero no hay medidas concretas para solucionar la situación confesada; que se trata de una persona recién llegada al Ministerio Público que se pone las manos en la cabeza por lo ineficiente que es la organización. Se soslaya que la Fiscalía, actualmente, es el producto de Isaías Rodríguez, a quien, si es consistente, no le queda más remedio que renunciar.[760]

Y agrega:

> A objeto de la represión política, el Ministerio Público sí funciona eficientemente y prueba de ello es la gran cantidad de imputaciones y acusaciones contra representantes de la oposición y periodistas críticos de la gestión de Hugo Chávez. Lo que está paralizado, es el resto de los procesos, que atañen a los ciudadanos sin prominencia pública.[761]

En relación con la Contraloría General de la República (CGR) y la Defensoría del Pueblo (DP), puede decirse que la actuación de ambos organismos ha sido no solamente discreta sino que en muchos casos ha evidenciado omisión en el cumplimiento de sus funciones constitucionales. Es obligación, tanto de la CGR como de la DP, abrir investigaciones en relación con denuncias o hechos notorios que pongan en evidencia presuntos casos de corrupción o de violación de derechos humanos. Sin prejuzgar sobre la veracidad de esas denuncias o lo bien fundado de las reseñas periodísticas,

---

[757] Oficio DFGR-46.096 publicado en la página web del Ministerio Público, reproducido por el periodista Edgar López en el diario *El Universal* del 16/6/2005.

[758] Ídem.

[759] Ídem.

[760] Diario *El Universal* del 25 de junio de 2005, entrevista del periodista Edgar López.

[761] Ídem.

era deber del Poder Ciudadano abrir las investigaciones pertinentes, citar a los involucrados, hacer públicas las averiguaciones y dar a conocimiento del país el resultado de estas acciones. Esto no ha ocurrido. Normalmente el contralor general y el defensor del pueblo callan y cuando hablan es para respaldar la gestión gubernamental o denunciar a la oposición.[762]

En el caso de la Contraloría General, no se trata solo de inhibiciones, pues esa importante institución del Poder Ciudadano se ha convertido en un instrumento de persecución política por la vía de las inhabilitaciones. A ver:

El artículo 105 de la Ley Orgánica de la Contraloría General de la República y del Sistema Nacional de Control Fiscal señala expresamente que el contralor, sin que medie procedimiento alguno, una vez que haya establecido la responsabilidad administrativa del funcionario y le haya impuesto la correspondiente sanción de multa, podrá imponer de manera adicional o accesoria a la sanción ya impuesta, la suspensión del ejercicio del cargo sin goce de sueldo por un período determinado o la destitución del cargo del funcionario sancionado; o imponer la inhabilitación para el ejercicio de funciones públicas hasta por un máximo de quince años.

Esta posibilidad de inhabilitar se refiere, sin lugar a dudas, a cargos no electivos, dado que mediante un acto administrativo, que es lo que dicta el contralor, no se puede impedir el ejercicio de derechos políticos de los ciudadanos, tal como lo establece el artículo 42 de la Constitución: "El ejercicio de la ciudadanía o de alguno de los derechos políticos sólo puede ser suspendido por sentencia judicial firme en los casos que determine la ley".

Solo mediante una sentencia judicial definitivamente firme se puede impedir el ejercicio de dichos derechos políticos, como lo es el derecho a ser elegido.

---

[762] El 3 de abril de 2014 fue creado el Consejo Nacional de Derechos Humanos (Decreto Presidencial 876, publicado en la *Gaceta Oficial* N.° 40.386). Se trata de "una instancia de coordinación, apoyo e impulso de las políticas públicas estatales dirigidas a garantizar el libre ejercicio de los Derechos Humanos de los venezolanos, así como su protección y resguardo en la búsqueda de la paz y justicia social". Está presidido por el vicepresidente ejecutivo de la República y lo conforman, entre otros, la fiscal general de la República y la defensora del pueblo. Es posible que se trate de una medida meramente efectista, dictada en medio de un clima de represión y violencia, pero no deja de llamar la atención el hecho de que este Consejo invade las competencias constitucionales de la Defensoría del Pueblo y atenta en contra de las atribuciones del Poder Ciudadano al estar presidido por el vicepresidente ejecutivo.

El contralor no tiene autoridad judicial. En consecuencia, al acordar una inhabilitación, incurre en usurpación de funciones y extralimitación de atribuciones.

El uso de la potestad de inhabilitar como mecanismo de persecución política es un caso típico de desviación de poder, al utilizar esa norma no para resguardar los bienes públicos y el patrimonio nacional y luchar contra la corrupción, sino para salvaguardar los intereses del oficialismo y evitar derrotas electorales.

Un caso evidente de inhabilitación, inspirado en un interés político, fue el de Leopoldo López, aspirante, muy favorecido en las encuestas, a la Alcaldía Metropolitana de Caracas en el año 2008. López fue inhabilitado para ejercer cargos públicos por un período de tres años que comenzó a cumplir a partir de noviembre del 2008. Posteriormente fue sancionado de nuevo por la Contraloría General de la República por el desvío de recursos que fueron destinados al pago de bomberos, maestros y policías y a gastos de alumbrado público. Nunca hubo decisión judicial al respecto.

La Comisión Interamericana de Derechos Humanos introdujo una demanda ante la Corte Interamericana de Derechos Humanos, alegando que Venezuela violó los derechos de Leopoldo López al inhabilitarlo.[763] La Sala Constitucional del Tribunal Supremo de Justicia de Venezuela sentenció que las inhabilitaciones eran conformes a la Constitución.[764]

En opinión de la Sala, la disposición constitucional contenida en el transcrito artículo 42 de la Carta Magna está circunscrita a los derechos relativos a la nacionalidad y a su pérdida o extinción, pero que en forma alguna condiciona las limitaciones legítimas que sobre el ejercicio de los derechos políticos establezcan otras leyes, como la Ley Orgánica que regula a la Contraloría General de la República. Recordemos que el citado artículo, en su encabezamiento dice: "El ejercicio de la ciudadanía o de alguno de los derechos políticos...". Nos esclarece el Diccionario de la Real Academia de la Lengua al afirmar que "o" es una conjunción disyuntiva que "denota diferencia, separación o alternativa entre dos o más persona, cosas o ideas". Como siempre, el DRAE "limpia, fija y da esplendor".

---

[763]   *El Universal*, 23 de diciembre de 2009.

[764]   Sentencia número 1265, del 5 de agosto de 2008, magistrado ponente Arcadio de Jesús Delgado Rosales, con el voto salvado de Pedro Rafael Rondón Haaz.

La Corte Interamericana de Derechos Humanos, en fallo del 1 de septiembre de 2011, estableció que:

... el Estado (venezolano) es responsable por la violación del derecho a ser elegido [...], en relación con la obligación de respetar y garantizar los derechos, establecida en el artículo 1.1 de la Convención Americana sobre Derechos Humanos, en perjuicio del señor López Mendoza.

Y añade la sentencia:

El Estado ha incumplido la obligación de adecuar su derecho interno a la Convención Americana sobre Derechos Humanos, establecida en el artículo 2, en relación con la obligación de respetar y garantizar los derechos, el derecho a las garantías judiciales y el derecho a ser elegido.

Pero el 17 de octubre de 2011, la Sala Constitucional declaró inejecutable el fallo de la CIDH sobre el caso de Leopoldo López. Según el Tribunal Supremo de Justicia, la Convención Americana sobre Derechos Humanos no es una normativa de rango supraconstitucional. De conformidad con el artículo 23 de la Carta Fundamental, las normas contenidas en dicho tratado son de rango constitucional y solo prevalecen en el orden interno "en la medida en que contengan normas sobre su goce y ejercicio más favorables" a las establecidas en la Constitución. Obviamente, según el magistrado ponente Arcadio Delgado, para que se pretenda la aplicación preferente de un tratado, debe existir una antinomia al interior del sistema constitucional que deberá ser resuelta por la Sala Constitucional. Cualquier solución a la antinomia debe afincarse en el principio *interpretatio favor Constitutione*, es decir, que:

... los estándares para dirimir el conflicto deben ser compatibles con el proyecto político de la Constitución (Estado democrático y social de Derecho y de Justicia) y no deben afectar la vigencia de dicho proyecto con elecciones interpretativas ideológicas que privilegien los derechos individuales a ultranza o que acojan la primacía del orden jurídico internacional sobre el derecho nacional en detrimento de la soberanía del Estado.

La Sala declara que la inhabilitación del ciudadano Leopoldo López Mendoza es administrativa y no política, por lo cual goza de los derechos políticos que consagra la Carta Fundamental. El lector puede certificar que estos argumentos son el fundamento de la sentencia en la página web del propio Tribunal Supremo de Justicia.[765]

Con estos argumentos, 428 ciudadanos fueron privados de sus derechos políticos por la Contraloría General de la República, con el aval del Tribunal Supremo.

---

[765] http://www.tsj.gov.ve/informacion/notasdeprensa/notasdeprensa.asp?codi-go=8847

XI.5 EL ÁRBITRO ELECTORAL

El quinto poder es, en Venezuela, el Poder Electoral. No se trata de un poder que tenga por misión el controlar las funciones de los otros poderes, pero sí tiene a su cargo impedir (detener) el abuso en que puedan estos incurrir al tratar de desvirtuar la voluntad popular en los procesos electorales.

XI.5.1 "ASEGURAR LA IGUALDAD, CONFIABILIDAD, IMPARCIALIDAD, TRANSPARENCIA Y EFICIENCIA DE LOS PROCESOS ELECTORALES".[766]

Nada mejor que el propio texto de la Constitución para intitular esta parte de nuestro trabajo.

En el varias veces citado discurso en el acto de instalación de la Asamblea Constituyente,[767] el presidente Hugo Chávez expuso su visión en relación con el Poder Electoral:

> ¡Cómo se ha demostrado en Venezuela que no basta con tener una institución que se encargue de los asuntos electorales! Necesario es que se establezca, que se instale, una nueva potestad, un nuevo poder, el poder electoral y que ese poder electoral esté enraizado con el sentimiento del pueblo; que se convierta en el gestor, en el impulsor, en el contralor, el evaluador de los procesos electorales y sus resultados y que esté pendiente de los magistrados, que esté pendiente de que los representantes cumplan de verdad con su compromiso y que obliguen a todo candidato que opte por un cargo público de representación popular a decirle al pueblo cuál es su proyecto. Y si es elegido, que cumpla ese proyecto, y si no que se vaya a través de mecanismos democráticos, de referéndum revocatorio, por ejemplo, para asegurar el principio de la representatividad, (aplausos) para asegurar el principio de la legitimidad, un poder electoral. Aquí se recoge de nuevo la idea de Bolivia.

Esa fue la descripción del Poder Electoral que Hugo Chávez les hizo a los miembros de la Asamblea Constituyente. La Constitución acogió estas recomendaciones, como lo vimos en el capítulo VIII, sección 6. Luego la Asamblea fue dictando las leyes que desarrollaron los principios constitucionales y el propio Poder Electoral dictó normas adicionales en desarrollo de los mismos principios. Toda esta construcción jurídica busca garantizar:

---

[766] Artículo 293 de la Constitución, al señalar las competencias del Poder Electoral.

[767] 5 de agosto de 1999.

A. Que la autoridad electoral esté integrada por personas no vinculadas a organizaciones con fines políticos, que garanticen la igualdad, la imparcialidad y la transparencia en los procesos electorales. Los principios de independencia, despartidización e imparcialidad deben quedar claramente establecidos.

B. Que la autoridad electoral tiene la obligación de dictar directivas vinculantes en materia de funcionamiento y publicidad electoral y aplicar sanciones cuando estas no sean acatadas.

C. Que los funcionarios públicos deben estar al servicio del Estado y no de parcialidad política alguna. El funcionario que abuse de sus funciones, para perjudicar o favorecer a un candidato, debe ser sancionado, ir a la cárcel o ser multado. No debe permitirse publicidad o propaganda en las oficinas públicas, ni que ellas sean utilizadas con fines de proselitismo político, ni que se utilicen fondos o bienes del patrimonio público en beneficio de una candidatura.

D. Que los medios de comunicación, especialmente los públicos, no pueden efectuar por cuenta propia ningún tipo de difusión de propaganda a favor de un candidato, ni estimular o desestimular el voto de los electores a favor o en contra de nadie. No se debe permitir la propaganda electoral que atente contra el honor, vida privada, intimidad, propia imagen y reputación de las personas.

E. Que la Fuerza Armada debe ser una institución esencialmente profesional, sin militancia política y, en el cumplimiento de sus funciones, debe estar al servicio de la Nación y en ningún caso al de personal o parcialidad política algunos. Los efectivos militares que tienen a su cargo la custodia de los procesos electorales (Plan República) deben abstenerse de intervenir en el desarrollo de las actividades inherentes a las votaciones, salvo que la ley expresamente lo permita.

¿Se han cumplido estas garantías establecidas en la Constitución, en las leyes y en los reglamentos en materia electoral?[768] ¿Cómo se ha comportado el árbitro?

No han faltado elecciones en Venezuela desde que entró en vigencia la Constitución de 1999. Veamos:

- Elecciones presidenciales del año 2000
- Elecciones presidenciales del año 2006

---

[768] Artículos 145, 293, 294, 296 y 328 de la Constitución de la República Bolivariana de Venezuela; artículo 67 de la Ley Anticorrupción; artículo 23 de la Ley Orgánica del Poder Electoral; artículos 75, 76, 79, 230 y 231 de la Ley Orgánica de Procesos Electorales; y artículos 204, 211, 221, y 293 del Reglamento General de la Ley Orgánica de Procesos Electorales.

- Elecciones presidenciales del año 2012
- Elecciones presidenciales del año 2013[769]
- Elecciones parlamentarias del año 2000
- Elecciones parlamentarias del año 2005
- Elecciones parlamentarias del año 2010[770]
- Elecciones regionales del año 2000
- Elecciones regionales del año 2004
- Elecciones regionales del año 2008
- Elecciones regionales del año 2010
- Elecciones regionales del año 2012
- Elecciones municipales del año 2004
- Elecciones municipales del año 2008
- Elecciones municipales del año 2010
- Elecciones municipales del año 2013

A estas elecciones en los diferentes niveles, deben agregarse los referendos:

- Referéndum sindical del año 2000
- Referéndum revocatorio presidencial del año 2004
- Referéndum sobre la Reforma Constitucional del año 2007
- Referéndum sobre Enmienda Constitucional del año 2009

Muchas elecciones, pero bien sabemos que no bastan las elecciones para que exista democracia.[771] La pregunta es entonces si se cumple con la Constitución y con las leyes de manera tal que las elecciones produzcan un resultado que sea la verdadera expresión de la voluntad popular. Nuevamente escapa al ámbito de nuestra investigación el análisis detallado de las

---

[769] Sobre la corrupción electoral en estas elecciones, ver los artículos de José Ignacio Hernández citados en la Bibliografía.

[770] En estas elecciones se elige no solo a los integrantes de la Asamblea Nacional, sino también a los representantes de Venezuela en los Parlamentos Latinoamericano y Andino (hasta el retiro de Venezuela de la Comunidad Andina de Naciones).

[771] Ver anexo 3.

múltiples irregularidades que han signado la larga lista de elecciones realizadas desde la entrada en vigencia de la Constitución. Ya analizamos cómo fueron designadas las autoridades del Poder Electoral en contravención con el texto constitucional (X.3.3); veamos ahora qué ha ocurrido en las elecciones venezolanas y cuáles son los rasgos definitorios de las mismas. Para este breve recuento nos hemos basado en informaciones de prensa, en las observaciones de ONG venezolanas[772] y en los informes de dos misiones de "acompañamiento", ambas invitadas por el propio Consejo Nacional Electoral: la del Instituto de Altos Estudios Europeos, invitada, como se dijo, por el propio CNE, y dirigida por el profesor Ramón Palomares,[773] y la del Centro Carter, que no es precisamente una institución crítica del proceso político que ha vivido Venezuela en los últimos años.[774] Muchos de los comentarios que reproducimos se refieren a las elecciones más recientes, pero puede el lector con facilidad constatar que las condiciones electorales son, en líneas generales, muy similares desde el año 2000.

Las irregularidades en los procesos eleccionarios en Venezuela pueden caracterizarse de la siguiente manera:

1) El ventajismo es un rasgo permanente. Se usan recursos y bienes públicos en las campañas electorales. En ellas participan funcionarios públicos, a veces voluntariamente, otras veces obligados. Dice al respecto el informe del Instituto de Altos Estudios Europeos:

Se presiona a los funcionarios públicos, ya sean fijos o contratados, si no apoyan de forma activa y manifiesta al candidato gubernamental. Se moviliza a los funcionarios para participar de forma activa en los actos electorales o de campaña del partido de gobierno, proporcionándoles *slogans*,

---

[772] Para un estudio pormenorizado de las irregularidades electorales ver los 64 *Monitores Electorales* publicados por la Asociación Civil Súmate, http://www.sumate.org/. Ver también: *La situación del derecho a elegir en Venezuela* (2007), http://esdata.info/El-Derecho-a-Elegir; Red de Observación Electoral (Asamblea de Educación) http://www.redobservacion.org/redobservacion/index.php?mod=nosotros; Ojo Electoral, http://www.ojoelectoral.org/comunicados.php

[773] Las citas se toman del Informe de la Misión de Apoyo Internacional a la Observación de las Elecciones Presidenciales en Venezuela (14/03/2013). El IAEE decidió incumplir el acuerdo de confidencialidad que había suscrito con el CNE. dando la siguiente razón: "Nos apartamos del carácter confidencial que exige el CNE por considerarlo un obstáculo insalvable a la hora de alcanzar el objetivo de proporcionar los elementos de juicio para que el Gobierno y la ciudadanía venezolana avancen hacia el fortalecimiento de la democracia". http://www.el-nacional.com/politica/FINAL-Informe-Mision-Electoral-Venezuela-14_NACFIL20130619_0001.pdf

[774] Informe preliminar sobre las elecciones presidenciales especiales realizadas en Venezuela el 14 de abril de 2013, http://www.cartercenter.org/news/publications/election_reports.html#venezuela

lugares de cita y encuentro, e incluso, camisetas e indumentaria para resaltar la comunión con esas ideas y la unidad de acción.

Los medios de comunicación del Estado son los órganos de los comandos de campaña del oficialismo. En ellos no tienen cabida los candidatos opositores y la información que transmiten es absolutamente sesgada. El presidente de la República recurre con frecuencia casi diaria a las "cadenas" de radio y televisión y, tanto en ellas como en actos oficiales, se promueven las candidaturas del gobierno y se denigra de la disidencia. Las denuncias introducidas por los partidos políticos, las ONG o por particulares ante el Consejo Nacional Electoral, la Fiscalía General de la República, la Contraloría General de la República y el Tribunal Supremo de Justicia no reciben contestación alguna o son simplemente desestimadas. Las violaciones más flagrantes de las normativas electorales son sencillamente ignoradas por estos órganos del Estado venezolano. El Centro Carter constata:

Aunque la Constitución estipula que los funcionarios electos por debajo del rango de presidente deben separarse temporalmente de sus cargos para presentar sus candidaturas a la presidencia, la misma no exige que lo haga el presidente, cuando éste se presenta como candidato a la re-elección [sic]. Esta circunstancia otorga al individuo que se postula a la re-elección al cargo más alto del país una ventaja.

Y además recomienda:

Facilitar el acceso libre y equitativo de los candidatos a los medios de comunicación públicos y privados para la emisión de sus mensajes de campaña. Teniendo en cuenta las normas que permiten la transmisión obligatoria ilimitada de mensajes del gobierno (cadenas) y la publicidad institucional obligatoria y gratuita (anuncios de servicio público), y considerando el hecho de que, al mismo tiempo, se imponen límites estrictos a la propaganda electoral de los candidatos y organizaciones cívicas, las campañas venezolanas han tendido a evidenciar una marcada desigualdad en la capacidad de los distintos candidatos para cumplir con un elemento fundamental del proceso electoral: informar a los electores sobre sus plataformas políticas. Asegurar el acceso libre y equitativo a los medios de comunicación públicos y privados a todos los partidos que participan de la contienda electoral podría contribuir significativamente a nivelar las desigualdades actuales y acrecentar la competitividad de las elecciones, sobre todo en un marco legal en el que se permite la reelección indefinida de funcionarios públicos.

Para concluir esta reseña del ventajismo electoral, reproducimos una declaración del rector Vicente Díaz formulada en ocasión de la campaña para las elecciones municipales de diciembre de 2013:

Durante el Gobierno del presidente Chávez existió un ventajismo descarado y ese ventajismo no me cansé ni un día en denunciarlo, porque era una violación a la Constitución y ponía en peligro la calidad democrática de la elección; elección que no se realiza en igualdad de condiciones es poco democrática [...] En este momento la situación ha empeorado porque el Gobierno tomó la decisión de hacer lo que Chávez nunca se atrevió: legalizar e institucionalizar el ventajismo que ya es grosero en Venezuela y que crea un desequilibrio profundo en las campañas. Se institucionaliza por decretar el 8 de diciembre como el "Día de la Lealtad a Chávez". Imagínate, el día de las elecciones es el Día de Chávez.

1)   Manipulación del secreto del voto: el voto secreto es un requisito esencial del cualquier sistema democrático, y con mayor razón en un país que cuenta con dos millones y medio de empleados públicos y centenares de miles de beneficiarios de programas gubernamentales. El derecho a votar con libertad puede verse afectado de manera directa, cuando se conoce cómo votó cada elector, pero también de manera indirecta, cuando se genera temor en cada elector de que su voto pudiera llegar a ser conocido. El efecto es el mismo. El uso de medios electrónicos para identificar al elector y para votar siembra la duda en relación con el secreto del sufragio. El Consejo Nacional Electoral poco hace para aclarar esta situación. La Misión del Instituto de Altos Estudios Europeos pudo constatar los vicios en que se incurre con el llamado voto asistido y constató la presencia de personas en cuya posesión se encontraban decenas de cédulas de identidad y que trasladaban mediante coacción a los electores.

2)   Actuación parcializada de la autoridad electoral: el nombramiento de rectores afectos a organizaciones políticas conduce necesariamente a la parcialidad. El CNE no hace cumplir sus propias normas y no sanciona a los infractores. Las potestades sancionatorias se usan fundamentalmente en contra de la oposición. Atropellos tan flagrantes como el ocurrido en las últimas elecciones municipales (diciembre 2013) cuando por decreto 541, firmado por el presidente Maduro el 4 de noviembre, se decidió honrar la memoria del presidente Chávez el día 8 de diciembre, día en el que se celebrarían los comicios municipales, fue considerado irrelevante por la presidente del CNE. Debe recordarse que el día de las votaciones está expresamente prohibido el realizar actos proselitistas. En la presentación de los resultados de cada elección, el CNE se somete a las conveniencias del partido de gobierno: los primeros boletines son manipulados para crear una impresión deformada de los verdaderos resultados; los resultados finales a veces nunca se publican; en las elecciones municipales se presentan resultados nacionales si los números favorecen al partido de gobierno. Los lapsos previstos en la Constitución y las leyes son violados a discreción para favorecer al oficialismo. Confirma el Instituto de Estudios Europeos: "La estructura y composición de sus órganos directivos —se refiere al CNE— no favorece la imagen de neutralidad que debe imperar en todos sus actos."

3)   La elaboración del Registro Electoral Permanente: los representantes y testigos de la oposición están totalmente excluidos de la parte medular de este proceso. Los nombres con las direcciones de los electores no se

entregan a los opositores; no existe manera de comprobar si los electores fallecidos son efectivamente retirados de los listados; en cada elección se producen "migraciones" no solicitadas por los electores; la elaboración de los documentos de identidad por parte del gobierno, sin control alguno, permite la inclusión de personas sin derecho a elegir en los cuadernos de votación.

4) Irregularidades estadísticas: los expertos que se han dedicado a estudiar científicamente los resultados electorales en Venezuela constatan irregularidades e inconsistencias estadísticas que ponen en duda la veracidad y pulcritud de los resultados en las elecciones venezolanas.[775]

5) En la integración de las mesas electorales y en los funcionarios del CNE que asisten a los centros de votación, existe un muy marcado sesgo a favor del oficialismo. Lo mismo ocurre en las juntas municipales y estadales. Si sumamos los miembros de mesa mayoritariamente oficialistas, los "técnicos" del CNE, los testigos del partido de gobierno y un porcentaje importante de efectivos de la Fuerza Armada abiertamente parcializados, tenemos unos centros de votación controlados por un solo bando, en los cuales es fácil intimidar a los electores y a los testigos opositores. Recomienda al respecto el Centro Carter:

Mejorar la calidad de la experiencia de votación el día de las elecciones. Observaciones realizadas por las organizaciones nacionales de observadores señalaron serios problemas de influencia o presión sobre los electores. Las disposiciones para mejorar la calidad de la experiencia de votación, y asegurar que cada ciudadano pueda votar libre y voluntariamente, podrían incluir, entre otras: examinar los medios para hacer cumplir, con mayor eficacia, las normas electorales relativas a los límites sobre la propaganda electoral en las inmediaciones de los centros de votación y el libre acceso de los electores, sin intimidación, a dichos centros, tanto para votar como para participar de la verificación ciudadana.

Y el Instituto de Altos Estudios Europeos (IAEE) agrega:

6) Una parte de los coordinadores de colegios y/o funcionarios de zona, al ser preguntados, señalaron su pertenencia al PSUV como miembros activistas del partido de gobierno con cargos directivos, lo que transgrede la prohibición del artículo 36 del Reglamento Electoral.

---

[775] Alicia L. Carriquiry, "Statistic Science", *Revisiting the 2004 Venezuelan Referendum: Election Forensics and the 2004 Venezuelan Presidential Recall Referendum as a Case Study*, vol. 26, n.º 4, pp. 471-478; Gustavo Delfino y Guillermo Salas, pp. 479-501; Luis Pericchi y David Torres, *Quick Anomaly Detection by the Newcomb–Benford Law, with Applications to Electoral Processes Data from the USA, Puerto Rico and Venezuela*, pp. 502-516; Raquel Prado y Bruno Sansó, pp. 517-527; Isbelia Martín, pp. 528-542; Ricardo Hausmann y Roberto Rigobón, *In Search of the Black Swan: Analysis of the Statistical Evidence of Electoral Fraud in Venezuela*, pp. 543-563.

Podemos concluir con una confesión de parte que nos relevaría de cualquier prueba: en la presentación de su presupuesto correspondiente al año 2014, el Consejo Nacional Electoral se asigna un objetivo principal: "Consolidar el Socialismo del Siglo XXI y luchar contra el capitalismo".[776]

XI.5.2 EL REFERENDO REVOCATORIO[777]

Damos un trato especial al referendo revocatorio del presidente de la República que se llevó a cabo en el año 2004, no solo por la importancia del evento, sino por la manera en la que se puso en evidencia la parcialidad del Poder Electoral y su sujeción a los dictados del Poder Ejecutivo.

La grave crisis política que se presentó en Venezuela en el año 2003 condujo al establecimiento de una Mesa de Negociación y Acuerdos, integrada por representantes del Gobierno Nacional, de la Coordinadora Democrática y con la presencia, como facilitadores, de la Organización de Estados Americanos, del Programa de las Naciones Unidas para el Desarrollo y del Centro Carter. El 29 de mayo de 2003 se llegó a un acuerdo que incluía, entre otros puntos, la posibilidad de realizar un referendo para decidir acerca de la permanencia o no del presidente de la República en su cargo. La oposición había recogido las firmas que, para desencadenar este mecanismo, exige el artículo 72 de la Constitución, es decir las rúbricas del 20 % de los electores. El 12 de septiembre de 2003, el recién nombrado CNE rechazó esas firmas y estableció una serie de normas para regular los procesos de referendos revocatorios. El análisis de esa normativa indica claramente una voluntad de obstaculizar la consulta popular. Voluntad que se hará cada vez más evidente en el devenir del proceso referendario. Es bueno hacer notar que en todas las decisiones que enfrentaron al gobierno con la oposición en el seno del CNE, el presidente del organismo, voto decisorio y supuestamente imparcial, se inclinó siempre a favor del gobierno.

El CNE reguló, al máximo detalle, el proceso de recolección de firmas: se reservó la producción de las planillas y limitó su número; estableció las modalidades de recolección, determinando dónde debía hacerse, qué porcentaje de recolectores "itinerantes" podría haber; fijó la fecha y un plazo de 4 días para que los ciudadanos firmaran; negó el derecho a participar a los venezolanos residentes en el exterior; estableció estructuras electorales con observadores del CNE y testigos de las partes en todos los

[776]   Diario *El Universal,* 17 de noviembre de 2013.

[777]   La secuencia detallada sobre este proceso puede verse en Súmate, *La verdad sobre el* Reafirmazo *y sobre el marco legal,* Carlos Ayala Corao, *El Referendo Revocatorio;* Los Libros de El Nacional, Colección Minerva, Caracas, 2004; y Ricardo Antela, La revocatoria del mandato, EJV, Universidad Metropolitana, Caracas, 2011.

centros de recolección; distribuyó las planillas aplicando criterios arbitrarios; activó el Plan República y estableció criterios restrictivos y altamente subjetivos para la validación de las firmas.

Este tipo de restricción no existe en ninguno de los países en los cuales los ciudadanos expresan su voluntad mediante recolección de firmas, ya sea para solicitar un referendo o para presentar una iniciativa constitucional o legislativa. Lo usual es la aceptación por parte del ente comicial del inicio de la recolección por la organización proponente, en cualquier tipo de papel, durante largos lapsos y en cualquier lugar.[778] Recogidas las firmas, los promotores procedieron a clasificarlas, escanearlas, registrarlas, digitalizarlas, copiarlas y embalarlas para consignarlas ante el CNE. Se presentaron 3 069 885 firmas. El oficialismo presentó igualmente firmas para revocar a algunos parlamentarios opositores.

Vino entonces el proceso de validación por parte del CNE, observándose las siguientes irregularidades: utilización de diferentes criterios de validación según se tratase de revocar al presidente o a los diputados de oposición; establecimiento de nuevos criterios a medida que se verificaban las firmas (38 criterios); verificación efectuada por funcionarios simpatizantes del gobierno. A todo esto se agregó el establecimiento, tres meses después de la recolección y con carácter retroactivo, del criterio de la llamada caligrafía similar o asistida, mediante el cual se rechazaron 956 000 firmas. En total, el CNE invalidó el 45 % de las firmas presentadas y resolvió solicitar de casi un millón de firmantes el que volvieran a "reparar" sus firmas. Debe anotarse que 149 000 firmas fueron invalidadas sin derecho a reparo por errores nunca imputables a los firmantes o a los promotores.

Aun así, las firmas fueron reparadas y el CNE no pudo evitar, después de fuertes presiones del Centro Carter y de la OEA, convocar el referendo, con 166 días de retraso acumulado, en violación de su propia normativa.

Esta fue la actitud asumida por un Poder Electoral que tenía por mandato constitucional el facilitar la generación "de las condiciones más favorables" para la participación popular.[779]

En paralelo, el CNE elaboraba el Registro Electoral con base en los datos suministrados por los órganos gubernamentales de identificación, que venían trabajando en una cedulación masiva de más de dos millones de nuevos electores, sin supervisión ni control alguno. No hubo objeción por parte del CNE. Como tampoco la hubo al uso de dinero y bienes públicos en la campaña referendaria o a la participación ilegal en ella de funcionarios públicos.

---

[778] Ver en particular la legislación suiza y la del estado de California.
[779] Artículo 62 de la Constitución.

A pesar de todos estos vicios se realizó la consulta popular, en medio de un gran desorden y con colas de muchas horas por parte de los electores. El CNE proclamó, con base en los resultados arrojados por las máquinas de votación, la victoria del gobierno por un margen muy apreciable y no aceptó la revisión manual de las papeletas de votación, que hubiese despejado cualquier sospecha de fraude. Solo se hizo un conteo manual en un número reducido de mesas de votación, escogidas por el CNE, en presencia del Centro Carter y de la OEA, que avalaron los resultados, y en ausencia de la oposición. Puede decirse que el CNE fue en todo momento un instrumento de la estrategia gubernamental destinada a evitar el referendo o, en su defecto, retrasarlo al máximo.

Mirando hacia el futuro, las regulaciones establecidas por el Poder Electoral hacen muy difícil la participación popular por vía de referendo, que era uno de los pilares de la nueva filosofía constitucional.

XI.6 EL BANCO CENTRAL DE VENEZUELA

En el capítulo VIII resaltamos la consagración constitucional del Banco Central de Venezuela, el hecho de que la autoridad monetaria deba ser independiente del gobierno y que se prohíba constitucionalmente toda práctica que obligue al Banco Central a financiar o convalidar políticas fiscales deficitarias. En el ejercicio de sus funciones, el Banco Central de Venezuela no puede emitir dinero sin respaldo.

En el transcurso de los casi 15 años de vigencia de la Constitución, la autonomía del BCV ha desaparecido y no falta quien diga que el Instituto Emisor se ha convertido en una "caja chica" del gobierno.[780]

De acuerdo con el artículo 318 de la Constitución, el objetivo del BCV es "lograr la estabilidad de los precios y preservar el valor interno y externo de la unidad monetaria". Venezuela tiene, en el mes de febrero del año 2014, la inflación anualizada más alta del mundo y el valor de la moneda se ha deteriorado en porcentajes casi infinitos.

¿Qué ocurrió?

En el año 2001 se cambió la metodología contable para el cálculo de utilidades cambiarias con la finalidad de emitir dinero sin respaldo. Luego vino la reforma de la Ley del BCV de junio de 2005, que legalizó el financiamiento monetario del déficit fiscal, lo que está expresamente prohibido por el artículo 320 de la Constitución. Con la creación del Fondo de

---

[780] Ver José Guerra, "Destructores del BCV", diario *TalCual*, 3/11/2009.

Desarrollo Nacional (Fonden) se permitió que los dólares de las reservas internacionales del BCV que habían sido comprados a PDVSA fueran transferidos al gobierno para que, con los mismos dólares, se realizara una nueva emisión monetaria o un nuevo gasto en bolívares.

Con la reforma constitucional propuesta por el presidente Hugo Chávez en el año 2007 y que fue rechazada por el cuerpo electoral, se pretendió eliminar formalmente la autonomía del Banco Central. Lo que no se logró por la vía del cambio constitucional, se hizo por el camino de la modificación de la ley ordinaria.

El 29 de octubre de 2009 se aprobó en la Asamblea Nacional una nueva reforma de la Ley del BCV, por medio de la cual se lo autorizó a financiar los déficits fiscales y el gasto público por la vía de compra de bonos a Petróleos de Venezuela.

El BCV aparece, en sus comunicados y en las declaraciones de sus directivos, como un componente más del Poder Ejecutivo, desligándose de criterios técnicos y científicos. Utiliza, a manera de ejemplo, el mismo lenguaje que ha utilizado el Gobierno Nacional para explicar los desequilibrios económicos del 2013. Habla de "ataques especulativos del sector privado", de "guerra económica" y de "la ofensiva contra la guerra económica". Igualmente emite pronunciamientos políticos absolutamente impropios, tales como: "El BCV reafirma su posición al lado del pueblo venezolano, sumando esfuerzos para la construcción protagónica del socialismo como nuevo orden económico nacional".

XI.7 EL CENTRALISMO, EL SOCIALISMO Y EL ESTADO COMUNAL[781]

Los tiempos cambian. La experiencia, las lecturas, las influencias tienen su peso. La visión de Chávez acerca del Estado y de la sociedad fue evolucionando. El teniente coronel golpista pensaba de una forma; el candidato presidencial ya era distinto; el presidente que toma posesión en el año 1999 es muy distinto a aquel que vuelve a hacerlo en enero de 2007, que también es diferente al jefe de Estado que fallece en marzo del año 2013. El tema de la descentralización lo hemos tocado, directa o tangencialmente, en el transcurso de este trabajo. Para no repetirnos hemos recordado como constante histórica venezolana el enfrentamiento entre el centro y la periferia, entre el centralismo y el federalismo, entre Caracas y la provincia.

---

[781] Sobre esta materia ver Allan R. Brewer-Carías, *La reforma de la Constitución económica para implantar un sistema económico comunista (o de cómo se reforma la Constitución, pisoteando el principio de la rigidez constitucional).*

Uno de los grandes éxitos de la república civil fue sin duda alguna el proceso de descentralización y el traslado a las regiones y a los municipios de competencias y recursos.

El sistema económico establecido por la Constitución fue evolucionando hasta llegar al modelo de economía mixta que recoge el texto de 1999 y que preconiza un Estado fuerte, con potestades reguladoras sobre una economía de mercado que permite a cada quien dedicarse a la actividad económica de su preferencia dentro de los límites establecidos por el bien común.

El nuevo sistema político que se instaura en Venezuela a partir de 1998 es acérrimo enemigo de la descentralización, a pesar de lo que la Constitución establece en sus principios fundamentales.

¿Qué dice Hugo Chávez?

El imperialismo tiene muchas maneras de envenenarnos la mente y hablarnos bonito y plantearnos ideas. Y hay gente nuestra que hoy sigue defendiendo de manera acrítica la descentralización, tal cual la planteó Carlos Andrés Pérez, que no es sino la desmembración de la unidad territorial, de la unidad nacional. Yo he conseguido diputados, y también gobernadores y partidos nuestros, que están aferrados a esa idea desde el comienzo y, yo invito a que reflexionemos sobre ese tema, porque, como decía, hay mucha maneras de debilitar, y esto formó parte, sin duda alguna, de la estrategia imperial acompañada en lo económico por el libre mercado, la libertad de inversión, el neoliberalismo, para adueñarse de nuestras riquezas; las privatizaciones acompañadas en materia social por la llamada flexibilización laboral, que le quitan a los trabajadores y al pueblo derechos adquiridos durante tanto tiempo, e incrementan la riqueza de los más ricos y la pobreza de los más pobres (fue así como se enterraron aquí las prestaciones sociales, la tripartita).

A mí nunca me ha gustado ni siquiera la palabra *descentralización*, ¿saben por qué?, porque me suena a descabezamiento, descabezar, quitar la cabeza, descentrar, quitar el centro, y todo requiere un centro.[782]

En lugar de la descentralización y del federalismo consagrados en la Constitución, Chávez y Maduro proponen el Estado comunal. ¿De qué se trata?

La Ley Orgánica del Poder Popular, en su artículo 8, lo define de la siguiente manera:

---

[782] Reunión de alto nivel de gobierno, Teatro de la Academia Militar de Venezuela, 13 de noviembre del 2004.

Estado Comunal: Forma de organización político-social, fundada en el Estado democrático y social de derecho y de justicia establecido en la Constitución de la República, en la cual el poder es ejercido directamente por el pueblo, con un modelo económico de propiedad social y de desarrollo endógeno sustentable, que permita alcanzar la suprema felicidad social de los venezolanos y venezolanas en una sociedad socialista. La célula fundamental de conformación del Estado Comunal es la Comuna.

Recordemos que en octubre de 1917, el partido bolchevique toma el poder en Rusia con la consigna de "todo el poder para los sóviets". Los sóviets revolucionarios habían surgido en la revolución de 1905 como consejos de obreros, campesinos y soldados. A la larga dieron origen, bajo la conducción de Lenin, al Estado soviético.

En el programa de gobierno del presidente Hugo Chávez para el sexenio 2013-2019, que ahora se llama Plan de la Patria, se establece la creación del Estado comunal y se fija como meta la creación, en este período constitucional, de 3 000 comunas en las que vivirá el 68 % de los venezolanos.

Empecemos por señalar que el Estado comunal no está previsto en la Constitución venezolana. No aparece en el capítulo relativo a la división política y tampoco figura en el título IV relativo al Poder Público. Ni la palabra "comuna", ni las palabras "Estado comunal" pueden leerse en ninguna de las 370 disposiciones que integran nuestro Texto Fundamental. Hugo Chávez intentó reformar la Constitución para establecer "una nueva Geometría del Poder", pero este intento fue rechazado por el pueblo venezolano en el referendo del año 2007.

A pesar de ello en el año 2010, el presidente, por decretos-ley, sancionó seis leyes orgánicas que, sumadas a la Ley Orgánica de Consejos Comunales, constituyen la armazón jurídica del Estado comunal,[783] ya incorporada, casi de manera subrepticia, al derecho positivo venezolano a pesar de la disconformidad con la Constitución y en contra de la voluntad popular claramente expresada en el año 2007.

Como se evidencia en toda la arquitectura del Estado comunal, empezando por la definición citada contenida en la Ley Orgánica del Poder Popular, se violan disposiciones expresas de la Constitución, tales como la obligatoriedad del pluralismo político, el sufragio universal directo y secreto, el federalismo, la autonomía municipal, la descentralización basada en la autonomía de los entes locales, la propiedad y la iniciativa privada.

---

[783]   *Gaceta Oficial Extraordinaria* del 21 de diciembre de 2010.

El sistema comunal ha sido el modelo tradicional de organización de los estados comunistas soviético, chino y cubano. El que se pretende instaurar en Venezuela es una copia fiel de los consejos del poder popular contemplados en la Constitución de Cuba en sus artículos 103 a 119. Se inspira en las comunas chinas y en los sóviets del inicio de la Revolución bolchevique. Todo esto se ve arropado bajo el "manto" del socialismo y de la "doctrina de Simón Bolívar". La inspiración bolivariana, constantemente reiterada, es un mero saludo a la bandera, pues los autores de estas leyes no pudieron encontrar una sola cita del Libertador en la que pudieran fundamentar sus propuestas.

Los Estados comunistas adoptan una forma centralizada, en donde existe un poder nacional, central y fuerte, y un poder local atomizado, con divisiones territoriales pequeñas reguladas, autorizadas y financiadas por el gobierno central. Esas divisiones locales tienen voceros o representantes designados en asambleas o por votación de los miembros de la localidad, postulados por un solo partido y en las que el secreto del voto nunca está garantizado.

Según la Ley Orgánica del Poder Popular (artículo 32), las comunas son organizadas, registradas, financiadas y supervisadas desde el poder central, a través del Ministerio del Poder Popular para las Comunas, con lo cual no tienen autonomía alguna. Bajo la consigna de que el poder se le otorga directamente al pueblo, lo que se pretende es concentrar la toma de decisiones en el poder central y particularmente en el presidente de la República.

Algunos han querido ver en las comunas de Chávez un resurgimiento del socialismo utópico libertario y se ha recordado el falansterio de Pierre Joseph Proudhon. No es así. La comuna chavista es de corte leninista, fidelista o maoísta y encuentra su principal característica en el férreo control que sobre ella ejerce el Poder Ejecutivo Nacional.

En el programa presentado por Chávez Frías en el momento de inscribir su última candidatura en el Consejo Nacional Electoral se ofrece "pulverizar al Estado burgués". ¿Cuándo?: "es difícil saber cuándo despuntará tan **grandioso horizonte**", pero citando el Eclesiastés se precisa: "todo lo que va a ocurrir debajo del sol tiene su hora". El Estado comunal no ha sido ni es viable, pero en Venezuela está planteada su realización.

Al explicar el tránsito histórico de Venezuela hacia una República civil, el historiador Germán Carrera Damas, enjuicia al régimen venezolano acusándole "... del deterioro de la civilidad, de valores que costó mucho establecer después de la guerra de independencia y de las guerras civiles del siglo XIX, se había avanzado, pero eso ha sido dañado y no sólo por la corrupción económica, sino también por la corrupción de la conducta ética: el ladronzuelo convertido en juez; el asesino convertido en agente de la justicia, todas esas cosas; y sobre todo, la impunidad frente al delito, que se ha extendido hasta llegar a hechos insólitos. Restablecer la civilidad requerirá un gran esfuerzo, pero no es imposible. Venezuela tiene un referente de orden cívico".[784]

---

[784]   *El Asedio Inútil*, p. 101.

XII

¿MANTIENE VIGENCIA LA SEPARACIÓN DE LOS PODERES?

La tiranía de un príncipe en una oligarquía no es tan peligrosa para el bienestar público como la apatía de los ciudadanos en una democracia.

MONTESQUIEU

El espíritu de las leyes fue escrito en 1748. La separación de poderes se introdujo por primera vez en Venezuela en 1811. En nuestros primeros capítulos tratamos de presentar la génesis de esta idea que dio la vuelta al mundo y llegó a convertirse en un pilar fundamental del Derecho Constitucional moderno. Estamos entonces hablando de un concepto cuya duración se cuenta, no en años, sino en siglos. ¿Puede pensarse que una idea relativa a la organización de la vida en sociedad permanezca incólume en el tiempo? La esclavitud duró milenios y terminó extinguiéndose. Lo mismo puede decirse de la pena de muerte, que hoy es un abyecto anacronismo que solo sobrevive en contados lugares.

Las instituciones jurídicas tienen mucho que ver con las realidades sociales que pretenden reglamentar y que son cambiantes por naturaleza; pero también tienen que ver con la naturaleza humana, que cambia menos, si es que cambia.

Son muchas las alternativas que han surgido frente a la separación de poderes. Algunas, las más importantes, encuentran su origen en los cambios que ha experimentado el Estado en los tiempos modernos; otras tienen que ver con concepciones ideológicas o modelos teóricos y no faltan aquellas que encuentran origen en la nuevas realidades del poder. No pretendemos abordar la enciclopédica tarea de comentarlas todas. Nos limitaremos a las que consideramos más importantes o prototípicas. Como en toda selección de esta naturaleza, sabemos que incurriremos en omisiones y que dejaremos de lado visiones o realidades que para muchos merecían ser tratadas.

XII.1 FRENTE A UN NUEVO ROL DEL ESTADO EN EL SIGLO XX

Decía hace más de 40 años Giorgio del Vecchio:

El Estado moderno está en crisis, y que esta crisis sea más o menos manifiesta, es una verdad tan repetida que podemos, desde luego, llamarla un lugar común.[785]

Está en crisis el Estado liberal y, obviamente, la parte más esencial de esta construcción, es decir, la separación de poderes, también podría estarlo.

XII.1.1 EL ESTADO SOCIAL

Las instituciones del Estado liberal se adecuaban a los fines que este perseguía. Es decir, por una parte, la garantía de un proceso económico que se lleva a cabo mediante el juego de la competencia, el *laissez faire, laissez passer,* y por la otra la existencia de lo que el recién fallecido maestro Eduardo García de Enterría llamó "las leyes de la libertad", es decir, leyes cuyo objeto es hacer posible el libre desenvolvimiento de los miembros del grupo social. En síntesis, la finalidad del Estado liberal era la de preservar la libertad del individuo, tanto en lo político como en lo económico, y se entiende por libertad el que el poder no interfiera en la actividad del individuo. El Estado era, como apunta Fraga Iribarne, "una máquina cuyo objeto no era gobernar sino impedir el gobierno".[786] En palabras del marqués d'Argenson, "para gobernar mejor, hay que gobernar menos".[787]

Había, en el siglo XIX, perfecta concordancia entre los fines perseguidos por el Estado y las instituciones estatales que se crearon para alcanzar tales fines. La separación de poderes basada en una determinada clasificación de las funciones del Estado responde a aquella realidad.

La Revolución Industrial le presenta al mundo nuevos retos. La concentración de la riqueza, la explotación de millones de seres humanos por unas minorías excluyentes trajo consigo el surgimiento del socialismo, que comentaremos más adelante. La Iglesia católica abre las páginas de la "cuestión social".

Surge, en las democracias occidentales, una nueva modalidad de Estado: el Estado de Bienestar (*Welfare State*), con una connotación referida a

---

[785]   "La Crisi dello Stato", en *Rivista Internazionale di Filosofía del Diritto*, citado por Manuel Fraga Iribarne, *La crisis del Estado*, p. 333.

[786]   Ob. cit., p. 63.

[787]   Citado por J. M. Keynes: *The End of Laissez Faire.*

la necesidad de nuevas políticas económicas. Don Manuel García-Pelayo prefiere hablar de Estado social que, en su opinión:

> ... se extiende a aspectos más generales que hacen de él una forma política concreta sucesora del Estado liberal-democrático, aunque no en contradicción irresoluble con él.[788]

Se trata de adaptar la concepción liberal-burguesa del Estado a las nuevas realidades de la civilización industrial y postindustrial. No se trata solamente de mejorar las condiciones de vida de las clases menos favorecidas sino de cambios y medidas que afectan a la totalidad de la población. Afirma García-Pelayo que tales cambios y medidas:

> ... no se limitan a la menesterosidad económica, sino que se extienden también a otros aspectos como promoción del bienestar general, cultural, esparcimiento, educación, defensa del ambiente, promoción de regiones atrasadas, etc.[789]

Todo esto significa una nueva concepción del Estado, que abandona el *laissez faire* en beneficio de una intervención permanente que busca encausar y controlar el desarrollo económico y social. Esto supone un cambio en los valores y fines del Estado. Ahora no se trata solo de garantizar la libertad sino de crear las condiciones mínimas para que su ejercicio sea viable.[790]

El cambio lo explica García-Pelayo de la siguiente manera:

> De este modo, mientras que el Estado tradicional se sustentaba en la justicia conmutativa, el Estado social se sustenta en la justicia distributiva; mientras que el primero asignaba derechos sin mención de contenido, el segundo distribuye bienes jurídicos de contenido material; mientras que aquel era fundamentalmente un Estado legislador, este es fundamentalmente, un Estado gestor a cuyas condiciones han de someterse las modalidades de la legislación misma (predominio de los decretos leyes, leyes medidas, etc.); mientras que el uno se limitaba a asegurar la justicia legal formal, el otro se extiende a la justicia legal material. Mientras que el adversario de los valores burgueses clásicos era la expansión de la acción estatal, para limitar la cual se instituyeron determinados mecanismos —derechos individuales, principio de la legalidad, división de poderes, etc.— en cambio, lo único que puede asegurar la vigencia de los valores

---

[788]   *El Estado social y sus implicaciones*, p. 8.

[789]   Ídem, p. 11.

[790]   Ver García-Pelayo, ob.cit.

sociales es la acción del Estado, para lo cual han de desarrollarse también lo adecuados mecanismos institucionales.[791]

Después de la guerra civil norteamericana surge una muy poderosa corriente de opinión y de acción política en rechazo a los privilegios, a los abusos de los monopolios, a la explotación de los trabajadores. Se requería la acción del Estado. La separación de poderes empezó a verse como un muro de contención contra los cambios exigidos.

Afirma Vile:

> ... ahora se necesitaba un sistema de gobierno que diera expresión a las crecientes demandas de acción estatal, un sistema en el que la "unión" de los poderes del Estado fuera un factor tan importante como su separación.[792]

El mismo autor recuerda cómo durante décadas la teoría de los *checks and balances* fue objeto de virulentos ataques porque se decía que preservaba los privilegios y auspiciaba el surgimiento de estructuras partidistas corruptas. A pesar de grandes debates constitucionales, en los cuales sobresale la figura del profesor Woodrow Wilson, quien en 1912 fue elegido presidente de los Estados Unidos, no se produjeron cambios constitucionales. Cuando estalla la crisis económica de 1929, el presidente Hoover mantiene las viejas tesis de no intervención del Estado y la necesidad de que cada quien resuelva sus problemas de subsistencia en una marco de libertad económica, libertad contractual y no intervención del Estado. Franklin Delano Roosevelt saca a los Estados Unidos de la crisis mediante una visión totalmente diferente del rol del Estado y para ello debe enfrentar tanto al Congreso como a la Corte Suprema.[793] Fueron muchos los cambios que introdujo el *New Deal*, pero la separación de poderes sobrevivió.

Fenómenos similares se presentan en todos los países que sustentaban esquemas liberales. Decía el filósofo tomista Jacques Maritain que, desde finales del siglo XIX, la intervención del Estado se hizo necesaria para compensar la indiferencia general en relación con la justicia social, deber primordial del Estado moderno, y la solidaridad humana que había prevalecido desde las primeras fases de la Revolución Industrial. La intervención del Estado se tornó en una exigencia del bien común.[794]

Con el surgimiento, paulatino o violento, de un Estado que persigue otros fines, se plantea el problema de la inadecuación institucional.

---

[791] Ídem, pp. 19 y 20.

[792] *Constitucionalismo y separación de poderes*, p. 294.

[793] Ver el capítulo v.3

[794] L´Homme et l´État, pp. 20 y 21.

En coincidencia con García-Pelayo, dice Maurice Duverger:

El Estado se transforma en el organismo fundamental de regulación y de expansión económica y social. Asegura el equilibrio de la moneda, de los precios y de los salarios. Tiende a igualar relativamente los niveles de vida individuales por una redistribución del ingreso nacional que ampute un poco la parte de los "grandes" y aumente un poco aquella de los "pequeños". Favorece la expansión de la producción a través de planes de desarrollo que incitan a los empresarios privados a dirigir sus esfuerzos hacia tal dirección y no hacia otra, por la ordenación de las infraestructuras y el establecimiento de servicios colectivos, por el financiamiento de la investigación científica, por las inversiones públicas, por la conquista pacífica o militar de mercados etc.[795]

En el mundo occidental aparece el "Estado social de Derecho", definido por Constantino Mortati como aquel que interviene en las relaciones sociales para modificar los efectos de estas en beneficio de determinados grupos y clases y en especial de los económicamente más débiles.[796] Estas funciones, a diferencia de las del Estado liberal, no pueden descansar en un reparto de la función legislativa y la función ejecutiva. Implican decisiones rápidas, flexibles, que descansan sobre una inmensa información técnica. Gabriel Negretto llega a afirmar, refiriéndose al sistema de pesos y contrapesos, que ya no representa una estrategia deseable y que:

... se trata de un sistema que frustra tanto las posibilidades de formar mayorías legislativas con capacidad decisoria como el [sic] de lograr decisiones rápidas y efectivas en el caso de que los cambios de legislación se tornen necesarios o deseables para satisfacer las demandas de la ciudadanía.[797]

Autores como Georges Burdeau piensan que las realidades conducen a una concentración del poder y que si esta concentración se produce en beneficio del Ejecutivo, será objeto de rechazo, porque afecta la ética democrática; si se da a favor del Parlamento se dirá que produce ineficacia.[798]

El Welfare retrocede en los finales del siglo XX. Políticas llamadas neoliberales, que se ponen en práctica en los Estados Unidos de Ronald Reagan y en la Inglaterra de Margaret Thatcher dieron la impresión de un regreso a las viejas formas. Se privatizaron empresas públicas y se "desreguló" la economía. En el resto de los regímenes democráticos del mundo, la

---

[795]   Maurice Duverger, *La Monarchie Républicaine*, p. 89.

[796]   *Le Forme di Governo* p. 62. Sobre este tema ver Manuel García-Pelayo, *El Estado social y sus implicaciones.*

[797]   *Diseño constitucional y separación de poderes en América Latina*, p. 93.

[798]   *Traité de Science Politique*, T. IX, p. 39.

ola neoliberal se produjo con menos intensidad y en todas partes vino el reflujo. Si bien las privatizaciones constituyeron un remedio a la ineficacia del sector público, la supresión de regulaciones en diferentes sectores de la economía tuvo efectos muy negativos cuya mejor muestra fue la crisis bancaria de comienzos del siglo XXI. El Welfare State se atenuó pero no desapareció. Después de Reagan vinieron Clinton y Obama; después de Thatcher vino Blair; y el Estado social alemán y del norte de Europa demostró ser la mejor muralla frente a las crisis económicas.

Como lo repetiremos en el desarrollo de este capítulo, la inadecuación de las instituciones del Estado liberal a los requerimientos de los tiempos modernos no invalidan lo esencial: la necesidad de impedir el abuso y frenar la concentración del poder.

XII.1.2 ¿DECLIVE DEL PARLAMENTO?

Observando los requerimientos del Estado moderno, nos encontramos con un factor que debe ser analizado porque trastoca la idea misma de la separación de poderes: la declinación del Parlamento.[799]

En la democracia clásica, el Parlamento era un lugar de discusión, de intercambio de ideas y de decisiones. La limitada dimensión del Estado liberal tenía por consecuencia que el número de leyes era bastante reducido. Los proyectos se discutían con toda la complejidad de los procedimientos que se fueron estableciendo para legislar. Los legisladores, por su parte, elegidos por mecanismos de sufragio censitario, representaban las mismas clases sociales y ostentaban un nivel educativo alto.

El sufragio universal dio al traste con los viejos Parlamentos. Las clases populares se hicieron presentes, al tiempo que los requerimientos legislativos se hacían cada día más numerosos e importantes.

---

[799]   Georges Burdeau considera que este es un tema "banal" hoy en día y cita la siguiente bibliografía sobre la materia: Alfred Grosser, "The Evolution of European Parliaments", en *A New Europe,* 1964; Joachim Raschkte, *Der Bundestag in Parlamentarischen Regierungssystem,* 1968; Jacques Vignaud, "Quel Avenir pour le Parlament?" en *Revue Politique et Parlamentaire,* 1966; André Chandernagor, *Un Parlament, pour quoi faire?,*1967; Bernard Criek, *The Reform of Parliament,* 1968; Johannes Agnoli, *Die Transformation der Demokratie,* 1968; Wilfried Gottschlach, *Parlamentarismus und Ratedemokratie,* 1968; Pierre Dabézies, "Le Déclin du Parlament" en *Projet,* 1971; Gordon Smith, *Politics in Western Europe,* 1972, cáp.7; Roger Gérard Schwartzemberg, ``Une Institution Bloqué´´en *Le Monde* 24-12-70; Kenneth.C. Wheare, *Legislatures,* 1962, p. 147; Bernard Crickic y Robert Jenckinson, *Parliament and the People* (Traité de Science Politique) t. IX p. 16.

En la democracia moderna el pueblo, detentador del poder, aspira a una mayor participación, y los partidos, al cumplir la función de agregar intereses, son otro canal a través del cual el pueblo puede expresarse. Si en la democracia clásica los individuos se expresaban a través de sus representantes, hoy en día las masas se expresan a través de los partidos políticos y a través de una multitud de nuevas formas asociativas.

El Parlamento es el lugar de encuentro de los representantes de los partidos para dar forma legal a decisiones tomadas con anterioridad en el seno de sus directivas. Esto es valedero tanto para la función de legislación como para la de control de la administración.[800]

> El Parlamento no es ya aquel ente todopoderoso, cara al país y cara al gobierno; ya no sería cierto decir que puede hacerlo todo salvo convertir a un hombre en mujer[801] y dejó de ser imperecedero el apotegma de Raymond Carré de Malberg: *"l'horizon de la loi s'étend à l'infini".*[802]

El poder se ha trasladado al Ejecutivo, y especialmente a la Administración Pública, más preparados para enfrentar las nuevas tareas del Estado, mejor dotado para ellas, más eficaz que el Parlamento. Por estas razones se habla del declinar o de la crisis del Parlamento.

Se ha impuesto la preponderancia del Ejecutivo y la concentración del poder en esta rama. Pero la concentración de poder en el Ejecutivo ha traído consigo el incremento de la función de control. El Parlamento legisla menos pero controla más. Tanto por la vía de las autorizaciones, que van desde las delegaciones legislativas hasta el nombramiento de los altos funcionarios, pasando por autorizaciones para los grandes contratos y para el manejo de las finanzas públicas, incluyendo el gasto y el endeudamiento, a más de una miríada de pequeños controles. Además, el Parlamento sigue siendo la caja de resonancia del país. Hay un control político que se ejerce ante la opinión pública. Es a través del debate parlamentario, a través de las interpelaciones y comparecencias, a través de las preguntas, como el país se entera de lo que ocurre en la dirección del Estado y puede emitir un juicio de valor que, en su momento, se transforma en voto. De tal manera que el control parlamentario no solo concluye en mociones de censura o en autorizaciones denegadas, sino que es el sitio donde se confrontan las diferentes visiones del país, las distintas soluciones a los problemas, bajo la mirada

---

[800] Claudio Rossano, *Partiti e Parlamento nello Stato Contemporaneo*, pp.71-72.

[801] Georges Renard, citado por Marcel Prelot en el prólogo de *Le Suffrage Politique en France* de Jean Paul Charnay, p. 10.

[802] "El horizonte de la ley se extiende al infinito", en *La loi, expression de la volonté générale.*

del público que termina siendo el árbitro supremo. Es el Parlamento el lugar privilegiado donde la oposición convence a los electores y puede funcionar la alternabilidad republicana.

Si el Parlamento funciona, lo que evidentemente no ocurre en Venezuela, no hay tal declive sino cambio de roles.[803]

XII.1.3 ¿QUIÉN DETIENE AL PODER?

No quiere esto decir que el Estado liberal y el principio de la separación de poderes se encuentren superados. No están superados porque tutelan al ciudadano en la defensa de sus derechos y siguen constituyendo una garantía contra la arbitrariedad, pero el ciudadano de hoy no se satisface con esta garantía y quiere que el Estado le asegure el bienestar. La pregunta que queda planteada es la siguiente: ¿sigue estando vigente, dado lo que ya se ha dicho, el principio de la separación de poderes? ¿Bastan los correctivos que se han aportado para su adecuación a la realidad moderna o se requiere un cambio más radical?

Para iniciar la respuesta, repetimos, una vez más, con el barón de Montesquieu:

> Una experiencia eterna nos ha enseñado que todo hombre investido de autoridad abusa de ella. No hay poder que no incite al abuso, a la extralimitación. ¡Quién lo diría! Ni la virtud puede ser ilimitada. Para que no se abuse del poder, es necesario que la naturaleza misma de las cosas le ponga límites. Una constitución puede ser tal, que nadie sea obligado a hacer lo que la ley no manda expresamente ni a no hacer lo que expresamente no prohíbe.[804]

La "eternidad" persiste. La naturaleza humana no cambia. La tentación al abuso y a la extralimitación por parte de quien gobierna se repite una y otra vez. Lo hemos visto a través de dos siglos de historia republicana venezolana y lo vivimos hoy. El Parlamento es y seguirá siendo, en democracia, uno de los lugares en los que el poder detiene al poder, y las modificaciones que se han producido empiezan a ameritar un cambio en la denominación de los poderes. Más que un "poder legislativo", se hablará cada vez más de un "poder contralor".

---

[803] Sobre el futuro del Parlamento, ver *Parlamento y Democracia*, de Ramón Guillermo Aveledo, especialmente la Parte III: "Un poder legislativo venezolano, para fortalecer la democracia y la deliberación."

[804] Ídem, libro XI, cap. 3.

XII.2 FRENTE AL SOCIALISMO

Algunas ideologías descartaron la separación de poderes por considerarla el instrumento de opresión de una clase social.

Durante la segunda mitad del siglo XIX, el socialismo surge como una nueva esperanza para la humanidad, con nuevas instituciones y sin separación de poderes.

Se trataba de un sistema económico y social basado en los principios del marxismo. Entre la victoria de la Revolución rusa en 1917 y la disolución de la Unión Soviética se instauró en gran parte del mundo el llamado socialismo real.[805] Frente al pluralismo democrático, se configuraron estructuras de poder monocráticas y totalitarias que aspiraban no solo al control absoluto del Poder Público, sino también a cambiar radicalmente las sociedades con base en los dictados de la ideología marxista-leninista. Todo ello con el argumento de defender al pueblo y a los sectores más desposeídos.

En la visión marxista, el Estado es un aparato coercitivo al servicio de las clases explotadoras. Una vez desaparecida la explotación capitalista, el Estado debía ir desapareciendo. No hay en el marxismo una propuesta de sistema constitucional, sino una aspiración lejana: la extinción del Estado y una fase de transición: la dictadura del proletariado. Durante la transición, que fue lo único que la humanidad pudo conocer del socialismo real, el poder se concentraba en el partido comunista, en la cúpula del mismo y las más de las veces en la persona de su principal líder.

Ocurrió que en los países en los que triunfó el socialismo, la lucha de clases desapareció. Pero en aquellas naciones que mantuvieron democracia y economía de mercado, la lucha de clases menguó y dio lugar a una integración social. No desapareció, pero dio lugar a la reducción de esta a conflictos parciales que podían resolverse por vías jurídicas. Los conflictos de clase dejaron de ser nacionales para circunscribirse a empresas o sectores y se fueron despolitizando.[806]

No merece la pena extendernos mucho en la consideración de lo que fue el Estado comunista porque es un tema ampliamente discutido y porque

---

[805]   Regímenes socialistas se instauraron en Polonia, Checoslovaquia, Alemania Oriental, Hungría, Rumania, Bulgaria, Yugoslavia, Albania, China, Corea del Norte, Vietnam y Cuba. En otros países existieron o existen, como en Venezuela, formas de gobierno que dicen ser socialistas, aunque no han asumido la estructura del Estado inspirada en la Unión Soviética.

[806]   Ver García-Pelayo, ob. cit., p. 35.

entre 1986 y 1990 todo el andamiaje del socialismo real se derrumbó estrepitosamente. Nos limitamos a recordar que la noción de separación de poderes era totalmente inexistente en los regímenes comunistas. Como es obvio, no nos estamos refiriendo a la versión venezolana, el Socialismo del Siglo XXI, que fue estudiado en buena parte de este libro y cuyo parecido con la versión soviética es limitado. En cuanto al llamado socialismo chino, lo dejamos de lado porque, manteniendo una visión autoritaria, se alejó totalmente del pensamiento marxista, introduciendo un modelo económico capitalista.

XII.3 FRENTE A NUEVAS REALIDADES DEL PODER EN EL PRESENTE SIGLO

Fuera del ámbito del derecho constitucional y del estudio de las ideas políticas, el fenómeno del poder, de la forma de ejercerlo, de su distribución y de sus limitaciones ha sido abordado por economistas y politólogos quienes, desde James Buchanan y Gordon Tullock (*The Calculus of Consent)* en los años sesenta del siglo pasado, se alejan de las ciencias jurídicas para estudiar las mismas inquietudes que inspiraron a Montesquieu hace más de dos siglos.[807] Tomamos dos obras, a nuestro parecer prototípicas.

a)   Daron Acemoglu y James Robinson, en uno de los libros que marcarán la presente década, *¿Por qué fracasan las naciones?,* plantean la necesidad de instituciones "inclusivas" tanto en lo económico como en lo político.

Las instituciones económicas inclusivas son aquellas que estimulan la participación de las grandes masas populares en actividades que hacen el mejor uso de los talentos y destrezas y permiten a los individuos hacer las escogencias que deseen. Para ser inclusivas, las instituciones económicas deben asegurar la propiedad privada, un orden jurídico no sesgado y unos servicios públicos que constituyan el terreno en el cual puedan existir intercambios y contratos. Deben igualmente permitir la creación de nuevos negocios y otorgar a cada cual la libre determinación de su carrera.[808] Nos preguntamos: ¿no eran válidas estas premisas para el momento en que Montesquieu escribía *El espíritu de las leyes*?

Cuando se refieren a las instituciones políticas inclusivas, los mismos autores nos recuerdan que ellas determinan cómo se escoge a los gobernantes y qué corresponde hacer a cada parte del gobierno. Las instituciones políticas determinan quién tiene el poder en las sociedades y con qué finalidades ese poder puede usarse. Si la distribución del poder es estrecha y

---

[807]   No deja de llamar la atención que, en las obras que vamos a comentar, Montesquieu y Locke no son objeto de estudio y, cuando se les cita, es de manera tangencial.

[808]   *Why Nations fail*, pp. 74-75.

no constreñida, las instituciones políticas son absolutistas y quienes ejercen el poder establecerán instituciones económicas que les permitan enriquecerse e incrementar ese poder en detrimento de la sociedad. Por el contrario, las instituciones políticas que distribuyen el poder con amplitud y lo someten a controles son pluralistas. El poder descansa sobre una pluralidad de grupos.[809]

b)   El pensador venezolano Moisés Naím publicó en el año 2013 un muy retador ensayo, intitulado *El fin del poder*,[810] cuyo planteamiento central es la constatación de que la concentración del poder ha disminuido, no por una decisión deliberada fundamentada en impedir el abuso, sino por el surgimiento de múltiples poderes fácticos. El poder se ha diseminado en un amplio espectro de instituciones, grupos e individuos, lo que ha traído como resultado una gran dificultad para la toma de decisiones que permiten resolver los importantes problemas que enfrentan las sociedades modernas. La erosión del poder no solo beneficia a las grandes corporaciones multinacionales, sindicatos, entes descentralizados o iglesias, sino a "sorprendentes rivales", algunos mucho más pequeños en tamaño y recursos: organizaciones no gubernamentales, activistas ciudadanos, medios de comunicación, movimientos heterodoxos que buscan cambios políticos, organizaciones terroristas, etc. Se presentan cambios revolucionarios que se caracterizan por su movilidad, la heterogeneidad y multiplicidad de sus aspiraciones y nuevas mentalidades. El poder tradicional se ve colocado en la defensiva; su ejercicio ya no es lo que era. "En el siglo XXI el poder es más fácil de adquirir, más difícil de utilizar y más fácil de perder".[811]

Acercándose a nuestro tema, Naím cita a Francis Fukuyama:

Los norteamericanos se enorgullecen mucho de una Constitución que limita el poder ejecutivo mediante una serie de controles y contrapesos. Pero esos controles han sufrido una metástasis. Y Estados Unidos se ha convertido en una vetocracia. Cuando este sistema se une a partidos ideologizados [...] el resultado es la parálisis [...] Si queremos salir de nuestra parálisis actual, necesitamos no solo un liderazgo fuerte, sino también cambios en las normas institucionales.[812]

Comenta Naím que el poder se degrada, pues los actores importantes pueden vetar las iniciativas de los demás pero no están en capacidad de imponer las propias.

---

[809]   Op. cit., p. 80-81.

[810]   El título del libro engaña en relación con su contenido, pues no se plantea, como el propio autor lo admite, la desaparición del poder sino su transformación, su limitación, su desagregación y su erosión.

[811]   *El fin del poder*, p. 18.

[812]   "Oh for a democratic dictatorship and not a vetocracy", *Finantial Times,* 22-11-2011, citado en la p. 325.

Cuando el poder tiene tantas restricciones, se crea un terreno muy fértil para la parálisis en la toma de decisiones. En estos casos, la estabilidad, la previsibilidad, la seguridad y la prosperidad material salen perjudicadas.[813]

A esto se agrega la existencia de "los terribles simplificadores", de los malos líderes y de las malas ideas. La degradación del poder abre el camino a los demagogos y charlatanes que no son nada nuevo en la historia y que explotan las desilusiones, al tiempo que ofrecen y prometen villas y castillos.

La base teórica del análisis que comentamos se encuentra en la teoría de los costos de transacción, que explica las barreras entre las empresas y los mercados, nociones estas que han tenido determinante influencia en los campos de las estrategias comerciales y la organización industrial. Aplicadas a la política significan fundamentalmente que las barreras y los costos de acceso al poder han disminuido, lo que perjudica a los titulares del poder.[814]

Concluye Naím su análisis anunciando innovaciones políticas e institucionales. "Empujada por los cambios en la manera de adquirir, usar y retener el poder, la humanidad debe encontrar, y encontrará nuevas fórmulas para gobernarse".[815] No anticipa el autor cómo se concretarían los cambios que anuncia, aunque sí enfatiza la necesidad de una recuperación de la confianza, un fortalecimiento de los partidos, nuevos mecanismos de participación y limitar las peores consecuencias de los *checks and balances*. Todo cambio pasaría por una fuerte relación de confianza entre los que padecen el poder y los que lo ejercen.

En relación con nuestro tema, hacemos los siguientes comentarios:

En primer lugar, el efecto negativo de la "vetocracia" no afecta la validez de que solo el poder detiene al poder. Se frenan los abusos y la arbitrariedad del Estado, pero puede sobrevenir la ineficiencia. ¿Sería esta acaso el efecto de un exceso de democracia?

En segundo lugar, el análisis de Naím tiene validez especialmente para los países desarrollados y las democracias claramente consolidadas. En países con instituciones precarias, el riesgo de la parálisis es mucho menor y la tentación del abuso es mucho mayor. Los pesos y contrapesos siguen siendo una salvaguarda para la libertad.

---

[813] Ídem, p. 328.

[814] Naím también fundamenta su estudio en pensadores clásicos, especialmente Hobbes y Max Weber.

[815] Ídem, pp. 354 y 355.

En tercer lugar, el surgimiento de nuevas trabas al ejercicio del poder no es necesariamente algo negativo. A lo largo de este trabajo hemos visto cómo los pesos y contrapesos, de cualquier índole, ayudan a preservar la libertad. Hay que tener especial cuidado en que la eficiencia no se invoque, como tantas veces se ha hecho, para limitarla. No deja de llamar la atención el hecho de que Fukuyama hable de *democratic dictatorship*.

Por último, no queda desvirtuada la idea de que la naturaleza humana conduce al abuso por parte de quien detenta el poder y de que son válidos los mecanismos para impedir que ello ocurra, sean los existentes o sean aquellos que quedan por inventar.

XII.4 ¿PUEDE HABER DEMOCRACIA SIN SEPARACIÓN DE PODERES?

Descartadas utopías y ucronías, el estudio de las realidades, de la historia universal y de las teorías políticas nos enseña que no ha existido ni existe un sistema político en el que la concentración del poder preserve la libertad. Puede haber gobiernos buenos y gobiernos malos; ideas y líderes que cambiaron la faz de la tierra o por lo menos, la de sus países. Pero si los examinamos a la luz del rechazo a la arbitrariedad, encontramos que la autolimitación es casi inexistente y que la dinámica del poder siempre ha conducido al abuso.

Todos los estudios sobre el despotismo ilustrado iluminan la idea de que grandes y positivos cambios pueden haberse llevado a cabo sin separación de poderes, pero fueron hechos, precisamente, por déspotas.

¿Es buena o es mala la separación de poderes? Creemos que la pregunta no es esa. En el inicio de los años 40 del siglo pasado, los alemanes veían a Hitler con marcada simpatía. El éxito opacaba la ausencia de libertad y la concentración del poder. Si lo que privilegiamos es la defensa de la libertad, Montesquieu sigue teniendo razón.

Dijo Winston Churchill:

Muchas formas de gobierno han sido probadas y se probarán en este mundo de pecado e infortunio. Nadie pretende que la democracia sea perfecta u omnisciente. En verdad, se ha dicho que es la peor forma de gobierno, excepto todas las demás formas que han sido probadas en su oportunidad.[816]

---

[816] Discurso en la Cámara de los Comunes, 11 de noviembre de 1947.

Y nosotros agregamos que nunca se ha probado un gobierno democrático en el cual los poderes no estén separados y las funciones atribuidas a personas y grupos de personas distintas.

Sin embargo, tienen razón quienes afirman que la protección de la libertad no puede derivar en Estados ineficientes. Pero no se puede aceptar que la efectividad sea el monopolio de regímenes autoritarios. No en balde los países más prósperos, en todos los sentidos, tienen gobiernos democráticos. Hay fórmulas que permiten, en democracia, incrementar la eficiencia: la existencia de un funcionariado profesional, de alto nivel técnico y apolítico, sin duda, ayuda. Aunque se genera entonces una tentación tecnocrática en la que los funcionarios, que no son electos ni rinden cuentas al pueblo, desplazan a gobernantes y representantes. M.J.C. Vile llega a considerar la existencia de un cuarto poder que reside precisamente en los administradores.[817] Economistas destacados han pensado en lo que llaman "estabilizadores fiscales automáticos" que serían mandatos sobre impuestos y gastos que se activan de manera automática cuando la economía crece o decrece. También se han propuesto normas de emergencia que entren en vigencia frente a la inacción parlamentaria.[818] Este es el camino que debe seguirse: buscar mecanismos institucionales que garanticen celeridad en la toma de decisiones, efectividad en la ejecución de las mismas y el logro de los objetivos y metas propuestas. En esa difícil relación entre la teoría y las exigencias de los nuevos tiempos, busquemos nuevamente en don Manuel García-Pelayo cómo resolver la relación entre las "facticidades" y las normas y cómo lograr que estas evolucionen en función de aquellas:

> … se trata de la inordinación de nuevas normas y entidades en la estructura constitucional, con lo que se ensancha el ámbito de esta. Ello responde a esa característica esencial a la Constitución de ser una de las vías por donde la realidad política y social se transforma en estatal y jurídica, de este modo, una serie de grupos y entidades políticas se convierten en entidades constitucionales, y algunas de sus normas, en normas constitucionales.[819]

Por lo pronto, la realidad es que la democracia y la separación de poderes siguen existiendo y cumpliendo un rol esencial en la preservación de la libertad. Con el permiso de José Zorrilla, si es verdad que fue don Juan Tenorio quien lo dijo, *los muertos que vos matáis, gozan de buena salud.*

---

[817] Epílogo de *Constitucionalismo y separación de poderes*, pp. 389-426.

[818] Ver Peter Orszag, *Too Much of a Good Thing: Why we Need Less Democracy*. El autor fue director de Administración y Presupuesto del presidente Obama y en el libro expresa su frustración frente a un gobierno sin capacidad de gobernar. Citado por Moisés Naím, ob. cit., p. 326.

[819] *Derecho Constitucional comparado*, p. 118.

La Constitución alemana acuñó la frase Estado social de Derecho.[820] En el Texto Fundamental venezolano de 1999 se recoge casi textualmente el artículo 1.1 de la vigente Constitución española, que consagra un Estado social y democrático de Derecho, agregando solo la coletilla "y de justicia" que Juan Carlos Rey considera innecesaria, pues queda claro que el Estado debe garantizar una justicia distributiva y social.[821] En esa realidad novedosa que sustituyó al Estado liberal burgués tiene plena cabida la separación de poderes, porque el problema de preservar la libertad sigue planteado en los mismos términos y la división del poder no es un obstáculo para el Derecho y la Justicia.

---

[820] Artículos 20 y 28 de la Ley Fundamental.
[821] *El Estado social de Derecho*, p. 259.

XIII

CONCLUSIÓN

Todo aquel que aspira al poder ya ha vendido su alma al diablo.

GOETHE

El presente régimen venezolano se define y proclama "revoluciona-rio". La revolución es su valor fundamental, es "el" valor fundamental. Nada que se oponga a la "revolución" puede ser tolerado. Todo lo que favorece a la "revolución" es legítimo. La revolución supone una dirección única y es reacia a controles, trabas o disidencias. El régimen, sin embargo, proclama que su "revolución" es democrática y se ha dotado de una Constitución que, con muchos defectos, consagra un Estado de Derecho y contempla los mecanismos institucionales necesarios para preservar la libertad.

Estamos en presencia de una contradicción que podría resolverse a favor de la Constitución o a favor de la "revolución". Todo indica que se trata de la segunda hipótesis. Pero al margen del contenido ideológico revolucionario de inspiración socialista, tenemos el resurgimiento de las viejas tendencias autocráticas que han estado presentes desde el nacimiento de la República.

Venezuela no cuenta hoy con instituciones estables, permanentes y respetadas: todo está sometido a la voluntad omnímoda y caprichosa de una persona. Lo que está planteado es construir un régimen democrático, basado en la limitación del poder, en la transparencia, en la rendición de cuentas, en el respeto a la ley y en el cual el pueblo participe, de verdad y en todos los niveles, en la formación de la voluntad colectiva.

¿A qué democracia podemos aspirar?

La historia de Venezuela ha sido un largo caminar en busca del "gobierno del pueblo, por el pueblo y para el pueblo". Durante la segunda mitad del siglo XX nos acercamos bastante a esa aspiración, pero faltó mucho por hacer y se presentaron vicios que no pueden repetirse. No se trata

429

entonces de volver al pasado sino de aprovechar las circunstancias que vivimos para construir un modelo político-institucional distinto, adecuado a nuestro tiempo y a nuestras realidades y que pueda servir de marco duradero para un desarrollo económico y social sustentable.

La tarea consiste en determinar qué le toca hacer al Estado y qué a los ciudadanos. Cómo hacer al Estado más eficiente en la consecución de las metas, con una autoridad gubernamental fuerte pero sometida al escrutinio y supervisión de poderosos órganos de control y que abra las puertas a mecanismos participativos basados en las nuevas tecnologías de telecomunicaciones.

A)   UN ESTADO FUERTE, DEMOCRÁTICO Y PARTICIPATIVO. Requerimos un Estado fuerte que busque alcanzar la igualdad entre los venezolanos sin sacrificar la libertad. La democracia representativa es esencial pero no suficiente. Los ciudadanos tienden a no verse representados por sus diputados nacionales y estadales ni por sus concejales. Con frecuencia los partidos cierran los canales para la expresión de la voluntad del soberano. Deben diseñarse mecanismos reales de participación popular y de reconocimiento a una sociedad civil plural. El rescate del concepto de participación es esencial. Los sistemas electorales deben preservar la representación proporcional, vincular al representante con el representado y asegurar la gobernabilidad. Los derechos de las minorías y de la oposición serán expresamente reconocidos. Deben desarrollarse unos consejos comunales realmente autónomos y expresión genuina de los ciudadanos. Una de las pocas herencias positivas que dejarán los años del chavismo es un interés creciente de los ciudadanos por la cosa pública.

B)   RESPETO A LOS DERECHOS DE LOS CIUDADANOS. Hay unos derechos individuales inalienables, que no pueden sacrificarse en aras de una sociedad que impone su sacrificio a cambio de otros bienes. Se sabe que esos "otros bienes" no se alcanzan nunca y, si acaso se vislumbran, es a costa de la pérdida de libertad y violando los derechos individuales. Los derechos de los venezolanos no pueden ser una mera enunciación programática. El reconocimiento de los mismos debe ir acompañado de mecanismos institucionales para su protección y efectiva realización. Debe garantizarse el derecho a disentir; nadie podrá verse perjudicado por sus opiniones políticas. La existencia de un derecho internacional humanitario y la aceptación de autoridades supranacionales en esta materia tienen que quedar claramente aceptadas.

C)   DIVISIÓN DE PODERES. Los Poderes Públicos tienen que estar efectivamente separados y su independencia verdaderamente garantizada. El país requiere conducción fuerte y estable, pero esta no puede centrarse de manera exclusiva y obsesiva en torno al jefe del Estado. Cualquiera que sea el número de los poderes, cada uno de ellos debe ser el contrapeso del otro y todos propenderán a evitar el abuso y la concentración. Debe revisarse la forma presidencial del gobierno y estudiarse mecanismos semipresidenciales y parlamentarios. El soberano tiene que recibir cuentas claras de quienes ejercen el poder en su nombre. Deben establecerse mecanismos claros de establecimiento de responsabilidades (políticas, penales, administrativas y disciplinarias).

D) DESCENTRALIZACIÓN. Venezuela tiene que ser verdaderamente un Estado federal en el cual los miembros de la federación gozarán de autonomía en el manejo un número creciente de competencias y participarán en la concepción y diseño de la voluntad federal. Deben garantizarse a los estados, municipios y sociedades intermedias transferencias masivas de recursos y funciones. La legislación nacional debe limitarse, en las materias que así lo requieran, a asegurar la coordinación y ordenará un manejo transparente de los recursos y la rendición de cuentas a los ciudadanos.

E) UNA SOCIEDAD ABIERTA. Una sociedad abierta y pluralista, así como respetuosa de las minorías. A nadie podrá perseguírsele por sus posiciones políticas o religiosas, ni se tolerará la conformación de listas estigmatizantes, ni divisiones en la sociedad por razones ideológicas de ningún tipo. La existencia de una República se fundamenta en el reconocimiento permanente de la diferencia, el respeto entre unos y otros, para alcanzar un estatuto de convivencia pacífica entre nacionales que piensan distinto y adoran a dioses diversos.

F) SERVIDORES PÚBLICOS. La corrupción, el sectarismo, el caudillismo son taras recurrentes en nuestra historia y deben diseñarse mecanismos institucionales para combatirlas y cambios culturales para desaparecerlas. La discrecionalidad del funcionario público debe regularse y reducirse para eliminar las posibilidades de corrupción. La apertura del Estado hacia la sociedad civil debe enfocarse como un mecanismo para evitar el sectarismo. Un claro control sobre la publicidad oficial y la obligatoriedad de una política informativa de Estado propenderán a la eliminación del culto a la personalidad.

G) UNA SOCIEDAD DE PAZ. Queremos vivir en una sociedad de paz, donde el insulto, la descalificación y la humillación sean inaceptables; una sociedad donde la violencia verbal sea tan repudiable como la física, y donde el desenvolvimiento de la vida democrática vaya acendrando la costumbre de escuchar y respetar, de escuchar y debatir, sin que los puntos de vista de alguien puedan imponerse por vía distinta a la argumentación, la persuasión y el consentimiento de la comunidad.

H) ESTADO Y GOBIERNO. El Estado y el gobierno serán, entonces, instancias perfectamente diferenciadas, de manera tal que el gobierno no incurra en usurpaciones de las funciones del Estado, dejando al margen de la acción estatal a todo aquel que no comulgue con la política gubernamental. Esta aberración autocrática debe ser desterrada de la Venezuela del futuro, así como toda confusión entre los proyectos personales y los colectivos.

I)   EL DINERO DE LOS VENEZOLANOS. El impuesto que todos pagamos y la renta petrolera nos pertenecen a todos. Nadie puede andar regalando nuestros reales ni decidiendo de manera caprichosa en qué se van a gastar o quiénes se los van a robar. Todo gasto tiene que ser autorizado por la representación popular, previa consulta a todos y ni un céntimo puede ser escatimado a los estados y municipios.

J)   AUSTERIDAD Y EFICIENCIA. El Estado tiene que ser austero y eficiente. Debe tener como prioridad el garantizar la vida de sus habitantes en condiciones de seguridad, dignidad e igualdad de oportunidades. El régimen de la función pública debe asegurar su profesionalismo y eficiencia. Los méritos serán los únicos requisitos de ingreso y ascenso. El sector público de la economía debe manejarse con arreglo a nuevas instituciones de gerencia y de control y en el cual el poder local debe tener máxima participación.

K)   FUERZA ARMADA. La Fuerza Armada volverá a ser apolítica y no deliberante. Deberá adaptarse en su tamaño y organicidad a las misiones que se le definen como propias. La incorporación de los civiles a la defensa debe concebirse en el sentido más amplio e irrestrictamente vinculada a la defensa del territorio, de la democracia y al desarrollo. La reserva estará exclusivamente constituida por los ciudadanos que, habiendo prestado servicio militar y dentro de los correspondientes límites de edad, puedan ser llamados a las filas en caso de comprobada emergencia. No tiene sentido una "reserva" activa y su manejo solo corresponderá a los mandos de cada fuerza. La utilización de la Fuerza Armada con fines políticos o partidistas será severamente castigada.

En el logro de varias de estas aspiraciones, el pensamiento de Simón Bolívar será de extraordinaria utilidad. No hay ningún inconveniente en mantener una república bolivariana si ella se inspira de verdad en los planteamientos del Libertador, especialmente en lo referente a las limitaciones al uso del poder, la alternabilidad republicana, el respeto a la ley, una administración de justicia independiente, la necesidad de innovar, la integración latinoamericana y el sometimiento del estamento militar al gobierno civil.

Como bien lo señala don Manuel García-Pelayo:

… solo el régimen democrático —a pesar de todas sus desviaciones y limitaciones— está en condiciones de servir a la vez a los valores políticos, económicos y funcionales de una sociedad desarrollada y solo sobre el régimen democrático puede construirse un verdadero y eficaz Estado social. Lo demás no pasa de ser un *Polizeistaat*, un regreso al despotismo más o menos ilustrado acomodado a las exigencias del tiempo presente.[822]

---

[822]   *El Estado social y sus implicaciones,* p. 32.

La figura y el pensamiento de Charles de Secondat, señor de la Brède y barón de Montesquieu, sigue y seguirá acompañando a todos aquellos que quieren detener el poder para preservar la libertad. Montesquieu murió en París, el 10 de febrero de 1775. En las exequias, oficiadas en la iglesia de Saint Sulpice, estaba Denis Diderot, quien escribió:

> Asistí a las exequias del presidente Montesquieu... Abandoné la compañía de mis amigos para rendir ese último deber al preceptor de reyes y al enemigo declarado de los tiranos.[823]

Caracas, abril de 2014

---

[823] Citado por Jean Lacouture, *Montesquieu, les vendanges de la liberté*, p. 364.

XIV

ANEXOS

ANEXO 1

DECLARACIONES DEL EXMAGISTRADO
ELADIO APONTE APONTE

(18 DE ABRIL DE 2012)

Apéndice al texto preparado para la exposición de Allan R. Brewer-Carías en el panel sobre "Las nuevas constituciones latinoamericanas y su impacto en la libertad de prensa" en la Reunión de Medio Año de la Sociedad Interamericana de prensa (SIP), Cádiz, 22 de abril de 2012.

Sobre la situación de la separación de poderes y el sometimiento del Poder Judicial al Poder Ejecutivo en Venezuela, a doce años de vigencia de la Constitución de 1999, conforme a lo expresado por el expresidente de la Sala de Casación Penal del Tribunal Supremo de Justicia el 18 de abril de 2012, después de haber ejercido funciones judiciales por más de 15 años.

Hace escasos cuatro días, un exmagistrado del Tribunal Supremo de Justicia de Venezuela (magistrado activo hasta hace solo unas semanas), el Sr. Eladio Aponte Aponte, quien además fue presidente de la Sala de Casación Penal de dicho Tribunal Supremo (es decir, del más alto tribunal de la República en la materia del país), dio unas declaraciones a la periodista Verioska Velasco a una emisora de televisión de Miami (SolTV), las cuales, además de ser en sí mismas repulsivas, revelan con extraordinaria crudeza la trágica situación del Poder Judicial en Venezuela y la demolición, y más que eso, la pulverización del principio de la separación de poderes que se ha producido en el país bajo la vigencia de la Constitución de 1999.

El magistrado declarante formó parte del Poder Judicial durante 15 años, hasta ser separado de su cargo, y así comenzó la entrevista, explicando su ascenso en la jerarquía judicial desde fiscal militar hasta el Tribunal Supremo. Ante la pregunta de la periodista de "¿Qué hizo usted para lograr ese ascenso luego en el TSJ? ¿Cuál fue ese caso emblemático que usted considera que hizo que usted llegara hasta la Presidencia del TSJ?", respondió:

MAGISTRADO: Yo creo que mi actuación fue muy pulcra y muy adaptada a los parámetros exigidos. Aparte del currículum que tengo.

VERIOSKA (periodista): Cuando usted habla de pulcra, ¿significa leal al presidente?

MAGISTRADO: Sí, leal al gobierno.

VERIOSKA: ¿Mas no leal a lo que establece la Constitución?

MAGISTRADO: Tienes razón, es cierto.

O sea, que para ascender en el Poder Judicial, este magistrado simplemente confiesa que lo único que se necesita en Venezuela es ser leal al gobierno, pero no a lo que establece la Constitución.

Esa lealtad fue precisamente la que explicó el magistrado extensamente en la entrevista, en unos casos manifestada en acciones y en otros casos en omisiones:

En cuanto a sus acciones, entre otros casos citó el conocido "caso Usón", que se originó por enjuiciamiento de un general del Ejército por el "delito" de haber explicado en forma pública el efecto que tiene apuntar un lanzallamas hacia una celda de detenidos militares, quienes por tal hecho efectivamente fueron achicharrados. El enjuiciamiento fue por vilipendio a las Fuerzas Armadas, y sobre ello, ante la pregunta de la periodista, "¿Fue manipulado ese caso?", dijo:

MAGISTRADO: Sí fue manipulado ese caso.

VERIOSKA: ¿Usted recibió alguna orden presidencial o alguna orden del Ejecutivo para actuar diferente a lo que Fiscalía Militar hubiese actuado?

MAGISTRADO: Sí.

VERIOSKA: ¿Qué le dijeron?

MAGISTRADO: Bueno que... que había que... que acusarlo o imputarlo.

VERIOSKA: ¿Por qué lo hizo?

MAGISTRADO: Recibía órdenes.

VERIOSKA: ¿Qué pasa si usted no ejecutaba esas órdenes?

MAGISTRADO: Quedaba afuera.

VERIOSKA: ¿Eso fue lo único que lo motivó a usted a seguir esas órdenes?

MAGISTRADO: ¡Sí! Yo soy militar, o era militar de carrera.

O sea, de acuerdo con lo explicado por el magistrado públicamente, por televisión, a los venezolanos, simplemente la justicia se imparte en Venezuela conforme a las órdenes que se reciban, no conforme a lo que diga la ley. De manera que eso de autonomía del Poder Judicial, que implica que los jueces solo están sometidos a la Constitución y a la ley, en Venezuela no se aplica. Solo vale y sirve, para impartir justicia, la lealtad al gobierno y el cumplimiento de las órdenes que se reciben del mismo.

Todo ello lo ratificó el magistrado al referirse a otro caso judicial, también muy conocido, el caso Simonovis, quien fue uno de los comisarios de la Policía Metropolitana a cargo de la custodia de una multitudinaria manifestación de rechazo contra el presidente Chávez, desarrollada el 11 de abril de 2002, y que concluyó con la ejecución de inermes manifestantes por parte de pistoleros del gobierno, lo que provocó la renuncia del presidente de la República por exigencia de su Alto Mando militar. Posteriormente, al reasumir Chávez la Presidencia, todos los pistoleros fueron premiados por sus acciones criminales, y en cambio los policías fueron condenados a 30 años de prisión por delitos que no cometieron. Sobre ello, el magistrado Aponte Aponte, hace solo cuatro días, ante la pregunta de la periodista: "¿Ahora existen presos políticos en Venezuela?", respondió:

MAGISTRADO: Sí, hay gente que la orden es no soltarlos, principalmente los comisarios.

VERIOSKA: ¿Quién da la orden y cuál es la orden y de qué...?

MAGISTRADO: La orden viene de la Presidencia para abajo; no caigamos en dudas, en Venezuela no se da puntada si no lo aprueba el presidente.

VERIOSKA: ¿Usted recibió orden de no soltar a Simonovis? Simonovis, los policías del 11 de abril, ¿cuál fue la orden?, dígame.

MAGISTRADO: ¿Cuál fue la posición de la Sala Penal? Convalidar todo lo que venía hecho; eso, en pocas palabras, es aceptar que esos señores no podían salir, pues, y que la justicia ahí les dio la espalda. Entonces, ¿qué le diría yo a los familiares? Tengan fe y luchen por lo que creen que merecen y tienen que luchar.

Al oír esto no puede uno menos que indignarse, pues en realidad fue él, como operador de la justicia, quien les dio la espalda a los comisarios y los condenó a 30 años de prisión. ¿Cómo se atreve ahora a decirles a los familiares que sigan luchando, cuando en su momento fue él quien no los oyó por su lealtad al gobierno?

Esa lealtad al gobierno, mas no a la Constitución o a la ley, también confesó el magistrado haberla manifestado con omisiones judiciales. Así, sobre el publicitado vínculo del gobierno venezolano con las FARC de Colombia, y a la pregunta de la periodista acerca de si alguna vez había tenido "relación o conocimiento de la relación directa entre el gobierno central con las FARC en Colombia?", respondió simplemente:

MAGISTRADO: Llegó el momento en que las instrucciones que nosotros recibíamos, principalmente con la Fiscalía Militar: todos esos señores, ni los viéramos.

Todo esto, por supuesto, no es solo para indignar sino para alarmar a cualquiera que crea en los valores del Estado de Derecho y la democracia. El magistrado, hasta no ser destituido, por lo visto no se había dado cuenta del efecto devastador que había tenido su conducta en relación con el Poder Judicial, y aparentemente solo ahora, cuando a él mismo se lo acusa por "hechos comunicacionales" de un hecho que él dice no haber cometido, a la pregunta directa de la periodista de "¿Cómo funciona el Poder Judicial en Venezuela actualmente?", dijo lo siguiente:

MAGISTRADO: Yo formo parte del Poder Judicial, o formaba parte del Poder Judicial de una manera protagónica. Y quizás muchas de las cosas que suceden en el poder de ahorita existieron bajo mi responsabilidad. Pero una vez que yo me vi que me midieron con la misma vara y el mismo metro con el que mide a los demás, dije: esto no es la justicia que se proclama, esta no es la justicia que debe ser, esta no es la justicia constitucional.

Es decir, ha sido solo cuando el magistrado comenzó a sentir en carne propia el efecto de la misma "justicia" que él tanto manejó y manipuló, que ahora se da cuenta de que "esa no es la justicia que se proclama", llegando a decir públicamente en una respuesta a la periodista, simplemente que:

MAGISTRADO: "... la justicia no vale... la justicia es una plastilina. Digo plastilina porque se puede modelar, a favor o en contra...".

En Venezuela, lo sabemos, la justicia ha sido y es manipulable, que es lo que ahora nos ha explicado públicamente uno de sus operadores principales, quien hasta hace escaso tiempo era alabado por sus ejecutorias "judiciales". Basta recordar que hace escasos dos años, por ejemplo, Aponte fue el orador de orden en el acto de inauguración del año judicial en el estado Barinas, junto al gobernador de dicho estado, Sr. Adán Chávez, quien lo condecoró.

Sin embargo, la manipulación de la justicia, particularmente por parte del Poder Ejecutivo, fue precisamente uno de los temas que más trató el magistrado, al explicar cómo los jueces reciben órdenes de parte del Ejecutivo Nacional sobre cómo deben ejercer sus funciones.

Al responder a la pregunta que le hizo la periodista sobre si alguna vez había recibido "alguna llamada de algún funcionario público de cualquier estatus para solicitarle a usted algún tipo de manipulación en la justicia venezolana?", señaló:

MAGISTRADO: Cierto. Desde el presidente para abajo.

Y se refirió el magistrado en su respuesta a que, en una ocasión, Chávez había dicho: "entonces habrá que meterle penas máximas a la jueza y a los que hagan eso. Treinta años de prisión", refiriéndose sin duda al conocido caso de la jueza Afiuni, al cual calificó como un caso "muy político y emblemático". Y la periodista siguió preguntando:

VERIOSKA: Por lo menos en el caso del presidente de la República que usted menciona, ¿hablaba directamente con usted el presidente?

MAGISTRADO: Directamente.

VERIOSKA: ¿Lo llamaba a usted?

MAGISTRADO: A mí.

Sobre estas llamadas directas recibidas del presidente de la República para manipular la justicia, el mismo magistrado se refirió a otros casos, entre ellos uno también muy conocido, relativo al enjuiciamiento de unos supuestos "paramilitares" que habían sido sorprendidos en Caracas (¡no en la frontera con Colombia, sino en Caracas!), que no eran más que unos ingenuos jóvenes campesinos que ni siquiera sabían dónde estaban. A la pregunta de la periodista: "¿Qué pasó allí? ¿Por qué lo llamo?", respondió:

MAGISTRADO: Bueno, para que condujera de una manera conveniente hacia el gobierno las investigaciones.

VERIOSKA: ¿Exactamente cuál fue la solicitud del presidente?

MAGISTRADO: Mira, yo creo, a mi manera de ver, que tales paramilitares... yo dudaba de su procedencia porque eran muchachos imberbes, inexpertos. Algunos no manipulaban armas; algunos no sabían por qué estaban allí, y que por mera casualidad fueron detenidos los autobuses por una patrulla de la Policía Metropolitana y se subió el cauce. ¿Y cómo vinieron esos señores de Colombia? ¿A qué los trajeron?

VERIOSKA: ¿O sea que el caso fue montado?

MAGISTRADO: Bueno, sacando las conclusiones yo no lo dudaría tanto.

En la misma línea de llamadas presidenciales para el tratamiento de casos judiciales, el magistrado Aponte narró otro caso, esta vez vinculado al narcotráfico, aclarando que ese había sido el único caso en el cual —dijo— había "favorecido al narcotráfico". El caso fue de un oficial subalterno, quien trasladaba un cargamento de droga en el país que, según dijo, lo "llevaba al batallón" donde estaba su superior, de manera que a la pregunta de la periodista al magistrado: "¿Y cuál fue su participación en este caso? ¿Cómo lo favoreció?", respondió:

MAGISTRADO: Lo favorecí dándole una medida cautelar, mas no se dejó en libertad.

VERIOSKA: ¿Quién le mandó a usted a que hiciera eso? ¿O fue algo propio?

MAGISTRADO: No, a mí me llamaron. Desde la Presidencia de la República para abajo.

VERIOSKA: Ajá, pero en ese caso...

MAGISTRADO: En ese caso. Me llamaron de la Presidencia de la República.

VERIOSKA: ¿Quién de la Presidencia de la República?

MAGISTRADO: Fue uno de los secretarios o de los allegados de la Presidencia de la República. Creo que Morales.

VERIOSKA: ¿O sea usted está diciendo que uno de los allegados del presidente de la República, de Hugo Chávez, lo llamó a usted para que usted favoreciera a un narcotraficante a una presunta actuación de narcotráfico?

MAGISTRADO: Sí. Me llamó el ministro de la Defensa para ese entonces, que era Baduel. Me llamó Rangel Silva. Me llamó Hugo Carvajal. Me llamó un Almirante... Aguirre, creo. O sea, que mucha gente abogó por ese señor.

VERIOSKA: ¿No recuerda exactamente ese caso?

MAGISTRADO: Lo que recuerdo es que devuelve la droga y tuvo que pernotar una noche en un cuartel y ahí fue donde se descubrió la droga.

VERIOSKA: ¿La droga durmió en un cuartel venezolano de la Guardia?

MAGISTRADO: … No, creo que del Ejército.

VERIOSKA: ¿Y esto era un decomiso?

MAGISTRADO: No era ningún decomiso. Venía.

VERIOSKA: O sea, la droga estaba pasando y se resguarda dentro de un cuartel del Ejército venezolano.

MAGISTRADO: Sí, es cierto.

VERIOSKA: ¿No era decomiso, sino que era utilizado para guardar la droga que pasa hacia dónde? ¿Y de dónde viene esa droga?

MAGISTRADO: Esa droga viene de Colombia; eso fue por Carora. Eso venía del sur.

VERIOSKA: ¿Durmió allí y luego iba para dónde?

MAGISTRADO: Iba hacia el centro. Hacia el centro del país.

VERIOSKA: Y usted dio esa medida cautelar para favorecer a ese señor.

MAGISTRADO: Sí. Ese es el único caso que recuerdo en el que yo haya favorecido a un narcotraficante.

Y más adelante, sobre el mismo tema, a la pregunta de la periodista: "¿Sabían que tenía droga metida en el cuartel del Ejército?", respondió:

MAGISTRADO: ¡Sí! ¿No lo iban a saber? Parece ser que este Magino fue edecán de la mamá del presidente, y había ese vínculo.

VERIOSKA: ¿Y se logró demostrar que ese señor había colocado droga y que iba a trasladarla?

MAGISTRADO: Yo le di la cautelar y la Fiscalía no continuó investigando. Incluso recuerdo que el favorecido sobreseyó sobre el caso posteriormente.

Oír todo esto, declarado públicamente, no solo es indignante, sino que uno queda estupefacto. Pero las referencias a las llamadas de funcionarios dando instrucciones a los jueces para decidir casos o para favorecer a determinadas personas no se quedaron en referencias a funcionarios del Poder Ejecutivo, sino también, según el magistrado —que bien conoce el funcionamiento de la justicia, pues participó activamente en su manipulación— también venían de la Fiscalía General de la República, es decir, del Ministerio Público. De manera que a la pregunta de la periodista:

VERIOSKA: Aparte del presidente Hugo Chávez, ¿cómo era su relación con otros funcionarios públicos? Por lo menos en el caso del Ministerio Público, de la Fiscalía, Luisa Ortega, Luisa Estella Morales, ¿también usted recibía llamadas telefónicas de ellos para que interviniese en alguna decisión?

Su respuesta fue:

MAGISTRADO: De Luisa Ortega, sí; más de una llamada recibí. De Luisa Estella Morales, infinidades.

VERIOSKA: ¿Que le decían?

MAGISTRADO: ¿Cuándo se iba a imputar a alguna persona?, ¿cuándo se le iba a privar de libertad?, ¿cuándo se iban a hacer los allanamientos?, para que yo organizara esa situación y buscara al juez idóneo para que se realizara tal acto.

VERIOSKA: ¿Es decir, manipular un caso?

MAGISTRADO: Sí, más de uno.

Y ante la pregunta de la periodista sobre por qué "esa intromisión en el Poder Judicial", el magistrado explicó con precisión, que:

MAGISTRADO: Esa era la componenda que había a nivel de presidenta de la Corte Suprema y fiscal general de la República.

VERIOSKA: ¿Pero recibían dinero? ¿Extorsionaban a clientes? ¿Qué sabe usted?

MAGISTRADO: Yo creo que sí extorsionaban, principalmente en el caso de los banqueros...

Y agregó algo más al referirse a las combinaciones entre ambos órganos del Poder Público, pues a la pregunta de la periodista sobre si había un grupo de "fiscales preferidos" de la Fiscalía General, dijo:

MAGISTRADO: Sí, cierto que había un grupo preferido. Y son esos los que llamaban a los jueces. Creo que el Castillo, Mejía, llamaban a los jueces y si no hacían lo que les pedía el fiscal: "voy a hacer que te boten". Te expulsan.

Y a la pregunta sobre la existencia de una "supuesta Banda de los Enanos dentro del Poder Judicial", respondió:

MAGISTRADO: Bueno sí, incluso hasta ahorita recientemente los llamados *enanos*, que todo el mundo sabe quiénes son, trabajan con la Fiscalía. Están relacionados con la Fiscalía.

VERIOSKA: ¿Cómo funciona eso?

MAGISTRADO: Bueno, tendrán su mecanismo. El fiscal actúa y lo solicita al gobierno.

Sobre esos casos manipulados, ante la pregunta de la periodista: "¿Qué caso recuerda que fue manipulado?", el magistrado respondió: "Fueron bastantes", aclarando, sin embargo, que "El único que recuerdo fue un caso en Maracaibo de un diputado que le dicen Mazuco", sobre el cual la pregunta de la periodista fue: "¿Cómo fue ese caso? El exmagistrado respondió:

MAGISTRADO: Bueno, el caso fue más o menos un caso que buscaron un preso, lo encapucharon, y lo pusieron como testigo para que dijera que este señor había sido el que dio la orden para que mataran al otro.

VERIOSKA: ¿Y qué le habría solicitado la presidenta del Tribunal Supremo de Justicia?

MAGISTRADO: Bueno, eso precisamente. Avalar esa situación. Y al hombre se le pagó dándole la libertad.

Respecto de todas estas tropelías, muchas de las cuales constituyen delito y en cuya realización participó el magistrado Aponte según su confesión pública, a la pregunta de la periodista de si reconocía "el daño que le hizo al Poder Judicial venezolano", el magistrado Aponte respondió:

MAGISTRADO: Sí, le digo, yo asumo mi responsabilidad y mi culpa y si es de pagar por ello, yo pago.

VERIOSKA: Así como usted, ¿qué tan contaminado está ese poder en Venezuela?

MAGISTRADO: Yo creo que bastante, suficiente, y a todos los niveles; mucha manipulación. Le dije: ahí no sale una decisión si no se consulta; últimamente, los tribunales penales, antes de cualquier decisión tienen que consultarlo.

O sea, luego de oír todo esto, por más desprestigiado de origen que pueda ser el declarante, lo que queda claro es que ya nadie puede dudar de que las decisiones judiciales en Venezuela, o son dictadas por órdenes dadas por Ejecutivo Nacional, o son previamente consultadas al mismo, con la consecuencia de que si un juez no atiende la orden o instrucción, o no consulta su decisión, es removido, como tantas veces ha ocurrido. De manera que ante una pregunta de la periodista en la cual le inquiría al magistrado: "Cuando usted dice que usted fue manipulado, quiero que nos especifique más cómo fue ese *modus operandi*", el magistrado respondió:

MAGISTRADO: … Lo que pasa es que a mí me pedían los favores y yo los ejecutaba. ¡Y ay del juez que se negara a ejecutarlo!

VERIOSKA: ¿Qué le pasaba al juez que no le hiciera caso?

MAGISTRADO: Era removido del cargo.

VERIOSKA: ¿A cuántos jueces removió del cargo?

MAGISTRADO: Bueno yo no. Eso lo hacía la Comisión Judicial. Pero fueron muchos.

VERIOSKA: ¿Usted apoyó a más de uno para que fuese removido de su cargo?

MAGISTRADO: Sí lo apoyé.

VERIOSKA: ¿Por qué?

MAGISTRADO: Porque eso es parte de la Comisión Judicial.

VERIOSKA: ¿Pero por qué los removían? ¿Simplemente por no seguir su orden?

MAGISTRADO: No solamente la orden, porque la orden no la daba yo directamente. La orden la daba también la presidenta del Tribunal directamente. Muchas veces la orden la daban directamente los fiscales. Hay un fiscal de apellido Castillo, que ese llamaba directamente a los jueces y llegaba hasta a amenazarlos.

Y ante la pregunta que le formuló la periodista sobre si "¿Es cierto que en Venezuela las actuaciones procesales y las sentencias tienen costo?", el magistrado respondió:

MAGISTRADO: En algunos casos sí.

VERIOSKA: ¿Se puede comprar la justicia en Venezuela, entonces, con dinero?

MAGISTRADO: Tal vez.

VERIOSKA: ¿A qué se refiere con "tal vez"?

MAGISTRADO: Sí, en algunos casos sí lo han hecho…

Este fue un personaje quien lamentablemente tuvo una larga trayectoria y un rol "protagónico" en el manejo y manipulación de la justicia y, con ello, fue un actor principal en la implementación de la persecución política en Venezuela. Como parte de lo que se ha llamado "jueces del hedor", lo que dice pone en evidencia la trágica realidad de que, por más excelsas que sean las previsiones de la Constitución de 1999, particularmente sobre separación de poderes y en especial sobre la autonomía, la independencia, la idoneidad y la estabilidad de los jueces — que han sido letra muerta desde tiempos de la propia Asamblea Constituyente de 1999— el Poder Judicial en el país no es ni autónomo ni independiente y por ello no hay ni real separación de poderes ni régimen democrático, el cual solo puede existir en el marco de un régimen de control del poder.

Sobre la autonomía e independencia del Poder Judicial mismo, respondiendo una pregunta de la periodista, el magistrado llegó a decir simplemente "eso es una falacia" y le explicó claramente por qué. Dijo:

MAGISTRADO: … Y te voy a decir por qué. Todos los fines de semana, principalmente los viernes en la mañana, hay una reunión en la Vicepresidencia Ejecutiva del país, donde se reúnen el vicepresidente, que es el que maneja la justicia en Venezuela, con la presidenta del Tribunal Supremo, con la fiscal general de la República, con el presidente de la Asamblea Nacional, con la procuradora general de la República, con la contralora general de la República, y unas que otras veces va uno de los jefes de los cuerpos policiales. De ahí es de donde sale la directriz de lo que va a ser la justicia. O sea, salen las líneas conductoras de la justicia en Venezuela.

VERIOSKA: ¿Usted acudió a una de esas reuniones?

MAGISTRADO: A varias acudí yo. …

VERIOSKA: ¿Cómo queda la independencia de los poderes en Venezuela?

MAGISTRADO: Yo creo que no hay tanta independencia.

VERIOSKA: ¿Qué se habla en esas reuniones?

MAGISTRADO: Bueno, de cuáles son los casos que están pendientes, de qué es lo que se va a hacer. O sea, se daban las directrices de acuerdo al panorama político.

La insólita entrevista o confesión del magistrado terminó con la pregunta reiterada de la periodista sobre si "existe independencia de poderes en Venezuela", a lo cual respondió simplemente:

MAGISTRADO: Ninguna.

VERIOSKA: El Poder Judicial en Venezuela.

MAGISTRADO: Ni el Poder Judicial ni el Poder Ejecutivo; ninguno de los poderes.

Para nadie, por supuesto, puede constituir una sorpresa la burda manipulación de la justicia que ha existido en Venezuela durante el gobierno del presidente Chávez, y que se describe patéticamente en esta entrevista. Sorpresa es, sin embargo, la forma tan directa, abierta, grosera y desvergonzada de describirla, al punto que da asco, hecha por parte de uno de sus propios actores.

Cádiz, 22 de abril de 2012

ANEXO 2

COMUNICACIÓN DEL FISCAL HERNANDO JOSÉ CONTRERAS PÉREZ Y LA FISCAL GENERAL DE LA REPÚBLICA

(13 DE FEBRERO DE 2006)

Ciudadana Luisa Ortega Díaz

Fiscal General de la República

Quien suscribe, **Hernando José Contreras Pérez, actuando en mi carácter de Fiscal Quincuagésimo Sexto a Nivel Nacional con Competencia Plena**, carácter este que se evidencia según Resolución N.° 85, suscrita por el Fiscal General de la República en fecha 13-02-2006, acudo ante su competente autoridad a fin de exponerle y solicitarle:

PUNTO PREVIO

En fecha 15-03-2001, juré ante su antecesor Julián Isaías Rodríguez, a quien hoy denuncio, que cumpliría y haría cumplir con lo establecido en la Constitución de la República Bolivariana de Venezuela y demás leyes existentes; hoy más que nunca reitero ese compromiso con mi Patria, el Ministerio Público y mi familia.

PRIMERA DENUNCIA

Tal y como se lo hice saber recién nombrada Directora de Actuación Procesal en esta Institución, le reitero mediante este escrito, que la responsabilidad sobre el cambio del contenido de las actas de **entrevistas rendidas por el testigo Giovanni Vásquez de Armas** en la investigación penal relativa al Homicidio del ex Fiscal Danilo Baltasar Anderson, recaía directamente en la persona del entonces Fiscal General de la República Julián Isaías Rodríguez, quien alegaba, luego de leerlas, que estas debían ser consultadas con el "Alto Gobierno ya que esa investigación era un problema de Estado"; posteriormente nos reunía a los fiscales comisionados y nos decía que debíamos quitar a tal persona o colocar el nombre de esta otra, así como decir sus rasgos o características que pudieran individualizarla,

447

ello, entre otros. En esa investigación penal, nada se hacía si no era por instrucciones precisas del mencionado Fiscal General.

EXCUSA EXTEMPORÁNEA

El ex Fiscal General de la República antes mencionado, en declaración de reciente data 21-01-2008, publicada en el diario El Universal, aborda nuevamente el tema e intenta explicar a la opinión pública que este testigo le había sido llevado bajo engaño. (¿Quién se lo llevó?) ¿Por qué no nos hizo caso cuando le advertimos algunos de los fiscales comisionados que se trataba de un testigo con poca o casi nada de credibilidad?); pero no, él tenía un caso relevante y por eso declaró que había visto, oído, tocado, palpado a dicho testigo y por ello le merecía un 100% de credibilidad, luego manifestó que un 80% y por último un 50% (este último porcentaje en virtud de un mensaje que le enviara el testigo Giovanni Vásquez con uno de los Fiscales comisionados, donde le amenazaba que no iría a declarar al Juicio Oral y Público).

Quien suscribe la presente **fue la persona que lo entrevistó hasta la saciedad y pude constatar que este testigo perseguía intereses distintos al de colaborar con la justicia** para esclarecer el caso más importante en la historia contemporánea de este país y así lo hice saber en muchas de las reuniones a que nos convocaba el ex Fiscal General, así como a mis colegas fiscales.

Recuerde, ciudadana Fiscal, que estas declaraciones a las que su antecesor calificó como "Declaración anticipada" realizadas *inaudita parte* ante el Juez Gumer Quintana Gómez (este ex Juez de la República aparece en una declaración donde precisa la forma como se hizo la mal llamada "prueba anticipada" y bajo presiones de un superior jerárquico; por lo que no le quedó otra alternativa que hacerla; declara el funcionario) sin la presencia siquiera de un Defensor Público de Presos que representara a los investigados, sirvió para solicitar las Privativas de Libertad de varios de los investigados, que **en su mayoría resultaron hasta hoy día inocentes (Sobreseimiento: Arrieta Salvador Romaní Orue; Archivo fiscal: Nelson Mezerhane Gosen, Fernando Jesús Moreno Palmar y Eugenio José Áñez Núñez. En el caso de la periodista Patricia Poleo, su antecesor le sugirió al padre (Rafael Poleo) que la sacara del país, (¿sería que no estaba seguro de lo declarado por el testigo?).**

PRÓFUGOS DE LA JUSTICIA

Antes de ser postulada para aspirar al cargo que hoy ostenta como Fiscal General de la República, **le informé sobre los últimos resultados de la posible deportación o expulsión de los EE. UU. de los ciudadanos**

Johann Humberto Peña Rivero y Pedro Bladimir Lander, quienes se encuentran en ese país con las visas vencidas, negadas sus solicitudes de asilo político y, por si fuera poco, habían sido sorprendidos manejando sin licencia y con posesión de estupefacientes (esta información la suministró el jefe de la DEA en nuestro país, en una entrevista que sostuvo con el representante de la Oficina Nacional Antidrogas, ONA), quien le había manifestado que "en estos momentos no le interesaba al Gobierno Nacional que estos ciudadanos regresaran a Venezuela", posición aparentemente secundada por voceros de esta nuestra institución, ya que se había decidido "pasar la página en el caso Danilo Anderson".

DEL COMPROMISO INSTITUCIONAL

Ahora que usted asumió la Dirección del Ministerio Público, dando mensajes altruistas, de lucha sin cuartel al flagelo de la corrupción, delito que está carcomiéndose las bases de nuestras instituciones, le reitero mi compromiso y disposición en acompañarla en tan ardua tarea; incluso me pongo a su disposición para comenzar desde cero la investigación en el caso de la muerte del Fiscal Danilo Baltasar Anderson, tal y como se lo hice saber al ex Fiscal General Julián Isaías Rodríguez y mis compañeros fiscales en más de una oportunidad, ya que consideraba que esa investigación, como se estaba llevando, estaba plagada de irregularidades.

DEL TESTIGO ARREPENTIDO

Ciudadana Fiscal General de la República, **recientemente pude conocer que el testigo Giovanni Vásquez de Armas desmintió toda su declaración, incluso en su exposición le pide perdón a los hoy condenados Rolando, Otoniel y Juan Bautista Guevara, por los señalamientos que hizo de ellos como autores materiales** en la muerte del Fiscal Danilo Baltazar Anderson; esto lo puede confirmar con la periodista y camarógrafo que realizaron la entrevista, a solicitud del mismo.

Ciudadana Fiscal General, sé que en aquella oportunidad era la única persona como alto funcionario en el Ministerio Público (Directora de Actuación Procesal) a la que podía denunciar lo antes señalado, ya que se trataba del Fiscal General de la República; a él solo pude advertirle sobre las irregularidades en el caso, pero como él lo manifestó en su momento, "necesitaba tener un caso", ya que "la corriente radical del chavismo le estaba exigiendo resultados con autores intelectuales presos" (creo que su egocentrismo compromisos políticos [sic] lo desviaron de sus funciones como Fiscal General de la República).

Ruego a Dios que luego de estos señalamientos no se me califique como un Fiscal incómodo dentro de su gestión, porque lo único que deseo es continuar cumpliéndole a ese ser supremo, la Patria, la Institución que usted dirige y mi familia.

En Caracas, a los diecisiete (17) días del mes de marzo de 2008

HERNANDO JOSÉ CONTRERAS PÉREZ, fiscal quincuagésimo sexto a nivel nacional con competencia plena

ANEXO 3

¿ES SUFICIENTE QUE HAYA ELECCIONES PARA HABLAR DE UN ESTADO DEMOCRÁTICO EN VENEZUELA?

ANABELLA ABADI Y BÁRBARA LIRA
25 de febrero, 2014

El martes 18 de febrero de 2014, tras casi una semana de intensas manifestaciones en todo el país, el presidente de Venezuela, Nicolás Maduro, expresó durante una concentración de trabajadores petroleros transmitida por el canal del Estado Venezolana de Televisión que "en Venezuela hay plenas libertades democráticas para hacer política. Acabamos de salir de unas elecciones hace ocho semanas, ¿o miento?". Minutos después agregó "yo pregunto en voz alta al mundo entero: ¿en qué lugar del mundo se han hecho 19 elecciones en los últimos 15 años?". ¿Pero cuán cierto es que el hecho electoral confirma lo democrático de un Estado?

El artículo 2 de la Constitución prevé que Venezuela es un Estado democrático. El artículo 63 establece que "el sufragio es un derecho" y el artículo 66 prevé que los electores "tienen derecho a que sus representantes rindan cuentas públicas, transparentes y periódicas sobre su gestión, de acuerdo con el programa presentado". Estos artículos son la base de la idea de que Venezuela es una democracia.

Desde el 12 de febrero de 2014 se vive una tensa situación de manifestaciones, violencia y represión en todo el país. Los participantes y promotores de estas protestas han enarbolado diversas banderas y objetivos, por lo general poco claros, que tienen un común denominador: se oponen al gobierno de Nicolás Maduro por la grave situación de inflación, escasez e inseguridad que vive el país. Luego de casi dos semanas de protestas, existen denuncias de violaciones a la Constitución y a los derechos humanos, la censura de medios de comunicación y el bloqueo de Internet y las redes sociales, además del uso excesivo de la fuerza por parte del Gobierno Central, incluyendo detenciones arbitrarias y presuntas torturas.

Durante los últimos 15 años, equiparar la realización de múltiples elecciones con la existencia de un Estado democrático ha sido una constante del Gobierno Central. De hecho, la realización de elecciones, que en promedio son 1,3 por año desde 1999, ha sido uno de los principales argumentos empleados para justificar sus decisiones y acciones de toda índole, así como para responder a las críticas hechas sobre el modelo de gestión. ¿Pero son las elecciones el único elemento de una democracia?

Polity IV es un proyecto del Center for Systemic Peace que codifica características de los regímenes políticos de manera que —en los extremos— puedan ser calificados y clasificados en "Democracias institucionalizadas" o "Regímenes autocráticos". Para la formulación de su indicador, el Polity IV considera factores como los mecanismos de elección del Ejecutivo Nacional (dígase regulación, competencia y apertura), las restricciones institucionales del ejercicio de poder del Ejecutivo Nacional y el grado de regulación y competencia política. Aunque no se incluyen otros factores identificados como claves en una democracia, como las garantías de los derechos civiles, el Estado de Derecho, la rendición de cuentas y la libertad de prensa.

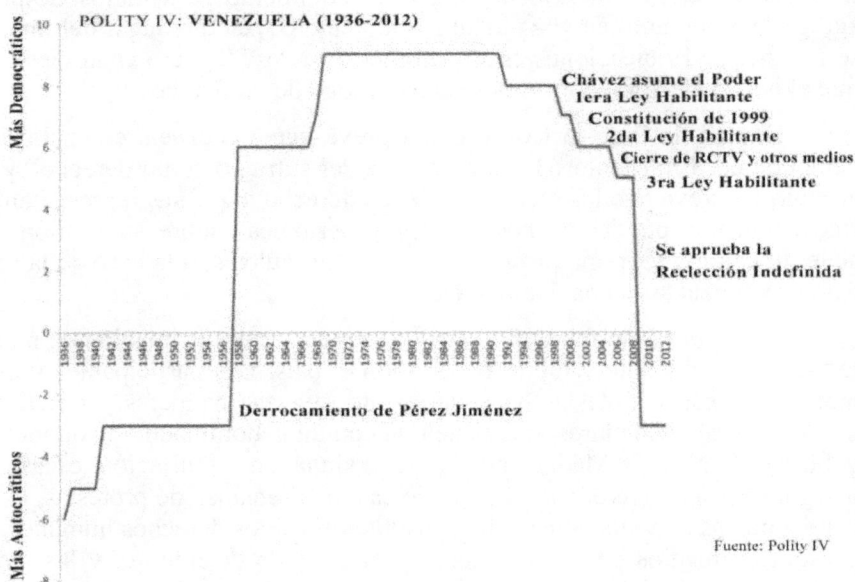

POLITY IV: VENEZUELA (1936-2012)

Chávez asume el Poder
1era Ley Habilitante
Constitución de 1999
2da Ley Habilitante
Cierre de RCTV y otros medios
3ra Ley Habilitante

Se aprueba la
Reelección Indefinida

Derrocamiento de Pérez Jiménez

Más Democráticos

Más Autocráticos

Fuente: Polity IV

452

Aunque el presidente Maduro afirma que las 19 elecciones que se celebraron en Venezuela entre 1999 y 2013 reafirman el carácter democrático de Venezuela, la realidad es que el sistema político nacional tiende cada vez más hacia lo que puede denominarse como un régimen autocrático:

Condiciones desiguales de participación en las elecciones. Desde 1999 se han realizado 19 elecciones por año y, en cada una de esas ocasiones, el Gobierno Central y el Consejo Nacional Electoral (CNE) han señalado la confiabilidad del sistema de votación. Pero, aunque al menos desde 2005 la oposición no ha cuestionado que la suma de las papeletas haya estado sujeta a vicios o fraude electrónico, se suelen reportar problemas con respecto a las condiciones en las que se realiza la etapa de campaña electoral y a irregularidades en el día de las elecciones. En el caso particular de la campaña presidencial de abril de 2013, el Comando Simón Bolívar presentó 222 denuncias por violación de la normativa de campaña por parte de la candidatura del PSUV. Estas denuncias incluyeron el uso de recursos públicos para financiar publicidad y eventos, uso de niños para hacer campaña y un importante desbalance informativo por parte de los medios oficiales. Por ejemplo, entre el 2 y el 10 de abril de 2013, en plena campaña electoral, VTV transmitió casi 6 horas de discursos de Henrique Capriles Radonski, mientras que transmitió a Nicolás Maduro por poco más de 65 horas. Por su parte, de las denuncias hechas por el Comando Simón Bolívar con respecto a los comicios presidenciales del 14 de abril de 2013 resaltaron el llamado "voto asistido", la evacuación forzosa de testigos de oposición de los centros de votación y la violencia dentro y fuera de los mismos.

Los ciudadanos pueden expresar sus preferencias, ¿pero a qué costo? Aunque el Gobierno Central suele referirse a que en Venezuela se pueden expresar libremente opiniones en su contra, quienes disienten deben asumir consecuencias que van más allá del hecho de ser inmediatamente calificados con adjetivos descalificadores (escuálido, apátrida, parásito, imperialista, fascista, entre otros). Quienes firmaron para realizar el referéndum revocatorio al gobierno de Hugo Chávez en 2004 fueron identificados en la *Lista de Tascón o Lista Maisanta* y, como consecuencia, se registraron múltiples denuncias de despidos de empleados públicos, negativas a puestos de trabajo e incluso a beneficios de programas sociales.

La discriminación por tendencia política desde el Gobierno Central se ha mantenido, incluyendo amenazas hechas a trabajadores petroleros por parte del ministro Rafael Ramírez en 2006 o a empleados del Ministerio de Vivienda y Hábitat por parte de Ricardo Molina en 2013. También se han denunciado amenazas a los votantes durante los procesos electorales, que de hecho es una de las razones por las cuales se solicitó la impugnación del resultado de las elecciones del 14 de abril de 2013. Incluso, quienes desde el oficialismo han realizado críticas al Gobierno Central han sufrido consecuencias. Tal es el caso de Nicmer Evans, un politólogo afecto al oficialismo quien, tras criticar algunas decisiones del gobierno de Maduro, vio cancelados sus programas de radio y televisión. Por su parte, abundan también los ejemplos en los que aquellos que expresan opiniones favorables y adhesión al proyecto oficialista parecen ser recompensados, e incluso quienes están en el poder enfrentan pocas posibilidades de que las autoridades judiciales actúen en su contra: se desestiman denuncias de corrupción, el arrollamiento de un manifestante puede calificarse como "accidente" o el llamado a un "contraataque fulminante" no se considera incitación a la violencia, incluso cuando el saldo sea de varios heridos y muertos.

El poder del Ejecutivo Nacional es ilimitado. Con la aprobación de la Constitución de 1999 se hicieron modificaciones al marco legal que, por un lado, aumentaron el poder del Ejecutivo (como el aumento del control del presidente sobre los militares) y por otro redujeron los contrapesos para la toma de decisiones (como la sustitución del sistema legislativo bicameral por uno de Cámara única, al eliminar el Senado). En 2007, el entonces presidente Hugo Chávez propuso una reforma constitucional que promovía aún mayores injerencias del Poder Ejecutivo Nacional en todos los ámbitos del quehacer nacional. Si bien fue rechazada, en 2009 se aprobó la enmienda constitucional para permitir la elección indefinida para los cargos de elección popular, incluido el cargo de presidente de la República.

Además, hay muestras de que el Poder Ejecutivo ha mantenido control sobre los otros Poderes Públicos. Por ejemplo, ha ejercido labores propias del Poder Legislativo a través de cinco leyes habilitantes. Recordemos que el fallecido dirigente oficialista Carlos Escarrá llegó a decir, en su rol como diputado ante la Asamblea Nacional, que "tampoco aceptamos la división de los poderes, ya que debilita la acción del Ejecutivo y la eficiencia del Gobierno" (El Universal, 29/08/2010). Incluso, la entonces presidenta del tsj, Luisa Estella Morales, declaró en diciembre de 2009 que "no podemos seguir pensando en una división de poderes porque eso es un principio que debilita al Estado", a la vez que propuso la revisión de ese principio constitucional (Informe21, 05/12/2009). Un caso resaltante y ejemplo de esto es la detención y encarcelamiento de Leopoldo López quien, amén de que sus abogados hablan de vicios en los procesos, está ahí por decisión del presidente: en cadena de radio y televisión, el 20 de febrero de 2014 Nicolás Maduro expresó que López "está en la cárcel como yo dije que iba a estar, gracias a los Tribunales y a Fiscalía".

Cada vez hay menos garantía de libertades civiles. La gran mayoría de los derechos civiles, sociales, culturales, económicos y políticos previstos en la Constitución no están garantizados. De hecho, han sido violados por el propio Gobierno Central, bien sea por acción u omisión. Resaltan las violaciones a la libertad personal, a la integridad física, psíquica y moral, a la justa defensa y asistencia jurídica, a la seguridad ciudadana, a la propiedad, a la libre expresión, al acceso a la información, a la protección del honor y la vida privada, y a la manifestación.

El libre ejercicio de las libertades civiles no debe ser selectivo. Para dar algunos ejemplos, si bien los cuerpos de seguridad pueden detener a personas que sean un riesgo para el orden público y la seguridad de terceros, su integridad física se debe respetar y proteger. Desde el 12 de febrero de 2014 y hasta la fecha han sido reprimidas gran cantidad de manifestaciones estudiantiles a lo largo y ancho del territorio nacional, traduciéndose en gran cantidad de detenciones, heridos, torturas e incluso varias muertes. Hasta la madrugada del 24 de febrero de 2014, el Foro Penal Venezolano reportaba 539 personas detenidas, de las cuales más de 200 habían sido liberadas sin ser presentadas en tribunales, 138 estaban sometidas a procesos penales, a 19 se les había dictado privativa de libertad, alrededor de 50 esperaban audiencia y apenas 10 habían conseguido libertad plena. Posteriormente, ese mismo día, fueron detenidas más de 60 personas que estuvieron relacionadas con las manifestaciones.

En Venezuela al parecer no hay *Estado de Derecho ni Sistema de rendición de cuentas.* No resulta sorpresivo que Venezuela sea el tercer país con peores condiciones de Estado de Derecho en el mundo, en gran medida por la ya mencionada falta de autonomía de los Poderes Públicos. Además, las cuentas fiscales, los fondos parafiscales, los manejos de las divisas y las estadísticas oficiales son una "caja negra" y, por tanto, un caldo de cultivo para la corrupción. Ya a finales de 2013, Venezuela fue rankeada como el país más corrupto de América Latina y el número 15 en los más corruptos del mundo (de 177 países en total).

En estos datos resalta el hecho de que el Gobierno Central ha hecho un uso indiscriminado de recursos públicos en función de los intereses electorales. Entre 2010 y 2012, en la etapa previa a las últimas dos elecciones presidenciales, Venezuela incurrió en un incremento nominal del gasto público equivalente a 99%, con un déficit fiscal del Gobierno Central Presupuestario que alcanzó 4,9% del PIB. Aún más: la deuda pública del Gobierno Central Presupuestario aumentó en 47% entre 2010 y 2012, pasando de 2.490 dólares per cápita a 3.542.

En Venezuela hay poca libertad de prensa. El artículo 58 de la Constitución prevé que "toda persona tiene derecho a la información oportuna, veraz e imparcial, sin censura". Es decir, no basta con que el Gobierno Central informe, sino que debe permitir que medios independientes también puedan hacerlo. Reporteros Sin Fronteras ubica a Venezuela en la posición 117 de 179 países, con respecto a la libertad de prensa. A su vez, entre 2002 y 2013, la ONG Espacio Público reportó 418 casos de censura, alcanzando un récord histórico de 77 casos en 2013. Solo en 2013 se registraron 219 casos de violación a la libertad de expresión.

En 2014, la situación ha empeorado. Por una parte, las trabas en la asignación oficial de divisas han ocasionado que varios medios impresos hayan tenido que parar sus imprentas por falta de papel. Aquellos que aún sobreviven han tenido que disminuir sus páginas. Además, los medios privados nacionales mantienen una postura de autocensura para proteger sus señales, mientras que el Gobierno Central les quita la señal a medios internacionales como NTN24. También resalta la amenaza contra CNN en español: el 20 de febrero de 2013, Nicolás Maduro afirmó en cadena de radio y televisión que se había comenzado el proceso administrativo para "sacarlos de Venezuela" si no rectificaban su línea editorial con respecto a las manifestaciones que se reportan en el país. Un día después, el Sindicato Nacional de Trabajadores de la Prensa (SNTP) informó vía Twitter que el Ministerio de Información y Comunicaciones les había revocado las credenciales a varios de los corresponsales de CNN, para luego devolvérselas al día siguiente. Por supuesto, no se puede dejar de mencionar que se han reportado bloqueos de páginas web, de contenidos de Twitter y de los servicios de Internet y teléfono en el estado Táchira. La situación se ha deteriorado enormemente desde que comenzaron las protestas: solo entre el 12 y el 20 de febrero, Espacio Público reportó 43 casos y 72 violaciones a la libertad de expresión, lo que equivale a 8 violaciones por día.

Al parecer, a pesar de lo dicho por el presidente Nicolás Maduro, Venezuela no es un país fuerte "desde el punto de vista de su democracia". Si bien las elecciones son una herramienta indispensable para la consolidación de un sistema democrático, no son suficiente garantía. Dado que la principal distorsión que vive el sistema nacional es la falta de autonomía de los Poderes Públicos, es importante que los ciudadanos hagan verdadero uso de sus derechos políticos e incluso que defiendan estos derechos en casos de conflicto. La manifestación es uno de esos derechos.

Anabella Abadi M. Economista egresada de la UCAB y especialista en Gobierno y Gestión Pública Territoriales (PUJ, 2011). Profesora en la UCAB y analista de la Unidad de Investigación y Análisis de ODH Grupo Consultor.

ANEXO 4

LA PERSECUCIÓN PENAL DE LEOPOLDO LÓPEZ

EL GOBIERNO DE VENEZUELA NO HA PRESENTADO UNA SOLA PRUEBA VÁLIDA CONTRA EL DIRIGENTE OPOSITOR, AL QUE MANTIENE EN UNA PRISIÓN MILITAR

José Miguel Vivanco, *El País*, Madrid,
12 de marzo 2014

Mientras cancilleres latinoamericanos se reúnen en Chile esta semana para tratar la situación en Venezuela, Leopoldo López, uno de los líderes más prominentes de la oposición política venezolana, se encuentra detenido en una prisión militar esperando a que una jueza provisoria (sin inamovilidad en el cargo) decida si será sometido a juicio, sin que hasta ahora se haya exhibido ninguna evidencia válida en su contra.

La violencia desatada a raíz de las manifestaciones de estudiantes y opositores que comenzaron el 12 de febrero en Venezuela ha dejado como saldo más de 20 muertos, decenas de heridos, cientos de detenidos y serias denuncias de brutalidad, torturas y vejámenes cometidos por las fuerzas de seguridad. El Estado, además, ha tolerado y colaborado con grupos armados civiles que apoyan al Gobierno. La Fiscalía, a regañadientes —y gracias a los vídeos y la presión de la opinión pública—, ha dado algunos pasos para investigar las verdaderas responsabilidades en estos hechos. Sin embargo, sigue avanzando con una velocidad notable para atribuirle responsabilidad penal por la violencia a la oposición política.

Altas autoridades del Gobierno venezolano sostuvieron que López, dirigente de Voluntad Popular, era el "autor intelectual" de la violencia, y la Fiscalía solicitó su detención, acusándolo de todo: disturbios, muertes y lesiones. Luego acusó también a Carlos Vecchio, quien le sigue a López en la directiva de Voluntad Popular, y a otros dos miembros de la oposición por hechos similares, invocando teorías conspirativas en vez de presentar pruebas que los incriminen.

LOS CANCILLERES LATINOAMERICANOS REUNIDOS EN CHILE DEBEN EXIGIR
AL GOBIERNO DE MADURO QUE RESPETE LOS DERECHOS HUMANOS

Al Gobierno venezolano le resulta relativamente fácil utilizar el sistema judicial como un instrumento político desde que, en 2004, el chavismo depuró al Tribunal Supremo de Justicia (TSJ) y nombró a jueces afines en el más alto tribunal. Desde entonces, el poder judicial ha dejado de actuar efectivamente como un poder independiente del Gobierno. A través de la Comisión Judicial del TSJ, que cuenta con facultades para nombrar y remover jueces inferiores provisorios y temporales —que hoy son la mayoría de los jueces en el país— esta politización de la justicia se propagó al resto del poder judicial.

El 18 de febrero, López se entregó a las autoridades y desde entonces se encuentra detenido en Ramo Verde, una prisión militar, en la cual solo tiene contacto con su familia cercana y sus abogados, y solamente sale de su celda cuando es posible que tome aire sin tener contacto con otros presos.

Ante la contundente evidencia que hizo pública el periódico venezolano *Últimas Noticias,* que sugería que uniformados junto con civiles armados eran los autores de una de las muertes ocurridas el 12 de febrero, la propia Fiscalía debió dar marcha atrás y eliminar los cargos por homicidio imputados inicialmente a López. Sin embargo, López sigue sujeto a investigación por varios delitos, incluido el de asociación para delinquir, que tiene una pena de hasta 10 años.

Es muy improbable que López sea liberado próximamente. Legalmente, podría permanecer detenido preventivamente hasta 45 días, cuando la Fiscalía debería acusarlo, archivar el caso, o sobreseerlo, pero en la práctica estos plazos rutinariamente no se respetan en Venezuela.

LA DECLARACIÓN DE LA OEA PARECE DESCRIBIR LA SITUACIÓN EN VENEZUELA COMO SI FUERA UNA CATÁSTROFE NATURAL

En un Estado de derecho, la libertad de López debería estar garantizada si las autoridades no presentaran pruebas creíbles de que él podría ser responsable de la comisión de un delito. Sin embargo, en Venezuela es muy difícil para un juez adoptar una decisión conforme a derecho si esta va contra intereses del Gobierno.

Por ejemplo, en 2009, la justicia venezolana detuvo arbitrariamente a la jueza María Lourdes Afiuni por cumplir con una recomendación de Naciones Unidas y dejar en libertad condicional a un opositor del Gobierno chavista. Afiuni, que era jueza titular con estabilidad en el cargo, estuvo un año en prisión, dos en arresto domiciliario y continúa sujeta a proceso penal por delitos que no cometió. Antes del *caso Afiuni,* los jueces temían perder su empleo si adoptaban decisiones contrarias a los intereses del Gobierno. Ahora, también temen ir presos.

En un país donde el poder judicial carece de independencia, el futuro de Leopoldo López está en manos de una jueza que podría ser removida por un telegrama sin mediar ninguna explicación, como ha ocurrido rutinariamente en el pasado. La decisión sobre el futuro de la jueza, a su vez, está en manos de magistrados del TSJ, un órgano que habitualmente avala políticas del Gobierno.

La reunión de la OEA de la semana pasada, celebrada a puerta cerrada, terminó con una declaración que parece describir la situación en Venezuela como si fuera una catástrofe natural, en vez de responsabilizar al Gobierno venezolano por violaciones de derechos humanos como la censura y la brutalidad de las fuerzas de seguridad. ¿Habrá alguna posibilidad de que la reunión en Santiago lleve a un resultado distinto, exigiendo que Venezuela asuma sus obligaciones jurídicas internacionales de respetar los derechos humanos? Específicamente, ¿se exigirá esta vez que cesen los abusos contra manifestantes y la liberación y el respeto de las garantías del debido proceso de quienes fueron detenidos arbitrariamente, como Leopoldo López?

José Miguel Vivanco es director de la División de las Américas de Human Rights Watch.

XV

BIBLIOGRAFÍA

ABREVIATURAS

AdCPyS: Academia de Ciencias Políticas y Sociales

ANdlH: Academia Nacional de la Historia

EJV: Editorial Jurídica Venezolana

L.G.D.J.: Librairie Genérale de Droit et de Jurisprudence

P.U.F.: Presses Universitaires de France

UCAB: Universidad Católica Andrés Bello

UCV: Universidad Central de Venezuela

ULA: Universidad de los Andes

OBRAS GENERALES DE DERECHO CONSTITUCIONAL, HISTORIA DE LAS IDEAS, FILOSOFÍA POLÍTICA Y SOBRE LA TEORÍA DE LA SEPARACIÓN DE PODERES

ALVARADO ANDRADE (Jesús María), *Sobre la división del poder y el principio de subsidiariedad en materia económica. (Exaltación de los principios liberales como base necesaria para el despliegue de la libertad individual)*, Proyecto de investigación inédito auspiciado por el Decanato de Investigación de la USB, Caracas, 2014.

ARAGÓN (Manuel), *Constitución y control del poder,* Ediciones Ciudad Argentina, Buenos Aires, 1995.

ARISTÓTELES, *La política*, Instituto de Estudios Políticos, Madrid, 1973.

AVRIL (Pierre), "Pouvoir et responsabilité" en *Mélanges offerts á Georges Burdeau –Le Pouvoir*, L.G.D.J., París, 1977.

BOBBIO (Norberto), *El filósofo y la política. Antología*, Editorial Fondo de Cultura Económica, México, 1996.

BREWER-CARÍAS (Allan R.), *Constitutional Courts as Positive Legislators, A Comparative Law Study*, Cambridge University Press, Cambridge, 2013.

BRIMO (Albert), *Les grands courants de la philosophie du droit et de l'État*, Editions A. Pédone, París, 1968.

BUCHANAN (James M.) y TULLOCK (Gordon), *El cálculo del consenso: Fundamentos lógicos de la democracia constitucional*, Espasa, Madrid, 1980.

BURDEAU (Georges), *La recherche de l' efficacité du pouvoir. Les cours de Droit*, París, 1974.

-------------------------------- *Traité de Science Politique, L.G.D.S.*, París, 1966-1977, (10 tomos).

BURDEAU (Georges), HAMMON (Francis) y TROPER (Michel), *Droit Constitutionnel* [XXVI edición del famoso manual que, desde la XXI edición y después del fallecimiento del maestro, ha estado a cargo de los dos autores mencionados], L.G.D.J., París, 1999.

CARNAY (Jean Paul), *Le sufrage politique en France*, Mouton et. co., La Haya, 1965.

CARRÉ DE MALBERG (Raymond), *Contribution a la Théorie Genérale de L'État,* Sirey, París, 1921, Edición facsimilar.

CICERÓN (Marco Tulio), *De Re Publica* (traducción: Francisco de P. Samaranch), Aguilar, Buenos Aires, 1970.

CHEVALLIER (Jean Jacques), *Histoire de la pensée politique,* Payot, París, 1979, (2 tomos).

-------------------------------- "L' Influence des Lumières et de la Revolution Francaise dans les premières Constitutions de l' Amérique Latine" en *Pensamiento Constitucional de Latinoamérica 1810-1830*, Publicaciones de la ANdlH, Caracas, 1962, vol. IV.

DAHL (Robert A.), *How Democratic is the American Constitution?,* Yale University Press, New Haven y Londres, 2002.

DE JOUVENEL (Bertrand), *Le pouvoir*, Hachettte, Collection Pluriel, París, 1972.

DUGUIT (León), *Traité de Droit Constitutionnel*, Ancienne Librairie Fontemoing et Cie Editeurs, París, 1927, (3 tomos).

DUHAMEL (Olivier) y MENY (Yves), *Dictionnaire Constitutionnel*, Presses Universitaires de France, París, 1992.

DUVERGER (Maurice), *Droit Constitutionnel et Institutions Politiques*, P.U.F., París, 1959.

-------------------------------- *La monarchie républicaine ou comment les démocraties se donnent des rois*, Editions Robert Laffont, París, 1974.

EISENMANN (Charles), "L' esprit des lois et la separatión des pouvoirs" en *Mélanges Carré de Malberg*, Duchemin, París, 1933.

------------------------------ "Informe a las jornadas de estudio en homenaje a Carré de Malberg" en *Anales de la Facultad de Derecho y de Ciencias Políticas y Económicas de la Universidad de Estrasburgo*, Dalloz, París, 1966.

ESMEIN (Adhémar), *Droit Constitutionnel français et comparé*, Sirey, París, 1928, 7.ª edición.

FIX ZAMUDIO (Héctor), "Valor actual del principio de la división de poderes y su consagración en las constituciones de 1857 y 1917" en *Boletín del Instituto de Derecho Comparado de México*, números 58 y 59, 1967.

GARCÍA-PELAYO (Manuel), *Derecho Constitucional comparado*, Alianza Editorial, Madrid, 1991, segunda edición.

------------------------------ "El Estado social y sus implicaciones" en *Cuadernos de Humanidades* N.º 1, Universidad Nacional Autónoma, México, 1975.

GOUGH (John), *John Locke's Political Philosophy*, The Clarendon Press, Oxford, 1973.

HAMON (Francis) y LELIÈVRE (Jacques) (editores), *L'Héritage politique de la Révolution française*, Presses Universitaires, Lille, 1994.

HAURIOU (Maurice), *Précis de Droit Constitutionnel*, Sirey, París, 1929, reedición fotomecánica del Centre National de la Recherche Scientifique, 1965.

HELLER (Hermann), *Teoría general del Estado* (traducción: Luis Tobío), Fondo de Cultura Económica, México, 1971.

JELLINEK (Georg), *Teoría general del Estado* (traducción: Fernando de los Ríos), Editorial Albatros, Buenos Aires, 1970.

JULIEN (Claude), *Le suicide des démocraties*, Grasset, París, 1972.

LINARES BENZO (Gustavo), *Leer la Constitución. Un ensayo de interpretación constitucional*, EJV. Caracas, 1998

LOCKE (John), *Essais sur le pouvoir civil* (traducción: Jean Louis Fyot. Prefacio: Boris Mirkine-Guetzévitch y Marcel Prélot), P.U.F., París, 1953.

LOEWENSTEIN (Karl), *Teoría de la Constitución* (traducción española: Alfredo Gallego Anibatarte), Ariel, Barcelona, 1972.

LOMBARDI (Giorgio), "Constitución, libertad y poder negativo" en *Constitucionalismo latino y liberalismo,* Universidad Externado de Colombia, Bogotá, 1990.

MANSFIELD (Harvey C.), *Le prince apprivoisé. De l'ambivalence du pouvoir (título original: Taming the Prince. The Ambivalence of Modern Executive Power)*, L'Esprit de la Cité, Fayard, París, 1994.

McILWAIN (Charles Howard), *Constitutionalism, Ancient and Modern,* Cornell University Press, Ítaca, Nueva York, 1976.

MATTEUCCI (Nicola), *Lo Stato moderno*, Il Mulino, Boloña, 1993.

MIJARES (Augusto), *La interpretación pesimista de la sociología hispanoamericana,* Afrodisio Aguado, S. A., Madrid, 1952.

MORTATI (Constantino), *Le forme di Governo. Lezioni*, Cedam, Padua, 1973.

NEGRETTO (Gabriel), *Diseño constitucional y separación de poderes en América Latina,* México, 2003. www.ejournal.unam.mx /rms/2003-1/RMS03102.pdf

NEGRETTO (Gabriel) y UNGAR (Mark), "Independencia del Poder Judicial y Estado de Derecho en América Latina, los casos de Argentina y Venezuela" en *Política y Gobierno*, México, mayo 1997, vol. 4, N.° 1.

PASSERIN D' ENTRÈVES (Alexandre), *La notion de l' État,* Sirey, París, 1969.

PLATÓN, *Las leyes,* Obras completas, Aguilar, Madrid, 1972.

POLIBIO, *Historia Universal durante la República romana* (traducción: Ambrosio Rui Bamba), Luis Navarro Editor, Madrid, 1988.

QUIROGA LAVIÉ (Humberto), "Sobre la teoría de la representación popular y la división de los poderes del gobierno" en *Libro homenaje a Manuel García-Pelayo,* UCV, Facultad de Ciencias Jurídicas y Políticas, Caracas, 1980, tomo I.

ROSSANO (Claudio), *Partiti e Parlamento nello Stato contemporaneo,* Dottore E. Jovene, Nápoles, 1972.

RUBIO LLORENTE (Francisco), *La forma del poder. Estudios sobre la Constitución.* Centro de Estudios Constitucionales, Madrid, 1997.

SÁNCHEZ VIAMONTE (Carlos), *Bases esenciales del constitucionalismo latinoamericano,* Abeledo- Perrot, Buenos Aires, 1959.

SARTORI (Giovanni), *Théorie de la démocratie* (traducción: Christian Hurtig), Librairie Armand Colin, París, 1973.

SOLÉ TURA (Jordi) y AJA (Eliseo), *Constituciones y períodos constituyentes en España (1808- 1936),* Siglo XXI, Madrid, 1997.

SORIANO DE GARCÍA-PELAYO (Graciela), *El personalismo político hispanoamericano del siglo XIX,* Monte Ávila, Caracas, 1994.

STRAUSS (Leo) y CROPSEY (Joseph), *History of Political Philosophy,* The University of Chicago Press, Chicago y Londres, 1987, tercera edición.

TOUCHARD (Jean), *Histoire des idées politiques,* P.U.F., París, 1959.

TROPER (Michel), *La separatión des pouvoirs et L'Histoire Constitutionnelle française,* L.G.D.J., París, 1980.

VILE (Maurice J.C.), *Constitucionalismo y separación de poderes,* Centro de Estudios Políticos y Constitucionales, Madrid, 2007.

SOBRE MONTESQUIEU

ALTHUSSER (Louis), *Montesquieu, la política y la historia,* Ariel, Barcelona, 1974.

DESTUTT DE TRACY (Antoine), *Commentaire sur "L'esprit des lois" de Montesquieu,* EbooksLib, 2005.

ILBERT (Courtenay), *Montesquieu* (The Romanes Lecture, Sheldonian Theatre, 4 de junio de 1904), The Clarendon Press, Oxford, 1904.

LACOUTURE (Jean), *Montesquieu. Les vendanges de la liberté,* Éditions du Seuil, París, 2003.

MONTESQUIEU (Charles de Secondat, barón de la Brède y de...) *L'esprit des lois* (introducción: Jacques Robert), Sehers, París, 1972.

PANGLE (Thomas L.) *Montesquieu's Philosophy of Liberalism*, The University of Chicago Press, Chicago, 1973.

VERNIÈRE (Paul), *Montesquieu et L'esprit des lois ou la raison impure,* Sociéte d'Édition d' Enseignement Supérieur, París, 1977.

VLACHOS (Georges), *La politique de Montesquieu,* Éditions Montchrestien, París, 1974.

SOBRE LA SEPARACIÓN DE PODERES EN LOS ESTADOS UNIDOS

AMAR (Akhil Reed), *America's Constitution. A Biography*, Random House, Nueva York, 2005.

CAMERON (Charles M.), *Veto Bargaining, Presidents and the Politics of Negative Power*, Cambridge University Press, Cambridge, 2000.

CAREY (George W.), *In Defense of the Constitution,* Center for Judicial Studies, James River Press, Cumberland, Virginia, 1989.

CASPER (Gerhard), *An Essay in Separation of Powers: Some Early Versions and Practices.* William and Mary Law Review, 211, 1989. Http://scholarship.law.wm.edu/wmlr/Vol30/iss2/3

DAHL (Robert), *How Democratic is the American Constitution*, Yale University Press, New Haven y Londres, 2001.

-------------------------------- *A Preface to Democratic Theory*, University of Chicago Press, Chicago, 1956.

ELLIS (Joseph J.), *Founding Brothers. The Revolutionary Generation*, Random House, Nueva York, 2000.

FISHER (Louis), *Constitutional Conflicts between Congress and the President*, Princeton University Press, Princeton, 1985.

HAMILTON (Alexander), MADISON (James) y JAY (John), *The Federalist Papers*, The New American Library, Nueva York, 1961.

KORN (Jessica), *The Power of Separation, American Constitutionalism and the Mith of the Legislative Veto*, Princeton University Press, Princeton, 1996.

McDONALD (Forrest), *Novus Ordo Seclorum, The Intellectual Origins of the Constitution,* University Press of Kansas, Lawrence, Kansas, 1985.

466

NEUSTADT (Richard), *Presidential Power and the Modern Presidents*, The Free Press, Nueva York, 1990.

POSNER (Richard A.), *An Affair of State. The Investigation, Impeachment and Trial of President Clinton*, Harvard University Press, Cambridge, 1999.

ROCHE (John P.), "Making the Constitution" en *The Growth of American Politics*, Oxford University Press, Nueva York, 1972, (2 volúmenes).

RUBIO LLORENTE (Francisco), *La forma del poder. Estudios sobre la Constitución*, Centro de Estudios Constitucionales, Madrid, 1997.

SCHLESINGER (Arthur), *The Imperial Presidency*, Popular Library, Nueva York, 1973.

TARRE BRICEÑO (Gustavo), "Los mecanismos de la elección presidencial en los Estados Unidos y sus posibles reformas" en *Revista de Derecho Público* N.º 4, Caracas, octubre-diciembre, 1980.

------------------------------- "La separación de poderes en los Estados Unidos" en *Tendencias actuales del Derecho Constitucional. Homenaje a Jesús María Casal Montbrun*, Universidad Central de Venezuela, Universidad Católica Andrés Bello, Caracas, 2007, tomo 1.

TRIBE (Lawrence H.), *Constitutional Choices,* Harvard University Press, Cambridge, 1985.

SOBRE LA SEPARACIÓN DE PODERES Y LA HISTORIA DE VENEZUELA

ÁLVAREZ (TULIO ALBERTO), *Instituciones políticas y Derecho Constitucional,* Centro de Investigaciones Económicas C.A., Anexo 1 Editora, Caracas, 1998, tomo I.

ARRÁIZ LUCCA (Rafael), *El "trienio adeco" (1945-1948) y las conquistas de la ciudadanía*, Editorial Alfa, Caracas, 2010.

------------------------------- *Venezuela: 1830 a nuestros días*, Editorial Alfa, Caracas, 2007.

------------------------------- *Las constituciones de Venezuela (1811-1999)*, Editorial Alfa, Caracas, 2012.

AYALA CORAO (Carlos), "Origen y evolución del control constitucional en Venezuela" en *Anuario de Derecho Constitucional Latinoamericano*, Fundación Konrad Adenauer, CIEDLA, Biblioteca Jurídica Dike,

Asociación Costarricense de Derecho Constitucional, Asociación Venezolana de Derecho Constitucional, Medellín, 1996.

BATTISTA (Anna María), "El Poder Moral: el modelo clásico de Bolívar" en *Constitucionalismo latino y liberalismo,* Universidad Externado de Colombia, Bogotá, 1990.

BELAÚNDE (Víctor Andrés), *Bolívar y el pensamiento político de la Revolución hispanoamericana,* Editorial Cultura Hispánica, Madrid, 1959.

BOLÍVAR (Simón), *Discurso de Angostura* (1819), Editorial A. Almeda Cedillo, Caracas, 1953.

-------------------------------- *Doctrina del Libertador,* Biblioteca Ayacucho, N.º 1, Caracas, 1985.

BREWER-CARÍAS (Allan Randolph), Historia Constitucional de Venezuela, Editorial Alfa, Caracas, 2008, (2 tomos).

-------------------------------- "La Constitución de Cádiz de 1812 y los principios del constitucionalismo moderno: su vigencia en Europa y en América" en *Anuario Jurídico Villanueva,* Villanueva Centro Universitario, Universidad Complutense de Madrid, Madrid, 2009, tomo III.

-------------------------------- "El paralelismo entre el constitucionalismo venezolano y el constitucionalismo de Cádiz (o de cómo el de Cádiz no influyó en el venezolano" en *El Estado constitucional y el Derecho Administrativo en Venezuela: Libro homenaje a Tomás Polanco Alcántara,* Instituto de Derecho Público, UCV, Caracas, 2005.

CARRERA DAMAS (Germán), *El culto a Bolívar,* (1ª Edición, 1970), Editorial Alfa, Caracas, 2003.

-------------------------------- "Algunos problemas relativos a la organización del Estado durante la Segunda República venezolana"_en *Pensamiento constitucional de Latinoamérica* 1810-1830, Publicaciones de la ANdlH, Caracas, 1962, vol. 11.

-------------------------------- *Colombia, 1821-1827: Aprender a edificar una República moderna.* UCV y ANdlH, Caracas, 2010.

-------------------------------- *Rómulo histórico*, Editorial Alfa, Caracas, 2013.

CARTAY (Rafael), "La filosofía del régimen perezjimenista: el Nuevo Ideal Nacional" en *Revista Económica de la ULA*, N.º 14, Mérida, 1998.

CASTRO LEIVA (Luis), *Obras. Para pensar a Bolívar*, Fundación Polar-UCAB, Caracas, 2005, volumen I.

CATALANO (Pierangelo), "Derecho Público Romano y principios constitucionales bolivarianos" en *Constitución y constitucionalismo hoy. Cincuentenario del Derecho Constitucional comparado de Manuel García-Pelayo*, Fundación Manuel García-Pelayo, Caracas, 2000.

CHIOSSONE (Tulio), *El decenio democrático inconcluso 1935-1945*, Editorial Ex Libris, Caracas, 1989.

CONGRESO DE LA REPÚBLICA, *Pensamiento político venezolano del siglo XIX. Textos para su estudio*. Ediciones conmemorativas del bicentenario del natalicio del Libertador, Caracas, 1983.

------------------------------ *Pensamiento político venezolano del siglo XX. Documentos para su estudio*. Ediciones conmemorativas del nacimiento del Libertador Simón Bolívar, Caracas, 1983.

ESCOVAR SALOM (Ramón), *Evolución política de Venezuela*, Monte Ávila, Caracas, 1973.

FRAGA IRIBARNE (Manuel), "La evolución de las ideas de Bolívar sobre los poderes del Estado y sus relaciones" en *Pensamiento constitucional de Latinoamérica 1810-1830*, ANdlH, Caracas, 1962, tomo IV.

GIL FORTOUL (José), *Historia constitucional de Venezuela*, Ministerio de Educación, Caracas, 1954, (3 tomos).

------------------------------ *Obras completas. Filosofía constitucional*, Ediciones del Ministerio de Educación, Caracas, 1957.

GONZÁLEZ GUINÁN (Francisco), *Historia contemporánea de Venezuela*, Ediciones de la Presidencia de la República, Caracas, 1954, (15 tomos).

GRASES (Pedro), "Manuel García de Sena y la Independencia de Hispanoamérica" en *Obras. Preindependencia y emancipación*, Seix Barral, Barcelona, 1981, tomo III.

GUAL (Pedro), *Discurso de la Convención de Valencia*, 1858.

http://notialternativo.wordpress.com/2013/09/22/pedro-gual-en-la-convencion-de-valenciade-1858-y-el-proyecto-de-constitucion/.

MARIÑAS OTERO (Luis), *Las constituciones de Venezuela*, Ediciones de Cultura Hispánica, Madrid, 1965.

MIJARES (Augusto), *Obras completas. Coordenadas para nuestra historia. Temas de Historia de Venezuela*, Monte Ávila Editores, Caracas, 1988, tomo VI.

------------------------------ *Obras completas. La interpretación pesimista de la Sociología hispanoamericana*, Monte Ávila Editores, Caracas, 1988, tomo II.

MIJARES DE LAURÍA (Silvia), *El centralismo andino*, (inédito), Caracas 1980.

MUÑOZ TÉBAR (Jesús), "El personalismo y el legalismo" en *Pensamiento Político venezolano del siglo XIX*, Presidencia de la República, Caracas, 1961, tomo II.

OROPEZA (Ambrosio), *Evolución constitucional de nuestra República*, Impresores Unidos, Caracas, 1944.

------------------------------ "El Estado constitucional venezolano" en Revista *Política* N.° 34, Caracas, 1943.

------------------------------ "Caracteres originarios del Estado venezolano" en Revista *Política* N.° 3, Caracas, noviembre de 1959.

ORTIZ (Alexis), *El texto de sus disparates. Falso retrato de Simón Bolívar*, Editorial Panapo, Caracas, 2003.

PARRA PÉREZ (Caracciolo), *Miranda et la Revolution Française*, Pierre Roger, París, 1925.

------------------------------ *Historia de la Primera República de Venezuela*, Tipografía Americana, Caracas, 1939, (2 tomos).

PÉREZ PERDOMO (Rogelio), "La organización del Estado en Venezuela en el siglo XIX" en *Politeia* N.° 14, Instituto de Estudios Políticos, Facultad de Ciencias Jurídicas y Políticas, UCV, Caracas, 1990.

PINO ITURRIETA (Elías), *Las ideas de los primeros venezolanos*, Monte Ávila Editores, Caracas, 1993.

------------------------------ *Fueros, civilización y ciudadanía*, UCAB, Caracas, 2000.

PLAZA (Elena) y COMBELLAS (Ricardo) (coordinadores), *Procesos constituyentes y reformas constitucionales en la historia de Venezuela: 1811-1999* (ver especialmente Rachadell (Manuel), "El proceso político en la formación y vigencia de la Constitución de 1961"), UCV, Caracas, 2005, (2 tomos).

RODRÍGUEZ ITURBE (José), Génesis y desarrollo de la ideología bolivariana, Ediciones del Congreso de la República, Caracas, 1973.

------------------------------- *Crónica de la década militar*, Ediciones Nueva Política, Caracas, 1984.

ROSCIO (Juan Germán), *El triunfo de la libertad sobre el despotismo en Testimonios de la época emancipadora*, ANdlH, Caracas, 1961.

SEIJAS (Rafael), "El presidente" en *Pensamiento político venezolano del siglo XIX*, Presidencia de la República, Caracas, 1961, tomo II.

SOSA ABASCAL (Arturo), "El régimen octubrista" en *Venezuela: República Democrática*, Grupo Jirahara, Editorial Arte, Caracas, 2011.

TARRE MURZI (Alfredo) SANÍN, *López Contreras, de la tiranía a la libertad*. Editorial Ateneo, Caracas, 1982.

VALLENILLA LANZ (Laureano), *Cesarismo democrático. Estudios sobre las bases sociológicas de la Constitución efectiva de Venezuela*, Monte Ávila Editores, Caracas, 1990 (1.ª edición, Tipografía El Cojo, Caracas, 1919).

URBANEJA (Diego Bautista), Bolívar, el pueblo y el poder, Fundación para la Cultura Urbana, N.º 24, Caracas, 2004.

------------------------------- La renta y el reclamo, Editorial Alfa, Caracas, 2014.

WOLF (Ernesto), *Tratado de Derecho Constitucional*, Tipografía Americana, Caracas, 1945, (2 tomos).

YANES (Francisco Javier), *Manual político del venezolano*, ANdlH, Caracas, 1961.

SOBRE LA SEPARACIÓN DE PODERES EN LA VENEZUELA ACTUAL

AGUIAR (Asdrúbal), "La historia inconstitucional de Venezuela (1999-2013)" en *Revista de Derecho Público*, N.º 133, Editorial Jurídica Venezolana, Caracas, enero-marzo de 2013.

ALFONZO CARVALLO (Francisco), "El sistema parlamentario bicameral y la eliminación del Senado en Venezuela", *Revista de Derecho Público*, N.º 132, octubre-diciembre 2012, EJV, Caracas, 2012.

ÁLVAREZ (Ángel E.), "La democracia delegativa y muerte de la Constitución" en *Constitución y Constitucionalismo hoy. Cincuentenario del Derecho Constitucional comparado de Manuel García-Pelayo*, Fundación Manuel García-Pelayo, Caracas, 2000.

ANDUEZA (José Guillermo), *El Congreso. Estudio jurídico*, Ediciones del Congreso de la República, Caracas, 1971.

------------------------------ "Las potestades normativas del Presidente de la República" en *Estudios sobre la Constitución. Libro homenaje a Rafael Caldera*, UCV, Caracas, 1979, (4 tomos).

------------------------------ "El control parlamentario y la responsabilidad política" en *Libro homenaje a Tomás Polanco Alcántara. El Estado constitucional y el Derecho Administrativo en Venezuela*, Instituto de Derecho Público, UCV, Caracas, 2005.

------------------------------ "¿Presidencialismo caudillista o cesarista?" en *Homenaje a Jesús María Casal Montbrun*, UCV-UCAB, Caracas, 2007, tomo 1.

ANTELA (Ricardo), *La revocatoria del mandato*, EJV y Universidad Metropolitana, Caracas, 2011.

ARISMENDI (Alfredo), *La separación de poderes y el sistema presidencial* en *Homenaje a Jesús María Casal Montbrun*, UCV-UCAB, Caracas, 2007, tomo 1.

------------------------------ "Las constituciones venezolanas desde 1947" en *El Derecho Público a los cien números de la Revista de Derecho Público*, Editorial Jurídica Venezolana, Caracas, 2006.

AVELEDO (Ramón Guillermo), *Parlamento y democracia*, Fundación para la Cultura Urbana, N.° 29, Caracas, 2005

------------------------------ *Curso de Derecho Parlamentario*, UCAB-Instituto de Estudios Parlamentarios Fermín Toro, Caracas, 2014.

AYALA CORAO (Carlos), *El referendo revocatorio*, Los Libros de El Nacional, Colección Minerva, Caracas, 2004.

------------------------------ *La jerarquía constitucional de los tratados relativos a derechos humanos y sus consecuencias*, Fundación Universitaria de Derecho, Administración y Política, México, 2003.

------------------------------ *La "inejecución" de las sentencia internacionales en la jurisprudencia constitucional de Venezuela, (1999-2009)*, Fundación Manuel García-Pelayo, Caracas, 2009.

472

AYALA CORAO (Carlos M.) y CASAL (Jesús María), "La evolución político-constitucional de Venezuela 1975-2005" en *Estudios constitucionales: Revista del Centro de Estudios Constitucionales de Chile,* Universidad de Talca, Año 6, N.º 2, Talca, 2008.

-------------------------------- "Comentarios sobre la Sentencia de la Sala Constitucional del Tribunal Supremo de Justicia de Venezuela (n.º 1939) de fecha 18-12-08" en *Estudios Constitucionales,* Año 7, N.º 1, Santiago de Chile, 2009, pp. 391-395.

BLANCO (Carlos), "Venezuela: del bipartidismo al neoautoritarismo" en *Quórum, Revista del Pensamiento Latinoamericano,* Universidad de Alcalá de Henares, Alcalá de Henares, 2001.

-------------------------------- *Revolución y desilusión: la Venezuela de Hugo Chávez,* Los Libros de la Catarata, Caracas, 2002.

-------------------------------- *Un programa para el cambio. La reforma del Estado en Venezuela,* Random House Mondadori/Grijalbo, Caracas, 2010.

BREWER-CARÍAS (Allan Randolph), PEÑA SOLÍS (José), CHAVERO GAZDIK (Rafael), DUQUE CORREDOR (Román J.) y ANTELA (Ricardo), *La guerra de las salas frente al referéndum revocatorio,* Editorial Aequitas, Caracas, 2004.

BREWER-CARÍAS (Allan Randolph), "Reflexiones críticas sobre la Constitución de 1999" en *La Constitución de 1999,* AdCPyS, Caracas, 2000.

--------------------------------*Golpe de Estado y proceso constituyente en Venezuela,* Universidad Nacional Autónoma de México, México, 2002.

-------------------------------- *La Constitución de 1999. Derecho Constitucional venezolano,* EJV, Caracas, 2004, (2 tomos).

-------------------------------- "Las potestades normativas del Presidente de la República: los actos ejecutivos de orden normativo" en *Homenaje a Jesús María Casal Montbrun,* UCV-UCAB, Caracas, 2007, tomo 1.

-------------------------------- *Estudios sobre el Estado constitucional (2005-2006),* Cuadernos de la cátedra Allan Brewer-Carías de Derecho Público, Universidad Católica del Táchira, EJV, Caracas 2007

-------------------------------- "Separation of Powers and Authoritarian Government in Venezuela". Ponencia para el Seminario *Separation of Powers in the Americas and Beyond,* Duquesne University, Pittsburgh, noviembre de 2008.

-------------------------------- "La jurisdicción constitucional al servicio de la política: de cómo el juez constitucional ha secuestrado y sometido al Poder Electoral y a la jurisdicción electoral en Venezuela". Ponencia preparada para el II Congreso Internacional de Derecho Procesal Constitucional, Universidad Monteávila, Caracas, 24-25 de septiembre de 2012.

-------------------------------- "La autonomía e independencia del Poder Electoral y de la jurisdicción electoral en Venezuela, y su secuestro y sometimiento por la jurisdicción constitucional". Ponencia para el III Congreso Iberoamericano de Derecho Electoral, Facultad de Estudios Superiores de Aragón de la Universidad Nacional Autónoma de México. Estado de México, 27-29 de septiembre de 2012.

-------------------------------- "El principio de la separación de poderes como elemento esencial de la democracia y de la libertad, y su demolición en Venezuela mediante la sujeción política del Tribunal Supremo de Justicia" en *Revista Iberoamericana de Derecho Administrativo*, Año 12, Número 12, San José de Costa Rica, 2012.

-------------------------------- "La reforma de la Constitución económica para implantar un sistema económico comunista (o de cómo se reforma la Constitución pisoteando el principios de la rigidez constitucional)" en *Desafíos de la República en la Venezuela de hoy. Memoria del XI Congreso Venezolano de Derecho Constitucional, Homenaje a José Guillermo Andueza,* Universidad Católica Andrés Bello y Fundación Konrad Adenauer, Caracas, 2012.

-------------------------------- *On the Situation of the Judiciary in Venezuela as an Instrument for Political Persecution*, American Institute for Democracy, Washington D. C., 2013.

-------------------------------- "Sobre el avocamiento de procesos judiciales por parte de la Sala Constitucional. Una excepcional institución procesal concebida para la protección del 'orden público constitucional', convertida en un instrumento político violatorio de los derechos al juez natural, a la doble instancia y al orden procesal" en *Cuadernos de la Cátedra Fundacional de Teoría General de la Prueba León Henrique Cottin,* Universidad Católica Andrés Bello, N.º 1, Caracas, 2013.

BRUNI CELLI (Marco Tulio), *Los partidos políticos y la democracia en Venezuela*, Caracas, 2009.

http://grupos.emagister.com/documento/los_partidos_politicos_y_la_democracia_en_venezuela/1521-315990

CALCAÑO DE TEMELTAS (Josefina), "El control de la constitucionalidad" en *La Constitución de 1999*, Biblioteca de la AdCPyS, Serie Eventos, Caracas, 2000.

CANOVA (Antonio), "Contratiempos de una Constitución en el esquina de dos pilitas", *Revista de la Facultad de Ciencias Jurídicas y Políticas* de la UCV, pp. 165-193, UCV, Caracas, 2009.

-------------------------------- *El modelo iberoamericano de justicia constitucional: características y originalidad*, Paredes, Caracas, 2012.

CARRERA DAMAS (Germán), *El asedio inútil. Hugo Chávez contra la historia*, Entrevista realizada por Ramón Hernández, Editorial, Libros Marcados, Caracas, 2009.

CASAL HERNÁNDEZ (Jesús María), "La protección de la Constitución frente a las omisiones legislativas" en *Revista de Derecho Constitucional* N.º 4, Editorial Sherwood, Caracas, enero-julio 2001.

-------------------------------- *Constitución y justicia constitucional*, UCAB, Caracas, 2004.

-------------------------------- "La facultad de revisión de sentencias después de la Ley Orgánica del Tribunal Supremo de Justicia" en *El Derecho Público a los cien números de la Revista de Derecho Público*, Editorial Jurídica Venezolana, Caracas, 2006.

-------------------------------- *Los derechos fundamentales y sus restricciones*, Legis, Caracas, 2010.

CASAL (Jesús M.) y AYALA (Carlos), *La evolución político-institucional de Venezuela, 1975-2005*, Universidad de Talca, Centro de Estudios Constitucionales, vol. 6 n.º 2, Santiago de Chile, 2008. http://dx.doi.org/10.4067/S0718-52002008000100014

CERESOLE (Norberto), *Caudillo, Ejército, Pueblo. El modelo venezolano o la posdemocracia*, Analítica.com Sección Biblioteca. http://www.analitica. com/bitblioteca/hchavez/default.asp

CHÁVEZ FRÍAS (Hugo Rafael), *Proyecto de Reforma Constitucional elaborado por el Ciudadano Presidente de la República Bolivariana de Venezuela, Hugo Chávez Frías*, Editorial Atenea, Caracas, 2007.

-------------------------------- *Discursos, decretos, correspondencia y entrevistas*, Analítica.com Sección Biblioteca. http://www.analitica.com /bitblioteca/hchavez/

--------------------------------- *La nueva etapa, el nuevo Mapa Estraté-gico,* Reunión de Alto Nivel de Gobierno, Teatro de la Academia Militar de Venezuela, Caracas, 13 de noviembre del 2004. [Texto editado por Marta Harnecker, quien suprimió repeticiones y datos de menor interés, ordenó el material colocando al inicio una serie de ideas que, de dejarse dentro del texto, romperían su fluidez. Subtituló y enumeró los párrafos para facilitar la discusión colectiva, concibiendo el índice como un resumen de las principales ideas].

CHITTY LA ROCHE (Nelson), Consideraciones sobre política, economía y constitucionalismo con referencias a la Constitución de 1999, Editorial Esmeralda, Caracas, 2005.

COMBELLAS (Ricardo), *Una Constitución para el futuro. El debate constitucional en Venezuela,* Fundación Konrad Adenauer-CIEDLA-Panapo, Caracas, 1994.

CORRALES (Javier) y PENFOLD (Michael), *Dragon in the Tropics,* Brookings Institution Press, Washington D. C., 2011.

CORREA DE BAUMEISTER (María Alejandra), "El poder ciudadano y el poder electoral en la constitución de 1999", en *El Derecho Público a comienzos del siglo XXI: estudios en homenaje al profesor Allan R. Brewer-Carías,* Vol. I, Civitas Ediciones, Madrid, 2003

CUBAS (Raúl), *Oportunidades para la participación en el Poder Ciudadano. El Comité de Postulaciones.* www.ildis.org.ve/website/ administrador/uploads/PC6.pdf

DELGADO OCANDO (José M.), "Discurso de Orden en la Apertura de Actividades Judiciales, 11 de enero 2001" en *Bases jurisprudenciales de la supraconstitucionalidad,* Colección de Estudios Jurídicos, Tribunal Supremo de Justicia, Caracas, 2002, segunda edición.

DUQUE CORREDOR (Román José), "El Poder Ciudadano" en *La Constitución de 1999,* Biblioteca de la AdCPyS, Serie Eventos, 2000.

FEBRES SISO (Máximo), *El control de la constitucionalidad en Venezuela, la interpretación y las lagunas jurídicas* (trabajo inédito presentado en la Universidad de Alicante), 2011.

FERNÁNDEZ (Gerardo), "El Poder Ejecutivo en la Constitución de 1999" en *La Constitución de 1999,* Biblioteca de la AdCPyS, Serie Eventos, 2000.

FERNÁNDEZ CABRERA (Sacha Rohán), "Del Poder Moral de Bolívar al Poder Ciudadano actual" en *Revista de Derecho Público* N.º 126, EJV, Caracas, abril-junio 2011.

FUNDACIÓN DE ESTUDIOS DE DERECHO ADMINISTRATI-VO, *Temas constitucionales. Planteamientos ante una reforma*, FUDEMA, Caracas 2007.

GARCÍA-PELAYO (Manuel), "La división de poderes y la Constitución venezolana de 1961" *en Estudios sobre la Constitución. Libro homenaje a Rafael Caldera*, UCV, Caracas, 1979 (4 tomos).

GOVEA (Luis Guillermo) y BERNARDONI DE GOVEA (María), *Las respuestas del Supremo sobre la Constitución venezolana de 1999*, La Semana Jurídica Venezolana, Caracas, 2002.

GRATEROL STEFANELLI (Giuseppe), *La función parlamentaria de control en democracia y en un Estado de derecho*, Serie Diálogo Democrático N.º 04, Observatorio Económico Legislativo, CEDICE, Caracas, 2012.

GRAU (María Amparo), "La organización de los Poderes Públicos en la Constitución del 99: desarrollo y situación actual" en *El Derecho Público a los cien números de la Revista de Derecho Público*, Editorial Jurídica Venezolana, Caracas, 2006.

GRUPO JIRAHARA, OTAMENDI (Félix) y STRAKA (Tomás), (coordinadores), *Venezuela: República democrática*, Editorial Arte, Caracas, 2011.

HARO GARCÍA (José Vicente), "Sobre los límites materiales de la enmienda y la reforma constitucional". *Revista de Derecho Constitucional*, N.º 8, Caracas, 2003.

-------------------------------- "El Control difuso de la constitucionalidad en Venezuela, el estado actual de la cuestión" en *Revista de derecho constitucional*, N° 9, Caracas, 2004.

-------------------------------- "Aproximación a la noción del Consejo Federal de Gobierno previsto en la Constitución de 1999", en *Revista de Derecho Constitucional*, N° 7 Caracas

HARNECKER (Marta), *Militares junto al pueblo*, Editores Vadell Hermanos, Caracas, 2003.

HERNÁNDEZ (José Ignacio), "¿Y qué va a pasar el 10 de enero?" en Prodavinci, 8 de diciembre de 2012.

-------------------------------- "¿Es constitucional la tesis de la continuidad?" en Prodavinci, 5 de enero de 2013.

-------------------------------- "El 8D y el concepto de democracia" en Prodavinci, 17 de diciembre de 2013.

-------------------------------- "Sobre la impugnación de la elección presidencial" en Prodavinci, 2 de mayo de 2013.

-------------------------------- "El abuso y el poder en Venezuela. Primera parte: de cómo se violó el régimen constitucional de las faltas y ausencias presidenciales entre el 9 de diciembre de 2012 y el 11 de marzo de 2013" en *Revista de Derecho Público*, N.º 133, Caracas, enero-marzo de 2013. Segunda parte: "De cómo se consumaron hechos de corrupción electoral en la elección del 14 de abril de 2013", en Revista de Derecho Público, N.º 134, abril-junio de 2013.

HERNÁNDEZ-ZAMBRANO (Astrid), "El *poder judicial* y la constitución de 1999 con especial referencia a su régimen transitorio" en *El Derecho Público a comienzos del siglo XXI: estudios en homenaje al profesor Allan R. Brewer-Carías*, Vol. I, Civitas Ediciones, Madrid, 2003.

HERRERA ORELLANA (Luis A.), *El proceso de elaboración de las leyes*, CEDICE, Serie Diálogo Democrático, N.o 2, Caracas, 2013.

HUMAN RIGHTS WATCH, *Informe sobre Venezuela. Concentración y abuso de poder en la Venezuela de Chávez*, 17 de julio de 2012.

INSTITUTO DE DERECHO PÚBLICO, *El control jurisdiccional de los Poderes Públicos en Venezuela*, UCV, Caracas, 1979.

KIRIAKIDIS LONGHI (Jorge C.), "Notas sobre la estructura orgánica del Estado venezolano en la Constitución de 1999", *Temas de derecho administrativo, Libro Homenaje a Gonzalo Pérez Luciani*, Colección Libros Homenaje, N.º 7, Tribunal Supremo de Justicia, Caracas, 2002.

KRAUZE (Enrique), *El poder y el delirio*, Editorial Alfa, Caracas, 2008.

MARCANO (Cristina) y BARRERA TYSZKA (Alberto), *Chávez sin uniforme. Una historia personal*, Debate, Caracas, 2004.

LUPIDII (Donato), "El sistema presidencial y la Constitución venezolana de 1999" en *El Derecho Público a comienzos del siglo XXI: estudios en homenaje al profesor Allan R. Brewer-Carías*, Vol. I, Civitas Ediciones, Madrid, 2003.

MACHILLANDA PINTO (José), *Poder Político y Poder Militar en Venezuela 1958-1986,* Tesis de Grado para la Maestría en Ciencia Política, USB. http://www.josemachillanda.com/publicaciones/poder_politico_y_po dermilitar_en_venezuela_1958-1986.pdf

MÁRQUEZ (Trino), "Presidencialismo, autoritarismo y culto de la personalidad" en *Revista Venezolana de Análisis de Coyuntura,* Vol. X, N.o 2, Caracas, julio-diciembre de 2004, pp. 57-77.

MATHEUS (Juan Miguel), *Principios para el buen gobierno de la Asamblea Nacional,* Universidad Monteávila, EJV e Instituto de Estudios Parlamentarios Fermín Toro, Caracas, 2013.

La Asamblea Nacional: cuatro perfiles para su reconstrucción, Universidad Monteávila, EJV e Instituto de Estudios Parlamentarios Fermín Toro, Caracas, 2013.

MELO (Marcus Andres), "Strong Presidents, Robust Democracies. Separation of Powers and Rule of Law in Latin America" en *Brazilian Review of Political Science,* Vol. 3, N.° 2, Río de Janeiro, 2009.

MORALES GIL (Eduardo), *La reelección indefinida, Hugo Chávez y el desmantelamiento del Estado,* Los Libros de El Nacional, Caracas, 2012.

NIKKEN (Claudia), "La constitución inexistente" en *El Derecho Público a comienzos del siglo XXI: estudios en homenaje al profesor Allan R. Brewer-Carías,* Vol. I, Civitas Ediciones, Madrid, 2003

-------------------------------- "Breves consideraciones sobre el ejercicio del poder de revisión en Venezuela (a partir de la vigente Constitución)", *Revista de Derecho Público,* enero-marzo 2007.

OLIVARES (Francisco), *Afiuni, la presa del Comandante,* La Hoja del Norte, Caracas, 2012.

ORGANIZACIÓN DE ESTADOS AMERICANOS (OEA), *Informe de la Misión de Observación Electoral en la República Bolivariana de Venezuela –Elecciones Parlamentarias 2005,* Washington, abril 2006. Informe_mision_2005.pdf-Foxit Reader.

OROPEZA (Ambrosio), *La nueva Constitución venezolana de 1961,* Italgráfica S.R.L., Caracas, 1971.

PEÑA (Alfredo), *Democracia y reforma del Estado. Entrevistas,* EJV, Caracas, 1978.

PÉREZ LUCIANI (Gonzalo), "La actividad normativa de la Administración" en *Revista de Derecho Público* N.º 1, EJV, Caracas, enero-marzo de 1980.

------------------------------- "Funciones del Estado y actividades de la Administración" en *Revista de Derecho Público* N.º 13, EJV, Caracas, enero-marzo de 1983.

PÉREZ PERDOMO (Rogelio), "Reforma judicial, Estado de Derecho y revolución en Venezuela" en *En busca de una justicia distinta. Experiencias de reforma en América Latina*, Internet, 2003.

------------------------------- "Medio siglo de historia judicial en Venezuela (1952-2005)" en *Cuadernos Unimetanos, Derecho y Democracia*, N.o 11, Universidad Metropolitana, Caracas, 2007, pp. 3-24.

PETIT MEDINA (Vladimir), *Chávez y la perversión del Ejército*, UCV, Fundación Cátedra Pío Tamayo, Caracas, 2024.

PINO ITURRIETA (Elías), *La mentalidad venezolana de la Emancipación*, Bid & Co, Caracas, 2006.

------------------------------- *Fueros, civilización y ciudadanía*, UCAB, Caracas, 2006.

------------------------------- *El Divino Bolívar*, Editorial Alfa, Caracas, 2006.

QUIRÓS CORRADI (Alberto), Coordinador, *La gran farsa. Balance de gobierno de Hugo Chávez Frías 1998-2012*, Libros de El Nacional, Caracas, 2012

RACHADELL (Manuel), "Reflexiones sobre la sucesión presidencial en Venezuela", 23 de diciembre de 2013. http://manuel rachadell.blogspot.com/

RAFALLI (Juan M.), "La afectación del derecho de propiedad mediante Decretos-Leyes dictados en ejercicio de Leyes Habilitantes", *Estudios de Derecho Civil, Libro Homenaje a José Luis Aguilar Gorrondona*, Colección Libros Homenaje, N.º 7, Tribunal Supremo de Justicia, Caracas, 2002.

REY (Juan Carlos), "El sistema de partidos venezolanos" en *Politeia* N.º 1, Instituto de Estudios Políticos de la Facultad de Derecho de la UCV, Caracas, 1972.

----------------------------------- "El sistema de partidos venezolanos" en *Problemas socio-políticos de América Latina*, Editorial Ateneo-EJV, Caracas, 1980.

----------------------------------- "Sobre el Estado social de Derecho" en *Revista SIC,* N.º 716, Centro Gumilla, Caracas, julio de 2009.

ROMERO (Aníbal), *Obras selectas*, Universidad Simón Bolívar, Equinoccio, Caracas, 2010, (tres volúmenes).

RONDÓN (Luis Emilio) y HERNÁNDEZ (Carlos Raúl), *La democracia traicionada. Grandeza y miseria del Pacto de Punto Fijo*, Rayuela, Taller de Ediciones, Caracas, 2005.

RONDÓN DE SANSÓ (Hildegard), *Ad imis fundamentis. Análisis de la Constitución venezolana de 1999.* Editorial Ex Libris, Caracas, 2002, 2.ª edición.

----------------------------------- "Competencias de la Sala Constitucional en la Ley Orgánica del Tribunal Supremo de Justicia" en *El Derecho Público a los cien números de la Revista de Derecho Público,* Editorial Jurídica Venezolana, Caracas, 2006.

RONDÓN NUCETE (Jesús), "Atribuciones constitucionales del Congreso Nacional" en *Revista de la Facultad de Derecho*, N.º 15, ULA, Mérida, diciembre de 1957.

SALAZAR UGARTE (Pedro), "Chávez: 'Los tres poderes soy yo'. (Notas de un constitucionalista perdido en Caracas)" publicado el 1 de marzo de 2010 en la revista digital *Nexos en línea*: www.nexos.com.mx

SOSA GÓMEZ (Cecilia), "La organización política del Estado venezolano: el Poder Público Nacional" en *Revista de Derecho Público*, N.o 82, EJV, Caracas, abril-junio 2000.

SÚMATE, *El informe Súmate: la verdad sobre "El Reafirmazo"*, Los Libros de El Nacional, Caracas, 2004.

TARRE BRICEÑO (Gustavo), "La separación de poderes en Venezuela" en *Estudios sobre la Constitución. Libro homenaje a Rafael Caldera*, UCV, Caracas, 1979, tomo II.

----------------------------------- "El principio de la separación de poderes: la preeminencia de la función legislativa" en *Reflexiones sobre la Constitución. (Tres décadas de vigencia),* Fundación Procuraduría General de la República, Caracas, 1991.

---------------------------------- *El 4F. El espejo roto*, Editorial Libros Marcados, Caracas, 1997, 2.ª edición.

---------------------------------- "La Constitución de 1961" en *Venezuela: República democrática*, Grupo Jirahara, Editorial Arte, Caracas, 2011.

TRINKUNAS (Harold), "The Crisis in Venezuelan Civil-Military Relations: From Punto Fijo to the Fifth Republic" en *Latin American Research Review*, Latin American Studies Association, Vol. 37, N.o 1, pp. 41-76, 2002.

VELÁSQUEZ (Ramón J.), CALVANI (Arístides), BREWER-CARÍAS (Allan R.), SILVA (Carlos Rafael), LISCANO (Juan) y ROCHE (Marcel), *Venezuela moderna*, Fundación Eugenio Mendoza, Ariel, Barcelona, 1976.

VICIANO PASTOR (Roberto) y MARTÍNEZ DALMAU (Rubén), *Cambio político y proceso constituyente en Venezuela (1998-2000)*, Vadell Hermanos Editores, Valencia (Venezuela), 2001.

WEIL (Alfredo), "Asalto a la voluntad popular" en *La gran farsa*, Alberto Quirós Corradi (compilador), Los Libros de El Nacional, Caracas, 2012.

TEMAS RELACIONADOS

ACEMOGLU (Daron) y ROBINSON (James), *Why Nations Fail*, Crown Business, Nueva York, 2012.

AGUILAR (Andrés), "La actuación internacional de la República en la Constitución vigente de 1961" en *Estudios sobre la Constitución. Libro homenaje a Rafael Caldera*, UCV, Caracas, 1979, (4 tomos).

AVELEDO (Ramón Guillermo), *El dictador. Anatomía de la tiranía*, Libros Marcados, Caracas, 2008.

BREWER-CARÍAS (Allan Randolph), *Las instituciones fundamentales del Derecho Administrativo y la jurisprudencia venezolana*, Colección Tesis de Doctorado, Vol. IV, Facultad de Derecho, UCV, Caracas, 1964.

---------------------------------- *Introducción al estudio de la organización administrativa venezolana. Jurisprudencia de la Corte Suprema 1930-1974 y estudios de Derecho Administrativo*, Instituto de Derecho Público UCV, Caracas, 1976-1979, (6 tomos).

BUCHANAN (James) y TULLOCK (Gordon), *The Calculus of Consent: Logical Foundations of Constitutional Democracy*, University of Michigan Press, Ann Arbor, 1965.

NAÍM (Moisés), *El fin del poder*, Random House Mondadori, Barcelona, 2013.

ROUSSEAU (Charles), *Droit International Public II*, Sirey, París, 1970.

SAYAGUÉS LASO (Enrique), *Tratado de Derecho Administrativo*, Martín Bauchi Altuna, Montevideo, 1959, (2 tomos).

ÍNDICE ONOMÁSTICO

486

ÍNDICE GENERAL

VI
LA SEPARACIÓN DE PODERES EN
LA HISTORIA CONSTITUCIONAL VENEZOLANA

VII
LA SEPARACIÓN DE PODERES EN
LA CONSTITUCIÓN DE 1961

VIII
LA CONSTITUCIÓN DE 1999

X
LA "CONSTITUCIÓN REAL" Y LA DESIGNACIÓN DE
LOS PODERES PÚBLICOS

XI
LA CONSTITUCIÓN REAL Y EL DESEMPEÑO DE LOS PODERES Y LAS RELACIONES ENTRE ELLOS

www.ingramcontent.com/pod-product-compliance
Lightning Source LLC
Chambersburg PA
CBHW021805270326
41932CB00007B/65